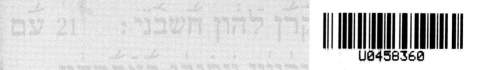

天道圣经注释

约伯记注释（卷上）

唐佑之 著

上海三联书店

出版说明

　　基督教圣经是世上销量最高、译文最广的一部书。自圣经成书后，国外古今学者注经释经的著述可谓汗牛充栋，但圣经的完整汉译问世迄今尚不到两个世纪。用汉语撰著的圣经知识普及读物（内容包括圣经人物、历史地理、宗教哲学、文学艺术、伦理教育等不同范畴）和个别经卷的研究注释著作陆续有见，唯全本圣经各卷注释系列阙如。因此，香港天道书楼出版的"天道圣经注释"系列丛书尤为引人关注。这是目前第一套集合全球华人圣经学者撰著、出版的全本圣经注释，也是当今汉语世界最深入、最详尽的圣经注释。

　　基督教是尊奉圣典的宗教，圣经也因此成为信仰内容的源泉。但由于圣经成书年代久远，文本障碍的消除和经义的完整阐发也就十分重要。"天道圣经注释"系列注重原文释经，作者在所著作的范围内都是学有专长，他们结合了当今最新圣经研究学术成就，用中文写下自己的研究成果。同时，尤为难得的是，大部分作者都具有服务信仰社群的经验，更贴近汉语读者的生活。

　　本注释丛书力求表达出圣经作者所要传达的信息，使读者参阅后不但对经文有全面和深入的理解，更能把握到几千年前的圣经书卷的现代意义。丛书出版后受到全球汉语圣经研习者、神学教育界以及华人教会广泛欢迎，并几经再版，有些书卷还作了修订。

　　现今征得天道圣经注释有限公司授权，本丛书由上海三联书店出版发行国内中文简体字版，我们在此谨致谢意。神学建构的与时俱进离不开对圣经的细微解读和阐发，相信"天道圣经注释"系列丛书的陆续出版,不仅会为国内圣经研习提供重要的、详细的参考资料,同时也会促进中国教会神学、汉语神学和学术神学的发展,引入此套注释系列可谓正当其时。

上海三联书店

天道圣经注释

本注释丛书特点：

- 解经（exegesis）与释经（exposition）并重。一方面详细研究原文字词、时代背景及有关资料，另一方面也对经文各节作仔细分析。

- 全由华人学者撰写，不论用词或思想方法都较翻译作品易于了解。

- 不同学者有不同的学养和专长，其著述可给读者多方面的启发和参考。

- 重要的圣经原文尽量列出或加上英文音译，然后在内文或注脚详细讲解，使不懂原文者亦可深入研究圣经。

天道书楼出版部谨启

目录

序言

"天道圣经注释"的出版是很多人多年来的梦想的实现。天道书楼自创立以来就一直思想要出版一套这样的圣经注释,后来史丹理基金公司也有了一样的期盼,决定全力支持本套圣经注释的出版,于是华人基督教史中一项独特的出版计划就正式开始了。

这套圣经注释的一个特色是作者来自极广的背景,作者在所著作的范围之内都是学有专长,他们工作的地点分散在全世界各处。工作的性质虽然不完全一样,但基本上都是从事于圣经研究和在学术方面有所贡献的人。

另外,一个值得注意的地方是,这套书中的每一本都是接受邀请用中文特别为本套圣经注释撰写,没有翻译的作品。因为作者虽然来自不同的学术圈子,却都是笃信圣经并出于中文的背景,所以他们更能明白华人的思想,所写的材料也更能满足华人的需要。

本套圣经注释在陆续出版中,我们为每一位作者的忠心负责任的工作态度感恩。我们盼望在不久的将来,全部出版工作可以完成,也愿这套书能帮助有心研究圣经的读者,更加明白及喜爱研究圣经。

荣誉顾问　鲍会园

主编序言

　　华人读者对圣经的态度有点"心怀二意",一方面秉承华人自身的优良传统,视自己为"这书的人"(people of the Book),笃信圣经是神的话;另一方面又很少读圣经,甚至从不读圣经。"二意"的现象不仅和不重视教导圣经有关,也和不明白圣经有关。感到圣经不易明白的原因很多,教导者讲授肤浅及不清楚是其中一个,而教导者未能精辟地讲授圣经,更和多年来缺乏由华人用中文撰写的释经书有关。"天道圣经注释"(简称为"天注")在这方面作出划时代的贡献。

　　"天注"是坊间现有最深入和详尽的中文释经书,为读者提供准确的数据,又保持了华人研读圣经兼顾学术的优美优良传统,帮助读者把古代的信息带入现代处境,可以明白圣经的教导。"天注"的作者都是华人学者,来自不同的学术背景,散居在香港、台湾地区以及东南亚、美洲和欧洲各地,有不同的视野,却同样重视圣经权威,且所写的是针对华人读者的处境。

　　感谢容保罗先生于 1978 年向许书楚先生倡议出版"天注",1980年 11 月第一本"天注"(鲍会园博士写的歌罗西书注释)面世,二十八年后已出版了七十多本。史丹理基金公司和"天注"委员会的工作人员从许书楚先生手中"接棒",继续不断地推动和"天注"有关的事工。如果顺利,约一百本的"天注"可在 2012 年完成,呈献给全球华人读者研读使用。

　　笔者也于 2008 年 10 月从鲍会园博士手中"接棒",任"天注"的主编,这是笔者不配肩负的责任,因多年来为了其他的工作需要而钻研不同的学科,未能专注及深入地从事圣经研究,但鲍博士是笔者的"恩师",笔者的处女作就是在他鼓励下完成,并得他写序推介。笔者愿意接棒，联络作者及构思"天注"前面的发展，实际的编辑工作由两位学有所成的圣经学者鲍维均博士和曾祥新博士肩负。

愿广大读者记念"天注"，使它可以如期完成，这是所有"天注"作者共同的盼望。

邝炳钊

2008 年 12 月

旧约编辑序

　　"天道圣经注释"的出现代表了华人学者在圣经研究上的新里程。回想百年前圣经和合本的出现,积极影响了五四运动之白话文运动。深盼华人学者在圣经的研究上更有华人文化的视角和视野,使福音的传播更深入社会和文化。圣经的信息是超时代的,但它的诠释却需要与时俱进,好让上帝的话语对当代人发挥作用。"天道圣经注释"为服务当代人而努力,小弟多蒙错爱参与其事,自当竭尽绵力。愿圣经的话沛然恩临华人读者,造福世界。

曾祥新

新约编辑序

这二十多年来,相继出版的"天道圣经注释"在华人基督教界成为最重要的圣经研习资源。此出版计划秉持着几个重要的信念:圣经话语在转变的世代中的重要,严谨原文释经的重要,和华人学者合作与创作的价值。在这事工踏进另一阶段的时候,本人怀着兴奋的心情,期待这套注释书能够成为新一代华人读者的帮助和祝福。

鲍维均

作者序

约伯记为旧约智慧文学,以色列的智慧运动极盛时期在所罗门王治国的数十年内,以致所罗门其名与智慧传统相连。但是这传统在形式上是箴言短句,内容也着重励志之应用道德。约伯记似不属这种类型。约伯记与传道书中哲学意味浓厚,为生命终极的探索。其中对人生现实,作赤裸的暴露,且以此为途径,指向信仰,敬畏神为写作的目的,令人深省。约伯记文体之优美,主题以多种繁复的论述托出,不仅在旧约圣经中出类拔萃,而且也为罕有的世界文学杰作。

本注释的作者,多年喜爱研究约伯记,在 1976 年写作《深夜的心声》(约伯记研究),曾三次再版,许久想写较为详细的注释。去年下了决心,靠主宏恩,开始动笔,现已写成卷上。在写作过程中,屡感自己缺少创作的力量,实在由于参考资料太多,仅为编汇,仍感力不从心,挂一漏万。但亟于供应华人教会之需要,难免疏忽,只有求主怜悯,也盼读者鉴谅。

恭敬奉上祈祷,求上主施恩使用。

唐佑之
1992 年 7 月
序于金门桥畔

希伯来文音译表

Consonants			Vowels	
א -’	ט -ṭ	פ, פ -p, p̲	ָ -ā, -o	ֱ -ĕ
ב, ב -b, b̲	י -y	צ -ṣ	־ -a	ִ -i
ג, ג -g, g̲	כ, ך -k, k̲	ק -q	ֲ -ă	ִי -î
ד, ד -d, d̲	ל -l	ר -r	ָה -â	וֹ -ô
ה -h	מ -m	שׂ -ś	ֵ -ē	ֳ -ŏ
ו -w	נ -n	שׁ -š	ֶ -e	ֹ -ō
ז -z	ס -s	ת, ת -t, t̲	ֵי -ê	וּ -û
ח -ḥ	ע -‘		ְ -e	ֻ -u

导论

导论

前言

约伯记是一部伟大的著作,不仅内容丰富,思想深邃,而且文体优美,确是旷世的巨著。大凡伟大的文学都具有两大特点。首先在于隽永的论题,不只适合写作的当代,也是针对每一个时代,历久不衰,并且真理常新,似乎逾久弥新,越发切合人心的需要。约伯记是研究人生的意义,在现实的世界中,苦难真是无法解释,是永远难解的谜。作者将这严峻的现实,摆在读者面前,他勇敢而忍耐地面对,给予无限的挑战。

除了以上所论的深度,也看出本书的广度,这可谓第二项特点。本书的读者群当然不是只局限在古代近东的人们,这是关乎全世界、全人类的。人生基本的问题是广大的,影响普世的人生。从而得见本书论题的高度,因为受苦的心灵在信仰方面的挣扎,是向着至高的神。他必须向上升去,他在属灵的高处,好像人登上高山,站在山顶上,在高处瞭望,自然看得远大。人必须在高处,才扩展他的眼界,使他有非常辽阔的视野,有草原有水泽,再放眼望去,有广大的汪洋。由自然至恩典,本书为读者展开一幅偌大的救赎风景画,这是何等万千的景象,多么宏伟的景色,使人叹为观止。

本书在旧约圣经中是归类为智慧文学,但是这并非属于实用道德的范畴,与箴言书十分不同。箴言是励志性的,而且着重今世的成功兴盛,以乐观的语气追求生活的福乐。但是约伯记与传道书的重点,在于哲学的推论,似乎对传统的智慧观念,有质询与怀疑的表现,以悲观的语调，哀叹人生的疾苦，理想与现实有极大的冲突，甚至在信仰方面，也不纯粹着重主观的经验，却从客观的探索，寻求人生的究竟。因此本书的主题不是单一的，而是多元的，作者似乎蓄意从多方的角度、不同的观点来观察与审断。不然，任何一个主题与观点，都会以偏概全，不够完整。

于是本书的文体也是多种的，既不只是史诗，也不只是哲学思辨；不纯全为戏剧，也不纯然为论理。先后有散文，中间全为诗歌形式，于是散文成为构架，将全书统合起来，有无限的秀丽，不少是抒情诗，哀歌也穿插其中。

历代有许多学者设法将全书作完整的研究，仍不免有重此轻彼之嫌，一鳞半爪，挂一漏万，常作片断的解说，但汇集起来，已经是读不完的书卷，几乎无法贯彻。

以上各项只以归纳之方法概论一二。

壹　本书在正典

约伯记的书名，以本书之主要人物约伯为名，正如旧约中约书亚记、撒母耳记、路得记、以斯帖记、但以理书、以斯拉记、尼希米记等，以书中之中心人物为主而命名的。

在希伯来正典，本书列于第三部分："著作"。关于本书列入正典，似甚少有人提出异议。[①] 但本书应列于正典的位置，却有不同的见解。

根据犹太的传统，巴比伦解经集（Babylonian Talmud），"著作"在"先知书"之后，次序为路得记、诗篇、约伯记、箴言、传道书、雅歌、耶利米哀歌、但以理书，以及小书卷，即以斯帖记。以斯拉记（包括尼希米记）和历代志（解经集中 Baba Bathra 14b），那时似尚未有五小卷之汇集，此五小卷（Megilloth）即路得记、传道书、雅歌、耶利米哀歌和以斯帖记。但诗篇、约伯记与箴言常成为三卷一组，在"著作"之首。经文传

---

① 在君士坦丁第二次会议中，曾有人（Theodore of Mopsuestia）质疑约伯记的默示（J. P. Migne, *Patrologia Graeca* Lxvi, cols 697f.），但被 Abbé Grandvaux 否定这异议，可参阅 *Le Hir, Le Livre de Job*（1873），110。

统以此三书之重音系统归于同类，以后的排列为约伯记与箴言对调，诗篇仍然居首，即诗篇、箴言及约伯记。希伯来圣经印行之后前五版，目次都是这样。但希伯来圣经之标准古卷，即 1009 年列宁格勒钞本，著作之次序为：历代志、诗篇、约伯记、箴言与路得记。1207 年编校者（'Adath debōrim）也是依据这个目录。十六世纪有两派学者，较为尊重经文传统的一派（Sephardim）照古钞本（标准钞本）的目次，1246 年的古版本（Ms Or. 2210）也同样沿用，但另一派（Ashkenazim）将约伯记置于箴言之后。现今应用的希伯来文圣经目录中，"著作"的首三卷为：诗篇、约伯记、箴言。②

按照犹大的传统，约伯是在摩西时代的族长。那么约伯记似应列于首位。但约伯记的内容以苦难为主，犹太学者认为灾害为首，不够理想，因此将路得记放在第一，因路得记的时间是在士师时代，也可谓早期以色列史实。虽然路得记的首页也是饥荒灾情，然而大卫王是路得的后裔，而且大卫又与诗篇的传统有关（诗篇多是大卫的诗），因此将路得记置于诗篇之前，较为合理。③ 在另一古卷（Ms Arund. Orient. 16），"著作"以历代志列为首位，然后是路得记，再有诗篇、约伯记和箴言。④

在七十士译本的梵蒂冈钞本中，约伯记在雅歌之后，西乃钞本中，在旧约的末端，甚至在传道书之后。在亚历山大钞本中，约伯记在诗篇与箴言之间。⑤

早期教父对约伯记在旧约正典的位置，也有不同的见解。有的置本书于雅歌与先知书之间，有的排列在诗篇之前，也有的列在五经之后，更有的放在约书亚记与士师记之间。还有的是将五卷诗歌书作为一组，即约伯记、诗篇、传道书、雅歌、箴言。使徒的排列次序是：约伯

② L. Ginsburg, *Introduction to the Hebrew Bible*, 6f.; H. L. Strack, "Kanon des AT's," *Realencyklopädie*, 3rd, ed., ix, 745.

③ J. Levy, *Neuhebr, und chad. Wörterbuch* II, 433.

④ H. L. Ginsburg, *Introduction*, 6-7.

⑤ H. B. Swete, *The Old Testament in Greek*, 202.

记、诗篇、箴言、传道书、雅歌。⑥

耶柔米(Jerome)大多依循希伯来传统,五经后为先知书,惟先知书中包括路得记,在士师记后。然后在著作中列九卷:约伯记、诗篇、箴言、传道书、雅歌、但以理书、历代志、以斯拉记(包括尼希米记)、以斯帖记,约伯记仍居首。⑦ 奥古斯丁时约伯记列在历史书中,在历代志后。⑧ 可见拉丁教会与希腊教会同样有不同的歧见,难以划一。

叙利亚圣经时约伯记置于五经之后,约书亚记之前。可能认为约伯是在族长与摩西的时代,十四世纪叙利亚的学者将约伯记列在智慧书的末端,却在先知书之前。⑨

拉丁文圣经根据七十士译本,而中英文圣经的排列是照拉丁文的,为议会(Council of Trent)所认可。

约伯记、诗篇、箴言三卷在著作之首,因为这三卷是标准的诗歌书。其实耶利米哀歌与雅歌,也纯然是诗歌的形式。约伯记的特性,不是它的时代背景(这是可争议的,没有定论),而是它的诗歌体裁。至于它列于著作,除诗歌形式之外,内容是智慧文学,与律法及先知有别。

贰　经文与版本

约伯记的经文有甚多难解之处,经学家在对本书的经文评鉴上需下极大的功夫。修订较旧约任何书卷为多、争议甚众,难获结论。兹将各版本列出,援例说明。

(Ⅰ) 希伯来经文(The Masoretic Text)

希伯来经文原无母音及重音符号,此种经文称为"子音经文"

---

⑥ Eusebius, *Hist. Eccl.* vi, xxv, 2. St. John of Damascus 将旧约五经外,分为四类五卷,再另加两卷,可参考 J. P. Migne, *Patrologia Graeca*, xciv, col 1180. 又 *Canon*, Lxxxiv。

⑦ Migne, *Patrologia Latina*, xxi, col. 374.

⑧ Migne, *Patrologia Latina*, ix, col. 241.

⑨ Swete, *The Old Testament in Greek*, 208.

（Consonant Text）。在公元七世纪至十世纪，犹太拉比根据传统考证，修订时加的母音及重音之符号，就成为"考证经文"（Masoretic Text Masora，原意为"传统"），通常只笼统称为希伯来经文。有关经文评鉴的工作，早为犹太经学家所注意（如 Rashi，Ibn Ezra）。十八世纪的经学家有很彻底的研究。近代学者大多依循这些评鉴的方法及结果。⑩他们必须辨认希伯来诗文的特质，既解决问题，也产生疑难。任何经文的困难，都会转向七十士译本，毕竟七十士译本是希伯来经文的最早译作，足资参考。

在希伯来考证经文中，又有东西两派之分，东派为巴比伦犹太拉比的传统，而西派则为巴勒斯坦的传统，读法不同。在西派又有两种传统之分（Ben Asher and Ben Naphtali），发音也有区别。

在这经文中，大致有以下的特点：

（1）经节调转，如廿四章十八至廿四节，廿六章一至四节，廿九章廿一至廿五节，卅一章卅三至卅七节，此外尚有单节需移动位置，如三章九、十六节，五章一节，十二章十一、十二节，十三章廿八节，二十章十、廿八节，廿四章九、十三节，卅四章廿三、廿四节，卅六章廿九、三十节。字母须调移的，在十章二十节，十三章十五节，十四章十九节，十八章七节，十九章廿六、廿八节，二十章十九节，廿四章廿一节，廿七章六节，三十章十一节，卅三章十节，卅四章廿九节，四十章十九节，四十一章五节等。

（2）分句殊别，在短句与单字之间分开，也有出入之处。如在六章十三节，九章十九节，十一章六节，十二章八节，廿四章十四节，廿七章八节，廿八章四节，三十章十七节，卅一章廿三节，卅四章卅一节，卅五章三节，卅六章卅三节，卅七章十三节，卅八章十一节及四十一章四十七节。

有时介系词之后，连续有几个字应该相连的，在解释时可能不同，如在十五章廿三至廿四、卅一、卅二节，廿六章五节。

---

⑩ Merx, *Das Buch Hiob*（1871）；Loisy, *Le Livre de Job*（1892）；Geory Beer, *Der Text des Buches Hiob*（1897）。

（3）子音发音（matres lectionis）。即在子音经文中，若干子音权充母音，若以子音处理，意义就不同。如在六章廿一节，第一人称作为第三人称，也以第三人称作为第一人称，如在十四章三节，十九章廿八节，廿三章十四节，四十一章三节。又 a 音作为 i 或 u 音，如在六章廿一节，十章八节，十一章十一节，廿三章九节，廿七章十九节，三十章廿四节及四十一章三节。

（4）增删字母，屡见不鲜，字母或重复或省略。省略在七章四节，十六章五、二十节，十八章三节，二十章廿五节，廿四章二节，廿六章五节，三十章三、二十节，卅三章廿二、廿四节，卅七章十二节，卅八章八节，四十章廿四节等。重复在十二章七、廿四节，十三章十四节，十五章三十节，十九章二十节，二十章廿六节，廿二章廿九节，廿三章十三、十七节，廿四章一节，卅四章十四节，卅六章十六、十七节，卅七章六节，卅九章一、十节，四十章十五节，四十二章三、四节等。

（5）字母的变更，常在字母形相似的，ד(d)与ר(r)，在十章八节，十九章二十节，卅六章三十节，卅八章廿四节。又ב(b 或 v)与כ(k)，在二十章十八节，廿一章十二、十三节，廿二章廿四节，廿八章廿七节，廿九章廿五节，卅四章卅六节。又ה(h)与ח(t 或 th)，在八章三节，十一章十四节，十七章二节。其他虽字形不同，但字源之发音相似，此种字母变更也不一。

（6）读法与写法（Qerê，Kethîb）在考证经文因加于重音及母音，层出不穷，几乎每章都有，不胜枚举。

(II) 七十士译本(The Septuagint)

约伯记的希腊文译词，早在公元前第一世纪已有引述，[11]优西比乌（Eusebius）即以此为评鉴之依据。七十士译本约在公元前第二世纪末作成，甚为当代经学家重视。这既在考证经文之前（Pre-Masoretic text），必成为重要的经文。七十士译本的对象似为普通读者，并非供

---

⑪ J. P. Migne，*Patrologie Graeco*，xxi，col. 728.引述者为 Alexander Polyhistor。

犹太会堂之用,所以直译的甚少,大多为意译。为求神学的内涵,译词的修订不少,如在一章六、十六节,二章一、三、五、九节,五章一、五节,十章三、十三节,十三章三节,十四章十四节,二十章廿九节,廿一章十四、十五节,廿三章八节,廿四章四节,卅八章七节,四十章八节。七十士译本似尽量避免拟人说(anthropomorphism),可参考四章九节,十章十六、十七节,十三章八、廿三节,十四章三、十三节,二十章十五节,廿一章二十节,廿二章廿六节,廿三章十二节,廿六章十三节,卅一章六、十五节,卅四章廿一节,卅六章二节,四十二章七节。在隐喻与比喻方面也有减少的意向,如在三章九节,六章十六、十八节,十三章廿七节,十七章十四节,二十章廿一节,廿八章二节,四十章十八节。

有的专门名词改为普通名词,在一章十五、十七节,三章八节,九章十三节,廿六章十二节。抽象名词与实质名词的更迭,在八章十四节,十五章廿一节,廿四章十、十三节,廿七章四节,廿八章四节,卅一章五节。多数与单数的更改,在十六章十三、十四节,十八章五、八节,十九章二十、廿二节,廿一章十四节,廿二章七节,廿九章十五节,卅二章十节。用字相同而含义各异,在十六章十五、十六节,廿一章五节,廿二章十节,廿七章四、十六节,廿九章十三节,卅五章十三节,四十章六、十七节。

有的更改会使解释大有出入,将否定词除去,在九章十三节,十章二节,十三章二十节,卅一章卅一节,卅五章十三节,或将否定词加上,在九章廿一节,十章十八节,十一章四节,二十章廿四节,廿一章二、三、廿二节,卅六章四节。

此外增删的字,重复的字与语意甚多,也是不胜枚举。七十士译本与希伯来考证经文二者的长度比较,也饶有兴味的。希伯来文的约伯记全长一〇六九节。七十士译本的梵蒂冈钞本为二一五三行,西乃钞本二一二六行,亚历山大钞本二〇二一行。如一节以两行计算,七十士译本无疑是较为短少。[12] 其他可资参考的文献中,有一八〇〇行,有一

---

[12] H. B. Swete, *The Old Testament in Greek*, II.

七〇〇行,又有一六〇〇行。[13] 有若干希腊文钞本为二二〇〇行。

每种手钞本来源不同,特性迥异。亚历山大钞本最接近希伯来文。所以在该钞本有些词句是其他钞本所付诸阙如的。西乃钞本比其他更为接近亚历山大钞本。以法连钞本也有依据亚历山大钞本之迹象。

(Ⅲ) 其他版本

此处提及其他版本,专指依据七十士译本所产生的。如耶柔米版本,俄利根的合参版本(The Syro-hexaplar),埃及古文版本(The Sahidic Coptic Version,The Bohairic Coptic Version),埃塞俄比亚文版本(The Ethiopic Version)以及阿拉伯文版本(The Arabic Version),都显示依据七十士译本的三种主要钞本:西乃钞本、亚历山大钞本及梵蒂冈钞本,而前两种更为重要。[14]

(Ⅳ) 希腊文译本(七十士译本之外)

其他希腊文译本虽是独立的,与七十士译本并无渊源,但对耶柔米与俄利根却有影响。其断片出现在俄氏的合参版本。

阿奎拉(Aquila)版本较为接近希腊文,但也有与七十士译本雷同的,如在四章十六节,卅三章十六节。

---

[13] *Canon of Mommsen*,1,800 stichs,Latin Mss used by Martianay and Thomasius,1,700 stichs,*Catalogue Claromontanus*,1,600 stichs,T. von Zahn,*Geschichte des N. T. Kanons*,Ⅱ,i,394 – 395,*Patrologie Graeco*,xxviii,col,1080.

[14] Migne,*Patrologie Latina*,xxix,col,62;F. Field,*Origenis Hexaplorum quae supersunt*,Ⅱ,3. *Sacrorum Bibliorum Fragmenta Copto-sahidica*(1889);H. Tattam,*The Ancient Coptic Version of the Book of Job the Just*;M. E. Porcher,*Le Livre de Job*,*version bohaïyxque*,in *Patrologia Orientalis*,xviii,2(1924);*Le Livre de Job*,*version éthiopienne*,in *Patrologia Orientalis* Ⅱ,5(1905);Graf Baudissin,*Translationis Antiquae Arabicae Libri Jobi quae Supersunt*(1870).

司马古版本(Symmachus)大多重复希伯来文的语意,如在六章五节,八章十七节,十六章四节,廿五章三节。有与七十士译本相似的,在廿九章四节,卅二章一节,卅八章卅一节。

德图欣版本(Theodotion)极力保持希伯来原文的字义,如在七章十一节,廿八章十八节,三十章四节,卅七章九、十二节,卅八章卅二节,卅九章六、十三节。

此三种希腊文版本与叙利亚文译本、亚兰文译本及拉丁文译本都有相似之处,究竟相互影响如何,殊难决定。

(Ⅴ) 拉丁文译本(The Vulgate)

耶柔米研究七十士译本,以后不久翻译希伯来文为拉丁文,为时既近,必有类似的译法与注解。若比较拉丁文译本与阿奎拉、司马古及德图欣三种版本,相同之处甚多,最多在司马古版本,可见耶柔米一定十分重视此一版本。

拉丁文译词,既非直接译自希伯来文,相似度不多,但借重七十士译本甚多,在解经方面依据亚兰文译本及叙利亚译本的也不少。

拉丁文译本有其独特的拉丁文字性质,尤其在用字与文法结构上。

(Ⅵ) 叙利亚文译本(The Peshitta)

叙利亚文译本,事实上与拉丁文译本最为接近。由于叙利亚文与亚兰文是同宗,雷同之处可参考六章十二、廿二节,廿六章五、九、十节,廿八章十六节,廿九章十六、十七节,卅三章廿七节,卅四章六、十七节,廿八章三、卅一节,四十章七节,四十一章十七节,四十二章十节。

叙利亚文虽属闪系语文,在译词中反而缺少希伯来的语意,文法结构上差别也大。[15]

---

[15] Eberhard Baumann, "Die Verwendbarkeit der Peshitta zum Buche Ijab für die Textkritik," *Zeitschrift für die alttestamentliche Wissenschaft*(1898–1900).

(VII) 亚兰文译本(The Targum)

亚兰文译本大多是意译,实际是亚兰文的注释。[16]在内容方面极力注上神学的论调,不仅避免拟人法的描述提到神,不直接称耶和华或全能者,必译作"耶和华的话","全能者的话","我的话","你的话"。参考一章廿一节、廿九章五节、四十二章九节。"神的面",译为"神的荣耀",在卅四章廿九节。

亚兰文译本的篇幅较长,因注解甚多。

(VIII) 阿拉伯文译本

在依据七十士译本之诸版本中,以阿拉伯文译本最为明确。但在公元942年曾有重译的事工,拟从希伯来文直接译述。[17]神的名词译作"真主"(Allah),"撒但"译作"约伯的仇敌",在一章六节。许多注释用希伯来文,对约伯记的研究贡献不大。

(IX) 昆兰版本(Job Targum)

在昆兰的考古发现中,第四洞穴有约伯记,但只是片断。在第十一洞穴中,约伯记的亚兰文版本较为完全,称之为11Q tg Job。内容中以约伯记卅七章十节至四十二章十一节最为完善。这是可追溯至公元前第二世纪初叶,是以古文字体抄写的,应为最早的钞本。译词与希伯来原文极为相近,比七十士译本更为近似。这对经文评鉴方面有极大的贡献。尤其为了廿四至廿七章之次序问题,此处可有明确的答案,因为

---

[16] Adolphe Weiss, *De Libri Job Paraphrasi Chaldaica* (1873).

[17] Sa'adia Geon Ben-Joseph, 参考 Nestle, *Realencyklopaädie*, III, 92.

昆兰亚兰文版本与希伯来文符合。⑱

(X) 结论

希伯来的考证经文（The Masoretic Text），仍是研究约伯记最基本的经文，若干评鉴的工作是需要的，但大多可以迎刃而解。关于诗文的体裁，尤其有关神话的用语，都可从乌格列文献（Ugaritic texts）寻得参考之资料。

叁　本书在旧约

约伯记在一般圣经中列于诗歌书，因大多圣经的目录是依据希腊文七十士译本。在希伯来正典中则列入"著作"，体裁是诗，内容为智慧书。如果细心研读本书，仍可确定本书是旧约的部分，且与其他书卷甚有关联，而且也可看出其文化背景，是希伯来宗教的特性，即律法与先知。

(I) 律法与先知的背景

约伯记有其普世性的价值，并不局限于以色列民族历史的构架之内。作者似蓄意避免以色列的特色，将其环境处置为以东的乌斯地，约伯其名也不是希伯来的，他的友人来自以东或邻近地区，如提幔、书亚与拿玛等地。但是本书的智慧传统是希伯来的，在信仰思想中，仍可追溯到律法与先知。

在约伯记第一章，约伯以一家之主，为儿女献祭代祷，十足族长之传统，使读者联想到创世记族长的历史，宗教的类型是以族长为家族之祭司。

---

⑱ F.M. Cross, Jr., *The Ancient Library of Qumran* (1958), 26; J. van der Ploeg, "Le Targum de Job de la grotte 11 de Qumran," *Mededelingen der Koninklijke Akademie van Wetenschappen*, Deel 25 No 9(1962), 545–557.

　　在约伯记卅一章,约伯为自己的道德行为辩明,内容是以希伯来的律法为依据的。律法是十诫,在出埃及记二十章与申命记五章,有约书,在出埃及记二十章廿二节至廿三章卅三节。有申命记法典,在申命记十二至廿六章,又有圣洁法典,在利未记十七至廿六章。如果综合这些法典的要旨,是宗教与道德的,敬虔不可迷信,拜偶像的罪极为严重,偶像与贪婪也是相连的,这在约伯记卅一章廿四至廿八节十分强调。律法着重公义与恩惠,在卅一章尤其详细提说。又在旧约律法中,十分着重婚姻的圣洁,性道德是不可忽略的。这在卅一章也屡次强调。可见约伯记与其他的旧约智慧书一般,以希伯来律法为依据,而律法是神的启示。

　　旧约先知对约伯记的影响如何呢? 以赛亚书与约伯记似有若干雷同之处。但在信仰思想方面比较,尤其值得注意。

　　约伯记与以赛亚书都强调道德的一神论(Ethical Monotheism)。在两卷书内以颂词赞美神的伟大,有约伯记五章九至十六节,九章五至十三节,十章八至十二节,十一章七至十一节,十二章十三至廿五节。以赛亚书四十章十二至十四节、廿五、廿六节,四十二章五节,四十三章十五节。二者都赞美神造物的奇妙。凡是有智慧的,都明白神的创造是智慧的根源,在约伯记廿八章二十至廿七节(参十一 7~9)及以赛亚书四十章十四节(参赛四十 28)。神铺张穹苍,启示祂自己,在约伯记九章八节以及以赛亚书四十章廿一至廿三节,四十四章廿四节,当神向约伯真的显现时,谁敢问神,祂作什么(伯九 12)。以赛亚说神的旨意是人拗不过的,谁敢问祂作什么呢? (赛四十五 9)

　　这位圣洁超越的神,是大有能力的,在约伯记九章四节、十九节,以赛亚书四十章廿六节。祂掌管列国的命运,在约伯记十二章十三至廿五节,以赛亚书四十章十五至十七节。祂统治宇宙,包括凶恶的权势,以大蛇拉哈伯或鳄鱼为象征,在约伯记九章十三节,廿六章十二节,四十一章一至卅四节及以赛亚书五十一章九节。神的权能在管理洋海,使之平静,在约伯记廿六章十二节;以赛亚书五十一章十五节("搅动"与约伯记相关,在约伯记小注中也作"平静",两处为同一个字)。神破除迷信,使说假话的兆头失效,以赛亚书四十四章廿五节,祂同样败坏官长的恶谋,使审判官变成愚人,在约伯记十二章七节。祂使智慧人退后,使他的知识变为愚拙,以赛亚书四十四章廿五节下。天上的众星是神所安置的或封闭的,却是邻邦膜拜的神明,约伯记九章七、九节,卅八章卅一至卅三节;以赛亚书四十章廿六节,四十四章廿四、廿五节,四十七章十二、十三节,神坐在地球大圈之上(赛四十22),但约伯记将这隐喻转变,因为神在高天(也有"大圈"hûg,中译本未译出),有密云遮盖(伯廿二12～14)。

论人的本源与人性的脆弱,在约伯记与以赛亚书都有。神的手创造人,约伯记四章十九节,十章八节及以赛亚书四十五章九、十节。神造人,将人抟在母腹中,约伯记卅一章十五节,以赛亚书四十四章廿四节。祂造人,好似窑匠用泥来造,约伯记四章十九节,十章九节,卅三章六节,以及以赛亚书四十五章九节,六十四章六节。祂又叫气息吹入,约伯记十二章十节,以赛亚书四十二章五节,有一用字指子息后裔(ṣeʾeṣāʾîm),指他们人丁兴旺,出现在约伯记五章廿五节,廿一章八节,廿七章十四节;以赛亚书廿二章廿四节,四十四章三节,四十八章十九节,六十一章九节,六十五章廿三节。但人却脆弱如花草,约伯记十四章一、二节,以赛亚书四十章六、七节;经风一吹,如碎秸一般,约伯记十三章廿五节,以赛亚书四十一章二节。生命好似衣服被虫蛀坏,约伯记十三章廿八节及以赛亚书五十章九节,五十一章八节。人正好似蛆虫一般,约伯记廿五章六节,以赛亚书四十一章十四节。人生好似劳役一般,约伯记七章一节,十四章十四节。在以赛亚书四十章二节"争战"也是同一个字(saba'),服兵役。人在神审判之下,好似人饮神忿怒的杯,在约伯记廿一章二十节,以赛亚书五十一章十七、廿二节。

两卷书中论义者受苦,最令人注意。约伯忍受极大的苦楚与卑微,但他并不是因罪而受苦(十九21)。在以赛亚书四十至五十五章,有四首仆人之诗,神要藉着仆人拯救以色列(赛四十二1～4,四十九1～7,五十4～9,五十二13～五十三12)。仆人在多方的反对之下,受鞭打凌辱,甚至被处死刑(赛五十5～6,五十三3～4、7～9)。人们只以为他被击打是神的刑罚(赛五十三4,参伯十九21)。人们藐视他(赛五十三3,伯十九18),吐唾沫侮辱他(赛五十6,伯三十10),厌弃他(赛五十三3,参伯十九14)。仆人受的痛苦,与约伯相比,有过之无不及。他更没有任何的罪,不行强暴,口中不说诡诈的话(赛五十三 7、9,五十 5,参伯六 30,十六 17,十七 4)。仆人与约伯都将他们的案件向主呈明(赛四十九 4,五十 8~9;伯十三 15,十六 19)。仆人为众人的罪替代而受苦,但他完全顺服神(赛五十三 1 节起)。替代受苦,在约伯记只是暗示而已,例如神嘱咐约伯为朋友祷告,他们就献上燔祭(伯四十二 7~9,参廿二 30)。在以赛亚书,神将仆人从残酷的死亡中救出,回复存活的状况(赛五十三 10、11),最后赐他胜利的掠物(12 节)。约伯在极端的苦痛中,想以死来逃避与解脱,以后仍且存着生之盼望。但是他还不大明白,人死后是否可从坟墓里复活(赛十四 7~17)。以赛亚论胜过死亡的希望(26 节),在约伯记再加以发展。

这两卷书是否互为影响,还是一卷借用另一卷,此处虽无清楚答案,但有些学者认为,约伯记早于以赛亚书。约伯提说无辜者受苦有替代的价值,在以赛亚书就得以充分论述。[19]如果这假定是可信的,那么约伯记先作铺路的工作,使人们可以接受以赛亚的好信息,神藉无辜的仆人,以他顺服的信心,甘愿受苦,为救赎神的子民。

但在约伯记的文体及用语,似乎在以赛亚书之后。[20] 那么约伯记是否是受以赛亚书的影响? 先知书是以色列历史为主,在圣约的关系之下,历史与选民在神信实与公义的原则下,仰望神的救赎。约伯记正如其智慧文学一般,不以圣约为主,不在历史的意识中。智慧传统是个人的,不是群体的;自然的,不是历史的;普世的,不是国族的。但是约伯记的信仰思想是希伯来的,必是受旧约先知的影响。

(II) 若干书卷经文对照

上述约伯记与以赛亚书之相似,此处可提出几节极为雷同的。[21]

---

[19] R. Pfeiffer, "Edomite Wisdom," *Zeitschrift für die alttestamentliche Wissens-chaft* 44 (1926), 13 - 25; S. Terrien, *Job: Poet of Existence*(1957), "The Book of Job," *The Interpreter's Bible*, III(1954).

[20] 在本注释的导论:"作者与日期",有较详之论述。

[21] John E. Hartley, *The Book of Job*, 12. 其他列表在 pp. 11 - 12.

约伯记　　　　　　　　　以赛亚书
九章八节上　　　　　　　四十四章廿四节下
十二章九节下　　　　　　四十一章二十节上
十二章廿四、廿五节　　　十九章十四节
十四章十一节　　　　　　十九章五节
十五章卅五节上　　　　　五十九章四节下
十六章十七节上　　　　　五十三章九节上
廿六章十二节上　　　　　五十一章十五节下

　其他书卷，尤其是先知书，可能约伯记是受那些先知之影响：

十九章七节　　　　　　　耶利米书二十章八节
十九章廿四节　　　　　　耶利米书十七章一节
五章十八节　　　　　　　何西阿书六章一节
十三章廿八节　　　　　　何西阿书五章十二节
九章八节下　　　　　　　阿摩司书四章十三节下
九章九节上　　　　　　　阿摩司书五章八节上
十八章十六节　　　　　　阿摩司书二章九节下
卅一章十五节　　　　　　玛拉基书二章十节上

　约伯记与有些书卷有相似之处：

四十二章二节下　　　　　创世记十一章六节下
四十二章十七节　　　　　　创世记廿五章八节，卅五章廿
　　　　　　　　　　　　　九节
四章十六节下　　　　　　列王纪上十九章十二节下

　约伯记的诗歌体裁及用字方面与其他诗歌书有类似的，也可列举
如下：

五章十六节下　　　　　　诗篇一〇七篇四十二节下
五章十七节　　　　　　　九十四篇十二节上
十章二十节下、
廿一节上　　　　　　　　卅九篇十三节
十二章廿一节上、
廿四节下　　　　　　　　一〇七篇四十节
十八章七至十节　　　　　一四〇篇四、五节

十九章十节	五十二篇五节
十九章十三、	
十四节	八十八篇十六节
廿二章十九节上	一〇七篇四十二节上
廿九章十二节	七十二篇十二节
卅三章十四节	六十二篇十一节
卅四章十四、	一〇四篇廿九节
十五节	
六章四节、	耶利米哀歌三章十二节
七章二十节	
十六章十二节	三章十二节
九章十八节下	三章十五节上
十二章四节	三章十四节
十六章九节下、	
十节上	二章十六节上下
十九章七至八节	三章七至九节
三十章九节	三章十四节

以上列表可以看出约伯记的文体,是旧约中不同体裁的反映。本书叙述与对话,赞美诗与哀歌以及箴言与短句,都出现在旧约其他书卷。哀歌的形式,可在诗篇与耶利米哀歌找到,而且甚多。在约伯记,哀歌确占极大部分,最明显的在三章三至廿六节,六章二节至七章廿一节,九章廿五节至十章廿二节,十三章廿三节至十四章廿二节,十六章六节至十七章九节,十九章七至二十节,廿三章,廿九章一节至卅一章卅七节。

在叙述部分,故事的体裁最类似的为路得记。对话的方式在旧约不多见,但创世记十八章廿二至卅二节,亚伯拉罕为所多玛与蛾摩拉向神代求,廿三章三至十六节,亚伯拉罕与以弗仑的赫人购地,是很好的例证。旧约先知蒙召的经过,也以对话的方式,如出埃及记三章二节至四章十七节摩西的蒙召,以赛亚书六章,耶利米书一章,都是先知蒙召时与神的对谈。

本书的箴言与短句,可在旧约的箴言书与传道书找到类似的方式,因为同属智慧文学的范畴。

肆　在智慧文学

约伯记为旧约的智慧书，是一致公认的类别。智慧文学在旧约的正典中，通常只为箴言、约伯记与传道书，此外在若干书卷中也有片断，可以追溯智慧传统，但不能作为智慧文学。诗篇中若干篇章，确可作为完整之智慧诗，如诗篇第一篇、十九篇、卅六篇、卅七篇、四十九篇、七十三篇、七十八篇、一〇五篇、一一九篇、一二七篇、一二八篇、一三三篇、一三五篇、一三六篇。

(I) 智慧传统的发展

智慧传统在以色列宗教的发展中，似有三个阶段。第一阶段应在所罗门时代之前，陆续有谜语、格言、寓言，如在士师记，又有解梦说文的，在族长时期的约瑟生平，记载在创世记。所罗门时代可谓智慧运动的极盛期，例如在列王纪上四章卅一至卅四节。所罗门的智慧名闻天下，他作箴言三千句，诗歌一千〇五首。箴言（mashal）一词字源原意为"相似"、"代表"、"仿照"，内容隽永，语句简短，都是有关实际的道德，可应用于生活之中。旧约的箴言书，列明所罗门的传统，必可追溯至他的那时代。智慧运动的第三阶段是在以色列被掳之后。祭司职事因圣殿被毁，祭祀废除或停止，不再有积极的活动。先知工作也因侵略者当局有政治的敏感，顾忌先知煽动性的宣讲，而加以禁止与限制。那时以色列的宗教人士，只有教师性质的智者仍可继续发生影响的作用。这些智者有的出身祭司或先知，有的原为民间的长老。他们既没有祭司那样崇尚形式与系统，也不像先知那种严谨与矜持。他们不必再加责备，在民族悲惨的命运之下，历史的浩劫之后，痛定思痛，只似温和安慰的话，振兴人们的精神。他们常以哲学的途径——理性主义人本主义——来探索人生的究竟。他们不谈历史，不谈国家，只论自然以及个人，这样无疑将旧约宗教的基础拓宽了，甚至强调普世主义。智慧本来没有种族文化的色彩，内容也应力求普及与实际。在旧约的智慧似乎有两大种类，一种是实际的道德（practical wisdom），箴言是十分标准的著作，另一种则为哲学的推论（philosophical wisdom），约伯记与传道书可谓代表作。

约伯记是否为被掳后的文学产物呢？这是甚为争议的问题。在第一章的背景，似在族长时代，但在同一章的记载，居然提说撒但。撒但其名应为后期的用语，至于本书的文字，似为后期的希伯来语文，确引起学者们的质疑。

智慧文学大多确是被掳时期的产物，因为环境使然，写作才大为发展。智慧文学也许有很古老的传统。由传统写成文学，则在后期。这样的说法似极为合理。[22]

（II）智慧文学的特性

旧约的智慧文学，似乎故意避开以色列历史的背景，以及律法与先知的教训。但是在着重普世性的信息，且以自然现象为隐喻，以理性为途径，是有其特别的用意。以色列的祭司是讲律法，先知说预言，这些都是着重神的启示。但智慧人设谋略，只是运用神赐人思想与知识，并不强调启示。智慧传统从来不以"属灵"来标榜，但并非不属灵。真正的智慧是有宇宙的意义，可见属灵的视野更为辽阔，以致更坦率地道出生命的究竟。

从这方面来观察，约伯记就有这样智慧文学的特性，因为本书探索的确是生命的终极。在约伯与朋友的辩论中，任何强调属灵的权威，似乎都不能立足，无法使约伯折服的。约伯言词中所表露的困惑，是十足智慧者的思想。生死苦乐，确是人最基本探索的问题，在本书有充分的研究。最后耶和华的言词，专以自然现象来解释宇宙的真谛，使约伯静默与自卑。这是作者真实的用意。

智慧文学是人本主义的论调，讨论人在实际的处境中，寻求生命的

---

[22] K. A. Kitchen, "Proverbs an Wisdom Books of the Ancient Near East: The Factual History of a Literary Form," *Tyndale Bulletin* 28 (1977), 69 – 114; P. P. Zerafa, *The Wisdom of God in the Book of Job* (1978).

意义与价值,是适合普世各处人们的需要。这是理论的、哲学的,但并未脱离现实,并不流于空谈。甚至哲学性的智慧,在探索中仍不忽略实际的道德。

约伯记在开端,论约伯完全正直,敬畏神,远离恶事(一 1)。在第廿八章结语:"敬畏主就是智慧,远离恶便是聪明",完全是箴言书的主题。传道书的结论:"这些事都已听见了,总意就是敬畏神,谨守祂的诫命。这是人所当尽的本分……"(传十二 13)

约伯的友人论神的公义为报应的,约伯受苦必为罪的报应,这是正统的信仰观念,发挥在箴言书中。但约伯却不能接受,因为传统与经验并不完全相符,有时情形特殊,不可以偏概全。约伯记无疑以哲学的推论重新审察传统的信念,这实在给予箴言的思想十分真切的挑战,人无论有多少智慧,仍不足以明白神的意念与道路。神的公义不仅是法则或公式,这种过分简化的说法,并不十足可靠。

此处无意否认旧约智慧的一贯,事实上这些书卷彼此并不矛盾。箴言着重人的福乐,约伯记研究人的苦难,传道书暴露现实的丑恶。智慧以正面与反面来观察与深究,看信仰与生活,智慧与理想,这些都息息相关。总意即以敬畏神为要旨。敬畏神是智慧的开端。开端并非只是"开始",而可作"首要"、"原则"、"基础"、"中心",智慧必须以敬畏神为大前提。敬畏是敬虔、顺服。这是旧约智慧书的特质,是希伯来信仰的优点,为其他任何智慧文学所缺少的。㉓

(Ⅲ) 约伯记为智慧著作

约伯记为希伯来智慧之高度成就,成为一部代表作,无论在形式与途径上,在背景与内容方面,都是智慧著作特有的。在思想与观念上,有正统的与非正统的成分,可谓综合不同的见解以及论调。

㉓ H. L. Ellison, *From Tragedy to Triumph* (The Message of the Book of Job) (1958), 4; Kaufmann, *The Religion of Israel*, ed. and trans. M. Greenberg (1960); Robert Gordis, *The Book of God and Man*, *A Study of Job* (1965), 31-52.

首先,本书有具体的智慧文学的格调,尤其在辩论部分,有不少短句与格言,是与箴言书相同,以这种形式(mashal)作法律的争辩(argumentum ad hominem),而且以个人为主。文体以诗歌的形式,有不少哀歌的成分,都是十足智慧的著作。

从论述的途径来看,约伯与友人都持固定的立场,以逻辑的辩论,实际的观察以及经验的佐证,都是智慧论理的依据。友人论苦难为罪恶的报应,理由十分充足,所以信念十分合理,尤其人都不完全,苦难更是人生必有的经验。第一位友人以利法在论理中,特别提说神秘的经验。但是他与其他友人的理论,是约伯无法同意的,无论是属灵的或是理性的,都使约伯发生怀疑。耶和华说话时,在约伯与友人辩论之后。神并没有以神秘的属灵事来解说。祂指出自然界一切现象,是理性可以明白的,祂并没有将超自然的信心来说明,也不容约伯逃避这恶苦难,至一种神秘的境地。本书作者设法解释,人在世界的苦难,是无法以理性的思考与观察可以明白的,甚至经验仍不足以说明。苦难是宇宙性的问题,要以一定的原则作为南针,仍不能指向答案。信心并不否认理性,却是超越理性的,信心的探索,才是正确的路向。

约伯记是希伯来智慧的产物,但不可忽略的是本书广大的背景,因为智慧不是国族的,而是普世的,包括希伯来民族的地理环境,以色列邻邦在古代近东的地区。智慧既不强调国族,历史的意识就不需注意。希伯来人向来注意神在历史的救赎,在智慧著作中,也不再提说。希伯来智慧,正如其他背景一样,以自然现象为主,神是创造者,为一切智慧的根源。

智慧文学常以上层阶级的社会环境为主。智慧既以知识为重,必在有闲的阶层,生活比较优越,才有闲情逸致,可作这样的文化活动。箴言书的成功论调,常以穷苦为懒惰的后果。约伯记的主角约伯,是一个家道丰富的人,以后落在苦难之中,贫病交加,情形特别悲惨。他不像那些下层阶级的人,终生贫穷可怜。约伯记面对的问题,也是上层阶级最惧怕、但也常需面对的,在约伯记卅一章,约伯表白的德行,常关顾贫穷人以及寡妇孤儿。财富并没有使他骄傲狂妄,他始终有道德的勇气,是上层阶级应具有的道德。

社会阶层确会带来不平等的现象。但上等阶级的人往往在这方面不怎么敏感。智慧者在观察中看出,许多所谓上等阶层的人,其实是为富不仁的。结果恶者反而兴盛,而义者却受贫苦。这是很难解释的事,约伯为辩驳朋友的偏见,提出这样的质疑:"恶人的灯何尝熄灭? 患难何尝临到他们呢?"(伯廿一17)这正好十足地反映出社会一般的感慨,智慧文学,特别是以道德哲学的立场,不能不提出来的。

但是有真实信仰的人,虽在上层社会,却不是那样只求功利。约伯在省察自己在富有时的实情,表明他的清白。传道书提出社会不平与欺压的事(四章),发挥了社会的良心。箴言书中才德的妇人(卅一10~31),虽有丰富的家道,仍以勤俭持家,并敬畏神,有虔诚的生活。

有关生命的终极,也是智慧者所关注的,但似乎没有明确的答案,箴言书甚少论来生,传道书也语多消极。但在约伯记却坦率地面对。对生命终极的探索,在约伯记十四章有所论述。

智慧文学论神的权能,在世事的安排上极为注意。约伯记论述极丰。但约伯记看到神的权能甚多是毁灭性的,这是祂公义的作为,但使约伯感到困惑与震惊。

(Ⅳ) 古代近东智慧文献

研究约伯记,注意其智慧文学的格调,就必会联想以色列邻邦的智慧文献。尤其近代考古学有许多发现,更将这些文献与约伯记比较,找到不少相似甚至雷同之处。那些文献并不证明旧约的智慧书借用或抄袭,也不是说明它的影响。但智慧既为普世的,在文化的接触中,必会在有意无意中互为关联。有关人生问题,尤其是众生的需要,以致在探索中有相似的慨叹与想法。但是希伯来信仰,使其智慧有独特性,却是不可忽略的事实。

(一) 苏美里亚文献

近东智慧文献,最古的当推尼普尔(Nippur)的泥版,可能是在公元前1700年前凿刻的,原来的作品甚至可追溯至公元前2000年。作者为苏美里亚(Sumerian)学院的院士(edubba),泥版的断片有五块,内容叙述无辜的受苦者应有之态度与行为。这是智慧文学的特性,强调人不可能无罪,所以没有无辜者。人都因行为不端而遭灾,没有真正不公义的事情,人都应该受苦。人自以为无辜,一直到神明促他良心发现,才感到罪愆:人生来就有罪。该诗被定名为"人与他的神"。[24]

这首诗内容可分为五部:

(一)赞美神明与安慰疾苦

(二)介绍人物与叙述苦难

(三)受苦者的悲叹与吁求(受朋友、仇敌的欺凌而求助)

(四)承认罪愆而恳求拯救

(五)最后得救因此歌颂神

第一部先行公布,大多学者认为是箴言的体裁,以后几部综合起来研究,似为道德性的论述。这位义者为人贤达,家庭幸福,在社会上交游广阔,及后失去健康、财富,遭人轻视,失去名誉,但他的忍耐与修养并没有失去。他谦卑地祈求他的神明,痛哭恳求。神明就施以怜悯,垂听他的祈祷,使他康复,由悲苦转为喜乐。苏美里亚正如约伯,并无怨言,在受苦时也未争辩,只是恳求与悲叹,又承认他无可免去的罪愆与失败。

有人以为这是一首悔罪的诗篇,完全是祈求,并无悲叹与埋怨,没有向神提出质询的话。神明寄以深切的同情,施以照顾与眷念。神明虽高高在上,仍与地上的人同在,垂顾他。[25]

在这文献全部是以箴言式的短句,反复述说无辜者受苦的事,却没

[24] S. N. Kramer, *The Sumerians*(1963), 125 – 129. 参见 R. G. Albertson, "Job and Ancient Near Eastern Wisdom Literature," in *Scripture in Context*, II, eds., W. W. Hallo, James C. Moyer and Leo G. Perdue(1983), 213 – 231. 有关这项考古发现及分析,可参阅 E. Chiera, *Sumerian Lexical Texts from the Temple School of Nippur*(1929); L, Matouš, *Die Lexikalischen Tafelserien der Babylonier und Assyrer in den Berliner Museen*, I, 1933; H. H. Schmid, *Wesen und Geschîehte der weisheit*(1966), 95ff。

[25] Thorkild Jacobsen, *Treasures of Darkness*(1975), 147 – 164, esp. 150。

有争辩与怨言。有对语的形式,对偶的结构极为明显。㉖

比较约伯记与这苏美里亚的文献,有异同之处。二者的悲叹,在形式与内容方面十分相似。㉗二者的结论也是相同的,都在神面前谦卑认罪。

在苏美里亚的神学观念中,人的苦难是由于罪而导致的。神的公义并不十分明显,苦难临到人,人惟有承认罪愆,恳求神的怜悯。这样他就得他的神特别的恩惠,在众神面前得着辩护,在审断他命运时就有优惠。人受苦本身又有功德可修。㉘他个人的神,好似约伯所希望的那位听讼者(九 33)及天上的见证(十六 19、21),辩护者("救赎主"的原意:十九 25~27)。

但是约伯的神是独一的至高神,有绝对的权能,在祂之下没有众神,只有使者,所以约伯记没有多神论的迷信。在约伯记,约伯与友人辩论,为自己的无辜申明。这是苏美里亚的智慧文献中没有的,因为受苦者必有罪,没有辩说的余地,只有认罪悔改,才可恳求赦免与复兴。㉙

(二) 古巴比伦文献

在古代巴比伦的智慧文献中,最著名的是"我要歌颂智慧的主"(英文一段的译名为'I Will Praise the Lord of Wisdom',译自亚甲文的题目 Ludlul bēl nēmeqi,又可称之为"受苦义者之诗"及"巴比伦的天路历程",通常称之为"巴比伦约伯记")。㉚

㉖ Hartmut von Schmökel,"Hiob in Sumer," *Forschungen und Fortschritte* 30 (1956),74 - 76.

㉗ S. N. Kramer, *History Begins at Sumer*, ch. 15,"Suffering and Submission: The First 'Job'"(1959),114 - 118.

㉘ S. N. Kramer,"Sumerian Theology and Ethics," *Harvard Theological Review* 49(1956),45 - 62.

㉙ S. N. Kramer, *History Begins at Sumer*,107.

㉚ W. G. Lambert, *Babylonian Wisdom Literature*(1960),27;S. Langdon,"Babylonian Wisdom," *Babyloniaca* (Études de philologie Assyro-Babylonienne,1913 - 1923),129 - 229.

　　日期大约在公元前 1600 至 1150 年左右。内容正如题目,为赞美感恩之诗歌,受苦者从苦难中得着拯救,而献上感恩。他曾患有重病,被神明(男女之神)及天使离弃,他不再蒙眷佑,以致体力消失,面貌枯槁,尊贵全无。他曾占卜求梦,都一无果效。在夜间惊恐,君王与他的臣仆都肆意攻击陷害。他原有的口才现缄默了,他骄傲的头低下,有力的胸脯因惧怕而无力,能力的膀臂也瘫痪了。他以前尊贵的身份不再存在,现在被人视为卑贱如奴仆。他的友人,甚至亲人都离弃他。白天他叹息不已,夜晚哀号无尽,年月在困苦中度过。他好像鸽子那样哀鸣。他的泪眼红肿发炎。他苟延了一年,但每况愈下。他祈祷全无功效。观兆发梦都无助益,祭司做法事,也不能消灾,除去神明的忿怒。但这位受苦者并未背叛神,仍切实恳求神。他描写身体病痛之多,有头痛、咳嗽、抽筋、颈痛、心跳不正常、痢疾、便血、发烧、冷汗、四肢疼痛,甚至瘫痪、喉痛不能下咽,又有昏厥。这些似远超约伯的痛楚。

　　但是他始终没有放弃希望,仍旧相信最后必可痊愈,恢复健康,辩明自己,有些像约伯记十九章廿五节。在第二泥版上(第卅四至卅七行)有这样的话:"人以为善,难道就以神为恶吗? 他的心意错谬,因为神是良善的。谁能明白神的旨意呢? 神的道路怎会使人寻见呢?"[31]

　　第三泥版似乎十分重要,尤其在开端说:"他的手重重地打击我。"这可联想约伯记廿三章二节下:"我的责罚比我的唉哼还重。"在巴比伦的诗中,神明是苦难的根源,是全能的马度克(Marduk 巴比伦的主神)施以刑罚的,以后才听了受苦者的哀求,而将风吹走他一切的罪恶与苦难,方始使他病愈而恢复。这一点似与约伯记有相似之处。二者都质疑神的公义。但不同的在文体,因为巴比伦的文献,完全是独语的诗。受苦者的态度也不同,巴比伦人只着重礼仪的虔敬,约伯强调虔诚与道德。巴比伦人还不敢直接向神埋怨,而约伯却坦诚地向神表达他对神公义不能接受的困难。信仰不同,因为巴比伦的迷信不在约伯记。可见约伯记决不受这文献的影响。

㉛ Robert Gordis, *The Book of God and Man*:*A Study of Job*, ch. v, "Job and Near Eastern Literature,"(引述 Lambert, Babylonian Wisdom Literature, 26),53－64, esp, 57。

另一个通常称之为"巴比伦的神义论"（Babylonian Theodicy）的
文献，也与约伯记有相似之处。有人以为这文献更与传道书相似，称之
为"巴比伦传道书"，日期大约在公元前 1000 年左右。[32] 这是受苦者与
朋友对谈人的苦难与神的公义。全诗共廿七节，每节十一行，每行有廿
七音节。内容强调义者的虔诚与圣洁，文体十分秀丽。[33]

在受苦者与朋友对谈时，先是诉说他的苦楚。朋友的回答有礼貌
及同情，并劝导他对神恭敬，才得保护与赐福。当受苦者再以苦楚来申
诉，他们再劝勉他以祷告寻求公义，必得神的恩慈与饶恕。受苦者提说
自然现象，野驴不会听神的圣言，猛狮食肉不会讨女神的喜悦，只惹动
神怒。受苦者又怎能以祈祷献祭给神明呢？朋友的回答是神明的道路
不易明白，但箭与陷阱为野驴与猛狮所经受的。富豪若惹动君王，到时
会被判刑烧死。他岂不同趋灭亡吗？受苦者再辩论，那些轻忽神的仍
旧兴盛，敬虔祈祷者反而遭受贫困。他自年青就向神祷告，他白负神的
轭，未得财富，反受贫苦。他们的辩论一直在进行着。朋友坚持那些不
虔不诚之辈已受刑罚，为神负轭的必不缺食。受苦者也不住提出反证，
神明并未显明公义。这就使朋友极为生气，认为他简直是亵渎神。神
明高高在天，他们的心意又怎能使人明白呢？最后，受苦者只求朋友的
同情以及神明的帮助。

这文献的结论有些奇特，没有受苦者最后的结局，他的问题没有解
决，可见整个的论调是悲观的，结论也是消极的。这与约伯记和传道书
确有若干相似之处，若干主题可以比较，如死亡除去爱与喜乐（第十二
行起），富豪不能永久得神悦纳（六十行起），神明的旨意无法猜透（第八
十行起，第二百二十行起），人行强暴反能兴旺（第二百一十五行起）。
作者劝人喜乐（第廿一行起，二百四十六行起），总要求神帮助。作者甚
至大胆地说出人的虔敬与献祭未必有效（第一百卅五、一百卅六行），这
当然不是圣经中约伯记与传道书的论调。

---

[32] Robert Gordis，*The Book of God and man*，59. 该书认为这文献的日期应为公
元前十五世纪至十四世纪。

[33] R. H. Pfeiffer，"A Dialogue about Human Misery," in *The Ancient Near Eastern
Text*，438 - 440；W. G. Lambert，*Babylonian Wisdom Literature*，63 - 91.

　　此外还有一个文献，通常称之为"主仆对谈的悲观论"（Pessimistic Dialogue of a Master and a Slave）[34]，有的称之为"悲观的对语"，内容叙述主仆的谈话。主人说出他的意愿，拜访王宫、饱享饮食、打猎、建屋等，仆人都盛赞主人之智慧。主人突然又宣告他作些完全相反的事，仆人也一味赞成。主人说二者的论说都一样，人最后还是难免一死，所以他先杀死仆人，再自杀，一死了之。仆人同意主人的说法，人无法了解世界，也不能逃脱人必朽坏之定律。这可能是一种幽默性的文学作品，却反映当代人心的实况，甚至也说明现代青少年的心理。面对人生的现象，凡事都是空虚，没有意义与价值可言。

　　以上所说的有关巴比伦智慧文献，目的在于劝导人们道德的言词，也有哲学的意味，而且反映人心悲苦的思想。有说不尽的慨叹，这些都是智慧的论调，也见于约伯记与传道书。但圣经中的信仰观念，远超巴比伦的智慧文献，因为后者只是多神论的迷信与悲观的命运论。

（三）古代埃及的文献

　　近东智慧的文献，大多是充满悲观的论调，古代埃及的智慧文学也不例外。论人生苦难的问题，有几件可以提及。在埃及第一朝代（公元前 2300 至 2050 年），有一件称之为"伊布卫的劝勉"（Admonitions of Ipu-wer），内容有六首诗，有一文士果敢劝谏君主，责其管理不当，法律不正，使社会秩序混乱，应予改革。[35] 这是有关智慧文学的社会关怀，出现在圣经的传道书（十 6～7）及箴言书（卅 21～22）中，也是研读约伯记可予注意的，对社会现状不满的，有一件为"厌世之争辩"（The Dispute with His Soul of A Man Tired of Life）。[36]

---

[34] Lambert, *Babylonian Wisdom Literature*, 139ff.; E. F. Sutcliffe, *Providence and Suffering in the Old and New Testaments*（1953），34 – 38 均有讨论，文献的译词记载在 *Ancient Near Eastern Texts*，437 – 438.

[35] *Ancient Near Easten Text*，441ff.

[36] *Ancient Near Easten Text*，405 – 407；A. Erman, *The Literature of the Ancient Egyptians*，to，A. M. Blackman（1927），86 – 92.

在文献中,最为普遍的,当首推"农人的怨言"(Complaint of the Peasant),内容为一个农人,住在三角洲之西的拿德隆(Wadi Natrun),叙述他经营盐田,如何遭受欺压的苦楚。[37] 文体优美,内容叙述受苦者的悲叹,与约伯记相似。又有一首"竖琴之歌"(Song of the Harper),日期是在埃及中期(Middle Period)及更新期(New Period)之朝代,内容与传道书及巴比伦传道书相似。论人生的短暂,宜及时行乐。有关人生苦短,也在约伯记中发挥。

以上几种文献,论受苦者如何在苦难中求死解救,希望有辩护者为他们向天神说项,正如约伯的感受。但他们没有像约伯那样直接向天呼吁,辩明自己的无辜。

埃及的智慧文学中,虽视神明为道德的,却不以道德为主要的信念。巴比伦的神明为无道德的,甚至为不道德的。神明的怒气一发,残忍不堪,任意宰杀。有时人的赏罚,似与神的公义无关。罪恶与苦难的关系也不分明。这是与约伯记及旧约其他智慧书不同的。旧约智慧着重信仰与道德,二者相辅而行,不可或缺,公义的报应是约伯记重要的论题,却不在埃及与巴比伦的智慧文献之中。

埃及与巴比伦的智慧传统中,在若干是根据神话的编造,就有荒诞的成分,再加上若干迷信的因素,注重的是命运,因为他们不明白神的安排(the Divine Providence)。但旧约的智慧文学中,神的安排占有很重要的论述。

埃及注重道德哲学,似较巴比伦为甚。埃及的文献中有一份"死人之书"(The Book of the Dead),人死后要向神明交账。[38] 人死后想进入极乐世界,必须申明自己无罪,提出若干罪行,是他完全未经干犯的,如凶杀、偷窃、欺骗、奸淫等罪,以及一些宗教礼仪的罪,死人之书中就是列明这些申明。约伯记卅一章,约伯也逐项申明,确未干犯那些罪,却未列出任何礼仪上的错谬。可见有所区别,但注重道德行为,极为相像。埃及智慧文学与旧约的箴言有相似之处,此处也以死人之书足资参考。

---

[37] *Ancient Near Eastern Text*,407 – 410.

[38] E. A. Wallis Budge,ed.,*The Book of the Dead*(1956);*Ancient Near Eastern Text*,34 – 35,有第一二五章之译词。

(四) 其他的智慧文学

在埃及挖掘出一份文献,日期约在公元前 2000 年,内容是有关巴勒斯坦的一个首领的('ybm 'Ayyabum),为亚甲文,指巴珊王亚斯他罗(Ashteroth),这名字的字义为"我的父亲在哪里?"[39]有人认为这是出于赫人的神话典故,称之为"阿浦轶事"(Tale of Appu)。[40] 这名与"约伯"音近,二者都为东方人中的重要人物,都受极大的苦难,妻子也不同情,以后终于脱离苦境,家庭得以复兴。"约伯"其名按照阿拉伯文,原意为"悔改"、"归回"、"顺服",而希伯来文可作"敌对",约伯曾怀疑神,几乎与神敌对,最后悔改,归向神,向神顺服,这样的解释也为解经家所注意。[41]

在叙利亚北部(Ras Shamra)王宫附近曾发现有格尔格米斯裨史(Gilgamesh Legend),为亚甲文的智慧文献,内容方面也有关无辜受苦的事,日期应为公元前 1300 年。[42] 这与巴比伦文献"我要赞美智慧的主"比较,极为相似。约伯也曾称颂神(一 21),又以利户劝导约伯的(卅六 24),所以这件文献确有参考的价值。

上述提说,约伯其名之阿拉伯字义,因有解经家思考约伯记之阿拉伯背景,且用字方面也有阿拉伯文可资研究。[43]

---

[39] B. Zuckerman, "Job," *The Interpreter's Dictionary of the Bible*, Supplement, 479.

[40] H. A. Hoffner, "Some Contributions of Hittitology to Old Testament Study," *The Tyndale Bulletin* 20(1969), 27 - 55; M. B. Crook & S. A. Eliot, "Tracing Job's Story," *Hibbert Journal* LX(1961 - 1962), 323 - 329.

[41] N. H. Tur-Sinai, *The Book of Job: a new commentary*, 1967, xxxvii - lxix.

[42] A. Goetze and S. Levy, *A Fragment of the Gilgomesh Epic from Megiddo*, *Atiqot* 2(1959), 121 - 128; J. Nougayrol, *Ugaritca*(1968), 273 - 300.

[43] Frank Hugh Foster, "Is the Book of Job A Translation from An Arabic Original?" *American Journal of Semitic Languages*, xlix(1932), 21 - 45; A. Guillaume, "The Arabic Background of the Book of Job," in *Promise and Fulfilment*, ed., F. F. Bruce(1963), 214.

在迦南的文献中,有乌格列礼仪文(Ugaritic liturgical text),内容提说巴力死而复活:"我知道全能的巴力活着,地上的主必仍存在。"[44]这正如约伯记十九章廿五节的用语。

约伯记常被解经家将此书与希腊悲剧相联,因为约伯记有戏剧的体裁。[45] 约伯记的绪言(一、二章)及结论(四十二 7~17),确有戏剧的动作。但约伯与友人的辩论,没有动作,却有哲理的内涵,希腊的悲剧也有这样的性质,是智慧文学的特质。普罗米修斯悲剧(Prometheus tragedy)与约伯记甚有相似之处。约伯友人的话,好似悲剧中的合唱道白(chorus)。普罗米修斯在受苦时求死,怀疑神明(Zeus)专横的权能,极似约伯的悲情与怨言。约伯最后得出苦境,也似普罗米修斯得着释放。约伯记廿八章更像希腊悲剧的合唱道白。[46]

希腊神话中的俄狄浦斯(Oedipus)弒父,与约伯记中的情节,也为经学家所研究。[47]约伯不能在受苦中甘愿接受神的旨意。友人以利法与以利户都强调受神惩治管教的人有福,这是父亲对儿子的教育,但约伯无法明白,总以为神过分严厉地对待他,使他感到神不公正。他是否有俄狄浦斯的反常的心结呢? 关于苦难是管教,却是智慧传统思想中一个主题。

(Ⅴ) 旧约智慧其他佐证

旧约的写作是在近东的环境中,不能脱去文化的影响。智慧传统仍可追溯。

创世记里的约瑟传略,似讨论受苦的问题。受苦是否对人有益?内容有智慧传统的主题,虽然在文体形式上不同,并不具有智慧文学的格调。在这传略中,常以相反的事来发展情节。他的衣袍在兄弟手中,

[44] C. H. Gordon, *Ugaritic Handbook*, 138; *The Ancient Near Eastern Text*, 140.

[45] H. M. Kallen, *The Book of Job as a Greek Tragedy Restored*(1918).

[46] William A. Irwin, "Job and Prometheus," *Journal of Religion*, 30(1950),90 - 108.

[47] Meyer Fortes, *Oedipus and Job in West African Religion*(1959), 1 - 81.

使他们在父亲雅各面前表明清白。但衣袍在波提乏妻子的手中,可以作为诬告的证据。约瑟的梦在家中引起兄弟们忌恨,使他们以除掉他为快。但他的解梦在法老当中,促使他脱离困境,因此救助兄弟。父亲为钟爱约瑟与便雅悯,引起兄弟们行恶。而约瑟对兄弟们承认,"从前你们的意思是要害我,但神的意思原是好的,要保全许多人的性命,成就今日的光景。"(创五十 20)此处作者似强调报应的公义,只是以一种颠倒或相反的原则。[48] 但有关约瑟与约伯的论述,两者都有训诲的性质。两者都为无辜与温和,也暴露人心的嫉妒与恐惧(如约瑟的兄弟、约伯的友人及撒但,撒但虽非人,却比人心更险恶),约伯也如约瑟一样,看见苦难之上有福乐。神不仅控制他们的处境,也终于搭救他们。[49]

　　以西结书十四章曾两次提说约伯(4、20 节),是与挪亚、但以理一起提及。在希伯来的传统中,这三位是义人,由于他们的虔敬,神看顾他们的家。挪亚是义人,在那世代是完全人,结果因遵神命,造方舟,使他全家八口都得救。约伯是义人,家庭虽遭变故,但他始终没有离弃神,神使他家得以复兴,从苦境转回。但以理属于后期,怎会与挪亚、约伯同列,引起经学家质询,甚至将但以理联想为乌格列人物(Ugaritic hero, Dan'el,以西结书十四章为 dn'l)。如果这猜测是正确的,那个但以理也有受苦的经验,与约伯的有点相似。但这样的解释仍有问题,不足置信。[50] 至于公义的报应问题,却特别提出,有雷同之处。

　　再回到旧约的箴言书,箴言是旧约智慧的基本文献。内中论公义

⑱ D.B. Redford, *A Study of the Biblical Story of Joseph supplement to Vetus Testamentum* 20(1970),67－74.

⑲ G. von Rad, *Wisdom in Israel*(1972), 200.

⑳ S. Spiegel, "Noah, Danil and Job, Touching on Canaanite Relics in the Legends of the Jews," *Louis Gingberg Jubilee Volume*(1945), 303－355; M. Noth, "Noah, Daniel und Hiob in Ezechiel xiv," *Vetus Testamentum* 1(1951),251－260.

的报应,为申命记的主题之一。⑤ 箴言是普世性的、传统性的、实用性的。这些论点都简单明了,无需推敲思想。思想方面并非首创,只是汇集,集思广义,不必修正,不必辩论,必加以保存以供应用。主旨是成功之道,求和谐,求合一,以达到训诲的目的。希伯来智慧的传统是从箴言说起,以受苦义者之诗作结,似为构成一套完整的系统。⑤ 约伯记内容着重"义者"与"受苦"二者,前者在于顺服与忍耐,为箴言所强调的美德,后者在于经验从受苦的经验,看到神的恩慈的安排,十足是智慧的思想。

伍　文体与结构

本书结构,主要分为两大部分。绪言与结论,在第一章,第二章及四十二章七至十七节,是基本的构架,以散文体裁,叙述约伯的经历。这是故事,包括约伯在受苦前、受苦中以及受苦后。他由富有至贫乏,由健康至疾病,由尊贵至卑贱。然而最后神使他恢复,病愈,富有与尊贵,甚至连儿女也赏赐给他。故事成为外壳的构造,内里就有友人与他的辩论,他的独白,以及耶和华的言词。这些都是诗歌的形式,给本书的核心,有大多的篇幅,在第三章至四十二章六节。

结构的合一问题,学者有不同的见解。⑤ 通常将本书分为四部,即一至卅七章,卅八章一节至四十二章六节,四十二章七至九节,以及四十二章十至十七节。约伯的信仰与经验似有极大矛盾之处。⑤ 兹分析每一部的情节。

---

⑤　S. L. Crenshaw, "Prologomenon," *Studies in Ancient Israel Wisdom*(1976),15.

⑤　J. J. A. Van Dijk, "Les Justes Souffrants," *La Sagesse Suméro-Accadienne*: *Recherches sur Les Genres Litteraires des Textes Sapientiaux*(1953),119 – 134.

⑤　Y. Hoffman, "The Use of Equivoeal Words in the First Speech of Eliphaz (Job 4 – 5)," *Vetus Testamentum* 30(1980), 114 – 118; "The Relation between the Prologue and the Speech Cycles Job: A Reconstruction," *Vetus Testamentum* 31(1981),160 – 170.

⑤　R. Polzin, *Biblical Structuralism*(1973).

(Ⅰ) 叙述的情节

在圣经以外的著作中,叙述体裁将故事托出,大多将主题与结构配合。构架上的故事,将要义道明。[55] 但约伯记的构架只在绪言与结论,在这之外,没有情节的叙述,那么在诗文中是否仍有情节呢? 这是需要在情节发展中寻得作者的用意。

在圣经中,叙述的方式,单独的似与对谈的相配合。作者往往从叙述开始,然后进展至对谈,再由对谈至叙述,成为一个完整的循环。在对谈中,各别的角色就显露出来,并且个人也发现自身的实况,并且看明他与神的关系,都是藉着语言的能力来表现。[56]

在约伯记,这是十分典型的结构,尤其在两次的开场白,即一章六至廿二节及二章一至十节。[57] 在叙述中也有对谈,对谈是诗句。[58]

在圣经的叙述,对谈不仅将情节托出,而且也真有动作,而动作是将情节迟延、将之复杂化,再设法解决。约伯记作者也循这样的方法,在对谈中显示了情节的发展,仔细看来,可以看清。可见对谈部分(从四章起),仍有情节可以寻溯,并非单独的有关信仰之争辩。这样说来,约伯记应为合一完整的著作。

本书散文部分,有三处介绍约伯,三位朋友,以及以利户。在一章一至五节,二章十一至十三节,卅二章一至五节,每处都将他们的角色、性格说清,给予这些背景,才可进而提示情节。在介绍三位友人之前,先有这样的叙述:"约伯并不以口犯罪。"在卅一章末,"约伯的话说完了。"于是有介绍以利户的话。在结论中(四十二 12~16)约伯的复元,

[55] Norman C. Habel, *The Book of Job: A Commentary* (1985), 25, 举例说明: *Decameron*, *Thousand and One Nights*, *Bhagavad Gita*, *The King and the Corpse* (Vetālapañ, cavin'sati)。

[56] R. Alter, *The Art of Biblical Narrative* (1981), 69, 75.

[57] N. Habel, "The Narrative Art of Job Applying the Principles of Robert Alter," *Journal for Study of Old Testament* 27 (1983), 101 - 111.

[58] Robert Gordis, *The Book of Job: Commentary, New Translation, and Special Notes* (1978).

与绪言十分平衡(一 1～5)。作者有意将每一角色依次介绍,有头有尾,条理分明(一 1～二 10,二 11～卅一 40,卅二 1～四十二 17)。

以下就有各部分的分析。

第一部:神容许约伯受苦——隐秘的矛盾。

本书的开端在一章一至五节,是背景的叙述,约伯是族长的身份,虔诚、智慧、有成就,他的良善尤其表现在他对儿女的关注,为全家献祭,使他们不致弃掉神。

在第一幕,天上的圣会(一 6),可说是天与地的冲突。神的计划是历史的混乱,是圣经叙述的特质。[59] 耶和华称赞祂仆人约伯(一 7～8),这是剧情发展的中心。神的话引起撒但的争议,终于神与撒但之间有同意,容许约伯受苦。约伯完全接受这些苦难,表明这样的冲突已经得着解决。第二幕在天上,也解决了冲突。

在第二幕,叙述只是重复第一幕,更动的部分不多,却很有意义。不同之处不仅重新解释前一幕。耶和华重复赞扬约伯的话,虽无故地被迫害,约伯仍保守纯正(二 1～3),但撒但认为有机可乘,再获准加害于约伯,于是约伯再受迫害,有更严重的试炼(二 7)。

在第二幕中有更动之处,却增加复杂的成分。约伯的妻子无意中受了撒但暗地的影响,对约伯的态度非常反常:"你弃掉神,死了吧!"(二 9)冲突是加深了,但也立即得到解决,因为约伯立即责备他的妻子,仍接受祸患(二 10)。第二次再强调约伯不犯罪。于是从此,剧情也有新的进展。

绪言的叙述并非与辩论的部分无关,相反地,这正预备他朋友指责与他争辩的场合。撒但与约伯的妻子一直要他弃掉神,是指他忍不住,就以口犯罪。第三章约伯果然开口咒诅。但他的咒诅与撒但的期盼不同。撒但以为约伯会"当面"弃掉神,但约伯始终没有这样。他只在神面前辩明(十三 15,廿三 4)。约伯曾在神面前为朋友代求,因为神以怒气的脸面对他们(四十二 7～10),可见这是情节发展之一。

此处又从另一方面来看情节,天地之间的冲突并未除去。耶和华

⑤⑨ R. Alter, *The Art of Biblical Narrative*, 33.

允准撒但伸手攻击,是接受撒但的挑战,表明祂有权柄,也秉公管理。撒但提出质疑,也是约伯无法解决的艰难。这些隐秘的矛盾在冲突中无法化解,直至耶和华在旋风中向约伯说话,究竟约伯始终不知道这天上的一幕,不如我们读者从起初已经看清了。如果本书只有第一部,尚未触及第一部分,那么苦难问题仍是难解的谜。⑩

可见绪论并非单独的叙述,也不只引入辩论的部分,第一部确实为本书作好十分完善的布局,逐渐发展情节,在进展中有很完善解决的门径。

第二部:约伯与神挑战,冲突更为发展。

这一部分的开场白,应为第二章的末端(二11~13),作为导言,先说明三位朋友的角色,他们坐在地上的静默,成为暴风雨将至的"先声"。他们与约伯在一起,七日的时间,心完全与约伯认同,深切地与约伯一同受苦。然后约伯开口咒诅,引起朋友们反感,是他与朋友冲突的开始,约伯的咒诅是对那能惹动鳄鱼的(三8),就是容许黑暗的猖狂。情节就在进展之中。读者就不知道约伯是否一死了之,正如他妻子所预期的,还是有其他的厄运临到他。

约伯从咒诅生日起,到他最后的宣告(廿七1,廿九1),叙述的口吻不同,约伯回答朋友的话,似乎不是寻常的言语,而是智慧的言词,并非箴言中的训诲,而是一种宣告,好似誓言一般,"约伯接着说……"(廿七1,廿九1)原意为"约伯接着说他训诲的话(mashal),他不再咒诅,却以他为训诲,"他的训诲也是一种见证,并以誓言结束,表明他的清白,在卅一章。这犹如在法庭里,发言不可随意,要有谨慎与严正的立场,可见在第二部情节的进展,是在约伯采取律法的程序。

在辩论部分,四至廿六节,是典型的例证,说明圣经叙述的特性,目的在缓和情节的进展,约伯的朋友原为安慰者,但却被约伯指责为不忠友情之笔(六章,参考十六2)。约伯说他们偏差,追赶他好似神一样,如猎人追逐走兽(十九22)。朋友一再认为约伯受苦,是罪有应得的(七5,八4)。

---

⑩ W. Whedbee, "The Comedy of Job," *Semeia* 7(1970),1–39.

从以利法首次发言来看,朋友们对约伯的态度已经改变了。以利法起初以智慧者来辅导约伯,认为约伯应回顾过去敬虔的日子,进而寻求神的怜悯(四、五章)。他第二次就直接指责约伯,认为约伯的智慧论调,是与传统的智慧有冲突(十五章)。最后的言词中,他公然严责约伯有社会性的罪恶(廿二5～11)。以利法已成为一个指控者,公然责备约伯。这是约伯无法接受的,所以才有约伯无情的反应。

在约伯的辩论中,他的法律的程序为自己辩明,他在悲叹他自身的悲情中,竟然怪责大能者(十六9～14)。他毫不惧怕(十三20～22),却果敢地在神面前为自己辩护(廿三2～4)。在他与友人辩论之后,他似乎仍然在法庭中,为自己辩明(卅一35～37),无疑是不重视天上的法庭。

在这一部分,有关友人辩论之中,情节已从此处至第三部。神显露如暴风一般,根本不容约伯呈明他的实情(九16～17)。约伯所惧怕的,以后真的成为事实。神果真在旋风中显现,以宇宙性的谜,以及不可能答复的问题,让约伯闭口无言。这原是琐法的话,他认为耶和华必直接指责约伯,好叫约伯无法坚持自己的智慧(十一5～6)。琐法也许没有想到他的愿望真的会实现,但作者已经不断部署,终于有这最后的一幕。约伯与他友人之间的冲突,也在逐渐进展中,因为约伯认为他们若受神审察,必显露他们的谎言与偏见(十三7～12)。所以最后耶和华必判他们有罪,要以约伯的纯正来救赎他们(四十二7～9)。约伯的纯正,正是以利法讽刺的话所含有的(廿二30)。

在情节的发展中,可以发现约伯在寻求公道,先希望有听讼的人(九32～35),他继续寻找天上的见证与中保(十六21),他深信这两项都必成就,中保必将出现,是他可以面对的(十九25～27)。他希望看见神,他真的亲眼看见祂(四十二5)。以利户曾自许为中保,但这是有次序的,耶和华才直接有真的作为(参卅二10,卅三1～7)。愿望最后终于达成。约伯的复兴远超比勒达所能臆料的(八6～7)。

第三部:神向约伯挑战——冲突才可解决。

在第三部的开始,是以利户的简介与言词。有的学者认为他的出现不甚得体。但照情节的发展,却十分恰当。他成为约伯所期盼的听讼者(卅一35),却没有他人可以驳倒约伯,他就向约伯辩论(卅三5)。

他叫约伯在他面前申辩，不在神面前陈明。以利户又以讥刺的口吻，几乎在为神说话："我不用威严惊吓你，也不用势力重压你。"（卅三7）他又说："神审判人，不必使人到祂面前再三鉴察。"（卅四23）神在高天之上，怎会与人在法律的场合相会呢？人无论善恶，都不会使神受影响的（卅五章）。神不再对人有直接的干预，好似对待挪亚与亚伯拉罕。这是以利户的信念。总之，以利户的说话，为回应约伯要求听讼者。

看来，以利户是为解决情节中的矛盾。但结果完全不是以利户所说的，因为神真的向人显现。英雄的时代并未过去。人居然可以向神挑战，使神采取行动。以利户的出现，可能是蓄意的设计，使情节徐缓。这样听众看到情节并不照预期的发展，峰回路转，有另一番新气象。

耶和华在旋风中显现，是有两次（卅八1，四十6），正好似祂在天上的圣会也出现两次（一6，二1）。撒但两次向神挑战，此处神向约伯挑战也有两次。耶和华的显现无疑使约伯感到满足，但神却要进一步使约伯谦卑与敬虔。因为一连串的问题，使约伯无可辩论。"你要如勇士束腰……"（卅八3，四十7）。约伯曾责问神有关管理世界的事（十二13～25），神就以宇宙的奥秘来责问约伯，约伯又怎能明白与解释（卅八2起）。在这宇宙中有混乱与凶恶的事，约伯不会了解的（四十7起）。如果约伯要循法律的程序，耶和华就以同样的用词来责备他："强辩的，岂可与全能者争论吗？与神辩驳的，可以回答这些吧？"（四十2）

当耶和华在旋风中向约伯争辩，无疑使他们的冲突复杂起来。神的完全是不容置疑的，祂也必为此辩明，正好似约伯要辩明他的无辜。但最后当约伯在神面前自卑（四十二1～6），这样的冲突才迎刃而解。但是约伯最后是否真正顺服？还是被责备而不敢再辩？前者似乎较为合理。约伯的谦卑是自愿的还是无奈？但他与神之间的冲突是化解了。

约伯最后的话是有两部分，在四十二章二至三节及四至六节，他都以耶和华的话为依据。在四十二章三节："谁用无知的言语，使你的旨意隐藏呢？"这是照耶和华责问他的话："谁用无知的言语，使我们旨意暗昧不明？"（卅八2）这是约伯必须承认的。他说神管理宇宙不公平。这样说法实在太无知了。神有无上的智慧与能力，约伯怎会明白？在四十二章四节,约伯说:"求你听我,我要说话;我问你,求你指示我。"
这可回溯神对他说的话:"我问你,你可以指示我。"(四十 7)约伯怎么
有可回答的呢? 他只能用同样的话向神求告。约伯本来求神显现,
他可向神辩明(卅一 35)。现在神真的显现了,但实情已经改变,约伯
亲眼看见神,但神并没有以怒气毁灭约伯。约伯的誓言,表明他的清
白,可见他是无辜的,连神也承认了。神的显现已足够表明这事。约伯
不必再来辩明,可将案子撤销,神也不必对他再盘问了(四十二 6)。因
此,神使复原,回复正常的生活,他与神的冲突已经化解,再认耶和华
为主。

　　但是约伯与朋友的冲突还未化解。耶和华必须向以利法及朋友们
说话(四十二 7)。神与他们之间仍有冲突,所以有怒气向他们发作。
他们,而不是约伯,以口犯罪。结果约伯反成为唯一的中保,可以为朋
友代求,是耶和华可以接受的(四十二 8)。约伯再恢复他义者代求的
身份。神对以利法所说的话,间接表明约伯的无辜,宣告了约伯是
义人。

　　情节的结尾好似开端一般,约伯怎样曾为家人代求(一 5),现在是
为朋友代求。约伯确是诚实无伪的(一 22,二 10,四十二 7)。以前是
友人们要求安慰,却成为责备。现在亲友来安慰,真的带来福分。两者
比较(二 11,四十二 11)也有了平衡。约伯在以前有财富,是知名的族
长。现在一切都恢复,而且更为增多。这就成为一个大循环。他的生
平与族长的极为相似。约伯是完全人,正如亚伯兰一样(一 1,创十七
1,廿二 12),约伯年纪老迈,日子满足而死(四十二 17),亚伯拉罕寿高
年迈,气绝而死(创廿五 8),两者的叙述极为相似。

　　以上分析情节的叙述,共有三部,每部的引言与结语前后的情节甚
为贯通,有连续的冲突,有预期与重复的化解。这些都在一个大的构架
之中,就是天上与地上的冲突,神的旨意与人的计划也都有矛盾,本书
的主角约伯受试验遭病痛苦难,独自屹立,向天责问,自承无辜,口说咒
诅与誓言,仍无法化解一切的矛盾。作者以高度的文学技巧,引用古
典、诗文形式以及智慧传统。这一切无非为将情节前后贯通,从绪言与
结论二者,包裹其他部分,发展不已,成为巨作。

(II) 文体的特性

作者以文学的技巧,不仅在情节的叙述上有高度的结构,使其天衣无缝;而且使用不同之方法,在文体的形式上有各样的表现,更为多彩多姿。以下列举若干。

(一) 形式与焦点

本书有若干哀歌的形式,似与诗篇中的哀歌相仿,但比较起来极为不同。[51] 诗篇的哀歌是有三方面的关系:受苦者、敌对者与神。受苦者往往为对敌者的伪善而向神发怨言。敌对者或指个人的仇敌,或指疾病、危险、迫害甚至死亡。但约伯的哀歌,只有他与神,没有第三者。在他看来,一切疾病与苦难都是出于神,他只向神抱怨与辩明。即使在第七章,论人生在世的苦难,仍以神为督工而埋怨。神没有看顾人,只有鉴察的眼目(七 8、20)。神成为仇敌,窥视的密探。他不是求神的拯救,而是向神的指控。作者引述诗篇八篇的话,认为人有尊贵的本性,但这反成为可埋怨的根据(七 17、18)。于是有哀歌、颂诗、教诲与讽讥,无非说明人在神之下多么无奈。这书的哀歌是有它特殊的形式。[52]

第三章哀歌的形式最为显著,在十一节与二十节"为何"。自我悲叹是在十一至十九节,十一节"我为何……"。向神哀叹在二十至廿三节,二十节"为何",可冠以"神"字,是神赐给光与生命。廿四至廿六节又再回到自我悲叹。在这些前面,三至九节可说是另一种形式,以咒诅作为悲叹。但是本章以自我悲叹,占最大的比例。在本章结语中,自我悲叹,较与传统的形式接近。

在约伯最后的哀歌中,廿九至卅一章,以三十章为最标准。他想为自己的无辜辩明(三十 25),可与卅一章廿九至卅二节相比。卅一章也

---

[51] C. Westermann, *The Structure of the Book of Job* (1981).

[52] G. Fohrer, *Studien zum Buche Hiob*, 70.

可说是哀歌,除第一节至第四节为引言之外,其余都有同样的形式。

在诗篇的个人哀歌中,往往有祈求的因素,这在卅一章卅五至卅七节也具有。约伯在此处求神听他的呼吁,希望神向他答复。

廿九章的体裁并非与卅一章相同,但两者同样有很广泛的主题,不注意恐怕看不出来,其实各有主要的重点。在本章,约伯在回顾过去的兴盛。在诗篇的哀歌中,回顾的不多,也许可引证的,为诗篇一四三篇五节。在团体的哀歌如八十篇也有,并不很多。

约伯记的哀歌,真正与诗篇的相像,只有在第三章及三十章,有三方面的,自我悲叹,向神悲叹,有关仇敌的事悲叹。其他并不明显了。

在约伯与朋友争辩中有哀歌:

第一段言词:六 4～20,七 1～21

第二段言词:九 17～31,十 1～22

第三段言词:十三 20,十四 22

第四段言词:十六 6,十七 16

第五段言词:十九 7～20、23、27

本书赞美诗的形式,可在九章五至十节或十二章十三至廿五节见到。那些是叙述创造主凶暴的行为,促成自然界与社会的混乱。所以这些颂歌实在不是赞美,而是责问,以利法(五 9～16)与以利户(卅六 26～33)也有赞美诗的形式。但是目的在于与约伯争辩。约伯曾赞扬神以创造主的地位,论人的尊贵(十 8～12)。但不是由于爱,而是鉴察的目的(十 13～17)。

除哀歌与赞美诗的形式之外,还有誓言(廿七 2)、咒语(三 2)、箴言(五 2)、比喻(八 12 起)、俗语(二 4)、争辩(廿一章)等。各自发展,在那些言词中有其特性,可适合整个的体裁,并无格格不入的突出性。例如古代的传统作为文体,数处都曾应用,如在八章八节起、二十章四节起。㉓ 约伯论述动物也可有知识,极尽讽刺的能事,也是特有的文体形式(十二 7～12)。

㉓ N. Habel, "Appeal to Ancient Tradition as a Literary Form," *Zeitschrift für die alttestamentliche Wissenschaft* 88(1976),253-271.

这些不同的文体,为论述信仰的内容,就引起学者研究约伯记全书的体裁。有的认为是悲剧的体裁,用于节期诵读的,在节期有敬拜的礼仪,在从事礼仪之外,有戏剧演出,为庆祝节日,尤其是在新年。[64] 以本书为戏剧,可能会联想到希腊的悲剧。有四幕,为犹立比地戏院(Euripidean Theater)的方式。[65] 但旧约中似无真正的悲剧。[66] 但是信仰如果失落,就有构成悲剧的可能。圣经是信仰的文献,若失去信心,会酿成悲惨的事。[67] 按照亚里斯多德(Aristotle)论悲剧的定义,剧中人成功至失败,而遭祸患,往往是因为罪恶错谬而导致悲惨的命运(To deinon → peripeteia)。以后那人醒觉起来,认清自己真正的品格(anagnōrisis),而经历极深的痛苦(pathos)。这些似都可运用约伯记叙述的情节之中。[68] 约伯记的作者会否利用这种体裁加以发挥?

也有人认为约伯记不是悲剧,而是喜剧,内容有极大讽刺的意味,而且基本的情节是由悲惨的经历,最后回转至幸福的境地,处身在宁静与和谐的社会。在情节的发展中,可用 U 型来说明,由喜剧至悲剧,再回到喜剧,由高处降低再升高,成为一个完美的图画。[69] 约伯的经历正是这样。但是这样的说法也受批评。喜剧中并不一定要有讽刺与矛盾,这些可能也在悲剧,况且喜剧人物与悲剧人物不同。喜剧人物很多顺应甚至取巧,很会利用狡慧去求好运。但是悲剧人物大多端正严肃,结果遭受厄运,终于一蹶不振。[70]

以希腊古典的戏剧来比较,不如研究古代近东的资料,约伯是义者,义人受苦并不公道,他就向神发怨言,神听他的哀情,而使他复兴。

[64] S. Terrien, "The Book of Job: Introduction and Exegesis," *The Interpreter's Bible*, vol. III(1954).

[65] Horace Kallen, *The Book of Job as a Greek Tragedy*(1988).

[66] G. Steiner, *The Death of Tragedy*(1961),4-6.

[67] I. Cohen and B. Y. Michali ,eds., *Anthology of Hebrew Essays*(1966), I, 97-116.

[68] Clines, *Job 1-20*, xcvii,引用 Nelperin, *Semitics* 7(1980),28-39.

[69] W. Whedbee, "The Comedy of Job," *Semeia* 7(1970),1-39.

[70] R. Aharoni, "An Examination of the Literary Genre of the Book of Job," *Tarbiz* 49(1979),1-13.

这样的例证却可找到若干。⑦ 有关约伯与朋友的争辩。约伯又向神发怨言与辩明，为十分典型的体裁，称为争辩的对语（Streitgespräch）。在智慧人士集会共同研究真理，巴比伦就有这样研究神公义的集会。⑦这文献可称之为巴比伦约伯记。

以法律的争辩（rîb）作为约伯记的文体，甚为学者们所注意，本书内中却有不少这样的文体，但并非全部都是争辩，不能一概而论。⑦

有不少学者主张本书为叙事的史诗（Epic），是叙述以色列早期的历史。⑦ 这是古典裨史的形式，以对话来发展情节，道出若干重要的主题。

（二）对偶的语法

本书的叙述方式，常以一种均衡的排列，采取循环的周圆，以 A B C D C B A，即自 A 至 A，但其中发展至 B C D，再回复至 C B，构成一个循环图，可比较十六章九至十四节：

（A）主（如猛兽）发怒撕裂我（十六 9）
（B）与仇敌（或借仇敌）羞辱攻击我（十六 10）
　　神将我交给恶人（十六 11）
（C）祂折断我，掐住我，将我摔碎（十六 12 上中）
（B）立我为祂的箭靶子（十六 12 下）
　　弓箭手围绕，破裂我的肺腑……（十六 13）
（A）勇士向我直闯，将我破裂（十六 14）

⑦ H. Gese, *Lehre und wirklichkeit in der alten Weisheit* (1958), 64 - 65; S. N. Kramer, "Man and His God, A Sumerian Variation on the Job's Motif," *Supplement to Vetus Testamentum* 3 (1960), 170 - 182; W. G. Lambert, *Babylonian Wisdom Literature*, 33 - 62, Babylonian Ludlul Bel Nemeqi.

⑦ "Babylonian Theodicy," in *Babylonian Wisdom Literature*, 71ff.

⑦ B. Gemser, "The rîbs or Controversy-pattern in Hebrew Mentality," *Supplement to Vetus Testamentum* 3 (1955), 120 - 137; J. Stamm, *Das Leidon des Unschuldigen in Babylon und Israel* (1946).

⑦ F. I. Andersen, *Job* (Tyndale Old Testament Commentaries, 1976), 36.

以上是以 A 至 B 至 C,再转至 B 到 A,内中若干用语是对偶的。

在十四章三至四节,十三至十七节,中心的重点是"盼望",十九章廿五节至廿六节上,集中的焦点是"救赎主",也以不同的用词,作对偶的说法。

这种循环图就成为本书的结构。本书开始,一章一至三节,与结束四十二章十二至十七节,也构成一个大的循环。但在大的循环中,还包括小的循环。一章一节在廿八章廿八节又重复了。又例如耶和华的言词,在卅八章四至七节"聪明",至卅九章廿六至三十节"智慧",又构成一个循环,可见耶和华的言词是整体的,而且神向约伯诘问的,不是他的完全无辜,而是他的智慧聪明,再如三章三至十节,廿九章三至十四节。这些都是小循环。

以循环的方式构成单元,例证很多。七章就有三个很均衡的单元,每个单元以人的现实情况说起,以向神的呼吁为结语,却论述人生的空虚,在七章八节下,十六节下以及廿一节下。在第六章,十二章,廿三章,廿四章及廿八章,都有这样的结构。

再以第三章为例,本章经常分为三个均衡的单元,即三至十节,十一至十九节,二十至廿六节。但是仔细研究,可分为两大单元。第一单元为三至十节,第十节"因"已解说了。第二单元为十一节起,有一连串的"为何",在廿四至廿六节,又再有"因",在廿四节(中译本未译出)及廿五节的开端。⑦⑤

有时,不能将约伯记的诗文段落分得那么清楚。例如耶和华的言词中,第一次的比较分明(卅八 4～卅九 30),但第二次言词就不平均,论河马与鳄鱼,所占的比例特别大。

有关对偶的语句(parallelism),大家都承认为希伯来诗文基本的形式。⑦⑥ 上一句由下一句给予对偶的语法,有同义的(synonymous)、异义的(antithetical)以及综合的(synthetic)。这在约伯记并不通用。例如异义的,在箴言中很多(如十二 21,十七 22 等),在约伯记非常少。

---

⑦⑤ N.E. Habel,*The Book of Job*,46.参阅 D.N. Freeman,"The Structure of Job 3,"*Biblica* 49(1968),503 - 508.

⑦⑥ Robert Lowth,*De Sacra Poesi Hedraeorum*(1753).

比较性的,尤其反面的或不同的倒不少,但异义的不那么直接。⑦

本书的对偶语法,往往在用字的意义或思想上相近,形或也相近,最好的例子在一章廿一节:

"我赤身出于母胎,

也必赤身归回。"

"赤身"是重复提说,指一无所有。"出"与"回"又是对偶的,却是异义的相反词,指生与死。但上半句是有母胎,下半句原文是"那",不会是母胎吧?因为人死后归于大地。大地是人的根本(英文有 Mother Earth),涵义就很含蓄了。以这种富有诗意的语句,却有很深刻的用意,作者的写作技巧,真是可圈可点。

(三) 重复与反语

在圣经中散文与诗,常有重复的语句,约伯记也不例外。在口述的阶段、为将故事的情节说得清楚,语多重复,蓄意将前后连贯,可作联想。在每个段落的开端,必承接上段,特为重复。

重复最简单的方式,是用同一个字,或同一个字根,在同一节或同一段里重复。例如在卅八章廿七节"荒废凄凉"两个字是相同的,可译"荒废的荒地"。在卅八章廿四、廿五节"何路"、"开路","路"字重复。在廿八章二十节的"哪里","何处",同一个字"地方"。

有时重复用字,却不是同样的涵义。例如在三章的咒诅中,三次提到"光","盼亮却不亮"(9 节),"未见光"(16 节),"有光赐给他"(20 节)。在廿四章十三至十七节,"光明"与"幽暗"指生命与死亡、义与恶。

"看"有不同的字,却含有同样的意思。神的眼是察看人的罪。七章八节"你的眼目要看我",在七章二十节鉴察人的主(参十 14,十三 27,十四 16)。这里就有讽刺的反语,因为神的眼目可以看顾,也可能侦察。人的眼目却不能看见神,因为神是隐藏的(廿三 9)。神却注目观看人的道路(卅四 21),祂也时常看顾义人(卅六 7)。约伯若有信心

---

⑦ S. L. Kugel, *The Idea of Hebrew Poetry*, *Parallelism and Its History*(1981).

仰望,他就可以体验神的同在。但他实在需要看见神,他说:"我自己要见祂,亲眼要看祂。"(十九 27)他以后承认:"我从前风闻有你,现在亲眼看见你。"(四十二 5)

除了重复为引起读者的注意,有时这些重复用语成为固定的公式。⑱ 例如在卅八章十九节与廿四节上"从何而至","在于何处","从何路"。在十九节"光明"是指亮光,在廿四节"光亮"是指闪电。

以利法的言词有赞美诗的公式:"祂行大事不可测度,行奇事不可胜数。"(五 9)他引用赞美诗来论述神的大能。约伯也有同样的语句,如在九章十节,但他不是表明信心,而是对神的疑惑。或者说他的信念是有的,却不能明白神的作为,为什么使他受苦(九 11~13)。以利户以类似的话,来说明气候的变化(卅七 5)。约伯最后也彻底承认神行奇事,承认自己的无知:"这些事太奇妙,是我不知道的。"(四十二 3 节下)可见同样的话却在不同的人有迥异的说法。

本书的结构,虽有的学者认为是不合一的,由不同之来源与文体拼凑在一起。但研究本书文体,必然承认结构是完整的,因为文体的方式与技巧是一样的,在叙述与辩论中,就显露本书的要旨与目的。若干反语正说明辩论的重点,使情节得以进展下去。

在十三章及廿三章,"神的面"是主旨,"面"或"当面"(一 21)或"面前"(廿三 4、15)。绪言的散文辩论的诗文,在用字与用意,都有相同之处。

耶和华的言词似与辩论中的言词不甚关联。其实神是针对他们的言论,尤其是约伯的。其中有不少反语与讽刺的话。以利户的言词中(33 章)也有约伯的用字(十三 17~28)。反语有的是间接的,不甚明显,但仍可细心读出。

在本书的设计上,反语是作者用心指出约伯与友人的矛盾,以及约伯自身内心的矛盾。有的暴露了友人的伪善或自义的态度,有的也正说明理论与实际相反。他们的信念,不能适合于教导,因为约伯的经验

⑱ W. Urbrock, "Formula and Theme in the Song Cycle of Job," *Society of Biblical Literature Proceedings*(1972), II, 459-487.

无法解释他们的说法。例如在十一章,琐法将约伯的言词中若干用语引述,却作不同的解释,约伯曾怨言,他怎样在忧虑中躺卧(七4)表明自己没有不义(六29~30)。他甚至说,神对待他的事,他早已知道了(十13)。但琐法答复时,针对约伯的话,认为约伯如空虚的人毫无知识(十一12)。约伯躺卧不应有忧虑,因为心若安正,躺卧时就没有惊吓(十一18)。这也是以利法的判语:"你自己的口定你有罪"(十五章6节上)。

本书的讽刺反语甚多,有的是暗指的语气,如八章四节"受报应"指儿女俱亡。七章五节约伯指疾病的困扰等。朋友的劝勉,似乎集中在约伯口里的诡诈与罪恶。但真正以口犯罪的是朋友,因为他们议论神,还不如约伯说的是(四十二7、8)。在他们眼中,约伯是罪人,但在神看来,约伯是义人,可为朋友代求(四十二8~10)。这样语气以相反的情形说明,必使读者十分惊异。事实上,约伯在痛苦中发怨言,对神说话有许多失敬之处,神为什么不以他有罪呢?

这是作者的用意,在辩论的谈话中,翻来覆去,正面与反面,明说与暗指,直接或间接,使读者无法臆料。以利户在约伯与朋友辩论之后,作了最后的判语,说了一些公道话。但那决不是本书的结论,因为他并没有给予答案。耶和华在旋风中说话才是真正的结论,但祂既没有说出天上祂与撒但的说话,祂也没有解答约伯的疑问。祂只给了一连串的问题,然后说出宇宙的秩序,要让约伯自己思想与推论,找到最后的答案。

约伯完全承认自己的无知,彻底顺服神。在他,天上的计划与地上的事件是可以调和的,但人生往往在天地之间徜徉,活在两者之夹缝中,理想与实际似乎不能相合。人常在矛盾之中,不知何去何从,才有无限的烦恼与不安,真正的觉悟才可化解。

(四)法律的隐喻

本书的结构中,为求情节合理的发展,常用法律的隐喻。在叙述中,隐喻是一种文体的方法与格调,使神学的说法可以一致。这是要在

研究本书文体时极为注意的。⑦ 有的甚至以为约伯记为"诉讼式的戏
剧"(Lawsuit drama)。⑧ 以这方式来分析本书,可有一幅全面的图画:

　　(A)指定嫌疑:一章六至十一节,二章一至六节
　　　(B)诉讼:九至十章
　　　　(C)挑战:十三章
　　　　　(D)控告:十六章十八至廿一节,十九章廿一至廿九节
　　　　　　(E)见证:廿九,三十章
　　　　　　(E)誓言:卅一章
　　　　　(D)宣判:卅二至卅七章
　　　　(C)挑战:卅八章至四十一章
　　　(B)辩明:四十二章一至六节
　　(A)宣判无罪:四十二章七至九节

　　法律的用语可说在本书比比皆是,这是文学的技巧,使本书情节进
展,为论述无辜受苦者的心理反应,看这苦难问题应如何解决。

　　本书主要人物约伯,熟悉这种法律的程序,因为他曾在城门口,维
护不幸者的权益(廿九 7～16),他为素不认识的人查明案件(案件 rîb
为常用词)(16 节)。如果家中的仆婢与他争取法律的保障,约伯也不
会枉法(卅一 13)。但是关于他的纯正,却在天上的圣会中被挑战(一
6～11)。当撒但控告的时候,他不在场。撒但专以控告为要务,可参考
撒迦利亚书三章,在辩论中,控方反隐去,结果约伯误以神为他的仇敌,
即诉讼中的控方。

　　当约伯要在神面前辩明自己,却被以利法的话所阻止:"必死的人
岂能比神公义吗?"(四 17)这原是约伯所同意的,他说:"人在神面前怎
能成为义呢?"(九 2)但是他不明白,神为什么不与人辩论(九 3),他不
信神真听他声音(九 16),人只能求神开恩,却不能与祂辩论(九 14、
15)。在法庭中,神若真的出席,必使人有无限的惊惶(九 17、34)。神

---

⑦ G. Richter, *Textstudien zum Buche Hiob*（1927）. J. J. Roberts,"Job's
　Summons to Yahweh：The Exploitation of a Legal Metaphor,"*Restoration
　Quarterly* 16(1973),159 - 165.

⑧ S. H. Scholnick, *Lawsuit Drama in the Book of Job*(1975).

是这么伟大有能力。而常人又怎敢向他辩论呢？（九19、32～34)但是约伯仍想述说哀情,这是一种申辩(Shiah 1)。他极为希望他有辩明的机会,他知道"其实,你知道我没有罪恶"(十7)。

约伯想在神面前辩明,所以他先加以申明(十三3)。他又警告朋友不可作假见证,因为神查问他们的时候,会看出他们的伪善来(十三6～12)。约伯勇敢地自己处理,直接在神面前辩明(十三15)。在十三章十八节:"我已陈明我的案,知道自己有义。"他又向朋友挑战:"有谁与我争论(rîb)?"(19节)这些都是法律的用语,他又说:"我的罪孽和罪过有多少呢?"好似要他们提出罪状,他认为控告要有根据,不可随意诬告(十三23,十六8)。

约伯希望有一个听讼的人,作公正的见证(九33)。他又呼吁天地:"地啊,不要遮盖我的血,不要阻挡我的哀求。现今,在天有我的见证,在上有我的中保。"(十六18)他深信有一天这位为他辩护者("救赎主"的原意)"必站起来,为他辩白"(十九25～27)。但他究竟不知道神的居所,可以向神当面显明。所以他在友人面前表达,必持守他的清白始终不渝。他甚至指着神起誓,至死必不以自己为不正(廿七2～6)。

在这所谓法律的过程中,有转捩点,在廿九至卅一章。听讼的还未出现,指控者已不再发言。约伯自己见证义行的生活,一直坚持公正,要众人承认。在卅一章,他起誓他一切的道德是真实的,没有如朋友所控告的那些罪行。他最后求公正的审判,两次要求听讼者公平判断(卅一35～37)。

在这重要的关键,以利户出现了(卅二章)。他要约伯出庭,再行辩明(卅三5)。然后根据约伯所说的,再向出庭的人们宣告(卅四2、10、34),求神宽恕、特赦(卅四～卅七章)。他再三申明,必死的人不能与神争讼(卅四23)。神就是公正的规范。人若想与神争讼,这已构成他的罪愆(卅四17,卅五2)。

于是神在旋风中说话,认为约伯与全能者争论辩驳,是十分不当的(四十2)。神的答案却不是约伯所希冀的。神向他发出挑战,是责问他,尤其说:"你岂可废弃我所拟定的? 岂可定我有罪,好显自己为义吗?"(四十8)受害的是约伯,只有神可将世上一切的恶控制,约伯是无能为力的(四十 9～14)。

　　最后约伯想将这案子撤回(四十二 1～6),因为他没有被定罪,他就无需再为自己辩明了。他现在更进一步看见,神在宇宙间一切的作为,他不再受这个道德律的限制,以为恶人必受苦,而义人必蒙福。至少这道德定律不应用在他身上,神是超然在一切定律之上。祂可有更高的旨意与道德。神既不受制于定律,他也不必在这定律下讨公道。他要争讼,既无根据,也没有法律的立场了。

　　耶和华责备以利法的话,神说只有约伯说的是。这就肯定了约伯想要辩明的清白。那就是说,朋友虽为神辩白,反而发觉他们作了假见证,法律的程序已告结束,作者再以法律的隐喻,解释约伯的问题,显示人的愚昧与幼稚。

(五) 意象与类比

　　本书的作者,以智慧的传统,论宇宙的实况,是以意象(Imagery)与类比(Analogy)的方法。神在创造世界的大工中,是以智慧为原则的(廿八 20～28;箴八章)。宇宙的秩序是神所建立的,这是“道”、“路”(māqum derek),是神的作为与方法。神所设计的是整体的,而这完整的机体,各部都互为连络依赖。自然界的秩序是如此,社会的秩序也是一样,两者可以类比,以此推彼,这永恒的次序若有和谐,公义必可维持。[31] 类比是从自然界获取原则,以应用在社会的秩序,因为定律与原则是固定的,不改变的。意象是将若干论点再加上色彩(参卅五10～11)。社会、道德与自然的领域,都以同一套的定律原则,都以创造主为唯一的本源。

　　以利法所建立道德的报应:“按我所见,耕罪孽、种毒害的人都照样收割。”(四 8)狮子因缺食而怒吼,因为那种猛烈的凶恶(四 10～11)。狮子是世界凶恶的表征,所以就以类比的方法。约伯认为他是无辜,而神却如狮子那样追赶。他又以自己如狮子,被神追逐(十 16)。约伯又

㉛ H.H. Schmidt，*Gerechtigkeit als Weltordnung*(1968).

以鸟兽鱼类来比喻神的作为（十二 7～8）。从自然的领域中，报应的原则仍可推论。再以耳朵口舌为例，描写他的经验（十二 11）。狮子虽凶暴，但神仍看顾，何况无辜如约伯。

作者以植物的意象来说明。草指生命的滋长（五 25）。又以雨水在旷野而有的神迹（卅八 27）。比勒达以两棵树为比喻，说出两种不同的人。树木缺少水必枯死（八 8 节起）。照约伯所说，必死的人好似树木，但不及树木，因为树木虽枯，有根仍会生长（十四 7～9）。人反而没有希望，死了就不能复生。

云描写人的短暂（七 9），又象征天上的奥秘（卅七 15、16），云变幻莫测，也正说明神工作的心意（卅七 15、16），又表征祂的同在（卅六 29），祂的使者在高处行旅（卅八 34～35）。智慧在高天神秘地运行（卅八 36～38），云虽是无定的，却能将有重量的水包住，云不会破裂（廿六 8），在自然界，树木云雾闪电雷轰等，都以不同的意象，说明一切现实。在宇宙的秩序中，有许多却是连带的，在道德的领域中也是如此。

本书的意象也采自神话的说法。鳄鱼是毁坏的力量，竟然以咒诅生日为喻（三 8）。神制服它，为使大地的混乱变为秩序（四十一 1 节起），约伯将神话中的大鱼洋海来描写他的苦难，是神所防守的（七 12）。洋海也是神的仇敌，尽破坏的能事。这些都是作者为解释而取之比喻与表征的。

在耶和华的言词中，意象与类比为描述自然的现象。祂无非向约伯挑战，提出这些问题。祂以宇宙创造之伟大来震撼约伯（卅八 4～7）。洋海可以成为胎儿从母腹出来，云彩成为婴孩（洋海）的布裹着身子（卅八 8～10）。死亡是约伯想逃入的，幽暗是他想从生命转回的，都在宇宙的秩序之内（卅八 16～21）。神伟大的工作只是祂独自所作的，却十分复杂。一切生与死、混乱与秩序，都在神宇宙的计划之内。祂的工作不受任何定律所限，报应的定律，赏罚的事，神怎么被限制呢？

耶和华的言词中的动物，也都可作为意象，正反的与矛盾的不一。凶暴的狮子与怯弱的母鹿相比（卅八 39～卅九 4），野驴与野牛不同（卅九 5～12），人都无法驯服。马的力大，却可驯服充战争之用（卅九 19～

25)。鹰雀与大鹰都极有智力(卅九 26~30),驼鸟却正相反(卅九 13~18)。在诸多矛盾之中,智愚不同,凶暴与温良也各异,但这一切都在宇宙的设计之中。在矛盾的世界中,要寻求道德报应的公义似乎是不智之举,神在宇宙的设计有充分的自由,祂对待人也可照祂的旨意不必受限。

作者以文学的技巧,说明不同、不明与可能。一切都有可能,却未必由于必需。智慧才是定律,可以管理宇宙,智慧可以人格化,是表明神的心意。人若将智慧变成定律,就无法理论。这是作者以文体说明他的用意。

陆　作者与日期

本书的作者佚名,解经家的猜测不同。有认为是以色列人,也有认为是非以色列人。日期的说法也有极大的差异,从族长时代至公元前一、二百年。可见在见解上差距很大,需要详细思考。

(I) 作者

由于本书的文体独特,主题涉及的范围尤其广泛,思想的深度更加感人,再加上历史背景的模糊,很难确定作者与日期。

先从本书的出处来研究。本书亚兰文的成分很大,[82]又有阿拉伯语文的性质。[83] 本书是否原为亚兰文或阿拉伯文? 早在十二世纪,犹太经学家(Abraham ibn Ezra)认为本书译作,比原著难懂。[84] 以后就有人认为本书原文为阿拉伯文,因为本书背景在阿拉伯地区,这就有普世性的论调。[85]

---

[82] Edouard Dhorme, *Livre de Job*(1926), cxl‑cxli, *A Commentary on the Book of Job*, tr. Harold Knight(1967), clxxvff.

[83] Dhorme, *Commentary*, clxxvi.

[84] Abraham ibn Ezra, *Commentary on Job* 2:11.

[85] E. Renan, *Le Livre de Job*(1864), xvii.

本书出处为阿拉伯文背景，仍有学者坚持。[86] 但是在阿拉伯文学世界中，似无踪迹可寻。早期阿拉伯的宗教背景是多神的，不同于约伯记的信仰。本书也不易找到阿拉伯的思想。看来希伯来的来源更为合理，用字及语句也大多为希伯来文。本书作者对希伯来语文的熟悉及造诣，极为凿实，虽然他也使用阿拉伯字汇。

有人认为本书译自亚兰文，甚至将本书与但以理书、以斯帖记和传道书，均列为亚兰文原著。[87] 理由有两端：（一）若干用词含义不甚明晰，可能为误译。本书不像但以理书有一半以上以亚兰文刊出，可以前后对照。但以理书又为启示文学，作者对将来之预言理解不多，以致若干不明之处就不必交代了。[88]（二）经文有难解之处，常说明是译作，译者为求明了，另加用字补充，似是正常之事。当然难解的经文也正说明原作。[89] 这样说法也甚为合理。

研究本书作者，可从另一角度来看。本书的背景为以东，作者为以东人，带来以东的智慧，[90]这种说法是以底本 S（Seir，西珥即以东）为假设。但是本书除以东的地名之外，并无任何以东的宗教与文化。

关于本书的出处为埃及，因有鳄鱼、河马为古埃及神话中提说的，

---

[86] F. H. Foster，"Is the Book of Job a Translation from an Arabic Original?" *American Journal of Semitic Languages*，xlix（1932－1933），21－45.

[87] H. L. Ginsberg，*Studies in Daniel*（1948），41－61；C. C. Torrey，"The Older Book of Esther," *Harvard Theological Review*，xxxvii（1944），33－38；F. C. Burkitt，"Is Ecclesiastes a Translation?" Journal of Theological Studies xxii（1921），23－26；R. Gordis，"The Original Language of Qoheleth"，*Jewish Quarterly Review*，xxxvi（1946），67－84；"The Translation Theory of Qoheleth Re-examined," *Jewish Quarterly Review*，xl（1949），103－116；M. S. Dahood，"Qoheleth and Recent. Discoveries," *Biblica*，xxxix（1958），302－318.

[88] R. Gordis，"The Significance of the Dead Sea Scrolls," *Jewish Frontier*（1957），22.

[89] R. Gordis，*The Book of God and Man：A Study of Job*，211.

[90] R. H. Pfeiffer，*Introduction to Old Testament*，680－681. 引用十八世纪学者 Herder，Dessau，Ilgen。

又因箴言与埃及智慧文献类似。⑨ 但这样说法并未得着多人的赞同。约伯记与埃及的著作太不相似了。

约伯记的作者是否以色列人,虽无法确定。但他对希伯来文的造诣极深,不可能是外地人。他对外地似甚熟悉,无论是荒野、山地与沿海地带。如果这些认识来自他旅行的经验,那么他必是出身上等阶层,对智慧传统了解很深,因为智慧文学是属上流社会所欣赏的。

作者思想能力极强,观察十分敏锐精细,对当代的艺术与科学知识丰富,且看他对自然界鸟兽动物一切生态,以诗的意象描述。他对自然现象,如冰雪、云雾、雨水、旱地、洋海,都绘描得十分生动。天上万象,生物动态,都知之甚详。他从人生在世的情况,苦难的奥秘,都可加以思考探索。他已超越国族的限制,也不拘泥在宗教的观念与礼仪之中,将芸芸众生的存在问题,作切实的研讨。在他看来,耶和华不仅为以色列的神,也是普世的主宰。祂是唯一的创造主;祂的救赎必为全世界。本书甚少提神的名为耶和华,大多是全能的神(Shaddai),主神(Eloah,El,Elohim),但是作者的神学思想,是希伯来宗教信仰。他与箴言、传道书的智慧作者一样着重敬虔与道德。敬畏神为知识的开端,在箴言一章七节、传道书十二章十三节、约伯记廿八章廿八节。

作者为智慧的学人,在宫廷中有这类人才担任文士、教师与策士之职务,也许分驻在各地,甚至外地。他们的接触面大,熟悉外国的文化,如埃及。本书三章十四节似指金字塔,九章廿六节指芦草的快船,埃及神话的活物建在耶和华的言词中,为作者所用。第卅一章的内容好似埃及的"死人之书"。阿拉伯旷野旅行的实情,如在六章十八至二十节所描述的,又反映巴勒斯坦南方的沙漠文化。迦南的文化也不时反映在本书。

他是智慧者,在著作中表露不同的情怀,有时粗鲁(十五 2),有时细腻(十七 14),有时温和(十四 13 起),有时激动(十六 18,十九 13~19),也甚多讽刺的语句。他引用箴言(六 5、6)、谜语(五 5,十七 5)、修

---

⑨ P. Humbert, *Recherches sur Les Sources égyptiennes de La Littérature Sapien-tiale d'Israel*(1929).

辞的问题也不少(如廿一 29 等)。

他在说理时,怀古的语句表达了他的思想。他喜提族长的历史,以族长的伦理标准为可贵,缅怀往昔,深感道德的重要。

作者对宗教礼仪甚少提及,但着重属灵的经验,如以利法叙述的灵界中事(四 15~21)。敬畏神是最首要的(一 1、8,二 3,四 6,廿八 28,卅七 24)。对神的公义他虽有困难,但始终坚持(廿一 7~33,廿四 1~17)。义人受苦而恶人兴盛,使他最难接受,可比较诗篇十,十二,十三,四十九,七十三,八十八,一百零九篇。他的思想为传统的信念所扰,但他基本的信仰并未放弃。

作者学养俱深,为耶和华忠心的仆人,在以色列智慧的贤者中,必居重要的地位。

(II) 日期

以上述对作者的分析,他似乎是在被掳时期的人物,因为在被掳时期,以色列的信仰才从国族伸延至普世。但在早期犹太的解经家那里,却认为本书是在族长时期,作者为摩西。[62]甚至在十九世纪仍有若干解经家持这主张。[63] 以后有主张在所罗门时期。[64] 凡主张为公元前第七世纪的,大有人在,[65]但大多是在十九世纪的经学家。[66] 在二十世纪的学者多将本书延迟至被掳后,但仍有人认为是在耶利米的时代。[67] 从被掳

---

[62] 犹太传统在 *Talmud*,*Baba Bathra* 15a。

[63] A. B. Davison,"Book of Job," in Hastings' *Dictionary of the Bible*,II,669,引用 Edrard,Rawlinson.

[64] K. Budde, *Beiträge zur Kritih des Buches Hiob*(1876),1. 最早为 St. Gregory of Nazianzus 主张。

[65] G. H. A. von Ewald, *Commentary on the Book of Job*,tr. J. F. Smitns(1882); A. Merx, *Das Gedicht von Hiob*(1871); E. Reuss, *Philosophie religieuse et morale des Hébreux*(1878).

[66] A. Dillmann, *Hiob* 4th. ed. (1891).但他自己主张本书是被掳时期的作品。

[67] E. König, *Das Buch Hiob*(1929); R. H. Pfeiffer, "The Priority of Job over Is, 40‑55," *Journal of Biblical Literature*,xlvi(1927),202ff.

时期一直延迟,可到公元前第二世纪的玛可比时代。⑱ 以下是各种主张。

(一)族长时期:根据本书第一章的记述,约伯为儿女献祭赎罪。这种宗教生活,是以家长为家族的祭司。那时宗教是个人的以及宗族的,没有组织与系统。在叙述的方式,以大家族的生活方式,十足符合族长时期的情况。

(二)所罗门时期:那是智慧运动的极盛时期。社会氛围悠闲,上自宫廷下至庶民,都可从事这样的文化活动。本书有箴言的特色,箴言的传统是出于所罗门,着重实际的生活道德。那么约伯记可应另一方面的需要,以道德哲学探索人生的究竟。

(三)公元前第八、第七世纪:先知运动盛行,以色列宗教之发展,有申命记很深的影响。申命记的神学思想,侧重公义报应的道理。神罚恶赏善的公义,为一般的信念。约伯的友人坚持这个信念与论调,在辩论中不住苛责约伯。

(四)公元前第六世纪:先知耶利米的挣扎,就是在这种困惑中,因为他备受反对与逼迫,恶人兴盛,公义并未显明。这也是先知哈巴谷的质疑。约伯看友人的情分如夏天流干的河道(六15),耶利米埋怨神,也有类似的说法(耶十五18)。耶利米咒诅他自己的生日,有厌世的想法(耶二十14),正如约伯一样(伯三章)。耶利米与神理论:"恶人的道路为何亨通呢?"(耶十二1)这不也是约伯的困惑吗?(伯廿一17)

先知以西结与耶利米都是在犹大正遭遇历史的浩劫,大感困惑。为帮助以色列人面对耶和华的审判,特别倡导个人的责任(结十八4)。这是智慧文学的特点,以个人为中心,个人宗教的与道德的责任是重点,也是在约伯记所强调的。

又犹大在巴比伦的侵略下,以东也趁火打劫,夺取了若干的城邑(结廿五12~14,卅五1~15)。约伯记是否有以东的智慧?名字上地名是以东的,却有希伯来智慧思想的传统。

(五)被掳之后:以色列经历失国之痛,若干知识分子痛定思痛,以家国之患难,探索人生受苦的问题。

---

⑱ C. Siegfried, "The Book of Job," in *Jewish Encyclopedia*.

　　第一、二章中的撒但，是与波斯鬼魔论、天使论有相似之处，那是公元前五世纪发展的。

　　本书有亚兰语文的特征，尤其在以利户言词中（卅二至卅七章）。[99] 亚兰文在被掳后十分盛行。

　　被掳中圣殿被毁，祭司的工作停止，先知的职事也受了限制，只是教师仍可活动，智慧运动就有新兴的现象。况且教师与祭司都从事文士的工作，抄经与写作的文字事工更为活跃，智慧文学必应运而生。

　　（六）玛可比时期：本书日期在玛可比时期，是公元前二世纪的产物，这样晚的日期也为若干学者所坚持。主要的理由在于希腊哲学的影响。约伯记有很深的哲理，只有在希利尼文化盛行的时期，那是在公元前第四世纪至第二世纪。

　　综上所论，每一主张都有相当理由，但可能只偏重于本书某一篇章或部分。但看本书的全部，又会以偏概全，甚至重此轻彼，不能笼统，也无法特殊，尤其在文体形式与用语特征上都无法断言。

　　照现代经学家的一般见解，本书写作在被掳时期，大多在公元前五世纪左右。[100] 但主张在被掳之前的日期，仍受重视，本书的用字，甚有被掳之前北方的方言成分，写作就应在公元前七世纪之前。[101] 本书希伯来诗的形式甚至可将写作日期，订在公元前十世纪或十一世纪左右。[102]

　　本书日期实在无法结论，好在研究本书，写作日期并不重要，因为其中的信息是超时代的，可适切任何的时代。

―――――――――――――

[99] Norman H. Snaith, *The Book of Job*: *Its Origin and Purpose* (Studies in Biblical Theology, Second Series 11, 1968), 82 – 83; Appendix II, 104 – 112, 所列本书亚兰语文的影响。

[100] Frank Moore Cross, *Canaanite Myth and Hebrew Epic*: *Essays on the History of the Religion of Israel*, 344, n.1; Dahood M., "Some Rare Parallel Word Pairs in Job and in Ugaritic," *The Word in the World*, ed. R.J. Clitford and G.W. MacPae (1973), n. 47; A. Hurvitz, "The Date of the Prose-Tale of Job Linguistically Reconsidered," *Harvard Theological Review* 67 (1974), 17 – 34.

[101] D.N. Freedman, "Orthographic Peculiarities in the Book of Job," *Ezetz-Israel* 9 (1969), 35 – 44.

[102] D.A. Robertson, *Linguistic Evidence in Dating Early Hebrew Poetry* (1972).

柒 要义与目的

本书不仅文体秀丽,而且内容隽永。作者着重的要义多项,目的也是多方的。在寻求人生的意义时,似乎必须面对峻严的现实,尤其是苦难的遭遇,否则真是难以解释。抬头举目看宇宙的事物,属灵的视野似乎也扩展了,才认清自身的渺小幼稚,对神的认识多么肤浅。在错综复杂的天地秩序中,有许多矛盾与奥秘,是信心无尽的探索。

(I) 对主神的认识

约伯虽敬畏神,在本书的开端有这样的简介,但他的信仰是否健全,他对神的认识是否真切? 在全书中不断分析。他在苦难中,一直与神有冲突。但是问题不在神,而在他。全能的创造主,与无能的被造者,怎可有矛盾呢? 这是作者反复论述的。

约伯的完全正直,是神所称赞的,甚至神容许撒但试探他,因为神信任他。这是约伯很难想象的,不然他不会一直想在神面前辩明,朋友们也不会始终定约伯的罪,坚持约伯受苦是罪的刑罚。他们认为在这世界是有秩序的,不仅是自然的秩序,也是道德的秩序,所以报应的公义是确定的原则,牢不可破。对这报应的公义,也是撒但提出的质疑。他看人类敬拜神,无非想要得着赏赐,认为神赏善罚恶,这样的信念大有问题,信仰就不纯正了,因为信心的动机并不单纯。真正的信心应该经得起考验。无罪而受苦,才可证实信仰的真谛。

约伯与友人在对谈中,研究世上许多的实况,如知识思想的基础,生存的现象,友情的性质,自然的状况,道德的秩序,主神的权能。朋友的劝告是要约伯悔改归正,他们的话无法折服约伯,反而使约伯在反省中感到自己无罪,至少也必不因罪受苦,不然就是神不公正了。约伯在受苦中,不仅看见人生的阴暗面,也从反面来看神。神不是保护者,而是侦查者;不是医治者,而是猎取者。祂在宇宙中不是维持者,而是毁坏者(参六 4,九 5~13,十二 13~25,十六 9~14)。神好似故意吹毛求疵,定人的罪,暴露他们的弱点与丑态,最后将他们置于死地(十八~

17)。人在世上的日子受欺压、服劳役,而凶残的主人竟是神(七 1～8)。这样说来,神并不公平,祂报应的公义也有问题。生命在极端的矛盾中,因为人的信仰有矛盾。约伯在绪言中有忍耐,在与朋友对谈中没有忍耐。他不仅怪责他们,甚至也怪责神。这就使朋友们十分震惊,认为他大逆不道,死有余辜。这是否作者的用意,故意使读者困惑,然后进一步再引他们走向真理?

三位朋友说完之后,又有一位友人,在绪言中并未提起,但此处突然出现。他强调神是绝对完全的,祂是掌管宇宙的主,在一切事上必秉公管理。神在自然与社会秩序中广行公义(Distributive righteousness)。[⑬]这广衍的公义是均衡的,也是合理的,在基本上仍是报应的,种豆得豆,种瓜得瓜,自然界生物的过程,能应用在历史人类的实况。可见广衍的公义补充并证实报应的公义(Retributive righteousness),两者相辅而行。从这方面来看,约伯必有隐而未现的罪,在他言语中暴露出来(十五 4～6,也是以利法责备约伯的话),所以约伯受苦,是罪有应得的。

这是本书目的之一。作者拟强调神的公义,祂的公义也必须加以维护(theodicy)。经学家甚多坚持这样的看法。[⑭]事实上,朋友们坚信神的公义,约伯并没有放弃这个信念。在怨言中,约伯怪责神,因为他的信念与经验发生极大的冲突。他向神质疑,但绝不离弃神。他寻求听讼的人(九 33)。他希望:"在天有我的见证,在上有我的中保。"(十六 19)他宣告:"我知道我的救赎主活着,末了必站立在地上……"(十九 25)神是他的维护者,神也维护自己的公义。

所以耶和华在旋风中向约伯说话,祂要约伯看宇宙的现象,没有提说祂报应的公义,祂以后还责备约伯的朋友,可见报应的公义并不完全正确,甚至也不能与广衍的公义混为一谈。人所坚持的有关神的公义

---

⑬ Norman C. Habel, *The Book of Job*, *A Commentary*(1985),61-62.

⑭ Marvin H. Pope, *Job*(1974),尤见 J.J Stamm, *Das Leiden des Unschuldigen in Babylon und Israel*(1946);E.F. Sutcliffe, *Providence and Suffering in the Old and New Testaments*(1955); J. Scharbert, *Der Schmerz im Alten Testament*(1955);R. J. Williams, "Theodicy in the Ancient Near East," *Canadian Journal of Theology* 2(1956),14-26.

不是唯一的,神的公义更加广大,更加深奥。

最后,约伯回答耶和华说:"我知道你万事都能作,你的旨意能拦阻。谁用无知的言语使你的旨意隐藏呢? 我所说的是我不明白的;这些事太奇妙是我不知道的。"(四十二 2~3)又说:"我从前风闻有你,现在亲眼看见你。"(四十二 5)约伯现在对神的认识是直接的,亲自经历了的。

(II) 对苦难的体验

大多研究约伯记的学者认为本书的主题为苦难。这确是约伯的经历,在他的体验中,是逐渐地进步与成长。这是作者的用意吗? 苦难使生命成长!

在本书的开端,说明苦难是撒但的攻击,出于神的许可。但是这天上的一幕,并没有向约伯与他的朋友启示,不然约伯就不会有那么大的矛盾与挣扎,朋友也不会有那么激动的说词与苛责,他们之间也就不需要辩论了。

苦难的开始,约伯还能忍耐。他无意中击败了撒但的诡计。撒但认为苦难必使约伯弃掉神。但是约伯没有犯罪,也不以神为愚妄。相反地,苦难使他俯伏敬拜神:"赏赐的是耶和华,收取的也是耶和华;耶和华的名是应当称颂的。"(一 21)撒但再加害给他,甚至他妻子也失去忍耐,他仍慨叹地说:"哎! 难道我们从神手里得福,不也受祸吗?"在这一切的事上,约伯并不以口犯罪(二 10)。

但是苦难延续下去,蚕食他的生命,实在是可怕的,因为他的忍耐逐渐磨蚀了。尤其他朋友来,没有带给他安慰,反而以吊丧的举动,坐七天七夜,使他内心更加痛苦。所以他开始咒诅自己的生日,求生欲消失了,只求一死了之。第三章的哀歌充分说明他情绪的冲动,而且以自我为中心,好似全世界只有他一人在受苦,而且受最大的痛苦,所以才有求死的意向。

在与朋友对话中,听见他们振振有词地发表高论,强调报应的公义,这似乎是天经地义。事实上,罪的结果就是苦,苦难是罪恶的刑罚,确是希伯来宗教的信念。申命记廿八章尤其在论祸福二者,就以此为法则,千真万确。大至邦国,小至个人,都在这道德公义之定律之下。这就使约伯在受激怒中,不得不作认真的思想。他不得不从情绪的困扰之中出来,进入理性里。他发现朋友的推论并不正确。如果说,有罪就有苦,那么有苦却未必一定有罪。这正如一张桌子有四条腿,但四条腿未必都是桌子,也许是座椅,或狗马等动物,可见朋友犯了逻辑的错谬(logical fallacy)。约伯不认为他因罪受苦,当然他同意朋友的看法,人都不洁净,在神面前怎能成为义呢?(九1~2,参四17)但他不能同意人照所有的罪受报应。朋友比勒达强调神的公义,并且以约伯的儿女为例:"或者你的儿女得罪了祂,祂使他们受报应。"(八4)在这言语之中,似乎暗示了神刑罚的公义是按着比例的。约伯的儿女罪恶大,终于被神刑罚而死亡。约伯犯了罪,现正受着苦,还没有他儿女那么严重,所以仍有希望,可以悔改而得复兴。但是约伯在推论中,认为他朋友也不会完全无罪,为什么没有受苦呢? 这样看来,受苦并不照比例(Inproportional suffering)。如果他们没有错误,那么神不公平吗?他理性的困难还有更大的问题,因为他不能接受恶人遭报的事。照朋友琐法所说的,恶人遭刑罚,只是早晚的时间而已(十一20,二十4起)。但是约伯说:"恶人的灯何尝熄灭? 患难何尝临到他们呢?"(廿一17)这也是先知的思想,耶利米强调:"各人必因自己的罪死亡。"(耶卅一30)但他也表露他的困惑:"恶人的道路为何亨通呢?"(耶十二1)诗人悲叹说:"至于我,我的脚几乎失闪,我的脚险些滑跌。我见恶人和狂傲人享平安,就心怀不平。"(诗七十三2~3)

朋友们的说法可说是正统的信念,但是传统是否可有经验来佐证呢? 他们只是客观地分析,而他是在主观实际地体验,那就是极大的距离。作者是以一种推理的智慧(Speculative Wisdom),来研讨苦难的问题。有若干论点,也是智慧的卓见。[16]

---

[16] A. S. Peake, *The Problem of Suffering in the Old Testament*(1947); H. Wheeler Robinson, *Inspiration and Revelation in the Old Testament*(1946); C. S. Lewis, *The Problem of Pain*(1940); Robert Gordis, "The Temptation of Job— The Conflict of Tradition and Experience," *Judaism* 4(1995), 195-208; R. M. Maclver, ed., *Great Moral Dilemmas*(1956).

苦难是人生的现实,以利法说:"人生在世必遇患难……"(五 7),
这是谁都不能否认的。他劝导约伯不可轻看全能者的管教,又说:"神
所惩治的人是有福的"(五 17)。苦难若不是惩治,必是管教。这是新
约书信中也承认的。在希伯来书(十二章五节重复论述,所引用的是箴
言三章十一、十二节),可见这是传统的智慧论调。朋友以利户也同样
强调这种说法,苦难有教育的性质。⑩ 照他所说,苦难不一定是罪的刑
罚,甚至这也成为一种警告,免致骄傲与放纵(卅三 16~30,卅六 9~
12)。犹太宗教的导师(Hasidic teacher)有一句警语:"罪人自觉有罪,
总比圣徒自认圣洁好得多。"⑩

当朋友为强调报应的公义,就以神的大能为根据。这是约伯深切体
会的,只是他所感受的完全成为相反的涵义,似乎神不顾念人,使人在无
助之中。但朋友看来,这表明神的权能,使人全然顺服。他们这样说法,
几乎是伊斯兰教的道理,一切都在真主的权能下,人只有一味地顺服,是
一种宿命论的论调。这是约伯无法接受的。他们又以神的全智来辩论。
神是无所不知的,这虽是约伯接受的,但也使他更加困惑。神的权能与
全智都是以利户强调的,但真正的答案是耶和华在旋风中的言词。

耶和华完全没有解释约伯受苦的原因。苦难仍是一个难解的谜。
但约伯又从理性方面,进到属灵的境地。神向他说话,不再向他隐藏,
已经是一切的答案。苦难是奥秘,正如生命是奥秘,爱是奥秘,但这也
是神迹。神迹与奥秘连在一起(Mystery and Miracle)。这是他最深的
经验。⑩

(Ⅲ) 对恩典的需求

本书是否在探索受苦的原因:义人为什么受苦? 可能这只是表面

---

⑩ J. A. Sanders, *Suffering as a Divine Discipline in the Old Testament and Post-Biblical Judaism*(1955); Robert Gordis, *The Book of God and Man: A Study of Job*(1965), 112 - 115.

⑩ Gordis, *loc. cit.* (114).

⑩ Gordis, *loc. cit.* (115). 又 xi. Job and the Mystery of Suffering, 135 - 156.

的问题。真正问题是在：人怎样受苦？在苦难中人应有什么适当合宜的行为？约伯的朋友在分析受苦是人因罪而受的报应。他们确定了约伯有罪，然后才可给予忠告，怎样在受苦中醒悟，悔改归正。他们有具体的劝导，使约伯重新注意道德的义行。然而当约伯不认为他受苦是神所施的刑罚，道德的归正不知应如何做起，这让约伯感到十分迷惘。在受苦中，他除了向神祈求恩典之外，还能有什么出路呢？但本书的要义确在约伯的言词与他的态度，为什么受苦？怎样受苦？这两个问题一直反复出现。⑩

约伯的友人提出神报应的公义，以神的权能为依据。约伯承认神的权能。但他所能看见的，神的权能是破坏性的，难免太残忍了。他看不见神的慈爱。神若只有权能，没有慈爱，渺小如沙的人，怎堪神轻微的触摸？人脆弱如此，必立遭毁灭。他很难接受这个信念。在他，神有慈爱，只是他看不见，这使他无法忍耐地顺服神的权能，他只祈求神的恩惠。

在受苦中，约伯最大的需求，是有神的同在。但这似乎只是奢望。他的孤单成为无可忍受的痛苦。朋友们不仅没有同情他，安慰他，却一味地严责他，讲大道理来劝导他。在家中，他的妻子已经没有同情，在亲友中也完全失去关怀。他落在无奈的隔绝之中（alienation）。这是可怕的经验，他只有个人，单独地受着痛苦的蚕食。可是他身体的痛苦，还远不及心灵的忧苦。当朋友们提到神的智慧，他还承认。但是神的智慧太超越了，高不可及；太遥远了，无法把握。神也与他隔绝，所以他在极端的失望之中。

在他无助的境地，他心灵的感受没有麻木。在朋友言词的冲击之下，他逐渐冷静下来，默察社会的众生相。他发现受苦的不是只有他，还有许多人。在他孤寂中，他才观察这个世界的实况。他更感到苦难是人生必有的。人怎样应付苦难呢？除了神的怜悯之外，人是完全无奈的。

---

⑩ G. Fohrer, *Das Buch Hiob*(1963).该书认为本书重点不在神的公义，并非研究为什么受苦的问题。Samuel Terrien, "Job," *The Interpreter's Bible*, vol. 3 (1954),897,902,多少同意他的解释，但 Matitiahu Tsevat, "The Meaning of the Book of Job," *Hebrew Union College Annual* 37(1966),73-106,并不赞同。

他所需要的只有神的恩典。他对人的帮助已经失望了,惟有仰望神。

朋友们也一直劝导他仰望神的怜悯。以利法认为神的击打是有的,医治也必施予(五 17～19)。比勒达以植物的成长来喻神的恩典,好似水使芦荻生发(八 11),琐法只忠告约伯向神求恩(十一 13)。但是约伯怎样求恩呢? 在极度痛苦中,他求神取他的性命(三章)。以后他不再求死,却求神为他辩护,他先向神为自己辩明。但他只求神肯容他说话,肯听他说,并且回答他(卅一 35～37)。

在他有这样的要求前,他省察自己,认为在道德的行为上没有缺欠(卅一章被称为 Oath of Clearance)。他始终认为敬畏主就是智慧,远离恶便是聪明(廿八 28)。从本书的开端他的简介,至此处他最后的辩明,[⑩]一直是本书着重的要义,也是智慧文学典型的重点。

对恩典的需求,在另一友人以利户的言词中,有很清楚的论述。他答复约伯三点:第一,约伯自认无辜(卅三 8～9)。第二,神使约伯受苦极不公平(卅三 10～11)。第三,神不关怀约伯受苦,不回答约伯(卅三 12～13)。按照东方的习惯,在回答中,次序是颠倒的。他先答复第三点。[⑪] 以利户否认神不关怀,因为神以不同的方法与途径向人启示。神或用梦,或以异象,将当受的教训印在人们心中,无非警戒人不犯罪(卅三 14～17)。如果这些方法仍不奏效,就以疾病与痛苦作为方法,目的是使人在苦难中需求神的恩典。神甚至发动天使传话,因为人需要中保来明白神的心意,使神给他开恩。这是救恩,因为神救赎他免得灭亡(卅三 23～28)。

神是公义的,祂的公义有权能与智慧。以利户所说的,不是比勒达所说的权能(廿五章)。因为比勒达所论神的权能只是威严的治理。以利户论神的权能是伟大的创造,在祂创造的心意中,只有恩惠的维持与保护。祂除恶为彰显平安,决不是约伯所说的不公平(卅四章),神顾念人的疾苦,在人呼求时,祂使人在夜间歌唱(卅五 10)。在苦难的黑夜有安慰与音乐,甚至欢唱,因为神有无限的恩慈。

---

⑩ 本书廿八章照排列的次序,应为约伯的言词。但学者们多认为出于以后编辑者附加的,在注释中再行讨论。

⑪ Robert Gordis, *The Book of God and Man*. *A Study of Job*(1965),104ff.

　　人怎可说自己无罪？苦难无非使人受警告，免犯罪孽。人若在苦中谦卑，因困难而受教，使神再行施恩，岂非神恩慈的心意？自然界一切无非说明，或为责罚，或为施行慈爱（卅七 13）。这时天空好似有密云拥集，风声转紧，在天气骤变中，以利户的言词似在预备约伯，迎接耶和华在旋风中所发出的言语。

　　当耶和华向约伯说话中，祂绝口不提为什么受苦，也不说人应怎样受苦。祂甚至以问语来答复约伯，使约伯哑口无言。祂向约伯呈现的，是一幅非常伟大与华丽的画面，有关自然界的创造。祂有权能，是约伯完全无法想象的。祂有智慧，是约伯绝对不能明白的。宇宙是奥秘，但这奥秘不是人完全不能明白的，至少可以看见神的维持与安排，出于神恩慈的心意。在宇宙中一切非生物，神安置得井然有条，在秩序中有和谐，这岂是偶然的吗？生物呢？它们的生存，更有神的顾念与关爱。那些野生的动物是神所豢养的，它们的体力甚至比人更大，都在神的眷顾之下。人在宇宙中，只是自然的一部分，甚至极其微小，又怎么可妄自尊大呢？约伯听见了神这些话，只得承认自己渺小："我是卑微的：我只好用手捂口。"（四十 4～5）

　　神的权能，表现在祂对待庞大的动物，如河马、鳄鱼。此处所提的，如果是古代近东的神话，即使是恶魔，神仍可管理。宇宙一切原在祂治理之下。但人的惧怕与惊奇无以言状，在神的权能中，有神的智慧。人怎会想象与理解？这无疑将约伯带到更辽阔的领域，不仅使他口服心服，而且使他无法应付这样伟大的观察，他看见在神的能力与智慧之中，必有无限的恩惠。

　　耶和华的言词有两次，第一次的言词中提说的野生动物，不是神专为人造的，但它们有美丽与优雅，引发人赞叹。第二次的言词似再进一步。那些动物并不优美，却有极大的体力。在神所提说的动物，使人看了不再以人为中心。可见宇宙的中心不是人，人不可自大，也不能再误解宇宙的性质。那些不美的动物，甚至是凶猛的怪物，在人的观察中，认为是无须有的。但神却重视它们，并且眷爱它们。它们尚且得着神的恩惠，人岂不在神的爱中吗？于是人的存在似在矛盾之中。从一方面看，人在宇宙中微乎其微，无足轻重，人实在太渺小了，还不及有些动物呢！但另一方面，神连那些动物都看顾，难道不看顾人吗？在这自相矛盾的想法中(所谓 Paradox),可看出神的恩典来。

　　在神的言词中,神似乎默认世界的缺陷。这个世界并不完全,一切被造之物也并不完美。在人类社会中缺陷甚多,不仅是人的罪将世界弄坏了,而且人无法脱离罪恶与苦难。在这多方矛盾的世界中,神因关怀极力改善。[12] 这世界有罪恶与苦难,并不说明这世界是不堪收拾的。但神不断除恶,而且将不完善的事改变。这是神一直在动工中。恶存在于世上,猖狂不已。神必消弭与制胜罪,人必须有信心。

　　约伯在信心的历程无疑在进展着。起初他只消极地看人生的疾苦,想以死来解脱。他看苦难是个人的,但他没有那么狭窄,当他放眼看社会的实况,他看见的不是自己受苦的个人问题。这实在是社会问题。在地上苦难是极普遍的,多少人在受苦,又该怎么解释呢? 耶和华向他说话,再扩展他的眼界。他从社会看到世界,甚至看到宇宙。这宇宙是错综繁杂的,不能以狭窄与片面来看,只能看到一鳞半爪。神要他看整体的,不是部分的;完整的,不是片断的。他的问题由个人至社会,再由社会至世界,甚至宇宙。他不再是渺小的,而是巨大的,因为他的问题是宇宙性的,他在属灵上的体验与感受,是宇宙性的。神许可他受苦,因为祂信任他,以为他可经受得起。这种信任(Confidence)激发他信靠的心(Trust)。这是在恩典的领域里。

　　神的恩典是祂与人的关系,约伯最大的痛苦还不是在亲朋与他隔绝,而是在神的隔绝。他无论怎样发怨言、向神发问,都得不着神的回答。他几乎放弃这样的追寻,神不存在也许更好。但他这样想是不可能的,神不会因人否认与离弃就消失了。神只是隐藏着自己,祂却在隐藏中显示,也在显示中隐藏。祂向约伯说话,有旋风伴着。约伯听见祂的声音,却看不见祂。祂仍隐藏着,使约伯承认,他仍不能明白神的心意。但这样对约伯已经足够了,他只要知道神与他同在,向他说话,他可以完全满足。他一切的怀疑困惑,他所有的责询怨言,都如密云飘去

---

[12] E. G. Kraeling, *The Book of the Ways of God* (1939); James Strahan, *The Book of Job* (1913).

消失了。他已经确实领悟了神的恩惠。⑬

　　在结语中，神的恩惠更加明显。祂责备约伯朋友的愚妄，这样就为约伯辩正了。但是神还要约伯为朋友祷告，约伯在为朋友代求之后，耶和华使约伯从苦境中转回。他与神的关系恢复，他与朋友的关系也恢复了。这些都是神的恩惠，但是还有更多的恩典，他的财物复原，还加了倍。神赐恩给他，使他又有了七个儿子，三个女儿。约伯又享高寿，至天年才离世，可谓福寿双全。

　　约伯真正领会了神的恩典，在一切苦难中，神也同受苦难，并且在他面前的使者拯救他，神以慈爱和怜悯救赎他（参赛六十三 9），神曾说："他若求告我，我就应允他；他在急难中，我要与他同在。我要搭救他，使他尊贵。"（诗九十一 15）

　　"凡求告耶和华的，就是诚心求告他的，耶和华便与他们相近。"（诗一四五 18）

捌　现代的研究

　　本书在历代引起学者的兴趣，研究著作极多，不胜枚举。⑭ 兹以近四十年来的研究途径，归纳列出，仅供参考。

（Ⅰ）经学之研究

　　本书最重要的注释书，是近年才问世的，大多认为本书是完整合一的，但仍提出若干问题，如故事背景，在第一、二章及四十二章七至十七

⑬ Robert Gordis, *The Book of God and Man*："*x. The Lord out of the Whirlwind*", 117 - 134；Samuel Terrien, *Job*：*Poet of Existence*（1957），218 - 250.

⑭ M. Bič, Review of A. Jenson, *Das Buch Hiob und Seine Deutong* (1963) *in Book List of The Society for Old Testament Study*（1964），46 - 47；Ronald J. Williams, "Current Trends in the Study of the Book of Job," *Studies in the Book of Job*, ed. W.E. Aufrecht（1985），1 - 27；David J. A. Clines, *Job 1 -20* (1987). 在绪论中列出详细书目，有百余页。

节,⑮是根据古代的裨史,⑯但因撒但的部分不易解释,是因为撒但论在波期时代才有普遍的传说与应用。本书廿八章的智慧诗,在上下文方面不甚连贯。以利户的言词(卅二~卅七章)似乎也是外加的,因为以利户其人在本书开端与结束都未提及。这是新的注释书所质询的。⑰在约伯与友人第三次辩论,内容有些紊乱,尤其因比勒达的言词过分简短,琐法的言词竟付诸厥如,这些是否为约伯原著中具有的,值得研究。⑱ 耶和华的言词有两次,第二次的言词语多重复,也引起经学家的质疑,是否为以后编者所加注的?⑲ 在耶和华言词中,鳄鱼与河马部分,被认为是以后附加的,也是极为争议的。⑳

学者研究本书的背景,有认为受米所波大米文学之影响,㉑有认为本书与乌格列文学相似。㉒

在本书经文评鉴方面,有以七十士译本为依据的,㉓或以古钞本为

---

⑮ G. Fohrer,*Das Buch Hiob*(1963).

⑯ F. Hesse,*Hiob*(Zürcher Bibelkommentare,1978).

⑰ Jean Steinmann,*Le Livre de Job*(1955);Samuel Terrien,*Job:Poet of Existence*(1957);G. Fohrer,*Das Buch Hiob*(1963);F. Horst,*Hiob*(Biblischer Kommentar:Alten Testament,1969);Jean Lévégue,*Job et Son Dieu*(1970);H. H. Rowley,*Job*(1970).

⑱ G. Fohrer,*Das Buch Hiob*(1963);Marvin Pope,*Job*(The Anchor Bible,1965,1973);C. Epping and J. T. Helis,*Job uit de grondtekst vertaald en vitgeled*(1968).

⑲ H. H. Rowley,*Job*(New Century Bible,1957,3rd rev. ed.);F. Hesse,*Hiob*(1978).

⑳ G. Fohrer,*Das Buch Hiob*(1963);Marvin Pope,*Job*(1973).

㉑ H. Gese,*Lehre and wirklichkeit in der alten Weisheit:Studien zu den Sprüchen Salomos und zu dem Buche Hiob*(1958),51 – 78;W. G. Lamlert,*Babylonian Wisdom Literature*(1960),21 – 29.

㉒ J. Nougayrol,"*Choix* de textes littéraires 162 (Suste) Souffrant,"*Ugaritics* 5 (1968),265 – 273;Maxvin Pope,*Job*(1973);John Gray,"The Book of Job in the Context of Near Eastern Literature,"*Zeitschrift für die alttestamentliche Wissenschaft* 82(1970),251 – 269.

㉓ Edouard P. Dhorme,*Le Livre de Job*(1926);Eng,trans.,*A Commentary on the Book of Job*(1967).

准则的，⑭综合性的更为现代学者的方法。⑮ 以希腊文译词为主的，可能所用的希伯来文的底本不同，译者有意译的部分，并无明显的理由。希腊之版本中，比希伯来经文短约六分之一。希腊文译词尽量避免那些近乎亵渎的经文，⑯钞本中以西乃钞本最为可靠。⑰

现代研究叙利亚版本，对经文评鉴甚有贡献。⑱ 但更有贡献的是亚兰文版本的研究。亚兰文的约伯记是在拉丁的圣经，约在公元第四世纪。⑲ 亚兰文版本，在昆兰死海古卷发现的第四洞中。于 1952 年发现，似无甚价值，但在第十一个发现的，虽为断片，只有本书十七章与四十二章，却甚有研究之价值。经文是古希伯来字体，可追溯至主后第一世纪。但其文法的形式，应为主前第二世纪，值得注意。⑳

本书语文也是困难的问题，因为有甚多的用字只在本书出现，为旧约其他书卷中所没有的，因此这就引起学者们研究，是否为译作，有认

---

⑭ Robert Gordis, *The Book of Job*: *Commentary*, *New Translation and Special Studies*(1978).

⑮ David J. A. Clines, *Job 1 – 20*(1989).

⑯ H. M. Orlinsky, "Studies in the Septuagint of the Book of Job," *Hebrew Union College Annual* 28(1957), 53 – 74; 29(1958), 229 – 271; 30(1959), 153 – 167; 32(1961), 239 – 288; 33(1962), 119 – 151; 35(1964), 57 – 58; 36(1964), 37 – 47. D. H. Gard, *The Exegetical Method of the Greek Translator of the Book of Job*(1952, 1967).

⑰ 参考 H. S. Gehman, "The Theological Approach of the Greek Translator of Job 1 – 15," *Journal of Biblical Literature* 68(1949), 231 – 240; D. H. Gord, *The Exegetical Method of the Greek Translator of the Book of Job*(1952), 1967。

⑱ L. G. Rignell, "Notes on the Peshitta of the Book of Job," *Annual of the Swedish Theological Institute* 9(1973), 98 – 108.

⑲ R. Weiss, *The Aramaic Targum of the Book of Job*(1979).

⑳ J. P. M. van der Ploeg and A. S. van der Woude, *Le Targum de Job de la grotte xi de Qumran*(1971); M. Sokoloff, *The Targum to Job from Qumran Cave xi* (1974); J. Fitzmyer, "Some Observations on the Targum of Job from Qumran Care 11," *The Catholic Biblical Quarterly* 36(1974), 503 – 524; J. Gray, "The Massoretic Text of the Book of Job, the Targum and the Septuagint Version in the Light of the Qumran Targum (11 Qtarg Job)," *Zeitschift für die alttestamentliche Wissenschaft* 86(1974), 331 – 350.

为译自亚兰文，[131]有认为译自阿拉伯文，[132]也有认为译自乌格列文。[133] 但也有提出反对的。[134] 这也是现代学者所研究的课题。

本书的文体评鉴方面，有关完整与合一性，已如上论，现代若干新注释书逐一提出，在体裁上每多有讽刺的方法（Irony），是耶和华言词中的特性。耶和华问约伯说："岂可定我有罪，好显自己为义吗？"（四十8）这种以讥讽的口吻来责问，是言词中不住重复的语句。约伯与友人都强调神的能力，但是他们一提到神的公义，就有辩论。在这里言词不仅强调能力，也着重神的安排与爱。在讽刺方面也有几种不同的形式，有的是语句的，有的是戏剧性的动作，还有的是探讨宇宙性的问题。[135]

在耶和华与约伯的对谈中，似乎以讽刺的形式，来发展约伯的感受，终于他得以与神和好，这是一种讥讽而达成的和好（The Irony of Reconciliation），[136]这种文体的形式，表达了本书的目的，神的显现，是

---

[131] N. H. Tur-Sinai, *The Book of Job: A New Commentary*(1957), xxx - xl.

[132] A. Guillaume, "The Arabic Background of the Book of Job," *Promise and Fulfilment: Essays Presented to S. H. Hooke*, ed. F. F. Bruce(1963), 108 - 127; *Studies in the Book of Job* (1968); G. R. Driver, "Problems in the Hebrew Text of Job," *Vetus Testamentum Supplements* 3(1955),72 - 93.

[133] M. Dahood, "Some Northwest Semitic Words in Job," *Biblica* 38 (1957), 306 - 320; "Northwest Semitic Semitic Philology and Job," *The Bible in Current Catholic Thought*, ed. J. L. Mckenzie(1962),55 - 74; "Some Ráre Parallel Word Pairs in Job and in Ugaritic," *The Word in the World*, ed. R. J. Clifford and G. W. Mac Rae(1973),19 - 34; A. C. M. Blommerde, *Northwest Semitic Grammar and Job*(1969).

[134] J. Barr, "Philology and Exegesis: Some General Remarks, With Illustrations from Job," *Questions disput'ees d'Ancien Testament*, ed. C. Brekelmms (1974), 39 - 61; *Comparative Philology and the Text of the Old Testament* (1968); L. L. Grabbe, *Comparative Philology and the Text of Job: A Study in Methodology*(1977).

[135] Ronald J. Williams, "Current Trends in the Study of the Book of Job," *Studies in the Book of Job*, ed. Walter E. Afrecht(1985),18,引用 W. J. A. Power, "A Study of Irony in the Book of Job,"（Ph. D. dissertation, University of Toronto, 1961）.

[136] E. M. Good, *Irony in the Old Testament*, 2nd ed.(1981), ch. 7.

祂回应约伯表达的愿望。⑬ 本书作者似在质疑约伯友人所论之报应的
公义。在本书开端的叙述,与结束前耶和华的言词,其间似有矛盾存在
着。讽讥的方式是为化解这矛盾。⑭

从耶和华的言词来看,这讽刺的语调,使本书成为喜剧。所谓喜
剧,并非只是喜笑,而是由矛盾至和谐,问题得以化解,悲苦得以消
除,且有大团圆的收场。事实上,本书的开场是欢喜的,以后越来越
低落,陷入极大的悲哀之中,以后再提升至喜乐之结局,正构成一个
U 型。⑮

另一种研究的方法是结构评鉴(Biblical Structuralism),分析本书
的结构,是将矛盾与不一致之处力求平衡。这种研究不甚普遍,但可说
是一种研究的途径。⑯

本书的神学思想的分析,也不失为一种有效的方法。宗教原为人
与神的关系,这是本书的主题之一。人在宇宙中的地位,是他生存的价
值与意义。在约伯的挣扎里,他无法找到解脱,一直等到耶和华在旋风
中向他说话。他在宇宙的奥秘里,似乎体验到神的安排与旨意。⑰

"中保"是神与人之间必须有的,才可使人与神交往。⑱ 约伯一直
在寻找:听讼的人(九 32～33)、中保(十六 19～21)以及救赎主(十九

⑬ M. Tserat,"The Meaning of the Book of Job," *Hebrew Union College Annual*
37(1966),73 - 106.

⑭ J. G. Williams,"You have not spoken truth of me: Mystery and Irony in Job,"
Zeitschrift für die alttestamentliche Wissenschaft 83(1971),231 - 255; C. G.
Jung, *Antwort auf Hiob*(1952), eng, trans. , 1960.

⑮ J. W. Whedbee,"The Comedy of Job," *Studies in the Book of Job Semeia* 7
(1977),135 - 145;参考 D. Cox, *The Triumph of Impotence: Job and the
Tradition of the Absurd*(1978)。

⑯ R. M. Polzin, *Biblical Structuralism: Method and Subjectivity in the Study of
Ancient Texts*(1977);"The Framework of the Book of Job," *Interpretation* 28
(1974),182 - 200.

⑰ Harold Knight, "Job considered as a contribution to Hebrew Theology,"
Nuneation 9(1956),63 - 76.

⑱ R. J. Williams,"Theodicy in the Ancient Near East," *Canadian Journal of
Theology* 2(1956),14 - 26.

25～27）。这些似乎不是指耶和华，而是指第三者。在以利户的言词中，提出一个作传话的（卅三 23～28）。[13] 救赎主原意为辩护者，为法律程序中的重要人物，此处是神与人中间之第三者。[14]

约伯以王子之专，有弥赛亚之形象。王子既代表众民，以本书廿九章为佐证。[15] 主为求秋雨而替代众民之罪，成为新年节期之戏剧，而且是以悲剧的形式来叙述（festal tragedy）。[16]

神的公义，应为本书主要的神学思想。神的公义与人的想法不同，神不能受报应、公义所局限，人也不可限制神的能力。[17] 照约伯的友人所说，他受苦是罪的结果，以致神都离弃他，但是神却向他显现说话，表明神的恩典有何等的深度。[18]

研究本书的神学思想，或以存在主义哲理来分析。[19] 神是创造主，祂却以创造性的作为来参与（Theology of Creative Participation）。[20] 本书不仅论神的公义加以辩护，而且在实际上论人在受苦时应有的态

[13] W. A. Irwin, "Job's Redeemer," *Journal of Biblical Literature* 81 (1962), 217‐229 cf., "An Examination of the Progress of Thought in the Dialogue of Job," *Journal of Religion* 13 (1933), 150‐164; "The Elihu Speeches in the Criticism of the Book of Job," *Journal of Religion* 17 (1937), 31‐47; 又 S. Mowinckel, "Hiobs gō'ēl and Zeuge im Himmel," *Beiträge zur Zeitschrift für die alttestamentliche Wissenschaft* 41 (1925), 207‐212.

[14] S. L. Terrien, "The Book of Job," *Interpreter's Bible* 3 (1954), 1026, 1051‐1053; *Job: Poet of Existence* (1957), 133‐134, 150‐152; F. Horst, *Hiob*, 256.

[15] W. Vischer, "Hiob-ein Zeuge Jesu Christi," *Zwischen der Zeiten* 11 (1933), 386‐414; A. Capuot, "Traits royaux dans le personnage de Job," *Maqqēl shâqedh: La branche d'amandier: Hommage á Wilhelm Vischer* (1960), 32‐45.

[16] M. Bič, "Le Juste et J'impie dans le Livre de Job," *Vetus Testamentum Supplements* 15 (1968), 33‐43; S. L. Terrien, "Le poème de Job: drame para-ritual du nouvel-an?" *Vetus Testamentum Supplements* 17 (1969), 220‐235.

[17] P. Humbert, "Le modernisme de Job," *Vetus Testamentum Supplements* 3 (1955), 150‐161.

[18] John Gray, "The Book of Job in the Context of Near Easterin Literature," *Zeitschrift für die alttestamentliche Wissenschaft* 82 (1970), 251‐269.

[19] C. Westermann, *Der Aufbau des Buches Hiob* (1956).

[20] S. L. Terrien, *Job: Poet of Existence*, 16.

度。约伯最后完全顺服是与神这位创造主交往必需有的先决条件。⑬

　　本书在现代的经学研究，必会继续不断发展。就以存在主义的途径来看，经学家们每以智慧文学的特性为起点，来探索其中之要义。智慧文学原就有存在主义的哲理，学者们称之为"存在智慧"（Existential Wisdom）。存在智慧是约伯记、传道书神学的背景与处境，寻求存在的意义与希望。意义的寻求是人基本的动机。⑬ 在这追寻之中，神的义必须维护（即 Theodicy）。⑬ 约伯在受苦前，他存在智慧是传统的，他对神的公义，只认为是报应的，罚恶赏善。但在他受苦时，这传统的智慧不复存在，从处境中寻求意义，尤其在苦难的遭遇，他无法明白苦难会带给他什么意义。他既不能从友人得到安慰，问题无法解决。他也无法得着神什么帮助。但是神的缄默，只是神一部分的启示，以致约伯无法感受。所以耶和华必须向他说话，并且在旋风中，这却是完全出于他意料之外的。

　　论人生存的意义，必先看超越的神与渺小的人之关系，探究受苦的意义，这是奥秘，我们不能解释，并非暂时可以漠视。相反地，我们必须认识这生活的现实是我们人无法想象的。这些是超越我们，使我们明白人的无能。⑬约伯自己无从明白，朋友的论调似有逻辑，但仍不足以解释。本书作者强调耶和华的言词，这是奥秘的经验，是出于对神的信心，相信神超越在人一切以上，才可化解生命残酷的问题。可见本书的重点在于信仰的真实，以十分戏剧化的有力描述，表明人在追寻终极的实际时产生的怀疑，这怀疑就是成熟的信心。这是包括理性与道德的完整，有极大的勇气与深切的信心，知道神对人仍有信任，祂信任约伯。

　　经学家所以认为本书是被掳时期的产物，因为被掳的经验足以动

⑬ G. Fohrer, "Das Hiobproblem und seine Lösung," *Wissenschaftliche Zeitschrift der Martin-Luther-Universität Halle* 12(1963), 249–158; *Das Buch Hiob*, 549.

⑬ Alexander Dilella, "An Existential Interpretation of Job," *Biblical Theology Bulletin* 15(1951), 49–55. 引述 Victor E. Frankl's Logotherapy.

⑬ A. A. Di Lello. "The Problem of Retribution in the Wisdom Literature," in *Rediscovery of Scripture: Biblical Theology Today: Report of the 46th Annual Meeting of the Franciscan Educational Conference*(1967).

⑬ E. Schilebeekx, *God and Man*(1969), 68.

摇以色列人的信心。但是他们所信的神是恩慈的,祂在历史中有美善
的安排,正如祂在宇宙中安排秩序与规律,有公义与公平,完美与和谐,
但在自然中也有荒废与混乱,失调与失常。这是人必须面对的,超越的
神必有旨意与作为,在历史中,也在个人的经验里。人既不可消极,也
不应愤世,应认定超越的神与人存在的奥秘。⑮

(II) 心理学之研究

　　圣经研究在现代的新趋向,在文体的结构方面有新的评鉴方法,
在分析经义的内容方面循心理学的途径。《对约伯的答复》(Answer
to Job)为心理学家荣格(C. G. Jung)的著作,在 1952 年出版(英译本
在 1954 年问世)。荣氏追随弗洛伊德(S. Freud)研究心理分析,后期
著作批评弗氏,他显然另创新猷,在 1912 年著有《无意识心理学》
(The Psychology of Unconscious)。他对人格与宗教的研究,在约伯
记的分析中着重人与神的关系,对圣经真理有新的见解,是"深层心
理学"(Depth Psychology)。他引用约伯记十六章十九至廿一节以及
十九章廿五节,认为约伯内心的冲突,无法放弃对神公义与良善的那
种信念,又发生极大的怀疑。他不愿接受这种矛盾的观念,认为神既
恩慈又凶暴,甚至说神既不恩慈也不凶暴。人在困惑中无法找到答
案,这种矛盾的心理足以使意识分裂,莫衷一是。人既不能明白神的
道路,他必须承认人心的有限。⑯ 荣格的分析虽有争议之处,但他确
开心理研究之先河,对经义的分析有新的途径。⑰ 这也是经学家所肯

---

⑮ Alexander Di Lella, "An Existential Interpretation of Job," *Biblical Theology
Bulletin* 15(1985),49-55.

⑯ C. G. Jung, *Answers to Job*(1954).

⑰ Y. Spiegel, ed. , *Psychoanalytische Interpretationen biblischer Texte*(1972); M.
Sales Possibilitás et Limites d'une Lecture psychanalytique de la Bible," *Nouvelle
revue théologique* 101 (1979), 699-723; E. P. Bolin & G. M. Goldberg,
"Behavioral Psychology and the Bible: General and Specific Considerations,"
Journal of Psychology and Theology 7 (1979), 167-175; C. M. Berry
"Approaching the Interpretation of the Social Sciences and Biblical Theology,"
Journal of Psychology and Theology 8(1980),33-44.

定的。

在本书,有数处描述约伯求死的欲望,如在三章三至廿六节,六章八至十节,十章十八至十九节。他在极端的痛苦中,失去了生存的意思,但是他并未自杀。有关自杀的意向,并非只是一种意愿,而且也是一种决意。有人尽管厌世,但没有力量来摧残自己。自杀往往想杀别人,或者愿意被杀,以致他虽不想活,不必亲手毁灭自己。可见自杀的心理是很矛盾而且复杂的。约伯求死,并不想杀他自己,却想神叫他死,这似乎是向神挑战,因为他自己还很有把握(十二3,十三2),认为自己无罪,不应受苦(六29,九20,十二4,廿一16,廿六5~6)。他在神面前不肯示弱。他深知神是罚恶的,但他没有恶,不该受刑罚,所以他虽然求死,却无意自杀。

在三章廿五节:"因我所恐惧的临到我身;我所惧怕的迎我而来。"这无疑是约伯在无意识中所感受的。也许在他成功兴盛时,有一种惧怕的心理,不安全的感觉是使他焦虑的原因。犹太解经集论撒但是约伯内心中恶的本能。以后他的焦虑果然成为事实。[18]

约伯的病状是皮肤长疮,这是在他失去财富与儿女之后。照约伯记第二章,他的疾病是撒但加害于他的。但是照现代医学的研究,他的疾病可能是心理影响身体(所谓 Psychosomatic),有其他病例可以引证。[19]

分析约伯记,是以现代精神病学的观点来看忧郁症。诊断分为两个阶段,在患病之前和在患病之中的症象。在患病之前有焦虑与惧怕,过分的神经质。这些似乎都说中约伯的情况,在第一、二章。在患病当时的情况,有失望、气愤、消极等,都是忧郁的特征。在表现上有食欲难

[18] Robert L. Katz,"A Psychoanalytic Comment on Job 3:25,"*Hebrew Union College Annual* 24(1958),377 - 383.

[19] J. L. Halliday,"Psychosomatic Medicine and the Rheumatism Problem,"*The Practioner* 153(1944),6 - 15; G. Gladstone Robertson,"Emotional Aspects of Skin Disease,"*The Lancet* 253(1947),124; G. A. Lindeboom,"Job's Disease as a Paradigm in Contemporary Psycho Medicine," tr. W. H. Gesink from the title 'De ziekte van Job als paradigma in hedendaagse anthropologische psychosomatiek' *In Dienst der Genezing* 14 (1985),64 - 65.

振、失眠、四肢乏力、动作呆滞、罪疚或自责,思想也迟钝。这些情况都
在第三十章叙述。如悲哀(28 节)、惧怕(15 节)、生气(1 节),失望(20、
22 节)、食欲不好、消化失常(27 节)、心神不宁(22 节)等。忧郁是对自
信逐渐失去,并有严重自责的心理。⑩

从心理分析的五大阶段,来研究约伯灵里的进步,也是极有兴趣
的。这五个阶段是否认、发怒、妥协、忧郁及接受。⑩兹依次分析:

(一)否认——约伯受苦的初期,他似接受神的降灾(一 13~19、
21,二 10)。但他没有真正接受(因为他传统的信仰不能应用在他受苦
的经验之中),事实上他仍不能十足接受,是一种否认的态度。他的言
语却是传统的信念。

(二)发怒——否认之后,他经受孤寂、矛盾、消极,朋友一来,非但
没有安慰他,却一味责备他,使他十分生气,他充满愤慨,甚至咒诅他的
生日,他有许多"为何?"(三 11、12、20、23)。他的言语是怀疑的,这就
引起朋友们的不满。

(三)妥协——他在怒气中曾怪责朋友,甚至责怪神,之后他不得
不妥协,知道人到底拗不过神。但他对神妥协,并非顺从或降服。他想
求神考虑与恩待,例如他求朋友转意不要不公(六 28),他求神顾念,
"我的生命不过是一口气"(七 7),神总不能拒绝他。他又极力表明自
己的无辜,且有善行(三十 24~25,卅一 1 起)。他向神讨价还价,盼神
怜悯他,现在他的言语是祈祷的。

(四)忧郁——约伯一切的祈求似乎都已无效,神没有听他的呼
求,他就不想再讲下去(卅一 40 下)。朋友们也不想对他再说(卅二
1)。他就真正被孤立。在极端孤寂之境况中,只有以利户还对他说话,
这言语似乎是先知的,因为以利户的言词似在预备约伯的心,使他准备
听受耶和华的诗。

(五)接受——以利户最后说了这样的话:"人敬畏祂;凡自以为心

⑩ Morton Allan Kapusta & Solomon Frank,"The Book of Job and the Modern
View of Depression," *Annual of Internal Medicine*(1977),667 - 672.

⑩ Elizabeth Kübler-Ross,*On Death and Dying*(1969);*Questions and Answers on
Death and Dying*(1974).

中有智慧的人，祂都不顾念。"（卅七 24）那时旋风已起，神的言语是神秘的，使约伯不得不捐弃己见，在神面前完全顺服："我从前风闻有祢，现在亲眼看见祢。因此我厌恶自己……"（四十二 5～6）

以他心灵中，经过这历程，就有显著的长进，可作图解如下：

以上的图解清楚说明这五个阶段，也是约伯灵命的进阶，是以心理分析的途径来研究。[⑩]

从本书内容，作心理分析，可实际应用在教牧的辅导事工上。教牧在关怀方面，需对信徒在受苦时的需要有所了解，如果像医师一般诊断正确，才可施以治疗。忧郁有两种，一种是正常的，对患难的反应强烈，但始终不失自信。对神怀疑也许是有的，但基本的信心仍不动摇。另一种是反常的，忧郁中毁己，有罪愆的感觉，虐待自己也虐待别人，要与别人同归于尽，那是不正常的，是有病态的，而且十分危险。研究约伯记，看来约伯的反应是正常的，以后终能恢复，也是本书作者的用意。[⑯]

当约伯的友人谈话，想化解他的问题，他们显然不能达到治疗的目的。他们以为对症下药，但约伯却认为无补于事。他们不知同情与安慰，彼此的关系不能建立，怎可奢谈治疗呢？这是他们基本的错误。

约伯自身也无法治疗，因为他不知道问题真正的关键，是在第一、

---

⑩ Walter Vogels, "The Spiritual Growth of Job: A Psychological Approach to the Book of Job," *Biblical Theology Bulletin*(1981), 77 - 80, esp. 80.

⑯ "Editorials," *Annuals of Internal Medicine*(1977), 648 - 649.

二章天上的一幕。但是他坚持无辜,否定了报应的公义,在追寻神的智慧,他已经走在治疗的正道上。但是他仍未看见自己的危险。他很可能从无辜至自义,从自尊至自怜。他需要治疗,只有神才可医治他。耶和华向他显现,是要他从自义转离,他所关注的只有自己,就忽略了神更大的智慧与能力。神学的辩论现在成为无关紧要的了,因为问题不是神学的,而是属灵的,是约伯与神的关系。耶和华向他显现,是为与他建立关系,使他体会神的同在。他必须舍弃自己,神的同在才会成为实际,因此最后终于得着医治。[18]

　　心理治疗与身体治疗相同,现由专业的医疗人员处理,但在古时原由祭司担任。今日教会仍有医治的功能,尤其是以教牧辅导的方法,中心是人与神的关系,与他人的关系,以及与自己的关系。因此治疗的过程正是关系的建立与调整。注重灵恩的人常常着重医病的礼仪(Liturgical),如按手抹油。但真正的途径不是礼仪的,而是以个别的关系为动力。约伯记中,朋友与他始终无法建立关系,最后他与神的关系完好了,他与朋友的关系也完好了,因为他曾为朋友代祷,神使他从苦境转回(四十二 10)。

　　教牧辅导的典范,在以利户的言词中。他设法预备约伯的心,为使他面对全能者。约伯有许多问题,希冀神来答复他,但结果神不是来答复,而是来发问。这是以利户的方法,他要约伯思想,并没有为约伯解决,他要约伯承认,许多事只是奥秘,人无法明白,更不能解释。人的无知才可显明神的智慧,人的有限才可了解神的能力。

　　在约伯的心中,一直盘旋着道德的问题,以为朋友所着重的报应,是否真表现神的公义,但在耶和华的言词中,神表现的不是公义,而是能力。神要使约伯折服,真正谦卑下来,神无意以理性与约伯解说,祂却要他明白创造的作为,不要问为什么,而是问是谁。约伯若真正认识耶和华,其他一切问题就迎刃而解。他以前只是风闻认识神,太肤浅了,现在亲眼看见神,才是真正的属灵经历。这是他实际的改变,是教

---

[18] W. S. Taylor, "Theology and Therapy in Job," *Theology Today*(1956), 451 - 462.

牧辅导真实的目的。怎样帮助人经历治疗的过程,使他逐渐认识神,与神建立完美的关系,使他明白,不是怎样信靠神,而是体会神的心意,知道神信任他,只有当他谦卑下来了,让神在他身上作成祂的工,他就完全正常,十足健康,成为神完全的仆人。⑯

---

⑯ W. M. E. Hulme, *Dialoge in Despair*: *Pastoral Commentary on the Book of Job* (1968), 9–15,140–152.

注释

壹　绪言
（一 1～二 13）

约伯记的绪言,在第一章与第二章。这两章与本书之结论(四十二7～17)都为散文。本书其他部分却为诗文。可见第一、二章及四十二章七节起,以叙述的文体,将情节组成本书的架构。绪言提出本书的主要论点,有关苦难、赏罚、生死等问题。

（I）义者约伯（一 1～5）

一1　乌斯地有一个人,名叫约伯;那人完全正直,敬畏神,远离恶事。

约伯的出身是在乌斯地。乌斯原为人名,创世记廿二章廿一节。拿鹤的长子为乌斯。乌斯地在阿拉伯地区。创世记卅六章廿八节,底珊的儿子是乌斯,底珊是西珥地的族长,西珥即为以东。耶利米哀歌四章廿一节:"住乌斯地的以东民"。本书若干人名都有以东的背景,容后论述。

约伯住在乌斯地,如在创世记中的族长,是属半游牧民族,在旷野的边缘,可参考本章十九节,可能是在巴勒斯坦之东,也许离城市不远,二章八节可作参考,本章三节"在东方"。

"有一个人"原为本书之开端,既无连接词(Conjunction Waw),没有启承转合的语气,完全从头开始,足证本书为单独的书卷。

约伯其名,甚有掌故。在公元前 2000 年似为普通的人名。在埃及的文献中,出现有 'ybn。① 公元前十四世纪的文献(Tel-el-Amarna Letter

---

① F. W. Albright,"Northwest-Semitic Names in a List of Egyptian Slaves from the 18th Century B.C.," *Journal of American Oriental Society* 74(1954),222 - 233, esp. 232.

no. 256)，有名字为 A-ja-ab。② 玛利泥版的文件（Mari document）作 Ma-a-ia-bu-um；阿拉勒克泥版（Alalakh Tablets）作 A-ia-bi，是类似的。③ 亚甲文除以上这两种泥版外，尚有乌格列文（Ugarit）。④ 这些原意为"仇敌"，即为十三章廿四节的用字（'ōyēb），这就可推想为希伯来文的同义字。在希伯来文中有动词 'ayab，原义为憎恨，名词为被动的分词（Passive Participial noun），可译为"被憎恨者"、"被迫害者"或"受害者"。约伯这受苦的人实在是被害者，受仇敌撒但的陷害。

另一种说法，照阿拉伯文 'Awab 字义为回转，他向神回转，约伯因苦难而转向神。⑤ 转向神也表明向神悔改，正如约伯记四十二章六节所记述的。约伯是受害者，回转者，名字说明经历，也有圣经的例证可援。例如出埃及记二章十节，摩西这名字意思说，因我把他从水里拉出来。许多在圣经中的人名，是有涵义的，而且可以解释。

约伯在本书以外，仅在以西结书提及，在十四章十四、二十节，且与挪亚、但以理一同提说，因为他们都是义人的典范。创世记四十六章十三节提到以萨迦的儿子约伯，显然不是同一个人。新约雅各书五章十一节："约伯的忍耐"，必指本书的约伯。

由于约伯是乌斯地的人，而乌斯地在以东。因此有学者将创世记卅六章卅三节以东人约巴与本书约伯联系在一起，可能也在次经中有一卷"约伯约书"（Testament of Job）。这一论说并未引起其他学者注意。⑥

约伯那人完全正直。"完全"一词，曾在本书八章二十节，九章二十至廿二节（三节内重复三次）。这字的多数在十二章四节，卅六章四节及卅七章十六节。在本书以外，只在创世记廿五章廿七节，"安静"原意

---

② Robert Gordis，*The Book of Job*；*Commentary*，*New Translation and Special Studies*(1978)，10.

③ *Loc . cit .*

④ Marvin H. Pope，*Job*（The Anchor Bible，1965)，5；G. Fohrer，*Studien zun Buche Hiob*(1963).

⑤ G. H. A. von Ewald，*Das Buch Hiob*(1854)；Édouard Dhorme，*A Commentary on the Book of Job*，Eng tr，Harold Knight(1967)，2，引用可兰经 Sura 38。

⑥ Gordis，*The Book of Job*，10，引用 Meyer。

应作"完全",见于诗篇卅七篇卅七节及箴言廿九章十节。

"完全"并非无罪,完全没有过犯差错。约伯为自己辩护时,从来不敢自承无罪,可参考九章二十节起,十三章廿六节,十四章十六节及十四章四节。但"完全"指诚实无伪,不一口两舌,而是言行一致,表里如一。这是犹太拉比的说法,里外完全相同(His 'within' was like his 'without'. B. Yoma 72b)。[7]"完全"也有"完整"的涵义,与神的关系完整美好,与人与物可光明磊落,完全相宜。约伯有完整的人格,道德高尚。

"完全"的同义字为"正直",这两个用字可以相提并论,在诗篇廿五篇廿一节:"纯全正直",就是这两个字。"正直"也指诚实、真实与信实,箴言廿一章八节,"至于清洁的人,他所行的乃是正直。"

"敬畏神,远离恶事"是解释完全正直的道德动机与实际。远离恶事,才有完全与正直。但是道德的动机是在于敬畏神。敬畏神,不仅表明敬虔,也在虔恭中完全顺服,因敬虔而信从。这是旧约智慧文学的用语,是智慧传统的信仰,箴言书的要义,可引三章七节及十四章十六节:"不要自以为有智慧,要敬畏耶和华,远离恶事。"又可参考箴言一章七节,二章五至八节,十六章六节等。

在约伯记廿八章廿八节:"敬畏主就是智慧,远离恶便是聪明。"

"完全正直"与"敬畏神,远离恶事",在绪言中一再重复,在此处(1节),又在一章八节,二章三节,重复不仅为加重语气,而且使主题十分明朗,可使读者反复深思,可见其重要性,文体之秀丽以及内涵之隽永,确令人叹为观止。

"敬畏神"又在四章六节,六章十四节,廿二章四节等出现,为重要的主题。

一 2～3　他生了七个儿子,三个女儿。他的家产有七千羊,三千骆驼,五百对牛,五百母驴,并有许多仆婢。这人在东方人中就为至大。

在第二节首有连接词,似将他的美德与丰富的家道连在一起。他的敬虔使他得赏,先从儿女说起,再提财富,他有理想的家庭,儿女成

---

⑦ Gordis, *The Book of Job*, 11,引用。

群,正如诗篇一二七篇三节:"儿女是耶和华所赐的产业,所怀的胎是祂所给的赏赐。"敬畏神的必有儿女围绕他的桌子,好像橄榄栽子,这是诗篇一二八篇三节的话。

七与三都是完整的数目,二者加起来成为十,也是完整的。东方人看男丁更为重要,所以儿子比女儿多。在本书的结语中,仍再提说七个儿子三个女儿。有的解经家甚至认为四十二章十三节"七个儿子"应译为加倍,女儿仍为三个。⑧ 七个儿子常指完整的福分,可参阅路得记四章十五节及撒母耳记上二章五节。七与三的倍数也反映在羊群与骆驼。列王纪上十一章三节,所罗门有妃七百,嫔三百,指极为众多,结果使他陷入罪中。

羊七千,但骆驼三千,骆驼虽供役用,却为不洁净的动物,所以数量不如羊,羊可作献祭之用,较为重要。

牛驴以"对"计算,五百对,即一千只,五加五为十,又为完整的数目。牛群为农田操作,而驴为商品运输所需,可见约伯的事业,由农产品发展至贸易商业,规模十分庞大,所以大批的工人仆婢来照料工作,极为需要。

提到仆婢,可参考创世记廿六章十四节及十二章十六节,在用字上较为笼统,只有一个字。正如廿六章十四节只译"仆人",此处在约伯记一章三节"仆婢"特别用二个字:男仆与女婢,都是奴仆的身份,终身服役,工作繁多,可见约伯拥有大户人家,气派极大。他在东方人中就为至大。

"东方"照埃及的古代函件(Egyptian Letter of Sinuhe,日期约在主前二千年),为巴别罗(Byblos)之东部地区。⑨ 同一用字在创世记廿九章一节,指亚兰。以赛亚书十一章十四节,这是指以色列的东邻,与西部的非利士相对。在耶利米书四十九章廿八节及以西结书廿五章四、十节,指阿拉伯人。在士师记六章卅三节,七章十二节,八章十节似将米甸人和亚玛力人与东方人并列。但通常言之,东方人指以东人,他

---

⑧ Dhorme, *A Commentary on the Book of Job*, 2, 651 - 652.

⑨ Norman C. Habel, *The Book of Job: A Commentary*(1985), 87.

们以智慧著称,可与埃及人的智慧较量。列王纪上四章三十节:所罗门的智慧却超过东方人和埃及人的一切智慧。

约伯在东方人中至大,指他的地位权势声望。但"至大"也可译为"巨富"。撒母耳记上廿五章二节译为"富户"。

一 4　他的儿子按着日子,各在自己的家里设摆筵宴,就打发人去请了他们的三个姐妹来,与他们一同吃喝。

约伯真是有大户人家的气派,因为儿女分开住,有他们自己的家,但这是指儿子,可能他们已经结婚,有自己的家。女儿未婚,不然必提她们的夫婿。但未婚何以分开住呢? 可能为求独立的生活,看来他们手足之情甚笃,相处和美,才有那么多的来往。

在此猜想,约伯年事不高,不是年迈的族长。且看他与朋友交谈中,精神极好,且有挑战性的口吻,可见仍在盛年,可参考十五章十节,十九章十七节。

"按着日子",照七十士希腊文译词作"每日",可能不准确。这似乎是特殊的日子,或谓节日,士师记十四章十二、十七节,七日筵宴为剪羊毛时节的庆典。有可能指生日,似在何西阿书七章五节。如果是特殊的节期,为时七日,七个兄弟每人可轮一日作东,倒是很合理的解释。

吃喝筵乐,在动词"设摆"文法上是有经常性的涵义(Habitual Perfect),可见这样的事情是常有的,不是偶然的。这种筵宴并非宗教礼仪,只是俗世的活动,可能会有放纵的现象,这就引起约伯的关切,有需要为他们代祷、献祭,是他信心中必须履行的责任。

一 5　筵宴的日子过了,约伯打发人去叫他们自洁。他清早起来,按着他们众人的数目献燔祭;因为他说,恐怕我儿子犯了罪,心中弃掉神。约伯常常这样行。

"筵宴的日子"是采取轮流的,这一整圈的循环过了之后,约伯必须有所行动。轮流的方式,在动词的用法上十分清楚。以赛亚书廿九章一节:节期照常周流。这有"一次,再次"的涵义。每有一次这样连续性的宴会,约伯就要有一番的行动。他要叫他们自洁。自洁就是举行严肃会,切实省察与悔罪,洗衣服为求洁净,可参考出埃及记十九章十节、十四节;约珥书一章十四节,二章十五节;利未记廿五章十节。

他清早起来,为儿女们献祭赎罪,因为他以一家之主,站在祭司中保的地位,维持家庭的宗教生活。这是早期族长时代时有的,家长与族长为整家全族求福祉。在本书的结论,他为朋友代求。当他的朋友无力帮助他,他求神在他与神中间有中保(九 32～35,十九 13～29)。可见这祭司的意识十分明确。

他按着他们众人的数目献燔祭,表明他献祭不是笼统的,他是将他儿女个别地带到神面前,逐一为他们代求,替他们赎罪,因为赦罪与救恩是个人的,个别的。可见他中保的工作十分彻底。

约伯最大的顾虑,是他儿女们在纵乐中轻浮,有犯罪的行为,在心中弃掉神。"弃掉"必指亵渎神,但在用字上竟为"称颂"(b-r-k),称颂神的名原是好的,但在轻率与不慎中可能妄称神的名,成为咒诅,实际有亵渎的行为,所以在此处,一章十一节,二章五、九节,以及列王纪上廿一章十、十三节,诗篇十篇三节等,均作"弃掉"、"背弃"或"谤渎"。⑩

"约伯常常这样行。"这是他恒常所作的(Imperfect tense,继续不断、经常地作。"常常"原意为"所有的日子",日常的),无日无之的行动。他的虔敬是继续的,恒久的,经常的,始终的,绝不改变,绝不中断,决不停止。他信心的生活实在是弥足珍贵的。

他为儿女献燔祭,燔祭原意并非为赎罪。但燔祭却表明完全的奉献,是他信心的表现,恒常地与神保持正常与经常的关系。这是他生活的写照。燔祭既代表奉献,他献上自己,尽管家的职分,因为儿女是受托的。儿女虽然长成,父母仍有责任。他奉献的心意与代祷,表明他的心意,仍可得着神的喜悦。他无非为家庭儿女求平安与福祉。但是实际的果效如何呢?儿女丧亡,财产消失。这是他信心最大的考验。

(II) 天庭一幕(一 6～12)

一 6　有一天,神的众子来侍立在耶和华面前,撒但也来在其中。

"有一天",必是特殊的一日,与上一节"常常"或"所有的日子"作明

---

⑩ Robert Gordis, "Ps. 9:10 An Exegetical Study," *Jewish Quarterly Review* 48 (1957),112f.

显的对比。这一日，照亚兰文译本（Targum）与犹太拉比解经集（Midrash），是指新年元旦日以及赎罪日。那是审判的日子，审断人的命运。但那未必是特别的庆典礼仪的日子，[⑪]对约伯来说，都是十分重要的。

"神的众子"照一般的解释，是指天上的使者，在天庭中服役的灵。创世记六章二节作"神的儿子"。诗篇八十二篇六节作"至高者的儿子"，廿九篇一节与八十九篇六节作"神的众子"。但以理书三章廿五节作"神子"，似都指天使。亚兰文译本作"天使群"，也在二章一节及卅八章七节如此用。在诗篇一〇四篇四节，以"使者"与"仆役"为同义字，更说明使者是仆役在天庭服侍。天使与自然界的力量相连，风或火，听候神的吩咐，可参考约伯记本书卅八章七节。

"神的众子"可与人的女子或人子（世人）对比，参考创世记六章二节，十一章五节等。神的众子与晨星相同，在本书卅八章七节，住在天上，诗篇八十九篇六节有说明。列王纪上廿二章十九节起，他们是天上的万军，侍立在神左右。

他们侍立在耶和华面前，好似宫中的臣仆在王面前，听候吩咐与命令，可参考撒母耳记上十六章廿一节；撒迦利亚书六章五节；箴言廿二章廿九节。

"撒但也来在其中。"撒但是否为天庭的一员，或者他是偶来的访者，此处并未交代。照新约的观念，他是魔鬼，当然不准在天庭。但在旧约，这点并无清楚说明。"撒但"不是名字，而是角色，原意为控告者、质疑者、敌对者，极尽否定与反对之能事。名词除了此处，尚在撒迦利亚书三章一、二节及历代志上廿一章一节。动词在撒迦利亚书三章一节"作对"，又在诗篇卅八篇二十节，在诗篇一〇九篇四节"为敌"。"逼迫"或"追逼"在创世记四十九章廿三节，诗篇五十五篇三节，约伯记十六章九节、三十章廿一节。

"撒但"该字可有两个字根（satan，satam），字根 s 亦可作 sh。如

⑪ Pope，*Job*，9.

果字根 shut,可译作"走来走去",正如七节的叙述,⑫此处与撒迦利亚书三章的撒但都有冠词,可作为专有名词。

一7　耶和华问撒但说,你从哪里来? 撒但回答说,我从地上走来走去,往返而来。

耶和华对撒但的问话,似说明撒但并非往常在天庭。撒但无论具有什么身份,耶和华仍是他的主宰,他必须慑服在神的威权之下。

但是撒但的回答却简短且有顿挫(在音律上是二比二: staccato rhythm),他那种妄自尊大而无礼的态度,令人发指。他在地上走来走去,往返而来,根本漫无目标。耶利米书四十九章三节作"跑来跑去",撒迦利亚书一章十节作"在遍地走来走去",但他并非是奉差遣的。

有的解经家认为撒但的行动并非没有目标。他是在侦察查究,只要发现什么缺点,他就有控告的理由。⑬

一8　耶和华问撒但说,你曾用心察看我的仆人约伯没有? 地上再没有人像他完全正直,敬畏神,远离恶事。

耶和华要撒但用心察看约伯。"用心"是指理性方面,必须十分客观加以注意,不可用主观的偏见或成见,才称公允。撒但专以挑拨为能事,都存批评否定的态度,当然不正确。

"我的仆人"是尊称,好似摩西,在出埃及记十四章卅一节;大卫,在撒母耳记下七章五节;以赛亚,在以赛亚书二十章三节;所罗巴伯,在哈该书二章廿三节。神不住地在地上寻找义人,可参阅创世记十八章廿二节起;耶利米书五章一至五节。约伯是神所要的人。"地上再没有人像他……"这是神的骄傲与喜乐,使撒但无懈可击,无法对付约伯。

"我的仆人约伯"在二章三节再重复。在结论中,四十二章七、八节再提说。可见神多么重视约伯的品德。

一9　撒但回答耶和华说,约伯敬畏神岂是无故呢?

撒但以问话作答,是十分典型的希伯来文学的格调。这就增加语气的力量。

---

⑫ N. H. Tur-Sinai, *The Book of Job — A New Commentary*(1957).

⑬ Habel, *The Book of Job*, 89.

在字句的排列上,"无故"放在句首,加强语气。撒但不肯就此服气,一定与神争辩。他的用字也值得研究。"敬畏"一词是完成式,是的,约伯过去敬畏神,以后呢? 靠不住,不能预测,不能肯定,没有把握,并不可靠。

撒但的问话是带有讽刺的,他所讽刺的不只约伯,也对付耶和华。他认为神太纵容约伯,对他溺爱,只一味施恩。罚恶赏善,既是神公义的原则。约伯就尽量远离恶事,以求赏赐。可见他的道德只是功利主义,取巧心理,不足可取。

"无故"意思是没有好处,或没有理由。在二章三节,九章十七节,廿二章六节,都有"无故"的用字。凡事都有原因,都有理由,对有些人(也许大多数),宗教信仰只是出于自私的动机。在撒但的眼光来看是不屑的,他认为这样的信心有什么希罕,不值一顾。他这种愤世的态度,也是许多人对信徒漠视甚至鄙视的原因,可见撒但恶毒与诡诈,也说明他卑下的策略。

一 10　你岂不是四面圈上篱笆围护他和他的家,并他一切所有的吗? 他手所作的都蒙你赐福;他的家产也在地上增多。

"你"在句首,有加重语气的功用。"你,唯独你……"约伯的动机不纯,取巧自私,全因"你"过分袒护他。圈上篱笆,是加意的保护,可参考以赛亚书五章五节。

"他手所作的",指他的工作与行为,都蒙神赐福,而大有所获,大有成果,大得利益。

"他的家产增多","增多"一词原为"涌流",如水流一样的汹涌满溢,多而又多。在创世记三十章三十节,"发大增多",也是描写极其增多的意思。

一 11　你且伸手毁他一切所有的,他必当面弃掉你。

"你且伸手","且"并非"姑且",而是很强烈的用语,"但是"你只要伸手,后果必然不同。这是指与以上所说的完全相反,可参考十一章五节,十二章七节,十三章四节,十四章十八节及卅三章一节。伸手是为打击,可参考出埃及记三章二十节,九章十五节等。在此处一章十九节有"击打",五章十八节及十九章廿一节也都是击打毁坏的意思。将他一切全都毁灭,后果如何? 必立见成效,"他必当面弃掉你。"

　　"必"原为"如果不是"，表明十分肯定，绝对正确，列王纪上二十章廿三节作"必定"，以赛亚书五章九节作"必有"，在用字上相同。

　　"当面"，与六章廿八节及廿一章卅一节完全相同。这是指"直接"，"毫不迟延"，可能不宜译作"立即"。犹太解经家 Rashi 有此说法，而学者随从的，以申命记七章十节为根据，并不可靠。[14]

　　此处"弃掉"，与第五节相同。在表面称颂主名，实则妄称主名而亵渎的。约伯会否在众人面前指着神的名而埋怨呢？看十三章十五节："我在祂面前还要辩明我所行的。"在廿三章四节："我就在祂面前将我的案件陈明，满口辩白。"约伯以后一直在神面前，要与神当面辩明，但是辩明并非弃掉。但"当面"却是本书的要旨。

　　无论如何，撒但似乎彻底了解人性的脆弱。他分析人的心理，可以看清人内里的动机，完全洞悉，人无法伪装假冒。信仰的动机经得起考验与分析吗？这似乎也是本书的另一个主题。

　　一 12　耶和华对撒但说，凡他所有的都在你手中，只是不可伸手加害于他。于是撒但从耶和华面前退去。

　　耶和华许可撒但试验约伯，甚至允许他将约伯一切所有的，有权毁坏。但神只能允许撒但毁坏约伯所有的，只限于身外之物，绝不可加害约伯的身体，至少这一次的试验不可越雷池一步。

　　耶和华允准撒但打击约伯，几乎令人十分惊奇，但在叙述中，显示神不是没有挣扎的。不然神不会对撒但有所限制。撒但必乘机打击到底，不会留什么余地，但神岂忍祂的仆人受害至此？神允许撒但试验，看来也真是残忍，但神实在对约伯有信任，深知他经受得起这样严重的考验。读二章三节可以明白。这是撒但难以了解的。

　　约伯假若知道天上的一幕，知道苦难的由来，必会心平气和了。他的朋友如果知道，也不会平白地严责约伯，硬说他有罪。耶和华信任约伯，朋友却没有信任他的心，当然撒但更不会信任。

　　在此处，苦难的意义就有了一番解释。苦难不是来自神，却是神所许可的，神无意使人受苦，祂甚至不忍心，即使允准，仍百般保护，并加

⑭　A. B. Ehrlich, *Randglossen zur hebräischen Bibel*, vol. vi(1916).

限制,禁止撒但越轨。苦难可能是撒但的攻击,但有限度,神仍操有绝对的权能,还在人可忍受的地步。苦难对神说是试验,对撒但乃是试探。他想要使人在受苦中怨天尤人,甚至进而弃掉神。但是神不试探人,却使人经过试验,信心产生忍耐,忍耐成功就成全完备,在雅各书一章三、四、十二、十三节有最好的解释。

(III) 地上灾情(一13～22)

一13　有一天,约伯的儿女正在他们长兄的家里吃饭喝酒。

"有一天",在这地上的筵宴中,正是那天上一幕发生的那一天。"有一天"在第六节与此处可谓相映成趣。

这是一周的开始,是约伯儿女们又轮流按着次序,设筵宴乐,由长兄开始。亚兰文译本作"一周之始"。

他们正在吃饭喝酒,"喝酒"在十八节再重复。也许在他们狂饮酗酒时犯罪,因为酒能乱性,以致口不择言,有弃掉神的胡言。也许他们在逸乐中,根本没有想到会有灾殃来到,天有不测风云,人有旦夕祸福。灾害是突然的,意外的。

一14～15　有报信的来见约伯说,牛正耕地,驴在旁边吃草,示巴人忽然闯来,把牲畜掳去,并用刀杀了仆人;惟有我一人逃脱,来报信给你。

现在有一连串的灾害来到,那完全是意外的,因为原来还是一片祥和宁静的田园景色,当时牛正耕地,驴在旁边吃草。农田作业在正常的情况下进行,驴的搬运还未开始,那是等黄昏田里作业完毕,在归途中才需要驴,突然他们遭受示巴人的袭击。

示巴人,照创世记十章七、廿一节,廿五章三节,应为南阿拉伯人。在圣经中其他记载,他们经商,买卖黄金宝石与香料的,可参考列王纪上十章一节起;以赛亚书六十章四、六节;耶利米书六章二十节;以西结书廿七章廿二节;约珥书三章八节;诗篇七十二篇十、十五节。但此处示巴人是流寇,强盗匪帮,抢劫凶杀,他们将群牲掳去,仆人因抗拒而倒于刀下。

"惟有我一人逃脱,来报信给你。""逃脱"是出于那报信人的努力

（在希伯来文法是 Cohortative）。从这第一个灾殃起，每次只有一个生还者，而这唯一的生还者尽力逃脱，才来报信。每次他还说话的时候，又有人来。这些戏剧性的动作，是连续性的，一个紧接着一个，令人喘不过气来，迅速地急转直下，令人惊惧。

一16　他还说话的时候，又有人来说，神从天上降下火来，将群羊和仆人都烧灭了；惟有我一人逃脱，来报信给你。

第二次灾殃降自天上，从神而来，大概是指闪电，但是雷电交作，似乎不是一般的现象。在出埃及记十九章十六至十九节，火是耶和华的显露。其他指神的刑罚或干预，可参考创世记十九章廿四节；民数记十一章一节；列王纪下一章十、十二、十四节。此处特别指出神从天上降下火来，可见灾祸来自神，可参考二十章廿六节，似乎只指神的刑罚，完全没有提出撒但的攻击。撒但始终是隐藏着不出现。

一17　他还说话的时候，又有人来说，迦勒底人分作三队，忽然闯来，把骆驼掳去，并用刀杀了仆人；惟有我一人逃脱，来报信给你。

第三次灾殃又重复人祸了。迦勒底人可追溯巴比伦与亚述的历史，他们也原为游牧民族，在波斯湾与阿拉伯的边境。他们也可归属亚兰族人。[15] 示巴人在南部，迦勒底人在东北。

他们分作三队人，这也是传统的分法，可参考士师记七章十六、二十节；撒母耳记上十一章十一节，十三章十七节起。这次掳去的是骆驼。在叙述中，先是牛群、母驴、牲畜，现在是较大的家畜骆驼，于是一切畜群及财产全部消失殆尽。

迦勒底人闯来，动词的涵义十分生动，来势汹汹，而且迅雷不及掩耳，惊惧万分，仆人无法抵抗，也都被杀，死在刀下。灾情有增无减，而且变本加厉，每况愈下，约伯都来不及有任何处置，更大的灾殃又来到。

一18～19　他还说话的时候，又有人来说，你的儿女正在他们长兄的家里吃饭喝酒，不料有狂风从旷野刮来，击打房屋的四角，房屋倒塌在少年人身上，他们就都死了；惟有我一人逃脱，来报信给你。

第四次祸患又是天灾，两次天灾，两次人祸，以间隔的方式。这些

---

[15] Dhorme, *A Commentary on the Book of Job*, 11.

祸患都是突然的,这些毁坏也都是全然的,一切全归于毁灭,十分彻底。前三次是财物的损失以及仆人的丧亡,但这次儿女俱都死去,真正是家破人亡了。

儿女们在长兄家中吃饭喝酒,正重复十三节,可见是同一日。大风吹来,这风灾是极其意外的。这巨风自旷野吹来,必是类似龙卷风,耶利米书十三章廿四节旷野的风大概是指这种巨风。房屋的四角给风吹倒,房屋就倒塌,使少年人都压死了。

少年人必指约伯的儿女,可能也应该包括其他人,必有仆人在内,全部罹难,无一幸免,毁灭是全然的。这样的悲剧是最后的,这次除一人逃脱之外,不再在还说话的时候仍有人来。

悲剧已达巅峰。现在舞台上一片死寂,似乎生命的气息都完全消失了。这里只有一个孤独的人影,约伯独自经受着极大的悲哀。

一 20 约伯便起来,撕裂外袍,剃了头,伏在地上下拜。

约伯在悲哀中就起来,似有迅速的行动。这是举哀的动作。撕裂外袍似极为普遍,雅各曾这样作,创世记卅七章卅四节;其他如约书亚,在约书亚记七章六节;以斯拉在以斯拉记九章三、五节;末底改在以斯帖记四章一节。外袍似表明高贵的身份,如扫罗的外袍,在撒母耳记上廿四章五、十二节;约拿单的外袍,在撒母耳记上十八章四节。以西结书廿六章十六节,靠海的君王除去朝服,脱下花衣,举哀惊骇。

另一种举哀的举动是剃头,在耶利米书七章二十节及弥迦书一章十六节,其他在以赛亚书十五章二节,廿二章十二节;以西结书九章三节。但是这在异教的习俗之中,以色列的律法是禁止的,可参阅利未记廿一章五节以及申命记十四章一节。

约伯确实伏在地上下拜。悲哀使他敬拜,他向神敬拜,表明一种顺服的心意。他无论在怎样悲哀痛苦的情况下,唯一可以寻求安慰的,只有向神敬拜。他对这些遭遇没有解释,完全不能明白,但他只知道敬拜,因为他向神的信心没有消失。

一 21 说,我赤身出于母胎,也必赤身归回。赏赐的是耶和华,收取的也是耶和华;耶和华的名是应当称颂的。

这是约伯信心的宣告。他是赤身出于母胎,在他出生时,他一无所有。归回时也必赤身。生不带来,死不带去。赤身是空手,双手空空而来,也必双手空空返回。赤身出于母胎,但归回时并非回到母胎。在用语上,是"那里",指大地（Mother Earth）。大地好似母胎。人从尘土而来,仍归于尘土。大地为母胎,在诗篇一三九篇十三节似有这样的暗示。人终久必归于尘土,在本书四章十九节,十七章十六节,四十二章六节以及创世记三章十九节。人离世时等于赤身,一切必朽之人都是一样,完全平等。

人拥有的,都是神赐给的,这是耶和华赏赐的,应该感恩。失去的,都是神所收取的,只有顺服。这是信心的态度,完全承认神的主权,祂的威权,人不可与神辩论或争取,只有彻底的依顺与信服。

这是智慧文学的思想,在传道书五章十五节:"他怎样从母胎赤身而来,也必照样赤身而去;他所劳碌得来的,手中分毫不能带去。"使徒保罗在提摩太前书六章七节说:"因为我们没有带什么到世上来,也不能带什么去。"一切都是出于神,神可赐给,祂也可收回。

"耶和华的名是应当称颂的。"在诗篇一一三篇二节还有下面的话:"从今时直到永远。"有人猜想这句话是古代的赞美诗,为约伯在敬拜时背诵的。在北阿拉伯,每于吊丧时必说,"收取的是耶和华",成为礼仪的文句。[16]

撒但预期的,是约伯当面弃掉神,亵渎神的名。但是事实适得其反。约伯称颂神的名。

一 22　在这一切的事上,约伯并不犯罪,也不以神为愚妄。

在这一切的事,是指什么呢? 指他的遭遇,他的景况? 在二章十节,似专指约伯的口舌。他并不以口犯罪。言为心声。在言语上没有犯罪,表明他里面没有叛逆的心。

约伯仍尊神为大,不以神为愚妄。"愚妄"一词在六章六节指食物无盐味淡,没有什么滋味,是可厌的。本书另一处,在廿四章十二、十三节指愚妄者不认识光明,似乎是说,凡以神为愚妄的,他自己本身不认识神,看不见光明。

约伯显然失去了一切,但是他的信心没有失去,他仍不是贫乏的,

---

⑯ E. G. Kraeling, *The Book of the Way of God*(1939),184.

他拥有神。有些人拥有世上的财物,却失去对神的信心,他才是赤贫如洗,一无所有。这是本章作者所要提示的。

(IV) 天庭二幕(二 1～6)

二 1　又有一天,神的众子来侍立在耶和华面前,撒但也来在其中。

在天庭的第二幕,情景似与第一幕一样。此处也重复一章六节。在中译词,随七十士译本,将最后一句省略了。原来撒但不仅也来在其中,也"站立在耶和华面前",与其他天使相同。在第一幕他只在其中,在第二幕,他更在耶和华面前再行控告与争辩,他的行动实在变本加厉,可见其事态的严重。这省略的短句,既在希伯来文具有的,是经文评鉴不可忽略的,也正说明撒但有进一步的勾当。

这一短句直译出来:"站立在耶和华面前。"但是这里的含义,"站立"不是"侍立",而有"敌挡"的意思,可参考民数记十六章廿七节;申命记七章廿四节以及诗篇二篇二节。

"又有一天"也与一章六节"有一天"不同。照亚兰文译本,"有一天"指年初之审判日,而"又有一天"指审判日,也为赦罪日,天使侍立为听候主命,执行审判。

天庭第一幕后,约伯虽家破人亡,财物全部损失,但他仍不犯罪弃掉神,神与撒但的争辩已经得了胜。但是撒但不甘心,继续向神挑战,要求神给他再一次机会来对付约伯。他对付的不仅是约伯,更是神,他存心敌挡神。

二 2～3　耶和华问撒但说,你从哪里来? 撒但回答说,我从地上走来走去,往返而来。耶和华问撒但说,你曾用心察看我的仆人约伯没有? 地上再没有人像他完全正直,敬畏神,远离恶事。你虽激动我攻击他,无故地毁灭他;他仍然持守他的纯正。

耶和华与撒但第一段的对话,仍与一章七节相同。但是神继续陈说,比一章八节多几句话。

"你虽激动我攻击他。"约伯的苦害,不仅是神许可的,甚至也是神做成的。这里说出是神攻击约伯,不是神容许撒但攻击约伯。"激动"一词的涵义是反面的,卅六章十八节触动忿怒,撒母耳记上廿六章十九节激发攻击，都是反面的。约伯的苦难受攻击，是激发触动的。

约伯的受害是无故的，正如撒但在首次提出他对约伯的虔诚怀疑，在一章九节："约伯敬畏神岂是无故呢？"约伯的敬畏是无故的，现在他受害也是无故的，据说拉比约哈难读到这节经文就痛哭起来（Talmud：B. Hagigah 5a）。因为主人若激动起来，无故毁坏仆人，是多么悲惨的事。[17]

"他仍然持守他的纯正"，"持守"原意为加力，紧紧地抓住，绝不放松。创世记廿一章十八节，夏甲在旷野，将童子紧紧地抱在怀中，抓紧神的应许。本书八章十五节作"抓住"，廿七章六节作"持定"，箴言三章十八节作"持守"。

"纯正"与"正直"是同一字根，约伯仍保持他完整的品德，在本章三、九节，廿七章六节（中译词作"义"），卅一章六节。约伯一直为自己辩护，表明他的完整清白。

二 4　撒但回答耶和华说，人以皮代皮，情愿舍去一切所有的保全性命。

撒但引用一句谚语来解释性命的重要。"人以皮代皮"，照犹太拉比的说法，是指人为活命，可以令身体的某一部分牺牲，来代替身体的另一部分，或者割除有毒的部分。照阿拉伯的说法，人的皮肤有外皮与里皮，外皮可以破损，里皮必须保全。表面的损失可以经受，只要里面不损还可忍受。另一种说法是，以兽皮代人皮，以兽的性命来换人的命。还有认为外皮指皮肉，里皮指生命。皮肉之损有限，只要不危及性命就行。又有说法，别人的皮不及自己的皮尊贵，别人可以死亡，却不影响自己。希伯来的思想中有集体人格，指群体的情况，以及个人命运，指个体的实际。大多的人受害关系不大，个人的安危才是最重要的。归纳言之，皮总算是外表的，表面的，总不及肌肉与骨骼那么要紧。约伯一切的损失，还没有真正触及他的性命，所以影响还没有那么大。[18]

二 5　你且伸手伤他的骨头和他的肉，他必当面弃掉你。

[17] Gordis, *The Book of Job*, 20.

[18] Loc. cit, Dhorme, *A Commentary on the Book of Job*, 16, 17. 作综合之研究，引用之来源均有列明。

"你且伸手"又重复一章十一节,撒但第一次说的话。

骨常指力量,肉表征生命,骨与肉是象征完整的生命,不仅是物质的,也包括社会的生活。[19] 皮究竟是外在的,骨与肉才是内里的。皮好似篱笆是外围,围护生命。照撒但的说法,以前四周围上的篱笆,围护约伯和他的家,并他一切所有的(一 10),这些损失对他还没有直接的影响。当他性命受到威胁,健康失去,命在旦夕,那时他的信仰必动摇,称颂变为亵渎,就会当面弃掉神。这是撒但的论调。

二 6 耶和华对撒但说,他在你手中,只要存留他的性命。

神同样允许撒但对约伯的攻击,也像第一次一样,有附带的条件。不可加害,在一章十二节。在此处,必须存留他的性命。

"存留"是指保守,这个字有时可译为"看顾"或"保佑",正如诗篇十六篇一节。当然撒但是不会保佑约伯的,但神的看顾是撒但无法破坏的,可见他攻击的力量仍是有限的,他无法危害约伯,无力杀害他。主权仍在神的手里。

(V) 灾情更重(二 7～10)

二 7 于是撒但从耶和华面前退去,击打约伯,使他从脚掌到头顶长毒疮。

撒但从耶和华面前退去之后,就立即采取行动,击打约伯,使他患病。毒疮原为神对叛逆者之咒诅。申命记廿八章廿七节:"耶和华必用埃及人的疮并痔疮、牛皮癣与疥攻击你,使你不能医治。"但是约伯没有违背神,反受咒诅,是受撒但的攻击。

毒疮可能是麻风病,可参考利未记十三章十八节起。在埃及患的疮起泡,奇痒无比,出埃及记九章九节有记述。皮肤红肿发炎,甚至溃烂。这正如新约路加福音十六章二十节起,拉撒路,一个讨饭的人,浑身生疮,极为痛苦。启示录十六章二节,恶而且毒的疮。申命记廿八章卅五节:"耶和华必攻击你,使你膝上腿上,从脚掌到头顶,长毒疮无法

---

[19] Dhorme, *loc. cit.*

医治。"这以后是约伯朋友的断定，约伯因罪受神的刑罚。

"毒疮"（shehin）一字的字根可与阿拉伯文（sahuna）比较。后者为"热"，即发炎的意思，可能是埃及的热疮（elephantiasis），皮肤发肿甚至发黑，好似三十章三十节所描述的。在七章五节，伤口破裂，会有流脓的现象。这痛楚的感觉会产生恐惧，在三章廿五节及六章四节。还会作恶梦，心神不宁，记述在七章四、十四节。

二 8　约伯就坐在炉灰中，拿瓦片刮身体。

约伯坐在炉灰中，是一种举哀的状态。也许由于他的毒疮，如麻风病患者，受人厌恶，被摒弃在城外，以免传染给别人。但炉灰经常都扔在野外，村子之外或城市之外，成为乱堆。平时无人会在灰堆，除非那些病人与无家的人。在城市被攻陷时，难民无处可逃，也会拥挤在这些垃圾堆避难。坐在尘土中，或将尘土洒在头上，都是表明十分悲哀的情怀，可参考以赛亚书四十七章一节；约拿书三章六节；弥迦书一章十节；耶利米书六章廿六节；约书亚记七章六节；以西结书廿七章三十节。

毒疮奇痒，必须用手抓，甚至用瓦片刮，实在难以忍受。在七十士译本与拉丁文译本作"刮脓"，脓包刮去，盼生新肉，但这仍不能收口复元，使他极其痛苦。

二 9　他的妻子对他说，你仍然持守你的纯正吗？你弃掉神，死了吧！

约伯的痛苦必使他妻子无法忍受，甚至她也说出灰心的话。教父曾强调妻子成为试探的角色。夏娃站在蛇与亚当之间。现在约伯的妻子站在撒但与约伯之间。奥古斯丁称她为"魔鬼的帮手"（adiutrix diaboli），她几乎促成撒但的计谋，令约伯当面弃掉神。她又在倡导今日所盛行的"安乐死"。对约伯来说，死是一种解脱，不必再受痛苦。反正一死了之，又何必再持守纯正呢？她没有忍耐，甚至还不如朋友们，朋友们至少还忍受了七天之后才开口。她几乎成了撒但的代言人！

二 10　约伯却对她说，你说话像愚顽的妇人一样。哎！难道我们从神手里得福，不也受祸吗？在这一切的事上，约伯并不以口犯罪。

约伯的反应是立即的。"你说话"或译作"你现在说着的话……"他只指现在正在说着的话，因为这不是他妻子的常态。她平时并无这样的愚顽，以往她也没有。此处的动词是继续的：正在进行中，不是指过去(并非 Perfect,而是 Imperfect)。约伯并非说她是愚顽的,只是她像愚顽的妇人,愚顽不仅指没有见识,也指没有信心,道德低下,卑鄙无耻。但是约伯的妻子还没有到这地步,却像是这样,令他伤心。也许约伯看出,他的妻子话虽恶毒,但在动机方面仍是出于爱与关怀。[20]

约伯再重申他的信念,"从神手里得福,不也受祸?"神的手是祂的权能。在祂的权能中,祸福都有祂的美意,人不可质疑。一切既出于神,我们只有默然不语。

他的重点在于"也"字(gam),祸福二者都有可能,都会发生,所以必须承受,不能逃避,也不容畏缩。得福与受祸都应接受,"得"与"受"是同一个字(Kibbel),为亚兰文"接受"。可参考以斯帖记四章四节,九章廿七节;以斯拉记八章三十节;历代志上十二章十九节,廿一章十一节;历代志下廿九章十六、廿二节,为旧约后期的用语。[21]

"在这一切的事上,约伯并不以口犯罪",这是重复一章廿二节,但在该处还指着"以口"。诗篇卅九篇一节:"我曾说,我要谨慎我的言行,免得我舌头犯罪。恶人在我面前的时候,我要用嚼环勒住我的口。"可见以口犯罪,是罪行,犹太解经家认为此节是指约伯目前的情形。到现在为止,约伯还没有以口犯罪,以后他仍无法避免。[22]也有人认为,约伯虽不以口犯罪,他并没有当面弃掉神,但在内心中仍难免有疑惑(Talmud. Baba Batra 16a)。[23]

约伯的确以口犯罪,因为第三章,他开口咒诅自己的生日,他认为苦难还是溯源于神。生命的根源是神,他的咒诅是否有危险弃掉神呢?但是他仍然持守自己的纯正。在以后,卅一章三十节特别申明,"我没有容口犯罪。"他没有咒诅别人的生命,他也没有亵渎神的圣名。可见第二次又宣布撒但的失败。

---

[20] Samuel Terrien,*Job*,*Poet of Existence*(1957),41-42.

[21] Gordis,*The Book of Job*,22.

[22] Abraham Ibn Ezra,*Commentary to the Bible*.

[23] Gordis,*The Book of Job*,22,引用 Rashi (Rabbi Bolomon Yitzhaki) Commentary to the Bible.

(Ⅵ) 奈何友情(二 11～13)

二 11　约伯的三个朋友,提幔人以利法、书亚人比勒达、拿玛人琐法,听说有这一切的灾祸临到他身上,各人就从本处约会同来,为他悲伤,安慰他。

约伯的朋友,散居在各地,听闻约伯的受灾,就各自本处约会同来,可能需假以时日。

他们的出身,从五经中寻溯,大多出自以扫的家谱,记载在创世记卅六章。以利法为以扫的长子,在卅六章四节,提幔为以利法的儿子,在十一节。提幔又为阿拉伯有名的地区。"琐法"在七十士译本为"波玻"(Zippor),是否在创世记卅六章十一节的洗玻?根据民数记廿二章二节记载西拨是摩押王巴勒之父。他是拿玛人。拿玛是该隐的女儿,记载在创世记四章廿二节。在列王纪上十四章廿一节,罗波安的母亲是拿玛,她是亚扪的公主,与所罗门结缡。

比勒达在约伯记以外并无同名出现,他是书亚人。书亚是亚伯拉罕与姜基土拉所生的,在创世记廿五章二节,也可参考历代志上一章卅二节。比勒达与若干名字相近,如辟拉(创卅 4),比珥(民廿二 5),辟罕(创卅六 27)。辟罕为扫罗之后裔。如果将名字拆开,比勒(Bil)在亚甲文为"神",尤其是闪系的神。达(dad)为"爱",神之爱,或敬爱神,为名字的含义。在米沙碑文(Mesa Inscription line 12)有 dwdh 字样,为地方神,在约旦河东敬奉的。

约伯其名与三个朋友的名字来源似不相同,因此有人认为约伯的故事是由两个拼凑起来的,当然也只是猜测而已。[24] 在本书中,朋友们的见解显然与约伯的极为相应。约伯的妻子也与朋友们似站在同一地位,极不认同约伯,在本章内已经表露了。

他们同来看见约伯,"为他悲伤"原意为"摇头"(nûd),摇头表示同情,所以就安慰他。他们的行动十分徐缓,不像四个报信者急冲冲地

---

[24] E.G. Kraeling, *The Book of the Way of God*, 169.

来,他们先要观察实情,再采取行动。

二 12　他们远远地举目观看,认不出他来,就放声大哭。各人撕裂外袍,把尘土向天扬起来,落在自己的头上。

约伯坐在炉灰中,是堆灰的高处,目标较为显著,所以朋友们可以远远地观看,细心观察,却认不出约伯,可见约伯因生疮患病,已经变了形态,这使他们十分悲伤,甚至大哭。

他们举哀的动作,又恸哭,又撕衣袍,又扬灰尘,他们只是举哀者,而不是安慰者。

他们将尘土向天扬起来,是古时一种习俗,为将凶恶灾难扔在后面。在丧礼时,人们用草扔在背后。将尘土扬起来,从肩头向上又向后扔去,是取自诗篇七十二篇十六节:"在地的山顶上,五谷必然茂盛。"似愿望死后生命不朽。㉖

但是通常来说,他们将尘土扬起,落在自己头上,只是悲哀的表现。他们是与约伯的病痛认同,一起在受苦之中。

二 13　他们就同他七天七夜坐在地上,一个人也不向他说句话,因为他极其痛苦。

由于约伯的痛苦太大,朋友们都保持着缄默,这是表明他们深切的同情。

七天七夜坐在地上,是举哀的日期,可参考耶利米哀歌二章二节,他们不敢出去,参考弥迦书一章十一节。通常吊丧者在室内哀坐七日不到户外。但此处如果他们在灰堆山上陪着约伯,事实上是在户外,但他们只静坐不走动。照创世记五十章十节及撒母耳记上卅一章十三节,完全是吊丧者举哀的期间,共七日。这必引起约伯的愤慨,因为约伯还没有死,不用他们吊丧。他们若看约伯是死人,是多么残忍地对待约伯呢! 约伯的肉身受着极大的痛苦,可能精神上的痛楚更深。

附录(一):要义综览

本书绪言(第一、二章)为散文,与其他部分全为诗文,显然有分别,

㉖ Gordis, *The Book of Job*, 24,引用 Barnert A. El'zas' unpublished paper。

这有研究的必要。经学家大多认为这原为古代民间流传的故事。主要人物约伯与诗文部分的友人并不相关。但友人智慧的对谈,探索人生命的终极意义,应有故事的情节,因此加上这绪言。也有认为对谈的诗文是外加的。其实除去绪言或辩论对谈,反成为不完整的著作。若保持本书现有的形式,有绪言、结论为散文,有辩论、自白以及神的启示,才成为完美的杰作。

关于本书之写作日期,如根据辩论部分,用字是文体确为较后期的希伯来文。但单就绪言部分,仍无法可作定论。从约伯以一家之主,任祭司的职责来看,似早在族长时期。但第一章提到撒但,却为以色列历史的后期,如在撒迦利亚书及历代志,均为后期的作品,甚至追溯波斯的影响。又少数用字也为后期的希伯来文。在早期教会信仰保守的经学家皆将本书列为被掳之前的著作,早至族长时期,复至第一圣殿时期。但是近代学者以文字为根据,却将本书日期延至被掳时期、甚至被掳之后。论苦难问题,也与以色列民族在被掳时所遭受的历史浩劫有关。在信仰思想上似更为接近。又因智慧文学的写作,多在被掳之后,以致有这样的看法。因此,在日期方面也无定论。研究本书,尤其绪言,解释的重点不在日期。

约伯记的绪言,如将民间故事重述,而文体的秀丽可将本书列为杰作。在叙述的体裁,最大的特点为重复。

(一)情景的重复:首先应注意的是天庭的情景,在一章六至十二节及二章一至六节。又有报信的情景,在一章十三至十五节、十六节、十七节以及十八至十九节。在情景的重复中有相同之处,也有迥异之处。撒但怀疑约伯的信心动机并非"无故",一章九节。但耶和华责备撒但"无故地"毁灭约伯,在二章三节。在四次报信中,重复有关仆人被杀的事。一章十五、十六、十七、十九节,最后少年人丧亡,也包括仆人,使悲剧达到高峰。

(二)要义的重复:若干短句将要义托出来:"完全正直"一章一节、八节,二章三节;"敬畏神,远离恶事。"一章一节、八节,二章三节;"在这一切的事上,约伯并不犯罪。"一章廿二节,二章十节;"惟有我一人逃脱,来报信给你。"一章十五、十六、十七、十九节;"他还说话的时候,又有人来说。"一章十六、十七、十八节。

（三）主题的重复：在本书其他部分甚多重复："正直"（tām），纯正（tumma）字根相同，在一章八节及二章三、九节；"称颂"与"弃掉"（或咒诅）为同一个字 brk；在一章五、十一、廿一节，二章五、九节。

（四）用字的重复：在绪论中用字，在其他部分再重复："正直"（tām）在一章一、八节，二章三节，又在八章二十节，九章二十、廿一、廿二节；纯正（tōm/tumma）在二章三、九节，又在四章六节，廿七章五节，卅一章六节；"敬畏"神（yr'/yir'ā）在一章一、八、九节，二章三节，又在四章六节，六章十四节，廿二章四节，廿八章廿八节；"仆人"（'ebed）在一章八节，二章三节，又在七章二节，卅一章十三节，四十一章四节，及四十二章七、八节；神的"手"（yad）在一章十一节，二章五节，又在六章九节，十章七、八节，十二章九节，十九章廿一节，廿三章二节，廿七章十一节，三十章廿一节；神的"面"（当面，面前）（panim）在一章十一、十二节，二章五、七节，又在十三章十五至十六节，二十至廿一节，廿三章四至五节；神的"火"（ēš）在一章十六节，又在十五章卅四节，二十章廿六节，廿二章二十节，卅一章十二节；"灾祸"（ra'/rā'ā）在二章七、十、十一节，又在五章十九节，廿一章三十节，廿二章五节，三十章廿六节，卅一章卅九节，四十二章十节；"朋友"（rēa'）在二章十一节，又在六章廿七节，十二章四节，十六章二十节，十九章廿一节，三十章廿九节，卅一章九节，卅二章三节，卅五章四节，四十二章七、十节；"安慰"（nhm/nehāma）在二章十一节，又在六章十节，七章十三节，十六章二节，廿一章卅四节，廿九章廿五节；"尘土"（'āpār）在二章十二节，又在四章十九节，五章六节，七章五、廿一节，十七章十六节及十九章廿五节。

以上无非说明绪言的重要，有许多用语与要旨，在以后的论述中会反复提出，不仅说出本书的合一性，作者有一贯的思想，也可紧紧把握读者的思路，紧扣人心，前后连贯，看情节之发展，明白本书的目的。

研究绪言的意义，先反映信仰与道德二者的关联，这里有类似族长时期的宗教生活，一家之主领导家庭献祭敬拜，有自洁的礼仪，有赎罪的意愿，有代求的责任。这是否出于祭司的传统，有利未的系统？七十士译本在一章五节说明一只公牛作为赎罪祭，似乎更具体说出赎罪之礼仪。约伯不仅按他们众人的数目献燔祭，也为他们赎罪。

耶和华神所以接受撒但的挑战，为许可义者受试验。他虽完全正直,但并非无罪。这试验在撒但是试探,他要使约伯经受不起而离弃神。这试验是七重的。两次天灾,两次人祸,再加上疾病毒疮,他的损失不再是身外之物,实际直接害及他本身。还有遭妻子的奚落拒绝,又受朋友失望的对待,所以他的痛苦达到极点。

在绪言中,约伯始终没有犯罪,他的忍耐堪为典范,但是在绪言之后,他不再忍耐,处处显出他的焦躁与愤慨。他虽没有以口犯罪弃掉神,他却有口舌的罪发怨言,且与朋友争辩时那种谩骂。在他的言词中,有犯罪的趋向。

绪言中提起苦难问题,有若干答案。约伯受苦,不是受罪的刑罚。神曾两次反复申明约伯的完全正直,而且他始终保守纯正。可见苦难不是因为罪而有的刑罚。朋友坚持苦难为罪的报应,最大的错谬在于他们不明白绪言中神的申明。

苦难是为试验义者,不然耶和华决不许可撒但的攻击。这是约伯最大的困惑,不明白他为什么受苦,因为他没有看见天上的一幕。当然,若朋友们看见了,知道撒但的攻击是苦难的原因,他们的论调就完全不同了。

苦难的原因不能明白,但是苦难是否能使人的信心更坚定,与神的关系更密切。约伯两次申明在一章廿一节及二章十节。他可以不患得患失,因为他顺服神的权柄。他敬畏神是"无故"的,不为自私的目的,不以获取或换取神的福分为信心的意愿。这样信仰才是单纯的,纯正的。

苦难是一种事奉,约伯在受苦的过程中,成为见证,无意中达成神的目的。苦难可能成为神的工作,为的是显示神的心意,祂救赎的心意,这就成为福音的初稿,在基督之前,有人已经背起十字架了。㉖

附录(二):结构分析

绪言在叙述的结构上,设计得十分紧密。在简短的篇幅中,能概括

㉖ H. W. Robinson, *The Cross of Job* (1916), 63.

那么多的资料,情节的发展不仅极富有戏剧性,而且动作很迅速,使读者一览无际,读起来尤其一气呵成,不忍释卷。

兹将结构之大纲列下:

背景:简介约伯,其人其事(一 1～5)

情节一:耶和华对付撒但(一 6～22)

　　场合:天上的圣会(6～7 节)

　　宣布:神称赞约伯(8 节)

　　冲突:挑战——撒但认为约伯禁不起苦难(9～11 节)

　　　　　允许——神许可撒但伸手对付约伯(12 节)

　　　　　执行——撒但放胆逐步加害约伯(13～19 节)

　　考验:约伯经受得起,神得荣耀(20～21 节)

　　结果:约伯并不犯罪,未弃掉神(22 节)

情节二:耶和华对付撒但(二 1～10)

　　场合:天上的圣会(二 1)

　　宣布:神再赞约伯(2～3 节)

　　冲突:挑战——撒但再认为约伯必失败(4～5 节)

　　　　　允许——神再许可撒但攻击约伯(6 节)

　　　　　执行——约伯家破人亡后再罹病(7～8 节)

　　考验:约伯再经受,拒绝妻子的煽动(10 节上)

　　结果:约伯仍不以口犯罪,不弃掉神(10 节下)

情节三:约伯应付友人们(二 11～13)

　　场合:友人来访约伯在苦痛中(11 节)

　　时间:七日七夜在静默中(12～13 节)

　　补充:约伯开口咒诅悲叹(三 1 起)

综观以上的情节,是在发展的阶段,即使两次的结果(一 22,二 10),都并非整个情节的结束,而是仍在发展之中。听众或观众看见第一情景之后,已经明白约伯受苦的因由。但是约伯与友人们却不能明白,才有本书的发展。第二情景之后,实情更加清楚,却没有向他们显示。

撒但以为第一次加害约伯,必使约伯离弃神,但他并未成功。所以第二次再要求,再加害,仍旧失败。第二次他使约伯身受其害,更加直接,更加难以忍受,再加上妻子的煽动与怂恿,却仍不犯罪。撒但的失败是彻底的。他退却消失之后,没有再出现,甚至在本书的结论中,他也不值得再被提及,因为完全不再必要了。

冲突先是耶和华与撒但之间,以后约伯与他妻子,他妻子只是介入的,但她终于无意也无力成为撒但的使者。再有的冲突是约伯与友人们,在本书占有那么重要的篇幅。但在与友人的冲突中,约伯自觉与神有冲突。再到耶和华在旋风中向他说话,这冲突才化解。当约伯肯在神面前谦卑悔罪,神也鼓励他与友人们将冲突化解。但是整个化解的过程却需要那么冗长,使本书的情节一直发展,时时峰回路转,高峰迭起,使读者叹为观止。本书被称为杰作,其伟大之处就是在此。

在绪言部分结束时,必须将第三章的哀歌连结起来。这不仅说明情节并非在此告一段落,而且正在发展中,发展不已。

兹将情景(一)的结果与哀歌对照:

约伯记一 21　　　　　　　　约伯记 3 章

A 虔诚接受在母腹怀胎　　不虔懊悔从母腹而出
　　我赤身出于母胎(一 21 上)　　没有把怀我胎的门关闭(三 10)
　　　　　　　　　　　　　　　　为何不出母腹绝气(三 11)

B 虔诚接受坟墓的归宿　　不虔懊悔未进入坟墓
　　也必赤身归回(一 21 中)　　在那里得享安息(三 17)
　　　　　　　　　　　　　　大小都在那里(三 19)

C 虔诚接受神的道路　　不虔责问神的道路遮隐
　　赏赐与收取都是神(一 21 下)　　为何有光赐给他(三 20)

D 虔诚称颂神的圣名　　不虔甚至咒诅自己生日
　　耶和华是应当称颂的(一 21 下)　　开口咒诅那日那夜(三 1)

在约伯受苦之中,生与死的两极,是他挣扎的实况。撒但认为人以皮代皮,人情愿舍去一切所有的保全性命(二 4)。在他看来,死亡的威胁是最大的,但对约伯而言,他甚至有求死的愿望,这不是威胁。他的妻子要他弃掉神,死了吧!(二 9)对约伯而言,死亡并非弃掉神,他可以死,却不可以弃掉神。在第三章,约伯甚至看死是解脱,得以安息与自由。他既不惧怕死亡,死对他无法构成威胁。从绪言中,叙述约伯的经历,已经布下完全的部署,以致在与友人们辩论中,毫无顾忌。

在本书的人物素描中,当然集中于约伯与友人们。但在绪言中,耶和华与撒但的性格并未明显道出,若仔细研究,仍反映出二者的特性。耶和华宣布约伯的完全,特别提出"我的仆人约伯",称约伯为仆人,那是十分尊贵的称谓。耶和华尊重人,而撒但却对人性毫无尊重。神不仅骄傲地宣布,而且以约伯为荣。当约伯在苦难中仍旧站得住,神甚至骄傲地向撒但说:"你虽激动我攻击他,无故地毁灭他;他仍然持守他的纯正。"(二 3 下)在用字方面值得注意,"无故"(ḥinnām)与撒但所说的"无故"(haḥinnām),是同一个字(冠以多为问语"岂是无故呢?"),可见撒但的控告与攻击都是无故的,他所作的也完全失败,仍归徒然。

绪言所论述的,是公义的报应问题,神的作为与许可,无辜者受苦,苦难的自由与实况,人生的目的,与生死之间的矛盾。这些都逐渐在诗文中发挥。

贰　哀歌
（三 1～26）

本书的诗歌体裁自第三章开始,是以哀歌的形式,咒诅自己的生日,悲叹忧苦的人生,是约伯的独语。第二章的叙述,约伯经受的,不仅是肉身的痛楚,也是内心的剧痛,因为他对妻子与友人的失望,几乎陷在亲离友叛的绝境里。他不再有忍耐,也不能保持缄默。他的口无法只称颂神,他有无限的冤屈需要发泄。他开口所说的话,令人掩鼻流泪,因为有说不尽的辛酸。

(I) 咒诅(三 1～10)

三 1～2　此后,约伯开口咒诅自己的生日,说:

"此后"是希伯来文的典型形式,在创世记十五章十四节"后来",廿三章十九节"此后",廿五章廿六节"随后",都用同样的短句,承前启后,有连续的叙述。

"约伯开口"是为引发读者注意约伯以下的话。他的话是咒诅,但不是照他妻子所说的气愤话,因为他没有咒诅神,却咒诅自己。

他咒诅的是他的日子,他的日子可指他的人生,他的命运,他遭遇的苦难,读下文,他咒诅的是他的生日。生日是每年在日历出现的,但他的悲苦是指过去,他出生的日子,从此带来悲情的人生,既是徒然,就成为多余,实在是莫须有的。

其实莫须有的,不是他的生日,而是他的咒诅。以下是他咒诅的话,开始本书的诗歌体裁。

三 3　愿我生的那日和说怀了男胎的那夜都灭没。

日与夜不仅成为同义的对比语(Synonymous Parallelism),也成为两个意象,使其人格化,向他们咒诅。

生的那日是明显的、公开的,这是庆祝的日子,因为家中添丁是件喜事。在七十士译本,有宣告的话:"看哪! 一个男婴!"生的那日是重要的,说明在传道书七章一节。

怀胎的那夜不同,那是隐秘的,不知晓的。但是照原意,夜好似人一般,宣告说:一个男婴已经受孕了。日与夜的人格化,可参考诗篇十九篇二节以及约伯记卅二章七节。在中译词,宣告怀了男胎的不是夜,而是在夜晚的时候,可说是另一种解释。

出生与怀胎其实不是同一时间,怀胎十月才诞生。但是这二者作为同义,不仅在此处,也可参阅诗篇五十一篇五节:"我是在罪孽里生的,在我母亲怀胎的时候就有了罪。"出生与怀胎作为同一件事。

"灭没"在句首,是咒诅的方式,也强调这语气。

三4　愿那日变为黑暗;愿神不从上面寻找它,愿亮光不照于其上。

他是要将白日除去,变为黑夜,为除去光亮。他不愿有这个出生的日子。他先要求将这日灭没,在二、三节。现在更要求将时光倒流,甚至回到创世之前,还没有光,只有黑暗。所以他必须向神表明他的愿望。

"愿神不从上面寻找它。"首先,"神从上面"实际是"在天上的至高者","上面"不是宇宙之上的空间,神原不受空间所局限。"上面"是指地位的崇高,神是无上至高者。"寻找"是照字面的意义,但真义是"涵意"或"关念",至高的神根本不会重视这日子,所以可以除去,不足轻重。

没有亮光,不成白昼,并入黑夜,这日就完全不存在,这是他的愿望。"亮光"一词似为亚兰文写成希伯来文,是后期的用字。"亮光"在以赛亚书六十章五节是"光辉",在诗篇卅四篇五节是"光荣"。

本节的"神"(Eloah)在本书出现约有四十次,着重祂是全能至高之神,常与"上面"一并提说(mimma'l: from on high"从上面")。在卅一章二节:"从至上的神",廿八节"在上的神"。

约伯求神完全退却,撒手不顾,将这一日无形取消,他就没有这"有生之日"了。

三5　愿黑暗和死荫索取那日,愿密云停在其上,愿日蚀恐吓它。

愿黑暗和死荫索取那日,使那日没有光亮,仍归于黑夜,"黑暗"和

"死荫"无疑是同义字,以不同的字说明相同的意义,更有加重语气的功能。"死荫"与诗篇廿三篇中"死荫的幽谷"为同一个字。此字若拆开分为两个字,可作"死荫"与"幽谷"。但这也可能只是一个字,意义是极端的幽暗。

"索取"是照七十士译本的译法(Eklaboi)。犹太拉比将此字更改(由 g-'-l 改为 g-'-l)作"污染",如在以赛亚书六十三章三节,玛拉基书一章七节。① 这字的原意为"赎回"或"回复"。此处是指白昼回复到黑夜,光明再回到黑暗。

"密云"也指幽暗,而且是极深的黑暗,停在日子上,没有光亮,就没有白昼。通常密云是暴风雨来临前的幽暗,使大地一片昏黑,参阅卅七章十一节。以西结书三十章三节,卅二章七、八节,卅四章十二节以及约珥书二章二节,密云除去亮光。

"日蚀"原意为"黑暗",这是根据叙利亚文的译词。亚兰文译词作"恶毒",②是神的刑罚,阿摩司书八章九节:"我必使日头在午间落下,使地在白昼黑暗。"有译为"浓雾",遮去日光。③

根据犹太拉比的解释,这是指午间的鬼魔夺去阳光,参考的经文在申命记卅二章廿四节"苦毒",诗篇九十一篇六节:"午间灭人的毒病"。在西北闪族有瘟疫的神明,就是在本书五章七节的"火星"。这种灭命的神明也专司风暴。④

这句话"愿日蚀恐吓它"也出现在次经西拉之子传道书(Ben Sira 41:4)及昆兰之感恩赞美诗(Qumran Thanksgiving Hymns 5:34)中。涵义为恶毒与敌对,将日头吞吃。所以在日蚀时,中国古俗鸣锣赶恶驱邪,不受恐吓,用意在此。

三6　愿那夜被幽暗夺取,不在年中的日子同乐,也不入月中的数目。

在三节:"愿那日",在此处:"愿那夜"。那夜必受咒诅,被幽暗夺

① Robert Gordis, *The Book of Job*, 33,引用 Rashi 与 Ibn Ezra。

② Marvin H. Pope, *Job*, 29.

③ Edouard Dhorme, *A Commentary on the Book of Job*, 26.

④ Gordis, *The Book of Job*, 33,引用 Rashi, Ibn Ezra。

取，动弹不得，永远不可翻身，转向白昼、弃暗就明。幽暗（'ōpel）不仅为黑色，更有恐怖的权势，好似在埃及遍地黑暗之灾，在出埃及记十章廿二节。在箴言四章十六节，行恶者在黑夜里，约珥书二章二节，描述那日是黑暗、幽冥、密云、乌黑的日子。本书三十章廿六节以黑暗喻为灾祸。

那夜不能放在日历中，不必计算在年月里，是不可算数的。"同乐"在涵义上似乎不甚清楚。该字"喜乐"（hdy）可能的意义为"计算"或"并入"（yhd）。这是若干经学家的评鉴。这一夜根本不能算作年中的日子，也不得算数，算在月中，完全废除取消。⑤

三7　愿那夜没有生育，其间也没有欢乐的声音。

此处，夜被形容为一个女子，不会生育，是个石女。中东也有这样的说法，希伯来文"没有生育"与阿拉伯文相近（glmd，阿拉伯文为jlmd），意为多石之田，无法生长。女子不能生养为极大的羞辱，但是生下来多经忧患，有什么喜乐可言！

没有生育，是不敬虔之辈，在十五章卅四节以利法的教训，在三十章三节约伯描述那些没有神福分的人在荒废凄凉的幽暗中，他自己落到这种地步，看来没有蒙福，生在世上也成为多余的了。在那节同一个字译为"身体枯瘦"，表明没有生命的力量："不能生育"。

既无生育，就没有婴孩诞生带来那种欢乐。人生的苦难带来悲哀，那种庆生的欢乐就不为极大的讽刺。

三8　愿那咒诅日子且能惹动鳄鱼的，咒诅那夜。

咒诅日子仍指咒诅生日，这就无疑惹动了鳄鱼。照着乌格列的神话，鳄鱼在海中是一种神明，海本身即是神明（the Primordial god Yam）。在巴比伦神话中，海神 Tiamat 专司混乱，而鳄鱼就是海中的怪物。咒诅会惹动怪兽，引起混乱与黑暗，会弄得天翻地覆，混乱不已。惹动怪兽，咒诅光亮，使白昼变为黑夜。

由于日子（Yom）与海（Yam）音近，可否作为双关语？咒诅的是日子，但影响的是海，于是海中的怪兽也起了扰乱，都在被咒诅之下，由日

⑤ Norman C. Habel，*The Book of Job*，100.

子至海,由怪兽至混乱与黑暗,可推想生与死之关联。如果海的深度象征阴间,所惹动的怪兽是阴魂,阴间因震动而来迎接,参阅以赛亚书十四章九节。

三9　愿那夜黎明的星宿变为黑暗,盼亮却不亮,也不见早晨的光线。

这三行诗,有的将本节改动,置于第六节之后。[6] 入夜之后永不见天亮,黎明是黑夜期待的,这字(neshef)有时指黄昏后的微光,如在列王纪下七章五、七节,以赛亚书五章十一节,五十九章十节;箴言七章九节,约伯记廿四章十五节。这也可指黎明的曙光,在诗篇一一九篇一四七节以及约伯记七章四节。黄昏之后入夜,有星光发亮,夜就没有那样黑暗。在黎明时,星夜逐断褪去,但是日光并未来到,所以仍旧没有光亮。

早晨的光线,"光线"原文作"眼皮"。这是清晨的眼睫,眼睫在清晨的光中闪烁而颤动。但眼睫也喻为清晨的天空,在曙光中有光暗之分。早晨的光线是破晓时第一线的曙光,阿拉伯人视太阳光线为眼睫。在本书四十一章十八节,描写鳄鱼的眼睛好像早晨的光线。可见这是十分秀丽的描写。希腊诗人苏法格里(Sophocles,Antigone 103)喻黎明为金色白日之眼睫。[7]

眼睫(光线)一字(šahar),是以赛亚书十四章十二节"早晨"之子,这是与明亮之星并列为同义字,就能联想本书卅八章七节的晨星。晨星与神的众子并列为同义字,是否有神化的作用? 但是星辰既会将黑夜带到黎明,现在没有黎明,没有白昼,没有希望。

三10　因没有把怀我胎的门关闭,也没有将患难对我的眼隐藏。

如果夜是怀胎的时间,夜受了咒诅,已经灭没,就没有怀胎的可能了。但是为什么母胎仍没有关闭呢? 这里的胎是母胎吗? 还是大地如母胎,如一章廿一节所提说的。夜是胎吗?

患难却是约伯无可逃避的。患难('amal)是智慧文学的用语,在

---

[6] Dhorme, *A Commentary on the Book of Job*, 31.

[7] Dhorme, *op, cit.*, 28,29.

传道书一章三节，二章十一节，三章九节，四章四、六、八节，八章十五、十七节，九章九节，十章十五节。在约伯记约伯论自己的苦情，在三章十节，七章三节，十一章十六节。有时，这字义也将罪与苦连在一起，在五章六、七节。又在十六章二、三节，愁烦与虚空相连，这是以利法的论调。在琐法的看来，约伯因犯罪而有"苦楚"（'amal），必须认罪，才可忘记，十一章十三至十六节。

综观约伯的咒诅，可与耶利米的自白比较。在耶利米书二十章十四至十八节，先知也咒诅他的生日，共有四项可以归纳：（一）愿我生的那日受咒诅（耶二十 14a）；（二）你得了儿子（二十 15）；（三）母亲成了我的坟墓（二十 17）；（四）见劳碌愁苦（二十 18），这几项也正与约伯的咒诅相同，但在此（伯三章）以日夜为咒诅的对象，且有关"宇宙创成论"（Cosmogonic Prototype）的说法，可参考古代近东的文献。⑧ 兹将约伯记三章与创世记一章对照比较：

约伯记三章	创世记一章
四节上"那日"	五节"头一日"
四节上"愿那日变为黑暗"	三节"要有光"
四节下"愿神不从上面寻找"	七节"空气以上的水"
五节上"愿黑暗索取"	二节"渊面黑暗"
六节"愿那夜"	十四节"分昼夜……定节令、
"不在年中的日子……	日子、年岁
不入月中的数目	
八节"惹动鳄鱼"	廿一节"神就造出大鱼"
九节"盼亮却不亮"	十五节"发光在天空，普照在地上"

(II) 悲叹（三 11～26）

这是第三章的第二部分，是约伯的一种自我悲叹（Self-lament：

⑧ M. Fishbane, "Jer, IV 23 - 26 and Job III 3 - 13：A Recovered Use of the Creation Pattern," *Vetus Testamentum* 21（1971），151 - 167；又 M. Eliade, *The Sacred and the Profane*（1967），80ff.

Ichklage），与诗篇中的哀歌不同，因为诗篇中，诗人是向神发出，近乎祷告的形式。此处约伯并不向神发出。但哀歌的方式仍极相仿，发出"为何"的呼喊。

三 11　我为何不出母胎而死？为何不出母腹绝气？

"为何……"可参考诗篇十篇一节，廿二篇一节；耶利米书二十章十八节；耶利米哀歌五章二十节。约伯虽没有直接向神说话，但仍是向神发怨言的。他在苦难中没有神的拯救。

这里完全是同义的对偶：母胎与母腹，死与绝气，母胎的门既未关闭（10 节），可以流产或早产而夭折，在十六节的涵义似为流产，以致有经学家认为十六节应在本节之后，使意思可以连贯。

如果是月生产，仍可夭折，自母腹至坟墓，直截了当，省却许多麻烦，人生既有如许患难，生不如死。若拖延苟延，实在是一种浪费，毫无必要可言。

三 12　为何有膝接收我？为何有奶哺养我？

新生婴儿放在膝上，是一种接受的态度，表明承认父母的责任。创世记三十章三节及五十章廿三节均有这样的涵义。这等于把孩子抱在怀中，记载在路得记四章十六节。可见这是象征性的动作。

"为何有奶哺养我?"母奶是双数，母亲将双乳供婴孩来吮吸。二十章十六节"吸饮"用同一个字。

三 13　不然，我就早已躺卧安睡。

"躺卧安睡"是指死亡，如在诗篇八十八篇五节：躺在坟墓里。本书七章廿一节，二十章十一节及廿一章廿六节：躺卧在尘土中。十四章十二节：死是躺下睡觉。诗篇十三篇三节：沉睡至死，意思是死如沉睡一般。这是一种安睡，在平安中睡去，再不受扰乱危害了。

在十一、十二节"为何"已经表明了心愿。如在出生时死去，反而享受平安。

三 14～15　和地上为自己重造荒邱的君王、谋士，或与有金子、将银子装满了房屋的王子一同安息。

"荒邱"即荒废的城邑或山阜，也指坟墓。这一用字（ḥoravôth）若改拼法（harmôth），就成为金字塔，与阿拉伯文的用词（hiram）相似，事实上字根相同。可能在埃及的犹太人称金字塔为荒邱。⑨ 建造荒废之地又为古代人的意愿,可参考以赛亚书五十八章十二节及六十一章四节。⑩ 但那些君主、谋士无论有何抱负与建树,最后仍不免一死。

且看显赫一时的君王、谋士、王子,他们似有十分辉煌的荣华富贵,尤其不可一世。财富之多,将金子银子装满房屋,可说是富甲天下。但是他们的结局仍是死亡。可见死亡已将所有的人都置于平等的地位,没有贫富或尊卑之分。

金银装满房屋,可能指厚葬。由于死者生前贵为君主王侯,陪葬之物甚多,在他们的寝陵中宝物无数。其实这只有引起后世盗墓之举。如果死者有知,怎会有真正的安息?

三 16　或像隐而未现、不到期而落的胎,归于无有,如同未见光的婴孩。

本节在阴间的居住者(13~15 节)与居住者的实况(17~19 节),似有必要挪至十一节或十二节之后,未到期而落的胎,可能指流产。隐而未现,指仍在腹中,则胎死腹中。未见光的婴孩,是还未出生的。诗篇五十八篇八节下:"妇人坠落未见天日的胎。"传道书六章五节:"没有见过天日,也毫无知觉,这胎比那人倒享安息。"在三节论在地上劳碌的人,那不到期而落的胎比他倒好,都有同样的用意。

阴间本无光亮,人在阴间也只是在阴影里(Shadowy Existence),隐而未现,没有真实感。胎儿死在腹中,母腹成为阴间,也是希伯来观念中的想法。约伯情愿在母腹中夭折,他已没有求生的欲望。

三 17　在那里,恶人止息搅扰,困乏人得享安息。

"在那里",指阴间,人一切活动都已止息。恶人在世时欺压作恶,搅扰好似雷电一般,隆隆作响,轰轰之声就归于静寂(卅七 4)。在恶人作恶下的牺牲者,就是那些困乏者也终于不受搅扰而安息了。恶人一生之日劬劳痛苦,他们强暴的行为不会使他们平安,这是以利法所描述的,自十五章二十节起,约伯也作同样的说法,在廿七章十

⑨ Gordis, *The Book of Job*, 37.

⑩ *Loc. cit.*

三节。

困乏人，照亚兰文译词中，在阴间似仍在受苦，可能困乏人与恶人同义。他们一生作恶，搅扰因死亡而止息，但在阴间是否有真实的安息呢？这种解说除非接受炼狱的说法，不能说明困乏人怎可享安息。所以将恶人作为欺压者，困乏人为被欺压者，可能较为合理。

三 18　被囚的人同得安逸，不听见督工的声音。

被囚的人也指那被欺压的人，是奴工，在督工叱喝声中及鞭策声下劳苦。一幅以色列在埃及为奴之家劳役的图画。亚兰文译本将囚徒喻为学生，被关在学校，教师是监工。古代的教育十分严格，体罚是极寻常的，在严师的教鞭之下，学生必慑于教师的威严。

但是在阴间里，没有督工带着欺压人的棍，在以赛亚书九章四节。也不再有监工巡行，参阅出埃及记三章七节，五章十四节；撒迦利亚书九章八节。在阴间里都是被囚者，包括督工。

三 19　大小都在那里，奴仆脱离主人的辖制。

在阴间，大小都在那里，大的不再富有、尊贵与荣华，他们的权势早已消失。小的也不会仍是那么贫穷卑贱，任受压迫欺凌。没有大小的分别，都是一样。哪里还有奴仆与主人的分别？地上一切的制度，社会各种的阶层，都不存在了，主人又何能辖制奴仆呢？在那里，奴仆才得着自由。

在七章一节，约伯悲叹在世的劳苦，"争战"实意为服苦。雇工人的日子，从早到晚艰苦与辛劳，所以切慕黑影，夕阳西下，暮色来到，是歇工的时间，这也正描写人生的疾苦。惟有死亡，才摆脱一切。

三 20　受患难的人，为何有光赐给他呢？心中愁苦的人，为何有生命赐给他呢？

这里又有连串的问话，都是同义的对偶句，患难的人是心中愁苦的人。光与生命也是同义的，因为人生下来，得见光，因此生命以光为象征，不仅在十六节，也在卅三章廿八、三十节，卅八章十五节。在十八章十八节，照比勒达的说法，从光明中被撵到黑暗里，就是死亡。

谁是愁苦的人，廿一章廿五节说，那些人至死心中痛苦，终身未尝福乐的滋味。他们是苦心的人，参阅撒母耳记上一章十节及箴言卅一章六节。

有光,有生命赐给他,谁赐呢? 照文法构造,并未指出主词,但主词必为神。生死在神,但受苦者不向神求生,却是求死。

三 21　他们切望死,却不得死;求死,胜于求隐藏的珍宝。

他们切望死,似乎不再仰望神。"切望"原为仰望,可参阅以赛亚书八章十七节,六十四章三节;诗篇三十篇十九节。在仰望中等候神。在此处不是等候神,而是等候死,越快越好,等得太殷切了。但是结果还归失望。

"求死,胜于求隐藏的珍宝。"求珍宝原意为发掘宝物,可参考卅九章廿一节。珍宝隐藏在地里,但人在挖地,没有发现珍宝,却似在掘地权充坟墓。

在本书廿八章,以掘地发现珍宝的比喻,人需发掘智慧。智慧是研究人生的终极,明白生死的真谛。在受苦者的心中,发掘坟墓,真能视死如归,有了解说,才可释然。

三 22　他们寻见坟墓就快乐,极其欢喜。

这节经文可作问话的方式,他们真能寻见坟墓就快乐吗? 在这节原有上下两行,快乐与欢喜就成为同义的对偶句,为求两行平衡。"极其快乐"取一词快乐(gil)改为 gal,意即"土堆"或"坟堆"。"他们看见坟堆就欢喜,寻见坟墓就快乐。"这样在诗的形式就完美,而且同义的对句更加明确。

上节所说,挖地原为寻找隐藏的宝物。死亡成为珍宝,有价值,应该珍惜。何必再在愁苦中讨生活呢?

三 23　人的道路既然遮隐,神又把他四面围困,为何有光赐给他呢?

"为何有光赐给他呢?"在本节是没有这些字句的,但廿三节的前言在二十节,所以加上这句,意义才算为完整,这里仍是一连串问语的最后一句。

生命没有意义可言,只有悲苦,理由在此已经说明。第一,人的道路已经遮隐,人在无定之中,前途茫茫,人生不知往何处去。在智慧文学的用语中,道路是指人的行为,生活的秩序以及个人的命运。[⑪] 可参考箴言四章十至十九节。当人生没有方向,漫无目标,在迷失中是十分危险的。现在他更发现是神遮隐的,神不向他显露,不向他启示,他就在完全的无望之中。约伯也在描述人的无助。

在十二章廿四节:在荒废无路之地漂流,无光,在黑暗中摸索,又使他们东倒西歪,像醉酒的人一样。

神把他四面围困,不再如一章十节撒但所说的维护。此处不再保护,而是使他困住,动弹不得。这样,神成了他的仇敌,真是逼他无路可走。

三 24 我未曾吃饭,就发出叹息;我唉哼的声音涌出如水。

在吃饭之前,只有叹息,也可译作:在饭食面前叹息。在愁苦中,不再有食欲。身体可以完全没有饥饿的感觉。"在面前"也可译为取代,他以叹息来取代食物。

唉哼比叹息更加严重,这字在四章十节是指狮子的吼叫,好像大声喊叫,以泄内心的痛苦。可参考诗篇廿二篇一节及卅二篇三节。

我唉哼的声音好似涌水一般。本节可译作:叹息如饼(饭食),唉哼如水,正如诗篇四十二篇三节以眼泪当饮食。此处他以叹息唉哼为饮食,可见他内心的忧苦。

三 25 因我所恐惧的临到我身;我所惧怕的迎我而来。

在苦难中,他有一种恐惧的感觉。"恐惧"在十三章十一节;廿一章九节;廿二章十节等。恐惧会使人战兢,正如四章十四节以利法所描述的。他所惧怕的,这里惧怕又另一用词。他所惧怕的,是苦难;尤其当他知道这是神给他的,表明他并非无辜。如果是出于神公义的忿怒,必使他更加惊惧不已,可参考九章廿八节约伯的话。

三 26 我不得安逸,不得平静,也不得安息,却有患难来到。

在廿二节,当他寻见坟墓,他快乐并且极其欢喜,快乐,欢乐,共有三个不同的字,说明他的兴奋。在此处他也提到三件事,是反面的,否

---

⑪ Norman Habel, "The Symbolism of Wisdom in Proverbs 1 – 8," *Interpretation* 26(1972), 131 – 157.

定的,不得安逸,没有心中的安宁;不得安静,内心却起伏不定;不得安息,身体没有休息,心中更难放松。

原因是患难来到,他无法摆脱。此处患难(rogez)并非二十节的患难('amal)。这里的用字先在十七节出现,译为搅扰,表明情绪非常不稳,如海浪的翻腾,正十足反映受苦者的心态。混乱嘈杂,心乱如麻,混为一团。

附录(一):要义综览

这首诗以哀歌的形式,倾吐了受苦者心灵的情绪,道尽了失望的心怀,为本书中杰作之一。

约伯的悲叹,发泄了久已压抑的情怀,当他突受打击的时候,家破人亡,财产与儿女都失去,自己又罹重疾,身心的痛苦可想而知。朋友们闻讯远道而来,原本为安慰他,但看到他实际的惨状,立即断定他因罪受罚,他的痛苦是公义的报应,由同情至憎厌。他们因他七天七夜坐在地上,一个人也不向他说话。不但看他极其痛苦,甚至当他是死人,也许他死去更好,不必那样活受罪。坐七天七夜,是吊丧的举动。这样做法必令约伯反感。

约伯在孤独的受苦中,再在大家漠然的缄默中,已经忍无可忍,就突破这样的气氛,发泄他内心的痛苦。他不再是忍耐的人,他极不忍耐,甚至十分焦躁。他对人生的失望与无奈,感生命的脆弱与厄运,不禁咒诅生命,表露求死的欲望。

他的咒诅(三 3～10),先咒诅白日(3～5 节),再咒诅黑夜(6～10节)。他认为生命的本身是一种咒诅,怀胎与生产不仅是多余的,而且是浪费的,成为痛苦的根源。在咒诅中,他对神只有怀疑,没有信仰与倚靠。神对他是多么陌生,他不能明白神的安排。他不想神从上面寻找他(4 节)。此外他不再提到神,不再思念神。他咒诅生命,因为生命只是一个无可解答的谜,只将光明变为黑暗,抹杀良善与福乐,否认过去、现在与将来,将凶恶的阴影好像一幅网笼罩在他身上,因此他的痛苦是无穷的,他似乎永远无法从幽暗中出来,这是无尽的咒诅。

他的咒诅也说明他生命的瓦解,他属灵的人格已经破碎支离,因为

他的信仰破产了。他对白天与黑夜,不再想神的创造奇功(参诗十九
1～3),而只徘徊在神毁坏的力量,甚至任凭幽暗世界来夺取与吞灭,那
是阴间的权势。他的灵性沦落如斯,实在是莫大的悲哀。约伯虽没有
完全疯狂,却已经极不正常,近于精神分裂,心理失常的现象。

　　由咒诅至悲叹(三 11～26)又可分为两段。第一段(11～19 节),约
伯从恨恶生命至喜爱死亡。求死的愿望更为加深了。他不住地发出哀
声:为何! 为何! (11、12 节等)他站在辩论的边缘上挣扎。死亡能否
成为一个出口,脱离现在的"地狱"。死似乎是唯一可希冀的,为要获得
自由及平等。自由是为摆脱一切痛苦的绑索。平等是与众人一同安
息,不分尊卑与贫富(14～19 节)。这样的想法无非将死亡过分理想
化,甚至浪漫化。但这至少说明人的需要,寻求最终的安全。这可说是
终极的关切。

　　第二段的悲叹(20～26 节)中,约伯才真正面对神。他在问神"为
何?"(20 节),他的问题是神学的,不是哲学的。他不是探究苦难的问
题,以哲学来推论。他所寻索的是宗教的,在他极度的焦虑中疑惑,神
对人究竟有什么目的? 神对人是恩慈的呢? 还是严厉的呢? 友善还是
敌对? 他无法明白,无从得着答案。

　　在约伯咒诅生日与悲叹中,他只看见自己,完全以自己为中心。他
感到在全世界,只有他是唯一的受苦者,即使也有人受苦,也与他无法
相比,他是在受最大的痛苦。他悲叹在进行中,到第二段(20 节起),他
不但意识神,也意识其他的受苦者。苦难不是个人的,而是社会的,他
逐渐在心里与其他的受苦者认同。他问神的话,是有关苦难的问题,已
经包括其他的受苦者,他看清这真是一个苦难的世界。本来他完全是
情感用事,逐渐由情绪至理性,不住地寻索与理论,挣扎与交战。

　　从理性的背景来看,约伯与朋友都是有思想训练的人,以公义的报
应为传统的信念。但是约伯对这信念因受苦就完全动摇,究竟他不能
承认受苦是罪的刑罚。但对朋友来说,约伯在苦难中完全没有自责,是
大逆不道的。他们认为公义的报应是天经地义! 这样的信念牢不可
破,怎可置疑? 他们听了约伯的咒诅与悲叹,大起反感,憎厌的心越发
不能忍耐。他们必须发言与责备,或温柔,或严厉,对约伯应施以教育,
就有一连串的训诲,引起继续的辩论。

但是约伯的独语,的确表达了受苦者的心理:自怜、忿怒、无助与无奈,又加上焦虑与疑惑,有说不尽的悲苦。

附录(二):结构分析

第三章约伯的独语,不仅是由叙述的散文(一、二章)至辩论的诗文(四章起)。它本身是诗,而且有其独特的情节,描写受苦者的心路历程。约伯的咒诅,在形式上与廿七章的誓言相仿(2～5 节),也可联想卅一章(35～37 节)正式的挑战语调。⑫ 因此引起朋友们发言。他的悲叹不是寻常的怨言,而是针对神的创造与安排,其范围之大,内涵之深,实在涉及宇宙的问题,才使朋友们十分震惊与忿怒。作者似乎特别敏锐地提出约伯在危险中,有危险当面弃掉神,如撒但所臆料的(一 11),又恐怕他真会像他妻子所说的"弃掉神,死了吧!"(二 9)他向神发出疑问,真会以神为愚妄吗? 那样就犯了罪(一 22)。

咒诅的话在本章占有三分之一(3～10 节),而悲叹的话却有三分之二。以下可看到本章分布的语句:

(一)咒诅
(A) 咒诅那日与那夜(三 3)
　(B) 咒诅那日有六项(4～5 节)
　(B) 咒诅那夜有九项(6、7～8、9 节)
　　　被幽暗夺取(6 节):三项
　　　无生育欢乐(7～8):三项
　　　黑暗无光亮(9 节):三项
(A) 咒诅的原因:患难(10 节)
(二)悲叹
(A) 悲叹中发问:为何不出母胎而死? (11 节)
　(B) 为何出生被哺养? (12 节)

⑫ S. H. Blank, "The Curse, Blasphemy, the Spell and the Oath," *Hebrew Union College Annual* 23/1(1950–1951),73–95.

（C）死亡之地有安息（13～15 节）

（B）为何见生命之光？（16 节）

（C）死亡之地有自由（17～19 节）

（B）为何有光赐苦人？（20 节）

（C）受苦者切盼死亡（21～22 节）

（B）为何人生无方向？（23 节）

（A）悲叹的原因：患难（24～26 节）

以上的大纲分析，咒诅部分与悲叹部分各有一完整的环绕形式（Inclusio）。在咒诅部分 A B B A，而悲叹部分为 A B A，但其中有 C，于是 B 与 C 交叉发展，虽不是最完美的形式（完美的形式应为 A B C B A），仍形成一个圆圈。在咒诅部分，以日与夜为旋转的主题。在悲叹部分，主题在生与死。在咒诅中，咒诅"那日"不如"那夜"详尽，似不甚均衡。但是黑暗象征着苦难，又暗示了神秘的因素，隐藏不宣。悲叹中不住发问，更为有力。

在悲叹中，发问的都是有关生之事实。但加插的话是自行答语，都集中在求死的愿望上。死可解脱，有安息与自由。但是死可否作为唯一的答案呢？智慧文学有这样的主题，尤其在埃及的文献。⑬ 约伯并无这样的肯定，事实上，约伯所体验的是前途茫茫，道路隐藏，方向不明。神只将他四面围困，根本没有出路。所以他悲叹是因患难，咒诅也因患难。患难使人毫无出路（No Exit!）。

在这一章的独语中，不仅有甚多重复（未必是用字重复，而是用意重复），而且有若干回转的形式（intricate pattern of reversals），从生产回转至怀胎，从秩序回转至混乱（创世之前），从光亮回转至黑暗，从生之疾苦回转至阴间的解说。在用语上相当大胆，使朋友们感到近乎亵渎。

（此外还有用字的深刻，以"黑暗"（三 4）表征阴间（十 21～22），"索取"（5 节）可作"污秽"（玛一 7），"母腹"（10 节）可作"大

---

⑬ "A Dispute Over Suicide," in *Ancient Near Eastern Texts Relating to the Old Testament*, 2nd ed. J. B. Pritchard(1955),405-407.

地"解（一 21），"日子"（8 节）可作"光"（20 节），"咒诅"（8 节）可作
"刺透"（哈三 14），"入数"（入月中的数目）（6 节）可作"欢喜"（出
十八 9）。⑭

　　本章约伯的独语将本书的内容开拓了，继而有以后的辩论，甚至引
往耶和华的言词。

---

⑭ G. Rendsburg, "Double Polysemy in Genesis 49:6 and Job 3:6," *Catholic Biblical Quarterly* 44 (1982),48‑51.

叁　对语
（四 1～廿七 23）

　　约伯的朋友与他对语,从体裁看,全部是诗,从内容看,都是哲学的辩论。三位友人轮流发言,每位说话,即有约伯答辩。如此回合共有三次:第一回合,在四章至十四章,第二回合,在十五章至廿一章。第三回合,在廿二章至廿七章。

（一）第一回合:四至十四章

（I）以利法第一言词（四 1～五 27）

　　以利法的言词,在本章四至五章,可说是典型的智慧者的劝勉。有五段,在四章二至十一节,十二至廿一节,五章一至七节,八至十六节,十七至廿七节。内中有传统的说法、箴言、教训,并包括歌颂神,如赞词。其连贯的经文为四章二、三、七节,五章一、八、十七及廿七节。有四个命令词特别突出:四章七节"追想",五章一节"呼求",五章十七节"不可轻看",五章廿七节"要听,要知道"。这些都是劝导的重点。这些都是智慧文学的格调,可参阅箴言三章一节至四章一节:"不要忘记"(三 1),"你要仰赖"(三 5),"不可轻看"(三 11),"要听"(四 1)。

　　以利法常以第三人称论事,表明客观,可参阅四章八节,五章三节。他也现身说法,如在五章八节:"至于我,我必仰望神,把我的事情托付他。"

　　他采取一些传统的说法,成为劝勉的重点,如在四章七至十一节,十七至廿一节,五章二至七节,九至十六节。若干学者认为,以利法论恶人的结局,是取材于诗篇中的哀歌。[1] 这论点原是智慧文学的一项主题,可参阅箴言二章廿二节,十二章廿一至廿八节,又四章十四至十七节。他引用箴言,在五章二节。一般学者认为五章九至十六节应属颂词赞美神。[2]

在这两章内的用字,可看出作者巧妙的用意。例如四章六节"盼望"与"纯正",在约伯的答词中涵义就大有出入,参阅六章八节,十四章十九节,卅一章六节。四章七节"无辜"与"正直",在意义上甚有伸缩,四章十七节"公义"与"洁净",是含有讥刺的口吻。四章八节"罪孽"、"毒害"两词用得很重。

第四章上半是分析约伯的处境(2～11 节),下半是给予教训,取自传统的思想,但先从默示说起(12～16 节),人都有罪,人生苦短,早晚之间就被毁灭(17～21 节)。第五章再强调愚人的命运,以箴言至见证(五 1～7)。以利法个人的肯定,有确据与盼望(五 8～16)。最后他给予实际的忠告,在十七、十八节。重视全能者的管教,神的恩典必使人得着复兴与更新,应该听受教训,虔诚谨慎,对自己有益(19～27 节)。

(i) 分析约伯现状(四 1～11)

四 1～2　提幔人以利法回答说,人若想与你说话,你就厌烦吗?但谁能忍住不说呢?

以利法是三位友人中首先开口的,可能他年龄最长,最有教养。他打破同情的缄默,以十分温和的口吻来教训约伯。

"回答"一词('-n-h)似应译为"说话",因为他并非真的在答复约伯的问话。事实上,约伯并非询问,有些问语只是代表他内心的困惑,而

---

① C. Westermann, *The Structure of the Book of Job* (1981), 81 - 86; J. C. Holbert, *The Function and Significance of the "Klaqe" in the Book of Job with Special Reference to the Incidence of Formal and Verbal Irony*(1975),118f.

② F. Horst, Hiob, 16/1 (chs. 1 - 19, 1960), 64; J. L. Crenshaw, "The Influence of the Wise Upon Amos," *Zeitschrift für die alttestamentliche Wissenschaft* 79(1967),42 - 51.

以这样的口吻发出悲叹。"回答说",在每人说话时,都以这样的形式,许多实际上答非所问,因为也是问非所答。

此处他就以问语方式,在第二、三回合中也这样,参阅十五章二节,廿二章二节。其他朋友也有同样的方式:比勒达在八章二节,十八章二节;琐法在十一章二节等。

以利法可能受约伯的埋怨所扰。在第三章,约伯又咒诅又悲叹,显得十分焦躁,使他不能忍住不说,必须发言。

约伯对别人说话感到厌烦,"厌烦"不是希伯来文的原意。有人译为"反应徐缓"或"为难"也稍为勉强。这字的意思是不能忍受。③ 也可能译作"感到无力"。④ 英译词不同,但都设法将涵义托出:"你就感到受了触犯吗?"⑤"你就无法处置吗?"⑥

以利法不能忍住不说,"忍住"是一种自制,耶利米书二十章九节"自禁","停止说话,用手捂口"在本书卅九章九节。箴言十二章十三节,恶人嘴中有错失,因为他们随意说话。义人(或智慧者)只在环境的要求下发言。他的话是良言,造就人的好话,除去人的苦痛,参阅箴言十二章廿五节,十五章廿三节,廿五章十一节。所以以利法不能再保持缄默,必须说话劝告。

四 3　你素来教导许多的人,又坚固软弱的手。

在句首有"看哪"(hinneh),可译作:"你要思想",接着就有一连串的话,使他回想、省察、深究。"素来"是指明习惯性的动作,译意甚为透彻。他素来教导,这在文法上是称为习惯性的完成式。教导是以加重的方式(Piel:Intensive),在教导中有纠正与管教,甚至包括责罚,可参考五章十七节及二十章三节。

"许多的人",指数目的众多,也在十一章十九节,卅八章廿一节。有时指分量,如在卅五章九节。

"坚固"原意为绑物,要绑得紧,才有力。此处不是去绑人的手,而

③　Robert Godis, *The Book of Job*, 46; Marvin H. , Pope, *Job*, 34.

④　Robert Godis, *The Book of Job*, 46; Marvin H. , Pope, *Job*, 34.

⑤　*Loc. cit.*

⑥　Norman C. Habel, *The Book of Job*, 112.

是坚固软弱的手,使之刚强有力。手发软,表明惊惶惧怕,在撒母耳记下四章一节,耶利米书四十七章三节。在此处第四节也提软弱的膝。以赛亚书卅五章三节:你们要使软弱的手强壮,无力的膝稳固。新约中有希伯来书十二章十二节:"你们要把下垂的手、发酸的腿挺起来。"

四 4　你的言语曾扶助那将要跌倒的人,你又使软弱的膝稳固。

"言语"与上节的"教导"有相同的意义。要跌倒的人,主要在于膝弱。诗篇一○九篇廿四节膝骨软弱,就容易跌倒。可见此处"跌倒"与"软弱的膝"也是在意义上相同。"跌倒"也有"屈身"的含意,在卅九章三节。在智慧文学的用语上,这常指偏离真道而跌倒,在箴言四章十二、十六、十九节。所以对那将要跌倒的人,要扶他一把,帮助他站稳。

这是约伯以往所做的,别人需要他的教导与言语,正如现在他的需要。因此以利法感到有这必要,向他施教,纠正他的错误,拉他从不正的路回转,使他不致跌倒。

四 5　但现在祸患临到你,你就昏迷;挨近你,你便惊惶。

"但现在",比较过去约伯给予人们辅导的身份,现今实在有需要接受别人的辅导。他现在的处境确实十分悲惨,因为有祸患临到他。"临到",是与下半节的"挨近"对比,"挨近"也为"碰到",甚至"打击"。

"昏迷"原意为"不能忍受",这与第二节"厌烦"原为同一个字,都是说出忍受不起的感受。

"惊惶"在廿一章六节的描述十分生动,因为心中惊惶时就会浑身战兢,也可参考廿三章十五节。

约伯以往能够帮助在苦难中的人,他自己却无法经受苦难。以利法将约伯的今昔比较,但他将约伯与别的受苦者并列,未必是正确的。约伯的情形不同,苦难对他是一种考验,看他是否真正敬虔。他当然没有看见绪言中天上的一幕。

四 6　你的倚靠,不是在你敬畏神吗? 你的盼望,不是在你行事纯正吗?

"不是吗?"实际为"确实",你确实敬畏神,行事纯正。但是他对约伯的信任,现在不能不提出疑问。可见此处不仅在文法的形式上有否定的问语,在涵义上也着重实际的怀疑。敬畏神是智慧的开端,也是智慧的实质,在箴言一章七节,廿九节;二章五节,九章十节。这是约伯自

身的信念,因为他敬畏神,必不离弃全能者(六14,考阅廿二4)。这是
他在患难时信心的确据,他就不应惊惶,因为耶和华是他的倚靠,他也
不应灰心,因为他的盼望在于神,只要他行事纯正。

　　"倚靠"一词原意为"脂油",在利未记三章四节,十章十五节甚至在
利未记十五章廿七节,以后这字发展的涵义为"愚者",因为愚人心蒙脂
油,没有悟性,在以赛亚书六章十节。但这词也确为信心倚靠,可参阅
诗篇七十八篇七节(此处中译词为"仰望"),箴言三章廿六节;约伯记八
章十四节,卅一章廿四节。

　　敬畏神与行事纯正二者是相提并论的,行事纯正就是走在完全的
道上,箴言十三章六节行事正直,诗篇一〇一篇六节行为完全,都有同
样的涵义。

　　盼望与倚靠是同义的,在灾难与死亡的威胁下,这是生命的力量与
目的,在五章十六节,十四章七、十九节;十七章十五节,十九章十节。
约伯始终怀着盼望,求神将道路向他显明。

　　纯正与盼望,对以利法与约伯,有不同的体验与了解。对以利法,
约伯的纯正与盼望只是过去的,或许在他看来,约伯根本没有纯正,他
的盼望并不可靠。所以此处的话是带着讽刺的口吻。

　　四7　请你追想,无辜的人有谁灭亡? 正直的人在何处剪除?

　　这里以利法开始教训,仍以宗教的传统思想论神的公义。无辜的
人不会灭亡,只会满享神的福分。在诗篇卅七篇,义人不会被弃,必永
居在平安之地,以丰盛的平安为乐。

　　"无辜"与"正直"是同义的,以利法在此所指的是道德方面,还是法
律方面或宗教的礼仪方面,是否没有错谬与过去? 这些都未向读者交
代。但是在绪言中,正直是指约伯的宗教生活。"灭亡"与"剪除"也是
同义的。"剪除"一词首先出现的,是在出埃及记九章十五节。原意为
"隐藏",剪除不再为人注意。在十五章十八节及廿七章十一节译作"隐
瞒"。但在廿二章二十节为"剪除"。

　　在以利法的观察中,约伯虽然受苦,但还没有灭亡剪除,可见没有
完全在罪中,仍有希望被拯救,得以复兴。但是约伯必须悔改,回转到
神面前。

　　四8　按我所见,耕罪孽、种毒害的人都照样收割。

　　以利法原来照约伯过去的经验,现在他以自己的观察作为论点。他将自己作为中心人物:"按我所见,我暗暗地得了默示"(12 节),"我曾见"(五 3)。他表明自己的观察与判断是十分正确的。

　　罪孽与毒害有相同的涵义,罪与害二者不可划分。诗篇十篇十四节:奸恶毒害。何西阿书十章十三节:"你们耕种的是奸恶,收割的是罪孽。"耕种与收割互为因果,所以在何西阿书八章七节,所种的是风,所收的是暴风。保罗在加拉太书六章七节说:"不要自欺,神是轻慢不得的。人种的是什么,收的也是什么。"

　　这里就建立了朋友们的信念,以利法是领导人物。他们在劝导约伯的话,以报应的公义为原则:苦难是罚恶的。有罪必受罚,苦难为罪恶的刑罚。

　　四 9　神一出气,他们就灭亡;神一发怒,他们就消没。

　　神一出气,就将怒气带出来。神发出烈怒如火,烧灭他们像烧碎秸一样,在出埃及记十五章七节。以赛亚书三十章卅三节下:"耶和华的气如一股硫磺火,使他着起来。"在旧约,"气"与"风"是同一个字,在何西阿书十三章十五节,耶和华的风有毁灭的力量,东风使树木枯干,也在以西结书十七章十节及十九章十二节。

　　可见神出气,是祂的怒气,与下半节"怒气"是同义的。灭亡与消没又是同义字。

　　这样,灾祸还不仅是人种罪孽而有的收获,更是神降下的,超越在人力之上,不在人的控制,神照祂的心意,对待人的方法。

　　四 10～11　狮子的吼叫和猛狮的声音尽都止息,少壮狮子的牙齿也都敲掉。老狮子因绝食而死,母狮之子也都离散。

　　此处以狮子为表象,为凶猛的扰害,在诗篇十七篇十二节及廿二篇十三、廿一节。在十、十一节,狮子有五个不同的用字。狮子的吼叫与声音以及少壮狮子的牙齿,都指它们的凶猛,却均归消除,恶人的威势必将除去。这正如诗篇五十八篇六节:"神啊,求祢敲碎他们口中的牙;耶和华啊,求祢敲掉少壮狮子的大牙。"

　　老狮子(Leyish)似为强调它的凶猛,因为狮子是万兽之王,这字在此处外,还出现在箴言三十章三十节及以赛亚书三十章六节"公狮"。母狮之子虽为幼狮,也有力量。但它们都因饿而死,或离散至死。

狮子常作恶人的表象,专为吞吃义人,可参阅诗篇十七篇十二节,卅四篇十节;箴言廿八章十五节。

以利法虽不将约伯列在恶人之中,但他尽力描述恶者表象——狮子,似暗示约伯,叫他省察,也提高警觉,看自己是否也有这样罪恶的实情。至少苦难给予他一种警告,因为他正在垂死之情况中。

(ii) 概述异象经历(四 12～21)

四 12　我暗暗地得了默示,我耳朵也听其细微的声音。

以利法强调他得默示,有一种特殊的属灵经历。在智慧的传统中,有许多名言谚语,是历代累积的经验所产生的,但也有特别蒙默示的话。这在先知文学中付诸阙如的,却竟在智慧著作中。其实在先知文学里,默示的话就是内中主要的内容,虽然并未提说他们先知群怎样得默示,但内容已经充分说明了。在此处以利法提说的,是神特别向他启示的,因此这默示的异象非常重要,关于"异象"或"默示",虽是先知信息的内容,仍是智慧书十分着重的,例如在箴言廿九章十八节:没有异象,民就放肆,惟遵守律法的,便为有福。可见祭司、先知与智慧者都一并重视异象或默示。这默示是内在的或外在的,都可感受与明白。

以利法以自身的经验来劝导,按我所见(8 节),又以默示来教训。这默示似为一个十分惊惧的梦。在犹太拉比的说法,以利法为七个外邦先知之一(B. Bat. 15b)。希伯来先知公开领受神的话语,但非希伯来人所得的默示却没有那么直接。他叙述的口吻,似乎不是想象的,而是实际的。他的耳朵听见细微的声音。照阿拉伯字(Samisa)与希伯来字(Semers)的字根相近,是指声音不十分清楚。[7] 亚兰文译本、叙利亚文译本作"些微",不是指声音微小,而是指声音不多,犹太拉比的解释也照这样的说法,声音少许。但是细微的声音为希腊文的译词。[8]

四 13　在思念夜中异象之间,世人沉睡的时候。

---

[7] Gordis, *The Book of Job*, 48, 引用 Brigg-Driver-Brown, *The Hebrew-English Lexicon*.

[8] Dhorme, *A Commentary on the Book of Job*, 49.

当听见细微的声音,就令人思想。"思念"一字在二十章二节也曾出现,又在诗篇九十四篇十九节"多忧多疑",一三九篇廿三节"心思",可见这种思念十分认真与凝重。这字也可作"树枝",却在此无什么关联。

以利法说出这异象的时间,似在深夜,是在大家沉睡的时候。在耶和华要与亚伯拉罕立约,使他沉睡,让他看见异象,在创世记十五章十二节。以赛亚书廿九章十节有先知在沉睡中有默示的灵浇灌。以利户提到神使人沉睡而得夜间的默示(异象),在约伯记卅三章十五节。但是约拿书一章五、六节,约拿为逃避神,避免与神接触而沉睡。此处可能只是指深夜,当众人在沉睡中,而他独醒,因为有异象向他显示,令他思念深省。

"思念"有译为"恶梦",在异象之后即有奇特的恶梦,是人们在沉睡中不会经历的,阿拉伯文是指心中极不安宁。[9] 可见他的心情一定十分搅乱,错综复杂,又有恐惧的感觉,似乎受了恐吓,正如约伯在七章十四节所说的。

四 14　恐惧、战兢临到我身,使我百骨打战。

这节原来在字的排列为"恐惧临到我身,我就战兢起来……"这是看到异象时的反应。"恐惧"也在三章廿五节,指极端的恐惧。

中译词"百骨","百"字是指多,事实上是指"一切",所有的骨头都震动起来,因为战兢得太厉害,混身都战抖不已。在卅三章十九节,以利户说那人受神惩治的时候,骨头中不住地疼痛,百骨打战未必疼痛。以利户是指人在疾病中之痛楚,但以利法并非是指他当时有病痛的感觉。

四 15　有灵从我面前经过,我身上的毫毛直立。

有灵从我面前经过,也可译为"有风扫过我的面孔",因为"灵"原意也为风。此处灵好似风一般,在面前经过,是他能感受得到的。

为将这两行诗成为均衡,有人将"毫毛"一词改动(由 se'arah 改为 sa'arat)作"暴风"解。这就有同义的对偶句:风与暴风,下半节,"暴风

---

⑨　Pope, *Job*, 36; Dhorme, *A Commentary on the Book of Job*, 49－50.

使我身体抖动"。⑩

如果参考本书最后有耶和华在旋风中向约伯显现，神对约伯的启示，远超对以利法的。

此处若仍解于"毫毛直立"，仍是十分生动的描述，说明惊惧与兴奋。

四 16　那灵停住，我却不能辨其形状；有影像在我眼前。我在静默中听见有声音说：

在旧约中，灵是没有形状的，但此处似有一个模糊的影像。以利法虽不能辨明，但还是在肉眼中可以看见什么，因为他感到那灵停住，或站立在那里不动。

当耶和华向摩西显现，在梦中与他说话，摩西可能看见神的形状。在民数记十二章八节并不说是神的灵。可见神启示的方法不同。然而在此处，以利法始终没有说明，这是神的灵。

影像在旧约中多次说"形像"。在十诫中的第二条，禁止作任何形像（出卅四章）。诗篇十七篇十五节，神的形像就是祂的同在。

他在静默中听见声音，先在静默中，然后有声音。这与列王纪上十九章十二节不同，"静默"成为形容词，形容声音，因此该处译为"微小的声音"。

归纳言之，他看不清楚，却听得真切。重点在于信息，不是在于异象的情景，虽然他也描述他当时的感受，这正如以利亚，在他一切的现象不是最重要，而真正的焦点在于神的声音，祂的话语，诗篇一〇七篇廿九节提说自然的景色有狂风波浪，平息之后，他们在宁静中欢喜。可见默示往往在宁静之中。

四 17　必死的人岂能比神公义吗？人岂能比造他的主洁净吗？

人怎能与神相比呢？因为人是必死的，此处"人"（Enosh）专指必朽之世人。在神的公义之下，人只显出罪恶与污秽。此处人无法与神比较，怎会比神公义。但另一种译法，人在神面前怎能称为公义呢？答

---

⑩ Gordis, *The Book of Job*, 49; Habel, *The Book of Job*, 115, 127; Pope, *Job*, 37.

案一定是反面的。在造他的主面前,决不会是洁净的。不是比较,而是指明地位,人究竟在神面前是站立不住的。

公义与洁净二者无疑是同义字。在十五章十四节以及廿五章四节也有相同的同义,但"洁净"与此处并非同一个字。

诗人感慨地说:"在你面前,凡活着的人,没有一个是义的。"(诗一四三 2)这是信息的中心思想,在友人的言词中屡次提说,甚至约伯也承认,特别在九章二节。

以利法先提必死的人,或指"世人",以笼统的语气,但是下半节的"人"原只指"男人",强壮有力,但是在神面前也只是被造者,而神是造他的主,所以无法比较,也不能在神面前称为洁净的。这是以利法引述他所得的异象,坚持要警告约伯的。

四 18   主不信靠祂的臣仆,并且指祂的使者为愚昧。

"臣仆"与"使者"是同义的,似乎是指天使,因为使者是服役的灵。"主不信靠",当然主不会倚靠他们的,所以此处"信靠"可译为"信任"或"信托"。

主指他们为愚昧,"愚昧"一词有两种译法,一作"称赞",与上下文不合,另一作"越规",应用在此处为愚昧,字根不同(前者为 h-l-h,后者为 h-l-l)。在传道书二章二节,七章七、廿五节,十章十三节都用这字,是智慧文学的用语。有人将这字改为愚妄,即一章廿二节(h-l-h 改为 Ph-l-h)。但事实上并不需要。⑪

"臣仆"一词,在亚兰文译本指明为先知,因为先知为耶和华的仆人。但是如果臣仆与使者为同义,就不会有这样的涵义。本节论天使,下节才论人。

在本节之句首,有"看哪!"的字样,无非提起加重的语气以为注意。

四 19   何况那住在土房、根基在尘土里被蠹虫所毁坏的人呢?

人为尘土所造,人就好似住在土房,尘土的本质在十章九节,卅三章六节以及以赛亚书六十四章七节。所以此处指人的身体。在亚兰文译本,将"住在土房"的,指为在土坟中的恶人。

⑪ Dhorme,*A Commentary on the Book of Job*, 53.

"根基"指房屋的基础,土房的根基仍是尘土,怎会坚固呢？人原出于尘土,仍将归于尘土,在创世记三章十九节,诗篇一〇三篇十四节。

神对天使都不能信任,怎能信任人呢？人毕竟比天使低,为尘土所作,更为脆弱,更为短暂。说起来人还比不上虫。人是被虫毁坏呢？还是如虫一般毁坏呢？十三章廿八节,人像烂物,像虫蛀的衣裳。以赛亚书五十一章八节,蛀虫必咬他们。这些说明人是多么脆弱,但是脆弱如同虫一般,也与他们一样毁坏。[12]

经文评鉴学者将"虫"('ash)改为"造他们的"('asam),那么可以译作"在造他们的主面前必被毁坏"。另根据亚甲文 ašašu,译为"窝"：他们毁坏像鸟窝。[13] 这些评鉴反使经义复杂,是否有这些必要？

四 20　早晚之间就被毁灭,永归无有,无人理会。

人生苦短,正如诗篇九十篇六节："早晨发芽生长,晚上割下枯干。"生命竟如此短促。

"毁灭",只归于尘土,永归无有,永远灭亡,无人会加以注意。"无人理会"(mibbeli mesim)改为"没有名字"(mibbelim sem),名字失去,表明没有声望,没有身份,被人完全遗忘,结果仍是无人理会。[14]

四 21　他帐棚的绳索岂不从中抽出来呢？他死,且是无智慧而死。

"帐棚"指生命或肉身,绳索一断,帐棚倒塌,表明生命也中断了。如果照中译词,绳索不是自己断的,而是抽出来的,那是拆帐棚的时候所作的,可能也指生命的结束。在传道书十二章,描述老年的情况,银链折断,金罐破裂,是指灯盏及悬挂的链子,可象征生命(十二 6)。在以赛亚书卅八章十二节,也以帐棚喻为生命。

"他死"是"无智慧而死",因为他没有认清人生的短暂,以致在那简短的人生历程中一无所成,没有学会什么,也无成就可言。如果将这节末句与上节末句成为对偶句,可译作："无救主而灭亡,无智慧而死亡。"

---

⑫ Dhorme, *op. cit.*, 54.

⑬ Gordis, *The Book of Job*, 42. 根据 Franz Delitzsch, *The Book of Job*(1876).

⑭ M. Dahood, "Some Northwest-Semitic Words in Job," in *The Bible in Current Catholic Thought*, ed. J. McKenzie(1962),55 - 74.

"无救主"无人"理会"的理会(meshim)改为救主(moshi'a)。⑮

　　以利法指约伯如世人一般，将无智慧而死。其实约伯有这智慧。在十四章，约伯论人生因短暂而成为悲剧，他看人生，甚至比以利法更透彻，更明确。他有智慧，但不像箴言三章十三至十八节所说的有福，因为他是在苦难之中，这是约伯的困惑，也是智慧者在心中挣扎的问题，似乎没有答复。

(iii) 善恶结局分明(五 1～7)

　　五 1　你且呼求，有谁答应你？诸圣者之中，你转向哪一位呢？

　　本节似乎与上下文并不十分衔接，有的经学家将它移至第七节后。⑯ 以利法特别针对约伯的怨言，尤其约伯那种求死的荒谬，在三章三至九节。他责备约伯的愚妄，在本章二至五节。求诸圣者来帮助他代祷，实在是愚不可及，为什么自己不到神的面前呢？是故意逃避吗？如果是逃避，为惧怕，还是为离弃？这些都因为有罪的缘故。

　　"圣者"照一般解释是指天使，但是四章十八节主都不信任祂的臣仆，指祂的使者为愚昧。他们是无力来救助约伯的。在十五章十五节，以利法再重复这个观念：神不信任祂的众圣者。圣者仍是指天使，可参阅撒迦利亚书十四章五节及但以理书八章十三节。

　　他要约伯认清，灾害来自神，为的是惩治，于是神再次作治疗救拔的工，使约伯得以复活，在本章十七至廿六节，有十分清晰的解说——为促约伯了解。

　　但是"圣者"可否作为神的名字，因为这确有经文的根据。箴言九章十节："敬畏耶和华是智慧的开端，认识至圣者便是聪明。"在这同义的对偶法，耶和华是圣者，"至圣者"因"圣者"为多数，在文法中可作为最高级(Superlative Degree)，即圣者之圣，为至圣者。何西阿书十一章十二节："犹大靠神掌权，向圣者有忠心。"此处神与圣者是同义的，

⑮ Dhorme, *op. cit.*, 55.
⑯ Dhorme, *A Commentary on the Book of Job*, 62.

138 约伯记注释(卷上)

"圣者"并非指天使。至于以赛亚书中"以色列的圣者",圣者为单数,不在此讨论之列。如果此处作为神,诸圣者的多数字可解为"华丽的多数"(Majestic Plural),神的名常以这样多数字来称谓。本节下的译词:你转向谁来埋怨圣者神呢?⑰ 重点仍是一样:约伯必须直接转向神。

五2～3 忿怒害死愚妄人,嫉妒杀死痴迷人。我曾见愚妄人扎下根,但我忽然咒诅他的住处。

这是一句谚语,为传统思想,以说明报应的原则,此处以利法也责备约伯悲叹所表现的愚妄。

"愚妄"在此有两个不同的字,上半节的"愚妄人"('ewil)愚昧且骄妄,犯罪得罪神。下半节的"痴迷人"(Potheh)是一种智力与意志薄弱的人,随意犯罪却不自觉。这二者都指罪人。在何西阿书七章十一节论以法莲,好像鸽子愚蠢无知,也有同样的涵义。"愚妄人"在原文中是置于句首的。"这是愚妄人为忿怒害死,这是痴迷人因嫉妒被杀。"非常典型的智慧短句,以同义对偶的方式。

"愚妄人"在箴言书还有很明确的解释。他们自以为聪明(箴十二15),诡诈轻率,以犯罪为戏耍,性情暴躁,胡言(即口里愚妄),又有嫉妒,恼怒,在箴言十章八,十四节;十二章十五节,十四章七,十七,廿九节及三十节。忿怒与嫉妒是他们的特质,他们是罪人,愚妄而且痴迷,必自趋灭亡。

引述谚语之后,以利法表明他的态度。他看见愚妄人遭报,与其说他们在扎根,不如说他们连根拔出,没有他们立足的地方,连住处也受咒诅而毁坏。"扎根"一词为主动的行为(Hiphil:Causative),但如果另一方式(Piel being privative)就可译为连根拔出,这正反面是十分相近的。

"我忽然咒诅他的住处",较好的译词应为"我忽然宣布他的住处已受咒诅"。受咒诅是指毁坏。⑱

⑰ Gordis,*The Book of Job*,51,引用 A. B. Ehrlich,*Randglossen zur hebräischen Bibel*(1916).

⑱ Gordis,*The Book of Job*,52;Habel,*The Book of Job*,114-117. 七十士译本"咒诅"是被动的,"被咒诅"。

五 4　他的儿女远离稳妥的地步,在城门口被压,并无人搭救。

恶人的儿女必无安全,这是可以见证的。以利法并无直接指出约伯全家的毁灭,儿女、家业、房屋全都失去,在一章十三至十九节所描述的。

"在城门口",原是公开的社会场合,办理司法与商业的事宜。在城门口,公正应有保障,可参阅箴言廿二章廿二节;申命记廿一章十九至廿一节,路得记四章一至十一节。但是恶人的儿女结局是悲惨的,在城门口都无人搭救,其实约伯的情形并非以利法所想象与判断的。他并不是愚妄人,他自白在城门口维护无助者的权益(卅一 21)。

五 5　他的庄稼有饥饿的人吃尽了,就是在荆棘里的也抢去了,他的财宝,有网罗张口吞灭了。

"他的庄稼"自己不能享用,有饥饿的人吃尽了。这些饥饿的人可能是被他欺压的,或者是因他吝于施舍而饥饿的,可参阅廿二章七节。

"饥饿的人"(ra'eb)又可指死亡与它的权势。这与荆棘同为毁灭的力量,可参考十八章十二至十三节及申命记卅二章廿四节。在乌格列(Ugaritic)的神话中,死亡以饥渴的食欲,贪得无厌,吞灭一切。箴言三十章十五节也描述阴间为不知足的。无论是神话传说,或箴言谚语,在古代近东的观念中,认为死亡有毁灭的力量。

为与"饥饿"成为同义字,有人将"网罗"(ṣammin)改为"干竭"(ṣeme'im)。这样将"庄稼"与"财宝"也作为同义。"吃尽"与"吞灭"又是另一个同义对偶的形式。

"网罗"在十八章九节是擒获的方法,此间也是指牺牲者,因饥饿而成为瘦弱无力,[19]"张口吞灭"只是意译,因为网罗张开,才可吞灭擒获物。但此处动词原意为"渴想",如七章二节"切慕"。这字实际与"抢去"同义,此处意译可作"攫取"。可见富人不仁,财富及一切均不留存,全部消失殆尽,以利法是暗示约伯的遭遇。

五 6　祸患,原不是从土中出来;患难,也不是从地里发生。

"祸患"与患难是同义的,在民数记廿三章廿一节"罪孽与奸恶",诗

---

[19] Gordis, *The Book of Job*, 54.

篇七篇十四节"奸恶与毒害",十篇七节也相同,五十五篇十节又是"罪
孽与奸恶"。九十篇十节"劳苦愁烦"。以赛亚书十章一节"不义与奸
诈"。这些都是以同义对偶的形式。祸患与患难都是与罪孽或凶恶的
事相连,但是都并未出于神,或出于自然,而是出于人本身的问题。

"土"与"地"是同义的,既是自然的实况,又是人的根源。人生在地
上,患难是不能或免的,这是人的命运。

五 7　人生在世必遇患难,如同火星飞腾。

人有患难,是由于罪恶招致的,人既有罪,以致患难都无可避免,人
应自行负责,引以为咎的。

此处以一表象来说明,如同火星飞腾。火星是类似闪电的自然现
象,似与西北闪系的迷信有关。火星(Resheph)在北叙利亚的碑文是
一种神明,专司阴间与瘟疫的。[20] 在申命记卅二章廿四节"苦毒的热
病",哈巴谷书三章五节"瘟疫、热症",都是用同一个字。多数的方式才
是指火焰或闪电,如在诗篇七十八篇四十八节。闪电有毁坏的力量,如
果是指瘟疫,也同样指其毁灭的威势。约伯的群羊与仆人被天上降下
来的火烧灭(一 16),约伯的灾病是类似热症一样痛苦(二 7)。这些都
是灾害苦难,从人的过犯错失招致的,也出于阴间的能力,一经飞腾而
来,人无法遏止。以利法劝导约伯转向神,只有求神的拯救,否则无可
摆脱与逃避。这就是以下的勉语。

(iv) 个人现身说法(五 8～16)

五 8　至于我,我必仰望神,把我的事情托付他。

"至于我"这是加重的语气,"我"放在句首。如果我在你的地位或
情况,我只有仰望神,没有其他的途径。约伯必须悔改转向神。

在句首,实际上在"我"字之前还有"然而",这无疑作强烈的对比。
约伯不肯仰望神,苦难是自招的,却在埋怨神,可谓不虔之至,以利法很

---

⑳ Conrad,"Der Gott Reshef," *Zeitschrift für die alttestamentliche Wissenschaft*
83（1971）,157-183; W.J. Fulco, *The Canaanite God Rešep*(1976).

不以为然,他却完全与约伯不同,因为他仰望神。"仰望"原意为寻求,这就回到本章一节,除神以外,呼求其他一切,都无果效可言。

仰望,把自己的事交托给神。此处神的名字提了两次。第一次提到神,是指祂为权能之神(El),而第二次是神名的多数(Elohim),这是在约伯记中甚少提说的。其实这是约伯已经做到的,因为十三章三节:"我真要对全能者说话。"他确实寻求仰望神。

把事情托付祂,是把事情放在祂面前,将事情呈明。让神来处理。仰望神是寻求祂的帮助与拯救,可参考创世记廿五章廿二节;撒母耳记上九章九节,列王纪上廿二章八节及阿摩司书五章四、六节。

五9　祂行大事不可测度,行奇事不可胜数。

自九节至十六节,可谓赞美诗,歌颂神为创造主。此处述说祂行大事与奇事。祂行的大事不可测度,无法衡量,可参考卅七章十四节,诗篇一三六篇四节,一四五篇三节。祂所行的神迹也是无数的,可参考九章十节。

五10　降雨在地上,赐水于田里。

在神创造的宇宙中,祂行神迹。这神迹就是降雨,祂制造云,也使云变为雨水降下来。这样祂就滋润地面,使地上丰饶,有出产供应人食品。雨从天下,水在地上,也为地面肥沃,均在诗篇内有描述,在一四七篇八节以及一〇四篇十节。

这也是以利户所描述的:祂吸收水点,这水点从云雾中就变成雨。云彩将雨落下,沛然降与世人(卅六 27～28)。在耶和华的言词中,神说祂使雨降在无人之地,使荒废凄凉之地得以丰足(卅八 26～27)。这都是神的恩惠。

五11　将卑微的安置在高处,将哀痛的举到稳妥之地。

赞美神在自然界施恩之后,再感谢神在人类社会中所赐的福分。卑微的人是地位低下的,不受人重视,而遭轻忽的人们,神要将他们升高,这正如撒母耳记上二章八节的话:"祂从灰尘里抬举贫寒人,从粪堆中提拔穷乏人。"

"哀痛的"原意为"黯黑的",即在苦难中的人们,可参考三十章廿八节小字的注:面发黑,受苦有病,诗篇卅五篇十三节与卅八篇六节。有时也因举哀,将面与头弄得污黑。但是神将他们举到稳妥之地。稳妥之地就是在安全的境地。

五 12 破坏狡猾人的计谋，使他们所谋的不得成就。

"狡猾人"甚为聪明，但不怀好意，诡计多端，损人利己甚至损己损人，所以在涵义上是相反的，可参考箴言一章四节；八章五、十二节译为"灵明"，是狡慧的意思。创世记三章一节是指蛇的狡猾。

狡猾人的计谋既是不正当的，没有好意，是存心不良要陷害人，所以必须加以破坏。"破坏"原意为"打破"与"粉碎"，使其完全消灭。这样他们所谋算的必完全失败，不能成就，必无成功的可能，因为一切都破坏无遗了。

五 13 他叫有智慧的中了自己的诡计，使狡诈人的计谋速速灭亡。

这里所说的智慧，仍是指有聪明但却诡诈的人。他们原设计损人利己，叫别人上当吃亏，但结果自食其果。参阅诗篇七篇十五节："他掘了坑，又挖深了，竟掉在自己所挖的阱里。"诗篇五十七篇六节；箴言廿六章廿七节，廿八章十节也相似。

"狡诈"原意为弯曲乖僻，这种人的恶计必速速灭亡，很快就有了结果，证明愚蠢与荒诞，完全没有成效。这不需要经过长期的考验，很快就显出破绽，无法持久。这些计谋速速草成，速速实行，也速速失败。

五 14 他们白昼遇见黑暗，午间摸索如在夜间。

这些人自以为聪明，他们看清一切的计划，以为次第实行，一定可以达成目标，成功是预期的。但是神使他们眼睛昏花，甚至盲目，将白昼变为黑夜。这正如列王纪下六章十八节起，先知以利沙将叙利亚人领到撒玛利亚。当时神使那些人眼目昏迷，看不清楚。此处是相反的对偶法，白昼与黑暗，午间与夜间。

午间的摸索，在申命记廿八章廿九节："你必在午间摸索，好像瞎子在暗中摸索一样。你所行的必不亨通。"类似的话在以赛亚书五十九章十节："我们摸索墙壁，好像瞎子；我们摸索，如同无目之人。我们晌午绊脚，如在黄昏一样。"

以后约伯转以利法的说法，要叙述不义之首领遭遇的厄运，在十二章廿四、廿五节。

五 15 神拯救穷乏人，脱离他们口中的刀和强暴人的手。

在前几节说完恶人的灭亡(12～14 节),现在又再连续十一节论敬虔者的救恩。神拯救穷乏人,穷乏人与卑微的一样受恶人的欺压。在四章十、十一节已经以恶兽描写昏君、强暴人与恶者,箴言三十章十四节与哈巴谷书三章十四节叙述恶人吞吃贫民。

这些暴徒口舌好似刀剑可以杀戮。他们的手以强权压迫与陷害,使穷人无立锥之地,随时有生命的危险,可以任意被宰杀。耶利米书卅一章十一节:耶和华救赎他脱离比他更强的人。

神的救恩,就是使人脱离凶恶,敬畏祂的必不被害。以利法强调义人与恶人的区别,似乎暗示约伯,要他认清究竟在哪一边。义人尽可有信心仰望神,恶人才应及时悔改,痛恨前非,转向神,还有蒙恩的机会。

五 16　这样,贫寒的人有指望,罪孽之辈必塞口无言。

贫寒的人因受恶人欺压陷害,却不可失望,应有指望,因为神是救主,祂必救拔,给予随时的帮助,必可逃脱逼害。恶者呢? 他们是罪恶之辈,必无法得逞,原想夸口庆祝他们的胜利。相反地,他们只可塞口无言,因为他们完全失败了。以赛亚书五十二章十五节:君主要向他闭口。有权势的往往欺压人,但他们终于失败。

本节可参照诗篇一〇七篇四十二节,二者十分相似。

(ⅴ) 苦难为神管教(五 17～27)

五 17　神所惩治的人是有福的,所以你不可轻看全能者的管教。

在句首有"看哪",是另一段落的开始,引进新的信息,这也为引人注意与深省。"……是有福的"为典型的智慧文学的口吻。

神惩治的人是有福的,"惩治"原为法律的用词,在六章廿五、廿六节为"责备,驳正"。十五章三节为"理论"。卅二章十二节为"驳倒",四十章二节为"辩驳"。在另一方式为"听讼"(九 33)、"辩白"(廿三 4)。"惩治"与下半节的"管教"有相同的意义,虽然管教是教育用语,管教有时可译作教训。

诗篇九十四篇十二节:"耶和华啊,你所管教,用律法所教训的人是有福的。"箴言三章十一节:"我儿,你不可轻看耶和华的管教,也不可厌烦他的责备。"管教或作惩治。

"管教"(mūsār)可谓智慧教训的重点,在箴言书一章三节,廿三章十二节。这教训极为宝贵,箴言八章十节的话。廿三章十三节,父亲与师长应施的训诲。在箴言一章八节,四章一节,十三章一节,对孩童必须管教,甚至用杖责打,在箴言廿二章十五节,廿三章十三、十四节。对个人必须施以管教,三章十二节。[21]

神的管教显示祂的父爱,箴言三章十二节:因为耶和华所爱的,祂必责备,正如父亲责备所喜爱的儿子。申命记十一章二节,神的管教,是显明在祂拯救的大能中。

此处神是全能者(shaddai),这字原意为"山"或"田地"。[22] 这些都与字源有关,例如山(shadū)田(Tsadeh)的字根在发音方面相近。又母乳(shod)供应婴儿,就有丰足之意,而发展的涵义为神有充足的供给(sha-day),以母亲胸怀的解释,为早期的解经家所注意,溯源于闪系的字源,但这种解法以后续有进展。[23] 至于"山"或"田"的说法,是根据亚甲文的字源。

"全能者"在此是约伯记中首次出现,共有十次之多,全旧约总共也只有四十八次左右,约伯记几乎占五分之一。全能者与权能之神(El)为早期的用词,或谓族长时期对神的称呼。[24]

以利法在此处提出一项要道,论述苦难为神的管教。这项要道在以利户言词中,还有更多的进展,在卅三章十六节起以及卅六章十节。

五 18　因为他打破,又缠裹;他击伤,用手医治。

自十八至廿三节,说明为什么要接受神的管教:"因为他"指神,祂的公义与慈爱常常相辅而行。

祂打破,是将痛苦加给人,就是在十四章廿二节的疼痛。在导论

---

[21] W. McKane, *Proverbs*, 265.

[22] Pope, *Job*, 44; W. Wifall, "El Shaddai or El of the Field," *Zeitschrift für die alttestamentliche Wissenschaft* 92(1980),24 - 32.

[23] F.M. Cross, Jr. "Yahweh the God of the Patriarchs," *Harvard Theological Review* 55(1962),246, n. 98.

[24] Marvin H. Pope, "The Name of the God of Moses," *Journal of the Biblical Literature* 79(1960),151 - 156; "El in the Ugaritic Texts," (Supplement to Vetus Testamentum, 1955); O. Eissfeldt, El im Ugaritischen Pantheon(1951).

中,朋友们看见约伯"极其痛苦",都是同一个字(K'b)。这是希伯来传统的信念,在申命记卅二章卅九节:"我使人死,我使人活;我损伤,我也医治。"又可参考何西阿书六章一节。全能者只是管教,但不会使约伯死。神是医治的主,民数记十二章十三节:摩西哀求耶和华医治,因为在出埃及记十五章廿六节,神曾对摩西说:"因为我耶和华是医治你的。"所以在以赛亚书三十章廿六节:"耶和华缠裹祂百姓的损伤,医治他民鞭伤。"

可见管教是积极的,建设性的,最后会结出平安的果子,正如希伯来书十二章十一节所说的。

五 19　你六次遭难,祂必救你;就是七次,灾祸也无法害你。

六次到七次,是智慧文学特有的体裁形式,数字再加一,作为渐进的论说。[⑤] 在四十章五节:一次,两次。卅三章廿九节:两次,三次。阿摩司书一章三节起:三番四次。以赛亚书十七章六节:两三个果子,四五个果子。列王纪下十三章十九节:五六次。箴言六章十六节:六样,七样。箴言三十章五节起,十八节起,廿一节起,廿四节起,廿九节起都有。

约伯所遭的灾难很多,但以利法在此处列出的是指一般性的,未必针对约伯的遭灾。如饥荒、刀剑、灾殃,口舌之灾、灾害饥馑以及野兽(20～22 节)。

五 20　在饥荒中,祂必救你脱离死亡;在争战中,祂必救你脱离刀剑的权力。

这里所说的饥荒与战争,可能是历史的回忆。埃及的饥荒与亚玛力人的争战,曾使族长时期及以色列早期有极大的威胁。饥荒与刀剑也是灾祸的象征。

"刀剑的权力","权力"原意为"手",因为手代表权力,在耶利米书十八章廿一节及诗篇六十三篇十节有这样的用词,中译本并未明确译出。神的刑罚常有饥荒、刀剑与瘟疫。在耶利米书十四章十三、十五节。先提刀剑,再提饥荒,因这二者也常是相连的。

---

⑤ W. Roth, *Numerical Sayings in the Old Testament*: *A Form-critical Study* (Supplement to Vetus Testamentum, 1965), 13.

五 21　你必被隐藏,不受口舌之害,灾殃临到,你也不惧怕。

"口舌之害"也是极可怕的,因为流言害人,言语会滋长纷争及恼恨。恶言不仅挑启争端,有时甚至增加仇恨,酿成动刀流血。

此处原意为"转动的舌",这转动是向多方的,正如撒但在地上巡行,走来走去,往返而来,于是就产生许多是非。在用字上,反映一章七节及二章二节的叙述。

"你必被隐藏",就是蒙受保护,不致受害,在新约雅各书三章六节说:"舌头就是火,会点燃起来,无法制止。"这思想原出于旧约。在以赛亚书五章廿四节"火苗"原意是火的舌头,火发起来,火焰如舌头一般,就以这样的表象,描述舌头的危险。

"灾殃"(shod)如果改动为(shed)就成为"鬼魔",就与口舌之害关连。鬼魔专以破坏为能事,撒但是控告者,在口舌上尽量破坏、伤害。但是灾殃也确是鬼魔的攻击,不遗余力。㉖

"灾殃"照亚兰文的字源,可作"激流",可参考以赛亚书十三章六节"毁灭",如水流涌流过来,从全能者而来。约珥书一章十五节相同。㉗

五 22　你遇见灾害饥馑,就必嬉笑,地上的野兽,你也不惧怕。

在二十节所提的饥荒,是因干旱或战争,尤其是后者。此处"饥馑"是另一个字(Kaphan),专指收成不好而酿成饥荒,但是这非但不值得担忧,简直可以发笑,因为这种情形是不会持久的,所以不必看得那么严重。

地上的野兽或破坏庄稼,或伤害人,都不足惧怕,如果有神恩慈的保护。

五 23　因为你必与田间的石头立约,田里的野兽也必与你和好。

田间的石头,常成为植物生长的阻碍,所以将石头清除,是种植必须注意的事,可参考以赛亚书五章二节,列王纪下三章十九、廿五节。石头对行路也不方便,参考诗篇九十一篇十二节。

灾害另一种可能,是田里的野兽,参考卅九章十五节,四十章二十

㉖ Pope, *Job*, 45.

㉗ Robert Gordis, "The Root ŠDＹ-ŠD in Biblical Hebrew," *Journal of Theological Studies*(1940),34－41.

节。野兽为患,与刀剑、饥荒、瘟疫并列,在以西结书十四章廿一节。与野兽和好,就解除威胁。与石头立约,就不再困扰。一切障碍都消失,就有十足的安全,这又是神恩慈的保护。

五 24　你必知道你帐棚平安,要查看你的羊圈,一无所失。

凡信靠神的人,必有十足的安全感,因为确实知道家庭平安,所以完全不必担忧。

“要查看”是未完成式,可译作“查看起来……”一查必万无所失。这也可说他经常查看,总是毫无问题,可以完全放心。

“羊圈”是一种可能的译法,但该字(נוך)可能是指人的住处,所以与“帐棚”是同义的。每次查看,总无甚失去,“失去”原意为“犯罪”(h-t-'),罪是不“中的”,失去目标。此处未必指在住处没有犯罪,可能是指他们没有失落什么,不必失望。

五 25　也必知道你的后裔将来发达,你的子孙像地上的青草。

廿四至廿六节都叙述家庭的状况,不是谈产业。所以上节“羊圈”译作住处,可能较为正确。

“后裔”与“子孙”又是同义,前者原意为“种子”,后者原意为“树苗”,可参考廿一章八节与以赛亚书四十四章三节,都是以树木的生命为例。

“将来发达”原意为“众多”,像地上青草,也是繁盛众多,人丁兴旺,为神的福分,可参考诗篇七十二篇十六节。

五 26　你必寿高年迈才归坟墓,好像禾捆到时收藏。

寿高年迈以一个字来表达,以这字的字母数字计算,应为二加二十加三十加八(b-k-l-h),共为六十。犹太人以六十为老年的开始,盛宴庆祝,从此都算是饱享高寿,表明有神的祝福。创世记十五章十五节:你要享大寿数,又可参考士师记八章卅二节。此字可有两种可能的字根:(一)完全或完成(k-l-h);(二)完整或完全(k-l-l),这二者涵义完全相同,虽然字根不同。㉘

死亡是大收成,将禾捆到时收藏。收获有定期,而禾捆的堆聚,正

㉘ Dhorme, *A Commentary on the Book of Job*, 73.

如人埋葬时堆起土来。人生的终局如秋收。

五27　这理我们已经考察，本是如此。你须要听，要知道是与自己有益。

"这理"是我们已经考察过的，经过一番研究或查究，在廿八章三节及卅二章十一节，已经查明，在廿九章十六节。"本是如此"，这是教导的口吻。以利法每次在发言结束时，都以"这是……"概括起来。

他的劝导，要求约伯"听"与"知道"，这也是智慧者教训的口吻。

附录：结构分析

以利法言词的大纲列后：

（一）论约伯的处境

　　2 节　给予忠告的缘起

　　3～5 节　观察约伯的实情

　　6 节　提出重要的问题

　　7 节　概述劝告的重点

　　8～9 节　见证报应的公义

　　10～11 节　引述箴言为佐证

（二）述启示的经历

　　12～16 节　启示前后

　　17～19 节　智慧之言

　　　17 节　重要论点

　　　18 节　传统价值

　　　19 节　要旨结论

　　20～21 节　勉励有嘉

（三）评道理的正确

　　1 节　可诉诸法律

　　2 节　箴言论愚者

　　3～5 节　愚者的结局

　　6～7 节　苦难的来源

（四）个人作印证

8 节　依据传统肯定忠告

9～15 节　智慧论调给予保证

16 节　盼望应许可靠可信

（五）报应有确据

17 节　依据传统肯定忠告

18 节　智慧论调哲理称道

19～26 节　个人经验足资佐证

27 节　最后劝告保证有力

有若干智慧的劝告,在四章六、七、十七节及五章二、六、七、十七、十八节。在四章六节论盼望与纯正。四章七节论无辜与正直。四章十七节论公义与洁净。这些都是正面的,反面的是指愚妄与嫉妒(五 2),祸患与患难(五 6～7),惩治与管教(五 17),都是对约伯劝勉的话之中心思想,虽然这些从约伯的思想中有不同的看法与解释。

以利法劝导的方法是传统的,有鼓励,也有警戒,有忠告且加以保证。传统的信念再附加个人的经历,是以关怀的态度来辅导。在教训方面,不外乎对人性的怀疑,人是生来败坏的,神必须鉴察,并施以管教,不然就会成为愚妄人,与恶者有相同的结局。人若归正,必可蒙神喜爱,饱享福乐。以利法的重点在道德的秩序,在他开始与结束他的言词中,一直强调道德律,即因果报应的原理,是在人生命中表现出来的。道德律与自然律一般,是显而可见的,所以不可破坏。

在他言词中的中间部分,就是他叙述特殊的经历,得蒙启示,人在造他的主面前没有洁净,说明人的有限与无知,也说出凶恶的存在以及苦难的奥秘。于是他似乎引人进入了另一个境地,不再是理性所能了解的了。

以后友人们的谈论,似都徘徊在理性方面,这中间神秘的部分却为约伯所探究。从理性的途径来看,智慧的论调能发挥道德的果效。但是从神秘的探究中,智慧并不易获得。理性只使人困惑,并不导入智慧。朋友们的论调看来多么有理,却令约伯更加怀疑与困惑。他只有在神秘的境界中寻找真理,他所要的不是理性的、道德的,而是神秘的、属灵的。因此朋友与约伯的思想与言论越来越有距离,好似平行线,怎样扩展延伸,也无法相交。他们对神的公义,在见解上完全不同。

(II) 约伯第一言词(六 1～七 21)

　　约伯与友人的首次辩论,只是对以利法的答辩。有两大部分。第一部分在第六章,针对朋友的偏见与伪善;第二部分在第七章,面向耶和华而发的哀叹。他从独语(三章)至对语,与朋友及与神的对语,将他内心的感受表达出来。他与朋友的对语一直针锋相对,但他对神说话,神却没有回应,直到最后听见神在旋风中说话(卅八章起)。

　　他在叙述现今的苦情,好似以口舌的经验,尝尽了一切的苦味:喝了箭毒,吃了蛋青,毫无滋味。在这一段(六 1～7)其实不是答复,而在独语。然后他提到自己尝尽了朋友的冷淡与厌憎,受尽了责备。在这一段(六 8～20)先是独语,再转至对语,是在十四节起。

　　在第七章约伯向神说话,主题是奴役。人生如奴役,在严厉主人手下无奈,前者在七章一至六节发挥,后者在七章七至廿一节描述。在前一段是悲叹,在后一段成为控诉。三章十七至十九节,原提到圣工与主人,似专指神。此处似在重复。以利法提到人间疾苦是罪的缘故。约伯也深切体验神的对待,当他是罪人,才紧紧防守比较。五章一至七节及七章二十、廿一节。

　　自六章至七章,看约伯内心的孤寂与无奈。他尝够了心灵的痛苦,向朋友所有的反应,焦点确不在以利法的论调,而在他未尽朋友的本分令约伯失望。朋友应该在他受苦时给予同情(h-m-d)与安慰(n-ḥ-m),可参考二章十一节与六章十四节。从以利法的话,约伯看不见朋友的身份与情分,因为他们以朋友当货物,六章十七节。

　　约伯认为以利法尽管用属灵的口吻安慰,但不是真朋友。他先以第三人称"他们",叙述朋友的诡诈,然后以第二人称"你们",直接来指责。最后在廿八至三十节,要求朋友放弃虚谎,以真诚相待。他再辩明自己的无辜,在廿九节。然后他转向神发出哀叹的话,在第七章(容后分析)。

　　约伯在此处并不因身体的病痛而感苦楚。他真正的痛苦是在内心,因为他对朋友失望,是他在最需要友情的时候。

(ⅰ) 现今的苦情(六 1~7)

六 1~2　约伯回答说，惟愿我的烦恼称一称，我一切的灾害放在天平里。

约伯回答，有一部分是答辩，有一部分却是自白。此处他提自己的烦恼，也针对以利法对他的指责。在五章二节，以利法虽没有直接指明他，但口气不难辨出，忿怒害死愚妄人。"愚妄"一字就是此处约伯所提的烦恼。当以利法引用谚语，约伯感到他确曾在怒气中埋怨神，这是否表明他的愚妄呢？照箴言十章八、十四节，愚妄的人的确是在口舌上表露。但在该处的愚妄('ewil)与此处的用字(kias')不同。箴言中有若干同义字，如在十七章廿八节愚昧(ka'aṣ)，十九章十三节愚昧(hawuth)，同一个字在诗篇五十七篇一节为灾害。烦恼由灾害而来。在本节下的"灾害"一词，即是箴言十九章的"愚昧"。

烦恼与灾害几乎是同义字，放在天平的一边，另一边放海沙。

六 3　现今都比海沙更重，所以我的言语急躁。

海沙是极沉重的，但是约伯的烦恼更重。箴言廿七章三节，"石头重，沙土沉，愚妄人的恼怒，比这两样更重。"约伯大概不至于承认自己的愚妄，却以这样的话来自嘲，因为以利法已经看他是愚妄人了。

"言语急躁"，似可参照箴言二十章廿五节："冒失开口"。照字根来研究(lā'ū)，可解为"多言多语，就难免有过"，有的译为"胡言乱语"。[29] 犹太译本作"语无伦次"(are broken)[30]，又有译为"说话冲动"(vehement)。[31]"急躁"的涵义其实十分清楚，有恼怒的意思，说话十分激动。

六 4　因全能者的箭射入我身，其毒，我的灵喝尽了。神的惊吓摆阵攻击我。

约伯认为他的苦难是来自全能者。照以利法所说的，苦难是因撒罪恶的种子而有的收获，在四章八节与五章二节。也可能来自阴间的

---

[29] Robert Gordis, *The Book of Job*，70，引用 Rashi.

[30] *Jewish Publication Society Version of the Bible*.

[31] Marvin H. Pope，*Job*，48.

火星,使人遭灾,在五章七节。再可能是出于全能者的管教,在五章十七节。但是约伯不以为然,在他看来,这不是父神的管教,而是全能者以弓箭手,将他当作箭靶子(参阅十六 12～13)。在五章七节的火星(Reshef)是迦南的神明,专司瘟疫的,有弓箭手的称谓。[32] 在诗篇九十一篇五、六节,黑夜的惊骇与白日的飞箭相比。午间灭人的毒病。"毒病"也可译为鬼魔,这是灾殃与瘟疫的箭,射到谁,谁就受灾。在诗篇七篇十一至十三节,公义的神罚恶,射出火箭。卅八篇一、二节,神的忿怒如箭射出。耶利米哀歌三章十二、十三节:"祂张弓将我当作箭靶子。祂把箭袋中的箭射入我的肺腑。"又可参考申命记卅二章廿三、廿四节,且提到毒气害人。

古时的武器,将箭头涂上毒药,射入身内,必中毒而死。心灵里吸取毒气,好像干渴中饮毒水一般,喝尽之后没有救药。

神的惊吓实在可怕(bʻt),在本书多次出现:三章五节,七章十四节,九章卅四节,十三章十一节,十八章十一节,卅三章七节。尤其在十八章十四节,"惊吓的王"是指死亡。本节的"惊吓"为多数字,旧约中除此处外,只有在诗篇八十八篇十六节。

惊吓好似敌军一般摆阵来攻击,一幅战场的画面。

六 5　野驴有草岂能叫唤? 牛有料岂能吼叫?

野兽吃饱,不会吵闹。约伯心里满足,也必不发怨言。野驴是野生的,得自行觅食。草在旷野比比皆是,所以野驴找草吃,应当并不困难,如果旱灾,草都晒干了,它们无草可吃,就在失望中到处叫唤。耶利米书十四章六节描绘这种情形:"野驴站在净光的高处,喘气好像野狗,因为无草,眼目失明。"

牛是家畜,为运输与农作,它们既是人饲养的,必经常有草料食品供应。"料"(belil)原意为"混杂",可能指食料的拌和,牛在食槽边,就不致吼叫。

现在约伯好似牛驴一般需要食物,但还不如牛驴有饱食,因此不能没有怨言。约伯的食物是安慰,需要从朋友得着,结果却令他失望。

---

[32] M. Dahood, *Psalms* I, 235.

六 6　物淡而无盐岂可吃吗？蛋青有什么滋味呢？

这里的"物"是指煮食,煮食必须有盐,否则必淡而无味。

人的思想必有推理,无理可推,好似没有盐的食物,不仅淡而无味,而且索然无趣。约伯在寻索受苦的原因,只是寻不着,以利法以为寻着的理由,却是可厌的食物,约伯的心不肯挨近。

"蛋青"中译词可能照亚兰人译词。七十士译本作"空洞的话",因该字(rir)作"口水"(撒上廿一 13)。有译为睡梦中流口水[33],淡酪,[34]苋菜糊[35](the slime of purslane),锦葵汁(mallow juice)。[36] 蛋青没有味道。

六 7　看为可厌的食物,我心不肯挨近。

"可厌的食物",指对身体健康有害,也因有病,对食品十分厌倦。

约伯是指安慰当作食品,诗篇六十九篇二十至廿一节:"我指望有人安慰,却找不着一个。他们拿苦胆给我当食物;我渴了,他们拿醋给我喝。"食物指话语,在十二章十一节以及卅四章三节。

朋友的安慰话,好似无味的食品。他们所说的劝勉话非但无味,甚至有害于健康,可能会导致疾病。所以不能受用。

约伯对朋友十分失望,因为在他急需帮助的时候,非但没有他们的助力,反而他们成了约伯的阻力。

(ii) 个人的盼望(六 8～13)

六 8　惟愿我得着所求的,愿神赐我所切望的。

"惟愿"原意是"谁能赐给……"再附一个未完成的动词,表明愿望。可参考十三章十五节及十四章十三节,同样方式,同样表明愿望,"但愿我的祈求可以达到。""达到"原意只是"来到",但其中含有实现与完成的用意。

---

[33] N. H. Tur-Sinai, *The Book of Job* (1957), 115 – 117.

[34] Pope, *Job*, 51.

[35] *Revised Standard Version* (1952).

[36] M. Greenberg, J. C. Greenfield, and N. H. Sarna, *The Book of Job*.

我的祈求与我的盼望是同义的。在上半节：谁能赐给，下半节：神赐我。前者在节首，后者在节尾，构成一个循环交织（Chiastismus）的方式。我所切望的，即为我的盼望，是约伯答复以利法的，在四章六节及五章十六节。盼望就是我所祈求的。在下节就知道，他求的是死，这是重复第三章的悲叹。

六 9　就是愿神把我压碎，伸手将我剪除。

他求神将他压碎，是神愿意作的，这是以利法的用词。因为人既是尘土，蛀虫是可压碎毁坏他，何况造物的主呢？参阅四章十九节。现在约伯求神放手，不是伸手拯救他，而是剪除他，将他从生命的织机上剪断那经纬的线，参考七章六节及以赛亚书卅八章十二节；约伯记廿七章八节。神若放手，就不致再在撒但的攻击之下，不再受任何的恐吓，他反而得着完全的自由。

六 10　我因没有违弃那圣者的言语，就仍以此为安慰，在不止息的痛苦中还可踊跃。

约伯自承没有违背神的圣言、命令。圣者此处是指神。耶和华是以色列的圣者，在以赛亚书一章四节，五章十九、廿四节，四十一章十四、十六、二十节等。智慧文学既不受国族观念的限制，就将"以色列"的国家省略，耶和华为万国的圣者。所以在先知著作中，如以赛亚书六章三节，四十章廿五节；何西阿书十一章九节；哈巴谷书三章三节都称为"圣者"。圣者的多数字，在何西阿书十一章十二节；箴言九章十节，三十章三节。仍为圣者或至圣者，箴言译作至圣者。

没有违弃（k-h-d）亦可作"遮掩"解，即约伯没有将真理掩盖起来。十五章十八节及廿七章十一节作"隐瞒"。神的言语是祂的命令，他必须宣扬。"言语"译作命令，是神的命令影响人的生活。

本节最好的解释，在诗篇一一九篇五十节："这话将我救活了。我在患难中，因此得安慰。"但是他现在自问没有违弃神，却得不着安慰。现在他仍在痛苦之中，而且这痛苦是无止息的，他是否仍踊跃呢？"踊跃"是表明欢乐，在旧约中唯一出现的用字。有的译作"翻腾"，好似在水深火热之中的痛苦。有的译作"战兢"，在因痛苦而跳动。③

---

③ Gordis, *The Book of Job*, 72.

六 11　我有什么气力使我等候？我有什么结局使我忍耐？

在病痛中，他极感无力，他心力也在消耗中，他等候转机，使病情改善，使情形好转。但他的等候，却没有结果。"等候"原意为静默。在卅二章十一、十六节都作"等候"。但是他实在没有力量坚持下去，已经很难恒忍了。

"结局"是指将来，我对未来还抱着什么希望，使我忍耐到底呢？"忍耐"是保持斗志，始终有这样的精神，决不气馁。"延长我的生命"是另一种意译。⑧ 在廿一章四节"不焦急"，在传道书七章八节也是"存心忍耐"。

六 12　我的气力岂是石头的气力？我的肉身岂是铜的呢？

"石头"是指岩石或磐石，意即"坚固"不可抗拒的坚硬。他没有像石头般的气力，他到底是有病的人，连心力也无法刚强。然而神是磐石，以色列的磐石，是他可倚靠的，他从神得着帮助，参阅诗篇廿二篇十九节，卅三篇二十节，七十篇五节，一二一篇一、二节。神是他心中的力量，不是朋友所能供给的。在约伯的口吻，朋友是无能的人，怎会"蒙你何等的帮助"？（廿六 2）

"肉身是铜的"，才算是结实的，好像铜墙一样，耶利米书一章十八、十九节，十五章二十节有这样的描写。在约伯记中，铜与铁成为同义字，可参阅二十章廿四节，廿八章二节，四十章十八节及四十一章廿七节。约伯描述自己的肉体以虫子和尘土为衣（七 5），一直在衰败损坏之中。

六 13　在我岂不是毫无帮助吗？智慧岂不是从我心中赶出净尽吗？

这里的问话似有正面的答案，表明他可以得着帮助，其实他真得不着帮助，在否定词（'ein）涵义是"确定"的语气。他确实没有得着帮助。

"智慧"在五章十二节为"成就"，指实际的成效，或指有力的支持，可见中译词在此较为勉强，如果是"支持"或"支助"，可与"帮助"成为同义的对偶了。

---

⑧ Dhorme，*A Commentary on the Book of Job*，82. 原为早期解经家的意见，参 A. B. Ehrlich，*Randglossen zur hebräischen Bibel*（1916）。

这里的帮助或支助,是外在的还是内里的,对约伯都有需要,不可缺少,但是约伯都得不到。在原文中,"心中"是说中止切断,好似绳索被割断,支持的力量就失去了。照约伯看,这真是事实。

他没有安慰,没有力量,所以他不能持久,生命对他没有意义,在凋残中。他个人唯一的盼望在于神,虽然他体验不到神给他什么恩惠,但是他的盼望没有断绝,仍勉强地把握着。

(iii) 真伪的友情(六 14～21)

六 14　那将要灰心、离弃全能者、不敬畏神的人,他的朋友当以慈爱待他。

约伯自怜地说,"他将要灰心",照字义来解释,他的生命在游移之中,他是即将溶化的人,该字(lāmmaṣ)为溶化、瓦解。那鸿书二章十节作"人心消化",可解为惧怕与失望。从朋友来的慈爱已经溶解了,不复存在。这是表明朋友们已经离弃他,或者他已经从朋友撤回他们的慈爱,他不再要他们的爱顾。"撤回"是叙利亚文译词,拉丁文译词也相同(qui tollit)。这两种译词显然是将此字改为"挪去"或"撤回"(k-l-')。有的经学家取阿拉伯字(lamasa),就解为"寻求"。他在寻求朋友的慈爱。"那寻求朋友的慈爱,已离弃对全能者的敬畏。"㊴本节原为两行,"寻求"与"离弃"相反,"朋友"与"全能者"对比。"慈爱"与"敬畏"也是另一个对比。

"那将要灰心"照字的意译为"病患者",㊵"那病患者虽离弃全能者不敬畏神,他的朋友仍当以慈爱待他。"慈爱(ḥesed)应译为忠信或信实,朋友是互为忠信、始终不渝的。约伯在此哀叹,对朋友说,你们即使以为我已经离弃全能者不再敬畏神,总仍应以信实待我,以爱来扶持我,使我回转。总不可见死不救。

六 15　我的弟兄诡诈,好像溪水,又像溪水流干的河道。

㊴ Gordis, *The Book of Job*, 64,73; Horman Hobel, *The Book of Job*, 140.
㊵ Pope, *Job*, 49.

　　十五至二十节描写一幅旷野的景象。在冬天雨雪多,河道充满水,但既无旅人也无畜群,供水没有必要。但在盛夏炎热中,旅行者干渴,到处找水,虽找到河道,却是流干的,有河道的外表,却无实际,如同虚设,岂不欺骗? 这是一种诡诈的表象。这就是朋友们给约伯的印象。在平安兴盛的时候,朋友都锦上添花。但是在患难病痛中,却没有雪中送炭。

　　夏天流干的河道,是耶利米曾悲叹神对待他的实况,在耶利米书十五章十八节。那流干的河道水已枯干(十一 16)。因此这就成为诡诈。

　　六 16　这河,因结冰发黑,有雪藏在其中。

　　这是含有希望的语气,深秋下了秋雨,到处水都充分。初冬天寒,即冻成冰块。"发黑"并非因水污浊,而是结冰深厚,好似遮盖着,因"黑"有遮掩的意思。这冰下还有雪水藏在下层。卅八章廿二节有雪库与雹仓。这是大自然的宝藏。天气转暖,冰雪融化,就是丰盛的供水。所以这是有希望的,可以盼待。冬天是会过去的,春天快要来到。在十七节上就得了答案,"藏"也可作"堆聚"解,积雪在冰下,都是水源。

　　六 17　天气渐暖,就随时消化;日头炎热,便从原处干涸。

　　天气一暖,水流就消失了,"消化"是指消逝而去。不同的译词,"在干风吹起",[41]"在干旱之时"。[42] 后者参考廿四章十九节:"干旱炎热消没雪水。"又有译为"在涌流的时候","涌流"在叙利亚译本作"焚烧",可参考以西结书二十章四十七节,这样就指日头炎热得如烧着的火,不仅天暖,而且酷热非常。[43]

　　"日头炎热"在叙利亚译本作"日头升上",指白天一有日光必炎热,亚兰文译本甚至作"在祂的忿怒中",似指神的刑罚。但此处只描述自然的现象与旷野的实况,并非指神的忿怒,除非蓄意作表象的说法。水在原处消失,就是说明河床干涸。同一个字在本书十八章六节指灯火的熄灭,可参阅箴言十三章九节。

　　六 18　结伴的客旅离弃大道,顺河偏行,到荒野之地死亡。

㊶ Dhorme, *A Commentary on the Book of Job*, 87,引用 Beer.

㊷ H. Torczyner, *The Book of Job*(1957),124.

㊸ John E. Hartley, *The Book of Job*, 136-137.

在旷野的旅行者，不敢单独行动，大多结伴同行，他们必在干渴中到处找水，以致走偏了路，在迷失中只想寻觅河道，但河道是干涸的，他们却仍顺着河道，盼望找到水，结果越走越远，甚至走到毫无人迹的荒野，终于干渴至死，这是十分生动的描述。中译词"顺河偏行"是意译的，原文并无这些字样。

"荒野"原意为"无路的野地"，没有路径实际为"空泛之处"，即"虚空"，正如廿六章七节"大地悬在虚空"。这真正是"荒废无路之地"（十二 24）。

"死亡"原意为漂泊而迷失，终于灭亡。在三章三节同一个字译为"灭没"。

六 19　提玛结伴的客旅瞻望，示巴同伙的人等候。

此处提出当时两大贸易的城市，提玛与示巴。提玛是在阿拉伯的西北，示巴是在西南，一南一北，是贸易通道的中心。在这南北之间，全都是旷野，被旅行者视为畏途，因为在那些无路的荒野沙漠地带，水源甚少，会因找水而迷失，因此丧命。

"瞻望"正如中译词的涵义，从远处看，远远观望，参阅卅六章廿五节；卅九章廿九节。这些结伴同伙的人成群旅行，为彼此照应，也互相鼓励，不可失望，瞻望与等候，找到水解渴，才有体力前行，这样旅行，心力也十分重要，不然怎能忍受跋涉的艰辛呢？事实上，他们既不行水路，也谈不到跋涉，但沙漠地更加难行，需要极大的勇气与忍耐。

提玛也在以赛亚书廿一章十四节及耶利米书廿五章廿三节再提及。有关示巴，可参考诗篇七十二篇十、十五节；以赛亚书六十章六节；耶利米书六章二十节；以西结书廿七章廿二、廿三节，卅八章十三节。

六 20　他们因失了盼望就抱愧，来到那里便蒙羞。

这些旅行者原怀着盼望，到处找水，终于完全失望，在失望中感到莫名的羞愧，好似受了愚弄，于是恼羞成怒。约伯的朋友来探望他，必走旷野的路，因为本书的背景是阿拉伯北部。他们必十分了解旅行者找水的辛劳与失望。约伯正针对他们的友情，可说是一针见血，说中他们。

"来到那里"是指流干的河道，远望看不清在河床有无水，走近来看，就知道上了大当，被愚弄的气忿无可言状。

"抱愧"与"蒙羞"是同义字,"抱愧"也在诗篇卅五篇廿六节及四十篇十五节。可参考诗篇廿二篇六节。

六 21　现在你们正是这样,看见惊吓的事便惧怕。

你们正是"这样",中译词稍为笼统。原意为"正从这个",找溪流,在需要时没有供应,友情毫无意义,不能帮助,只是愚弄与欺骗而已。这字(lo)有作为"虚无"(lo'):"现在你们什么都不是,虚无不能使人有所凭借。"这是亚兰文译词。㊹

朋友们看见约伯受苦的情形,使他们惊吓,而因此惧怕。他们在苛责约伯,其实他们十分心虚,怕苦难也会临到他们,所以他们有极深的恐惧感。在惊惧中,他们离弃约伯,不再认他为朋友,他们责备约伯离弃全能者,实则他们却离弃约伯。整段的话——十四至廿一节——由"敬畏"起(责约伯不敬畏全能者),至"惧怕"止,此二字原是同一的,在结构方面是完善的循环(inclusio)。

看见(tir°'ū)与惧怕(tirā'ū)两字的谐音,又因都是"你们"第二人称,仍是谐音,可见文学写作的巧妙。

(iv) 对朋友质询(六 22～27)

六 22　我岂说,请你们供给我,从你们的财物中送礼物给我?

约伯质问朋友,他实在没有对他们有什么要求。现在约伯的财物已消耗殆尽了,他没有希冀他们在钱财上有什么帮助。借贷的事是约伯所避免的,因为这是有损友情。耶利米曾说:"我素来没有借贷与人,人也没有借贷与我。"(耶十五 10)

约伯没有要朋友送钱资助他,他特别提出这问话,这问话是修辞的(Rhetorical Question),表明答案是否定的,因为约伯从未要求过。

六 23　岂说,拯救我脱离敌人的手吗? 救赎我脱离强暴人的手吗?

㊹ *Loc. cit.*; Habel, *The Book of Job*, 140;另可参考 M. Greenberg, J. C. Greenfield, and N. H. Sarna, *The Book of Job*.

第二个修辞的问语仍是不必答复的,答语也会是否定的,因为他实在没有要求朋友对他的救助。

约伯实在有危险与艰难,"敌人"与"强暴人"是同义的,他可能受人欺压与陷害,在法律的诉讼方面受人冤屈,得不着公道。或者在受人身攻击上,身心都受创伤。如果真有这样的事情,他也无意于求朋友的援助与搭救。朋友若真来救助,说不定有什么危险,这是约伯极不愿意的事。

"救赎"虽与"拯救"是同义的,但似会有"赎价"的涵义,或许指约伯被绑架或囚禁,需以赎价将他赎出来。在上一节提到钱财的赞助,也许二者有相连之处。

"强暴人"原意为"恐吓者",指暴虐的人,耶利米曾受这样的苦,但耶和华却应许:"我必搭救你脱离恶人的手,救赎你脱离强暴人的手。"(耶十五 21)约伯既无神的应许,也没有朋友的关怀。

六 24　请你们教导我,我便不作声,使我明白在何事上有错。

约伯真正的要求,是朋友以智慧给予教导。"教导"一词是智慧文学的用词,在字的方式或是以请求的口吻,可参考八章十节,十二章七、八节,廿七章十一节。但此处似有讽刺的用意。以利法在言谈中,处处要指出约伯是有罪的,但他既不直接明说,又没有具体的事实可以证明,那种旁敲侧击的方法,使约伯极不耐烦。他的目的可能是想叫约伯闭口无言,但约伯心有不甘,无法保持缄默。约伯需要以利法说话,使他口服心服,知道在何事上有错,才可俯首认罪。

约伯甚至求朋友"全然不作声,这就算为你们的智慧"(十三 5),他直截了当地说:"你们不要作声。"(十三 13)以后以利户对约伯说,"你当侧耳听我的话,不要作声,等我讲说。……你就听我说,你不要作声,我便将智慧教训你。"(卅三 31、33)最后约伯听见耶和华的话,才闭口不作声(四十 5~6)。

"有错"是动词,是犯错的意思,在涵义上是言过其实,而且语多恍惚,漫无目标,语无伦次。[45] 可见在说话方面已经犯了错误。

---

[45] Dhorme, *A Commentary on the Book of Job*, 91.

六 25　正直的言语力量何其大！但你们责备,是责备什么呢？

“正直的言语”有两种涵义,“正直”指坦率,所以是至诚的,诚实无伪,诚态真情。“正直”也可指仗义直言,提出错谬,予以指责。正直的话力量何其大,因为那是不容辩白,无需否认的。

“有力”的话是有价值的,“力量何其大”,多么有力,在亚兰文的意译是“多么甜美！”但在一种希腊文译词(Aquila Translation)作：“有多痛苦？”

但是无端的责备却毫无价值可言。以利法只笼统地提出人的错谬与过犯,他已确定约伯有罪,又无法指出罪是在何处,对约伯的罪并不能具体指明,令约伯极为不满。笼统的话是空洞的,责备必须具体与真实。

六 26　绝望人的讲论既然如风,你们还想要驳正言语吗？

约伯描述他的言语是“绝望人的讲论”,他的话不受重视,好似风一般,很快就消逝得无踪可寻,不留什么印象。约伯认为朋友们既不重视他的话,好似一阵轻风随之消逝,又为何那么认真来驳斥他呢？

在原文的字句次序,中译词将其颠倒了。这样的言语有什么可以驳斥指正呢？这些话只是绝望人的话,如风一般随之消逝,何必重视呢？

这句话的语气表明约伯的无奈,也说出他那种冤屈中的愤慨。

六 27　你们想为孤儿拈阄,以朋友当货物。

约伯抱怨朋友们的无情,因为他们非但没有救助,甚至轻忽他的厄运。孤儿是可怜的无助者,却被债主当作商品,以拈阄的方式来决定他悲惨的命运,究竟应归属谁作奴仆。现在约伯也被朋友当货物一般,以谈买卖的方式来辩论,似乎完全没有尊重他的人格,令他十分愤慨。

“拈阄”有不同的译法,有的作挖沟设陷阱,好似捕捉野兽,这是拉丁文的译词。叙利亚的译词作“苦害”,陷害无助者是罪大恶极的事。但此处拈阄,也许是推测有罪而审断他。

朋友们将约伯当作货物那样来评价,应增值或贬值,由他们来判定,当然这是极不公平的事。约伯因受苦已失去身份与地位,一切都在极低下的境况,再受朋友的轻视,这样的友谊真是情何以堪。他们现在没有再把他当作朋友,他也不再希罕他们的友情了。

(ⅴ)向朋友请求(六28～30)

六 28　现在请你们看看我,我决不当面说谎。

"现在"是一个明显的转机,"请你们看看我",请求朋友将我当作一个人,以朋友对待朋友的那样态度才好。在十四节他们已经转离他,以为他是离弃神的人。现在约伯求他们回转,再转向他。约伯对他们已经十分失望,但他们是约伯仅有的朋友,至少这几个是为他而来,也算是患难之交。他清楚地承认,甚至向他们发誓,决不当面说谎。希望他们还他清白。

在下半节,原文若直译:"看我是否在你们面前说谎。""是否"是以假定的语气('im),有时译为"假如"。这是誓言的形式,如诗篇八十九篇卅五节:"我决不……"所以中译词极为准确。但也有将"当面"改为"转脸"(不以你们的脸面向我,将'al 改为 'al):"如果我说谎,你们尽可转脸。"[46]

六 29　请你们转意,不要不公,请再转意,我的事有理。

"转意"原意为"转身",是身体的动作,这动作也说明内里的转变,回心转意,转意也可指停止、止住,可参考民数记十章卅六节"停止",但以赛亚书三十章十五节涵义更清楚:"归回安息"。[47]

这种转意是从不正的路返回,不要不公,不要再在不公正的途径上。约伯是在促朋友们悔改。

"我的事有理",我里面的义没有失去,仍旧坚持着。你们若真正转意,可以看出我是正直公义的,我的正直必胜过你们的弯曲。

六 30　我的舌上岂有不义吗?我的口里岂不辨奸恶吗?

约伯最后强调他的无辜。他在言语上没有犯罪。"舌上"与"口里"是对偶句的同义,但"不义"与"不辨奸恶"似不大平均。不义是指过犯,他没有不义,也会辨认奸恶。奸恶与不义是同义,"辨"是多余出来的。

---

[46] Gordis, *The Book of Job*, 66,77.

[47] Robert Gordis, "Some Hitherto Unrecognized Meaning of the Root shub," *Journal of Biblical Literature* 52(1933),153 - 162.

论口与舌,可比较二十章十二、十三节,廿九章十节及卅三章二节。其实舌是辨味的,那么舌与口都有辨别的能力,是指一件事。

"奸恶"正是六章二节的灾害,其基本的涵义为诡诈,或奸诈,可参考弥迦书七章三节及诗篇五篇九节。这是与真理或真实相反,可参考申命记十三章十五节,十七章十四节;约伯记四十二章七、八节;诗篇五十二篇三节"行善"。

廿八至三十节与廿五至廿七节,各为三节一组,都以两重的问语。三十节的问语也是双重的,可见约伯语气之重。

约伯向朋友们申明,受苦者是他,不是他们。了解灾害的是他,不是他们,他们是无法设身处地了解约伯的苦情,只一味地指责与评论是不公平的。

约伯答复朋友的话,尤其对以利法,此处是结语。第七章是悲叹的话,有新的主题。

附录:结构分析

这是约伯与朋友之间第一次的对语。在他悲叹的独语后第一次言词。在第六章,他似针对以利法的言词,第七章是他向神的悲叹与怨言。

他先回答朋友的话,未必逐项答复。但是他对以利法的立场,在若干用字上十分注意,为针锋相对,特别重复。中译词未必相同,但实际用字完全是同一的。

"烦恼"(ka‘aš)(六 2),也在另处作"忿怒"(五 2)。

"切望"(tiqwā)(六 8),也在另处作"盼望"(四 6)。

"智慧"(tušiyyā),原意为"有效的帮助"(六 13),也在另处作"成就"(五 12)。

"压碎"(dk’)(六 9),也在另处作"毁坏"(四 19)。

"敬畏"(yir’ā)(六 14),也在另处作"敬畏"(四 6)。

再注意约伯答复的话:六章二至七节,为回应五章二至七节。六章八至十三节,为回应四章二至六节。约伯认为他受苦并非由于愚妄,而是直接由于全能者的箭,这箭甚至有毒,使他受危害,他的安慰与盼望,不在于过去的信仰与助人的道德,而在于神的行动:或将他压碎剪除,或显明神的决意,表达在八至十三节。

自十四至廿七节,他对朋友的失望,认为友情虚假是最大的痛苦。所以他向朋友们要求,请他们转意,以真诚相待,他需要的不是责备,而是理解与同情。结束他对朋友的话,在廿八至三十节。

（甲）目前的苦情(六 2～7)

　　（A）悲叹烦恼与灾害(六 2～3)

　　（B）烦恼的原因(4 节)

　　　　（一）全能者的箭(4 节上、中)

　　　　（二）神的惊吓(4 节下)

　　　　（C）连串的问题(5～6 节)

　　（A）悲叹厌弃与失望(7 节)

（乙）个人的盼望(六 8～13)

　　（A）悲叹希望落空(8～9 节)

　　（B）失望的原因(10 节)

　　　　（一）得不着安慰(10 节上、中)

　　　　（二）不止息痛苦(10 节下)

　　　　（C）连串的问题(11～12 节)

　　（A）悲叹失望与失败(13 节)

这两串语句,先是以烦恼为主题,后是以希望为要旨,成为两个不完整的循环形式。不完整是由于 C 之后没有 B。如果 A B C B A 才算是完美的圆圈,但这仍不失为精巧的结构。

又这两串各有十三行,各在第七行(即 4 及 10 节)成为衔接之连环。第四节有神的惊吓,第十节有圣者的言语(威胁)。约伯在第三章认为自己的人生没有目标。但在此处他看神有目的。

约伯的悲叹,并非向神发出怨言,所谓的长歌形式。那是一种解释,说出他悲情的实况。约伯用连串的问题,是无法解答的,即使解答,也都是反面的与否定的。第一串是无味的食物(5～6 节),第二串是石头、铜那样的气力,表明都无济于事。

自十四至廿七节是论述三项同样的主题,就是有关友情的:

（A）对离弃耶和华的,朋友应怎样待他?（六 14）

　　（B）以流干的河道喻诡诈的友情（15～20 节）

（A₁）朋友怎可看见惊吓的事便惧怕退却?（21 节）

　　（B₁）责问朋友究竟为何居心虚假（22～26 节）

（A₂）以朋友当货物,简直是将友情出卖!（27 节）

　　在这三项中,前两项以责问的方式,并加以解释与说明（在 B 项）,最后作为结论。

　　廿八至三十节,是对朋友的劝告。本章以烦恼开始,以奸恶结束,都是约伯的悲苦。

(vi) 约伯悲叹苦境(七 1～21)

　　在约伯的答语中,首次针对朋友们的态度作出反应,因为他对友情感到失望,这些怨言在第六章。接着他不再面对他们,只为自己的苦境悲叹。在悲叹中对人生的意义有所彻悟,这首诗（第七章）段落分明,可分三段（1～8,9～16,17～21 节）,第一段与第三段的结语都是:"我却不在了。"（8、21 节）

　　这些悲叹,与圣经中的哀歌形式不同,在礼拜的哀歌,可参考诗篇十七、十八篇,以祈祷开始,接着有悲叹,然后有信靠的话,再吁求与许愿。这些因素却不在此处出现。这也与先知的哀怨之言不同,可参考耶利米书二十章七至十二节。这里没有向神倾诉,只间接提到神,"你的眼目要看我"（8 节）,"鉴察人的（主）"（20 节）。在祈求中,"求你想念。"（7 节）"你任凭我吧!"（16 节）甚至以问话的口吻:"为何不赦免我的过犯……"（21 节）

　　在描述人生的疾苦,用一些表象,如奴仆雇工（1、2 节）、云散后、阴间（9 节）、故土（10 节）。又在宇宙之间:天（17～18 节）、地（1～2 节）以及阴间（9 节）,再有"黑影"（2 节）、梭（6 节）、气（7 节）,都有诗的意境,十分生动美妙。人生是短暂的,必定朽坏,在短暂之中,又劳苦愁烦,道尽人生的苦楚。

1. 人生如劳役(七 1～8)

在第一、二节论人生,似引述原来的智慧文学中的谚语格言。十七、十八节也相似。古代巴比伦的洪水故事中,有天神向女神霄妒(Nintu)说:"创造人,要他负轭,为承担劳工。"[48]在本书作者提说约伯的话,是否引用来说明人生服苦的厄运?

七 1　人在世上岂无争战吗? 他的日子不像雇工人的日子吗?

这是以问语的方式论述,问号也可以作为着重的语气:"诚然",可见这问语不是疑问,而是肯定的语句。

"争战"原指服兵役,兵役有一定的期限,叙利亚译词作"时间",可与下半节"日子"成为对偶的同义字。这字也可作"劳役"解,可参考本书十四章一节"患难";以赛亚书四十章二节"争战的日子",但以理书十章一节"大争战"也指患难。所罗门王的国家政策,不仅有强制的兵役,也包括服苦,可参考列王纪上九章十五至廿二节;历代志下廿六章十一节。约伯记十四章十四节再提一切争战的日子。人生在世,好似住在军营里服苦役一样。

"雇工人"是按日计工资,工作辛劳,但每日可得工价,可是被雇的日期短少,生活仍无保障,没有安全可言。

七 2　像奴仆切慕黑影,像雇工人盼望工价。

雇工与奴仆两者为同义字,至少是对偶的,并列在一起。他们的工作十分辛劳,所以切盼黄昏来到,一日的工作可以结束,得以休息,并得工资可以生存。他们辛劳得几乎无法忍受,日子这样捱过去,非常疲惫,到极度困乏的地步。

"切慕"在以赛亚书四十二章十四节描写产难的妇人"急气",在传道书一章五节作"急归"。"黑影"是在黄昏的时分,在日光渐斜、晚影拖长(耶六 4)之际。这是可以歇工休息的时间。

---

[48] W. G. Lambert, and A. R. Millard, trans., *Atra-hasis*: *The Babylonian Story of the Flood*(1969),195‒197,240‒245.

雇工人在盼待一日之终,那时可以领取工价,整日的劳苦终于得着报偿。工资必须当日发给,不可欺压工人而积压至早晨,这是以色列律法所规定的,拖欠是禁止的,可参阅利未记十九章十三节,申命记廿四章十四至十五节。

这两节经文都是指人生的短暂及辛劳。黑影也在八章九节,是友人比勒达的论调:"我们在世的日子好像影儿。"十四章二节约伯所说的,"人生的日子短少……飞去如影,不能存留。"传道书六章十二节:"人一生虚度的日子,就如影儿经过……"

人真如雇工盼望工价吗?那是工作结束,息劳离世,只有死亡才可得以解脱。人在苦难之中,实在无可忍受,只求一死。只有死,才可除去苦难的奴役,最后得到自由,这是多么悲观的论调。

七 3　我也照样经过困苦的日月,夜间的疲乏为我而定。

奴仆切慕黑影,黄昏来到,一日的劳苦终于结束,但休息起来,疲乏更加敏锐地感到,夜间休息的时候更痛苦了,所以日子累积起来,困苦更甚,苦不堪言。

这里"日月"并非有固定的期限,不仅是日月,可译为"年月",因为是经年累月的,甚至可说是无止境的。"困苦"(show')原意为虚谎、虚无、空乏、无聊。这些日子简直是浪费。

"疲乏"在三章十节为"患难",也在三章二十节,四章八节,五章六、七节。二节论日间的劳苦,此处论夜间的疲乏悲惨,人一直在患难之中。

传道书二章廿三节:"因为他日日忧虑,他的劳苦成为愁烦,连夜间心也不安。"日夜都辛苦。

"为我而定",这是命定的,这字原为"计算",似有涵义表明对我来说,计算不尽。这是命定的,无法逃避,只有在无奈中承受。

第二节与第三节可成为一种循环交义的形式,二节上的黑影与三节下的夜间,二节下的工价与三节上的困苦,都可以对衬,因为工价是劳苦的代价,但换来的仍是困苦,盼望的完全落空。

下节再补充本节的意义。

七 4　我躺卧的时候便说,我何时起来,黑夜就过去呢?我尽是反来复去,直到天亮。

　　夜间的疲乏(在上节)是由于失眠。白天太劳累,晚上都无法成眠。这会是更悲惨的感觉,很容易陷入忧郁的低潮,在床上既反来复去,只盼天亮,黑夜过去,不必再在床上受罪。

　　这是申命记廿八章六十七节所说的咒诅:"你因心里所恐惧的,眼中所看见的,早晨必说:'巴不得到晚上才好';晚上必说:'巴不得到早晨才好。'"

　　在上半节,经学家将经文重新整理与修正。就将涵意阐明:"我躺卧的时候,便说:我何时起来。我起身的时候便说,什么时候可到黑夜。"[49]另一种译词:"黑夜仍宕延着。"中译词"过去"可译为宕延或拖长,[50]或者:"黑夜仍那么冗长。"[51]由于此字(m-d-d)的字根(可能为d-d)可作"胸怀",那么,夜间的胸怀还是指夜间的开始,从那时起已经失眠,整夜不得好睡。[52]

　　反来复去,是在床榻上辗转难眠,原意为游移不安,完全不能休息。

　　七 5　我的肉体以虫子和尘土为衣,我的皮肤才收了口又重新破裂。

　　从劳苦说起,日间精疲力尽,夜里又困苦难眠,现在进一步叙述生命为疾病折磨,又为死亡朽坏所威胁。以穿着为例,描写皮肉之痛苦。

　　虫子是朽坏之表征,可参考廿五章六节:人如虫与蛆。这也与阴间的朽坏相符,可参阅十七章十四节,廿一章廿六节,廿四章二十节,又可参考以赛亚书十四章十一节。尘土是死亡与阴间的表征(十七 16)。在廿一章廿六节,尘土与虫子指坟墓。

　　他身上的毒瘤已溃烂不堪,"收了口"是指皮肤十分干瘪,但又破裂,流出脓来,所以病患仍甚严重。"破裂"之后还有一个字(m-'-m),在中译词并未译出,原意为"涌流"与"滴湿",脓汁很多,仍在溃乱之中。

　　这里似乎接续上节,因为上节说他晚上不能成眠,不仅是白天过分劳累,也可能因毒疮的痛楚,身体的痛苦也影响内心的苦闷。痛苦的感

[49] Edouard Dhorme, *A Commentary on the Book of Job*, 98 - 99.

[50] David J. A. Clines, *Job 1 - 20*, 157,163.

[51] Robert Gordis, *The Book of Job*, 66.

[52] J. Reider, "middad in Job 7:4," *Journal of Biblical Literature* 39(1920),60 - 65.

觉往往在夜间更加尖锐,使他难以忍受。收口似为痊愈的过程,但再破裂的伤口,而且脓血如注,并不好转,使他更加失望。

七 6　我的日子比梭更快,都消耗在无指望之中。

约伯从身体的痛苦,又转至忧虑的思念,认为人生苦短,不久必面对死亡。哀莫大于心死,当他失去希望的时候,看困苦的日月(3 节),更感人生的虚空。

这里他又用另一个表象,人生好似织布的梭一般,不住地在左右摆动,那样的迅速,生命的消耗也是这样。人生的日子是短少的(十 20,十四 2)。

"无指望",是约伯最大的焦虑,指望是在本书中一个重要的用词,如在四章六节,六章八节及十四章七节。"指望"一字(tiqwā)字根(q-w-h)与"线"(qaw)甚为相近。以织布的线来说明,也极为生动。织布时线断了,就不能做下去。现在希望的线断了,这一线的希望都失去了。本节的意译作:"我的日子比梭更快,线断了接不上,必须停止。"

生命在忍受苦难,但终于在无指望中而中止,这是约伯的感受。

六节以下,都叙述人生最终的命运,完全没有希望可言。约伯好似会意他离死期不远,所以不住地悲叹。

希西家王在患病时也有这样的感受,但却带着希望,一直存着感恩的心。以赛亚书卅八章是他的祈祷与感恩。他诉说:"我将性命卷起,像织布的卷布一样。耶和华必将我从机头剪断,从早到晚,他要使我完结……你因爱我的灵魂,便救我脱离败坏的坑……"(12～17 节)

七 7　求你想念,我的生命不过是一口气,我的眼睛必不再见福乐。

这是约伯首次向神祈求。以前他提说神,是第三人称"他",现在转变为"你"。"求你想念",想念原是指神的信实。以色列人在敬拜时,求神记念他立约的怜悯,可参考诗篇二十篇三节,廿五篇六节,七十九篇八节及一〇六篇四节。约伯不是求神圣约的应许,也不如诗人那样求神的眷顾。诗篇一〇三篇十四节:"思念我们不过是尘土。"一〇四篇廿九至三十节:"神发出灵使人们受造。"但在此处,约伯的话与其说是祈求,不如说是怨言。人的生命不过是一口气。他几乎向神质询,神所造的生命只是气而已吗?那就未免太空虚了,他看不见人生的福乐,因此他也没有感恩的心。

　　神好似没有顾念他,只轻忽他。气是生命的气息,在诗篇七十八篇
卅三节,卅九篇五、十一节,六十二篇九节,一四四篇四节。生命若只是
气,就没有实质。气也是风,吹过去就消失了,未必再返回,诗篇七十八
篇卅九节:"一阵去而不返的风。"所以约伯不能见到人生的福乐,是以
往曾经历过,但是现在却不再有了。

　　七 8　观看我的人,他的眼必不再见我;你的眼目要看我,我却不
在了。

　　"看"是七、八节的重要用字。约伯的眼看不见福乐。别人也看不
见他,连神也无法看见他,或者说神的眼目不是看顾,而是鉴察,在鉴察
中突然看不见他,因为他已消失在死亡之中。

　　此处观看他的人,好似是指朋友,朋友们看着他受苦,只联想他的
罪恶,非但没有寄以同情,给予安慰,而且还诸般指责,严厉有加。但他
们很快就不再见他,因为他即将离世。

　　神的眼目真会看顾他吗? 他认为到如今神对他仍是轻忽、漠视,他
等于是死人,得不着生命的福乐,等到神要看顾他的时候就会太迟,因
为他已不在了。

　　"我不在"('ēnenni),不是指他并不存在,而是他已宣告缺席。他
认为自己一直是神攻击的目标(八 22,廿四 24)。他若离世,神就不再
对付他,对他就是解脱,可参考三章十三至十九节。

　　"观看"(shur)为本书常用的字,在十七章十五节,二十章九节,廿
四章十五节,卅四章廿九节,卅五章五、十三、十四节。

　　本节不在七十士译本内,似为有意的省略。

2. 生存的徒然(七 9～16)

　　七 9　云彩消散而过;照样,人下阴间也不再上来。

　　这是约伯悲叹人生的第二段落,集中在生命的枉费,朽坏的事必无
法更改。生命似乎是一条单行道的短路,不久必到死人之地。云与气
一样是十分短暂的,可参考何西阿书六章四节与十三章三节。

　　人的存在如云雾一段,出现少时就消失了,在新约雅各书四章十四

节。云彩也与烟一样,一经散开,就会消失,如风一般不会返回,生命也是如此。

死亡是下到阴间,正与升天完全相反,可参考十七章十六节及以赛亚书十四章十三至十五节。下去之后不得再上来,正如十章廿一节。有关阴间的描写,除十章外,还有十七章十三至十六节,廿四章十九、二十节,三十章廿三节。阴间是幽暗之处,为尘土所掩盖,也可说是隐秘的地方。这样幽暗的所在,是眼睛不能看见的处境,所以必不再见福乐。

七 10 他不再回自己的家,故土也不再认识他。

在一日之终,人必回自己的家,有家人欢迎他,但这样的情形不会在死亡的情景。死未必非常痛苦难耐,却特别虚弱,可参考六章十一至十三节。在消失时似下沉到深如烟云一般,消散而归无踪,死亡也是如此,生命归于乌有,原处当然不会再认识他,因为地上生存时一切的情形都化为虚无。

故土是他以前居住的地方。诗篇一〇三篇十六节,野地的花,经风一吹,便归无有;他的原处,也不再认识他。这是人生的写照。故土是原处,是人在宇宙的地位与处境,人离去,不再归回,是不归路。那就表明人的存在并无着实的落脚之地,人是永远得不着安息。

归纳言之,人生非但走在不归的路上,而且也丧失了原有的身份,没有回归,没有恢复,一切都消失在虚空之中。

阴间是人无法再上来的,这种观念是古代近东人们一般的思想,甚至在巴比伦的文献中,称之为"不归之地"(erset la tāri)。[53]

七 11 我不禁止我口;我灵愁苦,要发出言语;我心苦恼,要吐露哀情。

约伯要求说话的自由,因为他心中的痛苦,必须以言语表达出来。根据犹太拉比的说法,人在痛苦中有不当的行为,是情有可原的(Baba Bathra 16a ～16b)。[54] 他这样的要求不仅在此处,也在十章一节及十三章三节。在七章十三节,他的怨言极不保留。有的怨言似为法律的

---

[53] Clines, *Job 1－20*, 187,引用 *Chicago Assyrian Dictionary*, E, 310 b.

[54] Marvin H. Pope, *The Book of Job*, 60.

用词,可参考九章廿七节,十章一节及廿三章二节。

"我不禁止我口",他不再考虑敬虔的态度,因为敬虔是保持缄默,尤其在言语上要有自制。传道书五章二节:"你在神面前不可冒失开口,也不可心急发言,因为神在天上,你在地下,所以你的言语要寡少。"

但是他实在无可忍受。"我灵愁苦"与"我心苦恼"是对偶的同义句。"发出言语"与"吐露哀情",又是对偶的同义句,他正在极端的痛苦中,离死期不远,就不再顾忌了。

言为心声,言语往往表露内心的实况。撒但以为约伯在受苦中,必当面弃掉神,就是在言语上叛逆神。约伯似已接近这种地步,但他始终没有离弃神。以利法认为,寻求神应有积极的态度,向神说话,凡事交托(五8)。但是约伯说话,是在痛苦中,只有消极的口吻。可见他内心的愁苦比身体的痛苦更甚。

他对神不再祈求,不再希望得着什么恩惠,因为他已放弃一切的盼望。既是这样,他还有什么保留?没有惧怕,才敢那样大胆地向神发怨言。如果神及早垂听他呼求,他或可看见福乐。神既掩面不看他,苦难又使他公然卑下,在朋友面前抬不起头来,任他们指责谩骂,他实在无路可走,所以求神任凭他(16节)。

七 12   我对神说,我岂是洋海,岂是大鱼,你竟防守我呢?

有关受苦的原因,朋友坚持神报应的公义,这是罚恶的。如果神真是公义的,祂必公平地对待人,照着人的罪恶重轻来刑罚。但是约伯自忖罪恶还不致那么大,使神将他当作"洋海"与"大鱼"来对付。

洋海与大鱼是迦南神话中表征混乱的,海是神明,是巴力制胜他,为建立宇宙的秩序,可参考诗篇八十九篇九至十节。大鱼是海中的怪物,可谓混乱之神明,在诗篇七十四篇十三节。这是相当于鳄鱼那种怪兽(赛廿七1),或可称之为"拉哈伯"(赛五十一9)。耶和华必除去这种怪兽,这是希伯来传统的信念。⑮

---

⑮ Frank M. Cross, *Canaanite Myth and Hebrew Epic*, ch. 6; J. Day, *God's Conflict with Dragon and the Sea*(1985).

　　这里的洋海与大鱼不是指宇宙的混乱，也不是说以色列的仇敌，而是专指个人，将他形容成一头带来混乱的怪兽。约伯看自己微不足道，只是一口气，一阵风，又好似云彩消散而过，他哪里有洋海、大鱼那么厉害呢？

　　在另一方面，约伯似极愤慨，因为他是人，怪兽应低于人。难道神不把他当人吗？人有需要，需要福乐(7 节)，需要友情(六 14)，需要盼望(七 7)，但是这些都被否认了。

　　这样的比方当然极不恰当，因为在神的权能之下，神不必防守他，正如神不必防守洋海与大鱼的敌对。任何一切都在神统制之下。洋海不能越轨，耶利米书五章廿二节："我以永远的定例，用沙为海的界限，水不得越过。"在以后耶和华对约伯所说的言词："海水冲出，如出胎胞，那时谁将它关闭呢？……为它定界限，又安门和闩，说：你只可到这里，不可越过；你狂傲的浪要到此止住。"(伯卅八 8～11)

　　"防守"或可译作"看守"或"观察"，洋海怪兽既已被掳，禁闭起来，失去自己，不准逃亡，必予看守。约伯将自己看作俘虏。他认为神在压迫他，可参考三章廿三节，七章十九节，九章十八节，十章三节，十三章廿一、廿七节，十九章六、八节。

　　七 13　若说，我的床必安慰我，我的榻必解释我的苦情。

　　约伯最需要安慰，他以前是安慰别人的，连朋友都知道："你素来教导许多人，又坚固软弱的手。你的言语曾扶助那将要跌倒的人，你又使软弱的膝稳固。"(四 3～4)他自己也回忆以前他怎样"对困苦人含笑……如吊丧的安慰伤心的人"(廿九 24～25)。现在他需要朋友们的安慰。当朋友来看他的时候，确为他悲伤，安慰他(二 11)，但结果只一味严责，没有同情。他认为他们的话都错谬，徒然安慰(廿一 34)，他们安慰，反令人愁烦(十六 2)。他完全得不着安慰，在失望中以自嘲的口吻说，只有床榻可给予安慰。也许他认为只有在床上睡眠，暂时忘记一切苦情，才会得到安慰。但是他仍十分怀疑，床榻是否真的可给他安慰，所以用假定的语："若说"。

　　床榻在此处成为人格化，好似人一般会施予同情。"解释"原意为"肩负"，挑起苦情的重担。所以此处可译为"分担"。

　　七 14　你就用梦惊骇我，用异象恐吓我。

　　如果床榻上因睡眠暂时忘却痛苦，但这样的愿望也无法达到，因为神用恶梦来扰乱他，使他非常惊怕。梦有时为表露神的恩惠，使雅各在梦中看见神，听见保证鼓励的声音，在创世记廿八章十至十七节，四十六章二至四节。以利法在梦中得着启示，特意告诉约伯，教导他（四12～16）。但对约伯只是恶梦。以利法给他教导的方法："人躺在床上沉睡的时候，神就用梦和夜间的异象。"（卅三15）但琐法提到夜间的异象，却是反面的，不能持久。约伯现在所感受的，却是接续的恐惧，日以继夜，一直没有止息，使他更感惊慌。

　　"恐吓"一词在本书用得甚多，如三章五节，九章卅四节，十三章十一、廿一节，十五章廿四节，十八章十一节及卅三章七节。在他处有：撒母耳记上十六章十四、十五节；撒母耳记下廿二章五节；以赛亚书廿一章四节；诗篇十八篇五节，常指突然的惊慌。约伯在睡眠中一直受恶梦所扰，使他心悸不已。

　　七 15　甚至我宁肯噎死，宁肯死亡，胜似留我这一身的骨头。

　　"噎死"是窒息而死，透不过气，就会断气。这是疾病在危急的时候，才会有这情形。这里约伯似乎不指病危的末时身体的感觉，而是神扼杀的行动。他实在受不住痛苦的煎迫，宁可死亡，一了百了。因为在身体上受苦，无法忍受。

　　求死的愿望在第三章已经表露，此处再重复，可见他不再有求生的欲念。好死不如烂活，但是此处生与死都不好，比较起来，似乎死比生好。现在他的存在只是皮包骨头，与尸体无异，何必再受苦呢？骨头只是一个空架子，已经受不住苦痛的压力，快要压碎了。

　　骨头不是只为身体的架子，也象征着存在，而且指整个生命的存在。这个字（´etsem）在智慧文学中的用词，指整个人，在箴言三章八节，十四章三十节，十五章三十节，十六章廿四节。有人将这字更改为苦难（´etsem 为 etsev）。⑯ 死亡比活着受苦好。

　　七 16　我厌弃性命，不愿永活。你任凭我吧！因我的日子都是虚空。

---

⑯ Dhorme，*A Commentary on the Book of Job*，106，107．

　　上节约伯宁可死亡,他选择了死亡,所以在本节明说他厌弃性命。其实此处并无"性命"的字样,只说"厌弃":"我已经厌烦了,不愿永活。"但参考九章廿一节:"我厌恶我的性命。"这里加上性命,涵义必定是正确的,他不再求生。

　　他知道生命的短促,不可能永活。他也不想永活,因为活着受罪,不如不活。"你任凭我吧!"他对自己已经放弃,盼望神也放弃他。这是与十章廿一节相似:"我的日子不是甚少吗?求你停手宽容我……""停手"就是任凭不管。

　　"我的日子都是虚空","虚空"不是虚无,只是十分短促,一经出现,立即消失。这是传道书对人生的素描,在传道书一章二、十四、十七节,二章十一、十七、廿一节。这确是约伯所感受的。

　　"任凭我吧!"留我独自在一处,指不要神来照管与看顾。要神离开他,忘记他。这里他不仅厌弃自己,也几乎离弃神。他这样呐喊,可能以为神使他受苦却不搭救,令他失望,更因他即将死亡,万念俱灰,没有康复的盼待。在下一段(17～21节),他说出神对他的攻击,使他无法躲避,只有谢世离去。

3. 生命诚卑微(七 17～21)

　　七 17　人算什么,你竟看他为大,将他放在心上。

　　这是约伯悲叹的话,所引述的是一首赞美诗,赞美神创造的奇功,在诗篇八篇四、五节,一四四篇三节。但此处却是以反面的意义来看人生,可说是因讽刺而扭曲真义。[57]

　　人算什么?人实在微不足道,但神却提拔人在极高的地位。这真是无可想象的恩典,因而诗人存感恩的心。诗人说,"人算什么,你竟顾念他。"顾念(p-q-d)是恩眷与看顾,也可作刑罚与管教,在本书卅五章十五节与阿摩司书三章二节。当然,在诗人心中仍是指正面的眷顾,也

57　P. E. Dion, "Formulaie Language in the Book of Job: International Background and Ironic Distortions," *Studies in Religion* 16(1987),187‑193.

许对约伯来说却是反面的。

此处约伯说,神看人为大,是"升高"的意思,但在他,神不是提升他,而是叫他降卑,因为神将他当作箭靶子(20 节)。

"将他放在心上",不是眷念或关怀,而是吹毛求疵,寻出缺点与错谬,加以重罚。神存心故意要找他麻烦,不肯放过他,所以他在神面前只有惊惧不安,因为随时受惩治,他情愿远离神,敬而远之,不敢再想到神,免受神无情的打击。

七 18　每早鉴察他,时刻试验他。

在传统的思想中,早晨是蒙福的时候,神在早晨施行拯救,在诗篇五篇三节,四十六篇五节,九十篇十四节,一四三篇八节,又可参考以赛亚书卅三章二节;耶利米哀歌三章廿三节;西番雅书三章五节。早晨是欢乐的时候,在诗篇三十篇五节。⑱ 但是对约伯来说,早晨是神鉴察他并向他发烈怒的时刻。这只有诗篇七十三篇十四节诗人的怨言:"我终日遭灾难,每早晨受惩治。"

试验与鉴察是同义的,也有正面与反面的涵义。诗篇十七篇三节:"你已经试验我的心,你在夜间鉴察我,你熬炼我……"又可参考诗篇廿六篇二节及一三九篇廿三节。约伯对神的试验却很不以为然,认为神存心要为难他。试验也可指熬炼金属,将杂质去尽,有纯质的金银。但在熬炼的过程也未免太艰苦了,一直在烈火中经受。但有时约伯也确认,试验的结果是积极的,正如他说:"他知道我所行的路,他试炼我之后,我必如精金。"(廿三 10)但在此处,他却毫无积极的想法。

"每早"与"时刻"也是同义字,可参考以赛亚书廿七章三节;以西结书廿六章十六节,卅二章十节。公义的神不住察验人的心肠肺腑(诗七 9)。

七 19　你到何时才转眼不看我,才任凭我咽下唾沫呢?

约伯呼喊神,任凭他。但是这并非受苦的诗人所说的。人在受苦时,必切切寻求神,在诗篇廿五篇十九节,五十九篇四节;耶利米哀歌一章九节。他们求神,不仅求神帮助,也求神看顾,在诗篇十三篇四节,八

---

⑱ J. Ziegler, "Die Hilfe Gottes 'am Morgen," *Alttestamentliche Studien Friedrich Nötscher gewidmet*, ed. H. Junker and J. Botterweck(1950), 281 - 288.

十篇十四节。求神不向他们掩面,在诗篇廿七篇九节,六十九篇十七节。但约伯却不是那样求,只求神转眼不看他,在十章二十节与十四章六节也有类似的话,诗篇中只在卅九篇十三节求神宽容,但是用意仍是正面积极的,因为诗人说他的指望是在于神,他求神听他,不向他静默(12 节),约伯完全拒绝神对他的顾念,他认为神一看他,灾害就临到他身,所以他只求神离开他。

　　在这里,是否他求神永远不看他呢? 他可能不敢这样求。他只求神暂时离开他,只一会儿也好,至少可使他松一口气。咽下唾沫,并不是说,咽下最后一口气就撒手辞世。这是阿拉伯的俗话:让我有一会儿透透气。在九章十八节,他想喘一口气,含义相同。⑤

　　七 20　鉴察人的主啊,我若有罪,于你何妨? 为何以我当你的箭靶子,使我厌弃自己的性命?

　　"鉴察人的主",与第八节"眼目要看我"或看我的眼目,在意义上是相同的。箴言廿四章十二节:"那衡量人心的",是一直注意人的心思与言行。一方面约伯怕神的鉴察,因为"神若究察罪孽,谁能站得住呢?"(诗一三○ 3)但是他又推想伟大的神又怎么会注意渺小的人呢? 我若有罪,对神又有何妨呢?

　　"我若有罪……"以假定的语气,表明他自己无罪,即使有罪,也不影响神的作为。人的一切行为微不足道,神又何用这样认真呢? 他的论调与以利户有些相似,因为以利户说,"你若犯罪,能使神受何害呢? ……"(卅五 5～8)说起来似乎神过分认真。约伯认为他是多么微小,神却将他当作洋海与怪兽大鱼(12 节)。

　　现在神不仅看守他,鉴察他,而且要攻击他,将他当作箭靶子,当作攻击的目标。在原文中还多出一句:"为什么我一直成为你的重担?"神似乎将他当作一种难堪的担子,必须卸除。⑥ 这里好似指出神以约伯为麻烦,所以对他憎厌。至少约伯有这样的想象与看法。

　　因此,约伯厌弃自己的性命,神都对他厌烦了,他自己为什么还留

---

⑤ Robert Gordis, *The Book of Job*, 82.
⑥ Dhorme, *A Commentary on the Book of Job*, 110.

恋呢？这里重复十六节的话，生命对他是无尽的烦恼，只有一死才可解决，在本节的附加话，中译词未译出，也有译为："我本身就成为一个负担。"⑪

七 21 为何不赦免我的过犯，除掉我的罪孽？我现今要躺卧在尘土中，你要殷勤地寻找我，我却不在了。

这里约伯似承认自己有罪，需要神的赦免。他为什么在以前不认罪呢？在受苦中却一味求死，没有求神饶恕，让神可以使他复兴，正如友人所劝导的。但是他想神这样严厉地对付他，是否有什么为神所不喜悦的。他认为就是自己有罪，神总得赦免他。他曾说，我若有罪（20节），除了神以外，又怎能有赦罪的能力呢？有译为："你为何对我的罪不宽容呢？不看我的罪孽？"⑫但那只是意译，在原文中用字，"赦免"是使之过去，"除掉"是提起扔掉。

"现今"或可说"立即"，他将躺卧在尘土中，在阴间里，可参考十七章十六节，二十章十一节，廿一章廿六节。那时神想寻找他，也寻不见了，因为这已经太迟了。神为什么要寻找他，而且殷勤地寻找他？"殷勤"是因动词有加重语气的方式（Piel：Intensive）。同一个字同一种方式，也出现在八章五节比勒达的言词中。神找出他，为刑罚他？还是眷顾他？这里没有清楚的交代。但他还是只想到死，在约伯的言词中，多次以死、坟墓或阴间来结束，参看十章廿一、廿二节，十四章二十至廿二节，十七章十三至十六节，廿一章卅二、卅三节。

附录：结构分析

在第七章里，约伯似乎不再对友人们有什么要求，他只在神面前，悲叹人生的疾苦。全部分为三段（1～8节，9～16节，17～21节）。每段都有一个命题，是有关人生的情况，接着就有慨叹的话，再以自嘲的话作结。

⑪ Gordis, *The Book of Job*, 82. Revised Standard Version & Jewish Publication Society Bible（修订本与犹太译本）也作这译词。

⑫ Dhorme, *A Commentary on the Book of Job*, 111.

单位一	命题:1～2 节	人受欺压	
		人生短促	
	慨叹:3～4 节	夜间受困	
	5～6 节	肉身必死	
		年月如梭	
	怨言:7～8 节	生命只是口气	
		眼睛不见福乐	
		我立即不见了('ēnennī)	
单位二	命题:9～10 节	人速消散	
		即入阴间	
	抗议:11～12 节	必鸣不平	
	慨叹:13～14 节	夜间仍受恐吓	
	怨言:15～16 节	宁可死亡	
		不愿永活	
		日子虚空(hebel yāmay)	
单位三	命题:17～18 节	神使人尊大	
		人蒙神眷顾	
	吁求:19 节	鉴察试验	
	怨言:20 节上	我有罪何妨?	
	慨叹:20 节下	我成箭靶子	
	怨言:21 节	何不赦免我	
		你要寻找我	
		我却不在了('ēnennī)	

　　在三个命题,都以神秘的传统来描述人生。在第一命题(七 1～2),以争战与雇工为喻,论人生是奴役,是被压制的被造者,生命极受局限。第二命题(七 9～10),在高天有消散的烟云,在地下有永久的阴间,人在生死之间多经忧患。第三命题(七 17～18),神使人尊大,极尽讽刺的能事,人只受够神的鉴察与管制,并未享受神的自由。

　　这三个命题也成为受苦者的宇宙论。地上(1 节)只是人服苦的环境,多受压制。阴间(9 节)谁可解脱? 而且是不归路(可参考三 13～19)。天(17～18 节)是全能者管治的居所,鉴察与施罚于人。义者的处境似乎全然颠倒，阴间、地上与天上。

　　在诗的意境中，有若干用字有双重的涵义。二节：黑影（ṣēl）可憩息，也在悲苦之中。六节：指望（tiqwā）与梭同义，梭很快，指望也很快失去了。七节：生命是一口气（rûaḥ），是指灵，也可作"风"，生灵随风飞逝。十五节：噎死（nepeš），作喉咙，又作生命，喉咙打噎，呼吸中止，生命也就失去了。

　　诗意的用字，神是鉴察人的主，祂的眼睛不放过人。在一章七节，撒但专察看人。现在为什么神也那样地察看呢？作者似乎为受苦者发出他们的心声，约伯只求神转眼不看他（19 节）。神若真的寻找他，就看不见他了（21 节）。

　　本章论人生，也可在本书及其他经文可以找到：

　　（一）人终久归于尘土（七 21，十 9，参诗九十 3，一〇三 14）

　　（二）人无法归于原处（七 7、9、10，十 21，十四 10、12；参诗一〇三 16）

　　（三）人如消散的云雾（七 7、9、16，十四 2，参诗卅九 4～5，九十 9～10）

　　（四）人生苦短已命定（七 6、16，十 20，十四 1、5；参诗卅九 5，九十 10）

　　（五）人生年日悲苦多（七 3、11，十 15，十四 1；参诗卅九 2，九十 10、15）

　　（六）人生过犯必追究（七 17～18，十 6、14；参诗卅九 11，九十 8，一〇三 3、10）

　　（七）人生衰弱遭神怒（七 14，十四 13；参诗卅九 10，九十 7、9、11，一〇三 9）

　　（八）人生辛劳求解脱（七 19，十 20，十四 6；参诗卅九 8、10、13）

(III) 比勒达第一言词（八 1～22）

　　比勒达的言词，直接否认约伯的说法，因为约伯竟然说神不公正。这简直是大逆不道，近乎亵渎神，所以他必须严责。他在维护神公义的论调中，以传统的信仰加以说明。他也竭力劝导约伯归正，再蒙神的恩

惠。他的劝言在本章五至七节及二十、廿一节。这是在申明神的公义
（3 节），约伯儿女遭受公义的报应（4 节）之后。在两段劝言之间，即八
至二十节，以传统的说法作理性的解释（8～10 节），又引证一句谚语
（11 节），接着提说植物的成长为例（12～19 节），应用在善恶的人身上
（20 节）。

（i）论神的公义（八 1～7）

比勒达与其他朋友一样，坚持苦难是刑罚的说法。但是他处理
的方法不同。以利法仍认为约伯在基本上是义人（四 6），暂时受神
管教（五 17～18），原因是他有不完全之处，这是任何人所无可避免
的（四 17）。比勒达却不认为约伯是义人，他却一味劝导约伯归正（6
节）。如果约伯真是清洁正直，就有希望（6～7 节，21～22 节）。他虽
语多责备（2 节），但没有对约伯有敌视的态度。他对报应的公义这
一说法，是十分坚信的，他甚至不顾约伯的伤痛，提出约伯儿女受报
应的原因（4 节）。

八 1～2　书亚人比勒达回答说，这些话你要说到几时？口中的言
语如狂风要到几时呢？

比勒达的言词，比以利法直接，不需要冗长的引言。以利法是朋友
中第一个发言，总有一番开场白。这是比勒达可以不必重复的了。在
以利法说话之前，他们所听到约伯的话，只是些悲叹的语句，还不够具
体。但以利法的劝勉之后，接着有约伯的答语与怨言，使比勒达更明白
约伯内心的感受。所以现在他可以直截了当对约伯说，他认为自己的
话真是言之有物，而并非无矢之的。

他责问约伯："这些话要说到几时？"到几时（到何时）正是约伯这受
苦者的呼喊，在七章十九节，也可参阅诗篇卅五篇十七节。比勒达现在
也似乎代表神，发出这样的呼喊，为神抱不平，对约伯就是严厉的指责
了。这里也表露比勒达对约伯的话非常厌烦，无法容忍。

"说"字（millel）不是只是说话，而是一种细说、叙述或诉说，这字原
为亚兰文，在圣经中出现得不多。创世记廿一章七节及诗篇一〇六篇
二节（中译词为"传说"）。

"这些话",指这些说词,这些是指约伯向神埋怨的话,实在十分不当,因为约伯说神不公义,这样的说法实在是谬论,有失敬虔。

"口中的言语如狂风",以风来描述言语,是约伯对朋友的严责,但是他的用意指虚无,如风吹过就消散了,因此在十六章三节,中译词"虚空的言语"是说明这个涵义。但此处"狂风"不指虚无,而指其毁坏与威胁的力量,会将原有的信念都动摇了,甚至连根拔出。[63] 所以比勒达在此不是用讥刺的口吻,而是十分震惊的语气。

如果参考约伯对朋友的指控,在六章廿五、廿六节,绝望人的讲论既然如风,不是以驳正的话可以纠正奏效的,但是比勒达仍不能明白。

八3　神岂能偏离公平?全能者岂能偏离公义?

这是比勒达言词的主题,也是朋友们最主要的论点。公义的神必赏善罚恶,公义的报应在人的身上必实施出来,所以以利法说,无辜的人必不灭亡(四7~9)。在比勒达看来,约伯是攻击神的治权。

"偏离"原意为"歪曲",将正的变为曲的,在阿摩司书八章五节:"诡诈的天平欺哄人",也是有这样的用意。这是以利户所说的"颠倒是非"(卅三27)。

"神"与"全能者"在本节都以着重语气的地位,以示尊重。但这修辞的问题,表露比勒达的震惊与烦恼。神的公义岂容置疑? 这是约伯最大的罪,因为他一直维护自己无辜,认为神对待他不公平,在六章十节,七章十二、十七、十八、二十节,都充分暴露约伯的不虔之罪。

比勒达感到他的信仰遭受威胁,其实受威胁的不是他,而是约伯。但是朋友们认为这个信念必须坚持。以利户也说:"神必不作恶,全能者也不偏离公平。"(卅四12)比勒达与以利户一样,只以这样的信念,看神建立世界秩序的原则。但是约伯不同意这原则应用在他个人身上,参阅九章二、十五、十六、十九节,十三章十七至廿三节,卅一章卅五至卅七节。

八4　或者你的儿女得罪了他,他使他们受报应。

---

[63] David J. A. Clines, *Job 1 - 20*, 202,引用 A. S. Peake, *Job*, *Introduction*, *Revised Version with Notes and Index*(1905).

"或者"原意为"如果"或"假定",也许比勒达故意在语气上温和,不致中伤约伯的感觉。[64] 但是这字('im)也可译为"实在"或"真的"那种肯定的语气。这在中译词不甚清楚,可参阅的,只在十七章二节,"你的儿女实在得罪了他,他才使他们得报应。"

其实约伯并无否认他儿女的罪,在绪言中,约伯担心他的儿女,恐怕他们犯罪,心中弃掉神(一5)。但比勒达这样说,对约伯的冲击一定十分大,使他很难接受。

本节下半原意为"神将他们交给过犯的手",即指他们自食其果,因为罪恶的本身是自趋灭亡的。可见中译词为意译。这样报应的原则可参阅以西结书十八章二十节:"惟有犯罪的,他必死亡。儿子必不担当父亲的罪孽,父亲也不担当儿子的罪孽。义人的善果必归自己,恶人的恶报也必归自己。"也可参阅申命记廿四章十六节。这是否为比勒达的立场呢? 他是否强调儿女并非因父亲的罪而遭报呢? 但是他必以约伯儿女的死亡,作为罪恶报应的实例,以警告约伯。

本节与一章五节在用字上有相同之处,似为作者蓄意引发读者的兴趣。约伯恐怕儿女们犯罪,此处他们真的犯了罪。约伯打发人去叫他们自洁。"打发"同一个字(shalem)在此处"交给"过犯的手(或力量)自趋灭亡。

八5　你若殷勤地寻求神,向全能者恳求。

约伯应从儿女遭报的事受警戒,他与他们不同,仍可活着,至少说明他犯罪还没有那么严重。"你"在此处是以加重语气的方式,表明"你"与"你的儿女"不同,还有希望。但约伯必须符合两个条件:(一)寻求神,向祂祷告;(二)要正直,生活清洁(6节上)。比勒达先已提到神的公义,他再强调神的公义是正面的,积极的,必施行恩惠。

寻求神,是以利法所强调的,虽然他用字是"仰望神"(五8),而两者的涵义是一样的。以利法以身说法,只树立榜样,暗示约伯学效。但比勒达却以权威的口吻,不仅命令,也以假设的语句加以劝导。

---

[64] S. R. Driver and G. B. Gray, *A Critical and Exegetical Commentary on the Book of Job*, vol. 1(1921), 5.

比勒达劝导约伯殷勤地寻求神,约伯却认为他不必寻找神,而是神殷勤地寻找他,他却不在了(七21)。

这里的寻求,不只是寻找,而是祷告,祈求神的恩惠。约伯想要神赐他公义的赏赐,而不是赦罪的恩典。[65] "恳求"原意为"求情"与"和好"。

"神"和"全能者"一同提说,正如在第三节相同,着重权能的神有公义与公平。

"寻求"原意为"黎明",似乎为本书隐秘的伏笔。一章五节约伯"清早"起来,为儿女献祭。他确曾清早寻求过神,以后神也寻找他。一个敬虔的人,必极早醒起,灵修祷告,参阅诗篇五十七篇八节,一○八篇二节。

八6   你若清洁正直,他必定为你起来,使你公义的居所兴旺。

"你"仍以加重语气的方式出现,"清洁"一词,也出现在十五章十四节,可能是律法用词,也在十一章四节,"洁净"而未受污染。"正直"一词早在第一章出现,也在九章二十节。约伯是无辜的,至少他这样为自己辩护,远离恶事,在道德上端正,无可指责。但比勒达认为约伯必须敬虔与在道德上完美,才可得着复兴。这句话为多位解经家所省略,认为是外加的。[66]

神必定为他起来,赐给他救恩,这几乎是诗篇的语句,可参阅诗篇卅五篇廿三节,四十四篇廿三节,五十九篇四节,"兴起"就是此处的"起来"。约伯的想法与比勒达有很大的距离,因为他一直认为神对待他的行为没有恩慈(七12、16~19)。他不能想象,神怎么使他的居所兴旺,儿女已经亡故,家破人亡又怎能回复呢?

"公义的居所"当然是指义人居住的所在。在耶利米书卅一章廿三节,这是指圣地的圣山。在该书五十章七节也是有相同的涵义:"那作公义居所的耶和华。"耶和华不仅在圣所,也成为公义的居所。以利法提到愚妄人的住处,可作尖锐的对比,因为愚妄人与义人是相反的。

---

65 F. I. Andersen, *Job* (Tyndale Old Testament Commentaries, 1976),140.

66 Clines, *Job 1-20*, 198,引用 Duhm, Dhorme, Horst, Fohrer, Hesse。

"兴旺"一词有不同的解释:平安⑰、赏赐⑱、保护安全⑲。中译词"兴旺",也是若干解经家所坚持的。⑳

这里比勒达似乎说,约伯的家目前不是义人的居所,因为他的儿女丧亡,他在苦难之中,他们必因罪恶而遭报,所以是不义的。如果约伯真实悔改归正,才可得着复兴。他的家就成为义人的居所,必有神无限的祝福,虽然神的福分是逐渐的,在下一节说明出来。

八 7　你起初虽然微小,终久必甚发达。

比勒达好似以利法(五 19～26),在约伯面前摆上希望,可以期待将来的兴盛。但是他与以利法不同,并无详细列出兴盛的细则。他却详列恶者的厄运(11～19 节),为对约伯的警戒。

他认为希望是十分具体的,在用字上传统的涵义,论起初:先前的情况;论终久:以后的结局。如果先前的情况,约伯并不微小,他在东方人中是至大的(一 3)。至于将来,现在言之似乎过早。本书的结语,叙述约伯确有极发达的后果(四十二 12)。但这未必是比勒达可以意料的。

提到"微小",是与将来的兴盛相比。"发达"一词原意为"成长"。这字也在本章十一节"生发"。在诗篇九十二篇十二节,也有这字:"义人要发旺如棕树,生长如黎巴嫩的香柏树。"

比勒达这句话,是智慧者的言词,可说是箴言的形式,参考传道书七章八节:"事情的终局强如事情的起头。"

"微小"如果指数量方面,那么可作为财富解。将来终久发达,是财

⑰ Robert Gordis, *The Book of Job*, 89,引述 Abraham Ibn Ezra, *Commentary to the Bible*.

⑱ Gordis, *loc. cit.*

⑲ Gordis, *loc. cit.*,引述 Rashi(Rabbi Solomon Yitzhaki),*Commentary to the Bible*;Fredrich Delitzsch, *Die Schreib-und Lesefehler im Alten Testament* (1920).

⑳ Gordis, *loc. cit.*,引述 G. Bickell, *Das Buch Hiob nach Anleitung der Strophik und der Septuaginta*(1994);Franz Delitzsch, *Das Buch Hiob*(1864);A. Dillmann, *Hiob*(1891);S. R. Driver and G. B. Gray, *A Critical and Exegetical Commentary on the Book of Job*(1921);Marvin Pope, *Job*(1973),86.

富的增加。现在约伯已经失去财产,自少变多几乎不可能。他自己有病,无力生产。家中的仆婢都已丧亡,无法生财。比勒达的话似乎很空洞,不切实际。但他的看法,是他信念中的原则。

(ii) 以植物为例(八 8～22)

比勒达以传统为他言论的基础,与以利法不同,因为以利法根据启示的经验,但仍与传统观念与生活经验相符合,可参考四章十二至十六节,五章廿七节及十五章十七至十八节。

比勒达以植物为例,是在十一至十三节,又取材自然的现象,在十四至十九节。教导的话在八至十节及二十至廿二节。在他言词中,开始似乎是严责,在结语中却有勉励的话,甚至给予保证,深信神必不丢弃完全人。他并不承认约伯的完全,却以善恶的对比指示他。

八 8　请你考问前代,追念他们的列祖所查究的。

在这话之前,比勒达劝约伯寻求神。现在他要约伯考问前代,也是寻求的态度,只是从人的智慧明白生命的意义。"请你考问",是一种正式申明的方式。申命记四章卅二节:"你且考察在你以前的世代。"(参阅耶十八 13)

"前代",不只是指前一代,更可能指先前的若干世代,甚至指古代,是在很遥远、很古老的世代中,那时没有外人从他们中间经过。这是照以利法提说的,在古时列祖特有的智慧(十五 18)。那时的智慧,可能以十分简单而直接的方式,论报应的公义,这早就是已经成立的金科玉律。

本节的同义对偶是十分明显的。"考问"与"查究","前代"与"列祖"。"考问"是"寻求","查究"是研究与探索。后代的人寻求前代的人研究所得的智慧。这些都得专心注意。"专注"是"思念"的原意。

以列祖为智慧的来源,是希伯来人的想法,认为他们的列祖(在七十士译词中,只作"列祖")是将智慧的传统保持而且流传下来。这样的传统必须尊重。比勒达似乎认为以利法单凭个人属灵的经验,仍嫌不足,必须有更牢靠的历代传统。

八 9　(我们不过从昨日才有,一无所知,我们在世的日子好像影儿。)

　　智慧的传统,道出生命的意义:人生是短暂的。其实约伯已经说过
(十四 2),在旧约其他的书卷中,有若干经文可资参考:历代志上廿九
章十五节;诗篇一〇二篇十一节,一〇九篇廿三节,一四四篇四节;传道
书六章十二节等。由于人生的短促,无法从当代获得那些经验与智慧。
智慧是历代智慧经验的累积。约伯也有这种体验,所以约伯只有向神
呼求(七 7、16),但比勒达还只会以理性来分析,以传统的智慧为依据。

　　我们存在的时间太短,昨日才有,没有时间来获得知识,所以是无
知的。我们的日子好像影儿,瞬间就消失了,不会永存。参考约伯所说
的,"百体好像影儿,无法存留"(十七 7)。

　　八 10　他们岂不指教你,告诉你,从心里发出言语来呢?

　　照比勒达的说法,有关人生的道理,必须是学习而得的,从别人学
得的。可见那是知识,不是经验。约伯也能懂得传统道理的力量(九
2,十二 3,十三 1～2,十六 4)。但他真正对信仰的探究,是经验,不是
知识。

　　比勒达尊重传统,是值得钦佩的,尤其他申明神不会偏离公义,是
正确的立论。他论述报应的公义,也是至理,只是应用在约伯身上,并
不恰当。

　　"他们"仍指列祖,他们的智慧是"指教",或作"引导"。此处的"言
语",或作"论点",是智慧文学的用词,可参阅箴言四章四、十节及约伯
记十五章二、三节。此处的"心"是指理智与意志(参照十二 24)。列祖
的心智有纯粹的智慧,他们知道怎样以真理的言语来教导历代的人。

　　"心里"有译为"智慧",这些言语若发自智慧,必然有以教导。⑦ 这
是比勒达所强调的,约伯虽觉有理,但内心中无法折服。

　　八 11　蒲草没有泥岂能发长?芦荻没有水岂能生发?

　　这是以植物生长的例证,说明恶人的实况,恶人好似植物没有水与
泥一样。蒲草易于生长,迅速地可长至十呎至十五呎,若不剪割,比草
枯萎还快,这是下节所说的,可参考五章三节及马太福音十三章五、六

―――――――――――

⑦ Gordis, *The Book of Job*, 90.

节。植物枯萎是因缺水的原因。没有泥,更不能成长,因为根已扎下,怎可汲取水分呢?

蒲草是多产于埃及南部的尼罗河岸。在巴勒斯坦的北部以及滨海平原也极丰盛。芦荻也产于埃及,可参考创世记四十一章二、十八节。

蒲草发长,指草木植物发生青绿新鲜。芦荻生发,指它长得高,十分挺拔。但是它们的生命力看来旺盛,却枯萎得很快,不会持久。

"生发"一词是长高,有时也指自大自高,十分骄妄,十章十六节的"昂首自得",是同一个字。此处暗示恶人的狂妄,兴盛一时,洋洋得意,但是迅速灭亡,他们的兴盛是短暂的。

这两节,本节及下一节,可能是一句谚语,以问话的方式,来阐明内中的涵义。

八 12　尚青的时候,还没有割下,比百样的草先枯槁。

草木尚青,植物的生命还在成长中,还没有到割下的阶段,已经枯萎了。这两种植物虽为草本,至少比一般的青草还坚固,但比起来却更为脆弱,不能耐久。恶人的结局也是这样。

上节以问语的方式,此处作答,说明因与果,也成为完整的谚语。

八 13　凡忘记神的人,景况也是这样。不虔敬人的指望要灭没。

"忘记神"也在诗篇五十篇廿二节,他们是恶人与不虔之辈,照用字,是指亵渎神的人,以赛亚书廿四章五节指违背律法的人,耶利米书三章一节指玷污地的人。叙利亚译词作"异教徒"。⑫

"景况"原文为"道路",或作"前途",这是他们最后的命运。这是终久的结局。这样他们根本没有希望可言,他们的指望必然灭没,因为他们最后必遭灭亡,不能存留,"景况"(或前途)与"指望"二者为同义的对偶字。

论他们没有希望,就引出另一个比方,表明他们任何的凭借都不可靠。

八 14　他所仰赖的必折断,他所倚靠的是蜘蛛网。

不虔敬的人,既自行与生命的来源断绝了,正如植物无水无泥,无

---

⑫ Edouard Dhorme, *A Commentary on the Book of Job*, 119.

所凭借,无可倚靠,他的前途必然无定。他的仰赖好似一条线,必定折断。仰赖的含义只是自信,他的自信好似断线,如蜘蛛网那样脆弱,不攻自破。

蜘蛛网表征脆弱,在以赛亚书五十九章五节,也有同样的涵义,而且表征罪恶毒害的行为。

"折断"一词有不同的解释。从字源研究,"折断"指粉碎,有作为名词解,为脆弱之物。⑦ 有作为"短促"解。⑭ 阿拉伯译本作"太阳的光线"。⑮ 此字更改后(由 yaqot 改为 yaleqût),则为牧羊人的袋,袋中空然无物,就极为失望。所以译作:"他所仰赖的只在空袋",说明他的希望完全落空。⑯

"蜘蛛网"原意为"蜘蛛的房屋",当然蜘蛛并无住屋,它住在网上。此处有"房屋"的字样,才可与下一节的"房屋"在论述上连贯。不然下节转至"房屋",似出现另一论题。

八 15　他要倚靠房屋,房屋却站立不住;他要抓住房屋,房屋却不能存留。

"如果……"是七十士译本所附加的。此处必连续上节的话。恶者的行为,不会比蜘蛛织网的房屋更牢靠。他若凭借这个,必然败落。"房屋"可作"家",包括家人及家产。⑰ 如果这样解释,比勒达就暗示约伯的实况,因为他家破人亡,家产消失殆尽。以前他倚靠这些,但这些都不复存在。

两个动词都是否定的,"站立不住","不能存留",都是表明恶人的倚靠是不可靠的。这就可联想主耶稣以房屋为例,说明凡不遵行主道的,如同房屋建在沙土上,雨打、风吹、水冲,房屋必倒塌,因为基础

⑦ S. R. Driver, F. Brown & C. A. Briggs, *A Hebrew and English Lexicon of the Old Testament*(1907), 876, "fragile thing".

⑭ *Biblica Hebraica Stuttgartensia*, 对本节的注解。

⑮ Clines, *Job 1 - 20*, 199,引述 Saadia's *Arabic Translation* 及 H. Derenbovrg, *Version arabe du Livre de Job de R. Saadia ben Iosef al-Fayyoûmi*(1899),译为"日光中的尘埃"。

⑯ Dhorme, *A Commentary on the Book of Job*, 120 - 121.

⑰ Clines, *Job 1 - 20*, 208,引用 Driver Fohrer, *New American Bible*, 作"家"。

不稳。

八 16　他在日光之下发青,蔓子爬满了园子。

这是以树藤为例,或指葡萄,或指其他的树木,有枝藤可以爬行。在日光照耀之下发出青绿,是光泽所致。或在日光出来之前已经得以灌溉,有充足的水分,再加上阳光,生命力就强盛了。这是照叙利亚文译本与亚兰文译本的译词。⑦⑧

"发青"原意为润泽,也许不是人工的灌溉,而是在日出之前晨露使其润湿而得力。蔓子爬满了园子,蔓子象征着旺盛的新生命,正如十四章七节:发芽的嫩枝。到处蔓生,甚至在石头最不宜滋生的空间,仍能生长不已。

树木茂盛,不仅遍满园子,而且从园子内伸展至外面,在介系词的解释,可有两种不同的译法(over 或 beyond),涵意甚为丰富。

八 17　他的根盘绕石堆,扎入石地。

在树根蔓延之中,遇到多石之处,仍不受阻碍,照样可盘绕而再延伸,甚至扎入石地之内。任何不利的环境都无法阻止它的成长,因它生命力太旺盛了。根扎入石地,似将石头作为房屋,与十四、十五节比较,蜘蛛的房屋多么脆弱,而石头的房屋却坚硬非常。此处是否将义人与恶人作尖锐的比较?

以植物为例,蒲草、芦荻脆弱不堪,生命力无法维持,在短暂的时日内即行枯萎,是指恶人,在十一至十五节。从十六节起,那树木却十分坚强,应指义人。以植物来喻善恶之人,另在他处出现:耶利米书十七章五至六节以及诗篇一篇三至五节。第一篇诗篇可能是依据耶利米书,以一种循环交叉式的排列:三节与六节上论义人,四、五两节论恶人。此处在约伯记八章十一至十五节论恶人,十六至十九节论义人,然而十九节上义人,十九节下恶人,也是一种交叉式的结构。

如果本节论义人,石堆就表征义者暂时的苦难,但他却不因此受阻,仍发展不已。树木的根反而盘绕着石头,使树木更加稳固。石头虽然坚硬,根却有力扎入,更加结实,生命越发苗壮。

---

⑦⑧ Dhorme, *A Commentary on the Book of Job*, 121.

八 18　他若从本地被拔出,那地就不认识他,说,我没有见过你。

读本节,十六、十七节似因未指义者,仍指恶人,因为他们无论怎样强盛,根扎得很深,最后还是被拔出来而遭受遗忘,永被弃绝。谁将他拔出呢? 这里并没有指出,必是神将他连根拔起,而遭丢弃。他被遗忘,好似约伯所说的:"他不再回自己的家,故土也不再认识他。"(七 10)

"我没有见过你。"这是否认的话,好似在申命记卅三章九节:"我未曾看见……也不认识……",可参阅马太福音七章廿三节耶稣的话,恶者是永不被纪念的。

他好似树,怎样在本地延伸,也在该处连根拔起,而遭毁灭。"拔出"原意有"吞灭"的涵义,在七章十九节,二十章十五、十八节,虽然中译词并不明显译出,只有在二十章十八节的小注。这也是有"毁灭"的意思,在二章三节及十章八节。

八 19　看哪,这就是他道中之乐,以后必另有人从地而生。

如果本节上半指义者,下半指恶人,这样的对比也在下节。假若这些经文全部指恶者,或不敬虔之辈,那么本节上半就是以讽刺的语气。后者为大多解经家所主张的。⑦ 有的将"乐"字更改,解为"瓦解","他在道上瓦解"。⑧ 英译本不同的译词兹列举若干:"在路旁朽烂",⑧"生命终于枯萎"。⑧ 又有将"乐"字改为"太阳",是指日光之下,晒干而枯萎。⑧ 仍维持"道中之乐"的译词,除若干英译本外⑧,有译为"更新":"他更新他的道。"⑧或"离开":"他在道中离去。"⑧或"混乱":"他在道中

⑦　Marvin H. Pope, *The Book of Job*, 67.

⑧　Clines, *Job 1－20*, 198, 200.

⑧　Jerusalem Bible, *New American Bible*; Dhorme, *A Commentary on the Book of Job*, 123, 也作此解。

⑧　*New English Bible*, *New International Version*.

⑧　E. J. Kissane, *The Book of Job* (1946).

⑧　*King James Version*, *Revised Standard Version*, *Traduction Oecuménique de La Bible*.

⑧　N. H. Tur-Sinai, *The Book of Job*, 152.

⑧　Gordis, *The Book of Job*, 93.

陷入混乱。"那是依据阿拉伯文(sawwasa)。⑰ 恶者必然毁灭朽坏,好像枯萎的树一般,别的树还会再生。

"另有人"仍指树木,所以可笼统地译出"别的"。

八 20 神必不丢弃完全人,也不扶助邪恶人。

这是报应公义的立论。完全人是无辜的义者。邪恶人是不敬虔的行恶者。神的公义必定伸张,因为祂不轻视完全人。"丢弃"原意为轻视或忽略,拒绝或丢弃,神不会弃绝,祂必看顾。

"扶助"是用手紧握,使被扶助的人不致跌倒。但神对恶者决不扶助。扶助也有"引导"的涵义,可参考创世记十九章十六节;诗篇七十三篇廿三节"援手"。

这里比勒达强调神赏善罚恶的道理,对约伯是一种责骂。约伯是完全人(一 1、8),但神已经丢弃了他。他既没有神的扶助,就表明他实在是邪恶的人。在这两个可能之间,不是前者,而是后者。

八 21 他还要以喜笑充满你的口,以欢呼充满你的嘴。

比勒达的结语,似乎是正面的,但是他无意预言约伯的前途,予以鼓励。他只说明善人与恶者的结局,再提说二者尖锐的对比。

这里的话似乎是重复诗篇一二六篇二节上:"满口喜笑,满舌欢呼。"喜笑表征确据,可参考本书五章廿二节,廿九章廿四节;箴言卅一章廿五节。欢呼是胜利的表现,本书卅三章廿六节;撒母耳记上四章五、六节;撒母耳记下六章十五节;历代志下十五章十四节;以斯拉记三章十一至十三节;诗篇卅三篇三节,四十七篇五节。⑱

"还要"照原意可译为"再要"。以前有过喜笑,以后再会有喜笑,因为神的福分临到义者。"喜笑"在约伯看来,那是讥笑,在十二章四节,但约伯所求的,希望朋友不要再这样讥笑。他一定想有一天,正如比勒达所说的那样喜笑,是内心真实的喜乐。

欢呼也是喜乐的表现,正如卅八章七节所描述的。

八 22 恨恶你的要披戴惭愧;恶人的帐棚,必归于无有。

---

⑰ A. Guillaume, *Studies in the Book of Job*(1968).

⑱ P. Humbert, la *"Terou'x" Analyse d'un rite biblique*(1946).

　　这仍是诗篇的用语与口吻。义者得救,是恶人毁坏的时候。诗人常感到有憎恶者,恶人是真正的仇敌。⑧ 提到"恨恶"者,可参考诗篇九篇十三节,十八篇十七节,廿一篇八节等。"披戴惭愧"在诗篇卅五篇廿六节,一三二篇十八节;"恶人的帐棚"在诗篇八十四篇十节。

　　这些恶人,是诗篇中的仇敌,是敌挡神的、被神终于刑罚的人。谁是约伯的仇敌呢? 如果是朋友们,他们却不是敌挡神的。但他们传统的信仰,以公义的报应之道理来定约伯的罪。在约伯看来,无疑是恨恶他的。这却不是比勒达所能设想的。他们原想安慰约伯,结果却严责他,成为他的仇敌,是他们理性的错谬。⑩

　　披戴惭愧不是主观的,而是客观的,是别人看他自行蒙羞,好似穿上衣服一样,人家一看,就看出他的羞耻来。在比勒达看来,恨恶的仇敌早晚必归于无有。

　　"归于无有",就是七章廿一节所说的"不在了"。这就间接地暗示了约伯的不当。如果约伯真是想归于乌有,无疑自取恶人的结局。

附录:结构分析

　　比勒达的言词,以古代的传统,说明神公义的报应。他用植物的比喻予以解释(八 8～20),这是本章的中心。在这比喻前后(八 2～7,21～22)为训诲篇,教导约伯怎样为善。先看这训诲部分。

2 节　引言
3 节　论神的公义
4 节　约伯儿女受罚
5～6 节　复兴的条件
7 节　兴盛的保证
8～20 节　古代传统植物比喻

---

⑧ G. W. Anderson, "Enemies and Evildoers in the Book of Psalms," *Bulletin of John Rylands University Library* 48(1965-1968),18-29.

⑩ J.J.M. Roberts, "Job and the Israelite Religious Tradition," *Leitschrift für die alttestamentliche Wissenschaft* 89(1977),107-114.

21 节　　保证将来福乐

22 节　　保证仇敌遭报

比勒达以因果的定律,指向约伯的儿女:恶者必亡。论报应之公义,完全以严正的立场,决不妥协,却以正面保证的口吻。他从历史与自然取材,根据传统信仰的观念来发挥他的想法。

他的言词是取智慧的途径,或以吁请的语气:"请你考问"(8 节),或引箴言的短句,或用比喻的方式,有时也以讽刺的口吻,旁敲侧击加以述明。

8 节　　诉诸古代的传统

9～10 节　　解明的必要理由

11 节　　引述箴言

12～19 节　　两种植物的比喻

　　12 节　　尚青的时候枯槁

　　13 节　　忘记神的人的实况

　　14～15 节　　不虔者的房屋

　　16 节　　在日光之下发青

　　17～18 节　　植物虽生根,仍被拔出

　　19 节　　植物的特性

20 节　　应用于义者与恶人

这种以植物为比喻的,可参考耶利米书十七章五至八节,类似的在诗篇第一篇。沙漠的杜松在旷野干旱之地,表征恶人遭咒诅。但义人像树栽在水旁(耶十七 6、8)。不仅在河边扎根,并且不怕炎热。这与埃及的智慧文学(The Instruction of Amenemope)极为相似。比勒达是否借用埃及文学,虽不可断言,这比喻却是古代相传,甚至成为民间通俗的观念,极有可能。

以植物的意象来说明,是智慧文学极为普遍的特性,因为自然景象常引为喻,为解说哲理。智慧如同生命树(箴三 18),果实胜过黄金(八19)。以利法以树木花果来喻人生,恶人好似未熟而落的葡萄(伯十五32～33)。在约伯的说话中,描绘人生好似在日光之下枯萎的花(十四2),而树木却可经久,希望较深(十四 7～9)。树虽被砍下,根埋在土里,到时仍可生发新芽。树能存留,这还是比勒达的原意呢!(八16～

19)但是约伯却以此推论及人,人还不如树木,死后无法复苏。比勒达应用自然现象,仍是以树木喻人。

在用语上巧妙,也是比勒达说话的特征。八章六节,公义的居所,廿二节,恶人的帐棚。又如十四节的蜘蛛网及十七节的石地,原意为蜘蛛的房屋与石头的房屋。又有尖锐的对比,安全与脆弱,永久与短暂。论居所,同一个字用以描述神的居所(耶卅一 33)。帐棚只是短暂的,恶人就是如此。以植物至房屋,都为比较义者与恶人。蜘蛛的网十分脆弱,似表征虚无的自信,是恶人的想法,不能经久。义人的生命好似石地,坚硬与着实。他又如生存的树,深入扎根。比勒达的房屋为例,似乎影射约伯儿女在长兄家中,房屋的四角被狂风击打而倒塌了(一19)。这又是约伯所说的话,人下阴间之后,不再回自己的"家","故土"也不再认识他。"家"与"房屋"同义,"故土"原是"地方"。树木却不同,照比勒达所说,那些以树喻人的话,若从"本地"被拔出,以后必另有人从地而生(18、19 节)。

约伯曾说:"我现今要躺卧在尘土中,你殷勤地寻找我,我却不在了。"(七 21)"不在"('ēnennē)与八章廿二节"无有"('enennū)相同。比勒达常以住处、居所为喻,在他的言词里。

比勒达发出的问题是修辞的(Rhetorical Question),是不需要答复的,却道出他的要旨。在八章三节:"神岂能偏离公平? 全能者岂能偏离公义?"他是针对约伯在第七章的言词所说的怨言。

归纳来说,比勒达与以利法一样,着重神公义的报应,但有不同之处,他不仅诉诸传统,也将教训(八 3～6、8～10、20,比较四 12～21,五9～16)加上劝勉(八 5～7、20～22,比较四 6,五 19～26)。虽然以利法也有二者的内容,但语气比比勒达温和。比勒达更加严谨。但是他言词的内容并不清楚。他究竟也说不清约伯是否有罪,他看约伯是义者还是恶人也无可断言。

如果照比勒达所说的,约伯真照着去作了,那就证实了撒但的话。撒但提出的怀疑:"约伯敬畏神岂是无故呢?"(一 9)比勒达劝约伯敬畏,无非为得着神的福分。

(IV) 约伯第二言词(九1～十22)

这是约伯向比勒达的回答,在与朋友的对话中是第二次,如果包括第三章的独白,为约伯第三次言词。九章二至廿四节:究竟是约伯的独白,还是向朋友说话? 因为提到神是第三人称。在九章廿五节至十章廿二节,除九章卅二至卅五节之外,神是以第二人称的称谓,可见是约伯对神的祈祷。

在文体的性质上研究,法律的争辩形式,在九章十四至十六节,十九至二十节,廿八至卅四节等。赞美诗歌的形式,在九章五至十节,十章十至十二节。哀叹与祈求的语气,在九章十七至十八节,十章十五至十七节。语气方面似为失望与忧伤,却并非憎恶与讽嘲。重点在九章二节:"人在神面前怎能成为义呢?"在整段说话中最主要的论点是九章十三节上:"神必不收回祂的怒气。"

约伯深感在神面前完全无能为力,在九章三、四节,十四至二十节,三十至卅一节。他认为神不顾念他,甚至故意与他为难,可参阅九章十五、二十、廿七至卅一节。"你待我的这些事,早已藏在你心里,我知道你久有此意。我若犯罪,你就察看我,并不赦免我的罪孽。"(十13～14)他继续有厌世的意念,十章十八、十九节与三章三至十三节相似,求死欲仍十分强烈(十20～21,参考十七16)。他对神道德的统治权感到困惑,所以拒绝比勒达的论调:神决不偏离公义(八3)。神的权力大过一切,权力就是真理,是祂的公义。这是约伯的推论,使他无法接受。他惟有向审判的神恳求,向神求怜悯。他所切望的是有听讼的人(九33)。他看自己完全没有价值,只向往神的眷顾,保全他的心灵(十8～12)。

(i) 人怎可与神争辩(九1～4)

九1～2　约伯回答说,我真知道是这样,但人在神面前怎能成为义呢?

"我真知道是这样。"他在比勒达的论调中,抓住其中的重点,神必不偏离公义。"真知道"也许是讽刺的口吻。如果神是公义的,就没有理由来这样刑罚他。这是约伯的呼声:"不要定我有罪,要指示我,你为何与我争辩。"(十 2)

"在神面前",在神的评估之下,是无人可以成为义的。这也指与神争辩,结果也必拗不过神。此处"义"是在于宗教与道德的含义,所以人无法在神面前成为义,以利法说过:"必死的人岂能比神公义吗?"(四 17)答语是绝不可能。约伯却认为人必不能与神争讼,结果只有败诉。

可见他说这话,并非出于他的信念,而是引用两个朋友的话,以归纳的方法综合在一起,然后提出反对,表示他不能心服。

九 3　若愿意与他争辩,千中之一也不能回答。

人敢与神争辩? 即使这样做也必无结果,神不会答复。他在此处是指法律的程序,"争辩"一词在本书常用的,可参考十三章八、十九节,廿九章十六节,卅一章卅五节,卅三章十三节。

"争辩"在十章二节几乎是"争吵",在情绪方面一定十分激动,据理力争,互不相让,非达到胜诉的地步。如果在上节约伯已表明失望的态度,认为根本就无法在神面前成为义人,因为神不容人与他争辩。神必是绝对公义的,因为祂有绝对的权能,人在神面前究竟是无能为力的,他只有放弃。

人若真与神争辩,神也不会答复。"千中之一也不能回答",问了一千次,答复的机会怕一次也没有。机会可说是微乎其微。这一千次是人问的,⑨也有认为是神问的。⑫ 后者可能较为正确,参考九章十六节及卅三章十三节。约伯是盼望神能答复他,但却无回应。千分之一是近乎不可能,可参考申命记卅二章三十节;约书亚记廿三章十节;传道书七章廿八节,本书卅三章廿三节。神不必答辩,因为神有绝对的权能,祂若认为没有必要,就不须理睬。

---

⑨　Marvin H. Pope, *Job*, 70; Revised Versson, *Moffatt's Translation*.

⑫　Edouard Dhorme, *A Commentary on the Book of Job*, 126, 127; Robert Gordis, *The Book of Job*, 102. *New English Bible*, *Traduction Oecuménique de La Bible*.

九 4　他心里有智慧，且大有能力。谁向神刚硬而得亨通呢？

约伯在失望之余，明知神不会答辩，只有放弃。现在他所理论的，是神的智慧与能力。神有超越的智慧，决不是人所能理解的。祂的能力浩大，也非人所能意会的。论神的智慧，除此处之外，只在以赛亚书卅一章二节。智慧常是指人的，而且有时是指人的狡诈，神怎会这样？这简直是亵渎神了，神的能力在此处之外，还在以赛亚书四十章廿六节。能力在反面的涵意是暴行，但神决不会暴虐。约伯对神的智慧与能力，究竟是持正面还是反面的态度？

下半节的话，似有类似赞美诗的形式，"刚硬"是指硬着颈项，是背逆或抗拒的涵义。这明明是一种顶撞的行为，当然不会得着神的喜悦，这样的人一定不会有平安。"亨通"原意为平安。朋友都曾提及，以利法说，约伯若归正，帐棚必平安（五 24）。比勒达说，约伯若清洁正直，他的居所必兴旺，兴旺是平安（八 6）。这是约伯的信念，还是反映朋友的说法，而以讥刺的口吻来发问？这句话既是赞美诗的形式，与五至十节那段似乎极为吻合，都是以诗歌来歌颂神，述说神的大能。

(ii) 友人无义气可言(九 5～13)

九章五至十节为赞美诗，称颂神在自然界伟大的能力，分成两小段。前一段述说神毁坏的能力（5～7 节），后一段描写神创造的能力（8～10 节）。在第十节的结语，可参考八章十三、十九节。论神的智慧与能力（4 节上），是指在自然界的现象。约伯再提到人的无能，无法与神争辩（11～13 节）。这里赞美诗可以以利法的诗歌比较（五 9～16）。以利法的赞美诗论神恩慈的作为，可见与约伯的赞美诗下半有雷同之处。

九 5　他发怒，把山翻倒挪移，山并不知觉。

神发怒，为刑罚恶人，但祂的怒气似先表现在自然界。山是地的根基，将根基翻倒挪移，可说是极大的破坏，却不能影响虔诚人，可参阅诗篇四十六篇二、三节，七十五篇三节。但这可能表明神要显现，为救义人，可参阅诗篇十八篇七节，九十七篇四节，一一四篇五至七节；以赛亚书十三章十三节，廿九章六节；哈巴谷书三章六、十节；士师记五章四节及出埃及记十九章十八节。神为施行拯救,必须败坏恶者。但是山并不知觉,不是指山没有受震动,但山是无法认识神,也不会明白神发怒的原因。约伯几乎认为自己也与山一样缺少感受。

九6　他使地震动,离其本位,地的柱子就摇撼。

在以色列传统的信念中,公义使地稳固,这是宇宙秩序的基础。如果有不义之事发生,地的根基就会摇动,可参阅诗篇八十二篇一至五节。当耶和华作王,以公义审判,世界就坚定,不得动摇(诗九十六 10)。

地的柱子在下面,用以支持,这是以色列的宇宙论,散见在旧约的书卷,如诗篇七十五篇三节,撒母耳记上二章八节。这有时称为根基,字源相同,在诗篇十八篇十五节(撒下廿二 16),八十二篇五节,箴言八章廿九节;以赛亚书廿四章十八节;耶利米书卅一章卅七节;弥迦书六章二节等。

地震是神公义的作为,表明祂的怒气。这是祂公义的大能,是人无法防备及抗拒的。

九7　他吩咐日头不出来,就不出来;又封闭众星。

这是日蚀,日头不出来,被遮荫。封闭众星,可能为密云所掩。神的能力再以反面的影响来描述,不再有光明,只有浓密的黑暗,可参考诗篇十八篇九节、十一节,九十七篇二节;以赛亚书十三章十节;哈巴谷书三章十一节。神有极大毁灭的能力;约珥书二章十节,有地震与黑暗在蝗灾之后,因为耶和华的日子来临,是大而可畏的景象。

神封闭众星,使众星只在原位上,不得出来,出现在夜空。这些都在神的命令之中。"神吩咐"或"神说",在创世记第一章记述创造的过程,都有神的言语,从事创造的工作。现在光体不再出现,再回到黑暗,神原使混乱变为秩序,现在又使秩序变为混乱。这是否为约伯的意愿,使他仍归原处,表达在三章四至九节。

九8　他独自铺张苍天,步行在海浪之上。

自八节至十节,论神创造的工作,为若干经学家所质疑,是否原在约伯的说话,因为上下文似适合以利法的言论(参五9)。但可能约伯表示他对自然现象的认识,并不逊于他的朋友。他有相当的知识,也明白信仰的内容,以自然的创造,归于神的作为。神铺张苍天,可在以赛亚书四十四章廿四节找到:"我耶和华是创造万物的,是独自铺张诸天……"

"铺张"也在十五章廿五节"伸手",在廿六章七节才与此处相似。神好似在支搭帐幕,见诗篇一〇四篇二节及以赛亚书四十章廿二节。神建立穹苍,与祂立地的根基,是相同的工作,参阅以赛亚书四十二章五节,四十五章十一、十二节,五十一章十三、十六节。祂创造高天,也同时征服洋海,那混乱的大鱼(参七 12),祂似将脚踹在洋海之上,表明制服那恶者,将它分裂,破除古代近东的神话迷信。[33] 神步行在海浪之上,似踏在海中的怪兽,正如新英译本(New English Bible)的译词。

九9　他造北斗、参星、昴星,并南方的密宫。

神创造众星,并天上的密宫,为司气候的变迁与更迭,可参考卅七章九节。在五章九节,以利法赞扬神造物的奇妙,认明神管理的义行,但对约伯来看,这些却成为互为冲突的仇敌。神的作为实在难以推测,创造的事似乎并未带来继续的福分,却成为神暴虐的干预,令人惊异。

"北斗"自十二宫中引出,随众星出来,使气候变化,可参阅卅八章卅二节。这是牧夫星座中一等光度的恒星,又称之为大角星(Arcturus)。[34]根据阿拉伯文学用语的字义为"狮子",即处女宫(Virgo),介乎狮子宫与天秤宫之间的星座,在北斗星柄状部之南,黄道十二宫中之第六宫。[35]

"参星"在叙利亚译本与亚兰文译本作"巨人",在神话中,这巨人死后被囚在天上,照希伯来文原意为"愚人",因他愚妄骄傲,轻慢全能者,

---

[33] Pope, *Job*, 70; Norman C. Habel, *The Book of Job*, 191,引用 Kragerud, *Ex Orbe Religionum*(1972).

[34] David J. A. Clines, *Job 1 - 20*, 231;参考 N. Herz, "The Astral Terms in Job ix. 9, xxxviii, 31 - 32," *Journal of Theological Studies* 14(1913),575 - 577; G. R. Driver, "Two Astronomical Passages in the Old Testament," *Journal of Theological Studies* 7(1956),1 - 11.

[35] Clines, *Job 1 - 20*,231; G. Fohrer, *Das Buch Hiob*(1963).

因他的傲慢而受刑。有的解释甚至与伟人宁录相连。㊱

　　"昴星"，照神话所说的，受猎人参星追逐，最后变成鸽子，置于星座。这三种星座，在希腊神学中也曾提及。㊲

　　当然，神话并不可靠，且有迷信的成分，不足置信。但星辰有更迭季节的表象，令人注意。

　　南方的密宫，或指南方的星座，或指天宫藏有风雪与冰雹，可参考卅七章九节，卅八章廿二节。㊳　又有译作"南方星辰之周围"。㊴　有的解释为极南之地，如也门或埃及之北。㊵　有关南方，可参考卅七章九节。但将这些联在一起，卅八章卅一、卅二节有清楚的说明。

　　九 10　他行大事，不可测度，行奇事，不可胜数。

　　这是总括以上的论述，正如五章九节。在语句上是赞扬的颂词。但是约伯似乎并非一个敬虔的观察者。他承认神造物的伟大，却认为神的能力是与他敌对的，可参阅六章四节，九章卅四节，十章卅六节。他似乎充满着忧郁与失望。当他不能测度与数算神的作为，感到完全无能与无助。他也不再关心神掌管宇宙的大能。他需要知道，神对待他究竟有什么目的，这令他十分困惑难解。在一切神秘之中，他更加无知，几乎陷在绝望的境地，无法自拔，也无能解脱。这就使他陷在极端的痛苦里。

　　在此处，他似乎在重复以利法的话（五 8～9），表明他并非对创造的奇妙无知。但他所表现的心态完全不同，是带着反面的论调。

　　九 11　他从我旁边经过，我却不看见；他在我面前行走，我倒不知觉。

　　自十一节至十三节，约伯论述神是无可理解、不受限制的，因为这

㊱ T. H. Gaster, Thespis, *Ritual*, *Myth*, *and Drama in the Ancient Near Fast* (1961), 320 - 327；又 *Myth*, *Legend*, *and Custom in the Old Testament* (1969), 790.

㊲ R. Groves, *Greek Myths*(1955), I, 152.

㊳ Pope, *Job*, 71. 又可参考若干英译本：*New American Bible*, *New International Version*.

㊴ *New English Bible*.

㊵ S. Mowinckel, "Biktet om Job," *Det gamle Testamentel*(1955), 293ff.

是他所体验的,那并非说神的大能是没有道德的内容,只是约伯不能理解(11节),无法阻挡与询问(12节),神的怒气决不收回(13节)。

神对于他来说是那么陌生,祂的能力无论多么伟大,行动何等进取,却是看不见的,充满着神秘,使他捉摸不定。神从他旁边经过,好似以利法在异象中经验的,感到那灵经过(四15~16)。祂既不能被人看见,祂的形像也无法觉察(参四16)。这决不是身体的感官所能体验的。约伯实在不能感受(参十三1,四十二5),或是觉得(十四21)。

神若显现,必可使人接触到祂。以前摩西在西乃山等候神的显现,不能看见神的面。在神的荣耀经过的时候,他只能看见神的背(出卅三22~23),约伯想看见神,却连神的背都不能看见。神经过时是那么匆忙,约伯既不能看见,也不能知觉,这使他感到十分茫然。

在此处约伯似乎还不只求身体感官的接触,他盼望有真正的感受,可以明白、认识神。但是这对他也成为奢望,这样的愿望仍无法达到。

九12　他夺取,谁能阻挡? 谁敢问他,你作什么?

在约伯的心目中,神是毁坏者,祂夺取人的性命,好似约伯的儿女,就被神夺去。约伯无法阻挡,也不能责问,参阅十六、十七节,卅三、卅四节。

谁也不敢问:"你作什么?"这问话是责问与控告。[100] 琐法也论神的权能,人不能阻挡(十一10)。至于对神责问,更是不可想象的。

本章二至十节,约伯的话还是笼统的,从十一节起,约伯完全指他自己的经验,他无法忍受神无理的行为。他的坦率,几乎近于不敬。

九13　神必不收回他的怒气;扶助拉哈伯的,屈身在他以下。

约伯体会神的,不是神的公义与创造的能力,而是祂的怒气。神发怒的情况,已经在第五节说明了。神的怒气是毁坏性的,但其目的却是恩慈的,因为祂要除去恶者。拉哈伯是混乱的海兽,早已被神制服与毁

---

[100] H.J. Boecker, *Redeformen des Rechtslebens im Alten Testament* (1964), 26 - 31.

灭,可参考廿六章十二节;诗篇八十九篇十一节;以赛亚书五十一章九
节,十七章十一节。

扶助拉哈伯的,也是罪恶的化身;必被制服,屈身在他以下,完全降
服。神的怒气是大而可畏的。

(iii) 争辩对神大不敬(九 14～20)

约伯自知与神争辩是不可能的。神已决定的事(3 节),怎有争辩
的余地?如果他受神责问,他怎捱得住呢?(14 节)他即使能够忍得
住,他又自知清白,仍不能在神的审判下站得住(15 节)。在另一方面,
假若约伯来问,他不知道在神忿怒的声音下,是否还听得见约伯的问语
(16 节)。约伯不是怕无法伸冤,他怕神的忿怒,使他无动于衷,就失去
意义了。

本来约伯与神怎能争辩呢?约伯不可能与神站在平等的地位,不
可为自己辩护。这样岂不是大大不敬吗?这是约伯感到万般无奈的
(17～20 节)。

九 14　既是这样,我怎敢回答他,怎敢选择言语与他辩论呢?

神既有极大的能力,连拉哈伯都被制服,人又何能与祂争辩呢?在
神面前,他感到舌结,说不出话,更不知如何应对,找不出适当的话来
争辩。

约伯显然在震怒的神面前畏缩,不敢回答,更不敢与祂争辩,因为
这样就大为不敬。他并非怀疑他的无辜,只是在神的威势下,使他十分
胆怯,他是完全慑服于神的严厉之下,动弹不得。

九 15　我虽有义,也不回答他,只要向那审判我的恳求。

约伯虽用假定的语气,他却肯定自己的义,认为自己是完全无辜
的。但是那并非使我有理,可以与神争辩。他看神在发怒中,对他是敌
对的。他这样被询问,是无法答复的,也不敢来回答。他除了恳求以
外,别无任何的选择。

他看出争辩毫无果效,神是审判者,祂可有权定罪,所以他只有求
情,恳求审判的主施以怜悯,给予恩惠。这原是比勒达的劝告:向全能
者恳求(八 5)。约伯不回答神,并非放弃他无辜的立场,但他求神怜

悯,是解除他的苦难,这是他唯一的愿望。

另一个译法:"我虽有义,仍得不着他的回答。"⑩约伯无论怎样辩护,仍得不着神宣告他无罪。神不准他辩护。辩护的事,出现在十一章二节,十三章十八节,卅三章十二节,四十章八节。"义"字是本书主题之一,在四章十七节,九章二、二十节,十章十五节,十五章十四节,廿二章三节,卅四章五节,卅五章七节。此一译法解释向审判者恳求,不是求怜悯,而是寻求答案。但是即使恳求,求问,这审判者仍不答复,因为公义的神认为这并非必要,所以根本不理。

九 16　我若呼吁,他应允我,我仍不信他真听我的声音。

十四节约伯表明他不敢回答神,十五节他认为虽有义,仍不能回答。或者在争辩中,约伯不敢回答,神也不回答他。这样争辩毫无结果,白费精神,没有必要。但是假若神真的应允他,向他回应,仍不足以说明神真听他的声音。这里无意来指责神不公平,不照公义的原则来审断。重点在神的超越,实在无法测度,不能理解,正如五至十节所说的,神的隐密,使人无法体验,也是事实,在十一至十三节。所以归纳起来,争辩是无用的。

呼吁与应允,是诗篇中的用语,可参考诗篇三篇四节,十七篇六节。在约伯不住的呼吁中,他的请求是要神向他回答,一直到最后,他仍是这样请求:"愿全能者回答我。"(卅一 35)

"我仍不信……"这是表示约伯的疑惑,但他一直有信心,相信神会听他。因此经学家认为这"不"字(lo')应改为"一定"(lu'):"我仍旧确实相信他会听我。"⑬另一种译法,将"不"放在上一句:"他什么也不应允我,但我仍信……"⑭但这样更改,虽可强调约伯的信心,但本章整个的语气都是否定的,因为此处充分表达约伯的失望。

九 17　他用暴风折断我,无故地加增我的损伤。

对约伯来说,他的苦难是出于神的暴虐,因为神来折磨他,使他损

⑩ Dhorme, *A Commentary on the Book of Job*, 135.

⑬ F. I. Andersen, *Job*(1976),147.

⑭ A.C.M. Blommerde, *Northwest Semitic Grammar and Job*(1969),54.

伤。暴风即在卅八章的旋风,⑯就是最后神向约伯说话的情景。在用字里有讽刺的语气,因为神以后在旋风中向约伯说话,不是要折断他,而是医治他,是施恩,不是降灾。在以利法描述的话:"有灵从我面前经过。"(四 15)"灵"也作"风",下半节应有"暴风"的字样,中文并未译出,应作"暴风使我身上的毫毛直立"。那处的"暴风"与此处同一个字。这也可联想一章十九节的"狂风",用字虽然不同,但性质类似,那狂风击打房屋,使约伯的儿女死亡。这是出于撒但的攻击,但在约伯看来,是无故地加增他的损伤。"暴风"一词也可作"头发",但是头发又怎能折断他呢? 那只有解释为言过其实的夸张词(hyperbole),如在四章十九节,蠹虫可以毁坏人。

"折断"在叙利亚译本为"强制",亚兰文译本为"严厉地对待",拉丁文译本为"压伤",七十士译本为"磨炼",这字的原意为"抓住",也是"损伤"的,正如创世记三章十五节。⑯

也有译作暴风雨的打击,⑰而这些都是"无故"的。"无故"也在一章九节。撒但看约伯敬畏神不是无故的,但约伯看苦难却是无故的。

九 18　我就是喘一口气,他都不容,倒使我满心苦恼。

在七章十九节,约伯只求神任凭他咽下唾沫,现在也只求神容他喘一口气,但是神都不肯容他。他认为神只容他吞下毒物(二十 14),因为"苦恼"一词是与二十章十四节的"恶毒"为同一个字。"满心"的"满"原意为"喝足",喝足苦酒,是神忿怒的酒,充满恶毒的成分。

这节经文也可比较耶利米哀歌三章十五节:"他用苦楚充满我,使我饱用茵陈。"

九 19　若论力量,他真有能力;若论审判,他说谁能将我传来呢?

约伯期待的,是神无可抗拒的能力。他所经验的,是他受审时,无法表白他的无辜。他认清神大有能力(4 节),其他的力量都遭否认。他想争辩,但是神不会容许的。他要求循法律的程序,使他有为自己辩

---

⑯ 暴风(secāra)与旋风(secārā)这两个词的第一个字母不同,但这两个字母通用,字源则为一。

⑯ Dhorme, *A Commentary on the Book of Job*, 136 - 137.

⑰ *New English Bible*.

护的机会。但这是不可能的,因为神的能力太大,无法抗拒。如果约伯
与神争辩,无论与神的能力相争,必然失败的,神的能力胜过宇宙中一
切,十三节已经说明,人是绝对无法抗拒的。所以神完全否定法律的程
序,不会将约伯传来,出现在法庭里受审。

九 20　我虽有义,自己的口要定我为有罪;我虽完全,我口必显我
为弯曲。

这里仍以法律的程序为主,他虽已看清无法与神争辩,不能答复神
质询的话,但是仍旧希望为自己的无辜而维护。现在他在极度的失望
中,他仍不能保持缄默,在神的权能之下,他只有俯首认罪,因为他自己
的口定他有罪。这是以利法所说的:"你自己的口定你有罪……你自己
的嘴见证你的不是。"(十五 6)

"自己的口"及"我口"有人主张改为"他的口"。约伯无论怎样完
全,神的口仍宣判他有罪。在下半节"口"字没有重复,动词是第三人
称,或指"它"(口),或指"他"(神)。英文修订本译作:"他必以我为
弯曲。"

(iv) 向神倾诉情何堪(九 21~24)

约伯一方面表明他无辜,另一方面表示他失望。他不得不向神倾
诉,希望神会顾念他。但他也不能不面对现实,因为他无论看自然现象
(23 节),或社会情况(24 节),似乎都看不见公义,一切的患难仍无法
解释。

九 21　我本完全,不顾自己,我厌恶我的性命。

本节的语气十分特殊,韵律是短促而间断的,好似表露约伯激动的
情绪。他一直强调自己无辜,但是又无法证明。他"不顾自己","不顾"
可译为"不认识",他连自己都不认识,因为他实在太失望了,对自己没
有把握,不明白神为什么这样对待他,他对自己甚至厌恶起来。"顾"或
"认识"都有"爱"的涵义,他无法自爱,实际上是自怜。他对自己一切都
发生怀疑。一个自以为完全的人,总不会那样自暴自弃,必知道自重,
可见约伯在极度的矛盾之中。

九 22　善恶无分,都是一样,所以我说,完全人和恶人,他都灭绝。

"都是一样",似指完全人和恶人的命运,都被灭绝,但是可能也指上节的情形,有义与定罪也是一样,"完全"与"弯曲"又是一样。"我本完全",又"厌恶自己的性命",更是一样没有分别。神对人,无论善恶,都一视同仁,没有区分。这就使约伯更加困惑,更加失望。

"所以我说",于是约伯可作这结论,神毁灭的,将完全人与恶人一并处理。"灭绝"就是四章九节的"消没",或七章九节的"消散",不复存在。

此处神对待义人与恶人,都完全相同,若是指施恩,只表明公平(参太五 45)。但此处是指恶待他们,使他们受苦,不赏善罚恶,就无公义可言。行善既不得鼓励,反正最后与恶人一样,又何必认真呢?

九 23　若忽然遭杀害之祸,他必戏笑无辜的人遇难。

"杀害之祸",在用字的含义似为天灾,如饥馑与瘟疫,人力无法控制,多人丧生,其中有无辜的,也有恶者,一样被灾祸所杀害,没有分别。

谁戏笑? 如果是神,祂怎会幸灾乐祸呢? 只有恶人遭报,义人看见他们的结局就欢喜,无辜的人嗤笑他们。这是在以利法的言词中(廿二 19)。但以利法也曾说,"请你追想,无辜的人有谁灭亡? 正直的人在何处剪除?"(四 7)可见无辜的人遇难,是极不正当的事,神又怎会戏笑呢? 这字可译为"戏笑",也可译为"轻忽"。神甚至不重视无辜人遇难,因为灾祸是必然的,人无可避免,至少这是约伯的看法。

智慧者特别劝阻人戏笑贫穷者,因为这是辱没造他的主,幸灾乐祸的,必不免受罚,在箴言书十七章五节。但不肯悔改的遭灾难,必被嗤笑。可见约伯认为苦难若是刑罚,就不值得同情,那么他自己遇见苦难呢?

"遇难"原意为"溶化",是失望的意思。无辜人失望,神都轻忽。另一译词:"神轻忽无辜人的呼求。"这是将该字评读的方法,使解释不同。⑩

这里是约伯对神不满,因为他看不见神的公义,神的道德竟是专横的。

---

⑩ Pope, *The Book of Job*, 108,引用 D. Yellin, *Higre Migra-Iyyob*(1927).

九 24　世界交在恶人手中,蒙蔽世界审判官的脸,若不是祂是谁呢?

约伯责怪神不公平,因为祂将世界交在恶人手中,至少也容许恶者在世上猖狂。神是残忍的,不顾无辜者遭难。祂甚至蒙蔽世界审判官的脸,使他们看不见无辜者的苦难,看不见公正。在此处约伯原为否认比勒达的论调,认为神确有不公平之处。但因此向神埋怨,几乎离弃神。在苦难中,情绪未免过分偏激,当然十分失态。

人的苦难或因天灾(上一节),或因人祸。由自然界与社会带来的祸患,使人无法忍受。此处他特别指出社会的病态,"蒙蔽"是贿赂的行为,可参考出埃及记廿三章八节,这里是指神纵容暴政的存在,"世界"或"地土",只笼统地提说,因为在传统的信念中,地土是由虔敬人来承受的,可参考诗篇卅七篇九节;箴言二章廿一节,十章三十节;以及新约马太福音五章五节。可见世界"或地土"并未交在恶人手中,也许在此处暗指特殊的环境或历史恶劣的处境。[109]

"若不是祂是谁呢?"从约伯的推论,神是需要负责的,因为祂没有赏善罚恶,对完全人与恶者一视同仁,一并毁灭,对无辜者没有施以同情与怜悯,这是约伯十分失望的,以下是他的悲叹。

(v) 寻求其他的出路(九 25~35)

自九章廿五节至卅一节,约伯的言词以独白的方式,有些悲叹仍是向着神的,以第二人称呼求神。他再叙述生命的短暂,年月在悲苦中(25~26 节)。他无法遗忘悲情,苦难只是不断地提醒他,认为神定他有罪(27~28 节)。看来约伯无论怎样辩白,并不能使神中止对他的危害(29~31 节)。自卅二节至卅五节,约伯又转至法律争辩的方式。他需要有一位听讼者,站在神与约伯中间,作为他的中保(32~33 节)。既无这样的听讼者,他只有自己来作。但是他又没有勇气,而且自知地位低微,力量菲薄,怎有争辩的可能(34 节)。最后他只有拿出勇气来

---

[109] Clines, *Job 1 - 20*, 239.

勉力而为(35 节)。

九 25　我的日子比跑信的更快,急速过去,不见福乐。

在此处,约伯的言词有显著的转变。他独语着,再重复慨叹生命的短暂,可参考七章六、十六节,十章二十节。跑信者必须疾行,不然会因耽误而失去时效,所以争取时间是必要的。可参考撒母耳记下十八章十九至廿三节;以赛亚书四十一章廿七节及五十二章七节。

生命不仅简短,而且痛苦,永无福乐可言,有些欢乐的时光瞬即逝去,不能久留,以致连体会都来不及,好似幻影一般,是真是幻,都无法把握。

九 26　我的日子过去如快船,如急落抓食的鹰。

快船为芦苇制成的,船身很轻,在水上行驶十分快速。在以赛亚书十八章一、二节提及:蒲草船。

鹰鸟抓食是极迅速的行动,它看准目标,其急落即抓食的快速,实在惊人。可参考卅九章廿七至三十节;申命记廿八章四十九节;撒母耳记下一章廿三节;箴言廿三章五节;耶利米书四章十三节;哈巴谷书一章八节;耶利米哀歌四章十九节。

鹰鸟在天空,快船在河道,跑信的在陆地。又“跑信的”喻为快速,“快船”指脆弱,而鹰鸟象征残忍。人生的年月也是如此,转瞬即逝,又脆弱,不堪一击,有无限残酷的现实。光阴虽如此快速地飞逝,但苦难仍丝毫没有过去,仍停留着,而且可能变本加厉,毫无福乐可言。可见神只降祸不赐福。约伯看不见福乐,只遭受苦难。

九 27　我若说,我要忘记我的哀情,除去我的愁容,心中畅快。

这里约伯首先寻求解脱的方法,是逃避吗?忘记哀情,除去愁容,不再与神争辩。这样是否有效?正如他在七章十三节,设法找解脱,看来并无用处,这里也有同样挫折的感觉。

如果我不能使痛苦离开我,我却可使自己离开痛苦。我根本忘记哀情,不当一回事。这样逃避也等于面对,因为我以勇敢的态度面对,脸上满有光彩,表明内心畅快。“畅快”原意为光彩,而光彩是指脸面的。

九 28　我因愁苦而惧怕,知道你必不以我为无辜。

他在痛苦中,还有一种惧怕的心理,怕神定他有罪,而再降罚在他身上,那样他就更无法经受了,他一直在不安中,一方面怨言悲叹,深感痛苦与惧怕,另一方面他又以神为不公正,因为他不肯承认自己是有罪的,他因罪而受罚。但他的痛苦始终无法除去,证明神并不以他为无辜。所以他只得承认自己是失败的,在失败里极深地失望了。可见约伯怕的是刑罚,那么他就无法逃避痛苦,也不能再发怨言,向神争辩。

九 29　我必被你定为有罪,我何必徒然劳苦呢?

在无论怎样的情况之下,总是被定为有罪,一切劳力都是白费了。"徒然"一词原意为"虚空",是传道书常用的字。"劳苦"原意为烦愁,怕自己仍被定罪,所以用尽种种办法,盼望苦难可以消除,表明并非因罪而受罚,苦难既除去了,自然不再被视为罪人。但是这样的顾虑与惧怕不必存在,反正他是被定了罪,就永远不能脱罪。

九 30　我若用雪水洗身,用硷洁净我的手。

现在约伯想用另一种方式,就是自洁,这样就可表白自己是完全无辜的。洗手也是一种洁净礼,在圣经中屡有记载,在申命记廿一章六节;诗篇廿六篇六节,七十三篇十三节等。有些罪可能太严重,只用礼仪是不足除罪的。耶利米书二章廿二节说:"你虽用硷、多用肥皂洗濯,你罪孽的痕迹仍然在我面前显出。这是主耶和华说的。"又可参考以赛亚书一章十八节;诗篇五十一篇二、七节。

雪水未必洁白,但是洗涤之后有雪那么白,是表征洁净。可见这只是一种描写。硷类似苏打,可以漂白,这又可能是一种植物焚成灰之后再加油,制成肥皂。

九 31　你还要扔我在坑里,我的衣服都憎恶我。

约伯无论已洁净到什么程度,仍被神扔在坑里。这是表明神对他忿怒的行为。坑是粪坑,污秽不堪。这坑可能是指死亡的阴间(十七14,卅三18)。[10] 衣服洁净,表明无罪(亚三 3~5)。污秽的衣服是有罪的说明,所以人因他污秽的衣服视他有罪,而他的衣服是玷污的。衣服若有感觉,必自惭而憎恶。"我的衣服"(sholemai)一字有改为"我的朋

---

⑩ N. Tromp, *Primitive Conceptions of Death and the Nether World in the Old Testament* (1969), 59-71.

友"(meshullamei),表明憎恶的不是衣服,而是朋友,⑪都因为他实在污秽不堪。

九 32　他本不像我是人,使我可以回答他,又使我们可以同听审判。

约伯认清他无助的状况,因为诉讼的事不能成立。在法律的秩序中应有原告与被告,必有两方,案件才可成立。但是现在一方是神,祂怎会与人站在相对的地位呢?神不会回应约伯的讼词,神既不会责问他,使他可以回答。神也不容他来质询,会有什么答复,神不是原告或被告,祂是审判的法官,祂向约伯宣告有罪,却并无细说罪状。他根本在神面前没有辩护的机会,这是他觉得沮丧主要的原因。

九 33　我们中间没有听讼的人可以向我们两造按手。

"听讼的人"原意为审判者,但也可指辩护者,或和解者,为处理争端,力求和解。他往往是有权处理双方的争端,在他们两造按手。"按手"指施行权柄,或确定法案,如在诗篇一三九篇五节发挥权力。也可能是一种调停的姿态。⑫ 约伯有这样的要求,是以利法及别的朋友无法认知的。但在约伯的言词中不住地提说,是一位维护人,救赎者,在十六章十九至廿一节以及十九章廿五节。⑬

再研究这个用词:"听讼的人"(mōkiah),是一位智慧者,专为纠正与责备,劝勉与警戒,在五章十七节以利法的言词中为"惩治",专指神。在箴言九章八节作"责备"。约伯在十六章廿一节的言词中,他是期望见证人与中保,是神与人中间的第三者。以后以利户似担任这个角色(参卅二 12)。但是到现在为止,约伯仍未找到有那么一位。

九 34～35　愿他把杖离开我,不使惊惶威吓我;我就说话,也不惧怕他,现在我却不是那样。

杖是责打的,是神把杖离开他,还是那一位将神的杖离开他,好像

⑪ Dhorme,*A Commentary on the Book of Job*,143,引用 Lagarde.

⑫ Samuel Terrien,*Job:Poet of Existence*(1957),113.

⑬ N. C. Habel,"Only the Jackal is My Friend:On Friends and Redeemers in Job," *Interpretation* 31(1977),227-236.

后者的解释较为可靠。[⑭] 他将神责打的杖拿开,就使约伯不再惊惶,在不受威吓的情形之下,才敢说话。

"现在我却不是这样。"这句话的涵义不十分清楚。或者他仍在惊惶的威吓之下,不敢说话。[⑮] 或者他根本不在乎,他只希望神讲理,不以威力胁迫,他就无所惧怕。[⑯] 这是在于卅三节的解释:"我们中间没有听讼的人。""没有"(lo')若译作"但能"(lu')。但愿我们中间有听讼的人,那我就没有什么可惧怕的了。[⑰] 甚至在卅五节的上下半节也更换一下,译作:"现在既不是这样,我就说话,必不惧怕。"[⑱]他仍要说话,发出心中的哀怨,在十章二节。他继续向神质询,提出哀求(十 2 起)。

(vi) 再度向主神控告(十 1~17)

约伯的言词继续诉说他的哀情,是以哀歌的形式,作为祷告,向神祈祷。[⑲] 这也可作为"控告"。[⑳] 其实二者都有。在二至七节是控词,八至十七节是悲叹语。十八至廿二节完全是吁求,在另一分段,再行讨论。

十 1　我厌烦我的性命,必由着自己述说我的哀情,因心里苦恼,我要说话。

这是一种宣告的形式,为建立整个的言词,可参阅七章十一节。从此处再发展较为激烈的话。在七章十六节,也包括九章廿一节,他厌弃生命,但现在他对生命厌烦。这两者不尽相同。前者,他在求死;后者,他求生命的改善。看是否仍有希望,似乎不那么消极,不是完全放弃的

---

⑭ Dhorme, *A Commentary on the Book of Job*, 144; Terrien, *Job: Poet of Existence*, 106; *Jerusalem Bible*, *New American Bible*, *New International Version*.

⑮ C.B. Nabel, *The Book of Job*, 197.

⑯ Cline, *Job 1 - 20*, 243,引用 Gray and Peake.

⑰ Dhorme, *A Commentary on the Book of Job*, 144.

⑱ Dhorme, 145.

⑲ Artur Weiser, *Das Buch Hiob Übersetzt und erklärt*(1951),77 - 78.

⑳ G. Fohrer, *Das Buch Hiob*(1963),213.

态度。但他又曾引发求死的愿望，在十八至廿二节再现。在用字方面不同，厌恶或厌弃（m-'-s）是一种否定与放弃，在七、九章。厌烦（Qut）是一种焦虑与失望，仍没有到放弃的地步。

在约伯极度痛苦的时候，他心中的哀怨必须发泄，在表露方面必难免有过分之处。他似也不再顾忌，好像一个淘气的孩童向父母撒娇。这是约伯的心情，也充分表现他的幼稚。

十 2　对神说，不要定我有罪，要指示我，你为何与我争辩。

在九章廿九节："我必被你定为有罪。"但是现在又再求神不定他的罪，在第九章，他在与神争辩。但此处他却求指示，"你为何与我争辩。"其实神无意与他争辩，约伯向祂争辩，神并不答复。神决不会介入这样的争辩。但是约伯仍旧认为神敌挡他，与他站在敌对的地位。这是他错误的观念与态度。他怎可视神为同等的呢？泥在窑匠手里，泥怎可争辩。神的权能若不尊重，是大不敬，可惜约伯在痛苦中，似乎没有那样理智的认识。但是下一节，他仍大胆地向造物者责问。

十 3　你手所造的，你又欺压，又藐视，却光照恶人的计谋。这事你以为美吗？

约伯承认神是创造的主，参考箴言十四章卅一节。神也是救赎主，诗篇一○三篇六节。造物的主只求被造的得益，必无意使他受损。但是这里照约伯的观察与身受的经验并非如此，因为神手所造的，又欺压，又藐视。在七章一、二节，好似神对全人类都是这样。这里都算出神有两项错误：第一，藐视祂所造的人；第二，重视祂所憎恶的恶人，这与神创造的初衷一定有所违反。

但是恶人也是神手所造的，除非神并非造他们时要使他们成为恶者，这当然不是神的旨意。约伯一定对恶人的计谋不感兴趣，也不关怀。但他心感不平的，神竟对恶者不予管制，却"光照"他们。"光照"是脸面发光，是微笑的样子，似乎表示赞同或称许，可参考申命记卅三章二节；诗篇五十篇二节，八十篇三节，九十四篇一节。这常与救恩有关，难道神还救恶人，却置其他人不顾吗？也许这里是以讽刺的语气，表达约伯内心的愤慨。

"这事你以为美吗？""美"是指喜悦，可参考创世记二章九节，六章二节；出埃及记二章二节；撒母耳记下十一章二节。"美"必不指公正，可能指情绪方面有所满足,这决不是理性的,因为约伯在论理上想不通。神总不能将他当作恶人吧? 若是恶人,神反而以微笑光照他。但他自承并非恶人,反遭藐视与欺压,这是他无法接受的。"美"是否良善呢?[20]

十 4　你的眼岂是肉眼? 你查看岂像人查看吗?

这是第二个问题,因为他不明白神的眼怎么如人一样,那么短视,容易看错,看得不够清楚。神对待义人,好似处罚有罪的人,所以约伯再予以否认,神的眼不是肉眼,因为祂是灵,不是肉体,可参考以赛亚书卅一章三节以及诗篇五十六篇四节。在撒母耳记上十六章七节说:"耶和华不像人看人,人是看外貌,耶和华是看内心。"这是智慧者的见解,在箴言十六章二节、廿一章二节。其实约伯也这样说,在廿六章六节及卅一章四节。以利户曾有这样的说法,在卅四章廿一节。

耶和华不是有人的肉身,所以祂的眼不是肉眼。祂的生命是永恒的。

十 5　你的日子岂像人的日子? 你的年岁岂像人的年岁?

这是第三个问题:神的生命岂如人的性命那么有限吗? 人常在死亡的威胁下,感到十分不安全。但是神是从亘古到永远(诗九十 2),祂的年数没有穷尽(诗一〇二 27)。看来人若被神刑罚,是没有穷尽的,人怎样经受得起? 因此,人在永生神面前,须恒久地受着威胁,实在无法忍受。

"日子"是重复出现,为着重语气,但在此处,时间的意识十分敏锐,在深感人生的短暂,又觉得死亡的威胁越来越可怕的威胁下,苦难频仍,似乎永远脱离不了苦楚,必备受痛苦。

这里再与神与人比,也有讽刺的口吻,又是十分不敬的态度。但在受苦中,语无伦次,在言语中得罪神,怎可说是无辜呢? 这就是朋友们对他的严责。

十 6　就追问我的罪孽,寻察我的罪过吗?

约伯提出罪孽与罪过,是否表明他有隐而未现的罪,为神所查究

---

[20] Samuel Terrien, *Job*：*Poet of Existence*, 116.

呢? 但他又一再否认,好似此处在发出疑问。除非神好似人那么短暂,趁着有生之日,快点查究,及时刑罚,不然就会坐失机会。

但是事实既非如此,那样推论就没有需要了。但他看神一直以眼目看人(七 8),不住地鉴察人(七 20),现在仍精细地追问寻索。如果神真是细心查究,必定查出约伯没有犯罪。所以以下就是约伯的结论。

十 7　其实,你知道我没有罪恶,并没有能救我脱离你手的。

神已经知道约伯没有罪恶,在九章二十、廿一、廿九节曾经说明。但是无人能救他脱离神施虐的手。神的手是威胁的,祂的威吓使人惊惧与胆怯(九 34),在这样情况之下,约伯还有什么生路?

在第三章,约伯只为苦难哀叹。在以利法言词后他的回答中(六、七章),他多诉自己的悲痛,只约略提说他的无辜,仅在六章十节、三十节。但在这言词中(九、十章),他强调自己无罪(九 15、20、21),他尤其宣告,神都知道他的无辜。他可理直气壮地为自己辩护。

十 8　你的手创造我,造就我的四肢百体;你还要毁灭我。

神创造的动作,因为孕育生产的过程,都是神的作为,可参考诗篇廿二篇九节,一一九篇七十三节,一三九篇十三节;传道书十一章五节。

神的创造好似工匠制作器皿,取了原料而加以塑造。这就是此处用字的涵义('itsev)。神显然有十分卓越巧妙的技能,将人造作,由胚胎至成形,“造就我的四肢百体”。“四肢百体”是意译,原意只为“四围”,包括一切整体,使四肢百体十分完整。看来神创造的心意十分周密,也非常细心,似乎是满有恩慈,但是那么精巧的制作,何以最后却加以毁灭呢? 这是令约伯十分费解的。

“毁灭”一词,在八章十八节中译词作“拔出”,完全消灭,连原处都不认识他,这样作究竟有什么目的? 难道神不加以思想,无故地使约伯受苦吗? 尤其祂找不出约伯有什么不当的事。约伯没有犯什么罪,是不应那么受苦的。

本节另一种译法:“你的手创造我,造就我,你却在四围毁灭我。”这样也可带出约伯怨言的重点。“四围”若意译为“完全”,意义可能更为清楚。此处“毁灭”也是以加重语气的动词形式(Piel),正如二章三节一样。⑫

十 9　求你记念，制造我如抟泥一般；你还要使我归于尘土吗？

这里的用意仍与上节相同，以神创造与毁灭两者的动作，作尖锐的对比。但此处的悲怆语气更加有力，因为约伯求神记念，可参考七章七节。

神是窑匠，而我们人只是泥。神却细心制造，那样慎重精巧，是祂所顾念的，最后竟然扔弃当作垃圾，使之归于尘土。神是窑匠而人只为泥土，在四章十九节，卅三章六节之外，还在创世记二章七节；以赛亚书六十四章八节，四十五章九节；耶利米书十八章五节，以及罗马书九章二十、廿一节。器皿作坏了，仍归于尘土，可参考创世记三章十九节；诗篇九十篇三节，一〇四篇廿九节，一四六篇四节等，尘土为人最后的结局。

尘土为人最后的结局，是他所抱怨的，是他还不到老年却在经受人生终局的悲哀，可参考五章廿六节。

这句话也许不是以问题的方式。这是约伯的请求，求神记念：制造我如泥，扔弃我如尘土。⑬

泥与尘土为同义字，也在四章十九节及三十章十九节，但神的作为又是正面，又是反面，使约伯困惑。

十 10　你不是倒出我来好像奶，使我凝结如同奶饼吗？

这里描述生命胚胎的形成，是希伯来的思想，在诗篇一三九篇十三至十六节，说出被造的奇妙，是在暗中，但是神已经看出未成形的体质与形体，生命是十分神秘的。上节说人是泥土造成的，胎儿原为泥土，但先由精液好似奶一样倒上，然后凝结起来，成为奶饼，就是乳酪，由液体而成为固体了。由一块固体再逐渐发展而成为胚胎，可谓十分活泼的描写。

十 11　你以皮和肉为衣给我穿上，用骨与筋把我全体联络。

在上节有两个阶段，自奶至奶饼，由液体成为固体。此处是第三个阶段，将皮肉放在上面，有骨与筋联络起来。皮肉穿上，是外形的，看得

---

⑫ Edouard Dhorme, *A Commentary on the Book of Job*, 149.

⑬ Robert Gordis, *The Book of Job: A Commentary*, 113.

见的。骨筋在里面,成为身体的构架。

"联络"也在诗篇一三九篇十三节,中译词为"覆庇",原意为"编织",好似织布一般,可参考士师记十六章十四节。

神在创造的过程中,似有一定的心意,早已设计好了,胸有成竹,所以依次制作,成就祂精细的想法。可参考十三节。如果创造有一定的心意,毁坏也是一样早有定见,无可更改。

十 12　你将生命和慈爱赐给我,你也眷顾保全我的心灵。

这节似乎是独立的,不与上面几节相连,因为在前几节都是约伯的怨言:有无限的怨恨与自嘲的话,但是此处完全是感恩,感谢神的看顾与施恩。

神不仅赐给他生命,也赐给他慈爱。"慈爱"(hesed)原意为信实的爱,神对他始终信实,但是约伯找不到朋友对他的信实(参六 14)。神赐他生命,但是生命对他只是无限的厌烦,在九章廿一节及十章一节。

神也眷顾他,但只鉴察他,使他感到惶恐,在七章十八节说明。在诗篇八篇五节,六十五篇十节,八十篇十五节是同一个字,也指眷顾。

保全他的心灵,因为生命的气息是神所赐的,所以祂也必保全。但这也可有反面的意义,在七章十二节:"防守",在七章二十节:"鉴察"。此处的保全正如译词,是正面的。

十 13　然而你待我的这些事,早已藏在你心里,我知道你久有此意。

在神的眷顾与保全之下,显明神早已有这样的计划。七章约伯已经说出神鉴察的事,深感神不是眷顾,而是在反面不住为难他。此处"这些事"必指神严厉的方法,使他无法经受。神将这些藏在心里,没有向约伯显明,使他不能明白。在廿七章十一节:"全能者所行的,我也不隐瞒",但此处想到全能者所行的,却不明白,并非存心隐瞒,所以他内心极为痛苦。

"我知道你久有此意。"此意是神眷顾保守的心意,是神爱的心意。照约伯的理解,神不会故意为难,但是事实与实际却完全相反。

十 14　我若犯罪,你就察看我,并不赦免我的罪孽。

约伯不承认自己犯罪,但若神以为他有罪,尽可察看,不必特别宽容。此处"察看"又是与"眷顾"以及七章的"鉴察"相同,只是用于反面的涵义。神不必赦免他,于是他自知苦难为罪有应得的报应。但是约伯却看不出自己的罪。

这是约伯基本的矛盾,从一方面实在深知神的慈爱,但另一方面也真看出神的严厉,因为苦难的事实摆在面前,使他无法否认,神究竟是看顾呢? 还是鉴察呢? 同一个用字,有正面与反面的涵义,需要不住地反省与思考,但是怎么理论与推想,都无法得着结论,这是他怨言的主因,无法得以解脱。

由于自认无罪,他内心的挣扎是很深的,他不能解决这样的困惑。

十 15 我若行恶,便有了祸;我若为义,也不敢抬头,正是满心羞愧,眼见我的苦情。

"行恶"在第七节以及九章廿九节已经提说。约伯认为他究竟是行恶与为义,没有什么分别。神对待义人与恶者完全一样,可参阅九章廿二节及廿九节。"有祸"也在弥迦书七章一节。神既不辨别善恶,但对待约伯,只当他是罪人。因此约伯一定要辩白。

他若为义,应该敢抬起头来,有勇气与独立,无所惧怕,甚至敢面对仇敌,如在士师记八章廿八节;撒迦利亚书二章四节;诗篇八十三篇二节。在本书十一章十五节,琐法说,如果约伯与神和好,就可以仰起脸来,无所惧怕。但是他眼看自己的苦情,显明神的忿怒,他是处在罪人的地位,只有羞愧,抬不起头来。

看来辩白是无用的,还是甘心受苦吧! 可是他心有不甘,于是矛盾就更加深了。这是他的无奈。

十 16 我若昂首自得,你就追捕我如狮子,又在我身上显出奇能。

"昂首自得"中译词可能为连续上节的说词,这也是七十士译本的意译。有译为"你骄傲地追捕我如狮子",作为形容词或副词。[14] 这样译法似可将这节作为两大句,上句骄傲,下句奇能,都为神所夸耀。有的只将第一短句作为多余而省略,也有不同的意译:"我已精疲力尽……"[15]亚兰文译本作:"他举起手来……"在此处神要捕捉狮子,但

[14] Gordis, *The Book of Job*, 114.
[15] Dhorme, *A Commentary on the Book of Job*, 152.

有时神以狮子为喻,如在何西阿书五章十四节及十三章七节。但此处狮子成为掳物。在诗篇,常以狮子为仇敌的表征,如在诗篇七篇二节,十篇九节,十七篇十二节,廿二篇十三节,卅五篇十七节,五十七篇四节。但此处约伯竟以神为仇敌。

约伯以自己喻为被捕捉的狮子,似乎极为夸张,可能他认为如果自己竟昂首自得,才如狮子那么狂妄,为神所捕捉,事实上他不是狮子,也未曾狂妄。

神对付他,在他身上施以苦难,显出奇能,是否有夸张与讽刺的语气?在本书论神的奇能在创造:五章九节,九章十节及卅七章十四节。至于神在历史里的作为,在出埃及记三章二十节,十五章十一节,卅四章十节;诗篇七十七篇十四节,一○七篇八节。人看见神的奇能必惊奇不已。但约伯看见神在他身上所显的奇能,却甚感痛苦。

十 17　你重立见证攻击我,向我加增恼怒,如军兵更换着攻击我。

约伯看到,只要他敢向神争辩,神会继续攻击他。重立见证,是重新找攻击他的见证,表明他有罪,可参考十六章八节。"见证"原指法律的程序,但是神定罪,不需要见证。"见证"有译为"对敌",神与约伯敌对的情形加增了,祂的怒气,即中译词的"恼怒"有增无减。他描写有军兵更换着攻击他,就是有军兵围困他,使他四面楚歌。在十九章十、十二节:"他在四围攻击我,我便归于死亡……他的军旅一齐上来,修筑战路攻击我,在我帐棚的四围安营。"

(vii) 再向神哀叹祈求(十 18～22)

在约伯冗长的回答中,九章、十章内有悲叹,似重复三章一节起初的哀词,又有类似七章的祈求(尤其在七 19)。此处似再作一概括的结语。

在这次说话中,约伯需要为自己辩明(九 2),但在神面前似无能为力(九 3～4、14～20),他又无法使神宣告他无辜(十 14～15),因此他一直表示无助与无奈(九 11)。他以义人的身份自叹,因为他在震怒之神的手里(十 7)。他的悲叹似再回到原有的哀情(3 章)。现在他再向神哀求,以结束他的辩白。

十 18　你为何使我出母胎呢？不如我当时气绝，无人得见我。

这是重复三章十一至十九节的言词中开始的话："为何？"如果一生出来就夭折，就比现在的苦楚还好得多。再回顾那时的哀叹，三章十一、十六节值得注意。首先，他在悲哀命运中神秘的力量，却将一切归咎于神。神在他母腹中造作他，甚至让他生来见光，但现在使他受苦，岂不在作弄他？其次让他看见人间的疾苦，又将他当作罪人，尤其令他难堪。

十 19　这样，就如没有我一般，一出母胎就被送入坟墓。

这节在七十士译本是以问语的方式，这是反面的愿望。发展上一节的思想。但愿我从起初就不存在。耶利米书二十章十七节：先知情愿他的母腹成为他的坟墓，根本没见过天日，就不会尝到人间的痛苦。此处仍可参照三章二十节。

比较第三章，有不同之处，因为在第三章，提到神，就以被动语气，表明神并没有主动地加给他苦楚。但是此处在他的自诅中，只是责怪神，认为神特别为难他。在第三章，他只意识到苦楚，但此处他认为神使他受苦，早在神长远的计划之中。

十 20~21　我的日子不是甚少吗？求你停手宽容我，叫我在往而不返之先，就是往黑暗和死荫之地以先，可以稍得畅快。

此处，由第三章发展至第七章下半部，将两者合并起来。他余生的日子甚少，而他畅快的感受也极少。可见以"甚少"为开始，以"甚少"（"稍"）作结束。他只求神停手宽容他，因为只有在神不干预时，他才有畅快，九章廿七节也曾提及，因为这是他唯一的要求。

他想象着死亡之地，那是黑暗和黑荫之地。那似回复到未创造的宇宙，那时渊面黑暗，空虚混沌。但是那会成为他的去处，是一条不归路。

十 22　那地甚是幽暗，是死荫混沌之地，那里的光好像幽暗。

那是阴间，那里没有光，所谓光，仍是黑暗，不见天日。可见死亡不是痛苦的解脱，如在三章二十至廿六节所说的，也不是永远可以躲避神，如七章廿一节的话。人在黑暗之中，呼喊也无回应。唯一的是神不再追究，好似停手宽容他，放手不再理会。

上一次约伯的说话以失望结束，提到死亡与阴间，在七章廿一节。以后的言词仍有相同的结语，在十四章二十至廿二节，十七章十三至十六节以及廿一章卅二、卅三节。

附录:结构分析

　　这是第二次约伯的说话,在比勒达的说话之后。在结构方面,并不十分均衡,有些哀歌的形式散在各处,既不集中,也不连续。[⑥] 向神说话是有第二人称:你,但也有第三人称,可见并不一致。[⑦] 可能有时是用法律的隐喻,在语气上就不同,以客观的立场来论述。

　　在第六章,约伯已经对朋友们表示不满,因为他们离弃他,没有给予同情和精神方面的支持。他在自卑中更悲叹自己的厄运,是神严厉的对待所致。但他从朋友言论中,却重新思考两项重要的信念。以利法说:"必死的人岂能比神公义吗?"(四 17)这就引起约伯要向神辩明自己的公义,循法律的程序必须诉讼。比勒达说:"全能者岂能偏离公义?"(八 3)约伯看到自己个人的生命以及宇宙的万象,却有失公正之处,使他感到困惑。但在思考中,约伯的理性显然有所进步与突破。"知道"与"宣布",他不住表达他的想法与见解:"我说"(九 22),"我若说"(九 27),"对神说"(十 2)。他不放弃内心的见解,继续表达发言。

　　(一)争辩无效(九 2～4)

　　　　　辩明仍不被称义(2 节)

　　　　　神决不回答争辩者(3～4 节)

　　(二)忿怒专权(九 5～13)

　　　　　宇宙中破坏作为(九 5～10)

　　　　　生命里脆弱无能(九 11～13)

　　(三)诉讼困难(九 14～35)

　　　　　(1)防卫自己无力(九 14～15)

　　　　　　　不敢争辩,只有求恩

---

⑥ C. Westermann, *The Structure of the Book of Job* (1981), 51 - 53.

⑦ J. Lêvêque, *Job et Son Dieu*, 2 vols(1970), 408ff.

（2）应付对方无能（九 16～18）

　　　　无法陈明案情

　　　　无法抗拒暴力

（3）审断不按公平（九 19～20）

　　　　无意进行审判的事

　　　　虽然无辜，仍定罪状

（4）埋怨神不公正（九 21～24）

　　　　呼求徒然

　　　　审判不当

（5）其他可行之道（九 25～35）

　　　　1）呼求徒然无效（25～26 节）

　　　　2）不埋怨仍有罪（27～29 节）

　　　　3）自求洁净无果（30～31 节）

　　　　4）有公正听证者（32～35 节）

（四）再诉求神（十 1～17）

　　（1）呼求徒然无效（1 节）

　　（2）向神公然挑战（2～7 节）

　　　　争辩可否宣告无罪（2 节）

　　　　神的作为可否矛盾（3～7 节）

　　（3）对神提出困惑（8～17 节）

　　　　创造主怎可肆意破坏（8～9 节）

　　　　生命之主必赐以慈爱（10～12 节）

　　　　安排下有隐秘动机否（13～14 节）

　　　　神面前无法为己辩护（15～16 节）

　　　　假见证攻击不留余地（17 节）

（五）最后吁求（十 18～22）

　　（1）呼求徒然无效（18～19 节）

　　（2）求神停手宽容（20～22 节）

约伯第二次说话，重复三章与七章的哀求。九章五至十节采取赞美诗的形式,与以利法的赞词相似(五 9～16)⑱,但是语调却不同。神创造与维护的能力中,竟然有毁坏性的成分,是祂隐藏的目的。

在这段说话中,法律用词甚多,约伯是以诉讼的方式表达他的愿望,求神宣布他无罪。

(Ⅴ) 琐法第一言词(十一 1～20)

琐法的言词是智慧传统的口吻,强调神的智慧,在中心的经义:"祂的智慧高于天,你还能作什么? 深于阴间,你还能知道什么?"(8 节)在整段言词中,前半是指责(2～12 节),后半是保证,或劝慰的保证(13～20 节)。在指责中,他列出愚昧人的特性,在言语上有失敬虔,可参考箴言十章八至十四节。约伯自以为道理纯全,在神眼前洁净,其实这只是表明他的虚妄与空虚(4、12 节)。琐法只求神启示智慧的奥秘与诸般的智识(6 节)。智慧与知识,可参考箴言三章廿一节及八章十四节。论智慧,神是鉴察人的,而人竟敢向神挑战,如约伯所行的(七 8,十 14)。神知道人的罪孽,人不能隐藏。琐法引用一句谚语。"人生在世好像野驴的驹子。"(12 节下)针对约伯的怨言:"野驴有草岂能叫唤?"(六 5)

朋友对约伯的辩词,虽未必针对约伯的言语,但琐法的话却针锋相对。第四节:"你说……",第七节:"你考察……"在以利户的言论中也如此,可参阅卅三章八、九节;卅四章五、六、九节以及卅五章二、三节。琐法又以另一种方式来辩驳,约伯认为神存心攻击(十 13、14)。神追讨他的罪并非没有因由(十一 6)。琐法一直针对约伯的说法,如在十一章十、十一节是针对九章十一、十二节。在劝勉中,连用词也是引用约伯的。

在本章下半(13～20 节),琐法论义者的命运,与以利法的言词极为相似,可参阅五章廿一至廿六节,廿二章廿一至三十节。有关义者得

⑱ J.L. Crenshaw, "The Influence of the Wise Upon Amos," *Zeitschrift für die alttestamentliche Wissenshaft* 79(1967),42-51.

福,可参阅诗篇九十一篇,又申命记廿八章三至六节,三十章五至十节
以及诗篇一二八篇。敬虔者,就是悔改而成为义人,既学习智慧之道,
必有安康,在箴言二章六至十二节,三章廿一至廿七节。在这段话中,
琐法的用词可参考约伯的话,例如十三节的"心"在十章十三节。十四
节的"非义",在六章三十节"不义"。十五节的"仰起脸来",在十章十五
节"抬头"。十六节的"苦楚",在三章十、二十节以及七章三节。十八节
的"指望",在六章八节,七章六节。十八节"安息",在七章四、廿一节
"躺卧"。十八节的"巡查",在三章廿一节"求"(即"寻求")。琐法这样
用语是为讽刺的目的。

(i) 指责(十一 1~12)

十一 1~2 拿玛人琐法回答说,这许多的言语岂不该回答吗? 多
嘴多舌的人岂可称为义吗?

琐法对约伯根本没有同情,不像前两个朋友对约伯旁敲侧击,未曾
直接地指责。以利法认为约伯一向有兴盛,如果苦难是罪的刑罚,约伯
的苦难也只是短暂的,究竟他没有滔天大罪。比勒达虽也认为苦难是
罪的刑罚,却以约伯儿女为例,并未直接指责约伯。但是琐法完全不留
余地,认为约伯是罪人,无可否认,不容逃避。

琐法的言词在开端,似仍沿用智慧者的方式,并不激烈。但如果比
较以利法与比勒达,就有显著的迥异。在四章二节,以利法说话的口吻
多少还有些歉意。在八章二节,比勒达也带着一些不得已的语气。琐
法却完全不考虑约伯的反应,只一味要约伯闭口,不容他来分辩。他那
急躁的语调,似乎也在责怪这两位朋友,认为他们太不负责,约伯这样
得罪天,却没有禁止他,不准他开口,在他看来多嘴多舌,说了那么多的
话,已经是犯了严重的罪。箴言十章十九节:"多言多语难免有过,禁止
嘴唇是有智慧。"传道书五章二节:"神在天上,你在地下,所以你的言语
要寡少。"他对约伯一直滔滔不绝极为反感。

有罪的人不必辩护,即使分辩也是徒然的,只引起厌憎。朋友们认
为约伯向神分辩,是法律的程序,好似在法庭一样,约伯是否也这样看
呢? 无论如何,琐法认为约伯这样说话,为自己分辩,是得罪神的行为,

罪不可宥,他不是分辩,而是悔改。使行为归正,才可得着神的饶恕,而
再蒙受恩惠。

十一 3　你夸大的话,岂能使人不作声吗? 你戏笑的时候岂没有
人叫你害羞吗?

先以一般而论,然后再指出特殊的论点,是本书的辩词方式,可参
考五章十七、十八节,七章一至三节,八章二十、廿一节。琐法认为朋友
们既已指出约伯的不当,而约伯仍不住声,简直令他生气。以法律的程
序,辩论足使一方折服。约伯一直不服,不仅对以利法与比勒达的话完
全没有让步,反而还更要压倒他们,好似他们是错了。所以琐法为坚持
公道,不能不苛责约伯。

约伯的错误,不但由于他拒绝朋友的劝告,而且他说话本身已经是
犯罪了。他的话夸大,表明他骄妄,可参考以赛亚书十六章六节及耶利
米书四十八章三十节。夸大的话也许令人慑服,却在神看来毫无分量。

"戏笑"是轻慢神的,向神挑战,尤其不当。这样缺乏敬虔,自然为朋
友所不齿。他们极力指责,叫他自感羞愧,但他仍不警觉。箴言提出警
语:"不要冒失出去与人争竞,免得至终被他羞辱。"(廿五 8)在约伯看来,
朋友指责他,对他羞辱,在十九章三节,他对朋友说的。在此处"害羞"中
译词还不够强烈,因实际的语意为"羞辱"。轻慢神的,必自取羞辱。

十一 4　你说,我的道理纯全,我在你眼前洁净。

"你说",琐法似在引述约伯的话,实际只将约伯的立场作概括的说
明。约伯认为他的道理纯全。"道理"(letah)是智慧的用词,可参考箴
言一章五节,四章二节,九章九节,十六章廿一,廿三节以及以赛亚书廿
九章廿四节。在中文译词作"教训","训诲"及"学问"。以利法看约伯
为教师,"素来教导许多的人,又坚固软弱的手……"(四 3～4)可见约
伯的言词,即使在辩护,也有教导人的口吻。这是琐法很难容忍的。

约伯似向着神说,"我对你的信仰是纯全的。"道理不仅指对人的教
训,也可指对神的信仰。"纯全"是纯粹,毫无瑕疵,无可指责。约伯自
认在神的眼前是洁净的,清洁毫无玷污可言。在九章十五至廿一节以
及十章十五节,约伯认为神知道他无辜,却当他罪人来对待他。但在琐
法看来,那是亵渎神的行为,因为认为神不诚实不公正,无疑定神的罪,
是十分不敬的,使他无法容忍。

七十士译词有些不同，"道理"译作"行为"，"你眼前"作"我眼中"。依我看来，行为洁净，就我的行为而言，完全纯全，没有什么差错。七十士译词似乎完全注意行为方面，但此处指心思意念与行为动作两者，在约伯看来，却没有犯罪，有不正当之处。

十一5～6　惟愿神说话，愿他开口攻击你，并将智慧的奥秘指示你；他有诸般的智识。所以当知道神追讨你，比你罪孽该得的还少。

"惟愿"，在六章二节，十四章十三节。这是约伯的口吻，在九章十五、十六节已经提说，约伯希望神说话，神却不回答。但琐法求神回答，对约伯予以痛击。

约伯一直向神发怨言，第三章似乎并不希冀神回答。在第七章，他盼望可以见到神反应的证据，以各样不同的情形，在十二、十七、十九节。在第九章，他似勉强来回答，在三、十四、十六、卅五节。在第十章，他不管神是否答复，他总得向神陈述，以后他仍有这愿望。在廿三章五节，他想象神向他说话，在卅一章，他要神向他答复，所以这是他的愿望，琐法就以他这愿望，求神向他启示，他就无法经受神的刑罚。

在本节（5节），"神"是以极重的语气，说明约伯面对至高的神，是多么严重的事。在六章八节及十四章十三节，语气没有那么强烈。在此处"神"字排列在"说话"前面，也是有很强加重的语气。

神有智慧的奥秘，既指示他，就成为启示的了。于是琐法可以振振有词地说明，神是有公义且有恩慈的，这两者不容人来取舍，神有权能，且有自由处理。罪固然有应得的报应，但神的恩慈也可赦免，结果所给予的刑罚比罪孽该得的还少。箴言十九章十一节："人尚且以宽恕为自己的尊荣。何况神呢？"约伯也一直希冀神的宽恕："为何不赦免我的过犯，除掉我的罪孽？"（七21）神赦罪的恩典，是先知的观念，却并非智慧的传统思想，所以对琐法来说，这真是奥秘。

他提出神对待约伯的事，无疑是个难解的谜。"当知道神追讨你，比你罪孽该得的还少。"唯一的解释是神隐藏的奥秘。这一点琐法似乎是对的，他的确不明白神的作为，也是约伯无法明白的。约伯受苦是一个奥秘，他的朋友无法解释，琐法也无从说明，但是他强制约伯对神的敬虔，只有感激，不可置疑，更不可埋怨。

琐法也否认了以利法的说法，受苦不一定是刑罚或管教（五17），而是神隐秘的恩慈。但是这样并不能解除约伯的疑难。

经学家为解决此处的困难，作不同的译词："当知道神并不照着你的过犯来对待你。"[129]"当知道神追讨你，是照你犯罪的程度成正比例。"即犯罪多寡，决定受苦深浅。[130]"当知道神就照着你的罪，向你追讨。"[131]

十一 7　你考察，就能测透神吗？你岂能尽情测透全能者吗？

"考察"是智慧用语，出现在五章九节及九章十节，译为"测度"，常指深度查究，将隐秘的事加以发掘始能明白。在中译词中，以"测透"来说明。但是此处的重点在于，人根本无法测透神，因为神是全能者，祂的智慧远超人的臆断与理解。

神的本性是难理解的，在下半节：全能者的"终极"也指祂的属性。在用字上可译为"完全"，是指最终的极限，如在本书廿六章十节"界限"，或廿八章三节"极处"，但是神为无限，以有限度无限，简直是不可能的。

可见琐法此处所追索的，是没有答案的，仍只成为奥秘而已，无可追究。

十一 8　他的智慧高于天，你还能作什么？深于阴间，你还能知道什么？

天是高不可及，地是在深处，阴间更深在地下，也是无可想象的。以天地为例，是智慧的用词，可参考箴言廿五章三节及三十章四节。人无论怎样深入，结果必徒劳的，也在箴言三十章四节以及本书廿八章十二节起。人无法知道神的作为，更遑论明白神的心意。

在琐法看来，约伯想明白神，简直是痴人说梦，完全不合实际。人既无法明白，最好不要妄自追寻。

十一 9　其量，比地长，比海宽。

此处论陆地与洋海，上节论上天下地（或地底下），这样就包括了整

[129] Edouard Dhorme，*A Commentary on the Book of Job*，159，引用 Segond，*La Sainte Bible*.

[130] *Loc. cit.* 引用 Bickell，*Das Buch Job*；Leisy，*Le Livre de Job*.

[131] Dhorme 的译词。

个宇宙，天地只是神的创造，以这些被造的来设想创造者，仍无法明白
祂的极限。人应承认自己的无知，尽快放弃。

　　人所能了解的宇宙空间，也只有这么多，创世记一章：天地包括渊
面、洋海与陆地。哈该书二章六节：天地、沧海与旱地。诗篇一三五篇
六节：天上、地下、海中和一切的深处；一三九篇八、九节：天上、阴间与
洋海。这些空间似与神的智慧无关，只可说是神存在与行动的空间而
已。可见空间不足以明白神的心意。

　　这是琐法发问的方式，以四度空间来发四个问题，而内中所说明
的，只是神伟大的华丽。这似乎是引用赞美诗的内容，并非一定深究神
的智慧。

　　神的智慧是隐秘的，无可寻索。祂隐秘是不想人知道与查究。人
若查问，必无结果，但是琐法似乎说出神隐秘的心意不是恶意的，不会
如约伯所想的那么恶劣，所以不必悲观。

　　十一10　他若经过，将人拘禁，招人受审，谁能阻挡他呢？

　　神经过，是在地上察看人的过错，好似撒但那样？好似一章七节所
记述的。但用字是出现在九章十一节，神经过，往往是人所不能觉察
的，此处神经过，为审断人的罪，使人受罚，谁也无法阻挡。"阻挡"在琐
法究竟是什么用意，虽然并不清楚，但在用词方面，是指转回，或转离，
在九章十二节同一个字也译为"阻挡"。神的作为是人不能左右的，也
无法阻止或拦住。所以琐法在此处仍是指神罚恶的行为，人无法阻止，
这是他向约伯提出的警告。

　　本节若干经义的研究，在用字方面。"拘禁"也在利未记十三、十四
章，指患大麻风病者。"拘禁"的名词为牢狱，在以赛亚书廿四章廿二
节，四十二章七节以及诗篇一四二篇七节"被囚之地"。

　　"招人受审"原意为招聚众人来参加公审大会，宣布罪状以示公正，
是一种郑重其事的法律程序。

　　十一11　他本知道虚妄的人；人的罪孽，他虽不留意，还是无所
不见。

　　"他"是以加重语气的用词，强调惟独祂知道，无人可以逃避。神知
道虚妄的人。虚妄是毫无价值、不真实的。这样的人是不洁的，不可登
耶和华的殿（诗廿四4）。他们是虚假之辈，琐法似是暗示约伯，约伯可

能是这种人。

　　祂虽不留意，并非不留意，但却装作这样，免致人们惊惧，其实神是无所不见的，祂看得很清楚，也看得很仔细。任何一切都逃不过祂的眼。祂有极深的洞察力，祂什么都看见。"见"原意为分辨（六 30），思念（廿三 15），思想（卅七 14），定睛看（三十 20），瞻望（卅一 1），留心（卅二 12），明透（卅八 18，也在廿六 14），这些都是同一个字。

　　"他虽不留意"这里"不"字似指他佯作不看。但"不"（lo'）也可改为"它"或"他"（lō）。如果是后者，那么神留意着他或它（事物），两者都可以讲得通。⑭

　　十一 12　空虚的人却毫无知识，人生在世好像野驴的驹子。

　　"空虚的人"是指头脑空洞的人，他的虚妄无知是无可救药的，琐法是指一般的恶人。但是约伯不应该如此，他还有受教的机会（13 节起），不过这里琐法却用极重的语气加以指责，说他们好像"野驴的驹子"那么笨蠢。

　　"野驴的驹子"是一句格言，这种牲畜只有野性，而无头脑，如果加以驯养，成为听话的驴驹，还可供使用，不然完全无用。琐法似乎在说约伯，他究竟是野驴呢？还是可教之子。这是约伯所了解的，因为野驴除吃草以外，毫无用处，无草就叫号一番，约伯曾以此作为比喻。求神赐给他所求的，甚至只是动物需求的。可参考六章五节。

　　在十至十二节，琐法对约伯说，神的智慧是隐密的，人的罪孽即使是隐而未现的，神仍可以察看而加以刑罚，使人无法逃脱。

(ii) 劝勉（十一 13～20）

　　现在琐法在十三、十四节，提出四项条件，如果约伯可以做到，必蒙神的恩惠。在十三节先有两项。

　　十一 13　你若将心安正，又向主举手。

---

⑭ Robert Gordis, *A Commentary*：*The Book of Job*, 123. Dhorme, *op. cit.*, 162.

这些是向神的,"心安正",是表明内里有义,动机纯正又内心清洁。这是首要的事。撒母耳记上七章三节,"专心归向耶和华,单单地侍奉祂。"又可参考历代志下二十章卅三节。在诗篇七十八篇卅七节,"心如不正,在圣约上必不忠心。""心安正",表明内心坚定,倚靠耶和华(诗一一二7)。

这样心正,才可举手祈祷。举手不只是外表的动作,而是内里的虔诚,形之于外。祈祷在于用意真诚,心思集中。"举手"也指伸手或摊手,正如诗篇一四三篇六节及以斯拉记九章五节应译为"摊手",举手是在诗篇十八篇二节及六十三篇四节。举手与摊手都是一样作为祈祷的姿态。这是近东社会的习俗。⑬

十一14　你手里若有罪孽,就当远远地除掉,也不容非义住在你帐棚之中。

第三条件为除去罪孽,第四条件为不容非义在家中。手既不清洁,怎可举起来向神祈求呢? 可参考以赛亚书一章十五节。

琐法以假定的语气,"你……若",其实照他看来,约伯手里一定有罪孽,但是他恐怕约伯仍未放弃罪孽,所以必须给予警告。他又怎么对约伯作具体的建议呢? 这并非以献祭的方式,甚至都不以悔改来除去,而是完全远离恶行。

不可容不义的事留在住处,也许是指偶像,也可能指不接待客旅,或者还有其他的恶行。这是第四个条件。照琐法看来,约伯的心、手与家都有罪,对神对人都有过犯。清除罪孽,是第一要务,从基本的事作起。

十一15　那时,你必仰起脸来,毫无斑点;你也必坚固,无所惧怕。

现在来看正面的果效,仰起脸来,表明没有罪愆,可以坦然无惧地面对,因为心地光明磊落,毫无顾忌与恐惧,在诗篇一一〇篇七节,抬头表明胜利,又可参考士师记八章廿八节,但是良心平安、坦然的感觉,可参考撒母耳记下二章廿二节。仰起脸,也表明欢畅,不会因失望而变脸

---

⑬　R. A. Barakat's article in *Journal of Popular Culture* 6(1973), 778 no 104;又
David J. A. Clines, *Job 1 - 20*(1989), 268.

色,参考创世记四章六节。脸上没有斑点,表明清洁无瑕,可参考本书
廿一章九节"平安无惧"。

他的心必坚固,好似铸定的金属,不会变形,表明意志坚强如铁,⑬
勇者不惧。

琐法所描述的,其实是约伯的实况,他本来是端正的人,在一章一
节已经说明了。

十一 16　你必忘记你的苦楚,就是想起也如流过去的水一样。

约伯无法忘记他的苦楚,参阅三章十节,七章三节。但神曾使约瑟
忘记,所以给他儿子取名为玛拿西,就是使之忘记的意思(创四十一
51),当然约瑟仍不能遗忘所受的苦。在遗忘中,人仍记得。这两者似
乎是相连的。记念而不忘记,在诗篇九篇十二节,七十四篇十八、十九、
廿二、廿三节。忘记而不记得,在约伯记廿四章二十节;箴言卅一章七
节;以赛亚书十七章十节,五十四章四节。

流过去的水指苦恼,但流过去,就看不见,不再想,这些往事都可以
丢在后面而忘怀了。水常成为威胁,可参考约拿书二章五节及诗篇一
二四篇四节,但这些都会消失,不复存在。

十一 17　你在世的日子要比正午更明,虽有黑暗,仍像早晨。

约伯认为他正走向黑暗与死荫之地(十 21),但琐法认为他若归
正,必有光明,光明是生命的象征,不是正在受苦的生命,而是长久永存
的生命,甚至比正午更明。参考以赛亚书五十八章八、十节:"你的光就
必发现如早晨的光……你的光就必在黑暗中发现,你的幽暗必变如正
午。"这正说明此处的经义。现在似有黑暗,仍像早晨那么明亮。看来
黑暗仍未过去,但是人虽在黑暗中,却满有希望,在盼望的人,黑暗好似
早晨一样那样光明。人只向光明面看。

十一 18　你因有指望,就必稳固,也必四围巡查,坦然安息。

有指望,才有安全。目前约伯哪有安全?苦楚使他无法稳固,他仍
没有真正的安全感。盼望是本书的一个主题,这与诗篇中的敬虔不同,
那些受苦的义者,在敬拜神的时候求神拯救。他们正忍耐地等候神,求

---

⑬ *New English Bible*,"a man of iron."

神行动,可参考诗篇六十二篇五节,七十一篇五节。他们求神在地上施行公义,使恶者受报应,正如箴言十章廿八节:"义人的盼望必得喜乐;恶人的指望必致灭没。"

这样的盼望与约伯的朋友不同。以利法认为盼望在于敬虔与道德:"你的倚靠,不是在你敬畏神吗?你的盼望,不是在你行事纯正吗?"(四6)比勒达认为不敬虔人的指望要灭没,因为他们没有神的恩典,好似蒲草没有泥,芦荻没有水(八13)。琐法也有相同的看法。约伯若肯弃恶就善,以后仍有指望。

坦然安息,完全指睡眠方面。在睡觉前,先四围看看,觉得一切都安稳,才可躺下安息。诗人说:"我必安然躺下睡觉,因为独有你耶和华使我安然居住。"(诗四8)在琐法看来,约伯必多有恶梦困扰,睡得毫无安宁(七13、14)。他既得保护,必可安稳。下节再有论述。

十一19　你躺卧无人惊吓,且有许多人向你求恩。

在蒙福的生活中,最主要是有安全。躺卧无人惊吓,也在以赛亚书十七章二节;西番雅书三章十三节。此外在利未记廿六章六节。"无人哄赶"在申命记廿八章廿六节;耶利米书七章卅三节,原意是"无人使他害怕",如在耶利米书三十章十节。在该书四十六章廿七节,中译词"不要惊惶"。"无人惊吓"在以西结书卅四章廿八节及卅九章廿六节。原来用词都一样,只在译词有出入,但含意却是相同的。

有许多人向他"求恩",由于他有身份地位,举足轻重,所以多人需要他援助。箴言十九章六节:有多人求他的恩情。有的以送礼求情,西方人每视之为贿赂。人也向神求情,在出埃及记卅二章十一节;耶利米书廿六章十九节;列王纪上十三章六节。

十一20　但恶人的眼目必要失明,他们无路可逃,他们的指望就是气绝。

提到义人的结局,不得不论及恶人的后果,以作尖锐的对比,可参考以利法的言词(四8~11)与比勒达的言词(八11~19)。

恶人没有安全,身体衰退,甚至早死,他们没有信心,所以毫无盼望可言,眼目失明,因为他们没有什么盼望可以看见,没有前程可以前瞻,最后必自趋灭亡,气绝而消失,却是指着他们的失望,可参考卅一章卅九节及耶利米书五章九节。

他们无路可逃,原意为:逃避之处向他们消失,他们找不到避难处,所以走投无路。

琐法提出这些,间接地指向约伯,因为约伯正陷在那种绝境中,没有出路,也没有希望。所以指约伯的,除此节外,还在上文六节下、十一、十二节以及十三、十四节。

琐法与其他两位朋友相同,坚持报应的理论,神是罚恶赏善的(11、13～16、20 节),公义是必然的。

但是琐法的信仰立场有其独特之处,比勒达认为神决不歪曲公正(八 3),以利法论人在神面前绝无义行可言(四 17)。琐法坚持神的知识是人绝不能明白的(十一 6～9)。如果我们因此确认琐法有先知的见解,恐怕就会偏差。琐法的想法可说是学院派的,以理性认识神。他提及智慧的奥秘,并非无从明白的,只以敬虔与在宁静中来体验。他认为人可从实际的经验,体会神对待人之作为。换言之,神比人所能发现的更多更深,祂能洞察人,看出他们的罪过,有时人因罪受刑罚,竟然没有觉察原因,其实神早已鉴察,不会事出无因。人受苦,往往是因罪受罚,未必不能明白,所以人应该知道(6 节)。可见神的一切作为都可以明白,尤其必有罪愆的感觉,不必也不应否认。

另一点也是琐法说法的要项,那是有关神的怜悯,在诗篇中常有受苦者求神的恩惠,在受欺压之下,诚恳地表达对神之渴望,求祂救助。这几乎超越在智慧神学之上。智慧思想只论报应,但神的怜悯在祂公义之上,神所审判而追讨的,比罪孽应得的还少,这种赦免的恩典不在报应的原则之下(6 节)。琐法说,神恩慈的旨意中,祂罚恶已不照比例而施行了,受苦者岂不应该感恩,因为他所受的苦不及应有的刑罚。

还有在琐法所给予的忠告是直接的,不若以利法将自身的经验说出来,作为参考而已(五 8)。比勒达强调向神的祷告(八 5),其实约伯一向这样力行。琐法以假定的方式,因为他已确定约伯的罪愆。约伯的罪使他受苦,不能挽回,也无法获得赦免。只有重新做人,远离罪恶,学习敬虔,才有蒙福的将来。看来琐法不容神有施恩赦罪的机会,他简直比那两位朋友更苛刻,不留余地。

归纳言之,琐法仍有所贡献。论苦难,论罪愆,都必过去,已经无法挽回。从现在起,重新开始,有敬虔的生活,有祈祷的态度,摒弃罪恶(13、14 节)。"神赏赐那寻求祂的人"(来十一 6)。"义人的祷告是大有功效的"(雅五 16)。"你们亲近神,神就必亲近你们"(雅四 8)。这不仅是正统的真理,也应是个人信心的确据。

附录:结构分析

本章为琐法的说话,共分两段:责备(十一 2~12)与劝勉(十一 13~20)。"责备"从始至终,成为环绕的形式(Inclusio),内容重复。"劝勉"共三项,以阶梯的形式(stair-way)道出,层次分明。

(甲)责备(十一 2~12)

　　(A)语多赘言(2~3 节)

　　　　　引述约伯的话:"你说"(4 节)

　　(B)神攻击与追讨(5~6 节中)

　　　　(C)罪孽神未多追讨(6 节下)

　　(B)神的智慧难测(7~9 节)

　　　　(C)罪孽神无所不见(10~11 节)

　　(A)空虚无知(12 节)

(乙)劝勉(十一 13~20)

　　(A)复兴的条件(13~14 节)

　　(B)义人得稳固(15~19 节)

　　(C)恶者的结局(20 节)

琐法的言词在形式上是智慧文学,在用字上有许多智慧字汇,他的传统思想,是箴言书的智慧,在箴言二章六至十二节,三章廿一至廿七节。在论义人的兴盛时,他与以利法的思想相近(五 21~26,廿二 21~30)。

琐法的言词与约伯的言词比较,尤其在十一章十三至二十节,有十分雷同之处,尤其在用字上,虽然在思想方面极有距离。也许琐法是针对约伯的用字而论述的,是一种斗智的举动。

琐法的言词	约伯的言词
你若将心"安正"(十一 13 上)	"我知道你久有此"意"(十 13)
不容"非义"住在帐棚(十一 14 下)	我的舌上,岂有"不义"(六 29、30)
你必"仰起"脸来(十一 15 上)	我若为义,也不敢"抬头"(十 15)
仰起"脸"来毫无斑点(十一 15 上)	除去我的愁"容"(九 27)
你必忘记你的"苦楚"(十一 16 上)	经过"困苦"的年月(七 3)
虽有"黑暗",仍像早晨(十一 17 下)	那里的光好像"幽暗"(十 22)
你因有"指望"……(十一 18 上、20)	消耗在无"指望"之中(七 6)
坦然"安息"(躺下)(十一 18 下)	"躺卧"在尘土中(七 4、21)
四围"巡查"(寻找)(十一 18 下)	"求"死,胜于"求"珍宝(三 21)
眼目要"失明"(消失)(十一 20 上)	云彩"消散"而过(七 9)

以上的比较,每一个字完全相同,在中译词虽有差别,但含义仍是一样。

琐法的立论是以利法的,但语气甚像比勒达,尤其在十三至二十节:"你若……你必"。比勒达也是同样的口吻(八 4～5)。假若约伯真是义人,一切情形完全不同。琐法假设约伯及时悔改,福乐必在前面,不容置疑。

十一章六节上"智慧的奥秘",也是约伯所承认的,在他向神的话语中说:"这些事太奇妙是我不知道的"(四十二 3)。可见约伯得承认琐法的论调也有正面的影响。

(VI) 约伯第三言词(十二 1～十四 22)

这是约伯答辩的第三次说话,是在第一回合中争辩中最长的。自十二章一节至十三章五节,约伯论知识与智慧,他面对琐法的责难,表明抗拒与反对的态度。友人们那种自以为义、自以为是的说法,他是无法接受的,他对神的智慧与能力并非没有认识,甚至比他们认识更真实,更深切。这是十二章主要的内容。他再次申明无意与他们争辩,只想与神理论,在十三章一至五节。自十三章六至廿八节,约伯责难友人们,可参考上一次的言词,在九、十章。他在向友人提出责难之后,就转向神,在神未向他正式审判之前,先作一番辩说。他愿勇于面对,不躲开神的面(20 节)。他只求神向他显示。十三章十七至廿七节,可联想卅三章以利户的说话(卅三 1~11),十四章是约伯的愿望,从极度悲观的语调,转向新的希望,十分果敢的表现,甚至希望在离世后再向神辩明。十四章一至六节与七至廿二节分为两大部分,重点在十三至十七节。死不仅是解脱,因为现在仍在争战的日子,等释放的时候来到,就有自由,而且死就成为平反,那时他可直接与神谈话,辩明,真正与神和好。但现在来说,只是一种愿望而已,仍不得实现。

(i) 论知识与智慧(十二 1~十三 5)

本段以智慧开始(十二 2),以智慧作结(十三 5),智慧一词可谓钥字。中心经义在十三节:"在神有智慧和能力,祂有谋略和知识。"在十二章四节:求告神,在十三章三节:与神理论,二者是有相同的含义。

1. 知识不亚友人(十二 1~6)

十二 1~2 约伯回答说,你们真是子民哪! 你们死亡,智慧也就灭没了。

约伯对友人说,不只对琐法,所以用多数的代名词:"你们"。

"子民"似乎是太笼统了,所以经学家有不同的主张,有译为"有教养的人"(Gentry)。[③] 主张此译词者,认为这不是指普通人,而是指有识之士,受过教育有学养的人,卅四章二十节"有权力的"。他们是上等阶层的人,在王室与祭司之后,与贵族并列。七十士译本与拉丁文译本均加上另一个字"唯一",可谓在人民中为佼佼者,出类拔萃,甚有卓见。他们有智慧,但离世时智慧就灭没了,不再被人记念。因此有译为"唯

---

③ Marvin P. Pope, *Job*, 88 - 90.

一值得称道的人",[130]"正当的人"。[137]"完全的人",[138]照阿拉伯文的字源"完全",但是在希伯来文的语意却无其他例证。也有译为"坚强的人",是将这字稍为更改(由'-m 更为'm-m)。[139]"有识之士",[140]为多人所译。"有心的人"是指有知识智慧的人。[141]有一种译法,是将下半节连结起来。"你们这种人必致智慧灭没的。"[142]你们是"最终的智慧者",表明智慧因他们而灭没。[143]"你们这狡慧的人",是指他们的聪明只是一种狡猾的表现。[144]"你们是与神同在的人",将"子民"改为介系词加上第三人称的字尾('-m-mō),可见也是讽刺的语气。[145]

约伯似乎在此处说:你们自以为有智慧的人,哪里是真智慧呢? 你们一死,智慧必灭没,不能永存,没有影响,不值一顾,毫无价值可言。

十二 3　*但我也有聪明,与你们一样,并非不及你们。你们所说的,谁不知道呢?*

这句话也许是针对琐法说的,因为琐法曾指责约伯,认为他是空虚的人,毫无知识(十一 12)。但他是有聪明的,与朋友们一样。聪明是

[130] Robert Gordis, *The Book of Job*, 128,136; H. H. Rowley, *Job*, 112.

[137] G. Fohrer, *Das Buch Hiob*(1963). 根据 L. Koehler and W. Baumgartner, *Lexicon in Veteris Testamenti Libros* (1953); *Hebräisches und aramäisches Lexicon zum Alten Testament*(1967).

[138] *New English Bible*, 根据 J. Reider, "Etymological Studies in Biblical Hebrew," *Vetus Testamentum* 4(1954), 289–300.

[139] M. Dahood, *Psalms*, I, 113; A. C. M. Blommerde, *Northwest Semitic Grammar and Job*(1969).

[140] A. Klostermann, "Hiob," in *Realencyklopädie for protestantische Theologie und Kirche*, 3rd ed., 24 vols. (1896–1913), viii, 107; A. S. Seake, *The Problem of Suffering in the Old Testament* (1904); S. R. Driver, and G. B. Gray, *The Book of Job* (1921); C. J. Ball, *The Book of Job* (1922); G. Hölscber, *Das Buch Hiob*(1937); W. B. Stevenson, *The Poem of Job*(1947); *Critical Notes on the Hebrew Text of Job*(1951).

[141] E. J. Kissane, *The Book of Job*(1989).

[142] J. A. Davies, "A Note on Job xii2," *Vetus Testamentum* 25(1975),670–671.

[143] David J. A. Clines, *Job 1–20*,278–279.

[144] G. Beer, *Das Text des Buches Hiob*(1895–1897).

[145] A. B. Ehrlich, *Randglossen zur hebräischen Bibel*, vi(1913), 180ff.

指知识,原意为心智,尤其是指理性而言。⑯ 约伯认为他不仅有他们的聪明,甚至超过他们,因为他们所知道的,只是一般人的观念,没有什么特出,不足为奇,他是指他们论报应的事。他们只是人云亦云,不能应用在约伯身上。他们只能在表面外在来看,没有约伯在受苦中体验那么深刻。

约伯在他们面前是极为自负的,他认为即使不超过他们的智慧,至少也不至不及。有过之而无不及,在十三章二节再提说:"你们所知道的,我也知道,并非不及你们。"

你们所说的,没有什么特别的见地,是一般人从观察中都能看得明白,不需要他们来教导。

琐法形容人生如"野驴的驹子",是引述一句格言。约伯说他并非不及他们,不会比他们更像野驴的驹子;一定比他们高。所以琐法责骂他的,只是在责骂自己而已。

十二 4　我这求告神,蒙他应允的人,竟成了朋友所讥笑的;公义完全人,竟受了人的讥笑。

约伯不屑与他们辩论,因为他理论的对象是神,他可以向神求告,在祷告中与神理论,神都允准。若是与朋友争辩,几乎是一种耗费的事。他一直在向神求告,在九章十六、十九节已经表达他的愿望。他也继续表明自己的无辜,他的完全,在九章二十、廿一节及十章七节。他的公义,在九章十五节及十章十五节。可惜在友人的眼光中,约伯只是一个罪人,无可宽宥。

他遭讥笑,似为引述别的话。例如耶利米说:"我终日成为笑话。"(耶二十 7)朋友们的话不是劝勉或安慰,而是讥刺与责骂。

约伯成为讥讽之对象,因为他在苦难中被朋友们视为罪人。苦难是罪恶的咒诅,他们既不受苦难,不被咒诅,就沾沾自喜,引为骄傲,于是看别人受苦以为可耻,所以为表露自义,就不免幸灾乐祸,以为这样可以明哲保身了。诗篇五十二篇七节说:"看哪,这就是那不以神为他力量的人,只倚仗他丰富的财物,在邪恶上坚立自己。"这好似是朋友们的话。

---

⑯ H. W. Wolff, *Anthropology of the Old Testament* (1974), 46.

讥笑别人的灾祸,在诗歌中多次提及,如在诗篇卅一篇十一节,卅五篇十五节,六十九篇十至十二节;约伯记三十章一、九节;耶利米哀歌一章七节,三章十四节以及耶利米书二十章七至八节。

约伯呼求神,在他的朋友看来,神是不会答应他的(五 1)。约伯也知道在患难中,神都不听他的呼求(廿七 9)。不但神不听,连呼喊仆人,央求他,他还是不回答(十九 16)。约伯只有听见自己呼声的回响,但是他决不放弃,仍求神回答他(卅一 35)。

十二 5　安逸的人心里藐视灾祸,这灾祸常常等待滑脚的人。

约伯说朋友是安逸的人,他们不会明白苦难,所以对受苦的人才不重视,甚至藐视。他们在安逸中,认为灾祸一定不会临到他们。他们的思想是成功神学或兴盛神学(Prosperity theology),对敬虔的人,神赐下的只有兴盛与成功,惟有罪人才会失败与受苦。所以在他们"心中"或思想中,灾祸是可咒诅的。"心中"或"思想"也可译为"火炬",但在意义上并不清楚,除非译为"憎恶的火","藐视"译为"憎恶",表明如火一般,必致毁灭。[40]

但是安逸的人并非一定可免灾祸。滑脚随时都有危险,可参阅四章四节;诗篇卅七篇卅一节,十八篇卅六节及箴言廿五章十九节。滑脚的人在此处似也指朋友。他们非但没有安慰,甚至予以羞辱。他们是否一定可免受灾祸呢?无人可以保证,谁都有危险,受灾祸所困,好似不经意时滑跌。

十二 6　强盗的帐棚兴旺,惹神的人稳固,神多将财物送到他们手中。

安逸的人未必是义者,强盗与不敬虔之辈,他们不道德,不敬虔,而且是惹神的人,反而兴旺稳固。以报应的公义来解释,就讲不通了。如果苦难是罪恶的报应,安逸是公义的赏赐,那么强盗与惹神的人怎会是义者?约伯这样提出,无疑是使友人们哑口无言,甚至他们也必须自忖省察,他们是否真为义人呢?

---

[40] 参考 *Authorized Version* 及 A. B. Ehrlich, *Randglossen zur hebräischen Bibel*, vi(1913),180.

恶人发达，是神不公平吗？因为义人反在受苦。照他看，他虽公义，仍受苦难，是说明神不关心，神只在远处。所以恶者兴旺，也不是神要注意的。神对义人或恶者的遭遇，似乎都不注意与关顾。

此处提起强盗，是指专门抢劫掠夺者，可参考十五章廿一节；耶利米书六章廿六节，十二章十二节，四十八章八节等。约伯会否在指示巴人与迦勒底人来抢劫他的家产呢？（一15、17）但他不会知道那些流寇的现状如何，是否兴旺与稳固？可能他只是指笼统的情形，可见社会不公的事层出不穷，使他认为实例俯拾皆是。

"神多将财物送到他们手中"，"财物"是中译词附加的，原意并不清楚，译词不同："神明在他们手中"，他们是拜偶像的，偶像在他们手中，由他们控制。他们以强权为神，迷信武力。⑭ "手"指"权力"，神在他们权力之中，他们可以控制神。又可当作一句谚语，是指"欺骗"。他们以欺骗为能事，肆意惹神怒气，他们目空一切，甚至也不怕神，他们实在是恶人。约伯似乎在暗示朋友们，他们这样曲解误会，是否歪曲事实，谬讲真理，几乎与恶者无异。他们的安逸事实上有警戒的作用。他们在自欺欺人，有可能惹动神的怒气。

2. 知识有所依据（十二7～12）

本段似不与上下文连贯，尤其在七至九节，更使读者质疑。七、八两节的问题似只向个人，不是向朋友们。智慧在于认识耶和华的作为，但这在九节提到耶和华的名，也在辩论极不寻常。七节开始"你且"，原为相反的语气，可译为"但是"，起承转合中并不正常，因为约伯已自承有超越的见解及深切的经验。现在提到只是极普通的事，不必加重语气。此三节之外，在十二节，智慧与知识只为老年寿高者具有，原为朋友们的思想，不是约伯的说法。

以上的疑难，照学者的解答，认为都是朋友们所说的，此处只为约伯所引述。约伯引述的，尤其是比勒达的（八8起），以一种讽刺的语

⑭ Robert Gordis, *The Book of Job*, 137.

气,约伯道出朋友们自相矛盾的说法。⁴⁹

　　但是此处都以第二人称:"你且问……必告诉你……必指教你……也必向你说明……"如果这些不是引述,仍有讽刺的语气,因为此处所论述的,是自然启示,以说明智慧与知识,仍是极有力的论调。⁵⁰

　　十二 7～8　你且问走兽,走兽必指教你,又问空中的飞鸟,飞鸟必告诉你;或与地说话,地必指教你,海中的鱼也必向你说明。

　　约伯向友人挑战,论智慧与知识,未必须从深奥的哲理寻求,只向自然界简单观察,已经可以明白。神创造动物,在人类以下,有地上的走兽。再在低一些的水准,由胎生至卵生、天上的飞鸟以及海中的鱼,它们也都可指教你,向你说明,使你可以明白。地是非生物,也可有信息可以指示。

　　朋友们并没有说出这些话,因为他们没有诉诸自然,却以人文为中心。比勒达提出的是列祖的经验,要有智慧,必需考问前代(八 8)。但约伯所要求的没有那么高,他们是否能明白?

　　有关"地"的含义,未必指非生物,也可能指地上的草木,如在三十章四、七节及创世记廿一章十五节。⁵¹ 地可指地底下的阴间,从高天至地下,宇宙一切都是观察的事物。⁵²

　　从自然现象与人类行为,可以得着智慧,因为这二者是相关的,可参考箴言廿七章三、八、十五、十七、廿一节以及三十章十八至卅一节。这些都是使人增加智慧与知识。

　　以自然现象来寻求智慧,也是比勒达所引用的,在第八章,但重点

---

⑭ Robert Gordis, "Quotations as a Literary Usage in Biblical, Oriental and Rabbinic Literature," *Hebrew Union College Annual* 22(1949),157 - 219; *The Book of Job*, Special Note 13, 523 - 524; N. C. Habel, "Appeal to Ancient Tradition as a Literary Form," *Zeitschrift für die alttestamentliche Wissenschaft* 88(1976),253 - 272.

⑯ A. De Guglielmo, "Job 12; 7 - 9 and the Knowability of God," *Catholic Biblical Quarterly* 6(1944),476 - 482.

⑪ H. H. Rowley *Job*, 114; A. Weiser, *Das Buch Hiob*(1956).

⑫ M. Dahood, "Northwest Semitic Philology and Job," in *The Bible in Current Catholic Thought*, ed. J. Mckenzie(1962),55 - 74.

不同,而且性质也不同。约伯论述的是一般的知识,比勒达指属灵的经验。

十二 9　看这一切,谁不知道是耶和华的手所作成的呢?

自七节起,论动物的理性,当然是低于人。尼布甲尼撒王曾因骄妄遭神刑罚,使他的心改变,不如人心,给他一个兽心,可参考但以理书四章十六节。但是人却可从牲畜学习。例如,先知巴兰看不见天使有拔出来的刀,站在路上挡他,还是驴子开口责备他,在民数记廿二章廿一至卅五节。箴言六章六节,人应向蚂蚁学习智慧。

现在约伯责备朋友们,竟将他当作智力低弱、道德不正的人,实在需要从自然界学习。在此形容动物,如山羊、鹰鸟以及陆地洋海的怪物。神的创造有一切的用意,自然秩序也使道德秩序树立起来。

耶和华的手所作成的,这样说法也出现在以赛亚书四十一章二十节及诗篇一○九篇廿七节。诗人的用意,是指神的拯救。以赛亚书六十六章二节:“这一切都是我手所造的,所以就都有了。”此处是指神的创造。凡神所造的,都有用意,都可给予人以智慧。在朋友们看来,自然界如同一个完美的花园,一切都美丽完全,井然有条。但在约伯看来,自然没有那么美善,但其中有若干奥秘,是难解的,却予人智慧。他认为,一切都知道是耶和华的手所作成的,但其中的深切意义,不是人所能理解的了。

此处提及耶和华的名,却是诗的部分所阙如的,是否为以后所加插的呢? 或是引述以赛亚书四十一章二十节。也许不是直接引述的,而这经文是常用的用语,所以就有这口吻。[13] 在旧约中,“耶和华的手”为固定的用词,出现有三十次以上。“神的手”比较少见,只在撒母耳记上五章十一节,历代志下三十章十二节。本书约伯记十九章廿一节“神的手”,这“神”字(Eloah)在本书有四十一次,并不包括廿七章十一节神的手,那里“神”字(El)并不相同。

十二 10　凡活物的生命和人类的气息都在他手中。

此处活物,只指动物,与“人类”有别,但都是出于神的能力,手是指

⑬　A. Weiser, *Das Buch Hiob*(1951).

能力。"生命"与"气息"分别是用于动物与人类，也必有用意。"生命"只指"存活"，气息似在更高的水准，因为这字也可指灵而言。

约伯认为这都在神的控制之下。但是神的控制究竟是眷顾呢？还是毁坏呢？一切都是神所控制的，约伯同意朋友们的说法，但他不明白神的手是摊开的呢？还是紧握着的？这问题十分难答。在约伯看来，神的手没有摊开，祂只握紧拳头，有无限的怒气，一触即发，人拗不过神的旨意。神的控制是有毁灭性的，可参考十四至廿五节。所以约伯不敢抱任何希望。

十二 11 耳朵岂不试验言语，正如上膛尝食物吗？

这句话又是传统的说法，类似格言，本身已可阐明的道理。正如在七至十二节，原是朋友的意思，而约伯引述为发表他的意见。以利户也曾提说，但不是以问题的方式（卅四 3）。口腔是取食物的，但也有味觉，会辨别食物是否可以吃用。照样，耳朵也有分辨的力量，在听取时可以试验，是否值得接受。

在说话的人，必尽力说服别人，但听的人却未必一味接受，他须经思想，考虑，但不一定信服。

十二 12 年老的有智慧，寿高的有知识。

这句话也不是约伯要发表的，乃是引述朋友的话，因为这是传统的智慧，强调历年传下的经验，也许约伯在受苦之前也有这样的想法，但是现在的见解就不同了。

"年老的"是指长老之辈，审断青年人，可参考廿九章八节及十五章十节。这是比勒达在八章八至十节的论调。

本节甚似智慧诗歌之开端，为赞扬神的智慧与能力。但是约伯显然极不同意。在第二节已经说明。约伯强调经验为知识的依据，如上节所说的耳朵与口，但不认为传统的说法有真正的智慧。在十三章一至十二节就有清楚的解说。

3. 赞扬神的智慧（十二 13～25）

这是一首赞美诗，赞扬神在世界的作为，与九章五至十节的赞歌不同，因为在第九章赞扬的，是神在自然的作为。神的作为大有能力，在祂的能力中，可以看出祂的智慧来。照约伯的观察，神在自然界的作为，恩惠是有的，但毁坏力更大。在人类社会的现实世界中，情形也相仿。在第九章，描述神的作为，都以分词来说明（有九个分词Participles），在十七、十九、二十、廿一、廿二、廿三节。这赞歌可比较以利法的赞词，在五章九至十六节。

此处赞美诗的目的是什么呢？约伯对神原本语多埋怨，不会在此特别歌颂主的恩惠大德，他也并非歌颂祂的能力，因为他一直对神的大能感到困惑（九3～4、17、34），他似在强调他的智慧，认为他明白神真正的作为，神一切作为只是奥秘。他一方面感到敬畏，另一方面却甚困惑，认为神不按公正待人，甚至语多埋怨与讽刺。他被别人讥笑时，不免向神哀诉。

但是若细察这首诗歌内容，他并没有说神不公，他知道不应这样抱怨，但他实在看见神毁坏的力量，是否这成为宇宙性的现象呢？

全首诗可分为三项，论神的智慧（13、16、22节），每项皆有引言。

十二13   在神有智慧和能力，他有谋略和知识。

论年老的有智慧，那只是人的智慧，但真正的智慧在神，只有神具真智慧与能力。所以约伯不敢自承有智慧，没有像朋友那样肯定。他们自以为有智慧，引起约伯极大的怀疑。

智慧在以色列人的观念中，决不是空洞的理论，而是实际与具体的。智慧的必可作成，因此这与能力是连在一起的，不可划分。

约伯论神，有四项：智慧、能力、谋略及知识。但是这些并非抽象，只是对约伯来说，神秘而令人困扰，因为人无法说明，所以朋友们所说的，根本无法使他心服。

十二14   他拆毁的，就不能再建造，祂捆住人，便不得开释。

约伯不明白，神为什么这样对待人。祂将人的努力全部挫折，将人一切的组织全然倾覆。神的作为似乎都是毁坏性的、反面的、混乱的。从这方面，约伯确比朋友人有更深切的观察。

"拆毁"是指物质的，如祭坛（士六25），城邑（赛十四17），城墙（结十三14）。有时也可指人物（出十五7；耶四十二10）。"拆毁"常与"建造"一同提说，可参考耶利米书四十五章四节及箴言十四章一节。

"捆住"大多是指物件，可译为"关闭"，如门户。也可指人，人被关又可得释放,正如物件被捆住,可以解开。中文译词"开释",极为适当。

琐法在十一章十节,空虚的人被拘禁,使他没有自由。此处强调神的智慧与能力,是神不可更改的旨意。

十二 15　他把水留住,水便枯干,他再发出水来,水就翻地。

神是生命的主,统管万有是祂的主权。祂将水留住,不给予人生命的需要。祂也可放出水来,成为洪流,同样会造成灾祸。读诗篇一〇七篇,尤其在卅三至卅七节,神可将河流变为旷野,叫水泉变为干渴之地。祂也可使旷野变为水潭,叫旱地变为水泉。

水太少或太多,都会构成灾祸。神以前赐他太多,在一章一至三节,以后却收回一切,使他受苦,尤其失去均衡,可参照七章十七至廿一节。

以利法描述神的恩惠,降下雨水,改变一切,是以社会的安宁为例(五 10～11)。但并未给予答案。约伯唯一可说的,只是神的智慧与能力。

十二 16　在他有能力和智慧,被诱惑的与诱惑人的都是属他。

这里又重复十三节的内容,有关智慧,是在十一章六节,与能力相连。琐法论神破坏人的混乱。但约伯将人分为两大类,被诱惑的,与诱惑人的。有一种人是以欺骗的方法诱惑人走入歧途,他们足使正当的成为不正之徒。结果"完全人和恶人他都灭绝"(九 22)。可见约伯看所有的人都在道德的陷阱之中,无人幸免。人们都漫无目标,在黑暗中摸索,都是错失的群众。

十二 17　他把谋士剥衣掳去,又使审判官变成愚人。

"谋士"原为在政府供职,供王咨询,应有贡献,保护国家的安全,但现在竟被异族的侵略者掳去。在被掳时衣服被剥去,甚至露体,为蒙羞的事。有的译为赤脚。赤脚露体而行,在弥迦书一章八节及以赛亚书二十章二至四节均有描述。[14]

审判官与谋士二者成为同义的对偶用字,审判官与谋士一般应有智慧,但神使他们成为愚人,可参考以赛亚书四十四章廿五节,也在十

---

[14] David J. A. Clines, *Job 1-20*, 300.

九章十一、十三节。审判者原为人尊敬，但现在被人讥笑，他们的地位失去了，领袖群在此都成为神审判的对象。

十二 18～19　*他放松君王的绑，又用带子捆他们的腰。他把祭司剥衣掳去，又使有能的人倾败。*

君王的权力被解除，是神破坏的力量。此处的"绑"可能指王的朝服，而放松是除掉。除掉王袍，他的王权就除去了。腰带原为权柄的象征，现在这成为捆绑之物，他的权威消失，不能再发挥了。很可能他沦为俘虏，不再有适当的服饰，在胸间与手臂，被绳子绑住。

"带子"有不同的翻译，有译为"腰布"，⑮或作"内衣"（王下一 8；耶十三 1，"腰带"原意为贴身的内衣）。⑯

除政治首领以外，宗教领袖也同样受辱，祭司成为战俘，赤身赤脚被掳。所谓有能的人，也是在领导阶层的人，都倾败了，失去权势与地位，沦为俘虏，成为阶下囚。这些无疑说明灾祸不可避免，人在这情形之下，完全无可奈何，神的作为有智慧与能力，谁也无法抗拒，可见大多是破坏性的。

约伯在现状中，看到这些情形，再来仔细分析自己的苦楚，似乎无可怨恨，既不能怨天尤人，也不可怪责神。与神理论，是否有实效呢？但是友人们对他的挑战，向他的指责，他又如何应付呢？他在极度的矛盾之下，只有作出这样的论调，表明他有智慧，不若朋友们那么幼稚。

十二 20～21　*他废去忠信人的讲论，又夺去老人的聪明。他使君王蒙羞被辱，放松有力之人的腰带。*

忠信人是为人所尊敬的，在地位上也许不及谋士与祭司（17～19节）。他们是社会贤达，对社会安定极有贡献，他们既是德高望重的人，相当于长老的身份。他们的德行必使他们的言论有分量，被重视，为众人所接受。但是神废除他们的尊贵，他们的忠告不再有影响力。

老人以智慧著称，在十二节已经提说，他们的聪明不再被人肯定与尊重。但神除去他们的知识，就不再有什么力量了。

---

⑮ *Revised Standard Version*，*New American Bible*："waistcloth"，*New International Version*："loincloth."

⑯ Clines，*Job 1 - 20*，300.

"他使君王蒙羞被辱。"不仅在十八节已有类似的意思,也可参考诗篇一○七篇四十节上,词句完全一样,在四十节下,出现在约伯记十二章廿四节下。该首诗篇的重点是神的拯救。神拯救以色列人从欺压中出来。但他们受辱,确是神的惩治。

"有力之人"是指战士,他们应束紧腰带从事战争。现在腰带放松,就失去力量。刀剑原来在腰带,现在放松腰带,刀剑也不能挂上,就无能为力。君王与战士原为保卫国土,维持国家安全。现在战败受羞,侵略的势力进入国内,必成一片混乱。神允许这事,必有毁坏的事情。

十二 22　他将深奥的事从黑暗中彰显,使死荫显为光明。

神的智慧是深奥莫测的,这原是琐法的论调,他描述神的智慧深于阴间(十一 8)。所以此处约伯的语调含有讥刺的因素。

在前几节提说谋士及忠信人,他们的忠告言论可将隐秘的事说出来,但多时可能不随意说出,以策安全。在黑暗中,是深藏不露的。这样的奥秘,却被神揭穿暴露了。

在另一方面,那些向耶和华深藏谋略的是不当的,因为他们在暗中行事,不光明磊落,是神所不喜悦的,以赛亚书廿九章十五节有这样的话。

这又可参考诗篇一○七篇十、十四节。那些坐在黑暗中和死荫里的人,他们是被掳的人。如果显出来的不是深奥的事,而是受苦的人,那么这是指救恩,而并非启示。

如果回到十五节,以自然的现象来看神的智慧与能力,将一切都作尖锐的对比。此处似将神的智慧与人的智慧二者来比较。但是归纳这首赞美诗的内容(13～25 节),这种对比似乎不是真正的主题。

这里是否指神的智慧,并非只显露人的秘密,而是神自己的深奥事得以显示。神的智慧是深切的,奥妙无穷,应该称颂。但约伯的用意与琐法的不同。他认为神深奥的事即使彰显出来,不是多人可以明白的。普通人的想法都是十分肤浅的,没有深度。其实神的智慧与能力,并不全然恩慈,也有严厉的成分。这只有受苦者似约伯才会明白。

在本段(13～25 节)论神的智慧与能力,显然分为两项。十三节开始至十六节,神的智慧和能力,然后神的能力和智慧,在正面与反面来说明,从国中的首领个人说起,至邦国整体,说明他们的成败、荣辱与兴衰。

如果比较但以理书二章二十至廿二节,但以理也称颂神的智慧与能力,因为神将奥秘的事在夜间显明。但在约伯,神的性格已经启示出来。

黑暗是指神隐藏的奥秘,神是光,在祂毫无黑暗。但必要时神隐藏在黑暗中。西乃山神的显现,记载在出埃及记十九章十六节、二十章廿一节;申命记四章十一节,五章廿二、廿三节。又可参考撒母耳记下廿二章十、十二节(即在诗十八 9、11),诗篇九十七篇二节;西番雅书一章十五节;列王纪上八章十二节(即在代下六 1),耶和华隐藏在密云里。

十二 23　他使邦国兴旺而又毁灭,他使邦国开广而又掳去。

神的能力再以恩惠与严厉两方面来说明。在十四节,神拆毁与捆住。在十五节祂将水留住与发出,也都是毁坏性的。在十七至廿一节,所有的动词都是毁坏的,全都说明神的智慧和能力是严厉的。

在本节,神的智慧和能力有恩惠的成分,祂使邦国兴旺,人数众多,然而又严厉地将他们毁灭。祂使邦国开广,扩展更加广大,却使祂们成为被掳者,流落在异地外邦。

神变更他们的命运,可参考诗篇一〇七篇卅三、卅四节;撒母耳记上二章六、七节;路加福音一章五十一至五十三节。

本节的重点不在首领,而在邦国。邦国的兴衰在于神权能的作为。但是既在矛盾与正反面的演变之下,历史又有什么意义与目的呢? 这里无疑提出理性的困惑。

十二 24　他将地上民中首领的聪明夺去,使他们在荒废无路之地漂流。

这里又回复到十六至廿一节的论调,或可说是在邦国衰落,首领被掳之后而有的现象。这里是一幅悲惨的图画,描述他们被掳的惨状。

诗篇一〇七篇再次在此引用。首领有罪,欺压贫者,就受必有的惩罚。但此处在约伯的言词中,并未提及他们的罪恶。但他们受苦却是相同的。

"荒废"就是在创世记一章二节的"空虚",完全在混沌的状况之中。参考耶利米书四章廿三节,地又回到空虚混沌的情形。在申命记卅二章十节,"旷野"一词也是用同一个字。社会若失去秩序,与旷野无异。

人们都在漂泊流浪,漫无目标。

十二 25　他们无光,在黑暗中摸索,又使他们东倒西歪,像醉酒的人一样。

这是结语,可参考五章十六节,六章十九节,二十章廿九节。这是将已论述的重述,如在五章廿七节,廿四章廿五节。

人在苦难中完全失去常态,在黑暗中迷失,摸索时仍找不到方向。在慌乱中如醉酒的人一样,东倒西歪,无力又无望。

神不赐给他们光亮,他们又在无路径的旷野走,一定无法前进。在以利法的说话中,只有狡诈的恶人才会有这样的困难,"他们白昼遇见黑暗,午间摸索如在夜间。"(五 14)但是这并非约伯的说法,在约伯看来,人有智慧未必行在光明中。神的智慧与能力仍是左右一切的,无论如何也拗不过神。所以他才会在无望中不知应当如何解除这种困境。

附录:结构分析

本章内容,有若干思想,似与约伯原持的立场有所矛盾,使经学家作不同的建议。有的将十二章四节至十三章二节删除,[157]有的将十二章四至十二节删去。[158] 有的认为十二章内只有四节是约伯的说话,即二、三、十一、十二节,再加上十三章二节;其余都挪至十一章,属琐法的言词(十二 4～10、13～25、十三 1)。[159] 还有的删去四节下、五节、六节下、十、十二、十三、十七至十九节,廿二、廿三、廿五节。[160] 更有的除去四节下、六、十、十三节。[161] 章节之挪移,有认为十一、十二节应在九节

[157] C. Siegfried, *The Book of Job* (1893); W. Grill, *Zur Kritik der Komposition des Buches Hiob* (1890).

[158] S.R. Driver & G.B. Gray, *A Critical & Exegetical Commentary on the Book of Job* (1921).

[159] P. Volz, *Hiob und Weisheit in der Schriften des Alten Testaments* (1921).

[160] Morris Jastrow, *The Book of Job* (1920).

[161] C.J. Ball, *Book of Job* (1922).

之前。⑩ 有的虽尽量少删减(如只删 13 节),但将经义更改。⑬

　　对本章内容感到混淆,主要在于约伯言词中有不少是引述朋友的话。在本章内,二至四节是讽讥的话,七至八节是引述朋友的见解,在代名词方面可以看出是以朋友的口吻,而不是他对朋友的称呼。约伯也引用格言来表达他自己的看法,如在十一节。他在十二、十三节又引述朋友的见解,认为老年人才具有智慧,他加以否认与驳斥(十二 12起),他的方法是采取智慧传统的途径。

　　以引述来表达他意见的异同,有人甚至以为十二章四至廿五节都是朋友的见解。我们不易明白,因为有些论调取自古代的资料,已经失传。在经文方面有些需要斟酌,有经文评鉴的问题。十一、十二节可能是以问语的方式,解释上就有出入。歌颂的神大能(14～25 节),应有深切的研究,才会明白整段的要义。⑭

　　十二章十四至廿五节,约伯歌颂神的大能,是有他自己的见解。他与朋友们的说法(四 9 起)不同,朋友只说神的作为是创造性的,且是恩慈性的。但约伯提说神的作为还有另一面,是毁坏性的,正如他在九章四节起所说的。在他看来,自然界的现象确有正反两面,说明神的作为,其实在人类社会中也有两面。在实用的智慧看来,君王、谋士、祭司被推翻,都是灾祸。智慧文学的社会背景是以上层阶级为主。但是从先知灵感的信念来看,有权者倾倒,受压者兴起,是神公义的作为,实施在地上,因为神爱义人。

　　如果以同情与关怀来读约伯的言词,他那样有力地排斥朋友们传统的信仰观念,就可明白并欣赏他的见地。

4．再为知识辩论(十三 1～5)

　　对神的智慧,约伯已有透切的论述,他自知与朋友较量,是远超他们。他已经说明:"我也有聪明,与你们一样,并非不及你们。"此处他再

---

⑫　Edouard Dhorme, *A Commentary on the Book of Job*, 174.

⑬　G. Hülscher, *Das Buch Hiob*(1937).

⑭　N. H. Tur-Sinai, *The Book of Job*(1957),204 - 205.

为知识作一番辩论,因为他认为他的观察与见解是知识的依据。

十三 1～2　这一切我眼都见过,我耳都听过,而且明白。你们所知道的,我也知道,并非不及你们。

"见过"与"听过"二者常相提并论,可参考以赛亚书五十二章十五节;以西结书四十章四节;传道书一章八节,又可参考廿九章十一节。这是他亲自所经历的、观察的,应该不会错误。但是"这一切"未必包括天下万象,神的作为他又怎能完全测透呢?至于他引证神有毁坏的力量,列举事实,记载在十二章十四至廿五节,是他个人所目击与经历的,就十足可靠了。朋友们论智慧,只依照过去的传统及现今世代的知识,这些不只是信念(五 27,八 8～10,十五 9、10、17、18,廿 4),也是经验(四 12～17,五 3)。但是经验可能会更重要。所以他认为他的知识与见解更卓越。

"你们所知道的",原意为"依照你们的知识而言,我也有这样的知识"。所以这里的重点在于质的方面,他所以远胜于他们,因为他的见解更加深入。

"并非不及","不及"原意为"落后",他不甘落后,事实上他只有走在他们面前。

十三 3　我真要对全能者说话,我愿与神理论。

约伯所关切的,不是真理与信仰,而是关系与经历。他要向全能者说话,直接面对,因为他实在认为神是严厉甚至残忍。他无法接受这个事实,一个义人竟会落到这样的地步,在受苦中还要受人讥笑(十二 4)。

在原文的语调,比中译词更为强烈。"但是对我来说,我真要对全能者说话。"在二十节他说,"我不躲开你的面。"他真的想面对神。他不想只在自言自语。他与朋友谈话,也已成为独语。他希望与神对语,对语不是单方面的,而有回应与答语。

"真要"也有强烈的语气,"说话"原意为辩论(hokiah),他向神必须辩明,是法律的用词,一方不满,可以提出。但是此处并非争取胜利,而是获得和解。[16]

---

[16] F. I. Andersen, *Job* (1976). "辩论"(hokiah)一词,可参考 I. L. See Ligmann, "Zur Terminologie für das Gerichtsverfahren im Wortschatz des biblischen Hebraisch," *Vetus Testamentum Supplement* 16(1967), 251 - 275, esp. 266 - 267.

约伯似在他立场上有所改变。在九章二节，他认为无法与神辩论，因为神不会来听讼。不必多此一举（九32～33），他几乎放弃这个愿望，现在他不再放弃，甚至他敢大胆地向神挑战，因为他认为自己无辜，必可取得公平。这观念一直发展下去（十四13～15）。

十三4　你们是编造谎言的，都是无用的医生。

现在他控告朋友们，说他们是编造谎言的。诗篇一一九篇六十九节说，"骄傲人编造谎言专为攻击人。"他现在受朋友攻击，完全没有什么凭据。他们唯一的理由是他受苦，因而断定他为罪人。这未免太自义，成为骄傲之辈，与恶人并列。

"编造"又可参考以西结书十三章十至十二节，涂抹尚未泡透的灰在墙上，完全是表面功夫，根本没有功效，因为这墙是必然倒塌的。

他们又是"无用的医生"，"医生"在此处可译为"缝补"，好似外科医师施行手术后缝合伤口。这是照阿拉伯文与伊索比亚文的字源。⑯ 朋友们完全无力来缝补约伯的损伤加以治疗，可谓"无用的医生"。在另一方面，他们编造谎言，是虚假所缝合出来的，"无用"为虚假，以求与上半句相符对比。⑯ 这样译法也有可能。

在撒迦利亚书十一章十七节："无用的牧人"，"无用"指无甚功能、毫无用处的人。此处也同样说他们是无用的。

十三5　惟愿你们全然不作声，这就算为你们的智慧。

在朋友们看来，他们的话好似良药一般，但在约伯的眼中，他们真是愚不可及，缄默还算有智慧。箴言十七章廿八节说："愚昧人若静默不言，也可算为智慧。"朋友们所说的，尽是废话，不值得聆听与思考。

(ii) 对友人尽指责(十三6～28)

约伯对朋友只有责备，因为他们指责他不遗余力，他已被攻击得体

---

⑯ *New English Bible*；H. H. Rowley, *Job*(1970)；P. Humbert, "Maladie et médicine dans L'AT，" *Revué d'histoire et de philosophie religieuses* 44(1964)，1 - 29.

⑯ *New English Bible*；"stiching a patchwork of lies," in A. Dillmann, *Hiob*, 3rd ed.(1891).

无完肤,现在只有反击。他先对朋友加以责问,然后申明他的立场,并向神恳求,向敌对的人极力反对。

1. 责问朋友(十三 6～12)

十三 6　请你们听我的辩论,留心听我口中的分诉。

现在他要向神辩论与分诉,他只要求朋友们保持缄默,不可插嘴,只要静听就可以了。

"辩论"(Rîb)为法律用词,在先知文学中最常用,为旧约经学家所注意的,在约伯记应用,可谓特色。[⑱]约伯是对神的,不是对人的,他认为与朋友辩论是白费精神,根本没有必要。

约伯在此处也是以师长的口吻,似向学生说的,可参考箴言四章十节,七章廿四节;诗篇四十九篇一节。看来朋友们就没有心思来听,尤其不想听约伯对神的分诉。

但是约伯仍要求他们来听,曾在六节、十三节、十七节三次提及。朋友们若真充当听证人,那么他们先应听约伯的问话,所以从第七节起,他都是向他们说,只有十九节例外,是他向神发出的诉词。

十三 7～8　你们要为神说不义的话吗? 为他说诡诈的言语吗? 你们要为神徇情吗? 要为他争论吗?

约伯向朋友发出一连串的问话,是修辞的方式,并不希冀他们答

---

⑱ B. Gemser, "The RIB or Controversy Pattern in Hebrew Mentality," *Vetus Testamentum Supplement* 3(1955), 120 - 37, Spec. 122 - 125; J. Harvey, *Le Plaidoyer prophétique Contre Israël après La rupture de L'alliance* (*Studia travaux de recherche* 22; Montreal: Les Edittons Bellermin, 1967), J. Blenkinsopp, "The Prophetic Reproach," *Journal of Biblical Literature* 90 (1971), 267 - 278; J. Limburg, "*The Root* RIB and the Prophetic Lawsuit Speeches," *Journal of Biblical Literature* 88 (1969), 291 - 304; K. Nielsen, *Yahweh as Prosecutor and Judge: An Investigation of the Prophetic Lawsuit* (Rîb. Pattern) *Journal of Studies of Old Testament Supplement* 9(1978); H. Richter, *Studien zu Hiob*, *Der Aufbau des Hiobbuehes*, *dargestellt an der Gattungen*, *des Rechtslebens*(1959).

复,但是以一种讥刺的口吻(7～9、11节)。在约伯看来,朋友们的话中,尤其是论神,简直都是谎言。他们对神的认识,还不及约伯那么深入。论神的事不是真理,竟是谎言,岂不令人惊奇与心悸? 如果约伯与神争讼,他为自己辩护,朋友可作证吗? 作证必须根据事实,不可凭一己的想法或蓄意争辩。如果他们为坚持自己的看法,无疑在编造谎言,就构成罪状,因为他们作了假见证,所以约伯要他们认清角色与地位,慎于行事。

神决不喜悦他们为神辩护而竟说出虚谎的话,不义与诡诈二者是同义的。他们千万不可那样作。

神也不要他们"为神徇情"。徇情可谓后颊,或指头,可参考创世记十九章廿一节;撒母耳记上廿五章卅五节。在约伯记,可参考四十二章八、九节。

法律的尊严在于公正,不可偏护,即使对穷人也是如此,可参考利未记十九章十五节;申命记十章十七节。朋友们若作证,必须公正不偏心。神的一方,不需要人来为祂辩护的。

十三 9～10　他查出你们来,这岂是好吗? 人欺哄人,你们也要照样欺哄他吗? 你们若暗中徇情,他必要责备你们。

在法律的争辩中,必须公正,人即使站在神的一方,也要更加谨慎,因为神要审查,不容他们徇着私意。这里又有了讽刺的涵义。约伯一方面接纳朋友,让他们站在照顾与教导的地位,另一方面,自己又站在教导的地位,对他们加以警告。他们以为站在神的一边,应对约伯施予压力,因为神将约伯当作罪人来对待,其实神并非与约伯为敌,与约伯为敌的是撒但(一 9～10)。可见朋友这样对待约伯,无疑是站在撒但一边了。

朋友这样的态度,不仅自欺欺人,甚至也欺哄了神,神怎么会查不出来呢? 诗篇四十四篇二十、廿一节:"倘若我们忘了神的名,或向别神举手,神岂不鉴察这事吗? ……"神是鉴察人心的,在诗篇一三九篇一、廿三节。耶利米书十七章十节,神不仅鉴察人心,也试验人肺腑的。神是欺哄不得的,可参考创世记卅一章七节;出埃及记八章廿九节;耶利米书九章五节。

"这岂是好吗?"意思是对你有什么好处,你又会获得什么呢? 可参考十章三节。

约伯在第九节再加以警戒。朋友们以为是在为神辩护，在暗中徇情，非但大可不必，反遭致神的责备。他这样说，当然不会劝勉朋友们。他们只为神辩护，以为约伯完全错误。其实真正的错误是在朋友们。神的怒气甚至在他们身上，因为他们议论神，不如约伯说的是（四十二 7）。

十三 11　他的尊荣，岂不叫你们惧怕吗？他的惊吓，岂不临到你们吗？

这里有神的尊荣，因为祂高高在上，有无限的威严，人应有敬畏的心。"惧怕"指敬虔与畏惧。但是神有惊吓，因为祂施行审判，罚恶的事，是恶者必有的命运，参考二章十、十九、廿一节；耶利米书四十九章五节；诗篇一一九篇一二〇节，可参考诗篇卅六篇一节。

此处约伯心中似有矛盾，因为神没有定他为义，没有判明朋友有罪。在约伯与朋友争辩之中，并没有得着神的干预。神并非未在他们辩论时申明，好似在四十二章内所述明的。但约伯敢向神分诉，表明他是敬虔的人。他向神发怨言，他一直认为神对待他太残忍，对他一直憎恨发怒，这算是神的不公正吗？对于这些连约伯也无法作明确的结论。他没有忽略，神是尊荣的，应存敬畏的心，但他已经历了神的惊吓，所以他感受比朋友们深。

十三 12　你们以为可记念的箴言，是炉灰的箴言；你们以为可靠的坚垒，是淤泥的坚垒。

这是为责问友人的话作一结语。箴言是可记念的，因为这是古代传下的智慧，应予保存，好似约书亚将石头作为记念（书四 7），摩西保留的记录（出十七 14）。琐法以两树的比喻，认为是金科玉律。但对约伯来说，传统已经太古旧、太脆弱，站不住，好似炉灰一般，须要除去。炉灰与尘土是没有价值的东西，可参考创世记十八章廿七节及约伯记三十章十九节。炉灰被视为轻得没有分量，不真实，被忽略的外表，是短暂的，不久必被消灭。⑯

---

⑯ Edouard Dhorme, *A Commentary on the Book of Job*, 186.

"坚垒"是为防御之用。言语成为保障，似为坚强的力量，但是所谓坚垒只是淤泥，就谈不到什么"坚"了，必然脆弱不堪，无法经受攻击。这当然仍是指朋友们的话。他们以为那些议论甚有力量，在八章十一至十四节及十一章十二节。在约伯看来，真是不堪一击。

以利法将淤泥描述为人的生命（四 19），脆弱与短暂。他们的话也是如此，不能永存。所以约伯以后设法将他的话，用铁笔镌刻，用铅灌在磐石上，才可直存到永远（十九 24）。这就是他的愿望。

2. 宣布愿望（十三 13～16）

约伯还未有充分准备直接向神辩护，所以继续对朋友说话："你们不要作声。"（13 节）在下一段："你们要细听我的言语。"（17 节）但是内容不再针对朋友，与四至十二节有别，他的内心已趋向神（十三 20～十四 22）。在这以前他曾两次向神诉说（七 7～21，十 1～22）。在第七章他求神不再注意他，在九至十章，他仍乞求神不鉴察他。现在他想与神辩论。他知道这是危险的事（14 节），也自知已无指望（15 节）。但他仍将内心的愿望宣布出来。

十三 13　你们不要作声，任凭我吧！让我说话，无论如何我都承当。

约伯已经对朋友加以警告，不可作假见证（4～12 节）。现在他再回到原来的申明："我真要对全能者说话。"（3 节）当他说话的时候，如同正式的法律程序，不可有人插口中断。本来与神辩论是危险的事，这是他早就意识到的（九 4、14～16）。他又恐怕朋友来干预，因为在他们看来，约伯向神说话是大罪，是亵渎神的，但是责任必自负，不必由朋友代为着急。约伯现在有十足勇气，他正预备自己的心，愿意承受任何后果。他要求朋友全然不作声，在第五节，又在此处重复。

十三 14　我何必把我的肉挂在牙上，将我的命放在手中？

约伯愿意全然冒险，认为他没有什么损失，只有得益。本节上下两行，是两句格言。第二句较易解释，因为有若干经文可以佐助。在士师记十二章三节；撒母耳记上十九章五节，廿八章廿一节；又可参考诗篇一一九篇一〇九节。中译词或作"拼命"，或作"不顾惜自己的性命"，以后者接近原意,在原文中有相同的词句,"将我的命放在手中",不惜牺牲性命,必定达到原有的心愿,甘心冒险,不计后果。这在古代是起誓用的话。亚甲文"扼住喉咙"(napishtam lapātum),喉咙与性命同义(nephesh)。[⑩]

将命放在手中,不仅可以左右,也是十分冒险的事,因为手并不安全,无法长期把握并保护。明白本节下,可能了解上半节。如果"肉"指"命","牙"与"手"同义,二者以同义对偶句的形式,说明冒险的事。肉是肉身,肉身是与性命一样,二者虽未必全然相同,却极为相连,可参考十四章廿二节;诗篇六十三篇一节,八十四篇二节等。

关于上半节(第一句)的解释,有不同的说法。这样的字句在圣经中任何经文均未出现,犹太学者意译为:"我愿自受苦楚强迫自己默不作声。"肉挂在牙上,咬紧牙关,决不开口。[⑪] 有的将"肉"译为"舌",舌由牙咬住,默默安静等候。[⑫]这正如诗篇一〇二篇五节:"我的肉紧贴骨头。"原意为"舌紧贴牙床"。有的学者以野兽为例,将肉作为掠物,咬在牙上不放,冒着险逃跑。或咬住自己的肉,决不放弃。[⑬] 经文可作参考的,在耶利米书卅八章二节:"以自己的命为掠物。"也许这是一句用语,以言过其实的方法,说明照顾自己格外小心的意思,但重点仍在甘愿冒险的精神。[⑭]

本节是以问语的方式"何必……"表明他引述的话,也表明自己的心态。这种引述的话,不是直接的,而是间接的,[⑮]归纳言之,约伯说:"我何必将性命置之度外呢?"或"我何必明哲保身而不冒险呢?"此二者

---

⑩ Marvin H. Pope, *Job*, 99,引用 J. M. Munn-Rankin, "Diplomacy in Western Asia in the Early Second Millennium B. C. ," *IRAQ* 18(1956),68 - 110.

⑪ Marvin H. Pope, *Job*, 99,引用 Rashi.

⑫ N. H. Tur-Sinai, *The Book of Job*(1957),225.

⑬ Edouard Dhorme, *A Commentary on the Book of Job*, 187.

⑭ N. Herz, "Egyptian Words and Idioms in the Book of Job," *Orientalische Literaturzeitung*(1913),343 - 363, esp. 344 - 345; "The Exaggeration of Errors in the Massoretic," *Journal of Theological Studies* 15(1914),258 - 264, esp. 263.

⑮ Robert Gordis, *The Book of Job*, 143.

意义不同，但却说明约伯矛盾的心理。

十三 15   他必杀我，我虽无指望，然而我在他面前还要辩明我所行的。

"他必杀我"在语气上是肯定的，似将句首直译为"看哪"（h-n），但这字也可译为"如果"："他若杀我"，或"他纵然杀我"。

"我虽无指望"，"无"（lo'）也可改为"在他"（lō）：我靠他有指望。这样意义就相反了。"即使他杀我，我在他里仍有希望。"表明我不会因此消灭，因此我还有机会向他辩明，我所行的没有犯罪，依旧清白。

这两种译法，在意义上极不相同，如说约伯仍有指望，在经文方面并非更改，只是经文评鉴上作此整理。⑯ 约伯怎样会有指望？指望他仍有机会辩护自己吗？如果神真是杀了他，他又怎样可以为自己辩护呢？在死后吗？这是约伯不能知道的，除非他真对永世有盼望与信心。在十四章内，他并不表示有永世的盼望。因此在译意上有些不同："如果最后他会杀我，至少在我被杀之前，仍可不断指望，希望他能容我辩明。"在第十六节，他表明拯救的可能，但不是出于神的公义。另一种可能的译词："看哪，他必杀我，我等候这事的发生。然而我在他面前还要辩明……"⑰

如果在经文评鉴上依据子音经文（Consonantal text：Kethiv）："我虽无指望"，"无"字仍保存，约伯知道神必杀他，他也无法再有指望。但他又怎么知道神必会杀他呢？他一直希望他可死去，早日脱离痛苦，在三章二十至廿三节以及六章九节已经表明了。他不想活下去，他愿意神杀了他，使他解脱。他在此处表示愿望，能在神面前辩明。但神既要杀他，他再无盼望，连辩明的机会也失去了。他实在失望，对神也只有恨恶与敌对。但是如果以假定的语气，神纵然杀我，我也不会因此失

---

⑯ Masoretic vocalization of the Qere，可参考 Dhorme，*A Commentary on the Book of Job*, 187；F. Horst，*Hiob*（1960）；G. Fohrer，*Das Buch Hiob*（1963）；F. J. Andersen，*Job*（1976）；*Authorized Version*，*Revised Version*，*New American Bible*，*New International Version*.

⑰ *Revised Version* 附注，可参考 F. Delitzsch，*Biblical Commentary on the Book of Job*（1949）.

去盼望。这可能是他的心愿。

看来，约伯的信心并无消失，其实问题不是约伯是否仍信靠神，而是神是否仍信托他。神有绝对的权能，祂怎样对待约伯，约伯必须经受。但是他仍想表达自己的愿望。

约伯着重在他的行为，他要在神面前辩明，"行为"是智慧文学的用语，在十七章九节，卅一章四节；箴言三章六节，四章十八、十九节。"行为"也可指"案件"。⑰约伯要辩明他的案件。

十三 16　这要成为我的拯救，因为不虔诚的人不得到他面前。

约伯知道这是十分冒险的事，竟向全能者辩明，但他认为这是唯一的途径。恶者不敢来到神的面前，只有无辜者如约伯，他仍有虔诚的心，可以等候救恩。他可能不是盼望神立刻搭救他，使他脱离苦难。他在求神拯救之前，先要自救，就是脱离自我的困惑，因为他恐怕自己已经失去信心，对无辜也无自信了。

"拯救"，有的译为"得救的根源"、⑱"避难之处"、⑲"保证成功"、⑳"可使我得着救恩"。㉑"这"必指辩明，他认为有这必要。

在本节上，似可联想保罗的话，腓立比书一章十九节："终必叫我得救。"在涵义上似乎相同。㉒

3. 向神分诉(十三 17～23)

现在约伯再要求朋友缄默，只细听他向神分诉的话。他只要陈明案件，辩明无辜，就别无他求。他已经准备妥善，直接可以面对神，不再顾忌。

⑰ *New English Bible*, *New Jewish Publication Society Version*.
⑱ David J. A. Clines, *Job 1 - 20*, 314.
⑲ *Loc. cit*. 并未注明出处。
⑳ *New English Bible*, "This at least assures my success."
㉑ *New International Version*, "this might turn out for my deliverance."
㉒ J. H. Michael, "Paul and Job: A Neglected Analogy," *The Expository Times* 36 (1924 - 1925), 67 - 70; F. Horst. *Hiob*, 随从这个说法。

十三 17～18　你们要细听我的言语,使我所辩论的入你们耳中。我已陈明我的案,知道自己有义。

约伯对朋友的要求,先是静默(5节),再是细听。你们听清楚,才可作真实的见证人。他在未向神陈明之前,先要朋友们充分了解。他不愿他们再喋喋不休,他们应该细心聆听,留意约伯实际的案情。

"我已陈明……"陈明原意为"导入",如军队摆列上阵,待命行事。这军事用词可通用于法律的程序,表明一切都已就绪,可以开始辩论了。

约伯甚有自信,知道自己有义,有义是可判为无罪,或被称为义,可参考九章二节,十一章二节及四十章八节。

案件专指法律的事件,可参考民数记廿七章五节;撒母耳记下十五章四节。

"知道自己有义"是十分有把握的事,"自己"原为代名词"我",在文法的结构上,加强语气,认为是确定的,出于他坚强的自信。

十三 19　有谁与我争论,我就情愿缄默不言,气绝而亡。

这是在法律程序中正式的宣告,类似的形式在以赛亚书五十章八节:"谁与我争论,可以与我一同站立。"约伯并非说,若有人与他争辩,他就缄默与死亡。中译词"就"可以省略。先有一句宣告的话,以修辞的问题方式:"有谁与我争论?"(我想没有人敢接受我的挑战)我现在是与神辩论,别人不可多事、插手干预,他是在警告朋友们。他认为无人可以定他的罪,连神都不定他的罪。

下句话是声明,如果他果然是被定罪,他就不再申辩,情愿永远缄默,甚至死亡。死亡与缄默是一件事,只有死才可使他静默,不然他仍开口辩护,不肯认输。但是看来,神不要他死,仍延长他的性命,叫他仍旧活着,却受着苦,活着受罪。

如果他不死呢? 他仍无法保持缄默,除非他能恢复健康,不再受苦。

十三 20～21　惟有两件,不要向我施行,我就不躲开你的面,就是把你的手缩回,远离我身,又不使你的惊惶威吓我。

约伯想与神辩论的事,在上文(3、13～19节)已经交代清楚。自二十节起向神的分诉,仍不及卅一章那么有系统与层次。可能约伯的情

绪还太激动,不够以冷静的理性慢条斯理地说明。他的内心仍旧十分
矛盾,一方面他要神将他的罪指明,使他甘心受罚挨苦,另一方面他要
神离开他,不再注意他,他反可得着解脱。在十四章六节他求神转眼不
看他。前者辩明他无罪,使神无法刑罚他,那是法律的程序。后者却有
关他信心的经历,还有和好的机会。

约伯提出两件事,盼望神不要向他施行。第一件事是正面的,把祂
的手缩回远离他;另一件事是不使惊惶威吓他,这是反面的。其实两者
都是反面的,只是在前者没有否定词而已。在九章卅四节,约伯已经表
明他的愿望,与此处一样。也许这是律法程序的辩论中的用词。在卅
三章七节,以利户也有相同的说法。

究竟约伯要神什么呢? 他是否求神除去苦难呢? 神的手是祂的权
能,使他不住受苦(参考一 11,二 5,十九 21)。在六章九节,约伯求神
把他压碎,伸手将他剪除。可见他不是想逃避苦难,他也不逃避神,不
躲开神的面,他知道逃避神是不可能的(七 12,十 7,十四 6),但是他认
为神必须合理与公正。

如果读耶和华在旋风中的言词,神并没有照他所求的为他成就,神
有更美的旨意。

十三 22　这样,你呼叫,我就回答,或是让我说话,你回答我。

神是在审判官的地位,向约伯宣判,要刑罚他。但约伯对神的攻
击,竟然以审判官自居,可参考七章十一至十二节,十七至十九节,廿
一节,十章三至七节、十八至十九节。约伯在此未免过分大胆,他要
与神交换地位,一个成为控方,另一个是须回答控词。然而约伯想
以控方地位,要神来答复。这样只是想象而已,不可能有这样的
实情。

参考九章十六节,我若呼吁,他应允我,我仍不信他真听我的声音。
所以约伯始终有这样的想象。他得不着朋友的同情,他成为十分孤寂
的人,当神都不向他显现,也不对他说话,他的孤单实在无法忍受。他
屡次表明心愿,要与神辩明,他不是只为自己的无辜,实在需要神与他
同在。

十三 23　我的罪孽和罪过有多少呢? 求你叫我知道我的过犯与
罪愆。

神当然是在审判官的地位上。如果神不作声,他的惊惶必更可怕(22 节),这必使他更加难堪。他情愿神说话,向他判定罪状,也比保持静默的好。

神要人向他承认罪过,而不是由神来历数他的罪状。耶利米书二章五节是神的话:"你们的列祖见我有什么不义,竟远离我?"雅各对拉班说:"我有什么过犯,有什么罪恶,你竟这样火速地追我?"(创卅一36)这些都是类似的语句,是约伯对神说的,现在他以控方自居,以法律的程序来为自己辩明。⑭

第一个问题是修辞的,即不需有回答的:"我的罪孽和罪过有多少呢?"约伯主要的用意,是认为自己没有罪,不需要承认。

罪孽和罪过有多少? 似乎在于罪的量。过犯与罪愆却在于罪的质,因为前者的名词是多数,后者的名词是单数。

约伯仍不能接受苦难是罪恶的刑罚。但是朋友们既坚持这种说法,他必须求问神,得着答复。约伯越不能明白,心中越发慌乱与惊怕(参 25 节)。他的情绪已经濒于极端,精神即将崩溃。⑮

他急切地求神将他的罪都列出,不然他就认为神不公正,他若无法辩明无辜,他就完全放弃了,他自认没有错谬与过失,没有叛逆与背道。他自忖并没有触犯神,他感到神决不应故意为难他。所以在极端痛苦中,发出这样的心声。

4. 神正敌对(十三 24~28)

十三 24　你为何掩面,拿我当仇敌呢?

"为何?"在诗篇中常有这样的问语,不是寻求理由,而是希望在情

---

⑭ H. J. Boecker, "Anklageredon und Verteidigungsreden im Alten Testament. Ein Beitrag zur Formgeschichte alttestamentlicher Prophetenworte," *Evangelische Theologie* 20(1960),398–412, esp. 405.

⑮ Dermot Cox, *The Triumph of Impotence:Job and the Tradition of the Absurd* (1978).

势上有所改变,可参考诗篇十篇一节,廿二篇一节及七十四篇一节。⑱
在诗篇中有这样的问话,是一种哀叹,因为神似乎并不活动。

神掩面,并非不使人看见,而是祂不看人,不再眷顾与施恩。这是
表明神的忿怒,可参考卅四章廿九节;申命记卅一章十七、十八节、卅二
章二十节;以赛亚书八章十七节,五十四章八节,五十九章二节,六十四
章七节;耶利米书卅三章五节;以西结书卅九章廿三、廿四节;弥迦书三
章四节;诗篇廿七篇九节。这也表明神忘记,不再记念,如诗篇十三篇
一节,四十四篇廿四节。这又可作为神拒绝施恩的表示,参考诗篇三十
篇七节,六十九篇十七节,一〇二篇二节。约伯感到自己已成为神的仇
敌(本节下),神使他在惊惧中被困(25～27 节)。⑲

在廿三节之后,约伯的问题似乎将一切思想都停顿,他只听神的控
告,却听不见,所以他提出抗议。其实这不是神拒绝他,而是他以为神
不公正。

在此处约伯发怨言,认为神向他掩面,而在七章十九节他又认为神
过分鉴察:"你到何时才转眼不看我?……"这两处真是神取敌对的地
位。第七章神当约伯为洋海与海中怪兽(七 12)。此处(25～27 节)神
完全以敌对的行为对待他。

约伯其名('iyyôb)与"仇敌"('ôyēb)有谐音之美。神是否当真以约
伯为仇敌?

廿四节下及廿七节,为以利户所引述(卅三 10～11)。

十三 25　你要惊动被风吹的叶子吗?要追赶枯干的碎秸吗?

约伯自感身心已疲惫不堪,精力耗尽。他好似被割除的枯树,毫无
力量。这样被风一吹,赶散至各处。枯草很易吹散(诗八十三 13;赛四
十 24;耶十三 24),又易焚烧(出十五 7;赛五 24,卅三 11,四十七 14;珥
二 5;俄 18;鸿一 10;玛四 1)。这是十分脆弱的(伯四十一 20～21),无足

⑱ C.C. Broyles,*The Conflict of Faith and Experience in the Psalms:A Form Critical and Theological Study,Journal of Study of the Old Testament Supplement* 52(1989).

⑲ S.E. Balentine,*The Hidden God:The Hiding of the Face of God in the Old Testament*(1983).

轻重(赛四十一2)。这常指恶人为神毁灭,如树叶凋残(赛六十四6)、零落(赛卅四4)。义者却不是这样,必如好的树叶不会衰败(诗一3)。

"惊动"似指神凶暴的行为,可参考诗篇卅七篇卅五节,五十四篇三节,八十六篇十四节。"追赶"常与"逼迫"同义,如在约伯记本书十九章廿二、廿八节。可参考诗篇六十九篇廿六节,一一九篇八十六、一六一节。

人究竟是脆弱微小的,怎可抗拒神呢? 在此处约伯似乎看不见神的恩慈。

十三26　你按罪状刑罚我,又使我担当幼年的罪孽。

在原文应有"因为"的字样,正如七章十二、十七节说明原因。神为什么惊动呢? 必是有罪状可书写出来,接着刑罚。罪状是审判官所宣判的文件,并非如民数记五章廿三、廿四节致咒诅的苦水中的警语。⑱

幼年的罪孽是在无知中犯的,但并非不需负责,仍应受罚。因此诗人特别祈求神的怜悯,在诗篇廿五篇七节。约伯在辩护自己无罪,却仍必需承认幼年的罪孽,没有否认。

但是约伯认为神不公平,人在幼年的罪为什么需受那么大的刑罚,而成年犯罪反而可以被漠视。也许约伯实在不清楚,是否他现在的苦楚,因他幼年的罪孽? 他十分留意儿女们在幼年的罪孽,为他们献祭,使他们免于受罚,在一章五节他既有这样的意识,现在他的想法如何呢?

猜想他现在可能在担当幼年的罪孽,承受这样的后果,自然使他难以明白,可参考本书二十章廿九节,廿七章十三节,卅一章二节,四十二章十五节。

但是看来罪状已经写出,"按"字原意为"写",他是无法逃避刑罚了,他不明白苦难是否神的刑罚。

十三27　也把我的脚上了木狗,并窥察我一切的道路,为我的脚掌划定界限。

---

⑱ L. Kopf, "Arabische Etymologien und Parallelen zum Bibelwörterbuch," *Vetus Testamentum* 8(1958),160‑215, esp. 180.

这是说到受拘禁的情形。"木狗"在此处及卅三章十一节外,旧约中别处并未出现。在耶利米书二十章二、三节,廿九章廿六节以及历代志下十六章十节,"枷"字与此处"木狗"不同(中译词在历代志下十六章十节只作"囚"。"枷"原意为弯曲,可使囚犯的身体弯下。但此处"木狗"只束缚脚部,仍可行走,但举步艰难,可能是此处的涵义。这是否由铁链或铜链锁住(诗一〇五 18,一四九 8;士十六 21;撒下三 24;王下廿五 7),不得而知。

神似监视约伯的路,"一切的道路"是指行为与生活,也有译成"一切的工作"。[⑱] 神一直窥察他一切的脚步,并且加以限定,不让他有自由的行动。

"划定界限",使他不能越过。"划定"原意为雕刻或刻画,奴隶的脚上常刻画记号。[⑲] 在以赛亚书四十四章五节及四十九章十六节,在手掌上铭刻。刻在前额的也有。[⑲]

本节"脚"应包括由膝盖至脚掌,脚上了木狗,脚的行动受了限制,直到脚掌也受限定,不能有充分的自由,不能随意移动,在七章二十节,主是鉴察人的,必监视人一切的行动。

十三 28　我已经像灭绝的烂物,像虫蛀的衣裳。

本节似与上文不甚连贯,却与十四章一、二节较为衔接。学者有不同的意见,或在十四章二节上、[⑱]二节下,[⑲]三节之后,[⑭]六节之后,[⑮]甚至在一节之后。[⑯] 但廿六至廿八节构成三行诗,似为十分自然的结构。有的认为本节为廿五节问语的答案,廿六、七节只是括弧中的补充语。

⑱ 七十士译本,参 Marvin H. Pope *Job*,102.

⑲ Robert Gordis,*The Book of Job*,146;Marvin H. Pope,*Job*,102;N. H. Tur-Sinai,*The Book of Job*,230.

⑲ David,J. A. Clines,*Job 1 - 20*,322.

⑫ Clines,*Job 1 - 20*,323,引用 Merx.

⑬ Dhorme,*A Commentary on the Book of Job*,195;Pope,*Job*,106;*New English Bible*.

⑭ *New American Bible*;G. Beer,*Der Text des Buches Hiob*(1895).

⑮ K. Budde,*Das Buch Hiob*(1913);G. Hölscher,*Das Buch Hiob*(1937).

⑯ W. B. Stevenson,*Critical Notes on the Hebrew Text of the Poem of Job*(1957).

　　人的身体十分脆弱,犹如衣服一般会穿坏,正像装酒的皮袋经久就破旧了(创十八 12;赛五十 9;诗卅二 3,四十九 14;哀三 4)。这又好似虫将衣服蛀坏,满了破洞,不能再穿。

　　身体必会朽坏,不能经久,也在四章十九节及七章廿一节说明,所以约伯看自己受尽痛苦,必将成为灭绝的烂物,成为可废弃的东西。

　　廿五节指树叶的枯萎,此处指葡萄树的霉烂,都不能长存,人生之短暂如此,苦难更腐蚀他的生命,这是约伯的感受。

附录:结构分析

　　十二章二节至十三章五节的结构,是以环绕的方式(Inclusio),开始与结束是重复同一主题:
　　(A)知识的坚持(十二 2~6)
　　　　(B)争辩知识与智慧(7~12 节)
　　　　　　(C)论神的智慧(13~25 节)
　　(A)知识的坚持(十三 1~5)

　　以上由 A 至 A,都强调知识不是只在朋友的言词,约伯坚持他也有知识,甚至超越在他们以上。以利法以神秘的经验为根据(四 12 起),比勒达以历代的观念为理由(八 8 起),琐法以神的奥秘作推论(十一 6),都异口同声地认为传统的信仰是最基本的知识。神罚恶赏善,约伯的苦难是罪恶的刑罚。

　　约伯对知识的解释,先否认传统的观念。智慧和知识与其说是在年老寿高者(12 节),应该说是在神(13 节)。这样说来,岂不与琐法的论调相同吗? 琐法说,神的智慧是奥妙的,人不能测透(十一 7~9)。但这是约伯否认的,因为约伯从经验中可以明白,经验究竟比传统更为可靠(十三 1)。有关神隐藏的智慧。在十二章十三至廿五节有详细的论述。这段经文以赞美诗的形式,却含有讽讥的语气,因为神的智慧不只是恩惠的,也是严厉的,有毁坏的能力。此处似特别强调后者。

　　(甲)毁坏建立的秩序(十二 13~16)
　　　　(A)在神有智慧和能力(13 节)
　　　　　　(B)破坏社会秩序:拆毁与捆住(14 节)

　　　　（B）破坏创造秩序：留水与发水（15 节）
　　　　（A₁）在神有能力和智慧（16 节）
　　（乙）剥夺首领的权力（十二 17～21）
　　　　（C）官长被辱（17 节）
　　　　　（D）君王失势（18 节）
　　　　（C₁）祭司败落（19～20 节）
　　　　（C₂）力士衰弱（21 节）
　　（丙）毁灭邦国与首领（十二 22～25）
　　　　（E）陷世界于黑暗（22 节）
　　　　　（B₁）失国与被掳（23 节）
　　　　　（C₃）首领在逃亡（24 节）
　　　　　（E₁）在黑暗中摸索（25 节）

　　以上（甲）（乙）（丙）三项有关神毁坏的能力，（A）至（E）是各项细节。重复的如（C）内容相同或相似。（E）至（E₁）又是一种环绕的形式，为十分完美的结构。这以黑暗为主题的（22～25 节），与第三章约伯独自悲叹的语调相似。

　　约伯强调他的知识并非不及朋友们。他不愿再与他们说什么，他说："我真要对全能者说话，我愿与神理论。"（十三 3）他劝朋友们全然不作声，这就算为他们的智慧。约伯的口吻十分严正，结束第一大段的话。

　　约伯的言词中第二大段，在十三章六至廿八节，兹将结构分列于下：

　　（甲）见证人的问询（十三 6～12）
　　　　（A）听证与分诉（6 节）
　　　　　（B）质问不义与诡诈的话（7 节）
　　　　　（B₁）质问为神徇情与辩护（8 节）
　　　　　（B₂）质问他们是否仍欺哄（9 节）
　　　　　（B₃）质问他们曾否受责备（10 节）
　　　　　（B₄）质问他们惧怕与惊吓（11 节）
　　　　（C）责备与否认（12 节）
　　（乙）宣布他的意愿（十二 13～16）

（A₁）阻他们发言（13 节）

　　　　（D）论自己的冒险（14 节）

　　　　（D₁）在神面前辩明（15 节）

　　　　（D₂）有信心得拯救（16 节）

（丙）向神辩明案情（十三 17～23）

　　　　（A₂）求神细听辩词（17 节）

　　　　（D₃）陈案表白无罪（18 节）

　　　　　　（E）有谁与我争论（19 节）

　　　　　　（E₁）求神施行怜悯（20 节）

　　　　　　（E₂）缩手远离我身（21 节）

　　　　　　（E₃）控方究在何处（22 节）

　　　　　　（E₄）求神列明罪状（23 节）

（丁）岂可与神为敌（十三 24～28）

　　　　（F）为何当我仇敌（24～25 节）

　　　　（F₁）宣判施刑窥察（26～27 节）

　　　　　　（G）悲叹生命之虚空（28 节）

在这一大段中，以法庭的情景为主，是约伯的意愿，要向神辩明。神是审判的主，祂的审判必然是公义。朋友们一直辩护神的公义（Theodicy），但是他们所说的辩护理由，仍只是传统的信仰观念，不是以解决约伯的困惑与疑难。他只希望他们是听证者，让他直接面对这位审判官。这是不无冒险的成分，但是他自己来面对，比与朋友争辩有意义。他忿恨地说："有谁与我争论？我就情愿缄默不言，气绝而死。"争论的涵义是诉讼。我不想再与朋友争辩些什么，他们若不缄默，只有他缄默而等死了。

(iii) 在困惑中指望（十四 1～22）

约伯与友人们辩论，在第三次发言中，结语既描述自然现象，又论述传统思想，为说明生命的短暂与脆弱，在极度困惑中寻求希望，在非常矛盾里谋求解决。在消极的论调中，不时发出勇敢的、期盼的呐喊。文学的秀美与内涵的隽永，令读者慨叹。

约伯仍旧叙述自己特殊的苦情,正如十三章二十至廿八节。但他显然从个人的经验,扩展至广大的世人,可参阅三章二十节及七章一至十节。人实在太微小,不值得神鉴察,约伯却在神鉴察之下,令他困惑不安。

1. 生命的局限(十四 1～6)

十四 1　人为妇人所生,日子短少,多有患难。

“人”是指世人,一般人的情形。“人为妇人所生”,是本书特殊的论述,也在十五章十四节与廿五章四节,可参阅新约中马太福音十一章十一节及路加福音七章廿八节。在旧约中,妇人并非代表弱者,仅在少数的经文,如耶利米书五十章卅七节及五十一章三十节。战士成为妇女,由强壮变为软弱。以赛亚书十九章十六节,埃及人像妇人。从字源研究,妇人('-sh-h)与衰弱('-n-sh)似为相近。在十五章十四节及廿五章四节,为妇人所生的不洁净,但并非说妇人为不洁净的,所以软弱。生产是不洁净的过程,但妇人本身并非不洁净。此处论人为妇人所生,是指寻常的人,因为人都为妇人所生,没有例外。

人的日子短少,人生苦短,这是实情,在本章五节,七章六、十六节,九章廿五节,十章二十节。人生多难,在诗篇九十篇五、六节,一〇三篇十五、十六节;以赛亚书四十章六、七节。“患难”一词,是没有平安与安息,在神的严厉之下,不得安逸,不得平静,也不得安息,却有患难来到(三 26)。约伯求死,盼待死亡之速至(三 20～23,六 8～9,七 21,九 21)。在他看来,人生的日子又少又苦,不如速即结束更好。

七章一至三节,约伯也悲叹生命的短促,他所强调的是人生的艰辛与无聊,生命毫无意义可言。但此处重点只论人生的短暂,问题在埋怨神,何必睁眼看,不放过他?

人都盼望“日子满足,享受丰富、尊荣”(代上廿九 28),到寿高年迈,才气绝而死(创廿五 8,卅五 29)。这样才有福寿双全,是约伯人生的后期(四十二 17)。希伯来族长雅各在一百三十岁时说:“我平生的年日又少又苦。”(创四十七 9)长寿才是真福。至于患难,常为恶人与困乏人才经受的,才合理(三 17)。但约伯极不平安(七 4),甚至满心羞愧（十15），使他感到十分虚空与软弱。

十四2　出来如花，又被割下；飞去如影，不能存留。

生命如花那样短暂，花如何秀丽，它的美容很快就消失了，因为割下就枯萎，不能长存。以花为短暂的表征，可参考诗篇一○三篇十五、十六节；以赛亚书廿八章一、四节，四十章六至八节；雅各书一章十、十一节；彼得前书一章廿四节。草的短促，在列王纪下十九章廿六节；诗篇卅七篇二节，九十篇六节，一○二篇十一节，一二九篇六节。花草在春天生长，在夏季炙热的东风吹来，必全部凋萎，有时枯干得更早。野草杂卉必须割下，不致阻碍谷物的生长。也许在五、六月时谷物成熟，在割麦时就一并割下。

黑影飞逝之速，也有多处描述，可参阅八章九节；诗篇一○二篇十一节，一○九篇廿三节，一四四篇四节；传道书六章十二节以及历代志上廿九章十五节。

以树木花草为喻，可能是回答比勒达的，因为比勒达曾以蒲草及芦荻喻为生命，需要神的恩惠，如泥与水，始可生长。

但是在本章，约伯叙述植物虽然脆弱短暂，却尚可生长，但人的生命似乎更加衰弱，还不如植物（9～10节）。

人的生命走向死亡，飞逝而去，好似影儿，这也是比勒达所说的（八9）。

十四3　这样的人你岂睁眼看他吗？又叫我来受审吗？

在原意并非问语，而是肯定的语句。开始且有"一定"的字样，可译为"诚然"，"真的"你不会放过这样的世人！

"睁眼看"，表明神的注意，在别处可能指神的看顾，可参考以赛亚书卅七章十七节及耶利米书卅二章十九节，专为求神的注意，求祂的顾念。在约伯看来，神太注意，反而带给人灾祸，因为神鉴察之后，必然审问与刑罚。这就与十章十二至十四节十分相似。

神如果是审判官，祂必找到人的过失而施行审判，可参考十三章廿七节。这里就有矛盾的说法。约伯在一方面认为人微不足道，不值得全能者注意；在另一方面，他似乎说人是逃不过神的鉴察，神仍在注意。诗人认为生命的短促与神的伟大是可作对比的，因为神有无限的恩慈（诗一○三 15～17）。

　　约伯似乎在要求神睁眼看,但他又怕神会审问他。神如果真的睁眼看,细心鉴察,他还是逃不过神的审判。

　　十四 4　谁能使洁净之物出于污秽之中呢? 无论谁也不能。

　　在上几节,重点在生命的短促,并未论人的污秽。此处论污秽,似为朋友的论调,以利法曾经提说(四 17)。在下半节又太简短,似不平均,所以引起学者的注意。[197] 下半节在亚兰文译本加上"除神以外",中译本似与拉丁文译本相同:难道只有你,无论谁也不能。原文只两个字"无人"或"没有一个",这又被改为"得胜者",指神。[198]

　　人不洁净,并非因此使神远离。人生短促,他的罪过绝不会影响宇宙的秩序与神的尊荣,所以不值得神那么重视。在七章十七至十九节,约伯说,"鉴察人的主啊,我若有罪,于你何妨?"所以他求神不要那么认真鉴察,不如就除掉他的罪孽。

　　如果世人都是污秽的,约伯怎么会是例外呢? 他也承认自己有罪(七 20),只是不肯承认现在的苦楚是罪的刑罚。他几乎同意以利法,因为以利法说:"人岂能比造他的主洁净吗?"(四 17)这应该是一般人的共识。

　　这是否讲人的原罪呢? 早期教父几乎都认为这是原罪的经文依据。[199] 但此处的重点,只在于道德与法律的,而不在于宗教与礼仪的,表明人都不洁净,也不可能产生什么洁净。论罪与不洁净,也不能说没有关联。[200] 但重点是在道德方面。约伯自认怎样洗涤,也无法除去污秽,在九章三十、卅一节,这是世人的实况,约伯也得承认,他不是例外。

---

⑲⑦ Marvin H. Pope, *Job*, 106.

⑲⑧ Mitchel Dahood, *Psalms*, II, xxiii, Second Note on Ps. 75:7 First Note on Ps. 85:7 为 Pope 引用 p. 107.

⑲⑨ J. Ziegler, Job 14,4 Sa als wichtigster Schriftbeweis für de These "Neminem sine sorde et sine peecato esse" [Cyprian, test 3,54] bei den lateinischen Christlichen Sehriftstellen, *Bayerische Akademie der Wissenschaften*, *Phil-hist*, *Klasse Sitzungberichte*, *Jahryang* (1985), 3; Munich: *Verlag der Bayerischen Akadenie der Wissenschaften und C. N. Beek* (1985).

⑳⓪ J. K. Zink, "Uncleanness and Sin: A Study of Job xiv 4 and Psalm li 7," *Vetus Testamentum* 17(1967), 354-361.

十四5　人的日子既然限定,他的月数在你那里,你也派定他的界限,使他不能越过。

本节共有三行,成为三项理由,作为第六节的要求的因由。约伯再回到原有的想法(1、2节):人的日子短少,一切都已限定。人的命运已经不能更改,而且飞逝而过,无可挽回。

人生的日子多少已经限定,神所定的,人不可更改。"限定"或可译作"命定",在以赛亚书十章廿二节;约珥书三章十四节;但以理书九章廿六、廿七节,十一章卅六节。他的月数在神那里,表明神都知道,也在祂的思念之中。可见日子月数,这些年月都是神所限定,这是神所定的(13节)。神曾限定海的边界(廿六10,卅八10;耶五22;箴八29),也限定天界(诗一四八6),以色列的地界也已限定(弥七11)。

界限既为人所定,神所定的,人不可越过。人越过律法就有过犯,人的生命又不是他可超越的。人也实在无力来超越。

可见人生的日子不仅短少,也有限制。所以人在无奈中,只有仰赖神。约伯呢?他不仰赖,却与神争辩,他深感自己的有限,在无奈中,深感神的权能,他无法拗过神的旨意。

十四6　便求你转眼不看他,使他得歇息,直等他像雇工人完毕他的日子。

约伯已经两次求神离开他,不要看着他(七16,十20～21);这样他才感到稍有歇息的机会,可参考诗篇中的哀歌,如诗篇卅九篇十三节:"求你宽容我……力量复原。"直译可作:"求你不看我,让我还有些快乐。"九章廿七节"畅快"与此处诗人所说的相同(b-l-g)。在十章二十、廿一节也是同一个字。

他需要歇息,雇工人不会享受他的工作,但他盼望这日子及早完毕,他就可以得着自由。雇工人的日子,在七章一节已经提及,他极盼望这样辛劳艰苦的生活能早日了结,因为他实在已经受够了,不想再继续。

他的祈求是盼望神能使他们喘口气,稍有歇息,不致被迫太紧,急切等候这样在世受苦的日子早早结束。

2.生命的盼望(十四 7～22)

约伯又再以自然现象为例,共三项,在七至九节,十一节,十八至十九节。描述人之微小短暂。

"如花枯干,如影飞逝"(十四 2)

"树木死去,得水气又可存活,人则不然"(7～9)

"如江河干涸,无水补充"(11 节)

"如山崩石枯,被水流消磨"(18～19 节)

十四 7　树若被砍下,还可指望发芽,嫩枝生长不息。

自七节至十二节,共两段,每段三行,比较树木与人死后再生的盼望,文体十分秀美。[201] 这是承接第五节的思想,人的年月受限,不能越过,求神转眼不看(6 节)。这就引往更无望的心意(13～17 节),在约伯想来,阴间与其说是不归路,更是成为安全的居所,得以逃脱神的震怒。

树好似有人的情感,也怀有希望,在约伯的生命中,极有默想的价值,可参考十七章十五节,十九章十节,也可比较七章六节及四章六节,八章十三节,十一章十八、二十节。人的希望怎可灭绝?(19 节)在约旦河东及大马色地区,有无花果树、核桃树、石榴树及葡萄树砍下之后,当然不再结果,但树不子若灌溉有水分,必再发芽生长,来年又可有极好的收成。

对树来说,死后仍可生发新的生命,至少这是有希望的。树不子必可生出新芽,可参阅以赛亚书六章十三节,十一章一节及本书廿九章十九节;诗篇九十篇五至六节;以赛亚书九章十节及四十章卅一节,论树木必坚强茁壮。

这里先有三行,另有三行,在八至九节。在这两节继续论自然界生物之过程,树木仍生生不息,生命仍可连续不已。

十四 8～9　其根虽然衰老在地里,干也死在土中;及至得了水气,

---

[201] J. Krašovec, *Antithetic Structures in Biblical Hebrew Poetry Vetus Testamentum Supplement* 35(1984).

还要发芽，又长枝条，像新栽的树一样。

树已倒下，树根太衰老，在自然的过程中就老死而枯干，连树干落下，埋在土中也已死了。但是日后有了水气，就又复苏了，再发芽生长，又长枝条，像新树一样。

树可有复苏的生命，为什么人却没有呢？一种说法是将动物的生命与植物的生命加以区别。人不会复苏，所以就没有来生。另一种说法是以树的生命比拟人，树还可活过来，人的死也不是了结的，仍有生命的指望。

但是困惑的话在下节：人气绝，竟在何处呢？生命的探索有没有答案呢？约伯在困惑中，却仍怀着希望，虽然这希望并不具体。

十四 10　但人死亡而消灭，他气绝，竟在何处呢？

在强烈的对比之下，人不如树。人逐渐衰老而致死亡，"消灭"原为老去，人终于不能免于一死。在用字有意前后颠倒，是文体的特色（hysteon proteron）。[202] "消灭"是为适应此处的次序，死后才消灭，并失去踪迹。[203]

他气绝，喘了最后一口气，气就绝了，可参阅十三章十九节："气绝而亡"。生命就此宣告终止，不再继续存在了。

"竟在何处呢？"这是修辞的问题，若有答案，必是否定的，他不在了，哪里都不在。传道书三章廿一节："谁知道人的灵是往上升？……"谁知道？没有人知道，这仍是一个难解的谜！诗篇八十八篇四节："我算和下坑的人同列……"是论人的结局都是一样，下到坟墓，不再复生。

十四 11～12　海中的水绝尽，江河消散干涸。人也是如此，躺下不再起来，等到天没有了，仍不得复醒，也不得从睡中唤醒。

这里说海水、河水都会消散干涸绝尽。水分的蒸发是向上的，水位

---

[202] Robert Gordis, *the Book of Job*, 149.

[203] A. Guillaume, "The Use of H-l-sh in Exod: xvii, 13, Isa. xv. 12 and Job xiv, 10," *Journal of Theological Studies* 14(1963), 91 - 92; I. Eitan, "Two Unknown Verbs: Etymological Studies II. Halesh," *Journal of Biblical Literature* 42 (1923), 22 - 28, esp. 25 - 28; G. R. Driver, "The Resurrection of Marine and Terrestrial Creatures," *Journal of Jewish Studies* 7(1962), 12 - 22.

却低落至干涸。人却因死亡就向下沉落，在死亡的尘埃之中。

江河在夏日的炎热下蒸发，但是海水却不会绝尽，此其一。河水干涸之后，一有秋雨，旱象顿消。但是人却没有那么好的希望，此其二。

海水不会绝尽，大的江河，如埃及的尼罗河与米所波大米的幼发拉底河，也都不会干涸。可见此处过分夸大。参照以赛亚书十九章五节，有相同的词句，虽然情形不同。因为在该处指神的审判在外邦，一切都会荒凉。但是此处与人的命运相比，仍有极大的差别。

自然的景象是长久的，但人的死亡也是长久的吗？此处以夸张的语气，论天地都将废去，如以赛亚书卅四章四节："天上的万象都要消没，天被卷起，好像书卷；其上的万象要残败。"五十一章六节："天必像烟云消散，地必如衣服渐渐旧了，其上的居民也要如此死亡。"人即使与天地同寿，但天地仍会灭没。人甚至等到天没有了，躺下仍不得复醒。

以"睡"来描写死，并非只指暂时的情况。耶利米书五十一章卅九、五十七节："睡了长觉，永不醒起。"㉔

十四 13　惟愿你把我藏在阴间，存于隐密处，等你的忿怒过去；愿你为我定了日期记念我。

约伯对长睡后再醒来的可能并不否认。但是他看见实情，又不敢存多少盼望。阴间似可逃避神的忿怒，如果过了神的忿怒之后，是否还可再蒙恩惠呢？

在旧约中，神将祂百姓藏起来，不受仇敌陷害的危险，在以赛亚书四十九章二节；诗篇廿七篇五节，卅一篇二十节。如果可以躲避起来，让忿怒过去，参阅以赛亚书廿六章二十节；阿摩司书九章三节。神是否要人们来躲避祂的忿怒呢？但在九章十三节，约伯认为神一定不肯转回。然而他仍希望神的怒气终有一日可以转消，那时神肯记念他，就已经使他可以满足了。

从第三章，约伯在悲叹中诅咒自己，陷于绝对的无望，只一味地求

㉔ J. G. S. S. Thompson，"Sleep：An Aspect of Jewish Anthropology，" *Vetus Testamentum* 5(1955)，421－433；T. H. McAlpine，*Sleep，Divine and Human，in the Old Testament*，Journal of Study of Old Testament Supplement 38 (1987).

死,感到神远离他,至第五、六章只想将来神或会记念他。当朋友们的说话越来越呆板、没有生气,约伯却逐渐向前进步,不住有新的进展。

以前,约伯只求记念他,因为他的生命不过是一口气(七7),神似乎没有顾念他。神制造他,又使他归于尘土(十9)。现在他求神记念,不只当他是人,不只当他为被造者,更不只当他是可恶的受苦者,而使其成为一个真实的人,完全不可隐藏。如果在忘记之地(诗八十八12),则有指定的日期,再蒙神记念,不再被忘记。所以本节最重要的用词是"记念"。[205]

约伯怎么知道神的忿怒会过去的呢? 在九章十三节,他说,"神必不收回祂的怒气",但此处他却认为神的怒气不会持久,诗篇三十篇五节:"祂的怒气不过是转眼之间,祂的恩典乃是一生之久。"以赛亚书五十四章八节:"我的怒气涨溢,顷刻之间向你掩面,却要以永远的慈爱怜恤你。"兹以洪水为例,神的怒气降下,洪水泛滥,但神却先怜恤、记念挪亚(创八1)。可见他(约伯)先想到神的怒气,在七章十九节及十章二十节,但以后只想神的记念,这就成为他恳切的祈祷。

十四14 人若死了岂能再活呢? 我只要在我一切争战的日子,等我被释放的时候来到。

这里又再明说死亡的事,有的以为应在十九节后,[206]也有的认为应在十二节上之后。[207]

这也是一个修辞的问题,答案应是否定的。这是问话的方式,当无可质疑,尤其是希腊文译本的用词。[208]从希腊文译词,死是最后的,无可挽回。[209]

---

[205] W. Schottroff, "Gedenken" im Alten Orient und im Alten Testament: Die Wurzei zākar im ṣemitiṣehen Sprachkreis(1967).

[206] Edouard Dhorme, A Commentary on the Book of Job, 202.

[207] David J. A. Clines, Job 1 - 20, 331,引用 Steuernagel;又 New English Bible.

[208] Aquila & Theodotion 用 Interrogative particle.

[209] D. H. Gard, "The Concept of the Future Life according to the Greek Translator of the Book of Job," Journal of Biblical Literature 73(1954),137 - 143, esp. 137 - 138.

"争战的日子"曾在七章一节提说,军人在争战的日子必备受劳苦与危险。"释放"的原意应为交换,或为取代,一经换岗取代,他就可下班休息。争战也有译为"繁琐",[⑳]是谁都不喜爱的。

这是约伯所寄以希望的,在上一章(十三 15),他的希望已经失去,他不可能得到胜诉。但现在他好似又怀有盼望。他只期待神向他转回,与他亲近。但这可能吗? 好似尸体又可还生那样渺茫!

约伯在此处是否盼望神向他施恩,在他还活着的时候得以脱离苦难? 他不想去阴间,为逃避神的忿怒。但对已死的人,就不必再寻求逃避之处了。

这里约伯显然在矛盾之中,他又想离世得以解脱,他认为如果真的死了,不能再活,与神辩明就没有必要。

十四 15　你呼叫,我便回答;你手所作的,你必羡慕。

呼叫与回答,是法律程序中的事,可参考九章十五、十六节,十三章廿二节上。约伯希望神与他有个别的交往,彼此对谈,使他体会神的爱。

如果神愿与约伯恢复关系,不再忿怒,记念他,将他寻找出来,那是多么好的事!

他想到神手所作的,必指创造与救赎,神施行保护与看顾,这就成为神的羡慕或所欲求的。"羡慕"一词原意为白色,是指银子的色彩吗?[㉑] 实际是"关怀",神必注意祂的工作。

在他的想象中,他既是神的工作,神必顾念,但是在七章廿一节,他却完全以悲观的想法假设。神即使要找他,恐怕也太迟了,因为他已不复存在。他现在仍是这样想法,只是稍为积极而已。

十四 16～17　但如今你数点我的脚步,岂不窥察我的罪过吗? 我的过犯被你封在囊中,也缝严了我的罪孽。

"如今"是指目前的情况,数点脚步,是很紧密地鉴察他的行为,可参考卅一章四、卅七节以及卅四章廿一节。这是约伯极大的痛苦,可参

---

⑳　*New American Bible*.

㉑　Marvin H. Pope, *Job*, 109.

考七章十七至十九节，十章六、十四节，尤其在十三章廿七节："窥察我一切的道路。"

在十六节下，语气是否定的，"你并不窥察我的罪过。"似乎与上半节"数点我的脚步"是相反的，在解释上不无困难。在十章十四节，"察看"与"罪孽"是相连的，可见神不会轻易放过他，而不察看他的罪过。有的译作："如今你既已数点我的脚步，你就不再注意我的罪过。"[212]有的随叙利亚译本，在上半节也加以否定词："如今你既不数点我的脚步，也不窥察我的罪过。"[213]也有的照着七十士译词，将"窥察"改为"放过"（tha'evor）："你并不放过我的罪过。"[214]中文译词作为问语，可能是最好的解释，虽然在文法上并无问语的用字。[215]

十六、十七节好似是约伯继续的梦想，这梦想是在十三至十五节，因此可将十三节至十七节作为一个单位，十八至廿二节作为另一个单位，各有五行，十分均衡。那么十六、十七节就成为上一段的结语。此处约伯的梦想是盼望神与他维持相交完美的关系。

约伯梦想他的罪孽被封起来，好似放在贮藏室中，有待将来。申命记卅二章卅四节："积蓄在我这里，封锁在我府库中。"何西阿书十三章十二节："以法莲的罪孽包裹，他的罪恶收藏。"但是约伯盼望他的罪一经封严，就永不再显露。这里是指文件经封口后，收藏起来。[216]约伯以为这样，神才可与他有好的关系。

"缝严"是隐藏或遮掩，不将真相暴露，神可不再注意。缝起来，可能是用腊封起来，并盖有印章，以致不可任意打开，也是古时处理文件的方法。[217]

十四 18～19　山崩变为无有，磐石挪开原处。水流消磨石头，所

---

[212] Dhorme，*A Commentary on the Book of Job*，203；Robert Gordis，*The Book of Job*，133.

[213] Marvin H. Pope，*Job*，109.

[214] B. Duhm，*Das Buch Hiob*（1897）.

[215] 近年也有经学家作此解释：G. Fohre，*Das Buch Hiob*（1963）.

[216] A. L. Oppenheim，"On an Operational Device in Mesopotamian Bureaucracy，"*Journal of Near Eastern Studies* 18（1959），121–128.

[217] N. H. Tur-Sinai，*The Book of Job*，240–241.

流溢的,洗去地上的尘土;你也照样灭绝人的指望。

　　此处又回到第七节有关自然的隐喻。在自然界一切都有更新的可能(13 节)。那么人有这可能吗? 这又是约伯所探索的。

　　山崩不会是立即的,也不会真正有整座山倒塌下来,也许在山边经过天气的变化而日久有腐蚀的现象。山常常是象征不动摇、不挪移的稳固,又怎么会变为无有?

　　磐石在山崖也不会挪开原处,除非久经气候所侵蚀。至于水流消磨石头,在圣经中也无其他经文可资参考。箴言十九章十三节及廿七章十五节,大雨之日连连滴漏,是指房屋,不是指石头。

　　流溢的水洗去尘土,在田间或江边,是逐渐的,似为可能的现象。可能以上所列举的,是逐渐而有的现象,人的指望也逐渐消磨,以致全部消失,这种情形不可说没有可能。

　　由于此处所描述的有点夸张,因此引起经学家质疑。有的认为这种在自然界的改变是需要极长的时间,人的将来也不是现在可以推测的,尤其人在死后,更难逆料。可见现在的希望未必凿实,并不可靠。[218]又有的认为在自然界有巨大的变迁是可能的,但人的命运却不可能有那么大的改变。[219]还有人解释,这些自然界隐喻,宇宙的一切,无论多么坚实,仍会衰落,而并非更新。甚至高山也会崩溃,比树的衰败更为严重,何况人呢! 这些象征不是指人的盼望,而指人的命运。[220]

　　这两节经文的重点在解释自然界的现象,无论什么,甚至如高山巨石之稳固,但仍逐渐会损坏败落。人的盼望也是如此。人的盼望不仅在此生,甚至在坟墓之后,即使高耸如山,稳固如地,坚硬如磐石,日久仍会消磨腐蚀。自然界即使如树那样得以更新,但人的死亡却是无可更改的现实。[221]

　　十四 20　你攻击人常常得胜,使他去世;你改变他的容貌,叫他往

---

[218] Dhorme, *A Commentary on the Book of Job*, 204.

[219] H. A. Hahn, *Commentar über das Buch Hiob*(1850).

[220] N. Habel, "Of Things Beyond Me: Wisdom in the Book of Job," *Currents in Theology and Mission* 10(1983),142 - 154.

[221] Clines, *Job 1 - 20*, 335.

而不回。

这是神的胜利,因为死亡使人失去希望。在神的攻击下,无人得以存活。神的能力不仅控制,而且破坏,那就是死亡带来的毁灭(十二13~24)。死亡是神对人最后的攻击(十8~14)。最终神仍必得胜(参阅十五24)。人简直没有选择,只有去,是往而不回的不归路,这就指死亡,可参考十九章十节;诗篇卅九篇十三节。

神怎样改变他的容貌,使他老化,变成丑陋。人的死亡也改变了容貌。神最后将他逐走,逐入阴间,他不再属于这世界,离世永不返回。

十四21　他儿子得尊荣,他也不知道;降为卑,他也不觉得。

人一旦去到阴间,就什么都不知道,也无感情可言。死亡剥夺了人间的来往,与亲人们没有联系。传道书九章五节:"死了的人毫无所知。"九章十节:"在你所必去的阴间,没有工作,没有谋算,没有知识,也没有智慧。"因此,他的后裔是否发达或失意,根本无从知道。这是神的事,使他们增多或减少,尊荣或卑贱,在耶利米书三十章十九节有所说明。

十四22　但知身上疼痛,心中悲哀。

在阴间不仅无法知道亲人的实况,不能关怀,其实也无力想念,因为疼痛悲哀已使他无法顾及了。在十八章十三节:"他本身的肢体要被吞吃,死亡的长子要吞吃他的肢体。"又在以赛亚书六十六章廿四节:"他们的虫是不死的,他们的火是不灭的。"此处强调阴间的痛苦。

这里指"身上",可能不仅指肉身,如果死亡使肉身朽坏消灭,又怎么会有疼痛呢? 身心二者实在无法划分。人死后也不是使身体与心灵分开。此处可能指整个人。

约伯的言词在此结束,正如前两次的言词,都以死亡与阴间结束。他感到十分无力。朋友们的错谬,只有使他对神更加困惑,以为神对他无限残忍。

附录(一):要义综览

在这段说话中,比较以前的,似有新的趋向,或者说在他情绪方面,已经逐渐发展,已臻高峰。在以前他只在痛苦中呼喊(六8、9),求神回应(九 3、14、16)。他认为若与神辩论,必被神发现他的过失(九 29)。但他仍想走到神面前,求神予以保证(九 34~35)。现在他大胆地向神说话,无论谁是控方(十三 22),他只要求神列明他的罪(十三 23)。他敢冒险,愿直接面对神。

约伯不知道后果如何,但最后还是以死来结束(十三 15)。他不是求生命蒙怜恤,而是求公道得清白。他不敢期望神对他恩慈与公平,但他既自认无辜,他一定要辩明,在生前或死后,决不放弃。他所争的不是自己的利益,而是要明白是非,为真理取胜。

有关一切法律的用词只是隐喻而言。隐喻的用语原是在感情。他好似与神争辩。其实他原是敬畏神的,他的悲叹还是以敬虔的祈祷向神倾诉。也蒙了应允(十二 4),可见他与神的关系没有失去。有时情形似乎没有那么好,但这是他本身的问题。可能在用语上似有失敬之处,因为他感到孤独,有矛盾的冲突。

他的三个朋友都已逐一发言。现在约伯要将他的想法整盘托出。他以为朋友对他不忠(六 14、20),他们对他并不重视(六 26)。所以他们对他说话,他也不愿细听。他回答的话有的只是独自说话,不然他便是向神说话。但是现在第三次回答中,他直接对朋友说(十二 2、3,十三 1~12)。他对他们说话语气有时讽讥,有时辩论,有时申明。他不提自己对他们的感觉(参阅六 14、20),只在理智方面争辩。他认为自己的智慧不比他们低(十二 2,十三 5),他甚至认为远超他们。他不再尊重他们为朋友,可以倾谈。他只当他们成为争辩的对象。他说他要向神辩明,因为他不认为他们可以与他联合,却对他们加以解释,以实际的经验来解释。他甚至想给予他们忠告(十三 9)。朋友们指控他,简直是无理取闹。他只要他们来作证,不要他讲的理想,只要叙述事实就可以了。他们只懂得智慧的传统(十二 12),却无法熔入炉中,将经验贯通。他们所说的只暴露愚蠢与无知。他们最好还是保持缄默,不要胡言(十三 5、13)。

在本书朋友的角色,有教导的功能,因为他们的角色逐渐进展,成为约伯另一个自我,是他在患难之前的情况。约伯所挣扎的不是与那些朋友,而是与他的过去。现在他在心智与心理上有了进步,今非昔比,他有了新的认知。

研究十四章约伯的哀歌与默想,确在内容上有极大的分量。这不是他首次论述人的悲情,他在以前已经提说了,如在三章二十至廿三节、七章一至二节、十七至十八节。但在这里,尤其在十三至十七节,为十四章的中心。他一直强调:人为妇人所生,在一般的情况下,人生都是悲剧。人死后不能复生,生命无盼望而言,还不如植物(十四7)。死亡似乎成为一种逃避,躲开神的忿怒,甚至进入另一种情况,得以与神相交,有呼叫,有回答(十四15)。这只是约伯的梦想吗?事实上,人的指望必然会灭绝(十四19)。梦想只在梦境而已,不可能实现。这只有使约伯心中更加反抗,不能接受忿怒的神。如果他认为梦想可以实现,一定使他感受好些呢!

附录(二):结构分析

十四章内容分为两大段:一至六节及七至廿二节。这两段虽长短并不均衡,内容大致却雷同,都以生命为主题,且以自然现象为隐喻,加以解释,并提出困惑的问题。

壹　论生命的局限

(甲)主题:人生短促又多苦难(1节)

(乙)自然隐喻:花与影,不能存留(2节)

(丙)问题:你岂睁眼看?（3节）

你来叫我受审吗?（3节）

谁能洁净?（4节）

(甲)主题:人的日子限定(5节)

(丁)祈求:求你转眼不看(6节)

贰　论生命的盼望

(乙)自然隐喻:树得水气仍必复苏(7~9节)

(甲)主题:人死后就消灭(10节)

(乙)自然隐喻:海与江河水绝(11节)

(甲)主题:人死后不再起来(12节)

(丙)愿望:盼能隐藏(13节)

等候释放(14节)

再求辩明(15～17节)

（乙）自然隐喻：山崩水流石蚀(18～19节)

（甲）主题：神攻击，人指望灭绝(19～20节)

（戊）描述：阴间的悲苦(21～22节)

以上（甲）为主题，（乙）为自然隐喻，（丙）为问题或愿望，（丁）为祈求，（戊）为描述。前三项不住重复，以这样的形式将内容托出，极为均衡。

自本章十三至十七节，构成一套极完整的循环形式(Inclusio，或称Chiasmus)，将各行包围起来：

（A）惟愿隐藏(十四 13 上中)

　　藏在阴间，等你的忿怒过去

　　　　（"藏"：十 13，"等"：十三 20～24，"忿怒"：九 5、13)

（B）愿你为我定了日期(十四 13 下)

　　　　记念我("定"：十四 5，"记念"：七 7，十 9)

（C）主要的问题(14 节上)

　　　　　人若死了，岂能再活呢？("死"：10 节，"活"：七 16)

（D）宣布愿望(14 节中下)

　　　　　　争战的日子，释放的时候来到

　　　　　　（"争战"：七 1，"释放"：十三 15)

（C）最后的呼召(15 节上)

　　　　　你呼叫，我便回答(十三 22)

（B）等候神的态度行为(15 节下、16 节)

　　　　羡慕你手所作的("手"：十 3、8；十三 21)

　　　　你数点我的脚步("数点"：十 14，十三 27)

　　　　岂不窥察我罪过

（A）惟愿隐藏(17 节)

　　我的过犯封在囊中

　　（"过犯"：十三 23)

　　缝严我的罪孽

　　（"缝"：十三 4，"罪孽"：十三 23)

以上为 A B C D C B A，自 A 至 A，环绕地包围起来，好似成为一个半圆形，结构十分完美。

在这段默想中，十三节上论空间：阴间与隐秘处，十三节论时间，有神所定的日期，下节再提说日子与时候。在这时空两者，似乎概括宇宙的秩序。

十四节"争战的日子"联想以赛亚书四十章二节，是神奥妙的管理（伯七1；但十1）。这日子结束之后，罪的问题也解决了（伯十四16）。但是这日期还须等候。失望如吹散的碎秸，盼望却如植物的复苏（十三25，十四2、7～9）。在本章内，此段在中间成为中心思想，也是本章结构的特点。

（二）第二回合：十五至廿一章

（I）以利法第二言词（十五1～35）

在友人与约伯的第二回合中，发言的次序仍与第一次相同，由以利法起始。以利法是继续他先前的论调（四、五章），但此次他对约伯语多责备。内容约分为两大段。第一段（2～16节）是针对约伯所说的话，发出一连串的问话，并且提出要点以为质询。在第二段（17～35）为描绘恶人的实情。在第一段，是以第二人称，对约伯直接谈话，以第三人称作修辞的问语。在第二段，是以第一人称来申明个人的立场（17～19节），以第三人称指恶人，论述十分清晰。

（i）评约伯的知识（十五1～16）

十五1～2　提慢人以利法回答说，智慧人岂可用虚空的知识回答，用东风充满肚腹呢？

以利法以问语为开端，在第一次言词（四1起）以及第三次言词（廿二1起）都相同，其他的友人也相似：比勒达（八2，十八2），琐法（十一2），问语往往为引向辩论的话。现在以利法的话既不像第一次言词中那样委婉，但也不算鲁莽。他只是质询约伯，因为约伯强调他自己有智慧（十二3，十三2），约伯自以为智慧强于友人（十二2～十三2）。在以利法看来,约伯的话只是东风,虽有强劲疾吹,却空乏虚无,不值得注意。真正的智慧应有儒者的风度,温和平稳才是。风原不是虚空的,但其性质却是疾劲的。"东风"原意为热风(Sirocco or Khamsin)。自沙漠地带吹来,毁灭了约伯的房屋与产业(一 19)。这风炙热(出十四 21;何十三 15;拿四 8)与疾劲(伯廿七 21;耶十八 17)。此处也许是着重约伯的暴燥,缺乏忍耐。

这曾是以利法苛责约伯的,说他的言语好似狂风(八 2)。这种话不是出于心智,而是出于肚腹,是情绪的、感觉的,不是理性的,是发脾气的话,所以不受重视,因为这些话是没有分量的。

"风"与"灵"是同一个字,但在涵义上却有很大的出入。在卅二章十八节以利户说的,本意就很不同:"我的言语满怀,我里面的灵激动我。"

以利法责备约伯的话,在本章四、十四至十六节,更为明显。

"虚空的知识",有的译词为"知识如风",完全是虚空的,与传道书的"虚空"相同,[22]此处的重点似乎不在风的虚空,"虚空"与"风"不可混为一谈,二节下"东风"也不是指"虚空",而指疾劲。"知识"一词可译为"意见","主张",为辩论与争议而说的。[23]

十五 3　他岂可用无益的话和无济于事的言语理论呢?

智慧人的言语决不会这样,没有内容与没有果效。"无益"原意为"无用",可参考本书廿二章二节,卅四章九节,卅五章三节。约伯无法以这样不智的话与朋友辩论,更不能向神辩明。这甚至不是出于理性的,只是一些情绪的发泄,所以是无济于事的。

此处中译词:"无济于事的言语"真是"无益的话",因为对人无助益,对事也无可补救。所以这是废话。

"理论"一词,是约伯所说的(十三 3),他是要向神理论,在以利法看来,乃是无稽之谈。约伯的不虔可从言语中看出来,他显然不肯听取以利法的劝导,以利法早已提出警告(5 章),促约伯谨慎。

---

[22] *Jewish Publication Society Version*,又 H. H. Rowley, *Job*, 132–133,可参考 Horst, Fohrer.

[23] Robert Gordis, *The Book of Job*:*Commentary*, 160.

十五 4　你是废弃敬畏的意,在神面前阻止敬虔的心。

约伯的言词不但表明他的愚蠢,不够成为智者,而且也显明他没有敬虔,不虔与不智是连在一起的,因为敬畏神是智慧的开端,如参考诗篇一一一篇十节;箴言九章十节及本书廿八章廿八节。

"废弃"是指破坏与干犯,[24]他指出约伯的信心已经消失,所以敬畏的心意也不复存在,而且似乎故意干犯,罪不可宥。

下半节"敬虔的心"与上半节"敬畏的意"似为同义的对偶句。但是涵义相同,用字却不同。"敬虔"有"默想"的原意,在神面前默想,是敬虔的表现。这默想未必完全是静默的,有时也可能念念有词,思念神的话,思想默念,如诗篇七十七篇十二节,一○四篇卅四节,一一九篇十五、廿三、廿七、四十八、七十八节。敬虔者必有这样的心态,才是智慧人应有的。约伯已向神发怨言,怎可算敬虔呢?

"敬虔"也可译为"相交"——与神相交,是真正的敬虔。[25]"阻止"与"废弃"是同义的,"阻止"原意为"减少"或"减轻"。

十五 5　你的罪孽指教你的口,你选用诡诈人的舌头。

"罪孽指教你的口","指教"是原文的用词,在译述上就酌用较易明了的字,罪孽引发他说出不当的话,表露了他的不虔。[26]

他存心"诡诈",这一用字最先在创世记三章一节描写蛇的恶性。他以诡诈掩饰自己的罪,这是神所不能容忍的,以利法在前面已经指出,神必破坏狡猾人的计谋(五 12)。此处以利法是指责约伯那些不当的话。也许在十二章十三节至廿五节,约伯说神的工作只是破坏的,这样的话在朋友看来,是罪大恶极的。

十五 6　你自己的口定你有罪,并非是我;你自己的嘴见证你的不是。

以利法在此严重地申明,他无意定约伯的罪。他原有的目的只是鼓励(参四 6)。但是约伯对神这样不虔,从他口所出的可自定其罪。他应该听听自己的话,怎会不觉察罪恶呢? 其实约伯早已臆料:"我虽

[24]　David J. A. Clines, *Job 1 - 20*, 347.

[25]　Robert Gordis, *The Book of Job*, 156,160.

[26]　若干英译词作 Prompts,可参考 *Jerusalem Bible*, *New International Version*.

有义,自己的口要定我为有罪;我虽完全,我口必显我为弯曲。"(九 20)
这样说,可能引起以利法的不满。约伯既自知他的口舌会显出罪来,又
怎可仍以自己为无罪呢?

以利法对约伯是否有显著改变的态度,因为他的语气不如在第一
次言词那么混合。或者他仍未改变,不过对约伯不虔的话感到震惊,必
须提出警戒。他仍不愿定约伯的罪,但在他来说,敬畏神仍是最首要
的,他也相信约伯还未曾真离弃神(四 6)。

十五 7　你岂是头一个被生的人吗? 你受造在诸山之先吗?

他喜欢引证神最早的创造,并提及宇宙的奥秘,如在五章六、七节
及廿二、廿三节。这里先提最早的人,"头一个被生的人"。这不是指亚
当,而是指最有智慧的人,以西结书廿八章十一至十九节推罗王,又指
箴言书八章的智慧。推罗王当然并非实际的,只是象征的,为描绘灵界
中的人,有超自然的智慧,在次经与拉比著作中曾有提说。⑳ 似乎是偷
取天上的智慧。

他是"头一个被生的人"。亚当不是被生的,而是被造的,但他也是
被造的,甚至在诸山之先,在万物之前先有了他,可说是智慧的化身。
他是否是堕落的天使呢? 但至少他是极有智慧的。他是有份在天上的
圣会中,下节就有说明。

十五 8　你曾听见神的密旨吗? 你还将智慧独自得尽吗?

他在天上的圣会中,才会听见神的密旨,可参考本书一章六至十二
节,二章一至六节(可参考王下 22 章),先知能参与这样的圣会吗? 好
似假先知同样可以参与。这样以假乱真的混淆,就必然发生了(耶廿三

⑳ H. Gunkel, *Schöpfung und Chaos in Urzeit und Endzeit: Eine religions-
geschichtliche Untersuchung über Gen l und Ap Job* 12(1895); H. Schmidt, *Die
Erzählung von Paradies und Sündenfall*(1931),287,352,489－490; I. Engnell,
"Die Urmenschvorstellung und das Alte Testament," *Svensk Exegetisk Arsbok*
22－23(1957－1958),265－289; R. Gordis, "The Significance of the Paradise
Myth," *American Journal of Semitic Languages* 52 (1936), 86 － 94; S.
Mowinckel, Urmensch und "Königsideologie," *Studia theologica* 2(1949),71－
89; R.N. Whybray, *The Heavenly Counsellor in Isaiah xl 13－14; A Study of
the Sources of the Theology of Deutero-Isaiah*(1971),54－56.

18、22;摩三7)。这种偷来的智慧也不会单只约伯有,所以用讽讥的语气,为使约伯惊觉。

以利法曾叙述他特殊的属灵经历(第四章),但他不敢以"头一个被生的人"自居,他也不能让约伯自承智慧人,因为他看出约伯没有真正的智慧,不然他怎可有不虔敬的言语。他也无法将智慧独自得尽,占为私有,这是不可能的,所以他不认为约伯独具慧眼,看见神国的奥秘,总之他完全否认约伯有独到的见解。

十五9　你知道什么是我们不知道的呢?你明白什么是我们不明白的呢?

以利法以讽讥的口吻说了之后,就严正地问约伯,他有什么智慧是超越他们的。看来他并没有超人之处。约伯在十二章二至六节强调他的智慧,以利法却不以为然。他看不出来有什么只是约伯知道与明白的。其实约伯并未表明他比他们强,只是他认为并非不及他们(十二3,十三2)。这些都是气愤话,辩论只是斗智,以自我为中心,不是评理。

十五10　我们这里有白发的和年纪老迈的,比你父亲还老。

"白发的和年纪老迈的",是指他们人生经验丰富,从经验必有极高的智慧。"这里"是指这几个朋友,以利法既首先发言,很可能是指他自己。[28] 此处是以单数提出,也许不仅指他个人,也指一般年老者,所以英译本作多数。[29] "比你父亲还老",照估计是在八十岁左右。[30]

当约伯说"并非不及你们",以利法说:我却是超人的。以年老为智者,是一般人的观念,约伯曾说:"年老的有智慧,寿高的有知识。"(十二12)比勒达也有这样的观念(参八8~9)。

其实智慧与知识的由来与培养是多方面的,或因传统(八8),或因观察自然(十二9),或因个人的经验(九2,十13),或因属灵的感受(廿八23)。可见,只以年老来夸耀,倚老卖老,是不足恃的。

十五11　神用温和的话安慰你,你以为太小吗?

以利法指责约伯对友人的反应(7~10节)之后,又指责他对神的

---

[28]　Marvin H. Pope, *Job*, 115, 也与 B. Duhm, B, Gray 相同.

[29]　*Revised Standard Version*, *New American Bible*, *New International Version*.

[30]　Clines, *Job 1-20*, 351, 引用 G. Fohrer, de Wilde.

反应。他对朋友的反应，夸大说他有超人的智慧，甚至强过他们。他对神缺少那种虔诚，向神无礼争辩。

以利法又回到后来的话（四～五章）。朋友原有的责任，是来安慰约伯，使他在患难中得着勉励（二 11）。但是现在他似乎不再是朋友，甚至都不以智慧者自居，而成为神学家来发言。他给予指导，是凭特殊的经验，在四章十七节。他认为这就是神温和的话。神以温和的语气给予安慰，"温和"是副词，并非形容"安慰"，因为"安慰"原来不是动词，这句话原来的形式为："神安慰的话温和地对你说。""温和"一词原意为"包紧"，即指秘密，所以旧的英译词作"隐秘"，[31]可资参考的在士师记四章廿一节及撒母耳记上十八章廿二节"暗中"。

如果约伯不接受以利法的忠告，就是轻忽他的安慰，就以这样来自神的安慰话，看为太小了。

十五 12～13　你的心为何将你逼去？你的眼为何冒出火星？使你的灵反对神，也任你的口发这言语。

以利法在责问约伯，有什么使你失去理性，而在心智上偏邪，将他逼到离道叛教的地步？也有这样的解释：什么使你从心智上偏离？[32]可见约伯的问题是两方面的，理性的与情绪的。他应该知道历代的智慧（四 7，五 27，十五 17～18）。他怎么可以将神当作仇敌呢？因为他在发脾气。

"眼冒出火星"，是在发怒。也有译为"高傲"，[33]如诗篇六篇七节指眼睛微弱，或视觉不足，是此处可能的涵义。火星冒出，眼睛就昏花，什么都看不清楚。[34]

"你的灵"，"灵"字仍可译为"气"，或指怒气，参考士师记八章三节。[35]"反对神"，也可以译作"回归神"，甚至引用传道书十二章七节："灵仍归于神。"这不是普遍的译词，究竟这些话，就是约伯口发出的言

---

[31] Authorized Version，Revised Version.

[32] Pope，*Job*，115－116.

[33] Gordis，*The Book of Job*：*Commentary*，161.

[34] Rowleg，*Job*，135－136；Clines，*Job 1－20*，352.

[35] Gordis，*The Book of Job*：*Commentary*，161.

语，是否他临终前最后的话。㉖

　　这里以利法仍强调，约伯的口定他有罪，他的怨言向神发问，已经失去敬虔的心。"心"是心智，包括情绪。"眼"表露怒气，也显明短视与昏花，眼光不够。"口"发言语，"言"为心声，表现了内心的实况。这些都分析了约伯对人、向神的反应，令朋友失望。

　　十五 14　人是什么，竟算为洁净呢？妇人所生的是什么，竟算为义呢？

　　自十四至十六节，以利法再论人性的脆弱，是重述四章十七至十九节。

　　人怎能可算为洁净的呢？这修辞的问题不必答复，如果回答起来，必定是否定的。"洁净"是指道德方面，是智慧文学的用词（参廿五 4；箴二十 9；诗五十一 4，七十三 13，一一九 9），此处着重人的污秽，而四章（17～19）的重点在人的朽坏。

　　人为妇女所生，也曾是约伯所说的（十四 1），妇人为不洁的根源（十四 4）。所以在神面前，不能算为义的。洁净与义行是同义字，相反词应为污秽与罪孽（参五 16，六 29）。

　　"妇人所生"正好与七节"头一个被生的人"形成对比。但妇人所生，并非为罪之根源。

　　十五 15　神不信靠祂的众圣者，在祂眼前天也不洁净。

　　以利法在以前所说的，此处再重复（四 18），"众圣者"与"臣仆"相同，也在五章一节提及。㉗ 天可能指物质的天，洁净应是实际的。天的洁净比起人的污秽，成为尖锐的对比。然而此处连天也不洁净，照亚兰文译本，天是天体，也与天上的众圣诸军一般不洁净。㉘ 照比勒达所说，在神眼前，月亮也无光亮，星宿也不清洁（廿五 5）。

　　十五 16　何况那污秽可憎、喝罪孽如水的世人呢？

㉖ 这原是 Ehrlich 的译词，为 Dhorme 所否定。Edouard Dhorme，*A Commentary on the Book of Job*，213.

㉗ P. Humbert，"Démesure et Chute dans L'Ancien Testament," in *Maqqél Shâqédh：La branche d'amandier Hommage à Wilhelm Vischer*(1960)，63-82.

㉘ Clines，*Job 1-20*，353.

天上尚且不洁净，地上必更污秽不堪。天上的圣者不是神所可信托的，地上的凡人更不可靠。此处以利法并不单指约伯，而是指芸芸众生。世人都不能逃脱神的公义。

世人都是污秽的，而且喝罪孽如水。喝水并非为解渴，也不是像饮酒那样狂醉。喝水只是生活所必需的，不可缺少，而一般人有罪孽，好似喝水那么自然、那么必需，而竟不自觉，可见事态的严重。

归纳本段（2～16 节）的结构，二至十三节为辩论的形式，有前后两项直接的责备（4～6 节，12～13 节），指责约伯言语之不当。在二、三节，七、八节与十四至十六节，都是间接的责备。

二至八节为一分段，有四项，二至三、七至八节这两项是间接责备，另两项为直接指责（4 节、5～6 节）。九至十六节为另一分段，也有四项，其中三项（9～10、11、14～16 节）为间接指责，只有一项为直接责备（12～13 节），这两分段都以知识为主题，以利法不能接受约伯的智慧，他是以智者自居，他又以"口"为主题（5～6、12～13 节），口表征言语，代表内里的人格，每一段的结语都以智慧比较，"头一个被生的人"（7～8 节）与"妇人所生的"（14～16 节），非常人与常人作尖锐之对比。

（ii）论恶人的命运（十五 17～35）

以利法论恶人的命运，仍以传统的说法来解释。恶人良心欠安，常怕受报应，他的道德观念受蚕蚀，终日为未来的结局忧心，终于难逃灾祸。他所说的，只是重复原先的言词（五 12～14），比勒达也有同样的论调（八 8～19），但他并非有意咒诅约伯。他的目的仍盼约伯不遭遇这些，只愿约伯及早归正，他在劝勉时必须提出警告的话。

十五 17　我指示你，你要听！我要述说所看见的。

这是教师的口吻，可参考十三章六节。他所教导的，是根据自己的经验（四 8、12～17，五 3、27）。他所看见的，指他的观察，未必只指异象里所见的。他所看见的，可能是指下节所说的，"智慧人从列祖所受、传说而不隐瞒的"。这智慧是历代所累积的，经过精细的观察、体验与思考，必定是老练而且可靠的，不容置疑。

反观约伯所说的，近乎无稽，约伯竟嘱咐友人们保持静默（十三

13),要他们听他的(十三 17),这怎么可能呢? 以利法认为听者应该是约伯,他必须谦卑受教,接受历代智慧的论调,切实认罪。

以利法着重传统,好似比勒达一样,他认为传统有权威,不容任意否定。

十五 18　就是智慧人从列祖所受、传说而不隐瞒的。

以利法在着重传统的说法,有两个重点。智慧的传统是圣贤的经验,他们传下来,经得起时代的考验,经久不衰,是证其可靠性。

列祖不但传说,而且不加隐瞒,可见这是真实的,可以明确讲论,大家都当重视。智慧是累积的,所以存留的传统必是老练成熟,真是无懈可击,那么完善,还有什么可以置疑的呢?

十五 19　这地惟独赐给他们,并没有外人从他们中间经过。

这节经文在中译本加以括弧,似为附加的。论地土赐给他们,必是神赐予的,那地是指应许地。但是以利法是提幔人,不是以色列人,怎会有这观念呢? 至于外人,是指应许地之外的,也不会为以色列人接纳。但此处重点在于独特的智慧。照耶利米书四十九章七节,以东提幔以智慧著称,以利法是在指他自己的传统,也有可能。但约伯记为旧约的一卷,不会来标榜以东的智慧。再看约珥书三章十七节,似为同样的涵义:"耶路撒冷必成为圣,外邦人不再从其中经过。"此处的结论有两项:(一)这是以色列的编者附加的;(二)以利法置身处地,站在以色列人的观点。

十五 20　恶人一生之日劬劳痛苦,强暴人一生的年数也是如此。

"恶人"(八 22,十一 20)与"强暴人"(六 23)是相同的,前者是一般的,后者却是特殊的,强暴人是指欺压人的。他们都是不敬虔之辈(34节),伸手攻击神的(25 节),专以诡诈行恶(35 节)。

"劬劳痛苦"是指心神受罪,廿一节所说的惊吓。这不是短暂的,而是长期而且终身的。"劬劳"常指生产之苦,但生产带来希望与欢乐,此处只有疼痛,没有些微的指望。照字根来研究,痛苦的情况近于疯狂,可想而知。㉓

㉓ Rowley, *Job*, 138. 根据 Theodotion 希腊文译本。

又强暴者也可译为凶暴者,令人惊怕,可参考十三章廿五节及卅一章卅四节。

十五 21 惊吓的声音常在他耳中,在平安时抢夺的必临到他那里。

心中不安宁,随时怕有报仇及刑罚的事来到,这惊吓来自地下阴间,十八章十四节"惊吓的王"直接是指死亡,可是威胁死亡的声音,使他一直受困。

惊吓是毁灭的力量,是魔鬼的权势。这毁灭者会来抢夺他的生命,使他惊恐。在约伯的悲叹中,他曾有这样的恐惧:"我所恐惧的临到我身;我所惧怕的迎我而来。"(三 25)可见这是约伯已有的,只是他不承认是恶者。

十五 22 他不信自己能从黑暗中转回;他被刀剑等候。

这是黑夜中的惊恐,他怕不会醒转,人生已到悲惨的终局。他一经黑暗,怕不能从黑暗中转出来,以致永远沉沦在黑暗之中。"转回"有的译为"逃脱",他希望在黑暗中逃离。黑暗象征苦难,如果他能逃脱苦难就好了,但是事实并不如此。[24]

但是刀剑等候他,他仍无法逃避刀剑。他本来以刀剑予人威胁,现在必须面对刀剑,受威胁。他会遭遇暴死的厄运。

十五 23 他漂流在外求食说,哪里有食物呢? 他知道黑暗的日子在他手边预备好了。

在富足中,恶人担忧有日贫穷必来到,那时在外地漂流求食,仍不得饱。在七十士译本作:"他被扔在外,成为鹰鸟的食物。"这似乎是接续上节的描述。他被刀剑所杀,他的尸体就成为鹰鸟的食物了。但希伯来文的词句可能较为可靠。

黑暗的日子在他手边预备好了,是指黑暗的日子使他触摸可及,就在他手边,已经来到,使他无法逃避,必须承受。灾难已经近了(参十八12;诗卅八 17;出十九 11、15,卅四 2),逼得他没有出路。

十五 24 急难困苦叫他害怕,而且胜了他,好像君王预备上阵一样。

---

[24] Dhorme, *A Commentary on the Book of Job*, 217. Jerusalem Bible 如此译。

在七十士译本,"黑暗的日子"在本节之首,"黑暗的日子叫他害怕,急难困苦胜了他。"似乎较为通顺。恶人虽苟且活着,却在死亡的威胁里。这黑暗的日子必是最后的,是耶和华的日子,可参考阿摩司书五章十八至二十节;约珥书二章二节;西番雅书一章十五节。[20]

约伯说耶和华已经"胜了他",他不再有任何的希望(十四 20)。这里以君王为例,君王预备上阵,只可得胜,不可战败。所以在神的权能下,无人可以逃脱。约伯的经历,照以利法的分析,十足是恶人的实况。

自二十至廿四节,以利法描述恶人的命运,说明他们等待灾祸,结果都照预期的临到了。恶人如妇女生产那种"劬劳痛苦"(20 节),"不住听到灾祸的声音"(21 节),"他没有信心可以逃脱"(22 节),"他东跑西奔,只成为鹰鸟的掠物"(23 节)。他在内外夹攻之下,终于倒在厄运之下。在此处有惧怕心理学的分析,他受尽了威胁而在惊恐之中,无法逃离摆脱。在恶人的生命中,弥漫着死亡的恐惧。

"惊恐"有三个不同的用词(peḥādīm, pahad, 'emō),成为这几节经文的主题。

十五 25　他伸手攻击神,以骄傲攻击全能者。

恶人心中明白,他攻击的不是人,是神。他以一个战士的姿态来敌挡神。但真正伸手的却是耶和华,因为祂要施行审判(赛五 25,廿三 11;结六 14,十四 9、13,十六 27,廿五 7、13、16,卅五 3;番一 4,二 13)。耶和华有时伸手拯救,祂也攻击埃及人(出六 6;申四 34,五 15;诗一三六 12 等)。但是人怎能伸手攻击神呢? 可见这是以利法夸张的说法。

人以骄傲来攻击全能者,更显出他的愚昧。人在神的大能之下只感到卑微无能,怎会有骄傲呢? 可见恶人完全不认识神。他的愚昧终必自趋灭亡。

"骄傲"原意是"勇士",他(恶人)以勇士自居,琐法描写恶人狂妄夸胜(二十 5~7)。可见以利法在此故意用讽刺的语气。在耶和华的说话中,祂要约伯"如勇士束腰",也是讥讽的。

十五 26　挺着颈项,用盾牌的厚凸面向全能者直闯。

—————————

[20] Dhorme，*A Commentary on the Book of Job*，219.

这里似描写恶人来攻击神,但真正被闯倒的是人。这是讽刺的话,几乎令人感到可笑。此处的描述生动有趣,因为"挺着颈项",表明顽固叛逆,看来有力,其实是不堪一击。他有厚的盾牌,只是虚无不可靠的保护,可参考八章十四节;诗篇四十九篇十三节及传道书七章廿五节:"邪恶为愚昧,愚昧为狂妄。"

十五 27　是因他的脸蒙上脂油,腰积成肥肉。

恶人不但无法攻击神,连攻击人也无力。他们得了不义之财,就穷奢极恶,暴饮暴食。放纵的生活,使他们过分肥胖,等于废物,无法作战,没有力气,必定被击打败退。

此次可能形容海中的怪兽鳄鱼,那么这争战是神话中的兽与神作宇宙性的争战,必被消灭。[24]

有人将"肥"作参星,"腰"作昴星,因这两个字与星辰甚为相似。于是就以这星辰之南北极来描述神创造的能力,那些都在神的控制之下。这样解释似乎离题,但为经学者所注意。[25]

归纳言之,廿五至廿七节都是恶人攻击敌挡神的愚妄行动,不值一笑。

十五 28　他曾住在荒凉城邑,无人居住将成乱堆的房屋。

以上论恶人的现状,现在这几节是论他们可怕的将来,因为他们是可咒诅的,好像在圣战之中全然灭绝净尽,完全无所存留。这在先知书中屡次提说神的审判,恶人的结局就必如此。以后有路过的行人看到荒凉与乱堆,就明白神公义的刑罚。

十五 29　他不得富足,财物不得常存,产业在地上也不加增。

恶人虽兴盛一时,至终必财产消失殆尽。这是约伯的情形吗?至少第一章的记述,他失去一切财物。这是否以利法所指的呢?但以利法是指恶人的将来,并非是指过去。他所愿望于约伯的,是将来再得平安与福祉(参五 19～26)。

此处财物也指力量,没有财富,恶人的身心也全损坏,不能复元。

---

[24] Clines, *Job 1－20*, 360.

[25] *Loc. cit.*

"在地上不加增"原意为"在地上不扎根"。根据拉丁文译词"他们的产业",所以将产业当作庄稼,不扎根必无出产。[24] 有的译为"他也无影子投在地上。"那是根据七十士译本,所以有的改为"他的影子不会拖长。"表明他们不会有什么影响力。[25]

十五 30　他不得出离黑暗,火焰要将他的枝子烧干,因神口中的气,他要灭亡。

如果上节下是以植物为喻,此处的涵义仍继续。树木不能长久,不是被闪电烧毁,就会枯干而死,两者一起发生,植物的生命必不能维持。有人认为此处的火焰不是闪电,而是炙热的日光。[26] 神口中的气,就是巨风,风一吹,一切都吹掉了。"灭亡"原文作"走去",有的补加"花卉",风将花朵吹去,植物的生命已无力成长。[27]

十五 31　他不用倚靠虚假欺哄自己,因虚假必成为他的报应。

虚假是恶人的诡诈,但是他取巧的事必会败坏,他有犯罪应得的报应。上节与下节都是以植物为喻,这节却不是以致引起学者的怀疑,有的甚至就将此节删去。[28]

"虚假"在本书也为重要的用字,因为描写恶人,必指他们的狂妄与虚假,他们的结局必是灾祸,这是自欺欺人的,又必自食其果。虚假是徒劳无功的。

"报应"有人改为"棕树"或"葡萄枝",为与下节的意义相连,但将这节更难解释,[29]却可与下节联起来。

十五 32　他的日期未到之先,这事必成就;他的枝子不得青绿。

他的结局必然是突然的,未到日期已经被割下枯干了。在日光之下枯萎,不会生长得青绿茂盛,却呈黄色,凋落。这就是恶人的

---

[24] Rowley, *Job*, 141.

[25] Dhorme, *A Commentary on the Book of Job*, 222.

[26] Clines, *Job 1 - 20*, 302.

[27] Rowley, *Job*, 142; Dhorme, *A Commentary on the Book of Job*, 223.

[28] *New American Bible*, 若干学者也删去, 如 Duhm, Fohrer, Horst。参阅 Clines, *Job 1 - 20*, 362.

[29] Rowley, *Job*, 142 - 143.

结局。

"枯萎"是七十士译本,拉丁文译本、叙利亚译本的译词,"这事必成就",这树必枯萎,此处译为"葡萄枝"。[50]

"日期未到",那实在是突然的。这也是以利法在以后的谈话中再提说:"他们未到死期,忽然除灭……"(廿二 16)生命如树木的枯萎,是必然的。

十五 33　他必像葡萄树的葡萄未熟而落;又像橄榄树的花一开而谢。

这里有两项例证,取材于自然界生物的现象。葡萄未熟而落。未熟是酸葡萄,正如以赛亚书十八章五节;耶利米书卅一章廿九、三十节;以西结书十八章二节。"落"字原意为"伤害"。恶人突遭伤害,陷在灾难之中。

橄榄树的花一开而谢,这也是十分不正常的现象。往常,橄榄树每隔一年,必花叶茂盛,多花必多果。[51]但是现在却不是这样。恶人兴盛只是一时,看来花很多,但很快凋谢,不能结果,没有收获。

十五 34～35　原来不敬虔之辈必无生育;受贿赂之人的帐棚必被火烧。他们所怀的是毒害,所生的是罪孽,心里所预备的是诡诈。

最后,以利法论恶人。他们是一类的人,不只像树木一般不结果,中道衰落,而且没有生育力,绝子绝孙。他们眼看居所被火焚烧,一切都被毁灭。"怀的"、"生的"是指生育的过程,不是子孙,而是罪孽恶毒。

这群恶人主要的本性是不敬虔,不信神,也不怕神,所以任意妄为,在道德上堕落,受贿赂,屈枉正直,知法犯法,参考六章廿二节;出埃及记廿三章八节;申命记十六章十九节;撒母耳记上八章三节;箴言十七章廿三节。他们的住所遭火焚毁,是神的刑罚。他们所丧失的,不只是财物,也包括儿女,这些都发生于恶人在世的日子,遭受家破人亡的痛苦。

---

[50] Dhorme, *A Commentary on the Book of Job*, 225.

[51] L. Bauer, "Einiger Stellen des Alten Testaments bei Kautzsch: 4 Aufl-im Light des heiligen Landes," *Theologische Studien und Kritiken* 100(1927－1928), 426-438; W. M. Thomson, *The Land and the Book*(1890),54－55.

恶者使多人受害,但真正受害的却是他们自己,他们会抱恨终生,痛苦一直持续着。

以利法在这第二次言词中,没有预言约伯的复原,并未提及敬虔归向主,必有好的结局,在第一次与第三次言词中均有,但第二次没有,值得注意。

归纳起来,以利法在责备约伯之后,就描绘恶人的厄运与结局。他似乎在警告约伯,不可像恶者那样,约伯以前的兴盛只是短暂的,他的罪恶终于暴露了。以利法不忍约伯遭受恶人那样的结局,所以严正地说明罪恶报应的公义原则。在这段说话中,没有同情与安慰,只以传统的智慧教训,指点约伯,希冀他切实悔改。

看来以利法并不放弃教导约伯,但是约伯不是人可与他理论的。约伯是一个深深受伤的人,受不住苛责与教训。在痛苦中,约伯无法保持缄默,他也不能忍耐下去。他的怨言一定不会动听的,却表露了内心的痛苦,他所需要的是真正的关怀与治疗。

附录:结构分析

以利法第二次言词,内容仍是继续第一次言词,形式与重点也极为相似。第一段(1~16节)是直接严责约伯的话,以质询的口吻,主题是知识。对约伯的指责,认为约伯的话极为不当(4~6、12~13节)。而且约伯太自负,自以为有知识(7~8、9~10、11),可作很明显的分析:

(A)智慧人应有知识(间接的责备)(2~3节)

  (B)约伯废弃敬畏的意(直接的责备)(4节)

    (C)约伯口舌有罪(5~6节)

      (D)头一个被生的人独得智慧(间接的责备)(7~8节)

(A₁)怎可以知识自恃(间接的责备)(9~10节)

  (B₁)岂能拒绝神温和的话(间接的责备)(11节)

    (C₁)约伯的心灵反对神(直接的责备)(12~13节)

      (D₁)妇人所生的极为不洁(间接的责备)(14~16节)

在五至六节及十二、十三节,两句成双的经节,以口舌强调说话。言为心声,十足反映人内里的情况。七至八节及十四至十六节,又以

"人"为中心,如果以"头一个被生的人"为圣者,那么"妇人所生的"则为凡夫俗子,怎会洁净?

第二段(十七节起),对恶者的描述,描述得尤其活泼动人:

17～19 节　以利法的见解

20～24 节　人怕黑暗

25～27 节　骄傲愚妄

28～31 节　前途无望

32～34 节　灾祸速至

35 节　　　警告报应

本段的主题为报应,报应是恶人的结局。他因虚妄,以东风充满肚腹(参 2 节),肚腹内满有毒害,所以生的是罪孽(35 节)。恶人在未受报应之前,内心却充满惧怕,常受惊吓,内心极为不安(20～24 节)。恶人骄妄,挺着颈项,又用盾牌直闯,在廿五至廿七节。论他们攻击神的描述,令人憎恶。恶人的前途,不住被在亡的权势追赶,威胁他们的有黑暗、惊恐、火焰、刀剑等,是廿八至卅四节的叙述。

以利法的言词中,语多讥刺,且在用字方面,可参考第一次言词,如"劬劳"(20 节参六 10),"困苦"(24 节,参七 11),"害怕"(24 节,参七 14),"虚假"(31 节,参七 3)等。论恶人的命运,他们的惧怕,特别提出,是要约伯接受他的警告。

(II) 约伯第四言词(十六 1～十七 16)

约伯在上次的言词中(十二～十四章),已经用法律的言语向神正式呼求与辩白。现在他确实没有什么新的想法可以呈诉,他只等待神的答复,所以在他其余的言词中(十六～十七章,又十九、廿一、廿三～廿四、廿六～卅一章)主要的想法都只是反复地提出。

但在这次言词中,仍有若干值得注意的要点,在十六章十八至廿二节,他提出天上有他的见证,所以他可以继续求神的搭救,辩正他的无辜(十七 3)。

在言词的形式上,并无什么改变。通常他以悲叹与怨言开始,然后才有见解与意愿表达出来,可比较诗篇第七篇、十七篇及卅九篇。他不但看友人是他的仇敌,甚至认为神也与他对立,好似兽类,又如战士,使他惊怕不安。但在失望中,他并没有放弃盼望,但他不住地在矛盾里不能自拔。

(i) 怨恨友人(十六 1~5)

十六 1~2　约伯回答说,这样的话我听了许多。你们安慰人,反叫人愁烦。

与前几次发言的情形相同,他先是针对他们的话,前几次的说话,似乎比较尖锐,例如他曾强调自己的智慧,认为不会逊于他们。但是现在已经落在失望之中(参六 15~21),不再那样在怒气中发出讥刺的话。

他现在是针对以利法的话,认为无法接受,他显然对以利法说反面的话,他认为以利法的话只是老生常谈,听了很多,已经感到厌烦。他们都是可厌的安慰者。

朋友原是为来安慰他(二 11,七 13,廿一 34,四十二 11)。以利法自认为神的安慰使者(十五 11)。但是他没有安慰,只有将安慰向别人说明。他们不同情约伯,又怎么可以设身处地,参与他的苦痛? 他们非但没有站在约伯旁边,却更严厉地与约伯对立,责备他,他们怎能真正领约伯一起在神的怜悯之下? 他们是无用的医生(十三 4),令人厌烦的安慰者。约伯一直否定友人安慰的工作。

十六 3　虚空的言语有穷尽吗? 有什么话惹动你回答呢?

以利法曾责备约伯,只有虚空的,如东风般的话,毫无价值,并不实际。安慰的话应该极有分量,举足轻重。这里约伯是将他的话驳回。虚空的话可以说得很流利,却空无一物,没有内容。有什么话惹动他,就是使他难堪而想答辩?(参六 25)他有必要答复吗? 他是受了激怒而不住回答吗?

这是修辞的问题,只是表露他的困惑。答案应是否定的。[29]

---

[29] Robert Gordis, "A Rhetorical Use of Interrogative Sentences in Biblical Hebrew," *American Journal of Semitic Languages* 49(1933),212 - 217.

十六 4　我也能说你们那样的话。你们若处在我的境遇,我也会联络言语攻击你们,又能向你们摇头。

这是约伯说话的口吻,参考十三章二节:"你们所知道的,我也知道,并非不及你们。"他认为不比他们差,不仅与他们是平等的,甚至是指自己更有智慧。他并不是自以为义,或在思想方面自夸高他们一等,他说这话,只是一个失望者的呐喊。他需要帮助,在理智、心理及道德方面,使他有真确的了解,明白信心在苦难中长进,并有能力传扬神的恩典。约伯实在很熟悉他们这一套传统的安慰方法。如果朋友处在他目前受苦的境况,他也会像他们那样说些肤浅的话来安慰他。其实也同样没有效用。

"摇头"的动作,可称是"举哀的同情"(二 11),或是以讽刺的方法(王下十九 21;赛卅七 22;诗廿二 7,四十四 14,一〇九 25;太廿七 39),因为照他们所明了的,苦难必是神的刑罚。

他们表示关切而有的一切动作,对他实际的处境毫无用处,看出他们完全不明白他。

十六 5　但我必用口坚固你们,用嘴消解你们的忧愁。

约伯认为一个人有苦难,而受人轻忽,很需要得着安慰的话,因而得着力量。约伯知道怎样以言语坚固软弱的手,扶助那将要跌倒的人,使软弱的膝稳固(四 4～5)。但是约伯承认自己无力帮助(六 11～13)。言语必定有扶助的力量,人所能安慰的,只在言语方面。所以此处,约伯不是在思量自己有无力量,但是他心里愿意,就不在于能不能的问题了。

(ii) 埋怨主神(十六 6～17)

十六 6　我虽说话,忧愁仍不得消解;我虽停住不说,忧愁就离开我吗?

他仍以"说话"为中心,认为说话与否,仍不是表明他内心的意愿,不能解除他的苦楚。有时他保持缄默,免得以口犯罪(二 10)。但有时实在不能忍受,他不想再禁止他口(七 11)。在愁苦中,他想要吐露哀情。约伯也承认,"自己的口要定我有罪"(九 20)。友人们曾以责备的话来表明他们的立场,他们有时甚至也不出声。这真是约伯所希冀的。

有人认为本节甚为独特,不可与前几节完全连接。^㊳但是约伯似乎认为说不说话并不重要,因为痛苦总是无法消除的,约伯感到无限的忧愁,因为他是在无助的孤苦之中。朋友并不同情,就是同情,也无济于事。但是神却毫不关心,对约伯的哀求并不理睬,所以约伯在无奈中,转向神来发怨言。

十六7　但现在神使我困倦,使亲友远离我。

从七节至十七节,约伯向神埋怨,因为他认为神在许多事上攻击他,以他为仇敌。朋友们所以这样对待他,是因为神不再看顾他,现在他所处的环境,是众叛亲离,完全被离弃。神竟像野兽那样撕裂逼害(9~10 节),袖竟出卖约伯(11 节),将他摔倒(12 节),成为卖友者,摔跤者。神又是弓箭手,将他当箭靶子(12~14 节),这些形象好似在银幕上迅速展出与变化,使人目不暇接,甚至昏眩。

神的作为使约伯经受不起,感到无限的困倦,所以以利法发现,人想与约伯说话,约伯就有无限厌倦的态度(四 2)。他实在受祸患所困,惶惶不可终日(四 5)。

约伯提说神使他困倦,"神"是第三人称,但下半节,转为第二人称"你":"你使亲友远离我"。在中译本,没有将"你"译出,可能因为这在希伯来古诗中,很少有这样代名词的转变。

神使亲友远离他,"远离"也有译为"侮辱"。^㊴"亲友"可能不是只指这三个朋友,而是指他所有的亲友,相熟的人们。他的生活环境与社会关系似乎都破坏无遗了。

若干学者将"亲友"('dathi)改为"灾祸"(ra'athi),"远离"没有译出而连接下节,"灾祸抓住我"。^㊵

十六8　又抓住我,作见证攻击我。我身体的枯瘦,也当面见证我的不是。

如果将"又抓住我"接在第七节,那么"作见证……"指灾祸成为见

㊳ Clines, *Job 1 - 20*, 380. 参考 Duhm, Ehrlich, Fohrer.
㊴ *Jerusalem Bible*："a whole host molests me."
㊵ Marvin H. Pope, *Job*, 123.

证,"枯瘦"也是为说明、见证他的不是。灾祸是外在的环境,身体枯瘦指本身的疾病,都是神对他的刑罚,施予他的管教,但表面看来,似乎与他为敌,存心对付他,使他受苦。

如果在第七节的"亲友"仍指家人、亲戚及朋友,那么他们群起指责他,以他身体的疾病枯瘦,说他是遭受神的刑罚,更见证他的不是,"抓住"是第二人称,正如七节下一样,那是应该指神。"你使亲友远离我,你又抓住我,见证我的过犯……"

约伯的身体枯瘦,是因疾病所致,枯瘦是指生命力的衰败,因为神的福分必使人身体健壮(廿一 23～24)。人的生命又以自然的现象来描写,枯干的碎秸只有被风吹散(十三 25),有水气才发芽生长(十四7～9)。

约伯的苦难似说明他有罪孽,这也是朋友们有力的见证。"当面见证"原意为"站立见证",就是法律的程序所有的姿态,指证有罪,如在诗篇廿七篇十二节,卅五篇十一节以及申命记十九章十六节。

十六 9　主发怒撕裂我,逼迫我,向我切齿;我的敌人怒目看我。

以野兽喻为仇敌,是诗篇中常有的(七 2,十 9,十七 12,廿二 12～13 等),野兽有巨大过人的力量,并且可有置人死地的威胁。约伯以此来描绘神,是否有亵渎神的危险呢? 事实上这不是他首次提说的,在十章十六节已有先例。神的怒气正如狮子或狐狸那样撕裂人(申卅三20;创四十九 27 等)。

"切齿"是指怒气(诗卅五 16,卅七 12,一一二 10;哀二 16;徒七54),并且立即吞吃所掠取的小动物。圣经中以野兽来描绘神的怒气并不多,但在何西阿书五章十四节与六章一节,神是狮子,撕裂人为施行刑罚。[29]

"我的敌人"并非指神,可能也非指撒但。[30] 而是指人,是约伯所认为的仇敌,尤其是不敬虔之辈。他们所以怒目看他,是因为神对约伯所施的"攻击"。神已经将约伯当作罪人,不敬虔的人藐视他,连敬虔的人

──────────────

[29] J. Hempel, "Jahwegleichnisse der israelitischem Propheten," *Zeitschrift für die altte stamentliche Wissenschaft* 42(1942),74‑104.

[30] Pope, *Job*,123,引述 Rashi.

也站在神的立场来对待他,正如他的朋友一样(十二 4)。除了他的朋友之外,别人怎样对待他,参考十六章二十节,十七章六节,十九章十三至十九节及三十章一、九至十四节。怒目看他,表明十分憎恶。有的学者将这句话列在第十节之首,不但使意义连贯,也将十节变为四行,较为平均。

十六 10　他们向我开口,打我的脸羞辱我,聚会攻击我。

"开口"或指野兽开口准备吞吃(诗廿二 13),更常指讥笑的样子,张口攻击与讥笑,在诗篇卅五篇廿一节(又在哀二 16,三 46;赛五十七 4)。⑩

打脸是羞辱的行为,可参考诗篇三篇七节;耶利米哀歌三章三十节;弥迦书五章一节;以赛亚书五十章六节;列王纪上廿二章廿四节;马太福音廿六章六十七节。

这些仇敌群起围困攻击他,可参考三十章九至十四节,约伯还有较详尽与生动的描述。

十六 11　神把我交给不敬虔的人,把我扔到恶人的手中。

这里的哀叹,可对照诗篇卅一篇八节,诗人感谢神,未曾把他交在仇敌手里。但在耶利米哀歌二章七节,神放弃以色列人,甚至将宫殿的墙垣交给仇敌(可参考诗七十八 48、50、62)。

这些不敬虔的恶人对待约伯,当然是极不公平的,但却反映神对约伯的态度,因为神故意使约伯受屈枉的苦,任凭人们对他肆意的轻慢。

不敬虔的人与恶人应为同义字,不敬虔不仅是对神,也是指对人的不义。不虔与不义原是相联的。他们是恶人,罪恶之辈。

十六 12　我素来安逸,他折断我,掐住我的颈项把我摔碎,又立我为他的箭靶子。

自十二节至十四节,神是战士。神似乎以全部军力来对待这个可怜无助的人。

"我素来安逸",安逸原指政治与军事的安宁,如在士师记十八章

---

⑩ *New International Version*:"open their mouths to jeer at me", *Jerusalem Bible*:"open gaping jaws", *New American Bible*,"bare their teeth to rend me."

七、廿七节,人们安居无虑。又在历代志上四章四十节,撒迦利亚书七章七节。

"折断"、"摔碎"是同义的,"摔碎"是指战争的情况,如在诗篇七十四篇十三节"打破"。"破坏、崩裂"在以赛亚书廿四章十九节等。

颈项是最脆弱的部位,容易受伤。以手掐住仇敌的颈项,是全然制胜的实情(创四十九 8),这就表明约伯完全失败,被敌人制服,这敌人竟然是神。

约伯自认是神攻击的目标,神是弓箭手,他成为箭靶子(参考七 20),这句话也有认为应在下节,因为下节说弓箭手的行动。弓箭手不是神自己,而是祂的使者。神是大统领,在祂手下的战士,听从祂的命令来执行,他们受命认清目标,攻击不留情。"弓箭手"在下节是多数。

十六 13　他的弓箭手四面围绕我,他破裂我的肺腑,并不留情,把我的胆倾倒在地上。

弓箭手在射箭,是他们四面围绕约伯呢? 还是箭围着他? 箭围着他,是他无法逃脱,不能躲避,向任何方向躲避,都会被射中。㉘

箭射中致命之伤,如在箴言七章廿三节:"箭穿他的肝",是必然会丧命的。耶利米哀歌三章十二、十三节:"祂张弓将我当作箭靶子,祂把箭袋中的箭射中我的肺腑。"

"胆倾倒在地上",也可参考耶利米哀歌二章十一节:"肝胆涂地","胆"在中译本是附注的,胆汁因胆破裂而流出,活命的指望就断绝了。又可参考二十章廿五节。

在约伯第一次与友人对谈的言词中,曾提说"全能者的箭"。在古代近东,迦南地的神明(Reshaf)射箭在何方,那里必有瘟疫,全能者的箭射来,必不能生存。

十六 14　将我破裂又破裂,如同勇士向我直闯。

这是敌军围攻的图画,城被攻破,有了破口,军队就可以闯进来。现在破城再破城,使城急速陷落。可参考三十章十四节;诗篇八十篇十二节,八十九篇四十节;阿摩司书四章三节;列王纪上十一章廿七节;以

_____

㉘ Eduoard Dhorme, *A Commentary on the Book of Job*, 237.

赛亚书五章五节;尼希米记四章三节。这正如耶利米书四章二十节:
"毁坏又毁坏"(中译本将"毁坏……忽然毁坏"二者分开)。这里有非常
生动的描绘,叙述军队直闯而走,无法阻挡。

十六 15   我缝麻布在我皮肤上,把我的角放在尘土中。

麻布是为举哀,但是在第一章的记述中,他并没有披麻衣,他只撕
裂外袍。又麻布通常是不缝制的。可能此处所说的只是表征,他举哀
的麻布甚至缝在皮肤上,无法脱去,终生穿着,是指他的痛苦永远不会
除去。有人解释为他皮肤病严重的病情,他的皮肤似麻布那样,如同缝
在皮肤上,粗糙难看,而且痛苦不堪。⁽²⁶⁰⁾

披麻举哀,表明自己与死者相同,人生的价值已经不复存在,绝对
无用,所以麻布那种粗俗的东西表明没有体面,人等于下入阴间。

此处还有另一个表征:角放在尘土中,角原是表征力量,但力量在
尘土中,表明名誉扫地,骄傲落在卑微之中。尘土扬去,洒在头上,也是
举哀的行动。这也可绘成图画:公牛的头倒下,角陷在尘土之中。⁽²⁶¹⁾角
指权力、身份、骄傲,可参考撒母耳记上二章一节;诗篇七十五篇四、五
节,八十九篇十七节、廿四节,九十二篇十节,一一二篇九节,一四八篇
十四节。

"角"在亚兰文译本为"尊荣",与原意仍相同。叙利亚译本作"头",
也维持原意。麻布缝在皮肤,实则是紧贴皮肤,与实际的情形相同。⁽²⁶²⁾

十六 16   我的脸因哭泣发紫,在我的眼皮上有死荫。

约伯因痛苦而哭泣,必是实情。他哭得满面通红。"发紫"只是中
译词,以红得发紫的说法,表明他情绪的激动。"红"原意为红色的土
块,"驴"也出自同一字源,因它的毛色是红色转至棕色。"我的脸因哭

---

⑳ J. V. Kinnier Wilson, "Leprosy in Ancient Mesopotamia," Rerve d' Assyria
    logie 60(1966),47 - 58.

㉑ Pope, *Job*, 124. 也可参考 A. de Wilde, *Das Buch Hiob*, *Loudtestamentische
    Studiën* 227(1981).

㉒ Dhorme, *A Commentary on the Book of Job*, 237 - 238.

泣而涨红",这是原意。㉖

　　眼皮是指眼睛,人若喜乐,必在眼睛里发光,眼睛明亮是心中欢悦的表现。若是痛苦,就黯然无光,"死荫"也是诗篇廿三篇提说幽谷的情况。"死荫"实际为一个字,表明十分的幽暗,如将此字当作两个字,则为死亡的黑荫,这也是七十士译本的译词。这一用字出现在三章五节,十章廿一节以及十二章廿二节。

　　十六 17　我的手中却无强暴,我的祈祷也是清洁。

　　此节开端之连接词('al),在中译词作"却",有的译为"因为",也有作"虽然"。约伯认为他受苦实在并非罪恶而导致的,他的哭泣神却不理会。

　　他的"手"是手掌,表明他没有以强暴的方法来取不义之财(参赛五十九 6;拿三 8)。他是手洁心清的人(诗廿四 4)。他既不贪婪,也没有恨恶,所以没有任何强暴的行为。

　　"强暴"是指他的手,"清洁"来描写"祈祷",似不甚相称。所以有的经学家改成"我的路",即我的脚,行走在路上,指他的生活,也有改成"我的话",即我的口,没有说什么罪恶的事。㉗ 这里提到祈祷,是表明内心的实况,而身心都清洁,无瑕可击,应该不是因罪恶而受苦。

(iii) 盼望之言(十六 18～22)

　　这里是约伯的呼求,在形式上是法律的程序,为自己辩正。在十三章二十至廿三节曾有这样的意愿,却没有得着圆满的解决,所以这是他再度的吁求。他认为在地上无人为他辩护,在天上却有他的见证,在天上有他的中保,这是他在无望中的盼望。

　　十六 18　地啊,不要遮盖我的血,不要阻挡我的哀求。

　　约伯在未死之前,希望神给他公正的审断,他的呼求也在七章七节、廿一节下,十章二十至廿二节以及十四章一、二节。他自知希望极

㉖ T. Collins,"The Physiology of Tears in the Old Testament: Part I," *The Catholic Biblical Quarterly* 33(1971),18 - 38.

㉗ Clines,*Job 1 - 20*,371,引述 Duhm.

微(九3、14～16、19～20),但仍希望神向他说明(十三23)。更仍保持
缄默,与神和好始终是不能实现的梦(十四13～17)。他感到死期日
近,未知是否还有机会为自己辩明。现在他在呼喊地,耶利米书六章十
九节及弥迦书一章二节也有向地呼喊,只是内容完全不同。

他向地呼喊不要遮盖他的血,因为血是为他伸冤的,参考的经文在
创世记四章十节,卅七章廿六节;以赛亚书廿六章廿一节。在以西结书
廿四章七、八节,城中所流的血倒在净光的磐石上,必然暴露。如果倒在
地上,会有土掩盖。所以这是约伯的要求,希望他有伸冤的机会。

他又要求地不阻挡他的哀求。他不是哀求救恩,而是要求伸冤。
"阻挡"是中译词附注的,但原意不是动词,而是名词"地方";"不要让我
的哀求停留在一个地方,静止不动,不发生功用。"有人以为"地方"是指
坟墓,好似请求就此埋没。[265] 以西结书卅九章十一节将"地方"译为
坟墓。

十六19　现今,在天有我的见证,在上有我的中保。

"现今",就是在现今,"甚至现今",这是原意。他似乎表明不看将
来,不敢作什么希望,就以现今的时间而论,在天上有见证,他的无辜,
在天上都知道,可见这是无可否认的事实。谁是见证呢? 在天上除神
以外还有谁呢? 在四十二章七、八节也有说明。这里似乎有矛盾之处,
因为神是审判者,又是见证辩护者,二者是不得兼有的。但是约伯可能
看到神有两方面。见证人也是中保,为两造——神与人中间辩白维护
(21节)。

这见证人不会是天上的圣者,以利法已经表明诸圣者之中,约伯转
向任何一位,都会全无功用。在九章卅三节,约伯也已表明,在神与人
中间没有听讼的人,可以向两造按手。所以约伯心中只有愿望,仍无确
据。他这样的信念有待发展。[266]

以利户曾论在天上作见证的,一千天使中,若有一个作传话的与神

---

[265]　Pope,*Job*,124‐125,引用 M. Dahood,*Northwest Semitic Philology and Job*
(1963),61f.

[266]　J. B. Curtis,"On Job's Witness in Heaven,"*Journal of Biblical Literature* 102
(1983),549‐562.

同在,可指示人所当行的事(卅三 23)。他是想到第九章中间听讼的
人。但此处约伯却没有提到第三者,虽然见证人、中保必须是第三者。
约伯想有他的见证人与中保,都是为辩明他的清白。

十六 20　我的朋友讥诮我,我却向神眼泪汪汪。

这节经文在字义方面与文法构造不甚清楚。首先,"朋友"一词是
指约伯的友人,还是指天上的中保,中译本显然是指前者,而后者是连
接上节的,所以译作"我的中保,我的朋友在神面前"。将"向神"译作
"在神面前"。[267] 因为这位以同情的心来听约伯的倾诉哭泣。地上的朋
友不尽责,约伯只有仰望神,依赖天上的朋友。这样解释,以第三者为
中保与朋友,不是神自己。

"讥诮"大概是将原文(melitsi)更改为(litsi),有学者作此推测,[268]
也有若干英文译本作此译词。[269] 但此字原为发言人,朋友在发言中,语
多讥诮,使约伯只有在神面前痛哭。发言人原意也有解明辩护的涵义。
"朋友"一词可解作"目的"或"意愿","我为表明意愿,也是使我向神痛
哭。"[270] 又"眼泪"一词,在传道书十章十八节译作"滴漏",诗篇一一九篇
廿八节作"消化"。照亚甲文字源(dalapu)及乌格列文(d-l-p)都与希伯
来文字根相同。前者指"失眠",后者指"精疲力尽"。[271] 这节下译为:
"我不睡眠,等候神的答复。"[272]约伯眼巴巴地等候神,不是神的恩慈,而
是神的怜悯。

---

[267] Norman C. Habel, *The Book of Job*, 263.

[268] Pope, *Job*, 125; N. H. Richardson, "Some Notes on Lits and Its Derivatives," *Vetus Testamentum* 5(1955), 163 - 179, Two Addenda to "Some Notes on *Lits* and Its Derivatives," 434 - 436; H. H. Rowley, *Job*, 150.

[269] *Jerusalem Bible*, *New American Bible*, *New International Version*, *New Jewish Publication Society Bible*.

[270] Clines, *Job*, 371.

[271] G. R. Driver, "Studies in the Vocabulary of the Old Testament," *Journal of Theological Studies* 34(1933), 374 - 385, esp. 384 - 385; E. A. Speisor, "The Semitic Range of dalopo," *Journal of Cuneiform Studies* 5(1951), 64 - 66; J. C. Greenfield, "Lexicographical Notes I," *The Hebrew Union College Annual* 29(1958), 203 - 228, esp. 207 - 10.

[272] Clines, *Job 1 - 20*, 368.

十六 21　愿人得与神辩白,如同人与朋友辩白一样。

人本来是不能与神辩白的,约伯在地上,不能到天上去辩白,也不可能使神下来与他讲理。可见这只是他一种愿望而已。

然而他仍旧这样希望着。如果上节那字真是作"发言人"解,那发言人是为约伯辩白的,就有此可能,因为那发言人是在天上的见证和中保。

如果见证、中保不是第三者,而是神自己,那么矛盾仍未解除,神不能是第二者与第三者,又是审判官,又是辩护的律师。㉓ 但是他与朋友辩论还是可能的,虽然他与友人们越谈论,距离越远。神是他与朋友之间的第三者。

十六 22　因为再过几年,我必走那往而不返之路。

约伯所以想立即辩白,因为他感到有生之日短促。所以他不能久等。再过几年,他自己毫无把握,不知多久,他内心的焦急可见一斑。

他知道人生的短暂,日子比梭更快(七 6),都是虚空(七 16),很快必躺卧在尘土中(七 21)。他的日子比跑信的更快(九 25),日子甚少(十 20)。

他必走那往而不返之路,就是去阴间之路,在七章九至十节,人下阴间不再上来,不再回自己的家。十章廿一节:"他去,是往而不返的,就是往黑暗和死荫之地。"

约伯在此发出希望的心声(18 节起),接着又再发一次(十七 11～16),是这一次说话中的特点。在此处以坟墓作结,但十七章的"盼望"却超越坟墓,可见他的信心在增进中。

(iv) 再怨友人(十七 1～10)

约伯仍为他的清白辩明,虽然他认为有生之日这样的盼望很难实现,但他仍不放弃,此处死亡与盼望二者反复叙述思想。他人生的结局就是死亡,这是他认为唯一可以确定的事。但是想到友人的说明,内心

㉓ H. H. Rowley, *Job*, 151.

的不安仍无法平息,所以他必须再将他的内心感受表达出来。

十七 1　我的心灵消耗,我的日子灭尽,坟墓为我预备好了。

这节与十六章末节连在一起,有的注释就将这节归在十六章。他的痛苦看来不仅无法消除,反而增加,因为多一层的哀怨,就是死亡的威胁,使他无法解脱,不能逃避。

约伯虽然患病,但他的健康还没有到完全损坏的地步,可见他并未在生命的终站。然而他在心理方面已经无法承受,才会有这样的悲叹。他说"心灵"已经"消耗",原意为"损坏",有译为"压伤",㉔"破碎"。㉕ 此处"心灵"是指生命力。以赛亚书五十七章十五节心灵"痛悔",原意为"压伤",(诗卅四 18)。箴言十五章十三节"损伤",十七章廿二节"忧伤"(十八 14),十五章四节"心碎"。这些都有不同的用字,却有相同的涵义。在本书中,也以不同的字,说明同样的意义,如四章十九节"毁坏",五章四节"被压",六章九节"压碎"。

"日子灭尽"也有消失灭绝的意思,如十八章五、六节"熄灭"(廿一17;箴十三 9,二十 20,廿四 20;赛四十三 17)。灯光熄灭,黑暗就弥漫,黑暗象征着死亡与坟墓。

十七 2　真有戏笑我的在我这里,我眼常见他们惹动我。

这是他心灵耗尽的原因,因为他被戏笑所困扰。他忍受着,想到人们的戏笑是出于误会,以为他是假冒为善的人(十二 4～5)。那些戏笑他的人未必只限于这三位朋友,那些人可能自以为虔敬,却轻视他。他以前不是也对受苦的人那样轻视吗? 总以为他们是恶人,才受这样的刑罚。这种公义报应的观念,是现在别人对他的看法。

这是琐法对约伯的态度(十一 3)。诗篇与箴言常强调这样的心态(诗一 1;箴一 22,九 7,十四 6)。在诗篇的哀叹中,义人受苦,常受恶人的讥笑(诗廿二 7,卅五 15～16,参考伯十二 4)。

在本节之首"真有",可能是誓言的形式,如在廿七章二至四节,他表明所说的实在是真的,并不谎言。

㉔ Clines, *Job 1 - 20*, 392.
㉕ *Revised Standard Version*, *New American Bible*, *New International Version*.

十七 3　愿主拿凭据给我，自己为我作保。在你以外谁肯与我击掌呢？

约伯一再表明自己的清白（九 21，十 7），他求神承认（十三 15、19～22），他甚至愿意将性命押上（十三 13～16），为辩明他的无辜。现在他愿以起誓的方式（廿七 2～6，卅一 35～37）。他不知道什么时候才可讨个公道，也许是在他死了以后。"谁肯……"是对神直接的呼吁。

"拿凭据给我"，实际上是"接受我的凭据"，以凭据作为当头（创卅八 17、18、20；申廿四 10～14；出廿二 26～27）。"击掌"表明一言为定，双方同意，立即生效。

约伯求神自己为他作保，来证实他确为无罪的人。这样就表明神没有丢弃他，并不与他为敌。他希望神不要再苦待他（七 16、19，九 34，十 20，十三 21，十四 21），还他清白（九 2，十 2，十三 15、23），即使不在他有生之日，他也不敢强求。这是他最大的愿望。

十七 4　因你使他们心不明理，所以你必不高举他们。

人们对他误会与轻视，因为他们不明理。他们看约伯受苦，以为他受罪恶的审判受罚。约伯曾责怪友人们对他缺少关怀与同情，没有真正表现友情（六 15～21）。神若不使他们心里明理，就故意使他们的心眼盲目，没有分辨的能力（赛六 10，四十四 18；伯卅九 17）。

神为什么不让人明白约伯的清白，以致使他蒙受不白之冤呢？神不愿意高举那些人吗？"高举"原意为"得胜"，或"得着尊荣"。这几乎是约伯的心愿，那些不明理的人，对他这样虚枉，是没有尊荣可言。

"不高举他们"或译作"他们不得被高举起来"。有译为"他们不得举手"，举手是为击掌，他们不会与我同意的，因为他们不明理。[20]

十七 5　控告他的朋友，以朋友为可抢夺的，连他儿女的眼睛也要失明。

这句话可能是一项格言，说出朋友不可靠，友情的动机不纯。他们为利之所趋，交朋友也只为谋利，或以功利主义为宗旨。这样的友情已经变质，不再值得珍惜。他们卖友图利，家中的灾害，如儿女眼睛失明

---

[20] Dhorme，*A Commentary on the Book of Job*，245.

的事,都没有注意。

这节的涵义究竟是何所指呢?约伯的朋友并无为这友情图利,除非是在约伯兴盛的时候,他们与他交往有图利的想法。现在约伯穷乏了,所以他们对他十分憎恶。但是当他们听闻约伯遭灾时,即刻前来安慰他,实在表露了珍贵的友情。他们的友情以后才变了质。

“眼目失明”原是琐法指恶人所遭的报应(十一20)。这是否约伯的用意,几乎近于咒诅。

此处也许表明约伯对传统的观念提出反对。在一般的观念中,儿女需要承受父亲或祖先的罪。他在答复友人时曾说:“你们说,神为恶人的儿女积蓄罪孽。我说,不如本人受报,好使他亲自知道……”(廿一19、20)恶人的儿女不应受报,却不会不受影响。有的译词稍加解释:“儿女因切望食物在饥饿中眼花。”[277]

十七6　神使我作了民中的笑谈,他们也吐唾沫在我脸上。

本节又回到第二节,而下节回复第一节。约伯得不着神支持,因为事实正与他的愿望相反。这是诗篇中哀叹的话(诗六十九11～12,四十四14)。约伯现在名誉极坏,人们看他是罪大恶极的人,吐唾沫是公然污辱的举动(卅10,申廿五9;赛五十6;太廿六67,廿七30;可十34,十四65,十五19)。这些都是神所许可的。

十七7　我的眼睛因忧愁昏花,我的百体好像影儿。

约伯说:“在我的眼皮上有死荫。”(十六16)这里也是因身体的力量逐渐除去,内心忧愁所导致的。在别处眼睛昏花,是因为年迈体弱(创廿七1;申卅四7)。但多时是哀叹的话,如诗篇六篇七节:“我因忧愁眼睛干瘪,又因我一切的敌人眼睛昏花。”(参诗卅一9)由于视力减退,对事物不甚清晰,甚至好像影儿。

“百体”指他的身体,由于他的身体枯瘦,已经不成人形,所以快要离世,只剩下一些影儿。这又是另一种解释,都是身体的衰残。[278]

十七8　正直人因此必惊奇,无辜的人要兴起攻击不敬虔之辈。

[277] Gordis, *The Book of Job: Commentary*, 182.
[278] Hobeh, *The Book of Job*, 277.

八至九节似乎不是约伯的口吻,因为这些是友人们的话。[20] 他们自以为正直,为约伯的实况而惊奇。他们自认是无辜的,看了约伯,就想起不敬虔之辈。但是这也可能是约伯以他们的语气来责备,因为他们自以为义。

正直与无辜确是约伯自己所强调的。但别人对他却不是那样看,他们看他是罪人,不敬虔之辈,才会遭受那么大的苦难,说明神公义的刑罚。

其实约伯认为他自己是正直的,才会嫉恶如仇,他对神始终没有背弃,必对不敬虔之辈攻击。如果他的朋友有同样的立场,就不应互相苛责与攻击了。这是让约伯费解的,他不能明白。

十七 9　然而义人要持守所行的道,手洁的人要力上加力。

这节与上节是连接的。正直人是义人,正直人是多数,但此处的义人是单数。约伯不管人们怎么看他,他自己仍持守他的道,就是保持他的完整,不愿干罪,但是下半节提到力上加力,却不是约伯的经验。他承认自己是手洁的人,但是自感无力,而且体力日衰。

在另一方面看,约伯的外体渐衰,他的心力必须增加,不然又何能坚持下去呢?因此这节的话应是约伯的自勉。约伯屡感自己衰弱(1、7节)。义人却不可因苦难而失败,必须努力自强,朋友们对他不忠(六15),无用(十三 4),智慧也不优于他(十二 3),他对他们完全失望,无可倚靠,但他对自己却不可放弃。他若自暴自弃,就会真的成为朋友眼中的不敬虔之辈了。

约伯认为他是手洁的人,他因疾病或被视为不洁,但是洁净不只是外表的、礼仪的,而是内里的、道德的。

十七 10　至于你们众人,可以再来辩论吧! 你们中间,我找不着一个智慧人。

这里约伯又回复他原来的语调。"众人"必指三位朋友,也许还包括更多的人,他们都误以约伯为罪人。他向他们挑战,要他们再来辩论,看他们传统的观念是否值得再思,再行重新估计。

---

[20] John E. Hartley, *The Book of Job*(1988),269.

约伯已经表明，他的智慧比他们高，他们若自以为有智慧，尽可再来辩论。他要他们看到自身见解的狭窄，最后承认约伯的清白。他主要的对象仍是这三位朋友，盼望他们醒悟。

（ⅴ）又表希望（十七 11～16）

看来约伯又陷入失望之中，但他并不与先前所说的矛盾。他一直在希望与失望之间徘徊。自十一至十六节，仍是哀叹的话，但在失望中，希望的心声没有埋没，他还在表露。

十七 11　我的日子已经过了，我的谋算、我心所想望的已经断绝。

约伯的失望，是由于他不能达到他的心愿。他真的确认自己是清白的，他有卓越的见解，坚持这世界道德的秩序。他憎恨那些幼稚与独断的人，只盲目而狭窄地坚持传统的观念，以为这是正统的信仰，却实际扼杀了真理。他失望，因为时不我与，时间飞逝，日趋死亡，那是多么无奈！"我的日子，就是有生之年日过去，无法挽回。"他任何的谋算计划，心中所想望的，都无法实现，这是他最大的挫折感。其实他不仅想表白自己，也盼望别人因尊重他而得福，他希望仍能对人有裨益，造福人群，但这些愿望都不能达成。

十七 12　他们以黑夜为白昼，说，亮光近乎黑暗。

约伯指责朋友将真理颠倒，以暗为明，以明为暗，正好似以赛亚书五章二十节所指责的。

有的人认为这是朋友们的愿望，盼约伯很快能从苦难的黑夜中出来，走到生命的白昼，"他们要将黑夜变成白昼。"[28]下半节他们说，光已接近黑暗，表明黑暗即将逝去。[28]

友人们确实鼓励约伯相信，他的苦难迟早必会过去，那时黑夜必变为晨光（十一 17）。但是约伯不是只想脱离苦难，更要证明他的清白，他的苦难不是罪恶的报应。

---

[28]　*Revised Standard Version*，*New Jewish Publication Society Version*.
[28]　*New International Version*，*New American Bible*.

人在黑暗中,总是期待着白昼,但是约伯似乎等不到天明(15 节),因为现在正是严密的夜,夜很深沉。约伯是否以为有光就是希望? 但在阴间甚是幽暗,"那里的光好像幽暗"(十 22)。[32]

十七 13 我若盼望阴间为我的房屋,若下榻在黑暗中。

什么是我的盼望? 如果我只在等候阴间,因为这已经极为相近了。阴间既是居所,这是黑暗之地,那就无疑在黑暗中下榻了。

以阴间为房屋,是一般的观念,死地是为众生所定的阴宅(卅 23;诗四十九 11;传十二 5)。巴勒斯坦埋骨之处,是呈房屋的样式,这是第二次检骨后的坟墓。[33]

在阴间下榻,可参考诗篇一三九篇八节,这是人最后的归宿。

本节"若"一直至十五节是连接的,因为本节有"若",下节也有"若",都不能单独成为完整的句子。又"若"的假定口吻表示否定。"这不是我的盼望,我的盼望怎会是阴间的呢?"

十七 14 若对朽坏说,你是我的父;对虫说,你是我的母亲姐妹。

约伯向前看,以后的日子更加可悲。在地上他失去家庭的快乐,在地下阴间,也不与他们联合,只是在坟墓中,与朽坏、与虫为伍。"朽坏"是阴间人格化,他居然称朽坏为父,因为他在朽坏的权下,"你是我的……"这是法律的程序,可参考诗篇二篇七节:"你是我的儿子",八十九篇廿六节:"你是我的父"。可见这是合法的称谓,正式承认关系。他不久就需认死亡为父,认虫子为母,处在朽坏腐烂的状况中。古时以女性为母亲姐妹,男性为父亲兄弟。此处只提父亲,其实应连兄弟,才与下半节成为对比。[34]

虫子也为死亡腐朽的象征,可参考七章五节及廿一章廿六节。

十七 15 这样,我的指望在哪里呢? 我所指望的谁能看见呢?

他是没有什么指望可言,因为财物已经全然失去,不能再恢复,儿女都亡故,不会再复活,这破碎的家又怎能重建呢? 他已经无从确立他

[32] Dhorme, *A Commentary on the Book of Job*, 252.

[33] E. M. Meyers, "Secondary Burials in Palestine," *The Biblical Archaeologist* 33 (1970), 2-29.

[34] Gordis, *The Book of Job: Commentary*, 185.

的信念,所以谈不到指望。但是显然他不放弃。在七章七节,他说眼睛必不再见福乐。九章廿五节,他又看不见福乐。现在他也一定看不见指望。他在地上的指望是没有了,但在天上有他的见证中保(十六 18、19),他又何必全然失望呢? 所以在他心中,无法将指望完全忘却和放弃。

十七 16　等到安息在尘土中,这指望必下到阴间的门闩那里了。

生命即到尽头,他想到安息在尘土中,以尘土为象征坟墓与阴间,为智慧文学的特性(七 21,二十 11,廿一 26;诗廿二 15、29,三十 9;又可参考赛廿六 19;但十二 2)。

当他下到阴间的门,为他洞开,但进入之后,门闩立即关闭,他就禁锢在其中,他的指望也随着下去了。这是他面对死亡的现实而发出的哀叹,但并不说明他的希望全都消失。在他信心的视野,希望好似夜间的星光,即使星光隐去,只是说明黑夜即将过去,黎明就会来到。他就这样结束了第二次应对以利法的言词。

附录(一):要义综览

约伯答复的话,不是完全针对友人的言论,更是向神呼求,求神维护,在十二至十四章是这样,在十六至十七章也是一样。他以后真的得到神的回应,在卅八至四十一章。

这段言词中,约伯并没有说出什么新的见解。他要说的已经说过了,只是对神的询问,似乎更加具体。他果敢地向神提出心中压抑的话,因为他认为神是在对付他,几乎把他当作仇敌。他想听见的是神的声音,不是友人的高论,以利法的论调使他更加厌烦。他所需要的不是责备,而是辩护。但是有谁为他辩护呢? 没有人,地上是没有人的了。他只有仰望神,在天上有他的见证,有他的中保。这是他唯一的希望。

他深感时光飞逝,死对他不是威胁,而是解脱,至少可除去他的痛苦。但是生命的短促,原以为只是以日计,以周计(七 6、21,十 20),但现在是以年计(十六 22),未免太长。他实在不敢奢望,在未死之前得着维护,使他辩明。但他只要在地上活着一天,他一定得呼吁与辩白(十六 18)。

他在矛盾中挣扎已久,他不想再奋斗下去。有两件事他很清楚。他的痛苦不能除去,就不该再希望除去。他不再希望人们的同情安慰,他们根本帮不上什么忙(十六 2~3)。反而他以一个受苦者,可以给予人助益(十六 5)。

另一方面,他冷静地以正直人自居,以这样的观点来对自己作一番客观的分析。嘲笑受苦者的态度是否正确? 自以为敬虔的,可能是不敬虔之辈。看受苦者为罪人,自以为义,其实他们不是义人(十七 4、10)。他们那种狭窄的偏见,从传统信仰来判断人,是大有问题的。他看到这是极大的讽刺,真正正直的人,将义怒发在真正无辜的受苦者身上。约伯是受苦者,也成为受害者,他的感受竟然没有人能够明白。他从受苦的经验中所发展的思想,竟然没有人肯体会,只过分简化地一味向他苛责,使他越发费解。所以他的失望就更加深了,不是对他人生的失望,他相信神会为他辩屈。他失望的是人们没有属灵的见解,无知还不自觉。

他在悲叹中眼看盼望不能实现,但他始终不肯放弃,希望仍在心头。

附录(二):结构分析

十六、十七章综合起来研究文体,可以看到十分完美的结构:[28]
(甲)先发尾声(十六 1~5)
(乙)向主神埋怨(十六 6~17)
　　(丙)失望中盼望(十六 18~22)
(乙₁)对友人责难(十七 1~10)
　　(丙₁)盼望中失望(十七 11~16)
在向主神埋怨时:
(甲)如野兽:切齿怒目(十六 9)
　　(乙)如仇敌:羞辱攻击(十六 10~11)

---

[28] Habel，*The Book of Job*，267 - 270.

　　　　（丙）如战士：折断摔碎（十六 12）
　　　（乙₁）如箭手：破裂倾倒（十六 13）
（甲₁）如勇士：破裂直闯（十六 14）
自十六章十八节至十七章十六节，又有一种交叉的结构：

（甲）呼地（十六 18）　　　　　（戊）断绝（十七 11）
（乙）见证（十六 19）　　　　　（丁）期待（十七 12）
（丙）中保（十六 20～21）◄━━━━►（丙）安息（十七 13～14）
（丁）失望（十六 22）　　　　　（乙）希望（十七 15）
（戊）灭尽（十七 1）　　　　　（甲）阴间（十七 16）

在十七章二至十节对友人再发怨言：

（甲）誓言：眼（2 节）
　　　当头：手（3 节）
（乙）呼吁：心（4 节）
　　　语言：眼（5 节）
（丙）戏言：脸（6 节）
　　　忧愁：眼（7 节）
（丁）正直：手（9 节）
（戊）结语

　　归纳来说，在约伯的言词中，失望中有希望，希望中有失望，全以希望为主题。他大胆地向神呼求，他在极端的痛苦中，看见天上的见证中保，为他辩护，向他保证。但是这样的辩护与保证并不明显，所以他仍在希望与失望两端奔走，无法停止。他的焦虑是必然的，因为他快走完人生的路程。

(III) 比勒达第二言词（十八 1～21）

　　比勒达第二次发言，先是对约伯说责备的话，然后以智慧的教训，论述恶人的厄运。在体裁方面十分明显，二至四节及八至九节都是三行诗的形式，其他以四行诗（11～14 节、18～21 节），有三行诗夹在中间（15～17 节）。在语调方面，除了训诲之外，就是争辩。修辞的问题（2 节，参考八 2、十六 3）也是特色。在论恶人的结局时，极像诗篇的语调

(诗七 14～16,十 2～11,四十九 13～14,六十四 1～10,又卅七 35～36,
一〇九 6～20)。论义人也可引述诗篇(如卅二 3～5,卅四 4～6,卅五
11～14,卅九 1～3,一一六 1～4)。箴言的格式,如提说"恶人的灯"
(5～6 节;箴十三 9,二十 20),"自己的计谋将他绊倒"(7 节,五 12～13;
箴廿六 27,廿八 10;诗七 14～15,十 2,卅五 8,五十七 6),"根与枝子"
(16 节,在次经中也以箴言的方式:便西拉书十 16,廿三 25,四十 15)。

　　在语气中有责备,也有劝勉,目的似在鼓励约伯不随从恶人。在内
容方面可将第四节作为中心,报应的公义如大地磐石那么稳固,约伯是
无力与无法挪动的,比勒达坚持道德的秩序。

(i) 责备的言语(十八 1～4)

　　十八 1～2　书亚人比勒达回答说,你寻索言语要到几时呢? 你可
以揣摩思想,然后我们就说话。

　　比勒达显然十分厌烦约伯的话,一个有智慧的人在言语上应有节
制,而且要说得扼要与得体。约伯却滔滔不绝,他越讲越显出他有罪。
他要约伯思想,才会谨慎言语,不然就没有对谈的可能。

　　以利法注意的是约伯言谈的内容,但比勒达所指责的是约伯谈话
的措辞。他对约伯说话,不是单数指约伯一人,可能是对与约伯同类的
人,就是朋友眼中看为的恶人。[26] 这一点由七十士译本作答,因为在这
里希腊文译词是单数。

　　"寻索言语"原意以言语来布陷阱,使人上当,好似捕捉野兽一般。
这用词也译作"猎取",好似打猎那样,极力地寻索。[27] 这字在圣经中只
出现一次,有甚多的猜测。亚兰文译本作"意外",叙利亚译本作"障
碍",也有学者认为这字与"结局"一词接近,"你的言语几时可以
结束?"[28]

---

[26] Marrin H. Pope, *Job*, 133.

[27] Robert C. Gordis, *The Book of Job Commentary*, 188.

[28] Edouard Dhorme, *A Commentary on the Book of Job*, 257,引用 David J. A. Clines.

他要约伯多加思索，有了解，才可对谈。七十士译本作："你停止再讲下去，我们才可谈。"[208]也有建议，将"思想"改为"聆听"。约伯不讲话，细心听，方可使大家对谈。[209]

十八 3　我们为何称为畜牲，在你眼中看作污秽呢？

约伯自以为有智慧，看不起朋友们，比勒达认为约伯看他们还不如畜牲（参十二 7）。污秽是指愚蠢，像动物那么无知。"污秽"一词在叙利亚译本与拉丁文译本作"隐秘"，不被看见，也是愚蠢的表现。[210]　又有译作"比"，"如同"，"为什么在你眼中看我们如同笨牛一般？"[211]

十八 4　你这恼怒将自己撕裂的，难道大地为你见弃，磐石挪开原处吗？

你在恼怒中要将自己撕裂，并不因此影响自然。约伯曾说，"主发怒撕裂我。"（十六 9）比勒达说，神没有撕裂他，是约伯生神的气，来撕裂自己，根本不合理。何况他若真撕裂自己，与野兽一样毫无理性，自然界决不会因此摇动。

比勒达在忿怒与焦虑中，就引述两句箴言来讽刺约伯。第一，大地不会见弃，人可以离弃，使地或城空虚荒凉（利廿六 43；赛六 12，七 12；番二 4），但自然秩序不会受影响，神使人在世界居住，不会有混乱的现象。约伯想扰乱神的设计是不可能的。道德秩序如自然界一样不容变更。第二，磐石在原处不可被挪开，公义的报应定律也是那么固定。比勒达对宇宙的观念是静止的，但是自然界不是静的，而是动的，常在变更（传一 5～7）。

比勒达在用词上常随从约伯：言语应该中止（十八 2，比较十六 3），野兽的意象（十八 3，对照十二 7），撕裂（十八 4，比较十六 9）。

比勒达认为报应律如自然律那样不可变动。约伯受苦是因罪而受刑罚，必是千真万确的。神的公正罚恶是必然的，约伯的儿女丧亡，就是十分有力的证据（八 3～4）。约伯怎可不醒悟，因为这是不再容他忽

[208] Pope, *Job*, 133.

[209] Dhorme, *A Commentary on the Book of Job*, 258.

[210] Clines, *Job 1 - 20*, 404.

[211] Dhorme, *A Commentary on the Book of Job*, 258.

略了。

综论这四节经文,尤其在第二、三节,比勒达曾三次将第二人称"你"用复数:"你寻索"、"你揣摩"、"你眼中",都应作"你们",就有以下不同的解释:

（一）比勒达不只是对约伯说,也对其他的朋友。但是第三节"我们"必指其他朋友,那么"你们"不会是指他们了。[293]

（二）比勒达在第二节是对其他朋友,第三节只对约伯。[294] 第二节是对朋友们的劝勉,第四节是苛责约伯。如果第三节只对约伯,不会说在"你们眼中",只作"在你眼中"。

（三）他在第二节是对朋友们,第三节是对听众。[295] 但是有听众吗?

（四）在第二节,比勒达在引述约伯对友人的话。[296] 但是"到几时呢"是比勒达的口吻(八2),约伯也用过(在十九2)。但第三节就有些连不上。

（五）第二节应移至十九章的开端,这是约伯的话。[297] 这是不是有点勉强?

（六）比勒达对约伯说,也是指约伯是属于不敬虔之辈,指这一群,[298]但是第四节用单数。

（七）约伯将自己归入受苦的义者一类人。[299] 但是本书并未指出有这一类人。

（八）比勒达在反映约伯用复数的语句(十二2,十九2),作为讽刺,[300]这也是甚为勉强的解释。

---

[293] G. Fohrer, *Das Buch Hiob*.

[294] Roland Murphy, *Wisdom Literature*, 32.

[295] Dhorme, *A Commentary on the Book of Job*, 257 - 258.

[296] N. H. Tur-Sinai, *The Book of Job: A New Commentary*(1957),285 - 286.

[297] A. de Wilde, *Dao Buch Hiob*(1981).

[298] *Today's English Version*.

[299] A. B. Davidson, *The Book of Job*(1884), revised by H. C. O. Lanchester (1958).

[300] Norman C. Habel, *The Book of Job*, 280.

（九）虽对约伯个人,用复数为含蓄,较有礼貌,[301]但第四节为什么只是单数?

（十）复数未必对多人,仍可只对一个人,[302]引用的例证为雅歌五章一节,这样的用法并不多。

（十一）依照七十士译本、亚兰文译本及昆兰钞本,应改为单数,在希伯来文圣经(Biblia Hebraica Stuttgartensia)也作这样的建议。中译本只作"你",是单数,英译本 You 不分单数或复数,似不成问题。[303]

归纳言之,比勒达是专指约伯的:"你就是那人!"

(ii) 恶人的厄运(十八 5～21)

比勒达仍重复第一次的言词,指出恶人的结局,对约伯只是警告,没有将他归类在恶人一群,所以语多勉励。在第一次说话的结语中(八 20～22),仍给予保证与确据,"神必不丢弃完全人"(八 20)。这次的说话似乎没有那么积极。

在比勒达的分析中,约伯确实是犯了罪,但是神公义的报应不会过分,他受苦究竟还是短暂的,神不会一直刑罚他,只要他不要继续犯罪下去。他肯回头,即转向神的福分,比勒达论恶人的厄运,是应用在约伯身上吗? 未必尽然。如果他有这用意,在十一、十三、十五节下、十九节,似乎针对约伯的现状,未免有点刻薄。比勒达论恶人,不是为使约伯难堪,而是表明他虔诚的思想。

比较以利法论恶人(十五 20～35),比勒达不多说恶人在今世的不安与恐惧,而是集中在最后的结局,就是永远的沉沦灭亡。在十四节,恶人在地上的住处——帐棚被拔出来,带到死亡那惊吓的王那里。

在整个的论述中,没有提到神,只在最后提说那些不认识神之人的地步。也许在比勒达的观念中,世界的秩序好像自行运转的机械一样。神自己不必操作,让这公义的定律自动运作。

---

[301] Clines, *Job 1-20*, 410,引述 Sicre Diaz.

[302] Gordis, *The Book of Job*: *Commentary*, 190.

[303] 这一点不同的解释,根据 Clines, *Job 1-20*,410.

　　全部论述都是智慧文学的格调,有不少传统的观念。以箴言的方式表达,也有隐喻描绘,甚有诗意的想象。

　　十八5　恶人的亮光必要熄灭,他的火焰必不照耀。

　　这句箴言也出现在廿一章十七节,箴言十三章九节,二十章二十节,廿四章二十节。以亮光喻生命,也在三章二十节。

　　灯在室内点燃,好似在炉中的火,象征着生命与力量。相反的,黑暗表征死亡,是阴间弥漫的实况(十21～22)。以利法说,"恶人不信自己能从黑暗中转回"(十五22)。恶人没有光,只有黑暗,他们是虽生犹死。

　　光不但象征生命,也表征喜乐(十一17),所以不能熄灭。"熄灭"一词是亚兰文,也在六章十七节及十七章一节。

　　"火焰"不是一个用字,而是两个字;火与焰。"焰"字也是亚兰文(参考申三22,七9)。

　　十八6　他帐棚中的亮光要变为黑暗,他以上的灯也必熄灭。

　　"帐棚"在十四、十五节,又可参考五章廿四节,十一章十四节,十五章卅四节,是指家的住处,也表征家的命运。通常在帐棚中有灯,是相当奢侈的。在传道书十二章六节的吊灯是十分豪华的装饰。灯火多不能平放在桌上,除非有盛灯盏的碗。在房屋的墙上有空处,可将灯置放。

　　"他以上的灯"大概是指帐棚顶上悬挂的灯。[84] 这必在高处,可以照亮全家的人(参太五15)。

　　比勒达以前曾提说"恶人的帐棚"(八22),这里再提,仍是暗示约伯家庭的变故。

　　十八7　他坚强的脚步必见狭窄;自己的计谋必将他绊倒。

　　脚步狭窄,不能迈开大步,且容易绊倒。这种描绘,可能指老年人,走路不如青年那样活泼有力。恶人也是如此,好似未老先衰的人,脚步已经不稳,会轻易跌倒,生命力已经在衰败之中。这与前节的灯与火熄灭的表征相似。

---

[84] R. H. Smith, "The Household Lamps of Palestine in the Old Testament Times," *The Biblical Archaeologist* 27(1964),1‑31.

"狭窄"常指危险与苦难,如果是"宽广",则常指救恩。七章十一节"我灵愁苦","愁苦"原意为狭窄。箴言廿四章十节:"力量微小","微小"也是狭窄。诗篇十八篇十九节,"宽阔之处得救拔",卅六节,"脚下的地步宽阔,脚就不会滑跌"。箴言四章十二节,"你行走,脚步必不至狭窄。"

"恶人的计谋",可参考五章十三节,十章三节,廿一章十六节,廿二章十八节(又参诗一1,卅三10,一〇六43),这与他们的诡诈有关(五13,诗八十三3)。结果必被绊倒,站不住,不能存在,无法建立。

"绊倒"是七十士译本的涵义,因为原意只是"摔倒",所以无甚差别。

这节说明恶人是站不住的,他一切的计谋也不攻自破,反使他跌倒不能恢复。

十八8　因为他被自己的脚陷入网中,走在缠人的网罗上。

上节比勒达描述恶人的命运,他们生命的路程必行不通。他们的脚步必越走越狭,绊跌倒地。自八至十节,恶人的逆境再次经验出。网罗为捕捉禽鸟野兽之用,此处用词可参考何西阿书七章十二节。"网罗"有六个不同的字,没有什么不同的涵义。旧约中他处都有这些用词,参考诗篇九篇十五节,卅一篇四节,卅五篇七至八节,五十七篇六节,一四〇篇五节以及箴言一章十七节。

此处恶人并非是受陷害的,而是自投网罗,真正绊倒的是自己,神没有加害于他,他自行陷入,以致无法摆脱,终于倒下死亡。这就成为一幅生动的图画。

十八9　圈套必抓住他的脚跟,机关必擒获他。

"圈套"仍是陷阱,若是想要逃脱,往往会被抓住脚跟,动弹不得。"机关"也是网罗,使他被缠住,如困兽一般,等候捕捉,陷在无助与无奈之中。

此处与五章五节相似,"有网罗张口吞灭"。可见那种情形无可避免,恶人的结局必会那么悲惨,却是必有的。比勒达尽量描写,为作严重的警告,使约伯因惊怕而即速悔改归正。

十八10　活扣为他藏在土内,羁绊为他藏在路上。

"活扣"是以绳索作成的,是网罗的部分,当鸟兽来到那里即被扣住,无法逃脱。那时就被羁绊,只有坐以待毙,躺在路上。"路"是指短径,可参考诗篇一四〇篇五节及一四二篇三节。在路上已布满网罗,必使恶人不能避免,在路上已经走不通,那就是丧失自由的时刻,从此永受拘困,以致丧亡。死亡的网罗,是有其他相似的描述。[365]

比勒达的言词有几个隐喻,五至七节为"灯",八至十节为"网罗",十一至十三节为"疾病"。

十八 11　四面的惊吓要使他害怕,并且追赶他的脚跟。

这里仍继续以上的描述,网罗暗设,是恶人自行投入而被抓住,无法逃脱,但现在是有追赶他的,在下两节才可看出是疾病。

"惊吓"也为以利法所提说的,但在他的言词中,是指恶人良心不安:"惊吓的声音常在他耳中"(十五 21)。那是一种心理想象中的惧怕。但此处则是外来的,是祸患、饥饿与疾病。他已经必须面对惊吓的王(14 节)。

"追赶"一词,在箴言书廿五章十八节出现"陷害",好似大槌、利刀、快箭一样捣伤他的脚跟,使他跌倒,不得动弹,终于难免一死。

十八 12　他的力量必因饥饿衰败,祸患要在他旁边等候。

这节译词十分困难,在上半节,几乎与七节上有重复的话,七节的"坚强",即在此处的"力量","脚步狭窄"也与此处的"衰败"同义。所以有的就将这上半节删去。[366]

"衰败"与"祸患"又当作同义字,并且将这二者人格化,好似敌人那样追赶与等候。饥饿是指"衰败",想吞吃他,蚕蚀他的力量。[367]

另一种译词,是以"饥饿"与"祸患"二者成为同义。这是与中译词类似,但"力量"译作"财富",因为原意都指力量。[368]

犹太学者有极不同之译法,首先"力量"指儿女。"旁边"一词原意为肋骨。女人是由男人的肋骨造成的,在创世记二章廿一至廿二节。于是本节译作:"他的儿女必饥饿,祸患等候着他的妻子。"[369]

[365] T. H. Gaster, *Myth*, *Legend and Custom in the Old Testament*(1969),745.
[366] *New American Bible*.
[367] Kline, *Job 1-21*,416.
[368] Dhorme, *A Commentary on the Book of Job*, 263.
[369] Gordis, *The Book of Job*: Commentary, 188,192.

"饥饿"人格化,成为饥饿者,是指死亡,如在诗篇卅三篇十九节。"衰败"一词又译作"相遇",于是此节上译为"饥饿凶暴者与他相遇"。[⑩]照乌格列的文献,死亡之神以双手捧着的肉来吃,他狼吞虎咽,因为他十分饥饿,人就成为他的掠物,在下节这幅图画就活生生地呈现在读者面前。[⑪]

十八 13　他本身的肢体要被吞吃,死亡的长子要吞吃他的肢体。

本节上下两半似都说同一件事,有的译者嫌重复而删去上半节。[⑫]

"肢体"(badde)有改为"疾病"(bidway),表明他的身体受疾病所吞吃而腐蚀,终于死亡。

"死亡的长子"也有不同之解释。"长子"有解为"死亡"之神的头衔,并未在迦南的乌格列文献上写明,只称为"神明之子"(Son of El)。但表明死亡之凶暴与贪婪。[⑬]"长子"可参考诗篇八十九篇廿七节,是指最高的身份,可见死亡的长子在地下是最有权势的,真与下一节"惊吓的王"同义。

"肢体"照字根研究,又有"夸张"、"谎言"(赛十二 6,四十四 25 以及伯十一 3)及"细麻布"(出廿八 42)之义。这些在本节都无法适用,仍译为"肢体"较为合宜。[⑭]

十八 14　他要从所倚靠的帐棚被拔出来,带到惊吓的王那里。

"他的帐棚,他的倚靠",二者是指同一件事,因此"所倚靠的帐棚"是正确的译词。

"拔出来"原意为"走开",可能是指他必须从帐棚中走出,不得再回去,因为他要被"带到惊吓的王那里"。

"惊吓的王"是与近东的神话相似:巴比伦的死神 Nergal,是掌死

⑩　Marvin H. Pope, *Job*, 135, 根据 M. Dahood, *Psalms*, I, 203。

⑪　N. Sarna, "The Mythological Background of Job 18," *Journal of Biblical Literature* 82(1963),315 - 318.

⑫　*New American Bible*.

⑬　W. L. Michel, *The Ugaritic Texts and the Mythological Expressions in the Book of Job* (Ph. D. Dissertation, University of Wisconsin, 1970), 在 Pope, *Job*, 135 及 Habel, *The Book of Job*, 287 - 288 引述.

⑭　Gordis, *The Book of Job: Commentary*, 192.

权的魔鬼。^⑤ 诗篇四十九篇十四节:"死亡必作他们的牧者。"牧者即掌权者,为古时君王的称谓。

十八 15　不属他的,必住在他的帐棚里,硫磺必撒在他所住之处。

"不属他的",是指陌生人。他已被赶出他的帐棚,陌生人就占用他的地方。"不属他的"有译为"他不在",他已不在帐棚里,他的眷属就没有生计,无法度日,而且这帐棚也终必被毁灭。^⑥

"硫磺撒在房屋",表明有火来烧尽。在以赛亚书卅四章九节,有类似的含义,硫磺是燃烧的火,有极大的力量毁坏。

"不属他的"意义仍不甚清晰,所以这字(mibbelilo)若改为"火"或"火海"(mabbul),这样就与硫磺是同义的了。^⑦ 此处可能为使读者联想所多玛与蛾摩拉遭神的审判,在创世记十九章廿四节,也是以色列人在旷野试探神,神就用火烧毁他们(诗一○六 17、18)。

但比勒达所描述的,是否恶人的命运呢? 神是否用烈火烧毁他们,好似对所多玛的刑罚呢? 比勒达可能暗示约伯的灾难,因为曾有火降下,烧灭约伯的牛羊与仆人(一 16)。

十八 16　下边,他的根本要枯干;上边,他的枝子要剪除。

这是指全部的毁灭,根与枝都枯干剪除(参结十七 9;玛四 1),有时以根与果来代表整棵树的毁灭(何九 16),好似箴言的表象(廿九 19;参王下十九 30;赛廿七 6,卅七 31;耶十七 8;诗一 3)。有人将本节删除,因为此处指恶人的结局,未必尽是事实。但是不仅指恶人,也指他们的家庭及财产,前后必归乌有,可参考十九节。根与枝无非指由他所出的,都将毁灭。"下边"与"上边"是指全部。枯干似在逐渐的过程,但剪除却是立即或骤然发生的事。

比勒达的一贯论调,是以树木喻为不敬虔之辈,在第一次说话中已经论及(八 16～19),但是对约伯来说,树若砍下,还可指望发芽生长(十四 7～9)。以利法也曾指证恶人的毁灭,如火焰将他的枝子烧干(十五 30)。

---

⑤ Sarna, *op. cit.*

⑥ N. H. Tur-Sinai, *The Book of Job*, *A New Commentary*, 292.

⑦ Gordis, *The Book of Job*:*Commentary*, 193.

类似说法在阿摩司书二章九节,"上灭他的果子,下绝他的根本。"

十八 17　他的记念在地上必然灭亡;他的名字在街上也不存留。

恶人的命运,全然毁灭是一定的。他死了之后,不仅被人遗忘,而且神使人的意识中除去对他的回忆。"记念"是指生者的追思,对逝者的那种缅怀。记念仍可存留的,可参考撒母耳记下十八章十八节以及以赛亚书五十六章五节。别人的行为仍可记念,表明他们有所成就,在尼希米记五章十九节,六章十四节,十三章十四、廿二、廿九、卅一节。记念是为后世存留的,表明对逝者的怀念,好似觉得虽死犹生一般。

在希伯来古老的婚姻制度中,兄弟为死者立后,就是为保存他的名,有合法的后裔(参申廿五 7)。对仇敌的记念必须除去,就是永远灭绝他的名(出十七 14;申廿五 19,卅二 26;赛廿六 14;诗九 6,卅四 16,一〇九 15,一一二 6)。

此处论恶人的结局,不被记念,永不存留,是必然有的事。恶人所贻害的,是整个家庭,"地上"与"街上"是他居住之处。地上是指山谷地带,是畜牧的山野,是有人烟的地方。

比勒达此处似指约伯的情况,他的儿女比他先死,他自己也在垂死之中,可见将来还有谁会记念他呢?他的儿子即使存活,还可得尊荣,他也不会知道了。这是约伯自己的话(十四 21),比勒达似乎引用为针对他。可见约伯被视为恶人,他所遭遇的,与恶人无异。在比勒达第一次言词中,还给约伯一些希望(八 5～6),在第二次言词中,并不再给他有什么积极的劝导了。

十八 18　他必从光明中被撵到黑暗里,必被赶出世界。

十五至十七节的重点,在于恶人的帐棚、根本及记念,但自十八至二十节是恶人本身。十八节与十四节相似,有关他的死亡。十九节与十六至十七节相似,绝子绝孙。二十节成为结论,廿一节再有附带的话。

本节的隐喻十分简单,光是生命(三 20),卅三章廿八节生命必见光,原意为生命的光,参考诗篇五十六章十三节。黑暗是指死亡(十 21～22),"黑暗和死荫之地"。十七章十三节,"阴间是在黑暗之中"(可参考十九 8)。

恶人的生命消灭,就永远在死亡的黑暗中。义人死而不亡,不会像恶人那样被撵、被赶逐至黑暗之处。恶人感到死亡的威胁,好似在追赶他的脚跟(11b 节),他却无法逃脱。他都不知道自行奔向黑暗(11～13节)。他像野兽一样,被逐至陷阱之门(8～10 节)。恶人被赶逐,只有黑暗与死亡一途,没有出路。

有建议将此节移至十四节之后。十五节没有那么连贯,[318]但这种说法并不引起多位学者注意。

本节又可参考箴言二章廿二节:"惟有恶人必然剪除,奸诈的必然拔出。"

十八 19　在本民中必无子无孙;在寄居之地也无一人存留。

此节论子孙,在十六节已经提说,只是没有那么明确,以根本、枝条来描述。此处很清楚指明亲属,恶人的祸患已经延及全家,没人可以逃脱。

有时家中发生变故,存留的人到另一处寄居,似乎可以觅得安全,但是他们无论到何处躲避,都无济于事,仍旧无法存留。回想比勒达第一次言词,也有类似的论调:"他若从本地被拔出,那地就不认识他,说,我没有见过你。"(八 18)那是指恶人避难至他处,此处却指恶人的家庭亲属在寄居之地,仍无法立足。

可见恶人必不能立名,因为没有后裔存留。还有谁会记念他呢?

十八 20　以后来的,要惊奇他的日子,好像以前去的,受了惊骇。

恶人的噩耗传来,必带来惊奇。连约伯也说,"正直人因此必惊奇"(十七 8)。他悲叹说,朋友们看见他,都感到惊奇(廿一 5)。任何坏消息听见,都会令人惊奇。[319]恶人的倾败必引人注意而且惊奇。

以后来的是指西方,"以前去的"是指东方,东方是日出之地,西方是日落之处(诗五十 1),也可参考诗篇一一三篇三节;玛拉基书一章十一节;马太福音八章十一节,是指全地,普世。

"以后来的",可指后世的人,"以前去的",可指往昔的列祖,他们都会见恶人的结局而惊奇恐惧,这是历代都有的实情。可见历代普世都会有恶人的厄运,足以使人引为鉴戒。

---

⑱ Dhorme, *A Commentary on the Book of Job*, 267.

⑲ D. R. Hillers, "A Convention in Hebrew Literature: The Reaction to Bad News," *Zeitschrift für die alttestamentliche Wissenschaft* 77(1955),86-90.

"惊骇"一词原意为"毛发耸然",如四章十五节"毫毛直立"。在以西结书廿七章卅五节及卅二章十节"恐慌",为同一用词。

这种惊骇也可引致欢乐,因为正直人看见恶人遭难而欢喜(廿二 19 节起)。

十八 21　不义之人的住处总是这样;此乃不认识神之人的地步。

"不义之人"就是"不认识神之人",二者是同义的。"住处"与"地步"(原意为"地方"),也是同义的。恶人的住处倾败损坏,这是可以观察的,有目共睹,至于恶人在阴间,却不是观察,而是想象,也是在信念之中。

恶人生命的衰败,会到一种地步,根本没有立足之地,什么都没有,不仅没有住处,没有家庭,没有生活,生命都无望了,还有什么存留呢!

比勒达在此处似在直接或间接地描述约伯的实情。他将约伯归类在恶人中,因为恶人的厄运,约伯都已经历了,可参考本章十三、十五节、十九、二十节。这些对照决不是偶合的。比勒达已经看出约伯所遭遇的,都是恶人应受的刑罚。约伯也承认这一点,因为一切似都见证他的不是。这样说来,比勒达说的话并不刻薄。他对约伯的劝导还是善意的,只是他过分笼统,以致不够切实,他无法预测约伯的将来,只是警告他及早悔改,只以目前的实况,足可断言约伯的罪恶,与恶人无异。

在比勒达看来,道德与宗教有密切的关联。恶人是不义的,不义从不虔而来,因为他们根本不认识神。不认识神的,未必主张无神论,但没有足够的虔敬。[20] 认识神,是先知书的用词(何四 6,五 4,八 2;耶二 8,四 22,九 3、6 等)。不认识神,没有敬畏的心,就根本没有智慧。[21]

---

[20]　G. Fohrer, *Das Buch Hiob*.

[21]　有关认识神,不仅是先知的重点,也有祭司的传统,可参阅 J. Begrich, *Die Priesterliche Tora*（Beihefte zur Zeitschrift für die alttestamentliche Wissenschaft 66（1936）, 68 – 72；H. W. Wolff, "Wissen Um Gott als Urform von Theologie," *Evangelische Theologie* 12（1952 – 1953）, 533 – 534；J. L. Mckenzie, "Knowledge of God in Hosea," *Journal of Biblical Literature* 74（1955）, 22 – 32；E. Baumann, "Yada und seiner Derivate," *Zeitschrift für die alttestamentli che Wissenschaft* 28（1980）, 22 – 41, 110 – 143；W. Eichrodt, "The Holy One in Your Midst: The Theology of Hosea," *Interpretation* 15（1961）, 259 – 273；H. B. Huffmon, "The Treaty Background of Hebrew Yada," *Bulletin of American Society of Oriental Research* 181（1966）, 31 – 37.

综合比勒达的言词，似没有什么新的见解，但说得极为合理。内中有激动的情绪（4 节），活泼的描绘（8～10 节），丰富的想象（11～14 节）。他的神学思想，只是报应的公义。他将道德分为两大范围，正直人与恶人，好似将人以东、西分开（20 节）。约伯的情形已经十分显明，只有归类于恶人，因为他所受的痛苦，是神公义的刑罚，那是无可否认的了。约伯以前的虔诚一定是假冒的，不然怎会有那么多的灾祸？

这些灾祸都是用以说明神公义的刑罚。在他看来人不可能有一部分义，一部分恶。恶或义是全部的，这是主张公义报应的原则，无可妥协。恶人遭报，必遭嘲笑惊奇，而且永无记念，永远遗忘。

比勒达认为约伯在极度的矛盾中，将自己撕裂（4 节），在信仰与经验里无法协调，这是莫须有的。从报应的公义来看，道德的黑白非常分明。在矛盾中无疑自毁前途，有极端破坏的力量。约伯既在受苦，分明是因罪而受的刑罚，却为自己辩护无罪，岂不自欺欺人？比勒达只有信念（Dogma），却没有真正的信心。他只称是一种人，"不过从昨日才有，一无所知。"（八 9）

他不直接指责约伯为恶人，没有像琐法那样直截了当说约伯罪有应得（十一 6）。他对约伯还是往好处想，盼望约伯醒悟过来，不再为自己辩白，真实悔改，仍有快乐的明日（参八 6～7、21），他自以为在帮助约伯，让他看见恶人的命运而避免重蹈覆辙。约伯在地上完全正直，却接近恶人的危险，正在遭受恶人应得的报应。比勒达认为，若不立即提出警语，怎么能心安理得呢？他必须大声疾呼。

附录：结构分析

比勒达第二次言词，仍继续论恶人的命运，他认为约伯的言语太恶毒，不但恼怒朋友，甚至将朋友当畜牲，实在显露出约伯罪恶的本相。自五节起，他看恶人的灯光熄灭，陷在黑暗之中。在结语，他描述恶人之住处与地步必不堪设想（21 节）。在这次言词中，没有像第一次那样劝勉的话，以及指向光明之道，复兴的前景。

此次，"地方"（4、21 节）可谓主题，恶人的住处帐棚由安全至黑暗危险之地（6、14 节），必遭焚烧（15 节），不再有人存留，无子无孙（19

节),没有光明(18 节)。归纳起来,有四项描写:

  7～11 节　　恶人的道路有网罗缠住
  12～14 节　　从安全的帐棚引往死亡
  15～16 节　　帐棚的住处必引火焚烧
  17～20 节　　恶人必从强人之地剪除

以利法论恶人的惧怕,但比勒达以网罗来说明惧怕的实况。这与死亡相连,因为死亡是惊吓的王。恶人在人生的道途上绊脚,因被网罗缠住,不得向前。生命的旅程似只引往死亡,大受惊吓(8、11 节)。

死亡好似饥饿者,是死亡的长子来吞吃他。惊吓的王不住地威胁,最后他自投网罗,走向死亡(12～14 节)。

在"道路"与"住处"二者的表象之下,描述了恶者的出路与结局。有火毁灭。这火来自阴间,如硫磺撒在住处,一旦焚烧,就无可收拾(15～16 节)。他们怎样在地上被除灭(17～20 节),什么都不能存留,他的名字(17 节),他的后裔(19 节),他的记念(17 节),全都消失了,可参考四章七至十一节,八章十三节。

有许多对比的用词,如光明与黑暗,说明生命与死亡,因为生命是光,黑暗表征着死亡。如擒获与绊倒,神是猎人,而恶者是掳物,无法逃脱,绊倒,陷入被缠羁绊,甚至被追赶。又如惊吓与安全:从所倚靠的帐棚被拔出来,带到惊吓的王那里。"惊吓"一词在约伯的悲叹中经常提说(七 14,九 34,十三 11、21 等)。

讥刺的言语甚多,尤其反映在绪言中约伯的遭遇:住处被毁,有火焚烧,肢体被病患吞吃。儿女丧亡,使他无子无孙,家破人亡。可见比勒达确以约伯遭灾的实况,作为资料描述恶人的结局。

(IV) 约伯第五言词(十九 1～29)

这是约伯与友人辩论中第五次言词,内容极为丰富,除再说责难的话,对神埋怨(6～12 节),与十六章九至十四节相同,竟然以神为敌。他曾看神为勇士,迫他走投无路。现在他仍以神为勇士,好似侵略者围城迫降。约伯个人又孤苦,又无助。神把所有的路口都挡住,将围墙都拆倒,使他被困住,因在里面,不得自由,以围城为例,用词方面与耶利米哀歌三章五至九节相似,因为在该处经文,叙述耶路撒冷城被围困的惨状。约伯的道路不通,路径黑暗,无法脱逃。

第二段是他在社会生活的隔绝,他被离弃,被轻忽,被拒绝(13～20节)。这些原为他知己朋友的,都与他断绝来往。对仆人不能呼唤,只能恳求(16节)。连小孩子也不尊敬他,只憎嫌他(18节)。他被家人看作外人。生活完全被隔绝,没有人再关心同情他,友人只与他作对(参六14),他只有求天上的中保(十六19～20)。

"救赎主"的经文是在第三段,尤其是在中心(23～27节),有前后两段经文的衬托(21～22、28～29节)。前后都有请求(21、29节)。廿一节的请求语气很明显:"可怜我,可怜我!"但廿九节译词不那么明显,其实仍是呼求:"当惧怕刀剑。"

在这段重要的经文中,有若干的用词一直重复着,"可怜我"(21节),"逼迫我"(22、28节),"我自己要见他,亲眼要看他"(26、27节),刀剑(29节),"肉体"(22、26节),"末了"、"以后"(25、26节),"知道"(25、29节)。

"神的手"攻击他(21节),又有"刀剑"攻击(29节),论盼望(23～24节、26～27节)。

"我知道……"是约伯从确信中宣告:(一)在法律程序中,他有见证人为他辩护,(二)救赎者为他起来,辩明他的无辜,(三)他果敢地面对审判之神。

(i) 再说责难的话(十九1～6)

约伯在道出他重要的信念前,仍与友人辩论,说明他的立场与感受。他先对他们的说话,有直接的责难。

十九1～2 约伯回答说,你们搅扰我的心,用言语压碎我,要到几时呢?

约伯针对比勒达烦躁的话:"要到几时呢?"在八章二节及十八章二节。如果比勒达没有忍耐,约伯也表明,对他及友人也都没有忍耐。约伯不但对他说,而是对他们说:"你们搅扰我的心。"

这必定是约伯极端痛苦的表露,他遭受他们的指责,使他内心的挣

扎更加激烈。他认为他们不断地羞辱他(3 节),但是他仍不失去自信
(4 节),他们的指责并不使他感受威胁(5 节),他们的用意是威胁(28～
29 节),所以他必须经受。友人对他无疑是搅扰与压碎。"搅扰"一词
是使他受苦,是别人对他客观的行动,而他受苦是主观的经验,如在耶
利米书二十章十八节同一用词,译为"愁苦"。

"压碎"不只是一种心理的压力而感到痛楚,而是仇敌陷害的力量
(诗九十四 5,一四三 3)。他受仇敌的攻击,以极恶毒的话使他在重压
下而受伤。但约伯并不感到无力,反而更有力量来反抗和抵御,他决不
轻易放弃。

这两个字可解为蓄意的行为,他们是存心加害于他(文法中作为
Modal imperfect),[22]又有加重语气的方式(Nun energeticus),可见作
者在此用字之重。[23]

约伯在与朋友辩论中第一次的说话,曾特别提说,神把他压碎,这
是他的愿望,为求解脱(六 9)。如果压碎而剪除,也算一了百了。但此
处是朋友压碎他,他就感到莫名的愤慨。

"言语"不只是话,而是辩词,因为他们存心定他的罪。他们强调
的只是报应的公义,对他的辩白完全置之不理,认为他强词争理,一
派胡言,这就引起约伯极大的不满,他必须表明他对他们敌意的
反抗。

十九 3　你们这十次羞辱我,你们苦待我也不以为耻。

在上节"要到几时",在本节"十次"。"十"是手指的数目,是指人力
的可能,[24]是时常的,指全数(民十四 22;创卅一 7;利廿六 26)。

"羞辱"也可作"轻视",但羞辱比轻视的涵义还重,往往指敌人因失
败而遭受到轻慢,在诗篇卅五篇四节"蒙羞受辱",四十篇十四节"抱愧
蒙羞",都将这用词的意义说明出来。

朋友们苦待他,就是难为他,使他难堪,"压制"是七十士译词,叙利

[22] David J. A. Clines, *Job 1 - 20*,428; E. Kautesch, *Genesius' Hebrew Grammar*, Sec, 107 m, 316 - 317.

[23] Robert Gordis, *The Book of Job*: *Commentary*, 200.

[24] F. Delitzsch, *Biblical Commentary on the Book of Job*, tr. F. Bolten(1866).

亚译词为"使我忧苦"。㉟ 其他不同的译词,出于经学家的解释:"轻
蔑"、㊱"使我惊奇"、㊲"合力反对"、㊳"找我麻烦"、㊴"对我生疏"。㉟

他们这样对待他,不以为耻,并不认为是缺少公平的态度,没有发
现他们自己的罪愆,觉得对不起约伯,此处的"耻",在旧约中用得广泛,
与上半节的"羞辱"含义相同,但此处用意不同,"羞辱"是客观的,针对
约伯的,"耻"是主观的,对自身的感受。

约伯并非叫他们自感羞耻,却盼望他们不再严责自己,不要强加争
辩,不再对自己有什么责难的事。他们能设身处地,同情约伯,就肯听
约伯的自诉,也许可以相信约伯无辜。

十九4 果真我有错,这错乃是在我。

这句话是一种假定的语气,并非是约伯认罪的自白。约伯从来不
肯承认自己有罪,至少也不承认现在的罪,也许指过去的罪,在"幼年的
罪孽"(十三 26)。他申明自己无辜,在九章廿一节,十章七节以及十六
章十七节。在七章二十节,他是对神说:"我若有罪,于你何妨?"他感到
神对他不公平。但此处是他对朋友说的话,认为朋友对他的苦待,太不
合理,所以提出抗议。约伯对他们并无十分伤害,他即使有任何错失罪
恶,也只在他自己身上,并没有嫁祸于别人。"在我"是有加重语气的
说法。

"在我",实际可译为"停留"在我身上,好像过路的旅客,暂时借宿
(参考十一 14;耶四 14;赛一 21)。如果有这假定,罪由约伯自己担当,
没有祸及他人。

㉟ H. H. Rowley, *Job*, 166.

㊱ N. H. Tur-Sinai, *The Book of Job*, 296,引述以赛亚书三章五节"侮慢"。

㊲ F. Delitzsch, *Biblical Commentary on the Book of Job*, tr. F. Bolton(1866).

㊳ C. Siegfried, *The Book of Job*(1893),引用 A. Merx, *Das Gedicht von Hiob*
(1871).

㊴ C.J. Ball *The Book of Job*(1922),引用 G. Bickell, *Das Buch Job*(1894).

㉟ H. Graetz "Lehrinhalt der 'Weisheit' in den biblischen Büchern," *Monatss-
schrift für Geschichte und Wissenschaft des Judentums*, xxxvi(1887),402 ff.
544 ff.

另一种解释：这错是我自己关心的，对你们无干。⑩ 约伯若真的盼望他们给予同情与安慰，就不将他们当作无关的人。不然他们又何必与他喋喋不休呢？但是约伯似乎认为这是他与神之间的事，不需要朋友来干涉。⑫

此处"错"是指误犯的罪，隐而未现的，却是神吩咐不可行的事，正如利未记四章十三节所说的，也可参考撒母耳记上廿六章廿一节及诗篇一一九篇廿一、一一八节。⑬

十九5　你们果然要向我夸大，以我的羞辱为证指责我。

约伯虽然没有伤害友人，但他们却当他为仇敌来对待，现在他们显然敌对他，向他夸大。"夸大"是一种言过其实的责难，这是诗篇的作者为欺压者的恶行而悲叹的话，如诗篇卅五篇廿六节，卅八篇十六节，四十一篇九节等。那些仇敌妄自尊大，小题大作，故意渲染夸大，又炫耀他们的权力，夸胜。约伯显然当朋友作仇敌，因为看出他们存心攻击他。

"果然"原是以假定的语气，却作肯定的说法。"羞辱"是指受苦的经验，就成为朋友们的证据，以为这已足够凭此定约伯的罪，认为他无法抵赖，可以加以责难了。

"夸大"与"指责"似乎成为同义用词，"夸大"的阿拉伯同义字（Jadala）为"争闹"，与我"争闹"，向我指责，似更成为对偶的联句。⑭

约伯认为他们实在太不明理，他们不尊重人，表明也不尊重神，神必不高举他们的（十七 4）。

十九6　就该知道是神倾覆我，用网罗围绕我。

人的判断不一定正确。但是神的作为却是无可否认的，约伯的苦难是神倾覆他。"倾覆"原意为颠倒，好似在诉讼的事上颠倒是非（参哀三36）。

⑩ Edouard Dhorme, *A Commentary on the Book of Job*, 271.
⑫ Norman G. Habel, *The Book of Job*, 299.
⑬ J. Milgrom, "The Cultic sh-g-g-h and Its Influence in Psalms and Job," *Jewish Quarterly Review* 58(1967–1968),115–125.
⑭ Robert Gordis, *The Book of Job*: *Commentary*, 200.

　　这样说来,神不公平,祂将公义颠倒了。朋友不必取代神来责难约伯,因为约伯已经直接体会神绝对的治权。如果神要为难他,无人可以帮助,谁也无能为力。

　　神好像猎人,布好网罗,为捕捉他,好似捉动物走兽一样。以前神围着他,是为保护他(一 10)。现在围着他,却为加害他,所以他没有出路,无法逃脱。

　　参考本章十二节,军队上来困城,困住他们,使他们无法逃避,正说明神以约伯为敌,故意为难他。

　　约伯这样说,无疑是针对比勒达的说法,因为比勒达极力否认,"神岂能偏离公平?"(八 3)有关被困的隐喻,也在比勒达的言词中,在十八章七节起,但该处是指他自己的计谋成为网罗,自行陷入,没有他人陷害。

　　这些话当然带着无限悲怆的口吻。但这也与十六章的确信相合,"该知道……"约伯不是如朋友所说的那么愚蒙无知。他头脑清楚,理智分明,在他的思想中,信仰也是确定的,苦难固然使他困惑,但他的盼望没有中止,信心仍旧明显。所以在廿五节,"我知道我的救赎主活着……""我知道",我也使你们知道(29 节)。你们一直以神报应的公义为论调,约伯也知道,因为神的审判是报应,朋友的自以为"知道",但约伯必使他们知道有报应,有审判。

(ii) 埋怨神的围攻(十九 7～12)

　　自七节至十二节,有若干表象,描述他受困的实况。他好似在路旁呼救(7 节),在黑夜行路,似乎走不通,四面受阻(8 节),他的尊荣受剥夺(9 节)。如树拔出(10 节),战士单枪匹马,遭敌军围攻(11～12 节)。这些都是神对他的攻击。这里的描写,与耶利米哀歌三章七至九节十分相似。神的刑罚,对他也是这样。

　　十九7　我因委屈呼叫,却不蒙应允;我呼求,却不得公断。
　　本节似解释第六节上的话,为什么说神倾覆他,或神责难他,似乎不容他为自己辩明,这里的呼叫与呼求,并非求告神,而是求人们公道,在法律上给予辩护。约伯一直求神听他辩明,他希望得着神的回应,回答他(十三 22)。约伯盼待神公义的审判(九 19),证明他的无辜。

"委屈"是指不白之冤,但在经文的原意可直译为:"我呼叫:强暴!"但没有神对我呼叫的作回应。这里的口吻也在耶利米书二十章八节以及哈巴谷书一章二节,尤其在耶利米书为直译的语句。神是全能者,怎会像仇敌那样对付他呢? 这是约伯很难明白的,但约伯已经提说过他现在的困境,神确像仇敌那样(十六 9～14)。

十九 8　神用篱笆拦住我的道路,使我不得经过;又使我的路径黑暗。

神阻挡约伯,使他动弹不得,走投无路。篱笆是与筑墙相仿,围住葡萄园(赛五 5),羊圈(民卅二 16;撒上廿四 3)。路边也许有围墙(民廿二 24),不会在通道上,但也有例外,至少在何西阿书二章六节:"筑墙挡住他,使他找不着路。"这可能是在路中间筑墙,使人走不过去。在耶利米哀歌三章九节:"他用凿过的石头挡住我的道。"道路在旧约中指人生活的路径(十三 27;诗一三九 3)。现在一经阻拦,无法通行。约伯自述人的道路隐藏(三 23),实在是十分无奈。

走路不通,再在黑暗之中,无法看清,更增加困难重重,万分艰难。在十八章十八节:"他必从光明中被撵到黑暗里,必被赶出世界。"黑暗可能当作死亡,因为生命常以光来说明,在廿二章廿八节以及箴言四章十八节。

他不是如囚犯那样被囚在黑暗的地方,而是在黑暗之处,看不见光明,所以完全在迷失之中,没有出路。

十九 9　他剥去我的荣光,摘去我头上的冠冕。

约伯好似一个有帝王之尊的人,他的衣饰就表明他尊贵的身份,现在有人将他衣服剥去,除掉他的尊荣的地位。冠冕也表明他的尊贵。

约伯的尊贵荣光,就是他的义,他说:"我以公义为衣服,以公平为外袍和冠冕。"(廿九 14)他受苦难所困,将原有的尊贵完全剥去,只有麻布缝在他身上(十六 15)。他现在所披戴的,只有惭愧(八 22)。

冠冕不是只在有权者的头,也是义人的尊荣声誉。诗篇八篇五节:

"神赐他荣耀尊贵为冠冕。"约伯有这尊荣，是指他的道德。[33]

约伯道德的尊贵，似乎只是外表的，因为人们对他的认识只在外表，所以一看他受苦，就否认他外表的道德。但是究竟道德不是外表的，而是内里的，所以他为此感到无限的忿恨，认为朋友们不认识他。现在似乎不只对人愤慨，对神也有这样的态度，那未免太过分了。

十九 10　他在四围攻击我，我便归于死亡，将我的指望如树拔出来。

四围攻击，好似拆毁房屋一般，每边都毁去了，完全没有保护。他自感以前如因犯一般禁锢在狱中，不能动弹。现在刚刚相反，不再囚禁他，却使他完全失去保护，四面攻击，完全暴露，更不安全。这样活命的希望也失去了，终于在寂静的死亡中，完全灭绝。他的指望好像一棵树，被拔出来，生命便断绝了。

盼望如同树木，因为人以树木为喻，可以复生，如约伯所说："树若被砍下，还可指望发芽生长。人死亡而消灭，他气绝，竟在何处呢？"（十四 10）可见人不如树木，但现在树木已被拔出，盼望也随之消失。

树木被拔出，这一表象可参考卅一章八节及诗篇五十二篇五节。这样盼望就灭绝了。但约伯深信他终被辩正（25 节）。这是约伯所想望的。

十九 11　他的忿怒向我发作，以我为敌人。

神的忿怒是有什么理由呢？祂不是罚恶，因为约伯不是罪人。除非神真以约伯为仇敌，不然怎会这样对他忿怒呢？

提到神的忿怒，在九章五、十三节以及十六章九节都有叙述。神竟以约伯为仇敌，可参考十三章廿四节，十八章三节，十九章十五节，卅三章十节等。在耶利米哀歌二章五节，神对以色列好似仇敌一般。

"敌人"是多数，约伯是许多敌人之中的一个。神怎么有那么多的仇敌？可见神是凶暴的，没有恩慈。祂的公义似乎完全没有怜悯，这使约伯震惊。但照目前的情形，神似无恩待之心，这是使约伯十分痛苦

---

[33] A Caquot, "Traits royaux dans Le Parsonage de Job," *maǵel shâgédh*, *la branche d'amandier*. Hommage à Wilhelm Vischer(1960),32－45.

的，因为神的漠然，促使朋友不断给他压力。

十九 12　他的军旅一齐上来，修筑战路攻击我，在我帐棚的四围安营。

神的攻击是凶猛的，好像强大的军队集体来攻，只为攻陷约伯单独的帐棚，似乎是小题大作，因为约伯不若他自己想象的那么庞大。这里所描述的，是大规模的战事。帐棚成为一座城，军队集结围攻。修筑战路，是指将战壕筑高，成为一座座高地，是有效的战略。可参考撒母耳记下二十章十五节；列王纪下十九章卅二节（赛卅七 33）；耶利米书六章六节；以西结书四章二节，十七章十七节，廿一章廿二节，廿六章八节；但以理书十一章十五节。

帐棚四围是不需修筑战路的，因此有些学者就将"帐棚"删去了。㊴

在动词的时式上，英译本大都在第八、九节为过去式，十节、十一节下及十二节为现在式，十一节上仍为过去式。但希伯来文的完成式与未完成式（Perfect and Imperfect）虽有时间的动态，却不分过去与现在，可见没有十分清楚的区分。

这里有幽默的用意，表象似乎过分夸张。神是大能的勇士，常胜的将军，而约伯只为常人，怎堪承受神的击打呢？大能的神要攻击渺小的人，人是经不起的，约伯又怎可在大能者面前争辩呢？

(iii) 怨恨朋友离弃（十九 13～20）

上段全以隐喻的表象叙述（7～12 节），但本段的用语却是十分实际的直叙，同有很艺术的手法，却从激情至冷静的理性，并不举手，也无武器，又无厉声，毫无凶暴的反应。约伯是否认为这是极端激烈的态度？在神的击打之下，他身体的实况、口气令人憎嫌（17a 节），外形难看（18 节），约伯再没有亲友的来往（19 节），众人都对他憎厌，亲叛友离（13～16 节），他完全陷在孤独之中。

㊴ David J. A. Clines, *Job 1 - 20*, 445，引用 Houtsma Fohrer, Hesse, Moffatt；又可参考 *New English Bible*.

十九 13　他把我的弟兄隔在远处，使我所认识的全然与我生疏。

神使人与约伯隔绝，使他失去素常的社会关系。以前他完全正直，在第一章叙述的，是指他在社会中给予人们的印象，所以与他交往，是可引以为荣的。现在的情形却完全相反。

此处的弟兄，未必指同胞手足，而是他家族的人，可参考卅二章二节，提说某人，必说他的家族。所以此处是指亲戚。现在亲戚隔在远处，在哀歌中常常提起，如诗篇卅八篇十一节，八十八篇八及十八节。

"所认识的"，是指相熟的朋友。现在不仅生疏，而且似是陌生人，不交往，更没有友情可言，可参考诗篇六十九篇八节。

七十士译本以"生疏"作"凶残"，当他是仇敌，在语气上十分加强。[30] 这与三十章廿一节"变心，待我残忍"相似。

十九 14　我的亲戚与我断绝，我的密友都忘记我。

"亲戚"原意是接近的人，所以是重复上节的。"亲戚"是族中的弟兄。"密友"是所认识的、相熟的人，都与他断绝，站在远处，可参考诗篇卅八篇十一节，八十八篇八节。在卅一篇十一节，描写邻舍及相熟的人都躲避他，忘记他，好像树枝不再生叶。他的生命在衰败中。

这句太短，有的就与下节联结起来，但其中的涵义并未改变。

十九 15　在我家寄居的和我的使女，都以我为外人，我在他们眼中看为外邦人。

"在我家寄居的"，可能指外地来的工人，或长工或短工，都是暂时寄居的，有的把这些人当作是约伯招待的食客。

"使女"通常是女奴，是地位最低下的。但她们竟然轻视他，当他是外人，不是家庭的一分子，甚至看他是外邦人，是外族的人。可参考申命记十七章十五节；士师记十九章十二节；列王纪上十一章一节。以色列人对外邦人向来有偏见，甚至敌视，约伯也落到这样的地步。

十九 16　我呼唤仆人，虽用口求他，他还是不回答。

这种情形完全反常，因为仆人的眼睛仰望主人的手，使女的眼睛仰望主母的手（诗一二三 2），但是现在一切适得其反。这里只指男仆，单

[30] H. H. Rowley, *Job*, 168.

数可能指他有特殊的身份,为最贴身的侍仆,可参考以下经文的用法:创世记十五章二至三节,廿四章二节,卅九章十九节。约伯有求于他,"用口"表明十分郑重而且急切。照说主人对仆人只需命令,但他现在不得已来求他的仆人,低声下气,期望仆人可帮助他,但是显然没有功效。

约伯不是一个傲慢专横的人,他看仆人与他平等,"造我在腹中的,不也是造他吗? 将他与我抟在腹中的,岂不是一位吗?"(卅一 15)他对仆人一视同仁,甚至保障仆婢们的权益(卅一 13)。所以他即使向仆人求,也不觉降低身份。但是尊重是相互的,他尊重仆人,仆人却不尊重他,这就使他十分伤心。

约伯先受朋友的气,他还可忍受,但现在家人对他的态度,使他失望寒心。

十九 17　我口的气味,我妻子厌恶;我的恳求,我同胞也憎嫌。

约伯因疾病而有臭的口气,使妻子厌恶,这似乎只是读者直接的解释。其实"口气"是生命的气息,或可指"生存"。我的生存,只使妻子厌烦,妻子早已厌烦,在二章九节,对他说:"你仍然持守你的纯正吗? 你弃掉神,死了吧!"现在约伯苟延残生,必使他妻子更加痛苦。

"同胞"原意为母腹的众子,所以"同胞"是忠实的译词。有的以为指约伯的儿女,因为"我腹的众子"是指自己的儿女。但他们已经死了,除非猜测约伯还有妾,由妾所生的仍存活,经文中似无所依据。^㊳

十九 18　连小孩子也藐视我。我若起来,他们都嘲笑我。

"小孩子"是否只指街童,还是约伯家中的孩童? 连小孩子都藐视,表明他已无人同情,无人尊重,他完全失去社会与家庭的地位。

"我若起来","起来"表明要发言,或有什么重要的宣告与申明,以前他是社会贤达,当然受人重视,言出九鼎,掷地有声,大家都愿听从。现在起来说话,大众都嗤之以鼻,连小孩子都嘲笑,看他是乞丐一样,或被众人所唾弃的罪人,因为他是受苦者,必是被神刑罚的人。

"嘲笑"也可译为"反对",说话攻击。其实小孩子知道什么呢? 还不是听父母或成人所说的,现在约伯已成为众矢之的,完全被人离弃。

㊳ Habel, *The Book of Job*, 302; Rowley, *Job*, 169.

十九 19　我的密友都憎恶我，我平日所爱的人向我翻脸。

这是本段的结语，尤其是有关他的社会关系。"密友"可能指社会有名望的人，原来他坐在议会的桌边，为社会公益的事商议。现在他已失去这样的地位，以前亲密的，常与他在一起的，已经耻于与他交往。

"所爱的人"是亲友，就是在十三、十四节所说的，也不屑与他来往。翻脸不认他，也都背弃他，转背离开他。

再看密友，不仅指亲密的朋友，也指为他守密的友人，十五章八节有神的密旨，可见有些友人真可谓心腹之交，有许多不可为外人道出的。但是现在这些密友都离他而去，因为他们看见他，感到恐怖，是否约伯因病以致外貌变丑？参考三十章十节，原意也相仿，译为厌恶。

十九 20　我的皮肉紧贴骨头，我只剩牙皮逃脱了。

约伯一直在哀叹他受人厌弃的痛苦，突然转向他疾病的疼痛，健康已经消失。这样的转变是少有的。此处他说"逃脱"，是指什么？

"皮肉紧贴骨头"，可比较诗篇一〇二篇五节，语句几乎相同。但是"牙皮"是有何用意呢？牙齿是在皮肉之外，此处是否有格言的出处，也值得研究。

"紧贴"是一个常用的字，指依靠与紧密的联合，常指夫妇的关系，如在创世记二章廿四节。也指身体器官的关系如皮肉紧贴骨头。骨头健壮，当无问题，如果衰弱，由皮肉来托住骨头，必支持不住。当骨头朽烂，情形就会十分严重，如在箴言十二章四节，十四章三十节；哈巴谷书三章十六节。在诗篇卅一篇十节，骨头枯干，生命就消耗了，卅二篇三节也提到骨头枯干。可见骨头若无力，全身皮肉必衰弱。枯骨是失去生命的表象（结卅七 11）。

皮在牙上是不正常的，是指牙肉腐烂，不然牙上无皮，可见这只是一种描绘。七十士译本作"以牙咬到骨头"。可能这只是指咬牙切齿，想硬顶一切苦难，勉强忍受，在死亡的边缘挣扎，力求逃脱。他的皮肉只剩下留在牙齿上。他虽逃脱，已经是体无完肤了。㊳

㊳ Clines，*Job 1 - 20*，452；Dhorme，*A Commentary on the Book of Job*，279.

　　还有其他的译词,如:"我的牙齿已从牙肉掉落了",[340]"我以牙齿咬住皮肤"。[341] 但是此处主要的意思是指他一无所剩,一切,包括身上的皮肉,都已消失殆尽。这样即使免于一死,生命到底还有什么意义与价值。

　　这样,约伯看他虽然仍有生命,却与死亡的差别很少。他好像行尸走肉,连肉都不剩了。他在这样死亡的边缘上,还能希冀什么呢? 他深感神也不与他同在,似乎再向朋友发出哀求。

(iv) 盼望有救赎主(十九 21～29)

　　十九 21　我朋友啊,可怜我,可怜我! 因为神的手攻击我。

　　约伯从来没有向朋友求助,他责备他们"诡诈"(六 15),"卖友"(六27)。他讥笑他们"愚昧"(十二 2～3,十三 2),"无用"(十三 4)。他责备他们"虚谎"(十三 7),"欺哄"(十三 7～9),"使人愁烦"(十六 2),"压碎人"(十九 2)。他看朋友一无是处,很不可靠。现在却向他们恳求,确是十分意外的事。但如看下文,在廿八、廿九节,他对他们说话,显然十分激动,带着怒气。可见他情绪的起伏不定。

　　分析起来,可以看出约伯当时的惨状,神无情地攻击他,众人也都离弃他,他真的走投无路。这三个朋友虽然语多责备,至少还在他身边,可见没有完全离弃他。他只希望他们有点仁慈的心,不要再对他那么残忍,在十三节,他感到神将亲友隔在远处,与他生疏,但那些人到底不算对他完全是敌意的。

　　有的解经家却认为此处约伯的求助是讽刺的语气。约伯说:"神的手攻击我",这完全是朋友的看法,认为神刑罚约伯的罪,所以不值得怜恤。他们既然有这样的态度,约伯无意再求他们的同情,也许只是一种悲叹。"可怜"原意是"施恩"(参考创卅三 5;撒下十二 22;诗一○二13,一一九 29 等),这是神的作为,朋友还没有这么大的能力。又可能

[340]　Marvin H. Popes, *Job*, 143.
[341]　G. R. Driver, "Problems in the Hebrew Text of Job," *Supplement to Vetus Testamentum* 3(1960),72‑93.

约伯只希望他们不要多说,他们的话只对他有极大的刺激,甚至刺伤他的心,如果他们能保持缄默,反而使他不那么痛苦。[342]

"可怜我! 可怜我!"以重复的语句是表明十分激烈的情绪,可参考诗篇一二三篇三节。但那里是向神呼求的。在九章十四节,约伯似乎放弃向神的恳求,他是否不再希望有神的公义? 在神大能的手下,他还能有什么要求呢? 看来他的朋友对他稍有恩慈,已经使他感激不尽了。他们至少不要再在言语上刺伤他,他已经愿意继续受苦下去了。神的手攻击他,看一章十一、十九节,二章五节,四章五节,五章十九节。神的手是可怕的,有毁灭的力量,参考六章九节,十章七节以及十三章廿一节。神的手攻击,也常说明疾病的原因,如在诗篇卅二篇四节,卅九篇十节;撒母耳记上五章六节,六章三、五节。

十九 22　你们为什么仿佛神逼迫我,吃我的肉还以为不足呢?

神只施行刑罚与管教,但祂决不逼迫人。人若逼迫义者,就成为恶人了,诗篇中有许多这样的叙述,义人遭恶者逼迫(七 1、5,卅一15,卅五 3,六十九 26,七十一 11,一〇九 16,一一九 84、86、157、161,一四二 6,一四三 3;又耶十五 15,十七 18,二十 11)。神不是逼迫者,却刑罚人,好似追赶枯干的碎秸(十三 25)。这是神只对恶人的,"用狂风追赶他们,用暴雨恐吓他们"(诗八十三 15)。"耶和华的使者追赶他们,使他们的道路又暗又滑"(诗卅五 6)。"逼迫"是朋友的,在廿八节再出现。

吃肉是指野兽凶猛的吞吃,也指口舌的侮慢。[343] 就是朋友们不断以言语严责他,是他的罪,使他被攻击得体无完肤,无法再经受下去。这在亚甲文、亚兰文及阿拉伯文中都有类似的描述,旧约中也有几处是这样的用意,如诗篇廿七篇二节。但以理书三章八节及六章廿四节,就译作"控告",将表征的言语意译出来。[344]

"吃肉"有的解为"欺凌",尤其是对无助的人,取材于古时对战俘的

——————————

[342] Habel, *The Book of Job*, 302–303.

[343] Gordis, *The Book of Job*, *Commentary*, 196; Pope, *Job*, 143; *Revised Standard Version*.

[344] Clines, *Job 1–20*, 454.

强暴。㉞这样的解释也有可能是合理的。

朋友以言语侮辱、责备，甚至控告，即是这样的含义。撒但就是控告者，所以在以下的经文，约伯知道必有救赎主，即辩护者为他辩护，证明他无罪，使控方完全失败，无法得逞。

十九23　惟愿我的言语现在写上，都记录在书上。

自廿三至廿七节，约伯的希望是将他无辜的辩正写上，永留记念，甚至死后仍旧存留，作为凭证，因为他几乎不敢希望在生前还可还他清白。

他的见证是为谁写的呢？当然不是为后世的人，虽然他盼望后世认他为无辜。他不希冀任何人为他辩护，只有待天上的见证（十六19）。如果神能宣布他无罪，即使是在最后，他也没有遗憾了。

在廿三、廿四节，他并未表明无望，也不是一定盼望将来得以辩正。可能他仍想在生前面对面地见到神，得以向神直接辩明。这一点学者有不同的见解，在第廿五节的经义上，解释甚有出入。

此处是约伯的愿望，在六章八、九节，他曾表达："得着所求的，愿神赐我所切望的。"他不是求生，而是求死："愿神把我压碎，伸手将我剪除。"在十四章十三节，他只愿神将他藏在隐密处，在阴间，但是他的愿望不是消极的，"惟愿我能知道在哪里可以寻见神……"（廿三3），"惟愿有一位肯听我"（卅一35）。

他一直为自身辩明，但屡次重复，并不奏效，他总得保持一个永久的记录，所以应该写上。他写的内容是什么呢？大概不是以下的话（25～27节），也许类似他想与神理论的话（十三3、6、13、17～18）。他要查问，他到底有多少罪恶？（参考十三23）

"记录在书上"，书是书卷，或是皮革，或为芦草纸，可能是刻字在其上，下节再有解释。

十九24　用铁笔镌刻，用铅灌在磐石上，直存到永远。

"铁笔"几乎是刀，因为是为刻字所用的。"笔"原指芦草制成的，或

㉞ N. H. Tur-Sinai, *The Book of Job*, 302, 论性虐待；再由 Pope, *Job*, 143, 解释为对待战俘的施暴。

用墨水的刷子(诗四十五 2;耶八 8)。这既是在磐石上写,就是凿刻的笔,以示郑重与持久。耶利米书十七章一节,叙述犹大的罪用铁笔记录,铭刻在心版和坛角上,无法泯灭。

"铅灌在磐石上",使其无法磨灭,可以存留到永远。在原意上铁与铅在同一句上,表明那刀是两种金属融在一起,可以成为十分坚硬,又因有铅,容易书写。^⑭ 这是古时的方法。^⑰ 有一说是铁笔在铅版上写,那铅是指铅版,据说铅版的内容,大多为咒诅的话。^⑱

铅不是灌在磐石上,而是灌在所刻的字上,使这些字不会走样变形,大多用红色的铅,这在公元前第五世纪腓尼基雕刻的碑石可以看出。^⑭ 有的不是灌铅,却将字漆成红色。^⑩

中译词"灌铅",并非在原文上述明,但自早期犹太拉比的解经家起,就有类似的意译。^⑪ 直至现代英文新译本(New English Bible),也是这样译词。

磐石大概是在高处,古时这样书写的方法,大多是为公布,尤其是君王的宣告,在阳光照耀之下极为明显,为有效地传播大众,可能约伯有这样的印象,因为波斯王的碑文,在路旁高处二百英尺,成为显而易见的文献。^⑫ 约伯是否也想如古代君王的碑文一样,公诸于世?^⑬

"直存到永远",在另一种希腊文译本(Theodotion)作"见证",这

⑭ Clines, *Job 1 - 20*, 456.

⑰ G. R. Driver, *Semitic Writing*, new edition(1976), 84 n. 11, 241.

⑱ A. Deissmann, *Light from the Ancient East*, tr. L. R. m. strachan(1901), 304 - 305.

⑭ C. R. Condor, "Notes on Biblical Antiquities," *Palestine Exploration Fund*, *Quarterly Statement*(1905), 155 - 158; H. Donner and W. Röllig, *Kamaanäische und aramäische Inschriften*(1962 - 1964), No. 15.

⑩ M. Lidzbarski, *Ephemeris für semitische Epigraphik*(1908), 49.

⑪ Gordis, *The Book of Job*: Commentary, 204, 引用 Rashi 的资料。

⑫ J. J. Stamm, "Zu Hiob 19, 24," *Zeitschrift für die alttestamentliche Wissenschaft* 65(1953), 302; K. Galling, "Die Grabinschrift Hiobs," *Die Welt des Orients* 2(1954 - 1959), 3 - 6.

⑬ Galling, *loc. cit.*

见证可以存留,如以赛亚书三十章八节:"传留后世,直到永永远远。"㉞

十九 25　我知道我的救赎主活着,末了必站立在地上。

这可能是约伯记中最著名的经节,为历代信徒所念诵,但经学家有很多很深的研究,可资参考。先就字面分析,来看其中的经义。

"我"是在节首,为加重的语气,我,只有我,以我本身所体验的。"我知道",表明真正相信,有极坚定的语气,"我真知道"(九 2,28,十 13,十三 18)。"知道"是真知道(虽在中译词,在九 2 有"真"字),是他十分确实知道的。"知道"表明相信,表明他的信念。"知道"也指愿望,是他内心所想望的。这是他的认知,他的体验。但是他的认知与体验会否错误呢? 这是他需要审断的。

约伯所知道的,以为神是他的仇敌(六 4,十 8～14,十三 24,十六 7～14,十九 7～12)。他必不会再看见福乐(七 7),很快就要死亡(七 21,十 20,十六 22),他虽无辜,却受着苦(六 10、29,九 15,九 17、20、21,十二 4,十三 18),他不能从神那里得着公道(九 2～3,九 20、28～33,十三 15,十九 7),但是他对自己仍有信任(十三 16,十六 19～21)。他仍希望立即死去(六 8～9),因为他已无法得着辩明(十三 3、22),甚至在有生之日不能得着清白。现在他想站在天庭,有见证人为他辩护(十六 19～21,十七 3)。盼望神肯回答,正如十六章廿一节,得与神辩白,如同人与朋友辩白一样。

在本节开端有连接词,可译作"然而"。那么这就与廿三、廿四节是对比的。在上两节,他希望在地上保持永远的记录,见证他的无辜。看来这不可能,其实也并不要紧,毕竟在天上有他的见证。"我知道",或"我深信",㉟是法律的用语,表明自己辩方的立场。十三章十八节,"我已陈明我的案,知道自己有义。"但是九章廿八节,他又明知神必不以他为无辜。神已蓄意要定他有罪(十 13),他说:"我知道要使我临到死地,到那为众生所定的阴宅。"(三十 23)约伯最后说:"我知道你万事都能作。"(四十二 2)可见约伯一直在思想与信念中矛盾。

㉞ Pope, *Job*, 145.
㉟ Habel, *The Book of Job*, 304.

"救赎主"(go'el),原意是"至近的亲属",或指兄弟、伯叔或堂兄弟以及其他的族人。他们有责任将家产买赎回来,保持原来的名目,可参考利未记廿五章廿五至卅四节以及耶利米书廿二章六至十五节。赎产的性质有三端:从奴役中赎出(利廿五 47~54),迎娶寡嫂为死者留后(得三 12,四 1~6),为被谋害的亲属报血仇(民卅五 12,19~27;申十九 6,11~12;书二十 2~5、9;又可参考撒上十四 11)。但这亲属并不在法庭中辩护,虽然他仍应为亲属维护,以耶和华为辩屈者,在箴言廿三章十一节;耶利米书五十章卅四节;耶利米哀歌三章五十八节;诗篇一一九篇一五四节。

"救赎主"大多译为"辩护者",因这与九章卅三节"听讼的人",以及十六章十九节"见证"、"中保"相似,都是约伯切望为他申明无辜。这是指神,不会如苏美里亚的神明,[⑰]当指耶和华真神。在本书中约伯的言词,多处说神是仇敌,不是维护者,但这些只是他的怨言。在他的信念中,神始终是救赎主,为他辩屈,维护他。因此有的经学家加上"至高者"或"终极者"('aharon:The Ultimate)。[⑱] 实际上不是外加的,只是将下半节"末了"插在上半节。耶和华神说:"我是首先的,我是末后的,除我以外再没有真神。"(赛四十四 6)犹太学者将这"末后的"与"救赎主"并列,为"担保人"。[⑲]

在本书卅三章廿三节,以利户提及一千天使中有一个传话的,就使人联想为天上的圣会。在近东的诸宗教中,有的神明是护卫人的,但是在旧约圣经中,仍为一神论,天使、圣者都不是神明,所以这样的猜测并不能成立,经学家有的臆想也就不攻自破了。[⑳]

---

⑰ Popes, *Job*, 146.

⑱ M. Dahood, "Hebrew-Ugaritic Lexicography ix," *Biblica* 52(1971), 337 - 356.

⑲ Pope, *Job*, 146,引用 Mishnaic and Talmudic term 'ahara'y.

⑳ A. R. Johnson, "The Primary Meaning of Go'eb," *Supplement to Vetus Testamentum* (1)(1953), 67 - 77; N. H. Snaith, "The Hebrew Root G'L (I)," *Annual of the Leeds University Oriental Society* 3(1961 - 1962), 60 - 67; E. Beaucamp," Le goël de Jb 19, 25," *Laval théologique et philosophique* 33(1977), 309 - 310.

"救赎主活着","活着"是形容词,他是活的,未必一定指生命,因为生物之外,也同样是活的,水是活水(创廿六 19;利十四 5、6、51、52,十五 13;民十九 17;歌四 15;耶二 13,十七 13;撒十四 8)。生的肉也用同一词"活"(撒上二 15)。神复兴祂的作为,这作为也可是活的(哈三 2)。"火烧的石头"也可以是活的(尼四 2),又有城及谷类(代上十一 8;何十四 7)。但是此处"活着"却是有特殊的意义,因为约伯认为自己是必死的,惟有救赎主永远活着,才可为他辩屈。这位不仅在那里帮助他,而且是长远活着,必给予救助。

"活着"也常指耶和华,甚至是在誓言中,"指着永生的神起誓"。直译:"只要是神活着"(廿七 2)。所以"救赎主活着",是表明一个信念,是信心的确据。

在历代的教会中,都确认这位救赎主是指基督,因为祂是中保,祂是救主,为救赎世人,成为信徒坚强的信念,基督是永生的主。

"站立",是以见证人的身份,起来作证。甚至在英文新译本作:"他必最后起来在法庭中发言"。⑩ "站立作证",在本书十六章八节,卅一章十四节以及申命记十九章十六节。这字稍一改动(由 yaqûm 改为 yiqqôm),就作"报仇",神为约伯伸冤。㉛

"站立在地上","地上"原意是与灰尘相同。这是指约伯死后,埋在土中,躺在尘埃里,还是约伯死后已成为尘埃?可参考七章廿一节,十七章十六节,又二十 11,廿一 26 等。㉜ 所以通常以"地上"指坟墓,既在尘土,实际在阴间内。

"末了"可指救赎主的名字,他是末后的,终极的。"末了"也可指时间,是在生命的终点,未死之前最后的时刻,"末了"可能指以后、将来,已经在约伯死了之后。在解释方面弹性很大,都有可能。

⑩ G. R. Driver, "Problems of the Hebrew Text and Language: I. Scenes in Court," *Alttestamentliche Studien: Friedrich Nötseher ... gewidmet*, ed. H. Junker and J. Botterweck(1950),46 - 61.

㉛ Dahood, *op cit*, 346.

㉜ N. J. Tromp, *Primitive Concepts of Death and the Nether World in the Old Testament*(1969),32 - 34,85 - 91.

十九 26　我这皮肉灭绝之后,我必在肉体之外得见神。

约伯一直为他疾病所苦,尤其皮肤损坏,已经全都溃烂,不能再活下去,"灭绝"一词只在以赛亚书十章卅四节,"砍、伐",名词也在以赛亚书,十七章六节及廿四章十三节,"打橄榄树,橄榄就跌落,树就光秃。"皮肉指整个的身体,一经灭绝,必然丧命。

肉体之外,似指生后,人已脱离肉体的躯壳。但是这一前置词译为"之外",也可以译为"从",从肉体得见神,仍有肉体,表明还未死亡。[563]肉体也代表人的本身,约伯希望自己能直接看见神。

所以此处有两种解释,有认为约伯是盼望在未死亡以前,有生之日,得以在神面前辩明,另有认为约伯将希望寄托在将来,死后仍有机会见神,如果他死后才得着清白,他与儿女们都已不在世,财产也尽都毁坏,即使平反,还有什么用呢? 所以约伯必不想将来在天上得以辩明。[564]

如果译为"从我肉体得见神",这是指他还活着的时候,他还有见神的机会。"得见神"有若干不同之译词:"我想见神",[565]"我会见神",[566]"容我见神"。[567] 这必是约伯的愿望。

十九 27　我自己要见他,亲眼要看他,并不像外人。我的心肠在我里面消灭了。

"我自己"仍是以强调的语气,我,不是别人。我的眼要亲自看见他。他不是外人,是救赎主自己,可说是非常个人化的。这是直接而且亲切的经验,"我自己","亲眼"都说明了。

本节上表达了廿五节的信念,廿六节的愿望。此节将愿望与信念连在一起,成为更有力的声明。

---

[563]　Gordis, *The Book of Job Commentary*(1980).

[564]　J. K. Zink, "Impatient Job: An Interpretation of Job 19:25 - 27," *Journal of Biblical Literature* 84(1965), 147 - 152.

[565]　N. H. Tur-Sinai, *The Book of Job*, 306.

[566]　Habel, *The Book of Job*, 308.

[567]　E. Kautzsch, (ed.) *Gesenius' Hebrew Grammar*, tr. A. E. Cowley, Sec. 48b - e. 如果是表明愿望,文法中称为 Modal Imperfect, sec. 10 m - n.

本节下是表达他激动的情绪。"心肠"原意为"肝脏",是最敏感的器官(参十六 13),是情感所在,是内里的感受,可参考诗篇七十三篇廿一节;箴言廿三章十六节。"在里面"原为胸怀,如果肝脏在胸怀,是十分难解的。"在我里面"是唯一易解的译词。这是说他内里的激动、热切的愿望,已经完全消耗殆尽,无以复加,可谓最深切的感受。[368]

约伯认为神最后必为他辩护,在本书结尾,果真实现了(四十二10、12)。他想看见神,也真的成为事实(四十二 5)。但是这里还是约伯与友人第二回合的辩论,他仍看不见希望有实现的可能,他仍在极端的无望与无奈中。

这段经文(十九 25～27),大多学者仍是以正面的解释,认为是约伯信心的表现。[369] 曾有认为是指复活的真理。如在通俗拉丁文译本(Jerome's Vulgate),译词为:"我知道我的救赎主活着,末日我必在地上起来,我会再有皮肉在身上,就在我肉身活着看见我的神。这是我亲眼看见的,不是别人。我胸中有这样固定的盼望。"这是保守派的信仰,认为指身体的复活。[370]"我必在肉体之外"或"从我的肉体"可作为被动的分词(Pual Participle):"身体得以苏醒"。[371] 在以色列的观念中,人的灵魂不会离开身体,死后仍是存在的。[372] 但是在他们一般的思想里,仍不能接受永生。他们明知死不是了结,所以就有以赛亚的解说,在以赛亚书廿六章十九节,又有但以理书十二章二节,先知与启示文学的作者有这属灵的卓见,在约伯记也燃起希望的火光。

现代若干经学家认为,约伯的愿望是在死后能见神,不再是肉眼,而是属灵的眼光,因为身体已经朽烂灭绝。但是有一点疑难不易解决,

[368] Robert Gordis, *The Book of God and man : A Study of Job*(1965),207.

[369] J. Speer, "Zur Exegese von Hiob 19, 25 - 27." *Zeitschrift for die alttestamentliche Wissenschaft* 25(1905),49 - 107; H. H. Rowley,"The Book of Job and Its Meaning," *From Moses to Qumran : Studies the Old Testament*(1963), 141 - 183.

[370] E. J. Young, *An Introduction to the Old Testament*(1949),317; G. L. Archer, *A Survey of Old Testament Introduction*(1964),449.

[371] M. Dohood, *Psalms*, II, 196.

[372] Samuel Terrien, *Job, Poet of Existence*(1957),152 - 153.

因为根据希伯来的思想,人死后不再有任何的知识与感觉,怎会看见神呢?⑬

有若干学者仍认为这是指约伯在有生之日的感受,他也必达到愿望,最后得以复兴,他的信心实现就不是偶然的了。⑭ 此处描述的,是指身体虽曾破损,终得病愈复原。⑮

救赎主是神,但也有反对这说法的,理由是约伯所寻求的中保,是他与神之间,不是神自己。此处是法律的程序,不是宗教的礼仪,他要得着的救赎,不是神施行的,而是另一位使他脱离神的刑罚。约伯一直认为神是与他对敌的,并不站在他这边,是敌对者。因此,救赎者不是神,却是天上的一位。⑯ 可能最好的解释是主耶稣,祂是神,却也是中保,是父神与世人中间的中保,作成救赎的工作。祂不是"外人",只是另一位。

十九28 你们若说,我们逼迫他,要何等地重呢? 惹事的根乃在乎他。

在约伯信心的宣告之后,又继续他十分激动的怒气,向着朋友,似乎不甚自然,但是约伯在辩论中,却缺少忍耐,不像在第一、二章那样的敬虔与恒忍。他认为朋友好似在帮助他,向他劝说,实则在责骂他,与逼迫无异。在廿一、廿二节提到逼迫,他们要像神那样攻击他,这是他不能忍受的。

提到逼迫,朋友们没有用暴力对待他,但是他们用恶言刺激他,辱

⑬ G. Hölscher, "Hiob 19,25‐27 und Jubil 23, 30‐31," *Zeitschrift für die alttestamentliche Wissenschaft* 53 (1935), 277‐283, G. J. Streeder, "G. Hölschers Exeqese von Job 19,25‐27," *Norsk Teologisk Tidsskrift* 22(1939), 98‐104.

⑭ C. J. Lindblom, "Ich weiss, dass mein Erlöser lebt' Zum Verstandnis, der Stelle Hi. 19,25‐27," *Studia Theologica* (1940),65‐77.

⑮ T. J. Meek, "Job xix 25‐27," *Vetus Testamentum* 6(1956),100‐103.

⑯ Hobel, *The Book of Job*, 303‐309; S. Mowinckel, "Hiobs go'el und Zeuge im Himmel," *Beiheft zum Zeitschrift für die alttestamentliche Wissenschaft*, 41 (1925),207‐212; S. G. Kraeling, *The Book of the Ways of God* (1938),89; W. A. Irwin, "Job's Redeemer," *Journal of Biblical Literature* 81(1962),217‐229.

骂他,比身体受创还要难受。他们口口声声定约伯有罪,认为他遭受的苦难是自作自受,或说是自己惹来的麻烦,灾祸的根源在他自己,还有什么可责怪别人的呢?

可见廿八、廿九节是继续二十、廿一节的话,而且也可回顾二至六节约伯激烈的反应。

十九 29　你们就当惧怕刀剑,因为忿怒惹动刀剑的刑罚,使你们知道有报应。

"刀剑"是指刑罚,是他们应该惧怕的,现在受罚的不是他约伯,而是他的朋友们,因为他们对约伯发怒严责,逼迫他,还以为有理。其实以利法知道,忿怒是犯罪的事,他曾说:"忿怒害死愚妄人"(五 2)。可见朋友们才真是愚妄人,他们对约伯这样逼害,将忿怒当作义怒,只有惹动刀剑的刑罚。他们以为惹事的根在乎约伯,其实是在乎他们,他们却不惊觉醒悟。他们才真的惹起神的忿怒(四十二 7)。

现在是约伯提醒他们有报应的事。报应是朋友所提的,但约伯以同样的话来刺激他们。约伯始终相信在宇宙中有道德律,可参考九章廿三、廿四节。约伯仍深信神决不会是不公义的,最终道德的报应必会实现,神的公义也必伸张。审判是不可免的,因为公义的神断不以有罪为无罪。如果约伯是无辜,定无辜人的罪,他们就有罪,无法逃避神的审判。

"报应"一词可作"审判",也可作"审判官",稍有改动,可作"全能者","你们知道有全能者!"⑳

附录:结构分析

第十九章,除约伯责难的话,主要内容可分为三大段(十九6～12,13～20,21～29)。第一段与十六章九至十四节相似,埋怨神为无情的敌对者。十六章提到神为战士。现在仍以神为攻击他的,好似敌军围困。军队将一切出路都堵住了,使约伯不能逃脱。"神用篱笆围住

⑳ Gordis, *The Book of Job*: *Commentary*, 207-208.

我……","围住"(8 节),也有"四围"(10、12 节),使他走投无路:"道路","路径","战路"(8、12 节)。这些用字都很重要。文体也十分优美,有交叉的形式:

(A) 围困(十九 6)
　　(B) 呼叫(十九 7)
　　　　(C) 拦阻(十九 8)
　　　　　　(D) 羞辱(十九 9)
　　　　(C₁) 攻击(十九 10)
　　(B₁) 忿怒(十九 11)
(A₁) 围困(十九 12)

第二段(13～20 节),叙述亲叛友离,陷他在孤独的境地。他的社会关系完全在颠倒的地位。他不能吩咐仆人,反倒求他(16 节)。小孩子不尊敬他,反倒嘲笑他(18 节)。他遭密友憎恶,所爱的人翻脸(19 节),他处在完全隔绝的情况之中。他多么需要救助,盼望天上有他的见证人,又是重复十六章十九、二十节的愿望。

第三段就有连续的愿望,他是仰赖这位救赎主,自廿一节至廿九节,他的愿望更加着重,也形成交叉的形式:

(A) 吁求(21 节)
　　(B) 责问(22 节)
　　　　(C) 盼望(23～24 节)
　　　　　　(D) 信念(25～26 节上)
　　　　(C₁) 盼望(26 下～27 节)
　　(B₁) 责问(26 下～27 节)
(A₁) 吁求(26 下～27 节)

重要的经节在廿三至廿七节,前后各有一双节(21～22、28～29)成为十分平衡的对比。廿一节与廿九节各以吁求的语气加上动机的短句以为说明。

"我知道……"表明约伯十分肯定的信念,廿九节再有"知道",表达约伯的想法,与在六节的"知道"遥遥相对,构成极有力的说词。

磐石、铁笔与铅十分坚硬,眼、心肠、皮肉又极柔软。"内心"与"灰心"在以西结书十一章十九节,卅六章廿七节,又可参考耶利米书卅一章卅三节。

（Ⅴ）琐法第二言词（二十 1～29）

琐法第二次的言词，照本书在圣经中的排列方式，应为他最后的说话，是否有他的第三次言词，就成为经学家辩论的课题，却未有最后的结论。

此处说话也是辩论的形式，如比勒达的言词一样（八 8～13），也像琐法第一次言词（十二 7～12）。他是诉诸古代的传统，再论恶人的命运。本章智慧文学的特性，可与箴言与诗篇的智慧论调相仿，又与先知的教训雷同（24～25 节），可能是民间通俗的智慧。

琐法在言词中，主要责备约伯的，在于约伯口头的罪，从约伯言语中，足够证明他的罪恶来，正如以利法的责备（十五 6）。

（ⅰ）再说责备的话（二十 1～3）

二十 1～2　拿玛人琐法回答说，我心中急躁，所以我的思念叫我回答。

约伯的话必激怒琐法，因为约伯说朋友羞辱他（十九 3），在他第一次言词中，讽刺朋友们的智慧（十二 2），可能特别针对琐法，因为约伯在琐法的言词之后。以利法认为神的惩治是管教（五 17），以后以利户认为这是神的警戒（卅三 16）。所以约伯对朋友们的话，有强烈的反应。他们似乎只希望神的审判已临到约伯，是罪有应得的，但约伯认为他们仿佛神逼迫他（十九 22、28～29）。这使琐法忍无可忍，必须苛责。

琐法心中急躁，表明他不安的情绪。这是比勒达所说的"恼怒"（十八 4）。在四章十四节以利法的话"恐惧"也相似（可参诗九十四 19，一三九 23）。他在十分恼烦、急躁及恐惧之中，迫使他不能不说话。

他的"思念"叫他回答。他已听见约伯的辩护，因为约伯质询受苦不按罪的比例何等不公平，似乎指控神的残忍（9～10 章）。这怎是琐法可忍受的呢？在上一次的言词，琐法已经斥责约伯，"多嘴多舌的人岂可称为义呢？"（十一 2）现在看到约伯更以冷静的态度向神辩白，尤其大逆不道。琐法知道约伯蓄意推翻报应的公义，他一看到这样的危险，就忍无可忍了。

二十 3　我已听见那羞辱我、责备我的话，我的悟性叫我回答。

约伯认为朋友始终以他有罪为奇耻大辱（十九 3）。琐法同样认为约伯的话对他是一种羞辱。此处"责备"是智慧文学的用词，是教训的话。约伯一直对友人们表明他有智慧（十二 2～3，十三 1～2），将他们视为假见证，他们怕自身受到审判（十九 29）。

琐法对约伯的论调，以理性来反应："我的悟性叫我回答。"悟性就是理性。约伯似乎已被压碎，但琐法以为他在理性主义的本土中生根，可以振振有词，将智慧教训充分发挥。

(ii) 恶人倾倒在即（二十 4～11）

在第四节至第七节，强调恶人短暂的胜利，[378]恶人迅速的败落，[379]恶人全然的倾倒。[380] 自第八节至十一节，恶人似有好运，但消失在即（6～9、11 节）。论恶人终必灭亡，有若干描述，表象活泼（7～9 节），如焚火的粪（7 节上），即逝的梦（8 节），失踪的人（7 节下，9 节）。他虽高大可顶天立地，终必灭没（6 节），由空间说到时间，从明显至消失，自强壮至衰弱。

二十 4　你岂不知亘古以来，自从人生在地。

这是以修辞的问题起始，不仅为本段之首（4～11 节），亦为整段说话之开场白。琐法一切所说的，是智慧的传统，或传统的智慧，从亘古说起，甚至追溯最早的古老传统。他认为约伯根本不知道，完全无知。

琐法好似以利法（十五 18～19），更像比勒达（八 8～9），只将以往的传统作为权威的来源。约伯曾被讽刺为"头一个被生的人"（十五 7），现在讥剌他完全无知，不知道人生在地从起始就有的人生经验。

---

[378]　H. H. Rowley, *Job*, 177.

[379]　Norman C. Habel, *The Book of Job*, 317.

[380]　G. Fohrer, *Studien zum Buche Hiob*（1963），为 David J. A. Clines, *Job 1 - 20*，483 引用。

琐法也许针对约伯的话，因为约伯说"我知道"(十九 25)，琐法却怀疑他，"你岂不知……"，看来他并不知道。但是约伯以经验来知道，而琐法只有人云亦云的知识。

琐法的言词却有典型的希伯来文学的口吻，不会出于智慧传统。例如在申命记四章卅二节："你且考察在你以前的世代，自神造人在世以来……"在出埃及时神曾在火中说话，甚至再可追溯古时的情景，所以琐法说"亘古以来"，在用语上指过去(如哈三 6)，也有多处专指将来，以这用字(´-d)在本书有四十八次是指将来。[30]

二十 5　恶人夸胜是暂时的，不敬虔人的喜乐不过转眼之间吗？

这是智慧传统的教训，自六节至十一节，他再引用例证来说明，恶人不能长久。此处所谓恶人，是指无神的人，他们的财利随着死亡而消失。

"夸胜"是胜利的呼声，是一种欢呼，可参考三章七节"欢乐的声音"，又诗篇一〇〇篇二节及六十三篇六节。同义字在下半节的"喜乐"，可参考撒母耳记上十八章六节；列王纪上一章四十节。"暂时"与"转眼之间"也是同义字。"暂时"是时间，也有"极近之处"的涵义，可作"极为短暂"，可参考八章十三至十五节。这是比勒达的论调，也是以利法的说法(十五 31～33)，并可参考诗篇卅七篇二、九、十、卅五、卅六节以及七十三篇十八至二十节。

琐法认为恶人的兴盛确是事实，甚至可以欢呼喜乐，但决不会持久。这是驳不倒的理，恶人即使兴盛一时，必有"劬劳痛苦"(十五 20)，为网罗所缠(十八 8～10)，可是恶人根本没有心灵的平安。

可见琐法只有认知，却无希望，只倚赖历代的智慧，并无盼望可言。他不是一个务实的人，也不以时钟来衡量时间，他一味崇尚他的理想，不切实注意社会的现实。

二十 6～7　他的尊荣虽达到天上，头虽顶到云中，他终必灭亡，像自己的粪一样；素来见他的人要说，他在哪里呢？

恶人欺压穷人(19 节)，无非显露他的权力，可以任意妄为。他们

---

[30] Clines, *Job 1-20*, 484.

居然还要干犯上天。他们的骄纵狂妄令人惊骇。看来他们的尊荣好似黎巴嫩的香柏树,高耸及天(诗卅七 35～36),但瞬时必消失了。云与天都是描绘恶人骄妄之高傲,可参考诗篇七十三篇八、九节以及俄巴底亚书四节。

恶人灭亡像粪,大多译为"自己的粪",是排泄出来的废物,描述为全然的毁坏。动物的粪可作焚烧的燃料。[30]

叙利亚的农人常贮藏牛粪,用草切碎,和在一起,作为饼状,堆聚到廿五英尺之高,供冬日的燃料。所以此处是指燃料。

"素来见他的人",可参考七章八节:"观看我的人"。在本节:"他在哪里呢?"可参考十四章十节及以赛亚书卅三章十八节。这是指恶人的消失,过路人不能再寻见,可参考诗篇卅七篇卅五、卅六节。在十四章十节,约伯也以同样的问题,论必朽的人命运无望。此处是指恶人。

二十8 他必飞去如梦,不再寻见;速被赶去,如夜间的异象。

这种例证在圣经中极为普通,论仇敌如梦般虚幻(诗七十三 20;赛廿九 7)。本来人生苦短,如睡一觉,转眼成空好似在梦境。恶人的命运更为短促。

人生那么短促,而恶人抓住时机,欺压穷人,他贪得无厌,但所掠夺的,一样也不能保守,他的福乐不能长久(19～22 节)。

夜间的异象,也如梦一般虚幻,可参考四章十三节。飞去的梦,赶去的异象,都是指死亡的来临,参考诗篇九十篇十节。本书七章十四节,也作类似的描述。

二十9 亲眼见过他的,必不再见他;他的本处也再见不着他。

本节与七节下相连,因为素来见他的人找不着他。早晨来到,夜间的梦与异象也随之消失了。那些亲眼见过他的,是他相熟的人们。

他的原处也再见不着他,在七章十节下,八章十八节;诗篇一〇三篇十六节下。

琐法此处的话,是否有意重复约伯在第七章的话?在七章七节提到眼看,八节提到神的眼目,十节提到故土不再认识他,十四节以梦与

异象成为威胁，廿一节提到躺卧在尘土之中，这些都值得注意。⑧

二十 10　他的儿女要求穷人的恩，他的手要赔还不义之财。

本节如论恶人的儿女，似与上下文不甚连贯。如果恶人的儿女仍旧存活，岂不使恶人的名继续存留吗？有的译本将本节移至十一节。⑧

有两种解释可资注意。"求穷人的恩"，是为补偿他们，因为下半节说明出来却应排列在十九节之后。⑧ 这是与赔偿的意义相同，父亲所欺诈的，由儿女偿还。⑧ "他的手"应为"他们的手"，指儿女，不是指恶人。

另一种说法，就是中译词"求恩"。⑧ 恶人的儿女成为极穷的人，有些穷人比他们还稍为好些，不致像他们那样一穷二白。又有可能是恶人偿还以前受欺骗的人，于是没有产业留给儿女。如果这样解译，恶人的手赔还，是他的手，不是儿女的手。于是上半节指他的儿女，下半节指他本人。那么在次序上，应将下半节与上半节更换，较为合理。在文法的结构，次序颠倒（hysteron proteron）有其用意也有可能。⑧

概括言之，恶人死后，他的儿女将落到十分贫穷与缺乏的情况之下，甚为可怜。

二十 11　他的骨头虽然有青年之力，却要和他一同躺卧在尘土中。

恶人必无长寿，很快就会死亡，从地上消逝，还在年轻力壮时就突然亡故。这是琐法的信念，"必活不到半世"（诗五十五 23，可参考诗一〇二 24）。公义还未在他身上施行，他的命运必在坟墓里。十七章十三至十六节，约伯的盼望并不降下在阴间。有的解经者认为"青年之力"是指性的能力，恶人似以情人的身份走下坟墓。⑧ 但"青年之力"是

⑧　Clines, *Job 1 - 20*, 486, 不同意 Habel, *The Book of Job*, 317 的论调, 却为后者所强调。

⑧　*New English Bible*, *Moffatt's Translation*.

⑧　E. Dhorme, *A Commentary on the Book of Job*, 299.

⑧　*New International Version*, *Jerusalem Bible*.

⑧　*Revised Standard Version*, *New English Bible*, *New Jewish Publication Society Bible*, 也作这样的译词。

⑧　Clines, *Job 1 - 26*, 487, 引用 Sicre Diaz.

⑧　Samuel Terrien, "Job," in *The Interpreter's Bible*, vol. 3, 1016.

否指这方面,令人怀疑。[39]

恶人的结果说明公义的报应,福乐不能长久,必是事实(21 节)。

(iii) 自食毒物其果(二十 12～22)

本段主题,仍论恶者福乐不能长久,以饮食为例,口与舌(12 节),口腔(13 节),肚(或胃)(14 节),肚腹(15、20、23 节),吞吐(15 节)。罪恶如同食物的甘甜(12 节)、奶与蜜(17 节)、吸饮(16 节)、饱食(22～23 节)。

恶人以为食物得以维生,实则这就是神的忿怒(23 节)。十二至十四节实则为一句话,十二、十三节为两项假设,十四节为主要的短句,完成这一要义。

二十 12～13　他口内虽以恶为甘甜,藏在舌头底下,爱恋不舍,含在口中。

恶人以恶为甜食,放在口中,以舌头品尝,感到十分美味。"甘甜"照亚述文是与"蜜"为同义。[40] 藏在舌头底下,是指隐秘之处,不被人们觉察,而他(恶人)自行"爱恋不舍,含在口中",不肯吐出。

爱恋不舍,不肯离恶,还引为喜乐,含在口中,在舌膛,尝着甜味(参歌二 3)。可见罪有极大的诱惑力。箴言九章十七节:"偷来的水是甜的,暗吃的饼是好的。"又二十章十七节:"以虚谎而得的食物,人觉甘甜。"创世记三章六节记述那女人见树上的果子好作食物,也悦人的眼目,且是可喜爱的,就起来偷食。

食物的甘甜,本身并非问题,但多吃贪婪就不好了,箴言的作者曾经提出这样的警告(箴廿五 27)。以罪恶喻为食物,恶人吞吃,就转变为毒物,正如奶品变酸一样。这成为虺蛇的恶毒。中译词与犹太译词相同,[41]在十四节。

二十 14　他的食物在肚里,却要化为酸,在他里面成为虺蛇的

---

[39] Clines, *Job 1 - 20*, 488.

[40] Dhorme, *A Commentary on the Book of Job*, 295.

[41] Robert Gordis, *The Book of Job*: Commentary, 210.

恶毒。

现在食物带来的恶果,不仅变酸,而且成为毒物。先在胃里变质,下到大肠,更为恶毒,罪恶的为害必变本加厉,不可设想。虺蛇的恶毒,必为致命之伤,严重如此(民廿一 6;申卅二 24;摩五 19)。

在他"里面",原意指"肝脏",可参考廿五节的"胆"。古时的观念,认为蛇的毒汁是出自蛇胆。笼统来说,这是指内脏的肠胃。

二十 15　他吞了财宝,还要吐出,神要从他腹中掏出来。

胃中有了毒物,就必呕吐出来。财物就是毒物,当时不劳而获,占了别人的便宜,心中沾沾自喜,以为是美食,但是究竟不能容纳,只有吐出来。饱食罪恶的,必导致痛苦。

神要从他腹中掏出来,正如耶利米书五十一章四十四节:"使他吐出所吞的"。七十士译本不愿说这是神直接的行动,"神"字改为"使者",死亡的使者所做的事。

罪恶对人原不适合,正如坏的食物不适于肠胃一样。享受罪中之乐,必遭致痛苦与患难。

二十 16　他必吸饮虺蛇的毒气,蝮蛇的舌头也必杀他。

他因贪食而致中毒身亡,他必因贪财而灭亡。美食变为毒物,罪恶好似玩火,被火焚毁,这是恶人的结局。

"蝮蛇"在此处之外,只在以赛亚书三十章六节及五十九章五节。那里蛇的毒汁从舌头流出,其毒使人死亡,无可救药。这是描写恶人以为的美食,本身已有毒气,吞了之后,即使吐出,毒物已经深入胃中,无法除尽。罪恶就是这样,不能完全清除,必然致命。

虺蛇与蝮蛇两者并提,无非说明毒害的严重,无法逃避,申命记卅二章卅三节:"大蛇的毒气,虺蛇残害的恶毒。"这是为加重语气。

恶人以蛇来描述,在诗篇一四〇篇三节:"他们使舌头尖利如蛇,嘴里有虺蛇的毒气。"这是指说谎的舌。⑩ 可见恶人自食其果,不是神的刑罚,也必自趋灭亡,罪恶使恶人有这样的结局。

二十 17　流奶与蜜之河,他不得再见。

---

⑩ 1 Q H 5. 27. T. H. Gaster, *The Scriptures of the Dead Sea Sect*(1957),153.

迦南地是流奶与蜜之地,但是河是指油河,中译词并无明显意译,原意为油榨之处流出成河,可参考廿四章十一节与廿九章六节。约珥书二章廿四节,酒榨与油榨有新酒和油盈溢。奶与蜜不会涌流成河,可见河专指油。此处蜜是野蜜,奶不是牛油,而是奶品或鲜奶。照出埃及记三章八、十七节,十三章五节,卅三章三节;利未记二十章廿四节,流奶与蜜是指丰富。照以赛亚书七章十五节,这是指基本的食物。

在廿九章六节,奶与油相提并论,都是指丰饶与财富。但恶人不得看见,不能享用。

二十18　他劳碌得来的要赔还,不得享用,不能照所得的财货欢乐。

本节似为概要,总括上述的实况。十九节之后是补述的。

恶人得来的资财并非劳碌得来的,"劳碌"原意有"贸易"的涵义,未必劳碌,而却废尽心机,所以不加上劳力。他只求获利,却不择手段,不注重商业道德,可见获财的方法并不正当,所以保不住,都消失殆尽,一无所得,全部落空。

二十19　他欺压穷人,且又离弃,强取非自己所盖的房屋。

本节不再如上文有许多例证,而是直接提说恶人的罪行。在琐法看来,罪行不是私人的行为,而是有关社会的以及经济方面的。这些似乎不在敬拜的事上得罪神,甚至也在国家的法律上不算犯罪;而是在道德方面可说是罪上加罪,以欺压为能事,是以后以利法指控约伯的罪(廿二5～9),这是约伯不屑为的(廿九12～17,卅一13～23)。对待贫苦无依者应有恩慈,是约伯记所着重的道德。

欺压者必在经济方面有力量,用不正当的方法来骗取,无疑施以欺压,可说是发横财,确为不义之财。恶者离弃穷人,对他们加以压制。[39]

在申命记十二章十九节,十四章廿七节,以色列不可忽略利未人,"不可丢弃他"。所用的字也是此处的"离弃"。可见穷人的权益,应予保障,恶人才不顾仁义,不注意他们的疾苦。

恶人强取非自己所盖的房屋,他们是滥用权力,肆意掠夺,箴言廿

㊴ New English Bible:"harassed", New Jewish Publication Society Bible:"tortured".

二章廿二节，特别提出警告："贫穷人，你不可因他的贫穷就抢夺他的物。"穷人常是经济制度下的牺牲者。

　　二十 20　他因贪而无厌，所喜悦的连一样也不能保守。

　　此处又再以食物为例，指人贪食，恶人贪财也是这样。但是贪吃的，未必能够保留，反遭致疾痛，食物不仅浪费，也成为危害。他的财物就必如此，终久会失去，不能为他所拥有。他仍在缺乏之中，无法满足。箴言十七章一节："设筵满屋，大家相争，不如有块干饼，大家相安。"相安无事，也有满足的涵义，使人满足的不在于大筵席，而在于简单的食品，如干饼。这里也可解释为人的满足不在于财物的多寡。箴言十三章廿五节："义人吃得饱足，恶人肚腹缺粮。"

　　本节下是指他贪婪的后果。他喜爱的食物（即财富），一样都不能保留，这在七十士译本是删减的，重译："他的肚腹永不满足，贪婪之食欲他却不能摆脱。"㊳"所喜悦的"指食欲，可指物质的欲求，对财富的贪婪，又有意译："在他里面没有安息，财富也不能救他。"㊴这是将十八至十九节的内容倒过来重叙，因贪婪而无内心的安息，财物消失，自身难保。

　　归纳言之，他因贪而无厌，内里不能满足与安息，他所喜爱的，都保不住。可见中译词为意译，尤其在上半节。

　　二十 21　其余的没有一样他不吞灭，所以他的福乐不能长久。

　　在上节是因，在本节是果。照原意，可在此节之首，冠以"所以"或"因此"。但在中译词放在本节下，似更为合乎逻辑。"其余的"是指余剩的，他仍贪得无厌，样样都要吞下，什么都不放过。好似他不但猎取动物，也猎取人，当作食物。

　　后果呢，什么都不能长久，尤其是财富。"福乐"也可译为"美物"，专指财物，必消失殆尽。

　　二十 22　他在满足有余的时候，必到狭窄的地步；凡受苦楚的人，都必加手在他身上。

㊳ Dhorme, *A Commentary on the Book of Job*, 301.
㊴ Gordis, *The Book of Job：Commentary*, 210.

恶人夺取财物而致富,但是他没有富足,反倒贫穷。在他满足有余的时候,是最得意得志的情况之下,却陷在狭窄的地步。狭窄指灾祸,而宽阔指平安(卅六 16)。狭窄是指内心的困苦忧虑,⁽⁷⁾还是指生活的困境? 可能两者都是实情。

受苦楚的人,可能指受过恶人欺压的,现在到了报复的时候,乘机打击他,打他如落水狗,他毫无力量来对付,后悔不及,悔恨莫名,无可挽救,只有任凭那些受苦贫穷的人无情地打击。

(iv) 灾害必速临到(二十 23～29)

二十 23　他正要充满肚腹的时候,神必将猛烈的忿怒降在他身上;正在他吃饭的时候,要将这忿怒像雨降在他身上。

恶人以为他在贪婪的事上已经满足,其实神的怒气已充满了。这是一句讽刺的话。他的满足与神的忿怒似在正比例的状况,他越满足,神的怒气越发充满。

神曾将吗哪降下,如雨降在地上,给以色列人有饭吃。现在祂也这样将忿怒降下,如同雨水沛降。可参考出埃及记十六章四节,诗篇七十八篇廿四节。创世记六章十七节记述神曾降雨,使地上洪水泛滥,又在创世记十九章廿四节以及诗篇十一篇六节记述,神曾降下硫磺与火,如雨一般,毁灭所多玛、蛾摩拉。神的忿怒也如此降下。这是神公义的报应。

自廿四节至廿九节,主题是恶人不可逃避的结局。廿四、廿五节是军事的行动下,人无法躲避各样武器的攻击。黑暗与恐惧必不住威胁,死亡是神的忿怒所致(26 节),使他无法抗拒(27 节),神的忿怒好似大水,冲去家产及货物(28 节)。恶人的份与产业,承受神的怒气,消灭殆尽,一无所存。

这里有不少意象,如战场(24 节)、战争的恐惧(25 节)、火球(26节)、洪水(28 节)、法庭(27 节)。

⁽⁷⁾ Dhorme, *A Commentary on the Book of Job*, 310.

二十 24　他要躲避铁器，铜弓的箭要将他射透。

灾祸是无法逃脱的，结局不仅确定，而是更加恶劣。以赛亚书廿四章十八节："躲避恐惧声音的必坠入陷坑；从陷坑上来的必被网罗缠住。"阿摩司书五章十九节："人躲避狮子又遇见熊，或是进房屋以手靠墙，就被蛇咬。"此处的描述没有前列的例证那样生动，但有相似之处，躲避铁器，又有铜弓的箭。琐法喜欢模仿，甚至先知的表象说法。

"铁器"可能指"刀剑"，[398]"铜弓"可参考诗篇十八篇卅四节。铜弓原为奉献圣殿的供物，不是作战的武器，但此处与铁器并列，必可作武器。[399]

约伯先前曾以苦难为全能者的箭（六 4，十六 13），琐法此处特以此说明神对恶人的刑罚。

二十 25　他把箭一抽，就从他身上出来；发光的箭头从他胆中出来，有惊惶临在他身上。

这节应为继续廿四节的描述。当恶人逃跑的时候必转背，而箭就击中他的背部，射透他的身体。箭头射入他的胆，胆囊破裂，胆汁洒在地上，为致命之伤（可参考十六 13）。

他惊惶得无以状，因"惊惶"一词是复数字，单数字在九章卅四节，十三章廿一节，卅三章七节。在十八章十一节也是复数字，为死亡的象征。

二十 26　他的财宝归于黑暗，人所不吹的火，要把他烧灭，要把他帐棚中所剩下的烧毁。

在上节描绘战场与阴间，现在转向火的表象，也是指毁灭。这火是从天降下，不是由人手点着的（参考民十六 35）。这火是神忿怒的刑罚，在琐法的言词中（本章 23、28、29 节）屡次提说。黑暗是指死亡，烧尽财宝及子孙。在帐棚中所剩下的，是指众人后代。[400]

火是神的忿怒（十五 34，廿二 20），为神点着的怒气（申卅二 22；耶

[398] Gordis, *The Book of Job*：*Commentary*，220.

[399] Y. Yadin, *The Art of Warfare in Biblical Land*（1963），6－9；R. de Vaux, Ancient Israel：Its Life and *Institutions*，tr. J. Me Hugh（1961），243.

[400] *New English Bible*，*New Jewish Publication Society Bible*.

十五 14，十七 4)。神的怒气烧毁财物(本节上)、人(本节中)以及家庭(本节下)。

二十 27　天要显明他的罪孽，地要兴起攻击他。

本节的表象是天地，是宇宙。天地要见证恶人的罪行。在古时，国际性的盟约，都是以天地为见证，可参考以赛亚书一章二节及弥迦书六章一节，以诸山为见证。人，可参考申命记卅二章。[440] 天地在希伯来宗教以及异教都为树立公义权威的基础，只是异教以自然为膜拜对象，惟有希伯来宗教信奉创造自然之主神。

约伯在十六章呼求："现今，在天有我的见证"，他又求地不遮盖他的血、阻挡他的哀求(十六 18、19)，琐法在这段言词中提说天地，可能也是讽刺的言语。[442]

有的经学家将本节列于廿八节之后，并译为"天上的使者……地上的居民"，强调天地都起来攻击，因为他们有责任来暴露恶人的罪。[443]

"地要兴起"，"兴起"可作"反叛"解，可参考创世记四章十节及民数记十六章三十至卅四节。

二十 28　他的家产必然过去，神发怒的日子，他的货物都要消灭。

"他的家产"，有时"家产"作"出产"，即田地的农产品(申十一 17，卅二 22；诗六十七 6)，必然过去，必被人带走，如被掳一般。有的学者以为这是指"家人"。[444] 有的将"家产"译为"洪水"，洪水冲去，消失殆尽，"洪水冲走他的家"。[445] 七十士译本作"毁灭冲走他的家"。但是洪水应在本节下，有动词的涵义，可参考撒母耳记下十四章十四节，正如马太福音七章廿七节"水冲"，终致消灭。

神发怒的日子应在末世，对列国(结七 19，廿二 24；哀一 12，二 21、22)，对个人(廿一 30，箴十一 4)，如涨溢的水流(赛三十 28)，恶人必如

⑩ D. R. Hillers, *Treaty, Curses ana The Old Testament Prophets*(1964)，4.

⑫ J. C. Holbert, "The Skies will uncover his iniquity：satire in the Second Speech of Zophal [Job xx]," *Vetus Testamentum* 31(1981)，171–179.

⑬ Dhorme, *A Commentary on the Book of Job*，306–307. 译文依据亚兰文译本。

⑭ Gordis, *The Book of Job：Commentary*，421.

⑮ H. H. Rowley, *Job*，182，依据亚甲文。

水一般冲去。

二十 29　这是恶人从神所得的份,是神为他所定的产业。

这是琐法的结语,如比勒达一样(十八 21)。"份"原为农田划归为产业,产业为世代所承袭的(民廿六 53～54,卅三 54)。虽然"份"为整体的一部分,却代表家族的生存。这也是神所赐予,为神所划归的(参廿七 13,卅一 2;赛十七 14;传三 22,五 18、19,九 9)。"产业"是同义,是神赐予,而历代传承的。这也是神所命定的。

"份"与"产业"是神所命定的,神实施报应的公义(23、28 节),极为显然,恶人遭报是必然的。神既建立道德的秩序,必加以维持。

此处"恶人"不是一个字,而是两个字,第四节"人",在此处又有"人","人"即"亚当",或指常人,可能有作者的用意,常人中不乏"恶"的人。

琐法的论调固然有他的一套,但仍无法说服约伯。他在论恶人的罪行,尤其强调经济方面的掠夺,认为约伯由富足至贫穷,出于神的刑罚,怎能使约伯折服呢? 约伯是否以财富为美食,变为毒物,也不是实情。

琐法论恶人的结局,也反映他对人生的悲观,所以他不会给予约伯任何希望。

附录:结构分析

琐法的言词主要在六至廿八节,以三项重点来说明:

(甲)急速的倾覆:荣华短暂,瞬即在尘土中,还在青年有力的时候(二十 6～11)。

(乙)有毒的食品:贪恋不厌,在充满罪恶的时候,落到卑微的地步(二十 12～22)。

(丙)主神的忿怒:恶人经历,灾难频仍,充分说明主神对恶者发怒(二十 23～28)。

在六节前,四至五节,与廿九节,正构成一种交叉的形式,前后围起来。四节下的"人"与五节上的恶人,廿九节再提"恶人",是罪恶的人。

廿七节的天与地,重复四节的"地",六节的"天"。还有用词重复,

涵义并不完全相同,却有双关的用意。以下八个字列出比较:

(一) gll,二十章七节上"粪",廿八节上"过去",这个字原意为"滚动"。

(二) dallim,"穷人"在十节上,"穷人"在十九节上,前者是帮助人的,后者为无助者。

(三) swb,"赔还"在十节下,"赔还"在十八节上。

(四) lāšōn,"舌头"在十二节下,"舌头"在十六节下。

(五) merōra,"恶毒"在十四节下,"胆"在廿五节下。

(六) leḥem,"食物"指罪恶,在十四节上,"食物"为忿怒,如雨降下,在廿三节下。

(七) 'kl,吞灭"罪恶"在廿一节上,"烧灭"在廿六节下。

(八) sārid,"其余的"在廿一节上,"剩下的"在廿六节下,其余的指物件,剩下的指人。

有些用词,在中译词中并不全都明显,如"充满"(ml')在十一节上指青年的活力,廿二节上"满足",廿三节上"充满"肚腹(beṭen),在二十节"贪而无厌",廿一节上"吞灭",十五节下与十四节都曾指出。弓箭射入人的"里面",在廿三至廿五节,指肚腹。

琐法的言词有不同的体裁:哀歌的形式,论罪人的结局,如在诗篇卅七篇和七十三篇;[40] 讥刺的语调,论恶人的实情,而表明自己信靠神的公义。[41] 琐法又采用约伯的用语来讽刺,预言恶人的结局,以下列举数例:

(一) 约伯提说神观看的眼目(七 8),琐法引用,也提眼目:"亲眼见过他的必不再见他;他的本处也再见不着他。"(9 节)素来见他的人要说他在哪里,恶人已经死了,还要鉴察他什么?

(二) 约伯提说"躺卧在尘土中"(七 21),琐法就引述,为描述恶人在年青时也会这样(11 节)。约伯所述说自己的苦情,就为琐法看为恶

---

40 Claus Westermann, *The Structure of the Book of Job*, tr, C. Muenchow(1981), 81 - 87.

41 J. C. Holbert, "The Skies Will Uncover His Iniquity: Satire in the Second Speech of Zophar: Job xx," *Vetus Testamentum* 31(1981),171 - 179.

人的结局。但约伯看这"尘土"仍有希望，在十九章廿五节："必站立在地上"，"地上"可作"尘土"。

（三）约伯常述他的"苦难"（三 10、20），在琐法看来，苦难是恶人必有的（22 节）。

（四）约伯看苦难，是全能者的毒箭（六 4）。在琐法的论调，这是恶人自食其果（12 节起），神使恶者的内里都被毒箭刺透（24～25 节），约伯自述，神立他为箭靶子，甚至破裂他的肺腑（十六 13）。琐法描述，恶人有发光的箭头从他胆中出来，都被射透了（25 节）。

（五）约伯看地为见证，向神呼求（十六 18），他也向往天有他的见证，为他辩护（十六 19）。琐法说："天要显明他的罪孽，地要兴起攻击他。"（27 节）

归纳来说，琐法从约伯口中的话来谴责他有罪。这正如以利法的话："你自己的口定你有罪。"（十五 6）

(VI) 约伯第六言词（廿一 1～34）

这是约伯第六次的言词，为针对朋友所反应的话，仍驳斥他们有关公义报应过分笼统的说法。他继续辩明他的无辜，虽然他的苦难似见证他的不是，但他却以另一面来辩论：人的兴盛，并不说明他的义。有的人享受荣华富贵，却公然离弃神。这样说来，有苦难的人，未必遭受天罚，如果神允许恶者强盛，祂也可允许义人受苦。朋友的话引起他怀疑，却从怀疑中得着安慰，以致朋友的严责并不使他陷入痛苦。

(i) 再说还击的话（廿一 1～6）

廿一 1～2　约伯回答说，你们要细听我的言语，就算是你们安慰我。

约伯要求朋友留心细听，不可过分主观，一味谴责。他们极为需要在约伯的地位上设身处地，来研究约伯的观点和见解。这就算为他们给予的安慰。"安慰"是以利法所提说的（十五 11），他认为神已经用温和的话安慰，"安慰"是复数，指神众多的话，还是神的众仆人的安慰？可能以利法认为他们是安慰者，但约伯看他们的安慰，反叫他愁烦（十六 2)。所以他的要求,要他们以真正同情的心,来细听他的话。

廿一 3　请宽容我,我又要说话。说了以后,任凭你们嗤笑吧!

约伯要求友人们忍耐,"宽容"并非宥谅,而是肯忍耐地容纳他的话。这一用词在七章廿一节是"赦免"。

"我"又要说话,代名词"我"在动词之前,常为加重语气。他不能接受朋友的说法,认为他们论恶人的结局,并不正确,所以他们安静下来,容他向他们分析解说。

他们听了也许嗤笑,他也不在乎。他是对友人们说,不只对琐法,所以复数字较为合理:"你们",虽然原文为单数。在十一章三节琐法也有同样的用字,"戏笑"约伯不好的表现。

廿一 4　我岂是向人诉冤,为何不焦急呢?

这里又以修辞的问题(不需答复的问题),来表达他的苦情。诉冤是对神,不是对人。十三章三节,约伯说明他是与神理论,对朋友已经失望,因为他们是编造谎言的,都是无用的医生(十三 4)。

神对他的怨言,没有回应,他才会焦急,缺少忍耐,他心中忧闷,感到失望。"焦急"一词,原意为呼吸急促。民数记廿一章四节"烦躁",士师记十六章十六节"烦闷",都是一样的涵义。

廿一 5　你们要看着我而惊奇,用手捂口。

约伯要朋友们留心看他,希望他们能看出他的苦情。在六章廿八节:"请你们看看我……"

他们必因惊奇而缄默(参廿九 9,四十 4;弥七 16)。用手捂口,就是缄默的姿态。

他表明他在神面前的焦急,应该得着人们的同情。

廿一 6　我每逢思想,心就惊惶,浑身战兢。

当他思想自己的惨状,或者想到恶者兴盛、义人受苦的事,就会内心惊惶,身体战兢。照以利法所说的,在祸患中惊惶,就是表明缺少信心(四 5),但是约伯解释他情绪的困扰,认为这是无可避免的,当他认为神并不看重忠心的事奉,他心中的冲突真是无以复加。

他浑身战兢,好像地震时,震动不已,连山岭都会摇撼(九 6)。

以下就是约伯的诉冤,似以法律的诉讼,向神表明他内心的困惑。他看见恶人兴盛,始终不能释怀。

(ii) 恶人逍遥法外(廿一 7～16)

廿一 7　恶人为何存活,享大寿数,势力强盛呢?

约伯直接还击友人,因为他们只为神的公义辩护。琐法说恶人的喜乐不过转眼之间(二十 5),他们还在年富力壮的时候就会亡故(二十 11)。照他所说,恶人应趁早被除去,不到年老,就会死亡了。但是事实并非如此,他们存活到老年,还享高寿,他们既不因罪恶而毒害(二十 14～16),也未被神的怒气而消灭(二十 23～26),"寿数"原意为"向前迈进",[408]生命力还十分强盛。

"势力强盛"可指体力,也可指财力(五 5,十五 29,二十 15、18)。他们有势力,受社会的尊重。约伯拒绝以利法(五 5,十五 29)及琐法(二十 15～18)的说法,因为他们认为恶人的强盛只是短暂的,但是看来他们有真实的强盛,而且可以持久。这种观察是以否认友人们正统的信仰。

在耶利米十二章一、二节有相同的论调,先知也是向神质疑:"耶和华啊,我与你争辩的时候,你显为义。但有一件,我还要与你理论:恶人的道路为何亨通呢? 大行诡诈的为何得安逸呢? ……"

廿一 8　他们眼见儿孙,和他们一同坚立。

自八节至十三节,都是描述恶者的兴盛。他们家庭的福乐,延至儿孙。

他们罪恶贪婪得来的财富,可以传给子孙,并不如比勒达与琐法所说的。十八章十九节:"在本民中必无子无孙;在寄居之地也无一人存留",又二十章廿一节:"他的福乐不能长久。"他们所说的并非事实。

以利法也有这样的论调,在十五章卅三节起,恶人的财物不得常存,原来不敬虔之辈必无生育,但恶人可以眼见儿孙长大,同享福乐,一同坚立。这原是诗人祝福的话:"你仆人的子孙要长存,他们的后裔要

---

[408] John E. Hartley, *The Book of Job*, 313 note 9.

坚立在你面前。"(诗一〇二28)但是恶人并非神的仆人,竟有这样的福分,令人费解。

廿一9　他们的家宅平安无惧,神的杖也不加在他们身上。

恶人的家宅有平安,而且没有恐惧,不必惊怕有什么损失与灾害。这原是以利法认为义者可享的安乐(五24,十五21)。恶人才会遭毁灭,义人却不必惊恐惧怕(箴三25)。

神的杖是责打的,与神的手一样攻击人(十九21下)。一切都十分平安与福乐。约伯求神把责打的杖离开他(九34)。

廿一10　他们的公牛孳生而不断绝,母牛下犊而不掉胎。

恶人的家畜繁殖甚快,这原是神的福分,可参考申命记廿八章四节;诗篇一四四篇十三、十四节以及创世记三十章廿九至三十节。

这是约伯以往的经验,他曾蒙受神的福分,但他现在失去,不是因为他是恶者,恶者反而能保全家畜财产,可见报应的公义并非与现实符合。

廿一11~12　他们打发小孩子出去,多如羊群,他们的儿女踊跃跳舞。他们随着琴鼓歌唱,又因箫声欢喜。

他们的儿女也好像羊群那么众多安乐,儿女们有健康与快乐,可以随意让他们出去,自由玩乐,快乐地享受,踊跃跳舞,兴高采烈,一幅平和的田园景色。

在节日,他们有奏乐歌唱那种欢乐的情况。但那不限于节日,甚至平时也是这样,天天都是节日,欢乐地生活。恶人遭报,未必在今世,他的儿女并未受咒诅,遭灾害。

廿一13　他们度日诸事亨通,转眼下入阴间。

这节与第七节相对,说明恶人的强盛。他们一生的年月都在兴盛之中。到临终时也不经长期疾病的折磨,只在转眼之间,完全无疾而终,平安地转入阴间,阴间是死人之住处(十七13),无论义人或恶者,都得在阴间。

他们一生安乐,寿终安然去世,不必受苦,也不受死亡的威胁,生于安乐,死于安乐。

照字义(beregaʼ),"转眼"原意为"平安中"。但"转眼"与"平安"都说明死亡对他们并不是痛苦、悲惨的事。

这不是约伯友人所描述的(十五 31，二十 11)。他们想象恶人的结局必充满惧怕与痛苦，又在惊惧中暴卒。但约伯却看到恶人的安乐。

廿一 14　他们对神说，离开我们吧！我们不愿晓得你的道。

在约伯的观察中，恶人的结局不是友人们的想象。看来恶人十分成功，以致十分骄妄狂大，他们敌对神，存心离弃神，他们自以为有才干，根本不需要神的帮助，也不愿遵行神的道。

他们要神离开(廿二 17)，要照他们自己的意愿。他们的成就与福乐，并不以为来自神的恩惠。所以约伯的感叹在十六节："看哪，他们亨通不在乎自己，恶人所谋定的离我好远。"

他们与谦卑的义人完全不同，因为谦卑人的祷告是："耶和华啊，求你将你的道指示我，将你的路教训我。"(诗廿五 4;赛五十八 2)

廿一 15　全能者是谁，我们何必侍奉祂呢？求告祂有什么益处呢？

恶人忘记他们列祖的神，他们公然拒绝神的大能与权柄。他们不事奉神，不敬拜神。他们看不见"求神有什么益处"，认为信仰不能使他们有利可图。这样的人不会听取朋友们以功利观念对他们的劝说。

他们自以为有能力掌管自身的命运，就不怕神的威荣能力。他们不会相信神报应的公义，罚恶赏善的道，他们也听不进去，可见约伯的朋友，以报应的原则，劝不进恶人的心，也无法影响义者。

为富不仁，非法取财的人目空一切，那狂妄的口气令人惊骇，亚古珥的箴言："恐怕我饱足不认你，说，耶和华是谁呢？"(箴三十 9)

廿一 16　看哪，他们亨通，不在乎自己，恶人所谋定的，离我好远。

这是约伯自己的评语，评论恶者强盛的感想，在以赛亚书五十三章也有加插作者的感想(6 节)，可说是特殊的笔法。[409]

他看恶人亨通，但他们自己并不能控制。他不能与他们苟同，他决不从恶人的计谋(诗一 1)，因为他认为恶人所谋定的，离他好远。

他在神面前始终保持他的信心与纯正。虽然他不能接受患难的事，为自己的祸患而悲叹。他提出两件事来驳斥琐法：(一)恶人既可长期强盛，活到老年，因此约伯自己的灾难并不能证明他的罪恶;(二)他

---

[409] Hartley, *The Book of Job*, 315 note 14.

既全然拒绝恶人的计谋,不能被列为恶人之中。他也是反对恶者的,他为恶者兴盛的事,内心也有极大的冲突。

(iii) 罪恶并无报应(廿一 17～26)

廿一 17 恶人的灯何尝熄灭? 患难何尝临到他们呢? 神何尝发怒,向他们分散灾祸呢?

这节是以问话的方式质询:"何尝"可译作"多久",同一个字可作"多少"(十三 23),"到何时"(七 19)。

照比勒达所说,"恶人帐棚中的亮光要变为黑暗,他以上的灯也必熄灭"(十八 6),但是事实上,恶人的灯何尝熄灭? 箴言书十三章九节:"恶人的灯要熄灭"(参考箴廿四 20)。如果灯表征福乐,转为黑暗,就是患难。

患难就在恶人旁边,随时都会临到他们,使他们无可逃避,可参考三十节及卅一章三节。患难来到,好似灯被熄灭,遭受灭绝。

神在发怒中,会将灾祸的刑罚赐下,"灾祸"一词,原意为"绳索",使人受捆绑,这常指生产的劬劳(何十三 13),也曾指被掳(赛廿六 17)或困难(赛十三 8)。

"分散"就是"派给"、"指定",可见灾祸是神所命定的,人无法躲脱。

这最后一句似乎肯定比勒达的说法。在二十章廿三节,神的忿怒如雨降下,廿八节,神在发怒的日子,将他所有的都除去。

廿一 18 他们何尝像风前的碎稭,如暴风刮去的糠秕呢?

碎稭没有分量,风一吹,就会吹动散开,参考的经文有诗篇一篇四节,卅五篇五节,八十三篇十三节;以赛亚书十七章十三节,廿九章五节;耶利米书十三章廿四节。神的忿怒好似暴风,吹去一切的糠秕,罪恶之辈也只像碎稭、糠秕一般。

在十三章廿五节,约伯描写自己遭击打,像被风吹的叶子及枯干的碎稭。他描述自己好似罪人,但罪人并未被刑罚灭绝。

廿一 19 你们说,神为恶人的儿女积蓄罪孽。我说,不如本人受报,好使他亲自知道。

"你们说……"是指以利法与琐法。他们都说,恶人因作恶,以致祸及子孙(五 4,二十 10)。但是约伯不赞成这样的说法。神若要刑罚,必是直接的,没有必要是间接的,使儿女受连累。神讨罪向罪人的子孙,记述在出埃及记二十章五节及申命记五章九节,但是耶利米和以西结都提出异议(耶卅一 29～30;结十八)。约伯认为罪人应直接受报,在以下的经文直行强调。

"他们该亲自知道,在受管教中得着益处"(十九 29 下)。"知道"可有两种解释。这有"安静"的含义,安静表明顺服,不敢作声,深知这是神的管教。[410] 在字母的改变,可作"压碎"(yeda 改为 yera,即将 d 改为 r),恶者终于被压碎。[411]

廿一 20　愿他亲眼看见自己败亡,亲自饮全能者的忿怒。

恶者必须受神惩治,才可看见神的公义。他不但看见,而且饮神忿怒的杯,全能者有绝对的权能,他的忿怒,谁也担当不起。忿怒的杯,可参考以赛亚书五十一章十七节;耶利米书廿五章十五节,四十九章十二节;以西结书廿三章卅一至卅四节;诗篇十一篇六节,七十五篇八节。

如果神的刑罚迟延,祸及子孙,恶人死后才有报应,就会失去实际的功效。所以约伯认为,如果公义的报应这一道理存在的话,报应就该在恶人在世的日子。这既不是人们所能明白的,因为恶人未遭报应,足证朋友的说法并不可靠。

廿一 21　他的岁月既尽,他还顾他本家吗?

"岁月既尽",原意为"年日的数目中断",十四章五节,人的日子是限定的,日子的数目在神那里,这些日子必有中止的时候,表明他必会死亡,死了以后,他就顾不到了。儿子得尊荣,他也不知道;降为卑,他也不觉得(十四 21)。他顾不到,也不能达到任何的意愿。

廿一 22　神既审判那在高位的,谁能将知识教训他呢?

---

[410] D. W. Thomas, "The Root yd' in Hebrew II," *Journal of Theological Studies* 36(1935),412.

[411] J. Reider, "Etymological Studies yd' or yr' and r'," *Journal of Biblical Literature* 66(1947),317.

神审判那在高位的天使,因为天使是在高天之上。[412] "高位的"可译为"至高者",是神的圣名,那么问语应作:"谁能论断至高者"。[413] 这是约伯指控友人们,他们以为有智慧,不但为神发言,甚至有超越的见解,才受约伯的讽刺。"高位的"指天使,可能较为合理。以利法曾说神都不能信靠祂的臣仆(四 18)。

但是朋友们自认站在神旁边,所以约伯责问他们:"你们要为神徇情吗? 要为祂争论吗?"但是他们总不能比天使高明,神的使者都不算洁净(十五 15,廿五 5),何况常人如他们。

神审判天使,不是指责他们的污秽,而是领导他们从事一切的服役。惟有神是全能者,也是全智者,人不必来在神面前夸耀他的智慧。

廿一 23~24 有人至死身体强壮,尽得平靖安逸。他的奶桶充满,他的骨髓滋润。

这里是一个兴盛与强壮的人,至死仍有健康,"身体"原意为"骨头",表明体力。他的生命力还那么旺盛,一生享受平安与康泰。

"奶桶"在亚兰文译本作"乳房",但此处是指男性。七十士译本作"肠",尤其犹太学者将"奶"视为"肥","肠"肥,表明营养充足。[414]

但"骨髓滋润",似因奶品食物丰富,那么奶桶可能并非指身体的某一部分或器官。又因注意其对句,有译为腰部或肾部丰满,如装满奶一般。[415] 有解释为性机能。[416]

有些恶人到老年,仍有充沛的精力,与青年人一样。

廿一 25~26 有人至死心中痛苦,终身未尝福乐的滋味。他们一样躺卧在尘土中,都被虫子遮盖。

有的人未必是恶者,却忧患终生,像约伯那样,心中愁苦(三 20),

---

[412] E. Dhorme, *A Commentary on the Book of Job*, 318; H. H. Rowley, *Job*, 189; Marvin H. Pope, *Job*, 160.

[413] M. Dahood, "Some Northwest Semitic Words in Job," *Biblica* 38(1957), 312 - 313.

[414] Robert Gordis, *The Book of Job: Commentary*, 232,引用 Hölscher.

[415] Dhorme, *A Commentary on the Book of Job*, 319 - 320.

[416] Gordis, *The Book of Job: Commentary*, 232 - 233.

从未有甘美的经验,好似恶人所享受的。此次的表征,也以饮食为例,正如琐法在说话中所提说的(二十 12～17)。

但是以上所述的两种人,最后的命运仍是死亡。躺在尘土中,是琐法所说的(二十 11)。但他说的只指恶人。此处约伯指所有的人,无论是恶人与义者,无论是一生安乐或一生忧患,最后难免一死。

死亡对每个人都是平等的,都在尘土之中,都被虫子遮盖,无人可以幸免或逃脱,以虫子说明朽坏,也可参考以赛亚书十四章十一节。这些是与人在生前道德行为并不相关,不能以此解释公义报应的原则。

(iv) 暴虐反得尊荣(廿一 27～34)

廿一 27　我知道你们的意思,并诬害我的计谋。

约伯再向朋友们直接说话,在语句上引起他们的注意,可译为"看哪!""真的!"在中译词中省略。约伯知道他的理论不能说服朋友,知道他们的心思。他们的骄傲使他们不会向约伯承认。

他们为坚持成见,早有计谋,因为他们已决意责备约伯,可见他们既无意帮助约伯,就等于在诬告、加害于他。任何计谋不是善意,就成为恶意,参考箴言三章廿一节,比较诗篇廿一篇十一节。

在下节就有解释:

廿一 28　你们说,霸者的房屋在哪里? 恶人住过的帐棚在哪里?

朋友们不接受约伯的话,反而责问他,富豪的财产是否仍旧存在。"霸者"原意为尊贵人,他们曾强盛一时,最后必然灭绝,这是三个朋友各别发表的论调(十五 34,十八 21,二十 28)。此处与"恶人"是同义字,说明他们为富不仁,所获取的是非义之财。

"房屋"与"帐棚"也是同义的,他们财产的所在,现在似乎都荡然无存。这是朋友的说法,事实并非如此。

廿一 29　你们岂没有询问过路的人吗? 不知道他们所引的证据吗?

"过路的人"是到处流浪的人(哀一 12,二 15;诗八十 12),他们会注意特殊的现象,他们的见识广大,使他们注意的,必值得一提,所以约伯要引朋友们思想。但是这并非朋友们的观点。照以利法的说法,外人传说的并不可靠，不能相信（十五 18～19）。约伯在此处特别提出，促他们注意。

过路的人所说的，不是口说无凭的，而有证据可以查明。

"证据"指"回忆"与"记载"，或"写的字与记号"，古时旅人会在到处留名及留话。[417] 那些都是显而易见的，可以辨认与明白（参二 12，四 16，七 10，"知道"的用语），无法否认。

廿一 30　就是恶人在祸患的日子得存留，在发怒的日子得逃脱。

"祸患的日子"，就是患难的时候（诗十 1），降罚的日子（赛十 3）。"发怒的日子"，在二十章廿八节，在其他书卷也屡次提说，如西番雅书一章十五节（又一 18）；箴言十一章四节（结七 19）。

但是恶人的性命可以存留，得以逃脱那些天灾人祸，他们尽可快乐无忧。"逃脱"稍在字面更改，就有这样的涵义。[418] 可以参考九章廿七节及十章二十、廿一节"畅快"。

本节另一种译法，是根据本节之首："就是"为连接词（ki），可作为引述的语法，这样本节可译为："你们说，恶人纵然在祸患的日子得存留，但在发怒的日子必走向毁灭。"[419]

"走向毁灭"是意译，原来照犹太学者的解释，祸患的日子会引往发怒的日子，原可存留的，最后仍是向毁灭，因为在神的怒气下，无人可以站立得住。[420]

廿一 31　他所行的，有谁当面给他说明？他所作的，有谁报应他呢？

这里有双重的问题，都是修辞式的，无需答复。当恶人自立权威来发挥，没有人敢抵挡他们。神也无意来专门对付作恶的，加以处分，看来神没有按公义来判断他们，定罪与报应。

谁都没有干预恶人的罪行，没有当面指责他。"当面"是直接地面对，或指示（十一 6），或传说（十五 18），但没有人来处置他。

---

[417]　Dhorme，323.

[418]　Dhorme，323.

[419]　Gordis，*The Book of Job*：*Commentary*，235.

[420]　Gordis，*loc. cit.*，引用 Rashi 的解经。

"当面"也可指"立即",可参考二章五节。㉑

此处指暴虐的人一意孤行,使别人在他的威胁之下不敢随意对他反应。恶人在法庭中,却无人敢定他有罪。

廿一 32　然而他要被抬到茔地,并有人看守坟墓。

恶人在死的时候,有极大的哀荣,殡葬的场面浩大,坟墓还有人看守,不被侵扰或有盗墓的事情。他死后仍有尊荣。他在世有平安,不在世仍有平安。

"茔地"是复数字,可能指庞大华美。古时的习惯还有塑像,放在坟墓之上或在旁边,好似他自己在那里看守。㉒

"看守"(yiweqosh)改为"安息"(yiweqot)。他在坟墓安息。㉓

廿一 33　他要以谷中的土块为甘甜,在他以先去的无数,在他以后去的更多。

"谷中的土块",是精选的葬地,"甘甜"仍有平安,他有平和的安息,也是他所希冀、向往的,以致他的愿望可以完全实现。提到他先后的人数,不仅说到人迟早死亡,而且也可能描述死时送殡的行列,有无限的哀荣。看来人是多么不平等,令约伯深感不平。㉔

廿一 34　你们对答的话中既都错谬,怎么徒然安慰我呢?

在第二回合中,约伯与友人的辩论,仍无任何进展。他的口吻与在开始时一样(十六 3),朋友们的态度不佳,话语错谬,以责备取代安慰,其果效也是反面的,完全徒然。"徒然"(hevel)一词是"虚空",毫无内容,不能充实,不能使约伯得着助益。

"错谬"原意为"诡诈"。有时作亵渎圣者(利五 15),有时指人对神不忠(申卅二 51),也指婚姻的不贞(民五 12、27)。如果约伯真的听信他们,必会困惑迷惘,有失落感,离开神可能更远。

归纳言之,约伯无法接受朋友所说的报应。他完全没有看见神的公义彰显在恶人身上。他们虽然否认神,却有兴盛,在地上饱享荣华富

㉑　Gordis, *loc. cit.*

㉒　Dhorme, *A Commentary on the Book of Job*, 323–324.

㉓　Gordis, *The Book of Job Commentary*, 235,引用 Ehrlich.

㉔　Norman Habel, *The Book of Job*, 330.

贵。他们不需要神的福分,不需要救主,但是平白享受生命的福乐。事实上,他们并没有得到救恩之乐,却享尽人间的福分。

附录:结构分析

本章结束第二回合,约伯以综合性的方法,答复友人们有关恶人结局的话。他们的主题相同,各自发挥。以利法在十五章二十节起,比勒达在十八章五节起,琐法在二十章五节起,都采取约伯的用词,归纳约伯为恶人的证据。约伯在此次发言之前(即十六,十七,十九章),他已不再在意朋友们的指控,只向神辩明,现在他不得不转向友人们,直接答复他们。在说话中,他极大的困惑,在于传统的见解使他们受阻,不能明白了解他,他在辩论中,不再多说他个人的实况,却以历史的现实看恶人的兴盛,加以观察与分析。

约伯开始时,先述恶人的兴盛与福乐(7~16 节),直接斥责琐法的说法,因为琐法认为恶人的喜乐是瞬息消逝的,不会长久(二十 5~11)。但是据约伯所说,恶人能够长寿、满足、欢乐生活(廿一 12)。恶人的家庭有平安祥和。恶人不像以利法所说的,常有恐惧心理(十五 20~27)。此处约伯却绘出另一幅图画,只有音乐与欢声。所以他极力否认朋友们的说法,虽然极不喜欢恶人的兴盛,但事实如此,他无法否认。

约伯的言词中的第二主题,是针对比勒达的主张(十八 5~6),他的答词在十七至廿六节。他也同时答复琐法(二十 28、29)。恶人的灯并未熄灭(17 节上)。琐法认为神发怒的日子已经确定(二十 28)。神为恶人已定了应得的份(二十 28)。但是约伯认为恶人并未得着灾祸(17 节下)。十九节上是约伯引述友人们的偏见:神为恶人的儿女积蓄罪孽。在廿四章详加查考外,在廿三至廿六节也有驳斥的话。他借用琐法"饮食"的例证加以说明。恶人死时健康与安乐,是穷人所无可获得的(25 节,又 13、16 节)。

第三段约伯集中在暴虐的霸者(27~34 节),每一位朋友都说这些暴虐的人终久完全败落,连居住的房屋都不见了。这尤其不正确,他可召路上的客旅作见证,他们旅行多处,见解必远大。看见的事也多,必有深切的观察。恶人不仅住有定居,而且死后埋葬之地也阔大宏伟,令人注意。

约伯最后评论,认为朋友非但没有安慰(廿一 2),反错谬百出,十分空乏,几乎近于欺骗诡诈。这就使以利法在第三回合不再将约伯与恶者并列,但认为约伯犯了大罪,不堪抨击。他的指责更不能说服约伯了(廿二 5 起)。

兹将约伯辩论,以要点归纳其结构:

对友人指责的话(1～6、34 节)

(甲)恶人的福乐

要点问语:恶人为何兴盛(7 节)

描述中切:恶人的福乐与兴盛(8～13 节)

恶者狂语:我们求告神并无益处(14～16 节上)

悲叹呐喊:恶人所谋定的离我好远(16 节下)

(乙)恶人无灾祸

要点说明:恶人并无患难(17～18 节)

友人错语:神为恶人儿女积蓄罪孽(19 节上)

感慨评论:愿恶人亲眼见自己败亡(19 节下～21 节)

悲叹呐喊:谁能将知识教训神呢？(22 节)

描述中切:两种死亡作尖锐对比(23～26 节)

(丙)暴虐者尊荣

还击心声:我知道你们的意思(27 节)

友人错语:霸者的房屋在哪里(28 节)

观察详论:过路人见证恶者的平安(29～30 节)

描述中切:恶人至死荣华,死后哀荣(31～33 节)

天道圣经注释

约伯记注释（卷下）

唐佑之 著

上海三联书店

目录

序言

　　约伯记注释卷上,只为内容的一半,若干导论中应该论述的,可待卷下补充。卷下注释之后,自有必要再附加一些释义,因此在每章末的附录之外,另命题为"综论",意在综合性的论文。这些既是综合性的,所包含的则不只是卷下的经义,也兼顾卷上的,即指约伯记全书。由于综合的性质,有些确蓄意重复,为保持连续的思想,这是请求读者理解与忍耐的。

　　写作综论,费时较久,因为资料太多,在取舍上尤其费斟酌。约伯记实在是一部罕有的杰作,历代教会内外的学者,都用不同的角度与深度研究,发表的短文或长篇著作,可说是包罗万象,真是令人目不暇给。在感兴之余,也不无谨慎,免得在信仰上偏差,或在观念上矛盾,使读者无所适从。本来学术性的研究,应有兼容的精神,但是信心仍应为解经的大前提。这是特别希冀读者共识的。

　　感谢天道书楼同工忠勤为史丹理基金会出版圣经注释。凡为天国事工努力的,一切的奉献为基督摆上,都是弥足珍贵的。愿我们在基督的恩典中蒙福,而且蒙福更深。

唐佑之

1993 年 7 月

序于金门桥畔

注释

叁　对语
（四 1～廿七 23）

（三）第三回合：廿二至廿七章

　　第三回合在前端有很完整的经文，以利法第三言词占第廿二章整篇，共卅八行，接着有约伯的答词，占廿三、廿四章，共九十九行。但约伯的言词中，尤其在廿四章十八至廿四节，是否为约伯的话，引起学者们的质询。至于比勒达第三言词似嫌过短，仅在廿五章内六节经文，共十行。约伯的答词又似太长，占三章，在第廿六至廿八章。在廿七章十三至廿三节以及廿八章的口吻、语气及内容，也与前面的论述不尽相同。琐法的第三言词却付诸阙如。

　　在研究第三回合时，学者们有不同之意见，作一番整理后，重新排列。以下就是不同的排列。

　　（一）比勒达第三言词在廿五章一至六节，廿七章十三至廿三节。

　　约伯的答词在廿六章一至十四节，廿七章一至十二节。

　　从约伯的答词的最后一段，即在廿七章十三节起，作为比勒达的言词。廿八章完全成为单独的一段，不得算为约伯的答词。①

　　（二）琐法第三言词在廿七章十三至廿三节。

　　约伯没有答词，廿八章自成单元。或者约伯的答词在廿八章。

　　这种排列，也是从约伯答词的最后一段取出，作为琐法的言词，因为廿七章十三节可说是琐法第二言词的概括（二十 29）。②

　　（三）比勒达第三言词在廿五章一至六节，廿六章五至十四节。

---

① John E. Hartley, *The Book of Job*（1988），322 – 323.
② 大多学者有此主张，参考 Marvin H. Pope, *Job*（1965），xxvii；Edouard Dhorme, *A Commentary on the Book of Job*（1984），xlix 等。

约伯的答词在廿六章一至四节,廿七章一至十二节。

琐法第三言词在廿七章十三至廿三节。

这样排列,使比勒达的言词较有内容,仍顾及琐法。在约伯的答词中,自廿六章五节起,着重神的权能,似为比勒达的言词。③

以上不同的排列,在理由方面再看经文内容,作不同之解释,由于正典的排列,此处的释义仍照这形式,不作更改。

在这回合中,以利法对约伯的指责更为具体,直接指出约伯特殊的罪行,并十分诚恳地劝导他悔改。比勒达赞美神的完全,再论恶人的命运。基本上,他在重复以利法第一言词以及琐法第二言词。他的语气中不再有安慰,他们显然已经穷词了。安慰早已变为谴责。至于约伯,他仍坚持他的信念,认为他没有犯罪,是无辜的。他再强调自己的信心,他如金子被炼净。然而他的怨言并未停止,他看神仍不罚恶,无疑对恶者是一种鼓励。在整体来看,他在第三回合的答词中,较为理性,没有什么冲动的话。他仍在寻求神,盼望向神直接辩明。这一回合使读者感到语多重复,近于枯燥乏味,要求新的动向,有所转变。

(Ⅰ) 以利法第三言词(廿二 1～30)

以利法第三言词,主要指责约伯的罪行,因为约伯违反了族长敬虔的极高标准。约伯不应该埋怨恶人兴盛,表明神不公正。这一言词可分为三段:指控罪状(1～11 节),论神作为(12～20 节),吁求悔改(21～30 节)。

(i) 指控罪状(廿二 1～11)

廿二 1～2　提幔人以利法回答说,人岂能使神有益呢? 智慧人但能有益于己。

---

③ Samuel Terrien, *Job：Poet of Existence*（1957）,168 - 170；Robert Gordis, *The Book of Job：Commentary*（1978）,276 - 283.

　　以利法在第一、二言词中，以问语开始，此一言词也先提问题，在第二节至第五节，是修辞性的问题（Rhetorical Questions），先后两套，第一套在二至三节，第二套在四至五节。第一套有关义行的益处。第二套是双重的问题。这些都是不需作答的，如果答复起来，则是否定的。

　　以利法看约伯一味埋怨神，怎会是无辜的呢？他认为约伯的论理有错误，因为恶人兴盛，义人反因义而忍受灾难（参廿一章），然而人是不能使神得益的。神是自足的，不需要人来补足。如果神真是大能的，怎会受人的影响呢？此处"神"（El）是指绝对权能的神，祂是完全独立的，非人力所能及。

　　"有益"一词用意极广，"有益"指有所助益。如果照腓尼基的字义，原意为"完全"，指照料周到，顾及全部。如用作名词，可译为"管家"或"家宰"（以赛亚书廿二章十五节）。这可译为"堆积"或贮藏，如在出埃及记一章十一节"积货城"。在后期希伯来文（Mishnaic Hebrew），可作"损伤"（传十 9）。这又可作"贫穷"，如在传道书四章十三节，九章十五、十六节。"贫穷"指无所得。这用词也在约伯的言词中，七章二十节："我若有罪，于你何妨？""何妨"就是没有什么关连，与神完全无干的。在卅四章九节："人以神为乐，总是无益。"这是以利户的说法，是引述约伯的话，可见他们认为约伯的观念很不正确，但现在这是以利法的口吻，他觉得约伯太以自我为中心，不以神为中心，本身就是罪。

　　"对神有益"，在本章廿一节"认识神"，中译词的含义太含糊，原意是用同一个词，"认识"实则应译为"同意"或"和谐"，甚至"和好"，你要与神和好，就有平安。符合神的旨意，与神的关系和谐，这是必要的。

　　在本节上半节"人"是指强壮有力的人。人无论怎样强壮，在神看来仍是无有的。强壮的人与下半节"智慧人"可作为对比。智慧人是义人，可参考诗篇十四篇二节，及诗篇五十三篇二节，又但以理书十一章卅三、卅五节，十二章三、十节。下半节也是一个问语："智慧人但能有益于己"吗？

　　这两重问语也可合并为一："如果人有智慧，与神有和谐的关系，神能得益吗?"④"有益于己"的"己",原文为"他"。这个他就很含糊了,究竟是智慧人自己,还是指神呢?于己'alemo 改为'olam,就成为永恒的神或永生神(创廿一 33)。⑤

神有绝对的权能,但神不会漠视人的善恶。人即使与神和好,神也并不因此有什么义务当尽。以利法认为神的心意是测不透的,祂有时容许义人有一段时间忍受悲惨的经历,即使人忠心顺服神,仍需忍耐。但事实上,以利法并不认为约伯真正在谋求与神和好。约伯更没有理由可以对神有什么要求,他简直没有与神和好,所以也就没有盼望的原由。

廿二 3　你为人公义,岂叫全能者喜悦呢?你行为完全,岂能使他得利呢?

这里再以同义的对比来说明,仍用修辞性的问题,为人公义与行为完全是相同的涵义。"喜悦"与"得利"也在涵义相似。在绪言中,约伯是行为完全的义人(一 1、8),但未必使神得益,神虽然要求约伯,祂却不需要人来帮助。

"喜悦"与"得利"同义,因为"喜悦"可译为"资产"。⑥ 人无论作什么,决不能影响神,也不能因此向神要什么,好似自己有什么功德,为神成就。

"行为完全"就是在四章六节"行事纯正",这是以利法的口吻。此处也是重复第二节的话,并加以解释。

这里以利法无疑有两大错谬。第一,他将神的公义看作机械式的定律,没有着重神的位格。第二,人的善行似乎只有功利主义的价值。道德只为获得实益。这样难免太幼稚了。

廿二 4　岂是因你敬畏祂,就责备你、审判你吗?

神岂会因你的敬畏而责备?敬虔应该可免除责备,况且因此进入法庭的程序,容约伯有争辩或辩明的机会,此处审判是指法律的过程,定罪或宣告无罪,在乎约伯对神的态度。

④ Gordis, *op. cit.*, 280.
⑤ Norman C. Habel, *The Book of Job* (1985),332.
⑥ Hartley, *The Book of Job* (1988),325.

约伯想在神面前辩明，在他认为这是敬虔的态度，应该无可指责，可为正当的途径。所以他表达这样的愿望，在九章卅二节及十四章三节。以利法就以约伯的愿望口吻，来假设与责问。

廿二 5　你的罪恶岂不是大吗？你的罪孽也没有穷尽。

约伯无论怎样敬虔，自以为可以向神辩明，但是神仍要责备他、管教他，可见约伯仍是有罪，无法洗脱！所以全能者的管教是必然有的，也因此不可轻看（参五 17）。

在以利法看来，约伯的罪恶一定很大，罪孽并非只在过往，而且一直在干犯。所以他必须具体指出，正如琐法一样。列出罪恶，有以下的列明（6～9 节）。

可见以利法的第三言词，比第一言词严厉得多。在第一言词中，以利法还称赞约伯的义行与敬虔（四 3～4）。约伯的苦难只在片刻。神无非要约伯悔改，自己醒觉，发现一些隐而未现的罪，因悔改重新获得神的恩惠。但是约伯一直不肯醒悟，更加执迷，还认为友人过分固执，对他们好意的劝导，恣意反抗，可见约伯的罪恶实在太大，不仅使他失望，也令他愤怒，所以他不再容忍，不再保留，应指责约伯，不遗余力。

廿二 6　因你无故强取弟兄的物为当头，剥去贫寒人的衣服。

以利法指责约伯的罪并无证据，只是凭推断而定，实在有欠公允。在第六节，七节与九节，中间加插第八节尤其强烈的讥刺。他所指责的罪，有欺压穷人得利的，对受苦者不肯帮助，对忧伤者不予关怀。

穷人本来就没有什么钱，却仍被不正当的方法欺压榨取。关于借债，在以色列的律法中，有严格的规定。取了当头，仍有限制。如以外衣为当物，每晚仍要归还欠债的人，使他在寒冷的夜晚可以御寒（出廿二 26、27；申廿四 12～13）。取当头以不影响欠债者工作为原则，免得影响他的生计（申廿四 6、10、11）。

以利法说约伯无故强取当头，是剥夺了穷人的生计，或者使穷人根本还不起债，使他可吞掉当头。他也剥去穷人的衣服，不还给他，使穷人成为赤身的，就是没有外衣可穿，可参考约伯记廿四章七、十节；申命记廿八章四十八节；以赛亚书五十八章七节及以西结书十八章七节。

对穷人要厚道，在于顾及穷人的衣服与饮食。主耶稣特别在马太福音廿五章四十二、四十三节提及。在下节，就提到食物与饮食。饥渴的问题必须解决。

廿二 7　困乏的人,你没有给他水喝;饥饿的人,你没有给他食物。

对有基本需要的人,缺乏同情,是不人道的。与人分享饮食,是虔诚人必有的行为(参赛五十八 6～8;太廿五 42 起)。

"困乏"原意为昏厥,是指干渴的人,可参考以赛亚书廿九章八节,箴言廿五章廿五节;也可指干旱之地,如在以赛亚书卅二章二节,诗篇六十三篇一节。

关于这一点,以后约伯有所答复,是在卅一章十七节。

廿二 8　有能力的人就得地土,尊贵的人也住在其中。

约伯自以为有能力,可以享受特殊阶级的权势。他认为他是有脸面的人。"尊贵"原意为"仰脸",表明别人须仰求他(伯十三 8、10;利十九 15;申十 17)。他既可享受特权,就不必帮助别人,认为他没有这样的本分。别人对他只有亏欠,他却不欠人。他可利用权势,欺压弱者与无助的人,他连小惠都吝于施予。

有人以为本节应该删去,因为在上下文方面不甚连贯,以利法可能是引述一句谚语,用来描述约伯的骄妄,并在语句中多有讥刺,表明约伯在富有时,为富不仁,现在的苦楚是自食其果。⑦

廿二 9　你打发寡妇空手回去,折断孤儿的膀臂。

对寡妇孤儿的欺压,是旧约中经常受严责的,可参考出埃及记廿二章廿二节;申命记廿七章十九节;耶利米书七章六节、廿二章三节及撒迦利亚书七章十节。对他们施以关怀与同情,却极为鼓励,可参考申命记十章十八节,十四章廿九节,十六章十一节、十四节,廿四章十九节,廿六章十二节以及以赛亚书一章十七节。孤儿是无父的,与寡妇的母亲相提并论,他们在社会中不被重视,没有地位,常被恶人欺凌。现在约伯也竟然如此不仁吗? 约伯在卅一章十六节特别为此辩正。

"折断"也出现在四章十九节、六章九节及十九章二节,折断膀臂是指毁坏力量。孤儿是无力的,还再受到毁坏,这样的恶行令人发指,可见以利法对约伯恶意的指控。

---

⑦ Gordis, *The Book of Job*: *Commentary*, 245 - 246.

"空手回去",完全得不着救济,毫无同情。但是耶和华为孤儿寡妇伸冤,又怜爱寄居的,赐给他衣食(申十 18)。

廿二 10　因此,有网罗环绕你,有恐惧忽然使你惊惶。

这原是比勒达描写恶人必遭的厄运,可参阅十八章八至十节。约伯因贪婪所困,变得盲目,轻易地在网罗边被绊倒了(参十九 6)。灾祸是突然来袭,使他惊恐,一切似乎都是意外的,却防不胜防,悲剧发生,威胁生命的安全,使人活在恐惧之中。以利法在第二段言词中,十五章二十至廿四节,也有生动的描述。

廿二 11　或有黑暗蒙蔽你,并有洪水淹没你。

他必转向设法逃脱,但只有黑暗蒙蔽,使他看不见,在黑暗中乱摸,找不到出路。同时洪水涨溢,逐渐淹没他全身,险被冲去,寒冷黑暗及洪水常象征着失望的感受,可参考约拿书二章五节;诗篇六十九篇一至二节。

罪人在死亡前,先预尝了阴间的苦楚,因为阴间不仅有可怕的幽暗,也有洪水般的混乱。这就是以利法对约伯的描述,认为他已在神审判之下,为罪必有这样的咒诅。

"洪水"也可译为"众水",可参考卅八章四节。洪水汹涌而来,水势很大,使人十分惊怕。恶人的命运也必如此。恶人是否真可享受兴盛呢? 但是灾难真的来到,必完全无法预备与脱逃。在以利法看来,约伯的灾难不是这样吗? 突然来到,事前完全不能知晓,临时又惊慌无助,终于家破人亡,财物消失殆尽。可见以利法的话十分尖锐,必重重刺伤约伯的心,使他十分不安,他似乎感到自己真是恶者,不然怎会受到这样灾害? 他内心里必备感痛苦,他的悲情必很激动。

(ii) 论神作为(廿二 12～20)

廿二 12　神岂不是在高天吗? 你看星宿何其高呢!

以利法论恶人的命运,就想到至高之神。神在高天之上,这句话可能引述赞美诗的,相形之下,人是在低处,在地上(13～14 节)。人若观看偌大的高空,深感宇宙的伟大,星宿的距离,银河看来似乎是繁星拥集,却是有极大的空间。

"星宿"一词且冠有"首"，表明那些星宿在最高之处，是主要的，次要的还有千千万万。星宿可称为"万军"（列王纪上廿二 19）或"诸军"（诗一〇三 21），都在神的控制与支配之下。他们在太空中何其高。

以赛亚书四十章廿六节：你们向上举目，看谁创造这万象，并按数目领出，祂"一一称其名，因祂的权能，又因祂的大能大力，连一个都不缺"。

神在至高之处，统管万有，祂在高天，能看见人一切的作为。或者人以为神既在高处，怎会关切人的命运呢？祂既在高处看不见人的作为，就不敢降怒在人身上，参考十三节起，好似是这样的涵义。所以诗篇七十三篇（也可参考赛廿九 15）说："神怎能晓得？至高者岂有知识呢？"（11 节）诗人显然十分失望。

廿二 13　你说，神知道什么？祂岂能看透幽暗施行审判呢？

神在高天，在非常遥远之处，怎能看清地上人们的活动？因为地上是被幽暗遮住了。但是在族长的信仰中，耶和华是看顾人的神（创十六 13），祂什么都看见，什么都知道，神是无所不知的，神看清人的疾苦，也看见恶人所行的（创卅一 42；出四 31）。

但是以利法此处所说的，并非怀疑神鉴察的力量，而是以恶人的口吻来说，因为恶人以为神一定什么都不知道，也看不见人的行为，所以人在地上可以任意妄为，毫无顾忌。

廿二 14　密云将他遮盖，使他不能看见；他周游穹苍。

神在高处，远超穹苍之上，又有密云在下，挡住祂的视线，使祂不能看见。但是神有视线吗？这只是人的想象，其实神是无所不见，无所不知的。

在神显现的时候，必有密云，使祂的荣耀不能使人完全看见，这是神的启示，在启示中隐藏，在隐藏中显示。于是人以为神看不见。其实神周游穹苍。穹苍是指天际，祂周游，"周"只是边缘，祂只在边缘行走，已经使大地震动，整个宇宙都在摇撼之中，祂的威荣是人很难想象的。

神在穹苍的周围边缘巡行，周围是神创造的，这是祂在水面划出界限（廿六 10），祂在渊面的周围划出圆圈（箴八 27）。神不仅巡行，也坐在地球大圈之上（赛四十 22）。天地都是圆圈，祂不住管理宇宙的一切，在祂必一目了然，什么都无法逃脱。

廿二 15　你要依从上古的道吗？这道是恶人所行的。

古道在耶利米书六章十六节是好的古道,此处也许是一种讽刺的用意。但是"古"字在创世记六章四节提到上古是指英武有名的人,他们虽然有盛名,却是不敬虔的人们。古道的"古"('ôlām)字源为'lm,应为隐秘(参诗廿六 4),即黑暗之意。这道是幽暗的,涵义就是反面的了。⑧

这是恶人所行的,"恶人"是指有罪孽的人,与卅四章卅六节的恶人同义,卅四章八节也相同。琐法称之为虚妄的人(十一 11)。

廿二 16　他们未到死期,忽然除灭,根基毁坏,好像被江河冲去。

他们未到时候,就如禾稼一样收割下来,捆起来。这是原来的含义。未到时候,大概是指死期,"死期"可见是意译。

根基是立足之地,在地上建立,应该十分稳定,但是都被水冲去,此处似指洪水的审判,好似挪亚的时候一样。以利法在此处将约伯与挪亚的当代那些恶人相比。

廿二 17　他们向神说,离开我们吧！又说,全能者能把我们怎么样呢？

本节上与廿一章十四节上相同,下半节才再发问,认为全能者对他们也无可奈何。这当然是叛逆的态度。以利法是引述约伯的话,来攻击他的。神最好不要来干预人的行为,好让人有充分的自由。这样就可得着兴盛。

廿二 18　哪知神以美物充满他们的房屋,但恶人所谋定的离我好远。

十八节上半与廿一章十六节上相同,下半节与廿一章十六节下相同,可见这是完全引述约伯的话。此处以利法似乎承认神确以美物充满恶人的房屋,但那只是短暂的,不会久长。

在约伯,他是不会接受恶人的谋略,所以"离我好远"。"离我"有的更改为"离他"。对约伯来说,恶人的兴盛是不会有什么吸引力,不为所动。对以利法来说,他不愿接近,为躲避灾害。

---

⑧ A.C.M. Blommerde, *Northwest Semitic Grammar and Job* (1969),97.

有人认为十七至十八节应该删去,因为那只是引述的,⑨但此处以利法的用意,为加强他的谴责。

廿二 19　义人看见他们的结局就欢喜,无辜的人嗤笑他们。

恶人遭报,使义人欢喜,因为神的公义终于彰显。可参考诗篇五十二篇六节起,六十九篇卅二节,一○七篇四十二节。一○七篇是以利法在五章十六节下重复。

无辜的人与义人是同义的。他们就嗤笑恶人。这用语也在诗篇(二 4)。他们嗤笑的话在下节。

廿二 20　说,那起来攻击我们的,果然被剪除,其余的都被火烧灭。

"那起来攻击我们的",有的就直译为"我们的仇敌"。⑩ 也有的译为"我们的产业",这是七十士译本的译词,可参考创世记七章四节。⑪ 此处的用字原来的涵义为"起来"或"站稳",产业能否给人安全?但产业也并不稳定,最后还是会被除去而消失了,可见财产是无定的。

"其余的"或译为"丰余的",也都被火焚烧,似在回忆历史往事中所多玛、蛾摩拉被火焚毁的刑罚。

神的刑罚是双重的,有水冲(11 节及二十 28),也有火烧(二十 26),必全都毁灭,不会有什么余剩。因为神的审判是彻底的,这就是神公义的作为,将恶人完全除去,使他们的罪恶不能存留。

(iii) 吁求悔改(廿二 21～30)

廿二 21　你要认识神,就得平安,福气也必临到你。

以利法严责之后,仍如前两次言词一样,给予忠告,自居辅导者的地位,他是在吁请约伯悔改(参四至五章)。

"认识神",原意"与神同意",或"与神保持和谐的关系"。"平安"是与神立约。平安不是因认识神而蒙受的恩典。这前半节可译为:"你若

---

⑨ Dhorme, *op. cit.*, 334,引用 Budde, Beer, Duhm, Gray 的意见。

⑩ Gordis, *op. cit.*, 240; H. H. Rowley, *Job* (1970),196 - 197.

⑪ Dhorme, *op. cit.*, 335; Habel, *op. cit.*, 332 - 333.

与神和好,与祂立约……"⑫

"福气"一词可指"恩慈者",就是神。神可临到你,你就必有神的同在。这是一种译法。⑬另外是提出所指田地的出产,"你的出产必很丰余。"福气指丰余。⑭

这是友人的信念,约伯若肯回头,仍可蒙受神的福分,甚至是指物质方面的丰裕。他们仍坚持神的公义是罚恶赏善的。这样的信念没有改变,以利法重弹旧调,对约伯不再有说服力。

廿二 22　你当领受祂口中的教训,将祂的言语存在心里。

这是智慧者的语调,"领受"就是受教、学习,接受师长的训诲(参箴二 1,四 10,八 10)。"教训"不是指律法,但用字为"律法"。此处指智慧的训言(箴四 2,十三 14)。"言语"却与律法相连(箴四 5,五 7,七 24,八 8),是由律法为内容的教训。

耶和华的言语临到人的耳朵,由耳朵至内心,因为内心是记忆的所在。所以神的话必须存在心里。诗篇一一九篇十一节:"我将你的话藏在心里。"

下节提到全能者,祂就是智慧的师长。

廿二 23　你若归向全能者,从你帐棚中远除不义,就必得建立。

"归向"(shuv)在旧约中常用作"悔改"(参耶四 1～2)。这表明悔改与顺服,他必可得恢复。此处建立或重建,是指生命好似房屋一般再行重建(参创十六 2)。这也是智慧的用词(箴廿四 3)。顺服是在行为上改正,除掉诡诈(参五 16,十五 16)。

"帐棚"是指家庭及生活环境,"不义"是罪恶,通常的含义没有专指哪一方面。

"建立"在七十士译本,列在上半节,译词为"谦卑下来":你若归向全能者,谦卑下来,那么就该除去帐棚中的不义。也有可能指两个假定:你若归向……你若除去。在本节之后廿四、廿五节仍是假定,结果

---

⑫ Habel, *The Book of Job*, 332,340.

⑬ Blommerde, *Northwest Semitic Grammar and Job*, 98.

⑭ Dhorme, *op. cit.*, 336-337.

在廿六节。⑮ 有的将假定只在本节，两项假定，廿四节就是结果。事实上只有本节有"若"字。⑯

"建立"可译为"生活"，即将本节下作为结果，"就必得医治"。⑰

廿二 24　要将你的珍宝丢在尘土里，将俄斐的黄金丢在溪河石头之间。

珍宝是贵重的，却丢在尘土里，以利法劝约伯不贪财吗？但是约伯的财产早已消失殆尽，还有什么可以丢弃呢？有一种希腊文译本（Theodotion）及叙利亚译本作："你会看珍宝好似尘土。"就是说不再珍贵。神将来使他恢复，财宝就不算什么，何况在下节说："全能者就必为你的珍宝。"智慧比珍宝更有价值，比银子精金更可贵（箴三 14，又八 11、19）。

俄斐盛产黄金（廿八 16；参创十 29）。俄斐究竟在何处？印度、以拦、非洲，还是阿拉伯南部？以南阿拉伯较为可靠，因为根据创世记十章廿九节，俄斐是在示巴与哈腓拉中间。但这样贵重的金子也只在溪河石头之间，与石头无异。这即是希腊文译词，"如同溪河的石头"。

若干译词在意义上也不同，有译为"安放"，不是"丢"，而是安全地保存，可以安放在尘土与溪河中，不会失去，因为约伯的财宝已经失去，以后不再消失。⑱

还有一种译法，将"丢"字改为"收集"，在尘土中可收集珍宝，连在溪河石头之间也可找到俄斐的黄金，遍地黄金珍宝，俯拾皆是，收集起来，都是财富，因为神赐福给敬虔的人。⑲

廿二 25　全能者就必为你的珍宝，作你的宝银。

有全能者为珍宝，物质的财宝就没有价值可言了。但七十士译本的译词完全不同："全能者必帮助你对抗仇敌"。另将珍宝与宝银译为

---

⑮ Rowley，*Job*，197 - 198.

⑯ Gordis，*op. cit.*，241 - 242；Dhorme，*op. cit.*，335 - 336.

⑰ M. Dahood，*The Bible in Current Catholic Thought*（1962），66；Pope，*op. cit.*，167 - 168.

⑱ Gordis，*op. cit.*，242.

⑲ Dhorme，*op. cit.*，338，引用 Le Hir.

保障与保获。⑳

　　"宝银"又可译为"堆积如山"，㉑指金银十分多，非常丰富，可见此处描述物质财富之多，无法胜数。

　　廿二 26　你就要以全能者为喜乐，向神仰起脸来。

　　以神为乐，也是诗篇作者的经历所提说的（诗卅七 4），也有译为"依赖"、"信靠"。㉒ 这也与下节"祷告"有类似的涵义："你可以向全能者祷告……"㉓

　　向神仰脸，表明有充分的信心，曾在十章十五节、十一章十五节提及，又可参考以赛亚书五十八章十四节；撒母耳记下二章廿二节。

　　廿二 27　你要祷告祂，祂就听你；你也要还你的愿。

　　这是以利法一直劝导约伯的话，在五章一、八节，八章五至七节，十一章十三至十五节。

　　祷告与还愿常连在一起，可参考诗篇廿二篇廿五、廿六节，六十一篇六至八节，六十五篇一至三节。祷告蒙了应允，就有还愿，参约拿书二章九节；那鸿书上章一节；诗篇一一六篇十四节。

　　廿二 28　你定意要作何事，必然给你成就；亮光也必照耀你的路。

　　神应允人的祷告，使他一切所作的都顺利。"定意"原意为"切割"。有神的恩惠，有的事应该当机立断，有的事毅然决定，不必犹豫，不拖泥带水，莫衷一是。

　　成功好似道上的亮光。智慧者认为义人的路越走越明，光如黎明的光，一直到日午（箴四 18）。

　　光明也表征喜乐，因为不再有黑暗蒙蔽（11 节）。约伯埋怨他在黑暗的路径（十九 8）。但琐法强调义人有光明，虽有黑暗，仍像早晨（十一 17）。

　　廿二 29　人使你降卑，你仍可说，必得高升。谦卑的人，神必然

---

⑳ Robert Gordis，*Sepher Moshe Seidel*，255 - 263.

㉑ Pope, *op. cit.*, 168.

㉒ P. Joüon, *Mélanges de la Faculté Orientale de L'Université St. Joseph de Beyrouth*, III，1(1908)，323 - 325.

㉓ Gordis, *op. cit.*, 251.

拯救。

"人使你降卑"，但在原文中，并未指明"你"，只说："他们降卑"，因此有的译词为："当别的人（多数）降卑"。[24]

"必得高升"，"高升"也有"骄傲"的意思，但译为"务要勇敢"或"兴起"，似乎更为有力。有人降卑，你仍可说：兴起![25]

"谦卑的人"指眼目谦卑的人，与眼目高傲的人形成对比，可参考本书卅三章十七节；耶利米书十三章十七节。

有的解经家将本节作成两个对句："神使骄傲的人降卑，使眼目卑下的人得救。""高升"译为"骄傲"，"降卑"译为"压制"。这样就可成为尖锐相反的对比。[26]

廿二 30　人非无辜，神且要搭救他，他因你手中清洁，必蒙拯救。

"人非无辜"，"非"有（ î ）这字眼，引起学者们的争议。希腊文译本（Theodotion）与拉丁文译本省略了。叙利亚译本将这字作为"哪里"：无辜的人无论在哪里，神都搭救。[27] 但中译词还是照着原文忠实译出。

无可否认，上半节与下半节不甚符合，既同为拯救，那么两处的名词应为同义字，"无辜"与"清洁"。

如果仍旧保留"非"字，那么另一种可能，是将下半节作为问话：那无辜的人，神且搭救他，你手中清洁，神仍会拯救你吗?[28]

犹太拉比将"非"字译作惊叹词："哀哉，无辜的人……"[29]但是在译本中很少见到。

以利法盼望约伯真能悔改，而提升至族长英雄的典范，以查他可与他们并列。如以西结书十四章十四、二十节：挪亚、但以理、约伯都被称为义人，可作代求的职事。本书的结论中，他果然为友人代求，有罪的反而是劝导他的以利法与友人。

———————————

[24] Habel，*op. cit.*，332.

[25] Gordis，*op. cit.*，252；Habel，*op. cit.*，332 - 333.

[26] Dhorme，*op. cit.*，341 - 342.

[27] Dhorme，*loc. cit.*

[28] Rowley，*op. cit.*，199.

[29] Gordis，*op. cit.*，252，引用 *Babylonian Talmud：Tannit*.

附录：结构分析

本章文体是取争辩的论说，先是指控，再以劝导作结。以利法以法律用词谴责，证明约伯有罪，应予定罪，约伯仍执迷不悟，更加可恶。神的权能之公正必须维护，祂超越的崇高，使人卑下。约伯竟向神申辩，其骄妄的态度令人愤怒（3～4 节）。约伯又妄称神漠视公平（13～14 节），可谓大失敬虔，他的罪恶是无穷的（5 节）。约伯言语弯曲，谎言甚多，还自以为有智慧（参十五 7～9），实在可憎。以利法提出约伯逐项罪恶（6～9 节），滥用权势，不必再有证人，也已暴露无遗。约伯自行提出的"恐惧"（三 25）、黑暗（十九 8）、"惊惶"（廿一 6）等经验，正是十足反映恶人的命运，为以利法在第二次言词所描述的（十五 20～24），可见他真是罪恶的人。

继续的指控与第五节相同，约伯选择恶人所行的道（15 节），与恶人同流合污。他像恶人的态度，完全不自觉，大言不惭地说："全能者能把我们怎么样呢？"（17 节，参廿一 14）完全以神为敌（参九章）。

以利法的言词极尽讽刺的能事，自以为义才会定约伯的罪，他看约伯已有网罗环绕他（10 节）。古道原为智慧之道（耶六 16），却成为恶人的道路（15 节）。神是鉴察人的，有了密云怎会因此看不见呢？（13～14 节）他严责约伯对神那样怀疑，以为神在高处，与人有那么大的距离，一定不会再注意人的行为，而不再施行公义的报应。照以利法的分析，约伯有这样错误的思想，是因为"有黑暗蒙蔽你，并有洪水淹没你"（11 节）。神既在高处，以为神不知道，这是罪人的想法。在以赛亚书廿九章十五节：

"祸哉！那些向耶和华深藏谋略的，又在暗中行事，说，谁看见我们呢？谁知道我们呢？"

在以西结书八章十二节：

"他对我说：人子啊，以色列家的长老暗中在各人画像屋里所行的，你看见了吗？他们常说，耶和华看不见我们，耶和华已经离弃这地。"

在诗篇九十四篇七节：

"他们说：耶和华必不看见，雅各的神必不思念。"

　　约伯对传统的观念，有关报应的事，很难接受，他好似有传道书的语调，即八章十一至十二节：

　　"因为断定罪名，不立刻施刑，所以世人满心作恶。罪人虽然作恶百次，倒享长久的年日……"

　　约伯似在强调神与人之间距离那么远，报应的事未必明显。但他并没有放弃敬虔，在第一次的答辩中已经明确地表示了。这是中世纪的犹太经学家所特别强调的。⑩

　　以利法以辅导者的身份劝导，却以先知的口吻呼召悔改（23节，参耶四1～2）。他说全能者是智慧的师长（20～21节），可引导约伯归正，在用词上都是智慧文学的格调，如"领受"、"教训"、"言语"、"心"（22节）、"福气"、"珍宝"（21、25节）、"亮光"（28节），神诸般的恩惠（29～30节）。

　　他的劝告对约伯仍十分尖刻，刺痛约伯的心，"不义"（23节）是约伯否认的（六24～30，廿七4），却是以利法强调的（十五5～6、16、35）；他提到亮光，约伯也很受刺激，因为约伯不能寻见（三20、23）。以利法又玩弄用字，成为谐音，如"黄金"（beṣer）与"石头"（bᵉṣûr），尘土（'āpār）与"俄斐"（'ôp̄ir）都在第廿四节。

　　以利法认为约伯是污秽的；只有手中清洁，才蒙拯救（30节），这也使约伯很气愤，因为约伯已经洁净他的手，但神将他扔在坑中又弄脏了（九30～31）。

　　以利法也许在无意中预言，他日后要靠约伯为他代求得着拯救，他只劝说约伯，认为约伯需要拯救呢！

(II) 约伯第七言词（廿三1～廿四25）

　　在第三回合中，约伯第一言词，似乎对朋友完全漠视。他以极大的信念，尽力向神陈明。于是他又有一段冗长的埋怨话，表明义人并不看见神审判恶人，分别以廿三章及廿四章陈诉。

---

⑩ Gordis, *op. cit.*, 530-531，引用 Rashi, Ibn Ezra.

　　约伯并没有注意以利法对他的指控,当然他不会听取以法利的劝言,切实悔改。他心中何尝不愿与神和好。这是他心中极强的意愿。在他直觉中,他也明知不能与神和好,必不会蒙受福分。但是他定意不接受朋友的劝告,他坚持要自行到神的天上宝座前,来陈明他的案件,他既自以为无辜,又何必以悔改来将就低头呢?

　　他坚信神会允许正直人向祂辩明,宣判他无罪,这信念使他更大胆地维护他的无辜,他既有敬畏圣洁的神,就不敢干犯任意妄为的罪。

　　他仍为世界上的不公平之事而心中不安,所以他向神表明心怀不平的原因,义人受苦是始终引为困惑的(廿四章)。人们循规蹈矩、勤奋工作,所得十分微薄,任由恶人欺压凌辱。这种事情使他看了十分难耐,但他深信神是公义的,所以他咒诅起来,咒诅恶人遭恶报,相信到了时候,刑罚必定来到。

(i) 在神面前陈明(廿三 1～7)

　　廿三 1～2　约伯回答说,如今我的哀告还算为悖逆;我的责罚比我的唉哼还重。

　　约伯想在神面前陈明,但是他的口吻还是怨言。他的怨言是哀告,语气十分重,是法律程序中的争辩(参九 27,七 11、13,十 1)。在字义上是苦恼(七 11),甚至是苦毒。

　　"我的责罚"应是"祂沉重的手",就是降灾刑罚的力量(十九 21)。"神的手攻击我"(参一 11、十 7、十三 21)。在原文中原为"我的手",译为"我的责罚",但七十士译本作"祂的手"。神的手,神的权力太重,使他经受不起。

　　他的哀告还不称悖逆,还没有恶毒的语气,他的唉哼还比不上所受的痛苦。他好似说自己已经相当忍耐,他表露的哀情,还不算过分呢!

　　"悖逆"与"苦毒"是相近的字根,却并不相同(前者为 m-r-h,后者为 m-r-r),但二者含意有些近似。"苦毒"为拉丁文译本、叙利亚译本及亚兰文译本的译词。

"祂的手"有译为"祂的耳",神的耳重听,听不见人的怨言,[30]但却不为一般学者接受。

"如今"较为笼统,但原意为"今日",在此一时刻他感到经受不起的痛苦。

廿三 3　惟愿我能知道在哪里可以寻见神,能到祂的台前。

约伯提到他受苦的哀情之后,就表明他原有的愿望,盼能寻见神,如果他知道在哪里,就可进去,走到神的面前。

"台前"原意为固定的地方,多译为"居所",神的住处。照亚兰文译本、希腊文译本(Symmachus)、拉丁文译本,可译为"宝座"或"宝座之处"。神的宝座在天上(参王上八 39、43、49;诗卅三 14),或指地上的圣殿(出十五 17)。

诗篇八十九篇十四节:"公义和公平是你宝座的根基。"(参诗九十七 2)这是约伯的信念,知道神的公义容许他为自己辩明。

廿三 4　我就在祂面前将我的案件陈明,满口辩白。

这是约伯的愿望,在四、五节,都是以愿望的口吻(Cohortatives),他要陈明他的案件,好像在法庭的程序一样。

"满口辩白"原意为将辩白的话充满在口中,欲一吐为快(参三 15,廿二 18)。"辩白"一词是法律用语,在六章廿五、廿六节,十三章十五节,廿三章七节等。

"陈明"是整个过程中必有的步骤,经过整理,就会井然有条,有条不紊,表明他十分郑重其事。

"在祂面前",在十三章"面"是重要的用词(十三 15、21～22)。约伯总认为神掩面不看他,几乎拿他当仇敌(十三 24)。但他却无意逃避神的面。现在他愿当着神的面陈明,不计后果如何,他都愿意承担。

廿三 5　我必知道祂回答我的言语,明白祂向我所说的话。

这仍是约伯的愿望,深信神必以公平待他,听他申诉,而且会宣判他无罪。他认为朋友们不会明白,他向他们也说不清楚,更无法说服他

---

[30] A. de Wilde, "Eine alte Crux Interpretum, Hiob XXIII: 2," *Vetus Testamentum* 22(1972),368-372.

们，使他们相信，神是明白了解他的，必不以能力辖制他，下节就会有说明。

他盼望神真对他解释他受苦的原因，向他说话，使他明白，他就可以心安理得，没有什么遗憾了。

廿三 6　*祂岂用大能与我争辩吗？必不这样！祂必理会我。*

约伯在自问自答，他在考虑，想来想去，认为不必惧怕。因为神不会彰显祂的大能来慑服他（参九 32～34，十三 13～14）。照他判断，必不这样。神是恩慈的主，一定会理会他。

"理会"，即将"留心"听他申诉，在原文中没有"心"字，却有"安置"一词，将心安置，是指留心与存心，可能是简略的说法（Elliptic Expression）。约伯表达了信心，深信神必这样向他施恩，于是他的愿望就更迫切了。

廿三 7　*在祂那里，正直人可以与祂辩论；这样，我必永远脱离那审判我的。*

约伯认为恶人不致走向神，因为神一审问，他就被定罪。但是正直人不同，不必惧怕，神可以让他来辩明。他既自以为是正直人，就不存惧怕的心理了。

相反地，约伯说明他的案件，神会宣称他无罪。他得回清白，不再受法律的约束，可以完全脱离那审判我的，不是脱离神，而是离开神的审判。

约伯自承是"正直人"，所以他想一定可以得着无罪释放。这件案子就可结束了，不必像现在那样悬在那里，许久也解决不了。

(ii) 在神面前寻求（廿三 8～12）

廿三 8　*只是我往前行，祂不在那里；往后退，也不能见祂。*

约伯多么希望他可以求告神，但是神显然隐藏起来了，他无法找到祂。

"寻找"神，是在琐法的言词中（十一章）及智慧诗（廿八章）。二者似乎都说，神是找不到的。人是必朽的，神为世界所设计的，只成为隐秘的智慧而已，人无法测透（箴廿五 3，三十 4），对于神隐秘的道，约伯并不想寻找(参三 20～23)。他只想找到神,向祂辩白而已。

"前"指东边,"后"指西边,两端都无法寻到,也无从寻找。这样他就在进退维谷之中。进不能相近,退又不能忘却,这只有增加他的焦虑,不能达到他的目的。

廿三 9　祂在左边行事,我却不能看见;在右边隐藏,我也不能见祂。

左边是北方,看神在左边的行事,却不能看见。迦南人的观念,北方是神管理天上的会,人却不能看到(参廿六 7;诗四十八 3)。

右边是南方,神已经隐藏起来,在遥远的地方,在辽阔的境地,人又怎能找到神呢?

神是无所不在的神,人无法逃避神的面(诗一三九 7～10)。但是对约伯来说,神却是隐藏的,这隐蔽的神是应该寻求的。㉜

对那些想逃避神的,神必不隐藏,却向他们显现,要追讨他们的罪。对那些寻求神的,神使他们找不到,无非为使他们的信心扩展。神使约伯找不到,正表明祂对约伯的信任,要约伯为表达他的清白,而对神有进一步的奉献与信服,使约伯在信心的历程中有所进步。但这种操练的过程却是艰苦的。

廿三 10　然而祂知道我所行的路,祂试炼我之后,我必如精金。

约伯悲叹神的隐藏,因为他不能体会神的同在,神好像离开了他。但是他坚定地相信,神知道他所行的路。他的心思、意念、行为、动作,神都知道得十分清楚。"所行的路"可译作我平常常行的路。㉝"这条路,是我常走的,或是驻足站立,或是行止一切,祂都知道。"因为照原意,有两个字,或站立,或行走,都在这条路,叙利亚译词也是以这两项来说明。㉞

㉜ K. Miskotte, *When the Gods are Silent*, tr. J. H. Doberstein (1967); Samuel Terrien, *The Elusive Presence: Toward A New Biblical Theology* (1978); S. E. Balentine, *The Hidden God: The Hiding of the Face of God in the Old Testament* (1983).

㉝ Robert Gordis, *The Book of Job: Commentary* (1978),261.

㉞ John E. Hartley, *The Book of Job* (1988),339, note 3.

下半节先以假定的语气:"如果"祂试炼我,之后我必如精金。金子是须经过锻炼,放在坩埚中熬炼,经过火的炼净,才可成为精金。这也许是神对约伯的赐福之方法,因为约伯有这样的信念。

约伯用炼金这类比的方法,来说明他品格的栽培,是在祂的信心中,深信他的尊贵必然恢复,财富的恢复不是他所关念的,他要恢复他的清白。

以利法劝他放弃黄金,惟有全能者才是他的珍宝黄金(廿二 24～25)。但约伯不是要拥有黄金,而是要有黄金般的品格,高贵、有价值。朋友们怎会明白约伯真正的价值观呢?

廿三 11　我脚追随祂的步履,我谨守祂的道,并不偏离。

约伯的愿望是在试炼中,对神始终忠实与信服,最后得着神救赎的恩典。他的脚追随神,表明他决不偏离正路。信徒跟随主的脚踪,是最重要的。脚是行动的,象征着行为与工作。

箴言十四章十五节:"通达人步步谨慎。"通达人与愚蒙人对比,通达人是有智慧的人,有信仰、有德行的人,注意自己所行的,十分谨慎,不能走偏,是在正道。谨守祂的道,就是遵行真道的。约伯自己也极受警戒,决不偏离(卅一 7)。

"追随"一词与十八章九节"抓住"相同,是智慧文学的用词,如在传道书二章三节"持住",七章十八节"持守",与此处下半节"谨守"类似,却不是同一个字。

本节的含义,在下节再加解释。

廿三 12　祂嘴唇的命令我未曾背弃;我看重他口中的言语,过于我需用的饮食。

"命令"是诫命,嘴唇的命令与口中的言语二者是同义的,所以诫命是祂的言语,言语是教训,嘴唇与口又是有同样的涵义,表明直接是从神而来的,不只是指西乃山所颁布的律法,而是指着神经常的启示。耶利米书九章二十节:"你们当听耶和华的话,领受祂口中的言语。"

约伯对神的命令,在消极上不背弃,在积极上"看重",十分珍贵。近年的经学家,将下半节"典章"更改,照原意上半节的"诫命"为首字,下半节以"典章"在前端,作为同义的对比。这句话(下半节)直译出来:"我的典章就是我所看重祂口中的言语。"由于七十士译本与拉丁文译本的译词作"我的心胸"，可见这字稍作修改，就可有这译词，再参考诗篇一一九篇十一节："我将你的话藏在心里……"此处译为"在我心中我看重祂口中的言语"。

中译词："过于我需用的饮食"，似只出于第一个字。在字首的附加字，可译为"过于"。从"典章"改为"需用的饮食"，就无法解释，似乎也没有任何根据。也许是依照英文钦定本的译词，以神的话宜作食物。国际新译本（New International Version）以及美国新修订本（New American Standard Bible）都作同样的译词。

(iii) 在神面前惊惶（廿三 13～17）

廿三 13　只是他心志已定，谁能使他转意呢？他心里所愿的，就行出来。

当约伯思念神的权能，他的自信就有点热切起来了。但当他默想神的公义，在他对神律法的遵行上，就必大胆与确信。但当他的心转向神有权能的自由，以及神有尊荣的圣洁，他才会为惊惶所困。他就在这样的矛盾之中，不禁有起伏不定的情绪，在信念与困惑之间挣扎。他知道要对神有信靠的心，他必须驱除因苦难而来的惊惶。

本节上，在中译词十分含糊，"心志"二字是原文没有的。原意为"祂是唯一的"，"唯一"稍作更改，可作"祂只作一个心志"，中译词可能是照早期解经家的经文评鉴而作这样的译法。有的解经家为符合本节下，而译作"祂既这样选定"。[35] 但是"选定"似与下文不甚相符。祂是唯一的，是指祂固定不变，决定一切，祂所定的，人不能使祂转意。在原文"一位"是有介系词，是有本质的内涵（Beth essentiae，可资参考的经文为出六 3，十八 4；赛四十 10；诗卅五 2，一一八 7），它在文法上是有依据的。[36]

―――――――――

[35] S. R. Driver, and G. B. Gray, *A Critical and Exegetical Commentary on the Book of Job* (1921)，随从 G. Beer, Karl Budde, B. Duhm, G. Hölscher.

[36] E. Kautzsch-A. E. Cowley, *Gesenius' Hebrew Grammar* (2nd English Edition, 1910), 119, C1, 377 - 378.

神是独一的,在申命记六章四节,这信心的承认是否在约伯的心意中?[37]

廿三 14　他向我所定的,就必作成;这类的事他还有许多。

本节的开端有连接词,可译作"当然",神所定的是对约伯的命定,无可更改。必定实现,这是神的绝对的旨意,只有顺服,不可背弃(12节)。人是拗不过神的。这类的事很多,因为神对每个人都有计划与旨意,人无力改变,甚至看来不公平的事,人也是无可奈何的。

祂向我所定的,也可说祂对我所限定的,人的命运是在局限之中,特别指苦难。这类的苦难,还有更多,对约伯,过去与现在已经受够了,不想在未来还有。不但对他,也对每个人,因为苦难是约伯的经验,这经验也普及人类。

廿三 15　所以我在祂面前惊惶,我思念这事,使惧怕祂。

约伯想到神的伟大与权能,就惊惶(四 5),"惧怕"一词也在三章廿五节、四章十四节。

约伯想见神,他极想面对神,好似在法庭面对审判官(4～7 节)。但他又惧怕神,怕神一直使他惊惧(七 14,廿一 6)。神的面确使约伯惧怕(九 34,十三 20～21)。

他思念起来,想到神对待人的方法十分难测,他惊惧的心就更加深了。

廿三 16～17　神使我丧胆,全能者使我惊惶。我的恐惧,不是因为黑暗,也不是因为幽暗蒙蔽我的脸。

"丧胆"原意为"发昏",似与"惊惶"是同义,可参考申命记二十章三节;以赛亚书七章四节;耶利米书五十一章四十六节。

"黑暗"使约伯看不见神的面,"幽暗"使他的脸被蒙蔽遮盖,以致无法感到神的同在,因此他就惊惶与恐惧。

但是有些解经家认为,黑暗与幽暗才会使他惊惶、惧怕,因为这是阴间的现象。可参阅三章四至七节,十章廿一、廿二节,以及卅八章十

---

[37] C. Gordon, "His Name is 'one'," *Journal of Near Eastern Studies* 29(1970), 198 - 199; M. Dahood, "Northwest Semitic Philology and Job," in *The Bible in Current Catholic Thought* (1962),67.

七节,因此他们就将否定词"不"删除,约伯惊惧是因黑暗的缘故:"我的恐惧,是由于黑暗,也因为幽暗蒙蔽我的脸。"[38]

有的仍保持否定词"不",只是放在前端,并且将"恐惧"改为"静默":我因黑暗而不静默……,[39]又将"不"(lō')改为"向祂"(lô)。[40]

"否定"在语文的用法,也作为强调的语气:"真的",我因黑暗与幽暗而惊惶。[41]"惊惶"有时也可作"毁灭",有人又将"我的脸"删去。[42]

"恐惧"还有的译为"逃脱",[43]有的稍为更改,可译作"隐藏自己"。[44]

(iv) 在神面前抱怨(廿四 1～25)

约伯现在从自己的遭遇,转向他四围的世界,询问神为什么没有固定时间施行审判,容让这些恶人逍遥法外,而受害者陷于贫穷之中,忍受着悲惨的情况。凶暴与淫乱增多,但神却毫不遏止。

本章内容为经学家详加分析,认为有重新整理的必要。有的将十三节至廿五节归于比勒达,置于廿五章本六节后。[45]又有人认为五至八节应该删去,十六至十七节也是以后加上的。[46]也有的将五至八节、十七至廿二节及廿四节作为比勒达的言词。[47]更有的将本章整理之后,分为四首诗:(1)一至四节,十至十二节,廿二至廿三节;(2)五至八节;(3)十三至十四节,十五至十七节;(4)十八至二十节;经文有些也需

---

[38] H. H. Rowley, *Job*(1970),203.

[39] Edouard Dhorme, *A Commentary on the Book of Job* (1967),352.

[40] E. J. Kissane, *The Book of Job* (1939).

[41] Gordis, *op. cit.*, 263.

[42] N. H. Tur-Sinai, *The Book of Job: A New Commentary* (1957),358.

[43] F. Delitzsch, *Biblical Commentary on the Book of Job*, tr. F. Bolton, 2 vols (1866).

[44] C. Siegfried, *The Book of Job*(1893).

[45] G. Hoffmann, "Ergänzungen und Berichtigungen zu Hiob," *Zeitschrift zu die alttestamentliche Wissenschaft*, NF viii(1931), 141ff, 270f.

[46] Claus Westermann, *Der Aufbau des Buches Hiob*(1956),103.

[47] G. A. Bortons article in *Journal of Biblical Literature*, xxx (1911), 70ff,为 H. H. Rowley, *op cit.*, 204 引用。

对调,如十八节上之后是二十节下,之后再有十八节下等。㊽

"本章可照内容,分为两大段(廿四 1～17、18～25)。

1. 恶人得势,逍遥法外(廿四 1～17)

廿四 1   全能者既定期罚恶,为何不使认识祂的人看见那日子呢?

这里是以问题开始,神为什么不罚恶?"罚恶"虽在经文中并不出现,但含义却极为清楚。全能者既已定期,神不是经常施行罚恶的事,但到时必会彰显祂的公义,好似定有日期。这日期或定期是不隐藏的。为什么这日期一直没有来到,神罚恶有一定的日期(四 8,五 12～16,十五 20～23)。以利法曾说:"黑暗的日子"为恶人预备(十五 23)。琐法说这是神发怒的日子(二十 28)。但神常施慈爱给认识祂的人,常以公义待心里正直的人(诗卅六 10)。但是现在那些正直的人,就是认识神的人却不无可见。神罚恶的定期迟延了,恶人继续在地上行恶,甚至恶贯满盈。

神的审判是否有固定的时间呢? 可参考诗篇八十一篇十六节;以西结书廿一章三十、卅一节;传道书九章十二节;但以理书八章十七节,十一章十三、卅五、四十节。本节上半节也可作为一个问题:神为什么不订定一个日期来刑罚恶人? 七十士译本作:"全能者为什么隐藏审判的日子?"㊾那就是说,神根本不想有这样的日子,不想干预人的事,好似连恶人都漠视了。

神所定的日期,"定"可作"贮藏"(参诗一一九 11;箴十 14;伯十13,十五 20),神怎么会将日期留起来,留待将来呢?

认识神的人就是那些正直且爱神的人,他们看不见那日子,看不见神公义的报应,使他们失望与愤慨,正如约伯所感受的。

廿四 2   有人挪移地界,抢夺群畜而牧养。

自第二节至第四节,描述穷人受恶者欺凌压迫。

㊽ G. Fohrer, *Das Buch Hiob*, 34,35.

㊾ Dhorme, *op. cit.*, 353.

以色列重视地业,因为那是耶和华所赐的,他们认为他们必须忠于神所嘱托的,必须保护这地界,不容别人来侵犯,可参考申命记十九章十四节、廿七章十七节及箴言廿二章廿八节。恶者挪移地界,就是侵占穷人的产业。

恶人夺取别人的牲畜,占为己有,牧养起来,当作自己的家业。七十士译本将"牧养"改为"牧者",恶人不仅抢夺群畜,甚至将牧者一并掳去,供他们驱策。

那些恶人可能就在他们所抢来的地业上来牧放群畜。可见他们的强横。

廿四 3　他们拉去孤儿的驴,强取寡妇的牛为当头。

孤儿寡妇是社会里被遗弃的人,他们是无助的弱者,被欺凌也是无可求告的。孤儿的驴被拉走,好似穷人的羊羔(拿单的比喻,参撒下十二 4)。将寡妇的牛为当头,比较她的外衣还要残忍。外衣转去作为当头,晚上应该归还(参出廿二 26;申廿四 10 起)。但是牛好似磨石一般,是为谋生的,被夺之后,就无法生活下去,那是更加悲惨,更加无奈。可参考申命记廿四章六节。这种惨无人道的恶行,令人愤怒。

廿四 4　他们使穷人离开正道;世上的贫民尽都隐藏。

恶者胁迫穷人不能在公共的道路上,就是否认他们的权益,使他们无立足之地。他们被迫得无路可走,只能躲藏在阴暗的角落。

"世上"是指"地上",甚至指"本地",那些贫民已是无家可归的人,流落街头,都不能为一般人包容。他们随时随地飘荡,还不能使人们看见,必须躲藏起来,免得被赶逐。他们的处境已经到了绝处。

廿四 5　这些贫穷人如同野驴出到旷野,殷勤寻找食物。他们靠着野地给儿女糊口。

自第五节至第八节,描述穷人的惨状。节首以"看哪"引起注意,他们已经走投无路,只有好像野驴一般走到旷野去觅食。

"殷勤"可能指他们辛勤地工作,尽力做苦工,为求微薄的工资,但仍不能维持生计。他们为要养活儿女,也只有到旷野去捕捉鸟兽,才有食物养家人。这样的艰困可想而知。寻找食物是从早到晚,有时一无所获,空手而回,还得再想办法求食,生活实在是十分艰辛的情况。

本节经文不甚清楚,所以有不同的见解修改,为求较为明晰的意义。

廿四 6　收割别人田间的禾稼,摘取恶人余剩的葡萄。

穷人无以维生,只有到别人田间,去拾取收割后余剩的禾稻,这已经是所剩无几了,尤其那"别人"若与"恶人"同义,必更难有所获,因为恶人十分吝啬,还会有什么余剩的,更是少而又少。

"禾稼"一词,原意为碎穗与碎草混杂,只能勉强充作牲畜的粮食,人用它来充食,很不容易。本来律法有规定,容许穷人来拾穗(利十九10;申廿四21)。但恶人不会那么恩慈,多为穷人余剩,他们没有慈惠的心。

"摘取"一词,有"后摘"的涵义。葡萄收获后已经完毕,以后再结的果实质地比较差,量尤其少,穷人不能指望可有多少获得,何况在恶人的葡萄园,更得低声下气,哀求他们的允准,十分辛酸的经验。

廿四 7　终夜赤身无衣,天气寒冷,毫无遮盖。

穷人缺衣少食,在天冻的时候,为饥寒所迫,十分可怜。在巴勒斯坦及河东地带的山区,晚间特别寒冷。若无厚实的外衣盖身,无法御寒。衣服作了当头,而债主残忍,在晚间不容他取回,他只得穿着内衣,如赤身一样,毫无遮盖,怎能忍受?

在第十节再提说,他的赤身无衣之艰苦。

廿四 8　在山上被大雨淋湿,因没有避身之处就挨近磐石。

他们已没有住处,原有的也被债主取去,平时寒冷的夜间已经无法安睡在山野,如果有大雨,浑身淋湿,已经颤抖不已,再在湿地怎能躺卧? 在大雨之下,既无遮蔽,只有挨近磐石,勉强来挡雨,可见这是何等凄惨的情景!

这种惨状如果因受寒感冒而患病,就更加悲哀了。人因饥饿而体弱,再受贫病交迫,求生不得,求死不能,却在垂危之中。如有稚子,因饥寒哭号而不断呻吟,更难忍受。此处的描述十分生动,使人一掬同情之泪。

廿四 9　又有人从母怀中抢夺孤儿,强取穷人的衣服为当头。

孤儿与寡妇是社会中被忽略的,也是受恶人欺凌的,孤儿年少,多少可做些杂务苦役,成为寡妇唯一的依靠。恶人为胁迫寡妇,将孤儿夺去,不仅驱策孤儿,也将寡妇沦为女奴。孤儿或可指婴孩,在母怀中吃奶,恶人夺去,以婴孩的性命来胁迫寡妇,使寡妇只有低头屈服在恶人淫威之下。

穷人仅有的外衣,白日穿着可在外面人群中出行,夜间则可以御寒。现今因久债,被债主强行取走,作为当头,也不归还,夜间无法御寒睡眠,白天也不敢见人,躲躲藏藏,认为是极大的羞耻,恶人的罪行令人发指。约伯自忖从来没有这样行恶,因此他更视恶如仇。

廿四 10　使人赤身无衣,到处流行,且因饥饿扛抬禾捆。

自十节至十二节,恶人的罪行变本加厉,欺压穷人的事更加残忍。饥饿、干渴之外,穷人还得承受苦工的压迫。他们为讨一些食物,只有无止境地出卖劳力。他们所作的,竟然是扛抬禾稼,粮食那么多,他们却得不着施舍。

照理说,申命记的法典,不可禁止穷人用手摘穗子(廿三 25),连牲畜都给予恩惠,"牛在场上踹谷的时候,不可笼住它的嘴。"(申廿五 4)但穷人扛抬禾稼,仍不敢碰那些禾稼,忍着饥饿。

赤身无衣,不能在人群中,所以设法避人,好似做了虚心事,一般人也极为轻视。

廿四 11　在那些人的围墙内造油榨酒,自己还口渴。

那些人指恶人,他们养尊处优,生活穷奢极恶,有油有酒,十分丰富。他们住在十分豪华的住宅里,又有围墙保护,可与外界分开。穷人苦工进到围墙内造油榨酒,他们什么都得不着,连尝都不准,忍受着干渴。

穷人们只能一直服苦,仍无法抵偿所欠的债,他们受奴役是无尽的,所以他们的痛苦也是没有穷尽的,体弱再因苦工过分透支,只有做死为止。

廿四 12　在多民的城内有人唉哼,受伤的人哀号;神却不理会那恶人的愚妄。

在多民的城中,"多民"稍有更改,就成为"垂死",因叙利亚译词作:"在城内有人在垂死中唉哼。"现代译词多随从这样的说法。"垂死"与"受伤"可作同义的对比。他们因难耐的痛苦而发出唉哼呻吟的声音。

受伤的人是有病痛、伤残,身体的疼痛,加上心灵的苦楚,而不住哀号。

神却不理会,此处中译词作"恶人的愚妄",愚妄指罪恶神没有加以刑罚。但叙利亚译本作"祈祷",有两种希伯来文的手钞本也作如此的用词。⑳ 那么神不理会的,不是恶人的愚妄,而是穷人的哀求。

诗篇中常有哀歌,问神为什么不理会。先知哈巴谷的问语,虽是指国际的恶者,但求问神的哀声可以反映穷人受欺压所发的冤声:"耶和华啊,我呼求你,你不应允,要到几时呢? 我因强暴哀求你,你还不拯救。你为何使我看见罪孽? 你为何看着奸恶而不理呢? ……"(哈一2～3)这是约伯的心声。

所以本节第三短句作:"神却不理会他们的哀求。""他们"是指穷人们。

廿四 13 又有人背弃光明,不认识光明的道,不住在光明的路上。

从第十三节起,约伯指另一批恶人,他们的罪行不是欺压穷人,而是作奸犯科,无恶不作的人。他们背弃光明。光明是指道德的律法,他们是违法的人。他们根本不知道何为善,道德对他们是陌生的,他们没有道德的准则,所以犯了罪,还浑然无知。他们也不驻足在光明的路上。

光明是指白昼,他们却行在暗处,在黑暗之中,白昼是有秩序的世界,为神的公义所管理,但他们无法无天,破坏社会的秩序。

光对约伯来说是生命(三 16、20),对以利户是充足的生命(卅三20),对以利法是神的恩惠与兴旺(廿二 28)。但那些恶人的行为没有光明,只有黑暗,对他们来说,白昼与黑夜没有分别,都是黑暗,他们只在暗中犯罪。

"住在光明的路",照叙利亚译本,"住"改为"转回",他们没有转回光明的路,似乎他们永远不会(不肯)悔改,继续在黑暗之中。

有的解经家将本节移至十六节下,因为那里也有一句话:"并不认识光明"。

"光明的路",在本书卅八章十九至二十节又再出现。

廿四 14 杀人的黎明起来,杀害困苦穷乏人,夜间又作盗贼。

⑳ Dhorme, *op. cit.*, 362; Rowley, *op. cit.*, 208.

杀人的也都在黑暗中行凶。"黎明"原意只是"光",而此字稍为更改,就成为"无光之中",这样更改不是没有理由的,因为与下半节的"夜间"相符合。但原文为"光",不一定指黎明,却指白日,换言之,自白天至黑夜,他们杀害与偷窃。"黎明"或可与"夜间"作尖锐的对比,也是从早到晚,都作不法的事。

困苦穷乏人是无助的,他们被杀害,也没有人追究,家人不敢控诉,控诉也无济于事。这些恶人草菅人命,根本不在乎。他们在清早杀人,也许少有人看见。等人们发现尸体,一看是穷人,就不想追究了,所以穷人成为不幸的牺牲者。

盗贼在夜间出没,在十六节再提说。有的解经者将这一短句移至十六节。由于这短句起至十八节,在七十士译本没有出现,以致有的学者就将这一段重新整理排列。本节末句在十五节与十六节中间,然后才是十三节、十六节末句及十七节。⑤⓪

凶杀者以穷乏无助者为对象,在诗篇十篇八节起以及卅七篇十四节也有描述。

廿四 15 奸夫等候黄昏,说,必无眼能见我,就把脸蒙蔽。

本节以"眼"起始,以"眼"结束。直接译出:奸夫的"眼"等候黄昏,说,他若将脸蒙蔽起来,就没有"眼"可以看见了。

这是指奸夫存心犯罪,为隐藏罪恶,只有行在黑暗中。他不愿被人发现,就用东西将脸遮盖起来,是面罩等类的东西,或者黑暗就可将脸遮起来,使人看不清楚。

奸夫又好像妓女一般,在晚上、半夜或黑暗之中等候,正如箴言七章九节所描述的。

眼看引起欲念,在本书卅一章一节,约伯曾提说,又可参考主耶稣所说的(太五 27～29)。

廿四 16 盗贼黑夜挖窟窿,白日躲藏,并不认识光明。

盗贼偷窃,挖开墙壁进入,都是从黑夜的幽暗中进行,白天他们藏起来没有行动。"躲藏"或作"封印",即作记号,到时怎样照这记号挖,

---

⑤⓪ Dhorme, *op. cit.*, 362 - 363.

进入之处为合适的通道,这是白日作好的计划,晚上才行动。这也是叙利亚译本的用词"印记"。

"不认识光明"只是重复十三节,以上各节与此处综合起来:凶杀者、偷窃者、奸淫者,都在黑暗或黑夜中进行,他们的行为是暗昧的,不光明的。他们不要光明,因为光明是显露的,黑暗才会将他们遮盖起来,他们不爱光,倒爱黑暗。

廿四 17 他们看早晨如幽暗,因为他们晓得幽暗的惊骇。

恶人们将晨昏颠倒,正如以赛亚所说的:"祸哉! 那些称恶为善,称善为恶;以暗为光,以光为暗;以苦为甜,以甜为苦的人。"(赛五 20)

幽暗只带给人惊骇,但对他们却不同,因为他们"晓得"、"熟悉"。几乎可译为"友善",他们竟以幽暗的惊骇为友。[32]

本节下有不同的译词:"当光照明的时候,惊骇就抓住他们。"[33]这是需要很多的更改,看来并不需要。

2. 恶人猖狂,应受咒诅(廿四 18～25)

廿四 18 这些恶人犹如浮萍快快飘去,他们所得的份在世上被咒诅;他们不得再走葡萄园的路。

约伯曾说他的日子过去如快船,很快就会消失(九 25～26)。现在他论恶人如水上的浮萍一般轻,很快就会飘去。这是传统的说法,好似琐法所论述的(八 12～15)。但是约伯一般的论调,认为恶人没有消失,反在世上享受,兴盛顺利,并未遭报受罚,他的说法是否前后矛盾不一致? 还是他故意以朋友的口吻? 或者表达他的信念,认为恶者终久必即速灭亡?

"浮萍"与"咒诅"是谐音(qal-qll)。恶人的灭亡是迅速的,连审判都未到,已经自行消没了。这是他们的命运。他们所得的份,指他们应有的命运,也可指他们的产业,因为"份"与"产业"的涵义相同,产业被

[32] Rowley, *op. cit.*, 210.
[33] Dhorme, *op. cit.*, 366.

咒诅,是指产业被毁。

他们不得再走葡萄园的路,因为他们瞬即消失了。或者葡萄歉收,他们不必再去葡萄园,因为无可收成。另一种译词:"没有踹葡萄作酒的,走向葡萄园。"⑤

廿四 19　干旱炎热消没雪水,阴间也如此消没犯罪之辈。

干旱炎热使雪溶化,使水晒干,阴间也同样掳取了罪人,使他枯干消没。

有的经学家将"干旱"与"水"删除:"炎热消没雪……"⑤另一译词:"干旱炎热很大,雪水就流干了。"⑤又有译词作:"愿干旱炎热毁坏他们,他们被雪水淹没,落在死人之地。"⑤

廿四 20　怀他的母要忘记他,虫子要吃他,觉得甘甜。他不再被人记念;不义的人必如树折断。

"怀他的母",原意为"母腹",甚至"母"都是加上去的。原意为"怀他的胎腹",可参考以赛亚书四十九章十五节。妇人怎能忘记她吃奶的孩子? 有人仍认为这句话不是十分清楚,将"母腹"改为城中的宽阔处,那是公众的地方,忘记他们,他们不再被纪念。⑤ 这样就将一句删去:"虫子要吃他,觉得甘甜。"这是阴间的现象。

"如树折断",人的生命也必如此断绝。树喻生命,是约伯着重的(可参十四 7)。这原是希望的象征。恶人却无希望,他们如有希望,也必与他们一同灭没。

廿四 21　他恶待不怀孕、不生养的妇人,不善待寡妇。

当时社会中,妇女的地位低下,而不生养的妇人和寡妇更加低下。这是社会里最无助的人,恶人还要欺压与恶待。咒诅原该落在恶者的

---

⑤　Habel, *op. cit.*, 352; Rowley, *op. cit.*, 2H; Gordis, *op. cit.*, 256,269.

⑤　Pope, *op. cit.*, 188.

⑤　A. Guillaume, "The Arabic Background of the Book of Job," in *Promise and Fulfilment*, ed. F.F. Bruce (1963), 106ff.

⑤　G. Hölscher, *Das Buch Hiob* (1937).

⑤　原为若干解经家所提出,如 Beer, Driver & Gray, Duhm, Hölscher, 可参阅 Gordis, *op. cit.*, 270.

妻子,使她不能生育,甚至成为寡妇,但恶人未遭报,而可怜的人反被恶人轻视。

"恶待"是七十士译本的用词,希伯来原文是"牧养",是恶人掠夺群畜来,据为己有,牧养为宰杀或出卖(2 节)。恶者对这些不幸的妇女,当她们好似畜牲。

廿四 22　然而神用能力保全有势力的人,那性命难保的人仍然兴起。

这些有权势的人,是为富不仁的恶者,神还保全他们,仍然容他们兴盛。这节经文表明约伯不满神的行为。

但是学者们都作不同的解释,有的将能力作为有势力的人所具有的,有权力的人更利用能力来作恶,神却仍旧保全他们。"保全"有译为"延长"性命。[59]

"保全"原意为"拖曳",其用意如果是反面的,神将有势力的人,拖去带到毁灭之途。[60] 另可作:那些有势力的人虽有能力,神也将他们"抓住",处以刑罚。[61]

"保全"一词有"延长"的含义,在诗篇卅六篇十节"延长",八十五篇五节"延绵"。一○九篇十二节"常",这词作"抓住",在出埃及记十二章廿一节"取",传道书二章三节"持住"(即"抓紧"),诗篇十篇九节"掳"。

下半节"性命难保",同样的用词在申命记廿八章六十六节,同样译词,但在上半节"性命悬悬无定",对性命没有把握,或因失望,或因病痛,但是神仍使他兴起,又恢复了,还能生存下去。[62]

廿四 23　神使他们安稳,他们就有所倚靠;神的眼目也看顾他们的道路。

神保守他们,使他们平安,有安全感,毫无惧怕。

神的眼目究竟是看顾他们呢? 还是鉴察他们呢? 在于连接词,中

---

[59] Rowley, *op. cit.*, 212.

[60] Driver & Gray, *op. cit.*, 173,接受以下学者的意见:Bickel, Beer, Duhm, Rabinowitz and Obranin(Iyyob, 1916)。

[61] Dhorme, *op. cit.*, 390.

[62] Gordis, *op. cit.*, 256.

译本并无译出,但似作"并且",上半节是正面的,下半节也是正面的,如果连接词为"然而",那乃是反面的。看下节,可能这样译比较准确。[63]神的眼目不一定是"看顾","看顾"是附加的,原文中并不列出。神的眼目在鉴察他们的行为,知道他们的恶行,必施以刑罚。不能宽恕,因为公义的神断不以有罪为无罪。神若究察罪孽,恶人是站立不住的。

廿四 24 他们被高举,不过片时就没有了。他们降为卑,被除灭,与众人一样,又如谷穗被割。

他们被高举,也许兴盛一时,但不久必降为卑。他们被高举,指恶人们,是多数字。但他没有了,却是单数字,虽然中译本并未译出。此次多数与单数有些混淆,但含义方面却并不构成什么问题。

他们好似花草一般枯萎,终于被镰刀收割一样,如谷穗割下,不得存在。在原意为"降卑",有的意译为"枯萎",可参考诗篇一○三篇十五节。"与众人一样"在七十士译本:"像咸草"(卅 4)。

廿四 25 若不是这样,谁能证实我是说谎的,将我的言语驳为虚空呢?

这节是十足约伯的语调,他强调他的说法是正确的。他向朋友的挑战,有谁敢驳斥他呢? 他的立场严正,理论可靠有理,以致无人可以说他虚谎。

这是他辩论的话,他现在似不再悲叹,却有充足的理性,想得很透彻,说得很清楚。他决定坚持到底,决不妥协。他既认为无辜,就勇敢地等候,等候神向他宣告无罪。他又极其希望神及早刑罚恶人,显出公义,再与恶人相比,他就确实是无辜的人,因为恶人灭亡,他可以存活。

附录:结构分析

约伯第七言词有两章。廿三章的形成十分均衡。第三节起展开论说。两次典型的哀叹,在第二节及十七节,构成这一整段。第二节的形式与六章二至四节与十章一节相似,十七节主题论死或黑暗,是约伯一

---

[63] Gordis, *op. cit.*, 258;Rowley, *op. cit.*, 212-213.

直提说的(七 21,十 21～22,十二 24～25,十四 18～20,十七 11～16)。约伯想象在天上的法庭(4～7 节),再有他的顾虑,知道神的权能,使人惊吓的威严,他怕得不到公平的审判(13～16 节)。可见这些内容只是重复以前的言词,但比那些已略为详尽(9～10 节,十三章)。对神的惊怕是他一直耿耿于怀的(三 25,七 14,九 28)。当他真的面对神,他又感到惊惶(九 34,十三 20～21)。但他已预备承受神的试炼(10～12 节),来证明他无辜。

在第三节他已正式表明他的意愿:"惟愿我能知道在哪里可以寻见神。"这是他希望的所在。"惟愿"这字眼在约伯记比圣经其他书卷更多。

"惟愿我得着所求的……"(六 8～9)

"惟愿你把我藏在阴间……"(十四 13)

"惟愿我的言语现在写上……"(十九 23～25)

"惟愿在祂那里正直人可以与祂辩论……"(廿三 7～9,中文虽未译出,原文有这字样)

"惟愿有一位肯听我……"(卅一 35～37)

约伯的愿望归纳起来有以下数点:(甲)他想到神圣洁的面前,在神面前辩白(4 节),在神面前惊惶(15 节)。(乙)他想找到神的居所,甚至在天涯海角(8～9 节),这是智慧者的探索(十一 7～9,廿八 12 节起)。约伯要寻找神自己,不是追寻智慧、荣耀或永恒。(丙)约伯要听神的宣判,是否神以无言判定他,还是朋友们以言词重复着传统的说法,定他有罪。(丁)约伯想找到神的居所,却无法知道这路径,神却知道约伯所行的道(11 节)。

约伯寻找神,与以利法忠告他寻求神不同。以利法认为约伯寻求神,必须有虔诚、肯悔改(廿二 21 节起,参五 8,十一 13)。可见约伯的话是针对以利法,并且有讥刺的语调。约伯是将传统的智慧、愿望、哀语改变为面对神求告辩白。⑭ 约伯在辩白他无辜之后,并不肯定他的

⑭ Claus Westermann, *The Structure of the Book of Job* (1981), 67 - 70; J. C. Holbert, *The Function and Significance of the "Klage" in the Book of "Job" with Special Reference to the Incidence of Formal and Verbal Irony*, Ph. D. Dissertation, Southern Methodist University (1975),251.

信心,这就与诗篇中的哀歌不同,因为诗篇中辩白后必表示信靠的态度。约伯哀叹后仍感到不安(13~16 节)。

在廿四章辩论的言词,以问语开始。这问题并非哀叹、埋怨神(三11~12、20,七 20),而是以问题作为辩论的内容。答案在结语中,即二十至廿四节。问题与答案之间,有两个显然矛盾的看法。

约伯以悲惨却流利的话,描述欺压者的暴行,并详加生动地说明(2~12 节)。讲者决不漠视,因为这些都是社会的现实。社会还有一群人,也是破坏社会秩序之辈(13~17 节)。神似乎容许他们作恶,毫不干预。照智慧传统的观念,神必即速地要毁灭他们。他们应受咒诅,很快被灭没而且被遗忘(18~20 节)。这两种说法怎能调和呢?神的报应有一定的时候,却不是必朽的人所能明白的了。神许可罪恶的累积,恶人的势力似乎越来越大,神甚至容让他们升高与平安。但是神在看时间,恶人的权势只是短暂的,报应是迟延的,最后必来到,无可避免,如收割时的谷类一般,割下并且枯干(22~24 节)。

本章(廿四章)是合一的,因为主题前后相符合,有时重复,"榨酒"(11 节)与葡萄园(18 节)。"牧养"即抢夺而来(2 节),与"恶待"(21 节)两者用词相同,虽然意义上似有出入。"抢夺"在二节及九节。主要的描述在二至十二节,廿一节再提说,就是那些无助的人。二至十二节的描述与十八至廿一节二者取得均衡,都成为第一节问题的说明。

本章若干主题,是约伯屡次重复的,如十八至廿四节论恶人,先在廿一章。恶人得以兴盛,在廿一章七节、廿四章十八节再述。他们享受安乐(廿四 10,在廿一 8、11)。他们平安地归去阴间(廿四 19,先在廿一 13)。神没有向他们发烈怒(廿四 18b,也在廿一 17)。恶人在家安居,满有平安,没有惊怕(廿四 22~23,廿一 9)。照约伯看来,恶人安享福乐,无辜者受苦,与智慧传统中有关报应的说法不符。但最后恶人仍必遭报,是这一言词特有的。

因此,学者们对廿四章有质询之处,但看来十八至廿四节,如果是约伯的立场,与廿一章七节可以比较。如果真是约伯的话,表明他已找到答案。这样,以利户言词与耶和华言词就没有必要了吗?也许十八至廿四节,是约伯引述朋友们的话。于是有人认为廿四章应与廿八章一样,是单独的。不然,那些话是朋友的,在编排上应重新整理。有人主张这章自成单元。⑥⑤

廿四章有些话,尤其是十八至廿四节,甚像琐法的言词,如恶人的兴盛只是一时的(二十 5,参廿四 18),恶人可能被高举(二十 6,参廿四 22、24)。恶人终必消灭,不久就没有了(二十 7～9,参廿四 20、24)。社会中穷人仍很多(二十 10、19,参廿四 2～12)。琐法主张恶人的罪恶必暴露(二十 27,参廿四 23),他们必如水冲去(二十 28,参廿四 23),有一日神必发怒(二十 28,参廿四 1)。这就是他们的份(二十 29,参廿四 18),看来廿四章似乎是二十章琐法的续篇。

(III) 比勒达第三言词(廿五 1～6)

论神的能力与圣洁(廿五 1～6)

比勒达第三言词确嫌太短,有三种说法:(一)他的言词有一部分可能失散,不知如何拾回。(二)他的言词可能与约伯第八言词相混,设法辨认若干,如在廿六章五至十四节,为大多学者所持有。⑥⑥ (三)他这次言词已穷,无法再说下去。由于古钞本并无不同,或少数迥异不足为凭,仍应按原有的排列,不拟更改。

比勒达在论述中,并无适当的开端,只重复以利法的论调,主题为神的大能与祂的治权,在天地与地底下,祂不仅是全能的,也是绝对圣洁的。

廿五 1～2 书亚人比勒达回答说,神有治理之权,有威严可畏;他在高处施行和平。

参照十三章十一节,约伯的话,"祂的尊荣,岂不叫你们惧怕吗?"神是宇宙中至高的主宰,祂的能力使人感到畏惧。这也可使人注意,在形式上是赞美诗的体裁,十二章十三节:在神有智慧和能力。

---

⑥⑤ Habel, *op. cit.*, 358.

⑥⑥ H. H. Rowley, *Job*(1970),213,引述 Reuss, Siegfried, Ball, Dhorme, Stevenson, Terrien, Larcher, Pope, Lefèvre.

这种感受,深感神的威严可畏,强调神的圣洁与大能,也是约伯的言词中所提出的(廿三 15～16)。比勒达在此处作尖锐的对比:神的伟大,人的渺小。但这样说法,会否说出神太伟大,以致不屑顾及微小的世人? 因为这曾是约伯的困惑。在十七章二至十二节,约伯有同样的疑难。

神治理之权不仅在地上,也在天上,在高处建立秩序,因为灵界仍有敌挡神的恶势力(参诗八十二;赛十四 12～14,廿四 21～22),当祂除去罪恶的势力,和平才会实现。

在启示文学中,论地上的冲突与混乱,是因高处善恶之争战(但十 13、20～21)。但是神仍有绝对的治权。

廿五 3 祂的诸军,岂能数算? 祂的光亮一发,谁不蒙照呢?

祂的诸军,是在天上的,不仅天使,也包括天体,如日月星辰,可参考以赛亚书四十章廿六节。这些是无法胜数的,十分繁多。在约伯的言词中(十九 12),祂的军旅十分庞大,预备从事战争。

祂的光亮是天体发出的,无论指物质的或属灵的,比比皆是,非常华丽,到处光照,其影响遍及全地。七十士译本作"潜伏",只将"光亮"改一个字母,为有些学者所接受,即神在四处埋伏,无仇敌可以逃脱,表明祂威势之普及。[57]

光明是显露的,将黑暗中隐藏的罪恶都暴露无遗,可见那是可怕的,令人震惊、惊惶,罪恶之辈更无法在神面前站立得住。

廿五 4 这样,在神面前人怎能称义? 妇人所生的怎能洁净?

神的能力与祂的圣洁相等,可参考以利法的言词,在四章十七节及十五章十四节。这也是约伯的话:"人在神面前怎能成为义呢?"(九 2;参十六 17)"称义"是法庭中的用词,人是必死的,在神面前都有污秽,不能没有罪愆,甚至连天上的圣者都不能算为洁净,以利法在最初的言词中已经论述(四 17～18,参诗八十二 1)。

比勒达稍加更改,在月亮星宿的光照之下,人已经显出不洁来,更何况神的华丽与圣洁中,无数倍的光彩胜过天体,人岂不更显为污

---

[57] Edouard Dhorme:*A Commentary on The Book of Job*(1984),368-369.

秽吗?

人为妇人所生,更说明人的不洁。这是以利法第二言词中所表达的(十五 14)。在第一言词中,他已经表明人的被造,只是尘土,从地上而出的生存(四 19),必受地上发生的患难(五 6～7)。人是必朽的,容易犯罪(十五 16)。比勒达也有类似的说法,被造的人必见朽坏。

"洁净"在本书为常用的,除十五章十四节外,尚有八章六节、十一章四节、十六章十七节、卅三章九节。

人既不洁净,不得在神面前称义,约伯为自己辩白,成为多余的事。

廿五 5　在神眼前,月亮也无光亮,星宿也不清洁。

比勒达在此为神的道路,就是治理全地的旨意维护。惟有神是圣洁完全的,毫无缺点。月亮无论多么明亮,在神看来,仍是无光亮的。在神眼中,星宿也不清洁。这些都是神诸军中的,对人无论怎样光洁,却无圣洁可言,那就何况人呢? 更无可比较。

月亮与星宿的光辉只是物质的,可否喻为道德的洁净呢? 道德的已比物质的高,道德的仍无法与属灵的比较。

本节还可能将用字略为变更,可作这样的译词:"看哪,神命令月亮,月亮却不发光……"⑱

廿五 6　何况如虫的人,如蛆的世人呢!

人比天体更微小,更微不足道。人比作虫,在七章五节、十七章十四节、廿一章廿六节,指地上的小虫。虫是死亡与败坏的表征,是属阴间的,蛆虫也相同,最低等的动物,参考诗篇廿二篇六节以及以赛亚书四十一章十四节。这两种虫也可比较以赛亚书十四章十一节。

"人"是指属地的,属土的。世人是指必朽的人,不能永存。

可见约伯想到神面前,这种想法十分荒诞。人那么微小,怎可到伟大的神面前呢?

附录:结构分析

这一章比勒达的言词,似乎针对约伯言词。在廿三章十五节,约伯

---

⑱ Robert Gordis, *The Book of Job*: *Commentary* (1978),274-277.

站在神面前惊惶、惧怕，正是比勒达此处所回答的，神确有威严可畏（2节）。约伯所想念的是神的居所（廿三 3），但他实在看不清楚神究竟在何方（廿三 8～9），此处神在地上有治权，祂的治权也在高处——天上。

神的旨意限定人，祂有固定的心志，不能改变（廿三 14），约伯惟有谨守祂的道（廿三 11），在此处神在支配并命令光照亮。

约伯的意愿，希望在神面前辩明（廿三 4）。此处神太伟大，人哪有辩明的余地？人既不能称义，连天体都不洁，人更为有罪。

廿五章三、四节是以修辞的问题，论神的控制与人的罪恶。主题在五、六节，论天体尚且不洁，何况必朽之人，这些都是以赞美诗的体裁道出。

(IV) 约伯第八言词（廿六 1～廿七 23）

约伯第八言词最为学者所争辩，因为其中似乎是友人的论调，所以若干归比勒达（廿六 5～14），补充他过短的第三言词，又有若干归琐法（廿七 13～23），因为琐法第三言词并未出现。

正典并未作如此的调整，应都作为约伯的言词，可能有些是他主观的立场与见解，还有些是他以客观论智慧传统的说法，似与友人的观点相同，却另有他的见解。

如果照学者一般的调整，约伯只对比勒达答辩（廿六 1～4，廿七 2～6）。假若廿七章七至十二节仍是约伯的话，反以琐法的言语作结（廿七 13～23），那么约伯第九言词应为廿八章。但廿八章显然是自成单独的论说，而廿九至卅一章则为约伯的独语，这样调整仍有问题。

兹仍循原有的形式，或说是正典的排列，从约伯的指责与辩白说起，看他在思想中进展，以及他在心灵中的挣扎。廿七章廿三节应为约伯与朋友们争辩的回合告一段落。

(i) 指责与辩白（廿六 1～4）

廿六 1～2 约伯回答说，无能的人，蒙你何等的帮助！膀臂无力的人，蒙你何等的拯救！

约伯无意接受比勒达的话,他以讽刺的语调来指责。这里第二人称"你"是单数,但其他言词中多数字"你们"指文人们(十二 2～3,十六 2～5,十九 2～6,廿一 2～3)。此处好似他特别对比勒达说的,其余以友人们为对象。他仍以修辞性的问题来责问,语气中极表不满,因为友人们实在没有协助什么。他责问他们,是否真正有能力帮助与拯救,因为他看他们没有真正尽上朋友的责任,他们自身难保,根本没有能力。

"无能的人"并非指体力衰弱的人,虽然下半节提到膀臂,而膀臂是力量或体力的所在。"无能"与第三节"无智慧"二者其实是同义字。

"何等……"中译词似为一种描述,或以夸张的口吻来讽刺。但那也应是问话:你帮助了多少?你拯救了多少?约伯的意思是完全否认他们的救助。可见他们已经完全失败了。本来约伯也并没有对他们寄以什么希望,对他们早已失望,现在就更加失望。

约伯认为比勒达如果没有真的给他什么助力,完全在照顾朋友的责任上失败,就责无旁贷,应受责备,无可宽恕。他们在神面前控告约伯,安慰的劝语变成苛责的话,是他们的罪。

廿六 3　无智慧的人,蒙你何等的指教! 你向他多显大知识。

照上节的解释,这仍是修辞的问题,你对无智慧的人,到底指教他多少?"何等"也可译为"什么":你指教无智慧的人什么?

"你向他多显大知识。"又是讽刺的话,"大知识"是完美的道理,给他很多了吧? 或说,给他很多呢!

"大"(rav)改至"青年"(roveh),这样可使这节均衡。[69] 上半节无智慧的人,下半节无经验的人,"青年是缺少经验,蒙你显知识!"这也可译作"懦弱的人"。[70]

廿六 4　你向谁发出言语来? 谁的灵从你而出?

约伯讽刺比勒达,或指友人们,他们自以为以言语帮助人,是秉承神的旨意,甚至代表神,有神的灵与他们同在,以利法屡次以此自命代

---

⑥ Robert Gordis, *The Book of Job*: *Commentary* (1979), 286.

⑦ E.J. Kissane, *The Book of Job* (1939).

神发言（四 12 起，十五 11）。这更是约伯无可接受的。

约伯并不以为他们有神来的灵感，因为他看他们或比勒达没有什么特殊的智慧。比勒达都在重复友人们的话，他没有什么特殊的见解可以提供，约伯对友人的劝告早已失去信心，对他们已经完全失望。他们无论说什么，在他看来根本毫无价值可言，所以他不再与他们辩论，但他间接辩白，他是无辜的，他也有属灵的见解，明白全能者的奥妙作为，在以下作精辟的论说。

(ii) 全能者奥妙(廿六 5～9)

廿六 5　在大水和水族以下的阴魂战兢。

神控制诸天，因为祂的治权在高处，正如比勒达的言词所说的（廿五 2～3，参卅八 33），神也同样治理地上及地底下。在地底下，就是在大水和水族以下。

大水底下是阴间，阴间的入口为大水所封闭（参撒下廿二 5，同样的字句在十八 4 节起）。阴间是大水的深渊（拿二 3；诗八十八 7～8）。

"阴魂"中译词甚为明确，因为原文只作"阴影"，当作死者，此字（Repa'im）在创世记为一种特别的族类，也许身材高大可译作巨人，此处在七十士译本，就作此译词。可能不是身材高大，中译词为"英武的人"，在约伯河东居住，在申命记二章十至十一节，三章十一节，历代志上二十章四节。但在诗篇八十八篇十节，为阴间的居住者。在阴间居住是一种阴魂，在幽暗中生存（箴二 18，九 18）。

在乌格列文献（Ugaritic Texts）中，这是指死者成为神明，极有威荣，也论一群神话中的战士，由神明（Raqi）领导。这些在地底下有极大的威力，但在至高之神面前，惊惧而且战兢，感到无限的恐慌。[71]

廿六 6　在神面前阴间显露，灭亡也不得遮掩。

"阴间"在此处是另一用词（Abaddon），只在智慧文学中出现（参廿

---

[71] Norman C. Habel, *The Book of Job: A Commentary* (1985), 370.

八 22,卅一 12;诗八十八 11;箴十五 11,廿七 20),原意为"毁坏"。在新约启示录九章十一节音译为"亚巴顿",名叫亚玻伦。

"显露"是在神显现的时候(诗十八 13～15;参诗一○四 1;箴十五 11)。神面前的光必穿越地极(廿五 3),达到阴间,因为阴间是在地极的下面(十八 8)。阴间是神秘的地方,隐藏在死亡与毁坏的奥秘。他们无论怎样隐藏,仍不能在神面前逃避。诗篇一三九篇七、八节:"我往哪里去,躲避你的灵? 我往哪里逃,躲避你的面? 我若升到天上,你在那里;我若在阴间下榻,你也在那里。"约伯曾想逃避神(十四 13),他又想在神面前,只是找不到祂的居所(廿三 3、8～9)。

此处"阴间"(Sheol)是旧约的常用词,照字义,可解为"求问",是人求问神的地方吗? 神不会回答,却是祂审问罪人之处,[22]或说是祂审断之地。[23]

如果阴间都无法隐藏,我们人心更难在神面前躲藏了。人不能逃避神,因为神是鉴察人心的,祂什么都看见,洞察一切。神追究的,不但人在地上,就是人在地底下,甚至在阴间,神也都能够看见,因为神是无所不在,而且是无所不能的。

廿六 7　神将北极铺在空中,将大地悬在虚空。

北极或北方,是诸神居住处(参廿三 3),必是西北闪族人的观念。这是宇宙性的高山,有诸神明拥集此处(赛十四 13)。北方是神施展祂的治权,好似祂将天展开,如同帐幕一般。[24]神展开天,在天上支搭帐棚,为耶和华显现的现象(诗十八 9～11,一○四 1～4)。在太初,神将天作为地面的上盖(赛四十二 5,四十五 11～12,五十一 13、16)。神展开天,祂在那里居住(诗十一 7),祂的宝座隐藏在其中(9 节)。此处约伯提出北方,而不在其他的方向,可能因为约伯不能在其他方向找到神(廿三 9)。在左边的附近是北方。

---

[22]　Gordis, *op. cit.*, 278,引用 Jastrow's article in Journal of Biblical Literature (1900), 88ff.

[23]　Alfred Jeremias, *Das Leben nach dem Tode*, 109; Ivan Engnell, *A Rigid Scrutiny* (1969).

[24]　G. Mendenhall, *The Tenth Generation* (1973), 56ff.

将大地悬在虚空,这虽是诗人的描绘,但也反映以色列传统的宇宙论。古代以色列人的观念,认为地球是由柱子托住,深植于大水深处。这些柱子都是巨大的,都是山岭才可托住。

"虚空"是指渊面黑暗,与创世记一章二节,空虚混沌在地面。地本身好似浮在天空,悬起来,如漏斗一般。此处好似强调大地的不稳,虽有柱子,仍未切实拴住根基,使这根基稳住,并未坚定不移,仍会动摇不已。

大地既悬在空中,很不稳定,两人在这地面上,也极不稳固。

廿六 8　将水包在密云中,云却不破裂。

这是神创造的奇工,水在云中,竟能不破,如同水在皮袋中,原只是一定的容量。超重是经不起的,可见这事是神迹。

水包在密云中,是有下雨的景象,但好似皮袋包住,以致没有降下雨来。箴言三十章四节:"谁包水在衣服里?"也是描写神创造与维持的大能。创世记七章十一节描写洪水的泛滥:天上的窗户敞开。在耶和华的言词卅八章卅七节:谁能倾倒天上的瓶呢? 瓶指酒瓶,如盛酒的皮袋一般。

密云只是一些凝固的气体,在空中浮动,却包容大量的水,是神的大能使云层坚固不破。

廿六 9　遮蔽祂的宝座,将云铺在其上。

神的宝座太光耀,人无法看见神的荣光,所以必须遮蔽起来。神的宝座与祂的居所连在一起,在那里要传出圣旨(诗二 7)。"宝座"在母音的标点若稍改变,则成为"月望"(诗八十一 3;箴七 20)。

祂以云遮盖宝座,或以云遮盖月圆,都是极美而有意义的描述。

云在旧约常有象征的意义,云成为神的面具,就是将神的荣耀遮掩起来(出卅七 17~23)。云在会幕之上,所罗门殿之上(出四十 34~38;王上八 10~11)。云在约柜之上,神的宝座在基路伯之上(撒上四 4)。

但在此处提说宝座有些奇特,因为本段原在描述天地的景象,并未特别提出神的作为与治权。但这些意思是内涵的,并无不当,说明神的荣耀本性遮掩起来,却将祂的作为表达出来。

(iii) 宇宙之秩序 (廿六 10～14)

廿六 10　在水面的周围划出界限，直到光明、黑暗的交界。

本段仍继续述说神的奥妙，祂的作为在自然界是伟大的，太伟大了，人实在无法测透，看宇宙的秩序井然有条，足见神的安排十分周密与完善。

在神创造宇宙的计划中，祂划出界限，划了范围，不得越过。在水面的周围，定了界限，好似将门与闩都安放，水就无法越过。

水可能指创造世界时的深渊，如果照古代近东的说法，那是罪恶的渊薮，是属于一种迷信的说法。但在希伯来人看来，神才是真的得胜罪恶，管治宇宙，罪恶的势力都不能胜过，因为神已加以限制。

周围可能指地平线 (参 New English Bible)，在那里光明与黑暗相会交接。参考以赛亚书四十章廿二节"地球大圈"。

箴言八章将智慧神学化，论智慧在神创造的大能工作有份。神命定智慧参与，因为神在渊面的周围划出圆圈，为沧海定出界限，使水不能越过祂的命令 (八 27、29)。

光明、黑暗的交界，光暗分明。在何处光停住，该一空间只有黑暗，若光照耀，可穿越黑暗，黑暗就不存在。光照与黑暗就有了界线。

但是神原不被黑暗所遮蔽，因为黑暗与光明在神都是一样 (诗一三九 11～12)。

光明与黑暗的交界，正是地平线，在地的极处才有清楚的界限，这只是我们肉眼所能见到的，可见人是有限的，正如别的受造之物。

廿六 11　天的柱子因他的斥责震动惊奇。

天的柱子是高山，天是由高山托住的，天是包容许多的水，所以很有重量，但有高山托住，就可以承受。这是古代的思想。但是神一斥责，高山的力量就失去了，以致抖动起来，表明其恐惧与惊惶，可参考撒母耳记下廿二章七节及诗篇十八篇七节。诗篇一〇四篇六至九节正反映这两节 (10～11 节)。神的斥责好似雷鸣一般 (诗一〇四 7，十八 15)，足以震动山岳。

廿六 12   祂以能力搅动大海；祂藉知识打伤拉哈伯。

大海仍是创世记一章二节的深渊，既是象征罪恶与混乱，就有神的能力将之控制。七十士译本与亚兰文译本将"搅动"译为"分开"，神的能力将海分开。照这用字在以赛亚书五十一章十五节与耶利米书卅一章卅五节也都作"搅动"，有的译为"静止"，[75]经文的依据为以赛亚书卅四章十四节、耶利米书卅二章一节、四十七章六节、五十章卅四节。中文译词不一，有安靖、安息、平安、安歇。

拉哈伯在本书首次出现为九章十三节。该字原意为"激动"或"嚣张"，常以此表征埃及(赛三十 7)，神必将它制服，击打它。上半节提到神的能力，下半节提到神的智慧。此处知识即智慧。"大海"与"拉哈伯"是同义的，都指恶势力。这二者都是巴比伦神话里的怪物。

廿六 13   藉祂的灵使天有妆饰；祂的手刺杀快蛇。

神的灵施展祂的能力至诸天，这字原意为妆饰，但与混乱的恶势力争战，哪会有什么美景可以欣赏呢？所以经学家找到亚甲文与希伯来文相似而意义不同者作为参考(Hebrew Word：šippera，Akkadian：šuparraru 字根相同)，改为"施展"或"延伸"。[76]

"灵"亦作"风"，神将风吹起，将天空的密云吹散，就晴朗有丽日当空，十分佳美(诗篇的用词，诗十六 6)。可见仍与上节相连，神的能力与智慧。上节的知识不仅指实用的智慧，也有"谋略"或"先见"的涵义。[77]"知识"也与"分辨"为同义字(bina 参考经文为廿八 20，卅九 17)。神的能力与智慧连在一起，在耶利米书十章十二节及箴言三章十九节。神的智慧在自然界，在本书卅八章(24～27 以及 8～11，后者尤其指神对付深渊)。

神的手仍指祂的能力，"手"与"灵"在以西结书是常用的，也是同义字。"刺杀快蛇"，快蛇原为飞蛇，又是神话中的怪物，是罪恶的表征。[78]

"刺杀"与本章十二节"打伤"，可参考以赛亚书廿七章一节：本书三

[75] H. H. Rowley, *Job* (1970), 219; Gordis, *op. cit.*, 280.

[76] Gordis, *op. cit.*, 280.

[77] Habel, *op. cit.*, 373.

[78] C. Gordon, *Biblical Motifs* (1953), 1-10.

章八节。

廿六 14　看哪,这不过是神工作的些微,我们所听于祂的是何等细微的声音,祂大能的雷声谁能明透呢?

这里是一个总结的语句,概括神在自然界伟大的创造奇工。"工作"原为"道",神的道在外形可窥见一二。"些微"原意为宇宙的外形,或"明显的外廓",是神所构造的宇宙一部分外廓而已,一个粗略的轮廓而已。[79]

神的工作原为神的道路,又可作治权能力,[80] 又译作"领域"。[81] 廿八章廿六节"道路"与"命令"同义,是神宇宙设计的法则(卅八 33)。在箴言八章廿二节,智慧的道在工作以先,是创造大工的原则。[82]

我们所听于他的,是何等细微的声音。细微的声音是一种低语,可参考四章十二节,有译为细微的回响(Echo)。[83]

在自然界的声音无论细微或巨大如雷,都不能明白神的心意与作为,人又何能明白神呢? 这不但是朋友的口吻,也是约伯的语气。他们都不得不承认自己的无知。

(iv) 无罪的辩白(廿七 1～6)

廿七 1　约伯接着说:

在以前的言词开端,都是"约伯回答说",但此处用词显然是不同了。原意为:"约伯采取箴言的方式","箴言"是智慧文学的体裁,不只是箴言,而且也可译为比喻、寓言、寓意,也常指诗歌,与诗体的言词,如民数记廿三章七节,巴兰提起诗歌,诗篇四十九篇"比喻"。以赛亚书十

---

[79]　Habel, *op. cit.*, 374.

[80]　M. Dahood, *Hebrew-Ugaritic Lexicography*, I‐XII; *Biblica*, 44‐55, esp. (1964),393‐412; M. Greenberg, J. C. Greenfield, 2nd N. H. Sarna, *The Book of Job* (1980); *New English Bible*.

[81]　F. I. Andersen, *Job* (1976).

[82]　Norman C. Habel, "The Symbolism of Wisdom in Proverbs 1‐8," *Interpretation* 26(1972),131‐157.

[83]　Gordis, *op. cit.*, 274,281.

四章四节;弥迦书二章四节,都是在介绍或引入祸哉的宣告,又可参考哈巴谷书二章六节。

有时这也是指言论或主题的再述,中译本可能采取这样的解释,而译为:"接着说"。㊹

约伯已经不再回答友人,虽然本章十一、十二节仍在答复他们,但大多只是他自己郑重的宣告,好似在法庭前辩白一般。

廿七 2　神夺去我的理,全能者使我心中愁苦。我指着永生的神起誓。

"我指着永生的神起誓",原意为"神活着",或"指着神",是誓言的方式。可参考撒母耳记上十四章卅九、四十五节;撒母耳记下二章廿七节。在誓言中,提说神的名,就表明假誓或誓言与实际不符,必招致咒诅。这是约伯在失望中最后的要求。他预备呼求神出庭,或说神呼唤他(十三 22)。他已发出挑战(十三 19)、控告(九 22、28)、辩白(九 20、21),呼地为见证(十六 18)。希望有中保来干预(十九 25),哀求神,不要发怒(廿三 3)。他只想有公平的审断,证明他的无辜。但是看来神不给他机会。现在约伯采取最后的步骤。他向法庭宣誓,好似法庭正在开会。他的誓言是为呼求听讼,是否有人听,他都不答了,他这样做,似乎有讽刺的口吻,毕竟这是出乎他的想象。但他希望神真是愿意来审断,而且确有公平来处理,神真的有反应。他以神的永生来起誓,是在催神的反应。约伯的妻子要他咒诅神,这样做,必使神除灭他。

约伯的起誓,引起以利户极其不满,因为这样作,无非任意玩弄神的公义(卅四 5 节起)。以利户自以为他在法庭,说些公道话,好似辩护的律师一样。

"神夺去我的理。"夺去是置之一旁,或置之不顾。在八章三节:神偏离公平(八 3,又廿九 14)。神不愿意听,使约伯感到愁苦,可参考七章十一节、十章一节,又三章二十节及廿一章廿五节。

㊹ A. Johnson, "māšal," *Supplements to Vetus Testamentum* 3(1960),162 - 169;
O. Eissfeldt, *Der Māšal im A.T.* (1913).

"理"指权益,或法律的权利,[65]或法律的案件。[66] 前者根据八章三节,后者照十三章十八节的涵义。

廿七 3　我的生命尚在我里面,神所赐呼吸之气仍在我鼻孔内。

这节是以括弧来圈出,表明这是在誓言的方式(2 节)与誓言之内容之间(4 节)。约伯是说,在有生之日必遵守这誓言。

生命与呼吸,是神所赐的活力与生气(卅四 14,参创二 7,七 22)。生命实际是气息,而呼吸之气是灵。这两者也可指见解与理智(参卅二 8,卅三 4,参二十 3,廿六 4)。神吹气在人的鼻孔里,使他成为有灵的活人。约伯似乎在说,他们身体虽然毁灭,内心尤其愁苦,但是心灵仍旧完好,可以起誓,证明自己无辜。

上半节可根据撒母耳记下一章九节下:"我的生命尚存。"又他先提鼻孔,从鼻孔再到嘴与舌(4 节)。

他的意思是说,我还有力气。[67] 只要我活着,我必说话诚实,行为端正(廿七 6 下)。

廿七 4　我的嘴决不说非义之言;我的舌也不说诡诈之语。

这是誓言的内容,是以自己所引发的话。"如果……"有假定的语气:如果我说非义之言……我愿受咒诅。于是这就成为肯定的话:决不!

"嘴"原为嘴唇,与舌是同义的。"非义"原为虚假,"诡诈"原为虚谎,所以这两者也是同义的。

下半节"说",可译作"念念有词",在诗篇卅五篇廿八节为"论说"。

廿七 5　我断不以你们为是,我至死必不以自己为不正。

约伯再以誓言的方式,申明他的无辜。上半节:如果我以你们为是,就是自己甘受咒诅。这仍是以法律用词来表明,意即"自己的口要定我为有罪"(九 20,十三 8)。

[65]　Marvin H. Pope, *Job* (1965),187.

[66]　S.H. Scholnick, *Lawsuit Drama in the Book of Job*, Ph. D. Dissertation, Brandeis University (1975),285.

[67]　S.R. Driver & G.B. Gray, *A Critical and Exegetical Commentary on the Book of Job* (1921).

"至死"是直到他断气的时候，是约伯的语气（可参考三11，十18，十三19，廿九18），他一定强调他的纯正（卅一6）。如果他承认友人是对的，就否认自己的纯正了。

廿七6　我持定我的义，必不放松；在世的日子，我心必不责备我。

"纯正"在上节是归纳他与神的关系，一章八节，二章三节，他是完全正直的人，四章六节，以利法也承认他的纯正。此处的"义"是同义字。他保持他的义，在神面前，他道德与律法的地位都站得住，表明神对他不能指摘，无法宣判他有罪。他谨守真道，并不偏离（卅三11）。他受苦，决不是受神公义的审判（十六17）。他的义还不是外表的行为，也是他内心的实况。他的良心清洁，动机纯正，在廿九章内，他还会强调。

他持定义决不放松，好似拉住心爱的人，不容他走（歌三4）。

"我心必不责备"，"责备"原意为"亵渎"，而且是指对神的态度，不亵渎神。这是犹太拉比的解释。⑧ 但有的经学家将这字稍为更改，就成为"羞耻"："我不以在世的日子为耻"，表明他实在无可指摘。⑨

或者"在世的日子"指他"由生而来"，可参考撒母耳记上廿五章廿八节，列王纪上六章八节及约伯记卅八章十二节，又有译作："我的心从不虚假，在我整个的人生之中。"⑩

（v）咒骂对敌者（廿七7～12）

廿七7　愿我的仇敌如恶人一样，愿那起来攻击我的，如不义之人一般。

自本节起，许多学者就认为是琐法的言词，其中只有十一、十二节仍应归于约伯的话，有的只以十二节为约伯的话。但是七至十二节仍

⑧ Gordis, *op. cit.*, 288.
⑨ Dhorme, *op. cit.*, 381，根据 Duhm, Hölscher.
⑩ N. H. Tur-Sinai, *The Book of Job* (1957), 387 - 388. 但他仍以"亵渎"为较合宜的译词。

似约伯的言词，但自十三节像是琐法的，十三至廿三节又嫌太短。⑨

　　他的仇敌是恶人。恶人与不义之人是同义的，这必是指友人，在约伯看来，他们是仇敌，因为他们仿佛神逼迫他（十九 22）。但是神不能与恶人相连，如果约伯真是以神为仇敌，那就无异是亵渎了。

　　他们起来攻击他，"起来"好似在法庭中起立控诉，他们是敌对他的。所以他的愿望是他们如恶人一样，恶人这样遭报受苦，他们是攻击他的，而他们应该受攻击。受苦的应是他们，不应是他。

　　如果受苦的是友人，也许他们会同情他，由于他们没有受苦，所以非但不会同情，反而肆意攻击，使他心中的气愤不能平息。

　　比勒达咒诅恶人的话（八 22），是约伯现在要针对友人的，因为他们以约伯为恶人。

　　廿七 8　　*不敬虔的人虽然得利，神夺取其命的时候，还有什么指望呢？*

　　不敬虔的人得到，照动词的形式，应为加重语气的主动词，可译作获得暴利，或以强暴获利，如在创世记卅七章廿六节"益处"，出埃及记十八章廿一节"不义之财"，诗篇十篇三节。如果将这动词作为被动词，可译为"被剪除"。⑨　如果是"被剪除"，就与"夺取其命"成为同义词。

　　犹太学者将"夺取"改为"剪除"，⑨"夺取"也有三种解释：掳为掠物，索取生命，另外还有是不敬虔向神的呼求。⑨

　　照以上的第三个建议，可译作："不敬虔的人必被剪除。他们向神呼求的时候，仍没有什么希望。"

　　照本节原文排列："不敬虔的人有什么指望呢？"然后两个连接词："当他们祷告的时候，当他们向神呼求的时候。""得利"一词称为改动，可作"祈祷"解。⑨

---

⑨　Dhorme，*op. cit.*，382，Duhm 只将十二节归约伯，但 Gray 拨出两节，即十一、十二节。

⑨　Gordis，*op. cit.*，288.

⑨　Gordis，*op. cit.*，288-289，根据 Rashi, Ibn Ezra.

⑨　Dhorme，*op. cit.*，382.

⑨　Dhorme，*op. cit.*，383.

如果真可译为祈祷,下节仍连续这意思。

廿七 9　患难临到他,神岂能听他的呼求?

患难临到他,是罪恶的刑罚,他想呼求神的拯救,但神不会垂听,神所以不垂听,因为恶人只想脱离患难,却无意悔改,他既不愿遵行神的旨意,必不会讨神喜悦。惟有虔诚人的祈求,神才会应允拯救(诗八十六 1～4)。

当友人看约伯为恶人,他们又劝说他祈祷。当然他们盼望他能悔改,不然恶人祈祷又有什么效果呢? 在他们看来,患难已经临到他,神是不会听他的呼求了,在他们观察与劝说之间,仍有牵强之处。

廿七 10　他岂以全能者为乐,随时求告神呢?

本节可作两个问句,但在上节只有一个假设。他岂以全能者为乐?他能随时求告神吗? 这可说是修辞性的问语,根本不需要答复,答复也是否定的。

叙利亚译本,当作约伯的自承,表明他可以随时求告神,因为他是以神为乐的。那并不是问语,而是肯定的见证,再加上一句:神必垂听应允他。㊵

但看来本节的涵义是反面的、否定的,友人们认为约伯没有什么指望,只有患难,神决不会垂听他的祈求。

自七节至十节,似为朋友指恶人必遭患难。但是更可能是约伯的话,因为他看友人为仇敌。他似乎又回复原有的信念,八节可加上“因为”,他说明恶人必有患难,他所不能明白的,因为他并非恶人却遭遇患难,似乎与恶人一般,这是他无法明白的,因为他仍坚持自己受患难,决非罪恶的刑罚,他仍看自己是无罪的。

廿七 11　神的作为,我要指教你们,全能者所行的,我也不隐瞒。

约伯从咒诅恶人的话,转向朋友,他要指教他们有关神的作为。“作为”原为“手”,即指神的能力,有人以为这是琐法的论调,他着重的是神的能力,而约伯强调的,却是神的智慧与公义。

但是他所指教的是“你们”,不是“你”,可见那应是约伯的话,向友

㊵ 参考 Dhorme, *op. cit.*, 384-385.

人们说的。

"全能者所行的",原意为有关全能者的事,这是指神的心意,神的道路。[97]

廿七 12　你们自己也都见过,为何全然变为虚妄呢?

这也必是约伯的话,直接对友人们说的。这些是他们应该有的观察所得,而有正确的认识,他们却仍坚持原有的道理,报应是唯一的答案。

这样理论与实际是否真的相符呢? 他们只注意传统的信念,却不注意实际的处境,他们所说的仍只是理想而已,这是他们的错谬。

约伯所坚持的信念,与友人们似乎相左,其实仔细研究,他们两方面不必要一定认为相反的见解,可惜他们认定约伯是恶人,使约伯不能苟同。

(vi) 恶人的命运(廿七 13～23)

廿七 13　神为恶人所定的份,强暴人从全能者所得的报乃是这样。

自本节起,大多学者同意是琐法的第三言词,因为这与二十章廿九节十分相似,而二十章原为琐法的言词,在第二次所发表的。

"恶人"与"强暴人"相提并论,又是在以利法第二言词出现,是与神为敌的(十五 20)。神已经宣布了他们的命运,神在宇宙的设计中,早已在自然界与人类社会中定了祂的旨意,是人的罪恶,将一切都破坏了。

这可能是一则箴言,表达了以色列人传统的信念。在原有的安排,都以恶人与强暴人在每句的首端,恶人从神所定的份,强暴人从全能者所得的报,全都是同义的,如恶人与强暴人,"神"与"全能者","份"与"报"。

神公义的报应必临到他们,毫无差错。一切都是"从"神而来。上

---

[97] Gordis, *op. cit.*, 289.

半节"从"原意是"在于",但这字稍有变更,是参考乌格列语文。⑱

"强暴人"可译为"暴君",是指凶暴,罪恶者,专以神为敌的恶人,他们罪大恶极,竟然敌挡神,令人发指与愤慨,他们即使兴盛一时,最后必定败亡。

廿七 14　倘若他的儿女增多,还是被刀所杀,他的子孙必不得饱食。

他们所受的罪恶的报应,必会落在儿女身上,使他们被刀剑所杀(可参考五 4,十八 19),他们的子孙必受饥荒所苦,不得饱食(参考十八 12),他们后代为刀剑所杀,或因饥荒所害,不免一死,都是神降下的刑罚。这也是十分通常的灾殃,在先知著作中常常提说。耶利米书十四章十二节及十五章二节再加上瘟疫、疾病,以西结书五章十二节及六章十二节,还有第四种灾:被掳。

儿女增多,人丁兴旺,看来是福分,实际上却是咒诅,他们的后裔遭报是必然的,是迟早的问题,无法逃避。

"他"而不是"他们",似有所指,友人们常以此暗示约伯,他的儿女们虽不是被杀或饿死,但都因灾而亡。但如果是约伯,他只提恶者一类的人,"他"实际是"他们"。

恶人的儿女增多,既在富有的家,必可饱享福乐,安全与衣食更不成问题,但结果遭受灾殃之苦,是咒诅,不是福分。

这节经文,有的学者认为应置于廿四章十八至廿四节后,先论恶人,再论恶人的家庭及众子。在该处恶人是多数,不是"他",而是"他们"。

廿七 15　他所遗留的人必死而埋葬,他的寡妇也不哀哭。

此处提说"死",很可能是因瘟疫而死,在叙利亚译词(mauta),指死于疾病。⑲

"埋葬"原为坟墓,但若加上一个否定词,则指他们遗留的人,死了

---

⑱ M. Dahood,*Ugaritic-Hebrew Philology*,Biblica et Orientalia,17(1965),35;C. Gordon,*Ugaritic Textbook*,Analecta Orientalia 38(1965),2065:14 'im,"from".

⑲ R.P. Smith,*A Compendious Syriac Dictionary*,260.

无埋身之地,不会正式有殡葬之礼与坟墓。如果是这样,在上半节有
"不"或"无",就与下半节"不"相符了。⑩经文的依据在列王纪下九章
十节;耶利米书八章二节,十四章十六节,廿二章十九节。恶人的死不
得埋葬,也无举哀的事,参考诗篇七十八篇六十四节;耶利米书廿二章
十节。

　　寡妇也不哀哭,哀哭原是一种正式丧礼,现在不能照常例来处理,
寡妇连哀哭的自由都被剥夺。但那并不说寡妇无动于衷。她可能悲伤
逾恒,但众人不容她举哀,她内心必更加痛苦,无可言状。

　　这是恶者的家人受苦的情形,再论他物质经济的实况在下几节。

　　廿七 16　　他虽积蓄银子如尘沙,预备衣服如泥土。

　　恶人有不义之财,以不正当的方法骗来夺取而得的,财富太多,甚
至好似尘土一般,下半节形容他们的穿着很多,也是表明财富,衣服为
财富的表征。古代近东的人对衣着极为重视(创廿四 53;书七 21;王下
五 22)。

　　但是银子虽多如尘沙,也像尘沙那样由朽烂所致。此处并非指丰
富,而指败坏与朽腐,泥土也指毁坏(十七 16),表明短暂,不能永存(四
19,十 9,三十 19)。这些财物因潮湿霉烂成为泥土尘沙一般,为虫蚕蚀
而尽,可参考十八节上。

　　廿七 17　　他只管预备,义人却要穿上;他的银子,无辜的人要
分取。

　　这是公义的报应,智慧文学中甚为强调的意义,如在约伯记五章五
节以及箴言十三章廿二节及廿八章八节。

　　义人与无辜的人是指同一类人,他们原是受恶者欺压的人,他们
受尽欺凌与榨取,但在神的许可下,反而可获得恶人的财富,神为他
们伸冤归还,使他们非但没有损失,却有额外的获得,因为神公义的
作为。

　　本节与上节体裁十分特出,是一种交叉形式(Chiasmus),A B B
A,即银子—衣服,衣服—银子。读起来起承转合,十分优美。

---

⑩ Pope, *op. cit.*, 192.

义人与无辜的人相提并论,可参考十七章八、九节以及廿二章十八节。

约伯现在所说的,是友人的论调。世上的财物最后不会在恶人的手中,他们夺取的,到时仍必失去。

廿七 18　他建造房屋如虫作窝,又如守望者所搭的棚。

恶人建造非常华丽的房屋,夸张自己的豪富。但是无论怎样讲究,其实好似虫子作窝,是不能经久的。在比勒达第一言词中,曾以蜘蛛网喻为房屋(八 14、15)。蜘蛛网的编织是十分精细的,到底经不起风雨的击打,会很快破裂的。这又好比以利法第一言词中提到蠹虫,毁坏土房(四 19),土房是指身体,身体必会朽坏。

守望者搭棚,是另一种表象,农人在收割庄稼前,为看守谷果,在田间作临时的草棚。但收获后就置在那里,不再照料。这原是暂时的,建造得因陋就简,日后必会倒塌,不再使用。

这些都是描述恶人短暂的兴盛,转瞬之间必会败落,一切财物也与他同归于尽。

廿七 19　他虽富足躺卧,却不得收殓,转眼之间就不在了。

恶人在富足中躺卧睡觉,有一夜可能是他命运之夜,他富足躺卧的情况已成他人生的尾声。悲剧发生,一切全都消失,他好似虫鸟一般逝去了。

诗篇八十四篇三节,麻雀、燕子在祭坛那里找着房屋及抱雏之窝,这涵义是正面的,但此处与上一节却是反面的,因为候鸟春来秋去,鸟窝就会搬走。这又如秋虫唧唧,入冬后就死去,不复存在,恶人也都像这些。

恶人转眼之间,就不在人世,落到阴间,再无生还的盼望。箴言廿七章八节:"人离本处飘流,好像雀鸟离窝游飞。"人离本处,可能不是指死亡,而指流浪。但是以飞喻为死亡,却是诗篇九十篇十节的涵义:"我们便如飞而去。"这是人生的终点,飞向不归路。

此处以躺卧来描写夜晚。以赛亚书一章八节:葡萄园的草棚,瓜田的茅屋。又廿四章二十节:摇来摇去,好像吊床,必然塌陷,都描写短暂与不稳。人的身体也这样脆弱,不久就塌陷了,死后都不得收殓,是指没有好的葬礼,只草草料理,比穷人的后事还要差。

下半节的原意:"转眼"为"睁开眼看",这样就与上半节作相反的对比,躺卧是闭眼,现在是开眼。他开眼看,已不在人世,一切都失去了,只有阴间的幽暗与虚无。约伯在第一言词的答语中:"你的眼目要看我,我却不在了。"廿四章廿四节上,也是约伯的答语,在第二言词中:"他们被高举,不过片时就没有了。"恶人的兴盛是短暂的,也是约伯的论调,未必都是友人们的话。

廿七 20　惊恐如波涛将他追上,暴风在夜间将他刮去。

恶人生活在恐惧之中,没有平安。恐惧惊险好似波涛一般,翻腾不已,在他心中有时汹涌,有时如潮水退去,使他惶然,不可终日。以利法描述恶人的经验,惊吓的声音常在他耳中(十五 21)。比勒达描绘:四面的惊吓要使他害怕(十八 11),惊吓的王是地下辖管幽暗世界的魔君,给予极大的威胁,追上他,使他无法逃遁。

惊恐如波涛,有极大破毁的力量,在以赛亚书廿八章十七、十八节,以及何西阿书五章十节。

暴风在夜间,夜间是有鬼魔的力量,正如约伯所说"幽暗的惊骇"(廿四 17),夜间是恶人认为安全的时间(廿四 13～17),其实极不安全。暴风是毁灭的力量,可参考箴言一章廿七节以及十章廿五节。

为求本节上下有对比的句子,"波涛"(原意为"海")可改为"日间",惊恐在日间,暴风在夜间。惊恐与暴风二者为同义,日间与夜间成为对比了。[10]

暴风又可指神的审判,可参考廿一章十八节以及何西阿书八章七节。约伯认为恶人还不那样快被刮去(廿一 18),其实那只是时间问题。

廿七 21　东风把他飘去,又刮他离开本处。

东风是一种炙热的风,尤其在旷野,又干又热,使草木枯萎(参何十三 15;耶十八 17),"刮"在此处是指旋风一般将树叶卷起来吹走。

最后当神在旋风中向约伯说话(卅八 1),约伯一定十分惊惶,恐怕

---

[10] Gordis, *op. cit.*, 295.

他如恶人一般被卷走了。那他怎么经得起呢？可见这旋风是十分骇人的。

恶人的"本处"，是神所命定的，他们自己无论怎样发展，到时还保不住，必须离去，无法归回。

东风可能带来的炎热，使恶人在夜间躺卧，无法睡眠，在失眠中思虑太多，烦恼与惧怕一直盘旋，以致在浅睡中恶梦连篇，万分不安。在恶梦中，他必想极力逃脱，只感到惊恐将他追上，无法逃脱，醒来一身冷汗。这就是恶人的感受，他只有面临死去，内心痛苦之至。

廿七22　神要向他射箭，并不留情。他恨不得逃脱神的手。

神好似战士，向他射箭，要除灭他，对他毫不怜恤。神是否那么残忍呢？但是神的公义必然罚恶，因为祂断不以有罪为无罪。神的忍耐已经不能宽恕，人不悔改，只能积蓄神的忿怒，可参考新约罗马书二章五节。

本节的主词是否为神呢？"神"字并未出现，只有第三人称的单数字为动词，可作"祂"，也可作"他"，甚至"它"。这是学者们所质疑的。[102]这可能是指暴风或东风，是神执行审判的工具。东风的炎热，好似战士的箭一般，毫不留情，发出来毫不收回，人也无法逃脱。"神的手"或译作东风的能力十分猛烈，"手"可译为"能力"或"力量"，直指威势，人又怎么可逃脱呢？

神是战士，曾是约伯所描述的(十六9节起)。神甚至促使恶人或不敬虔的人，成为我的仇敌，成为神的战士，为难我。这样的解法也有可能。但是约伯现在所说的，不是自己的经验，而是恶人的情况。这是神为恶人所定的份，所以从十三节起，都是论恶人的结局。

廿七23　人要向他拍掌，并要发叱声，使他离开本处。

拍掌是别人对恶者幸灾乐祸的态度，嘲笑讥刺终成为事实。这节与上节相同，主词只为第三人称，也未用"人"字，为又是单数字。因此学者又认为是指东风，[103]是将东风人格化了。

---

[102]　John E. Hartley, *The Book of Job* (1988), 360.

[103]　Gordis, *op. cit.*, 296; Pope, *op. cit.*, 194.

拍掌有时表明怒气(民廿四 10),发叱声不仅是怒气,还有嗤笑切齿,与拍手一同提说(哀二 15 节起;耶四十九 17;番二 15 ,都译作"嗤笑";结廿七 36 译作"咝声")。

附录:结构分析

分析约伯与友人的争辩,最后言词,在廿六至廿七章,由于廿七章十三至廿三节引起质疑,理由是这些话不像约伯的言论,又因琐法的言词在第三次没有出现,所以归于琐法。重新排列的次序,大多学者同意将廿六章一至四节作为约伯答辩比勒达的言词。五至十四节,并于廿五章六节后,使比勒达的言词不至过短。廿七章八至廿三节,或将十三至廿三节放在廿七章一至十二节之前,或只有廿七章一至七节,作为约伯对琐法的答辩,这样就有琐法第三言词(廿七 8～23,或 13～23)。但是廿七章十一、十二节,仍应作为约伯的言词,这样的排列出现在近年的注释中。[10]

本注释并未随从近年注释,理由有三端:(一)这是正典原有形式,即以廿六、廿七章为约伯第八言词,重新排列并无古钞本或译本为佐证。(二)约伯的言词在论调中与友人的言词极为相似,并非说明那些应归于友人们。约伯固然不满恶人兴盛的现状,但并不因此不同意恶人遭报的后果。何况他凭着这样的信念,向神讨回一个公道,他对神的公义仍笃信不疑。只是为着他受苦,无法解决罪与苦的问题,他始终坚持本身是无辜的。(三)比勒达的言词确实太短,琐法的言词付诸阙如。他们是否穷词了呢? 在他们辩论中,友人们由理智至情绪,由论理至谩骂,越来越没有话说,理由重复得多,反而更加词穷。相反地,约伯由情绪至理智,在他分析的心理中,对朋友的言词,更加感到理论不明确,理由不足、逻辑不合。再加上他们责骂没有根据,争辩近乎争吵,缺乏风度,失去安慰的初衷,不值一辩。他对他们失望与厌烦,只转向神。

---

[10] Gordis, *op. cit.*, 283ff;Dhorme, *op. cit.*, 377ff;Pope, *op. cit.*, 194ff;Habel, *op. cit.*, 364ff;Hartley, *op. cit.*, 355ff.

从经文内容来看,廿七章十三至廿三节,虽无辩论的必要,但仍可对经义方面先行分析:

主题在廿七章十三节,论恶人的命运。在这主题之下,可有五项:

(一)恶人家庭为刀剑与饥荒所灭(14~15节)。

(二)恶人财产为义人所承受获得(16~17节)。

(三)恶人的住处与性命脆弱短暂(18~19节)。

(四)恶人为惊吓、暴风与东风所侵(20~21节)。

(五)恶人为神的公义审判多方毁灭(22~23节)。

本段的文体有若干特质。第一,传统的意象,为刀剑、饥荒、瘟疫所灭(14~15节,参耶十八21)。第二,交叉的形式,以银子、衣服为财富的表象(16~17节)。第三,论恶人短暂的存在(18~19节)。第四,死亡的惊恐(20~21节,参十八11、14)。另有暴风、东风为灾害,将之人格化,好似害命毁灭的恶魔(22~23节)。重复的用语有"分"(13、17节),本处(21、23节)。

本段完全是诗的体裁。

自廿六章一节至廿七章十二节,可分为三大段落。廿六章一至四节,是典型的答辩词,是对朋友言词的一种反应或反辩。廿七章一至十二节只是继续的,不像廿六章一至四节那么明显的反辩,只有十一、十二节为针对友人的直接反应。廿六章六至十四节常被视为比勒达的言词补充,算为约伯的言词并不牵强。

廿六章一至四节,可说是约伯再作结论,认为他自己有智慧,不需要友人的指教。相反地,他有智慧来指教他们,免得他们在虚妄之中(廿六11、12)。

约伯的重点似在廿七章一至十二节,先在法庭宣誓,不作虚妄之言论(廿七1~4)。然后他为表明自己无辜,以自我咒诅来表白,如果没有清白,情愿遭咒诅(5~6节)。这咒诅再向法庭呈明,强调仇敌才和恶人一样,受咒诅的是他们,不是他(7~10节)。他再向朋友表明他的信念,他明白全能者的作为,神的公义是可以明白的(11~12节)。

誓言的方式很明确:"我指着永生神起誓。"其次他自承口舌决不说诡诈不义的话,不然愿受咒诅。再进一步愿咒诅临到他的仇敌,就是定他有罪的人。他以咒诅的前提下持定他的义,因为他自承有义,他心不责备他，所以他心安理得，十分坦然。

廿七章一节"约伯接着说"，与廿九章一节相同。有四个涵义连贯起来：（一）追溯本书的开端；（二）结束友人的辩论；（三）引入个人的见证（29～31 章）；（四）公开辩明他无罪。他表白自己的纯正（廿七 5），是神在天上的圣会所申明的（二 3）。他持定的义（廿七 6），没有以口犯罪（廿七 4，二 10）。在耶和华的第二言词（四十 8）神责备他。如果约伯真是无罪，就定神为有罪的了，可见约伯过分辩白是不当的。

再看廿六章五至十四节，神在宇宙中的道，或在高天，或在地下的深处，神是住在北极（廿六 7），或在光明与黑暗的交界（10 节），神低语袖对世界隐密的旨意，人难能明白神的工作，至多体验"些微"而已（14节）。想明白神自己，连神的宝座都看不见，更谈何容易？

读廿三章约伯的言词，他追寻神的居所，想寻见袖（廿三 3）。神在极处，前行退后，向右往左，都不能看见（廿三 8～9）。这些思想都与廿六章相吻合，是约伯的体验中一贯的。

肆　智慧之诗
（廿八 1～28）

　　智慧之诗,是一首华丽的诗词,加插在本书中间,好似镶嵌在礼服上的珠宝,光耀夺目,显得更加高贵。这好似长剧中的一段短剧,又如乐曲中的一首短诗,不仅有调和气氛的作用,也有调剂与缓和的功能。这是在友人辩论之后,约伯与友人在争辩中越来越剧烈,几乎到了白热化的阶段,使观众、听众或读者十分紧张。于是这首诗就犹如希腊悲剧中的合唱,不只调和,也有释义的果效,是在友人们高论正统信仰之后的一种省思。又像是剧中的转掾点,有一番新的气象,峰回路转,突出一幅新天地。

　　这成为一座桥梁,将以前的对语(四～廿七章),与约伯结束的自白衔接起来。[①] 学者们在解释上不同,有认为这诗是以后编辑者加插的,将本书的前半部加以评语。[②] 在文体上是箴言八章廿二至卅一节,不是论罪恶苦难的问题,而在研究智慧的性质与知识的奥秘,人简直无法寻得。最后再加上结语(廿八 28),以实际的行动,敬畏主及远离恶,才有聪明智慧,不再是人在形而上学的理论中绕圈子。神所有的奥秘,只有神可以赐给人,使他明白。[③]

　　有人认为这首诗是诗人早期的创作,为一首抒情诗,与约伯记的上下文没有连贯,既与辩论无关,也与神的言词没有关联,反使神的言词削弱,使耶和华的话没有那么有力,却如乐曲中的插曲一样,起缓和的作用。这首诗只论智慧的奥秘,不像耶和华言词,因为后者不仅论宇宙

---

① J. Lévêque, "Anammèse et disculpation: La conscience du juste en Job 29 - 31," in *La sagesse de I'Ancien Testament*, ed. by M. Gilbert (1980), 231 - 248; Job et son Dieu, 2vols (1970), 600.

② Edouard Dhorme, *A Commentary on the Book of Job*, tr. by Harold Knight (1984), li and xcviif.

③ Dhorme, *loc. cit.*

的奥秘,也道出其中的神迹,使人敬虔谦卑之中有喜乐。④

这首诗原不在本书之内,却是外来的,放在约伯的口中,表明他无法寻得智慧而失望。此论点无根据,因本诗并无失望的语气。⑤ 这首诗应属本书,甚至是同一作者的手笔。⑥

根据约伯记的亚兰文译本,这首诗并不完整。在死海古卷中的只有九行,自第四节至十三节,在第十三行中有二十至廿八节,并不完整,⑦但仍不失为珍贵的参考资料。

这首诗纯然为智慧诗,因为内中不是针对约伯与友人对语中任何一位,没有怨言,也无争辩之言词和任何指责的话。在二十节及廿三节甚至是以谜语的方式,当然也包括十二节,就成为乐曲的副歌。⑧

本章在结构上是合一的,无需增删,廿八节尤其与本书开端相同,将本书前半部(一～廿八章)成为一个完整的交叉(Chiasmus or Inclusio)。智慧在一切被造的秩序之中,在创造的过程中被发现。全首诗在十分均衡的形式中道出智慧的价值。

(I) 科技的方法(廿八 1～11)

这首诗歌的开端,为赞扬人的科技能力。论开矿的事,是旧约中唯一的篇章。照申命记八章九节,迦南地有铜、铁的丰富宝藏。铁矿在约旦河东,铜矿在以东地区,银矿在小亚细亚极为丰富,金矿在阿拉伯南地甚多,在西乃半岛也有少许。可见矿业在圣经时代已经发展。但人在地底下的发现,并不因此找到真实的智慧,智慧在哪里呢? 有何处可寻呢? 在此是主题。

廿八 1～2　**银子有矿,炼金有方。铁从地里挖出,铜从石中熔化。**

在古以色列,一切金属都十分珍贵,黄金是从俄斐运来的,可参考

---

④ Robert Gordis, *The Book of Job*: *Commentary*, 298 – 299.

⑤ H. H. Rowley, *Job* (1970),引述 Budde 的话,却不认为是约伯的失望。

⑥ Dhorme, *op. cit.*, xxxiif.

⑦ Marvin H. Pope, *Job* (1965),199.

⑧ Claus Westermann, *The Structure of the Book of Job* (1981),136.

以赛亚书十三章十二节;列王纪上十章十一节。金子也来自示巴(王上十2)。银子来自他施(耶十9),"他施"其名来自亚甲文,原意是熔炼的场所。圣经中提及"他施的船只",是行驶在西班牙与叙利亚之间的海洋,船上不仅有炼银之设备,而且也作运输之用。⑨ 铁矿的开采在大卫时代后才发展。铜矿的开采在所罗门时代。⑩

　　这里不是着重矿物的稀罕,而是指矿物的来源,银矿有其源,金矿有其地,尤其是"地方"一词,在六、十二、二十、廿三节,或译为"地内","何处"及"所在"。一切都有它的地方与秩序,可参考十四章十八节,十八章四节,地在宇宙中(九6),东风在天上(廿七21),黑暗、黎明都有地位(卅八12、19),必朽的人在地上也有他的地位(七10,八18,廿七21,参诗一〇三16)。这是神在宇宙中的设计与指定的地位(诗一〇四8)。这一切中还有比智慧更重要的吗? 那么宇宙中智慧在哪里呢?

　　第一、二节的动词也值得注意。"炼"原意为"净化",在熔化的过程中就炼净了。第一节上"炼"与第二节"熔化"是有相同的涵义,却并不是同一个字,何况这两个字都变成名词。"矿"是"流出来之地",常指水流之处,在列王纪下二章廿一节;以赛亚书四十一章十八节,五十八章十一节;诗篇一〇七篇卅三节;历代志下卅二章三十节,指日出之地,在诗篇六十五篇八节,七十五篇七节。在以西结书四十二章十一节及四十三章十一节"出入之处"。此处指矿物溶液流出来。"熔化"又是分词(Participle),可作名词,即溶化之处。

　　第一节下"炼"是"溶解"与"流质",如酒(赛廿五6)、水(伯卅六27)。在亚甲文是"吹"及"风",可能有风箱,使火烧旺,火力强,金属熔解快。第二节上"挖出"是普通的用字"取"。第二节下"熔化",也有"变硬"的涵义。⑪ 硬石熔解为铜。这些都是当时科技的方法,古代的人引

---

⑨ Pope, *op. cit.*, 199, 根据 W. F. Albright's article in *Bulletin of American Society of Oriental Research* 83 (1941), 21f.

⑩ Pope, *op. cit.*, 200, 根据 N. Gluech 发表在 *The Biblical Archaeologist*, 1(1938), 13 - 16, 2 (1939) 37 - 41, 4 (1940), 51 - 55; *Bulletin of American School of Oriental Research*, 71(1938) 3 - 17, 75 (1939) 8 - 22, 79 (1940) 2 - 18.

⑪ Dhorme, *op. cit.*, 309.

以为豪的才干。但是这些科技真是智慧吗?

　　廿八 3　　人为黑暗定界限,查究幽暗阴翳的石头,直到极处。

　　在挖地找矿的时候,矿工提灯到黑暗的角落,就将幽暗驱除了,黑暗只有一定的范围,不能弥漫遍处,人就为黑暗定了界限。但是智慧是超越这些,仍无法被寻见。

　　幽暗阴翳的石头,是在地下的极处。在希伯来的思想中,那就到了阴间之处,是死人居住的地方(参十 21～22)。照琐法所说的,神的智慧高于天,也深于阴间(十一 8),查究考察,仍不能测透全能者(十一 7)。

　　"界限"原意为穷尽,约伯认为虚空的言语没有穷尽,黑暗有了亮光,就有了穷尽,人的灯可以照亮。

　　此处的"石头"可译为熔石,是火山的熔岩。可见这里的描写十分细腻而活泼,人在这样探究地质,仍无法探究出智慧来。

　　廿八 4　　在无人居住之处刨开矿穴,过路的人也想不到他们;又与人远离,悬在空中摇来摇去。

　　无人居住之处,是在远方,矿工就从深处的隧道向前走去,越走越远,为刨开矿穴。据说埃及人远去西乃半岛,那边旷野无人居住,气候又很奇特,热气逼人,又吹干风、缺水,几乎难以生存,工作过度,死亡率甚高,可见采矿的艰辛。所以此处以采矿为例,描述查考探索智慧。

　　无人居住之处,是指遥远的外地,七十士译本作"尘土",所以有解释为"岩石",指荒原,就是无人居住之处。⑫ 有的译为"无光"之处,⑬或"远离住在光中之民"。"光"字是外加的。⑭ 有译为"外人"的,是将介系词('im)改成名词('am):作"民",外地之民。⑮ 如果保持原有的形

⑫ Gordis, *op. cit.*, 305,引用 Field, Dillman.

⑬ A. S. Peake, *Job* (1905).

⑭ G. Bickell, *Das Buch Hiob nach Anleitung der Strophik und der Septuaginta* (1894); Karl Budde, *Das Buch Hiob: Beiträge zur Kritik des Buches Hiob* (1896,1913).

⑮ Dhorme, *op. cit.*, 401,根据叙利亚译本及 A. B. Ehrlich, *Randglossen zur hebräischen Bibel*, vol. VI(1916).

式,仍是介系词,"从里面",从里面深坑中挖掘,仍是采矿的方法。⑯

由外人挖坑,那些外地人是奴工,用绳索将吊桶或吊篮,悬在空中,吊入矿穴,摇来摇去,十分惊险,若不慎因绳索折断,就会掉落,矿工就会因此丧命。⑰

"过路的人也想不到他们。"过路的人原指脚或脚步,是人的脚未曾踏过的路,或指人走过都不记得的地方,确是与人远离,在十分遥远与荒僻的地区。

廿八 5　　至于地,能出粮食,地内好像被火翻起来。

再论地面是出粮食的地方,"地方"十分重要,因为这些地方是有矿藏之处。人不仅栽种粮食,只在地面工作,还要从地面挖掘下去,在地内开采,看看有没有矿藏,于是挖出火石,就是火山爆发后所形成的岩石,从岩石再研究,有无任何矿苗可寻。

有的采矿的过程,是将隧道的墙用火烘烤,岩石一热之后,再用水淋,使岩石崩裂,就大块落下,再研究其中有无什么宝藏。⑱

廿八 6　　地中的石头有蓝宝石,并有金沙。

"地"又指"地方",某地方特别盛产某种岩石,色泽分明,呈暗蓝色,译为蓝宝石。但蓝宝石在罗马时代才为人所发现,天蓝色的石块,却不是蓝宝石。拉丁文称之为 lapis lazuli。

金沙也并非是金矿,而是天蓝色石头中的沙土,闪烁发光,好像黄金。⑲ 这些在古代都当作宝物,甚至可以作进贡之用。⑳

第五、六两节似描述地下比地面更为神秘,有丰富的宝藏,但智慧更加神秘。

廿八 7～8　　矿中的路鸷鸟不得知道,鹰眼也未见过。狂傲的野兽未曾行过,猛烈的狮子也未曾经过。

---

⑯ Gordis, *op. cit.*, 305.

⑰ Pope, *op. cit.*, 201; Gordis, *op. cit.*, 305.

⑱ L. Waterman, "Notes on Job 28:4," *Journal of Biblical Literature* 71(1952), 167-170.

⑲ H. H. Rowley, *Job*, 229.

⑳ *Palais royal d'Ugarit*, iv, 221-225.

由前几节的"地"(或地方),发展至"路"(或道路),这二者有非常密切的关系,在下几节仍继续强调(12～13、23 节)。鸟类不知道通往那"地方"的"路",找不到有矿藏的地方。鹰鸟的眼力好,但还不如人类探索的本领。

野兽如狮子,狂傲如猛狮之吼叫,在旷野山岭漫步奔跑,它们决不可能如人那样深入地下,找到那些地方。人还是超越野兽。自然的秩序是神所定的,地方与道路也是神所建立的,人能探究一些,却不可能完全明白,完全测透,更何况智慧呢? 更远非人力所能及的。

"狮子"("šaḥal)可译为虺蛇。狮子和大蛇在古代近东神话中极为重要,两者常是相提并论的(参诗九十一 13)。在古代的尼泊尔之马度克神庙(Marduk's Temple),狮与蛇(或龙)为神明的表象。这字又与"狂傲"(在上半节 šaḥas)字源相似,极有意味。[21]

廿八 9　人伸手凿开坚石,倾倒山根。

人为寻找宝藏,这种冒险的精神,似乎过分大胆,似与神的大能较量。他们甚至挖得很深,将坚石凿开,并且一直掘下去,将山根,就是地的根基也倾倒了。

本节没有主词,但看来笼统地指"人",如在三、九、十节。人定胜天,似乎人过分果敢,但这还是不可能的。那倾倒山根的力量,只有神,决不是人。约伯论神的怒气,可以把山翻倒挪移(九 5)。人力倾倒山根,只是言过其实的夸张描述而已。

"凿开坚石","凿开"原意为将手放在坚石上,"手"指力量,但是人力究竟有限。这句成语是含有侵略性的力量,看下半节"倾倒"可以说明。[22]

廿八 10～11　在磐石中凿出水道,亲眼看见各样宝物。他封闭水不得滴流,使隐藏的物显露出来。

在坚硬的磐石中,挖出一条隧道,地下水积聚成河,但这水道,使矿工可以深入地下勘探,有无宝物可寻。

---

[21] S. Mowinckel, "šaḥal," in *Hebrew and Semitic Studies*, festschrift for G. R. Driver, eds. D. Thomas and W. McHardy (1953),97; Pope, *op. cit.*, 202.

[22] John E. Hartley, *The Book of Job* (1988),377 - 378.

"水道"又作"尼罗河",在尼罗河的三角洲,有许多支流,在支流的水流中挖掘,工程相当大,如果要将水流断绝,封闭水的方法可能筑水闸,水闸关起来,水流就不通。以这样庞大工程的作法来寻找宝物,实在万分困难。

上半节另一个可能的译词作:"他勘察河流的源头",是照七十士译本与拉丁文译本。㉓ 英文钦定本译作:"他绑住水流,使其不得涌流",可能根据若干学者的主张。㉔

这样隐藏的宝藏都显露出来,但是智慧仍旧没有显露,并未将这光显明出来,因为智慧是世上的光。

照古代迦南的传说,水源地是神自己的居所。这当然是神话的说法,迷信的论调。希伯来人的信念,认为真神是在高天之上,因为神是超越的。可见人在地底下寻找智慧是不必要的,也是不可能的。㉕

关于寻找智慧的事,以下几节,在第二段有更具体的说明。

(II) 智慧的价值(廿八 12~19)

廿八 12　然而,智慧有何处可寻? 聪明之处在哪里呢?

本节提出的问题是主题,表明人根本无法寻找。人的知识能寻得珍宝隐藏之处。人的技术也能达到这目的,倾全力到遥远的地方,怎样挖掘地的深处,找到宝物。但是人的智慧与努力,仍不足以寻见神的智慧。神的智慧使宇宙中一切都整合起来,有人格化的现象,有她固定的地位。智慧的地方(处)是固定的,在她住处也有通路,有她自己的设计。惟有神知道(23 节),人想明白,只有依赖神,与神保持属灵的关系。

智慧与聪明两者常相提并论,"聪明"原意为分辨或见解,在箴言一

㉓ Dhorme, *op. cit.*, 405.

㉔ F.K. Rosemmüller, *Scholia in Job* (1824); A. M. Le Hir, *Le Livre de Job* (1873); E. Renan, *Le Livre de Job* (1894); Crampon, *La Sainte Bible*, vol. III (1901), 404ff.

㉕ Pope, *op. cit.*, 203.

章二节,四章五、七节,九章十节以及十六章十六节。约伯屡次说,分辨力是必须具备的(参六 30),会试验,好似分辨食物一般(十二 11)。人有分辨力,才会知道是非(六 24)。这也是友人们的论调(十五 9,十八 2)。在约伯的怨言中,他不能感受到神的同在(九 11、廿三 8)。事实上,宇宙的若干奥秘的确不为人所能辨认的(卅六 29)。以后耶和华在旋风中答复约伯,问约伯是否会辨认一些难解的问题,问得约伯无话可答,可见辨认有不同的水准,许多都是人意不能明白,人力无法达到的。

廿八 13～14　智慧的价值无人能知,在活人之地也无处可寻。深渊说,不在我内。沧海说,不在我中。

人的知识怎可与神的知识相比呢? 他们根本无从知道智慧的所在,地方既不能确定,也没有门路可以寻找,人是无从找到的。

智慧的价值何在? "价值"一词可译为"秩序"或"地方"。智慧的价值是无可置疑的,但智慧的地位及地方,却无法找到。照犹太拉比的解经,认为律法等于智慧,守律法就是寻得智慧,但是智慧原不局限于律法,必超越在律法之上。㉖

"价值"一字照七十士译本为"道路",好似出埃及记卅九章卅七节"摆列",如军队的摆阵一般(撒上四章二节),"价值"也有译为"居所",是根据乌格列文献。㉗

在活人之地,为与阴间对比,可参考以赛亚书卅八章十一节,五十三章八节;耶利米书十一章十九节;以西结书廿六章二十节。

从活人之地到死亡之处,因为深渊代表地的深处,象征着混乱及虚空。沧海也是神秘的所在,所以深渊与沧海是同义字,约伯记七章十二节,可参考卅八章十六节及诗篇八十九篇九至十节。又可参考箴言八章廿二、廿四节。在那些地方当然无法找到智慧。

廿八 15　智慧非用黄金可得,也不能平白银为它的价值。

智慧不但无处可寻,也无法用任何代价来换取。黄金、白银无论有

㉖ Gordis, *op. cit.*, 308,根据 *Talmud Shabbat*.

㉗ Pope, *op. cit.*, 203; J. Novgayrol, et al eds. *Ugarita*, v（1968）; M. Dahood, "Hebrew-Ugaritic Lexicography vii," *Biblica* 50(1969),355.

多少价值,怎可与智慧来相比呢? 黄金或可译为精金或纯金,黄金或纯金,就是足金,价值更高,如在列王纪上六章二十、廿一节,七章四十九、五十节。

"白银"不是通常用作银子的,且该处原意为"关闭",似无意义可言。但称量起来,论价值,可能甚为昂贵。此处"价值"与十三节上"价值"用字不同。

廿八 16　俄斐金和贵重的红玛瑙,并蓝宝石,不足与较量。

俄斐的黄金,可能算是最够成分的足金,但与智慧比较,仍不够分量。

红宝石产于阿拉伯南部,在创世记二章十二节,可作祭司胸牌上的装饰(出廿八 20),又可雕刻(出廿八 9),色彩可能是紫的或深灰色,未必呈红色。

"不足与较量",也在十九节,"不足以比较"与十七节"不足与比较",十八节"不足论",都可说是相同的涵义。事实上,十七、十九节用词完全相同,十六节与十九节下"不足与较量"用词完全相同,在希伯来语文的形式上,重复为着重或加重语气。

廿八 17　黄金和玻璃不足与比较;精金的器皿不足与兑换。

古代的玻璃非常昂贵,玻璃原意为"清楚",是透明之物,与黄金相提并论,可见一斑。这大概是在埃及起源的,在埃及第二十王朝,有许多彩色玻璃,与宝石同列,或将宝石镶在玻璃上,十分美丽夺目。[28] 埃及与腓尼基的玻璃器皿与精金的器皿都极负盛名,都是贵重的物品。

兑换原为贸易的名词,可参考二十章十八节:"财货",财货是有价的,而智慧没有价值,为无价之宝,怎可用那些兑换或交换呢?

廿八 18　珊瑚、水晶都不足论;智慧的价值胜过珍珠。

珊瑚、水晶出于海产,都不足论,就是不值得一提。提出来也不会令人深羡或惊异。珊瑚在以西结书廿七章十六节,水晶与冰雹是同一个字,在以西结书十三章十一、十三节以及卅八章廿二节,两者似无关联。

㉘　S. Yeivin, *Lešonenu*, vol. 6, 47.

"智慧的价值","价值"原意为"拉起"、"伸展"。如果是后者,就指声誉,但"拉起",好似将珍珠从海中寻获。涵义大概是把握、紧抓或拥有,所以"价值"是很清楚的意义,拥有智慧比珍珠还要宝贵。有的译为红宝石,或红宝玉,色泽光润,令人喜爱。㉙

廿八 19　古实的红璧玺不足与比较;精金也不足与较量。

非洲的宝玉,也在出埃及记廿八章十七节,放在祭司的胸牌作为装饰。古实是在红海的边缘,在描述方面似成十六节起一种总结,以黄金开始,最后再以黄金结束,因为本节下只是重复,形成一个交叉的结构,十九节上与十七节上,十九节下与十六节下交织起来,无非说明一切宝物都与智慧无可比较,不足较量。

红璧玺在以西结书廿八章十三节以及启示录廿一章二十节均曾提及,由伊甸园到耶路撒冷圣城,是复得的乐园,人们憧憬的愿望,但仍不能与智慧较量。

在人们寻不见智慧的失望中,惟有转向神,得着适当的答案。

(III) 真智慧来源(廿八 20～27)

真的智慧来自神,这是在神的宇宙秩序之中,甚至在创世之前。

廿八 20～21　智慧从何处来呢? 聪明之处在哪里呢? 是向一切有生命的眼目隐藏,向空中的飞鸟掩蔽。

二十节只是重复十二节,犹如赞美诗的副歌,是本曲之主题,不住重复,以为着重。

有生命的眼目,指人与动物,如果是动物,必指禽鸟,因为禽鸟的眼目看得快,也看得细。如果是指人,本书(十二 10,三十 23)及诗篇(一四三 2,一四五 16)有数处可资参考。

此处特别提出空中的飞鸟,在第七节曾提说鹰鸟,在高空眼界辽阔,可看得广大周全。

廿八 22　灭没和死亡说,我们风闻其名。

㉙ Pope, *op. cit.*, 309.

上节论上天,本节论下地,甚至地底下,在阴间,灭没、死亡也发表言论,风闻有智慧其名,但智慧决不在那里。风闻只是间接的,好似约伯的经验一样。约伯最后才承认,以前他只是风闻有神,以后他才亲眼看见祂(四十二 5)。

灭没与死亡是同义的,都是指阴间而说的(廿六 6),于是上天至下地,至地底下,又活人与死人之地,都曾听闻智慧,但智慧仍是一个奥秘,一个难解的谜,无法明白,不得寻得。

廿八 23~24 神明白智慧的道路,晓得智慧的所在。因祂鉴察直到地极,遍观普天之下。

惟有神明白,"明白"在涵义仍是分辨。古代近东的神明与智慧相连,[30]但是真神与那些神明不同,因为祂与智慧有别。祂有智慧,却不是这智慧,祂知道并明白智慧的道路并智慧的所在。智慧的居所有通路,可以前往。神看见智慧并且述说智慧,神本身不是智慧。智慧是宇宙的第一原则,是独特的,所以值得注意。但是神看透智慧,因为祂透视宇宙的极处。[31]

神遍观普天之下,因为神以智慧创造万有,参考的经文在箴言三章十九节。本书(约伯记)也有参考的经文,在耶和华的言词中(四十一3),以利户的言词也有提说(卅八 3)。以赛亚书四十章廿八节以及四十一章五、九节都可参考。

廿八 25~26 要为风定轻重,又度量诸水。祂为雨露定命令,为雷电定道路。

神是大能的创造者,气候的奥秘,如以利户所描述的(卅六 27 起,卅七 1 起),有量度、有秩序。有控制,是神的安排,在自然界治理与管制。风不只是空气的浮动,而有重量,以取得均衡。水不只是云层的乱堆,而经过神的量度,干地需要雨水。而其他地方也许在需要量上没有那么大。可见神经过一番调度与安排,可参考本书卅六章廿七至卅三

---

⑳ Enki 知道诸神的心,Ea 在诸神中最有智慧的,洞悉各样的事,明白隐秘的事。Marduk 的智慧无人知晓。Shamash 知道万事,可参考 Habel, *op. cit.*, 399,引述 Kalugila, *The Wise King* (1980), 39-45.

㉛ M. Eliade, *Patterns in Comparative Religion* (1963), ch. 2.

节,卅八章及廿六、廿七节。

神的调度十分适当,甚至为雨露定命令,此处与其说定命令,不如译作"界限"或"限度",可参考的经文在耶利米书五章廿二节;诗篇一四八篇六节,及箴言八章廿九节。[32]

雨露有了界限,雷电也有道路。[33] 雷电必有隆隆之声,看见雷电,知道暴风雨必将来临。这也是描写耶和华的荣耀,在以色列人出埃及时,就是那逾越节的夜晚,击杀埃及头生的,祂驾云显现祂的荣耀,有无限的威严。这是神以智慧安排宇宙的状况。

在犹太的解经集(Talmud)作为密云,光耀夺目,在不住闪电之中,雷声由远至近,必有狂风暴雨,气象万千。[34]

廿八 27　那时祂看见智慧,而且述说;祂坚定,并且查究。

那时神看见了,就向人解说。照拉比的说法,神创世时,在天庭有智慧可以咨询。[35] 在经文方面可供参考的,有创世记一章廿六节。约伯记一章六节,天上有圣会,可参考的是诗篇八十二篇一节。"述说"又可译作"估量"。[36]

神坚定,或译作:神造了智慧之后,加以确定智慧的本质。[37] 神查究智慧在创造工作的能量,使宇宙充满奇妙,并在公义中的治理。"查究"或译作"归划"。[38] "坚定"或译作"察看",与上半节"看见"相对,"查究"或作"试验",将动词的涵义刻画得更加有力。[39]

本节有这四个动词,都有字尾的代名词,以阴性第三人称:"她",大多译为"智慧"。第二个动词:"述说"或"估量"都有牵强之处。第三个

[32] Pope, *op. cit.*, 205; Habel, *op. cit.*, 400.
[33] E. F. Sutcliffe, "The Clouds as Water Carriers in Hebrew Thought," *Vetus Testamentum* 3(1953),99-103.
[34] *Babylonian Talmud*：*Tannit*, 9b.
[35] *Genesis Rabbah*, chs. 8,17,19; *Pesikta Rabbati*, 14.
[36] Hartley, *op. cit.*, 382.
[37] G. von Rad, *Wisdom in Israel*, 147; S. Harris, "Wisdom or Creation：A New Interpretation of Job 28：27," *Vetus Testamentum* 33(1983),419-427.
[38] Gordis, *op. cit.*, 311.
[39] Poper, *op. cit.*, 198.

动词:"坚定"可解为"确定",似转为合理,但原意为"建立",与"述说"又不十分相似。有的经学家将这节划为交叉式的结构:看见与查究为 A,述说与坚定为 B,这样就有 A B B' A',⁴⁰似乎近于勉强。此外,看上下文,此节代名词是指廿三节的智慧是属神的,而廿八节智慧是指人的,因敬畏神而培养出来。⁴¹ 廿四节特别提到天地,那是指创造,廿五、廿六节尤其提到风雨雷电一切自然的现象,也与创造为关联。本节"智慧"既在原文是不指明的,可否译为"创造",即神所造的宇宙。这宇宙是神的创造,神就察看,而且计划与建造,再加以查究。这样似乎更为合理。

在创世记一章,神将所造的,必加以察看,神看是好的,可见"看见"与"察看",甚符合创世的记述。在此处(伯廿八 24),"鉴察"与"遍观",也有这样的用意。

"述说"或"估量",也可译为数算,惟有神有智慧,数算云彩(卅八 37)。耶和华询问,"谁能……?"除神以外,谁都不能。诗篇一百四十七篇四节,神数点星宿。神不是数点(或述说)智慧,而是述说创造。以赛亚书四十章廿五至廿六节:

"那圣者说,你们将谁比我,叫他与我相等呢? 你们向上举目,看谁创造这万象,按数目领出,他一一称其名,因他的权能,又因他的大能大力,连一个都不缺。"

第三个动词"坚定"或"建立",可参考诗篇第八篇三节"陈设",就是神所建立的月亮星宿。诗篇廿四篇二节:

"祂把地建立在海上,安定在大水之上。"

耶利米书卅三章二节:

"成就的是耶和华,造作为要建立的也是耶和华……"

又十章十二节:

"耶和华用能力创造大地,用智慧建立世界,用聪明铺张穹苍。"可

⑩ Gordis, *op. cit.*, 311.
⑪ G. T. Sheppard, *Wisdom as a Hermeneutical Construct* (1980), 94 - 97; Scott L. Harris, "Wisdom or Creation? A New Interpretation of Job XXVIII 27," *Vetus Testamentum*, XXXIII (1983), 419 - 427.

参考的经文尚有箴言三章十九节及诗篇九十五篇三至五节。

　　有关"查究"，可参考耶利米书卅一章卅七节，耶和华量度上天，"寻察"下地的根基。可见这些都是神用智慧造成的大地。

　　这四个动词的对象不是智慧，而是创造或所造的世界。神是智慧的根源，人若有智慧，是来自神的，神以智慧来察看与建立所造之物，人惟有敬虔与端正，才可得着智慧，在下节特别提出。

(IV) 敬畏与道德(廿八28)

　　廿八 28　　他对人说，敬畏主就是智慧，远离恶便是聪明。

　　本节似为外加的，经学家认为是编辑者以后加注的，尤其是"主"字('adonai)是在约伯记首次出现的。[42]　"他对人说"，是散文的体裁，在音韵之外，不算为本文，其实这是介绍的形式，何况"他说"是在上文中一直重复，如深渊与沧海都曾"说"，灭没和死亡也曾"说"（14、22 节）。"主"取代"耶和华"，二者是相同的，如在箴言十章廿七节以及十四章廿六、廿七节。在耶和华这名未启示前，族长时期都只称呼主（参考出六2～3）。箴言书中大多提说："敬畏耶和华"。

　　关于廿八节与本诗的关系，有几种解释，两种解说值得注意。智慧有高下之分，至高的智慧（常冠以冠词）是人无法寻得的，但实用的智慧是敬虔与德行的人可以获得的。又智慧并非不能寻得，只是方式不同。永恒的智慧是属神的，从太古就有了。人却可以藉着顺服间接地得着，就是顺着启示的途径，明白赐智慧的主。这两者是互为关联的，反映两重的传统，智慧是先存的，远在神创造的秩序与宇宙的组织中，可参考箴言八章廿二节起。这种智慧是人因敬畏耶和华而达到明白宇宙的奥秘（箴一 7，九 10）。[43]

　　耶和华是赐智慧的（箴二 6）。论敬畏神与远离恶事，是在本书的开端，这原来是约伯人格的写照，与约伯在辩论中不尽相同。

――――――――――

[42]　G. Fohrer，*Das Buch Hiob*（1963）.

[43]　Norman Habel，"The Symbolism of Wisdom in Proverbs 1－8," *Interpretation* 26（1972），131－157.

另有一种说法,认为廿八章廿八节为引言,开始另一分段,结语在以利户的言词,最后的结论是在卅七章廿四节。㊹

再看经义的研究,"他对人说"。这里"人"是谁? 是指亚当吗? 这种说法是指神最初创造首先的人亚当,亚当有智慧。自他犯罪后,人类都无法寻得智慧。㊺ 但此处可能是指"世人",在弥迦书六章八节,是对一般人说的。

敬畏主,远离恶,除本书一章一节之外,尚有一章八节,二章三节,箴言三章七、十四、十六节,十六章十六节。

智慧与聪明是对比的,在本书十二章二十节。"聪明"原意为分辨,已经前述解释。

敬畏是人在至圣之神面前的正确态度,有悔改的心,将自己交托,并且跟随在神的道路上。人承认自己的有限以及神的伟大,与神相交。为求神的喜悦,他就存心远离恶事。这样,他就能够在智慧中长进。人在智慧中长进,首先应顺服神,而不是自己在无知中探索,智慧只是奥秘。

"智慧"原有冠词,本节的智慧并无冠词,可能指实用方面。㊻

附录:结构分析

第廿八章是一首赞美诗? 还是默想诗? 还是训诲诗? 如果是赞美诗,赞美神,还是赞美智慧? 赞美智慧,就会流于异教的邪说,因为智慧不是神明,虽然智慧在此处是神学化了(Hypostasis:theologizing)。赞美智慧的神,较为正确。

这是默想诗,论智慧,默想神的奥妙,祂的智慧是人所不能及的,人的聪明与智力能力,都无法寻见。智慧究竟是神所赐的。

这是训诲诗,真正的主旨在廿八节。在一切探索中都是否定的,只有在最后一节才有答案,教训人们敬畏神,远离恶。这是传统的智

㊹ Habel, *op. cit.*, 401.

㊺ N. H. Tur-Sinai, *The Book of Job* (1957),409.

㊻ Gordis, *op. cit.*, 24,539.

慧训诲,为箴言及约伯记开端的训言,也是约伯的友人反复强调的。约伯似乎曾提出疑惑或质疑,但他原是遵守这原则的,现在仍旧没有否认。

　　这首诗是否答复受苦的问题? 友人们认为约伯是因犯罪而受苦,但是公义的报应是约伯无法接受的,现在这首诗强调人不能明白,这是无可解答的奥秘。⑪ 这诗是否说明约伯的背逆,明明是人所不能明白的,约伯为此甚感不满,他最后引用传统的箴言,以否定的态度来看,这种说法未必正确。⑫ 但至少是对未可知论者的一种警语。⑬ 但这首诗提出问题,为预备约伯的心,因为耶和华终于在旋风中向约伯说话,使他明白,神并非是人无法认识的,因为神向人显现与启示,使人能够寻见神,而且与神有关系。⑭

　　廿八章是自我单元,完全独立,几乎成为经学家一致的共识。这与全书的各部有关,却不隶属于任何部分。但是为答复友人与约伯的辩论,也为以利户言词与耶和华言词的引言,准备读者的心理。⑮

　　本章十四至十九节,在七十士译本是省略的。但就内容来说,似不可省略。在二十节又有"副歌"形式,与上文的"副歌"(12 节)极为配合,颇为一致。

　　有学者认为廿八章应在第三回合之内,是约伯答辩友人的最后结

⑪ Richard B. Sewall, *The Vision of Tragedy* (1959), 9; Gerhard von Rad, *Old Testament Theology*, tr. D. M. G. Stalken vol. I (1962), 384 - 385; Matitiahu Tsevat, "The Meaning of the Book of Job," *Hebrew Union College Annual*, xxxvii (1968), 98.

⑫ Richard L. Rubenstein, "Job and Auschwitz," *Union Seminary Quarterly Review* 25(1970), 427.

⑬ Samuel Terrien, "Introduction to and Exegesis of the Book of Job," in *The Interpreter's Bible* (1954), III, 1100.

⑭ H. H. Rowley, "The Book of Job and Its Meaning," *Bulletin of the John Rylands Library* 41, no. 1 (Sept., 1958), 203.

⑮ Rylaarsdam, *Revelation in Jewish Wisdom Literature*, "The Transcendance of Wisdom," 74 - 98.

论：智慧究竟是神所有的，人无法明白。⑫

　　在这首诗的结构方面，分为三大段，再附结语。在这三大段中，每段都有"地方"，"来源"（1～2 节、12 节、20～22 节）。每段也都有"发现"（3～4 节、9～11 节、15～19 节、23～27 节）。每段都有无法寻见的途径（7～8 节、13 节、23～27 节）。最后神知道地方、途径与发现，将三者连接起来，再作结论（28 节）。这结构实在是非常完美，可说是天衣无缝。⑬

---

⑫ R. Tournay, "L'ordre Prinitif des Chapitres xxiv‐xxviii," *Revue Bibligue* 64 (1957),322.

⑬ Habel, *op. cit.*, 394‐395.

伍　　约伯的自白
（廿九 1～卅一 40）

　　第廿九章至卅一章，虽是独语，却与第三章的独语不同。第三章独语只是约伯哀叹自己命运多舛，甚至对生命产生厌恶与咒诅。但此处的独语是一种见证，在公众的场合中申明。廿七章一至六节，约伯曾公开宣誓，表白他没有谎言，辩明他的无辜。现在约伯再次加以强调。他最后的目标是想在法庭向神表明（廿三 3～7），他是正式向神辩白，完成法律的程序。约伯是在公众的面前说话，提到神，都是用第三人称。在三十章二十至廿三节，约伯又似乎向神说话，他又怕神出现，又希望他真能看见神。他就在这样矛盾的状况之中。

　　在廿九章，他回忆过往，说自己的重要与成就，他想凭着过去的地位，向神求一个公道。在三十章的哀歌中，他不仅哀叹自己悲惨的现状，甚至埋怨神向他否认公义。他在社会中应该坚持公正时，并没有忽略，没有犯罪。第卅一章是约伯最后的誓言，表明他没有任意妄为犯罪。他为自己辩护，完全没有友人所控告的罪。最后的话（卅一 35～37）是他表明立场，直接挑战，希望神在法庭中出来，听他的辩白。

　　第廿九章至卅一章，曾由学者多年辩论，研究是否为本书原有的。甚至有人以为这整段是外加的，为配合约伯面对耶和华的显现。[①] 首先这整段是典型的哀歌，其次约伯已不再与神辩白，他又怎可那么大胆，要神向他显现。但如果没有这整段的话，全书就不完整。

(Ⅰ) 以往的佳况（廿九 1～25）

　　本章形式，可比较诗篇中的哀歌（如四十四 1～8，八十 8～12）。约

---

① J.C. Holbert, The Function and Significance of the "Klage" in the Book of "Job," with "Special Reference to the Incidence of Formal and Verbal Irony," *Ph. D. Dissertation* (Southern Methodist University, 1975), 254ff.

伯的言词中，并不着重神在约伯身上的大能，而是强调他自己的声誉及义行，在第五节之后，就不再提到神。全文似与自传相仿，是典型的智慧文学（传二 1～11；箴八 1～31）。传记的格调可比较智慧在歌中自我的评价（箴八章），约伯也只赞扬他自己。

（i）神的福分（廿九 1～6）

廿九 1～2　约伯又接着说，惟愿我的景况如从前的月份，如神保守我的日子。

"约伯又接着说"，说明了以下的文体，正如廿七章一节，这是一种正式申明又有严正的宣誓，不仅指本章，一直延续到卅一章的誓言，希望有人听讼，听他辩白。

"惟愿"在此处，又在卅一章卅五节，大胆地说明他信心的意念，只有神保守施恩的日子，才值得怀念，不容忽略。

约伯在怀念神保守他的日子。"保守"原意为"看顾"，神尤其眷顾祂自己的仆人（参民六 24～26；诗九十一 11，一二一 7～8）。他承认神的赐福，才使他富有，不是靠着他他自己的才干本领。也因这认识，使得他的受苦，更为痛苦。神对待他以往与现在迥然不同。

"保守"也有保护安全的意思，可参考二章六节及十章十二节。

"惟愿"照字面可译："谁愿给我……"，因此译作："谁能使我再有从前的日子。"[②]

廿九 3　那时祂的灯照在我头上，我藉祂的光行过黑暗。

"灯"是象征福分与成功（诗卅六 9，十八 28）。照亮是指医治与喜乐。灯照在头上，可参考十八章六节：他以上的灯，就是在头上。

当约伯在危难中，似在黑暗里，神的光就给他亮光，给予他方向与勇气，可以勇往直前，走在正路上。神既指引约伯，约伯只要顺服，照着神所指引的走去，就一定安全。

神的灯也可指月亮，月亮在黑夜中就是神的灯，在黑夜里行走，约

---

② Edouard Dhorme：*A Commentary on the Book of Job*（1967），415.

伯也十分安全,因为神与他同在。他与神有密切的关系,心有无限丰盛
的福分。

廿九 4　我愿如壮年的时候,那时我在帐棚中,神待我有密友
之情。

在受苦之前,约伯是在"壮年",以比较语文的研究,照阿拉伯的字
义(harfun),原意为"山峰",表明年富力壮的盛年,是精力的巅峰。照
亚兰文的涵义,应为"早年",描写早熟的禾稼。③ 这字原意为"秋季"成
熟的时期,大概四十岁左右,从前人早婚,所以他的儿女已经长大,但他
不会像族长那样年事大。

"在帐棚中",是指有蔽身之所,十分安稳。七十士译本作"有神来
看顾"。另一种希腊文译本(Symmachus)作:"祂关怀我"。叙利亚译
本作:"祂是我的盾牌"。④ 神就在帐棚中,成为我的密友,可参考十五
章八节上,又诗篇二篇二节及卅一篇十三节。

"帐棚"指家,神建立我的家。⑤ 约伯在回顾的时候,已经家破人
亡、景况极差,在十八章五、六节及廿一章十七节有描述。

神若在他家中,就必有看顾与帮助,好似密友一样。这是神那时与
约伯的关系,十分亲密与相近,有密友之情,加以保护与指导,实在太幸
福了。约伯在婉惜过去的福分,现在已经失去了。

廿九 5　全能者仍与我同在,我的儿女都环绕我。

神的同在常与儿女众多相连,儿女是神赐下的(参诗一二七 3;创
十五 2 等)。儿女环绕,确为幸福的明证,此处是儿女,而非仆人(参八
4,十三 26,十九 13,又一 19,撒下十八 29)。"儿女"可指孩童,也可指
成年的儿女。

当约伯回顾往昔的家庭,一定十分辛酸与伤感,因为这些儿女都已
经丧亡,许多甜蜜的回忆,更反映今日的凄惨。那时全能者与他同在,
可是现在神已经离弃了他,他心灵的痛苦,远超肉身的病痛。

廿九 6　奶多可洗我的脚,磐石为我出油成河。

---

③ Robert Gordis, *The Book of Job Commentary* (1978),318.

④ Gordis, *loc. cit.*

⑤ Marvin H. Pope, *Job* (1965),207,209.

他的家道丰富,因为奶与油都表征十分富有的生活,他的牛羊成群,
多量产奶。奶多甚至成为奶油,多到可以浸满他的脚,走路时好似在奶
油之中,可以洗脚,当然这是十分夸张的说法,也十足表明描绘的丰富,
在申命记卅二章十三、十四节,卅三章廿四节以及诗篇八十一篇十六节。

旷野的磐石产水,是摩西时的经验(出十七6)。产油更为丰富(二
十17;申卅三24)。他可能种植大量橄榄树,产油甚多,甚至在磐石都
有油流出来。他的橄榄树种在多石的山道,或以磐石作为他磨油的作
坊。油在生活中成为必需品,可作煮食之用,或用作燃料点灯,或作保
护皮肤的化妆品。

磐石有时表征神(廿四8;申卅二15),不仅表征稳固安全,也表明
神的丰富福分。

(ii) 人的尊敬(廿九7～10)

从个人与家庭,说到社会生活,在社会中他也备受尊敬,他是社会
的贤达,德高望重。

廿九7　我出到城门,在街上设立座位。

约伯的财富并没有使他与社会隔绝。他常在城门口的街上。在古
代,城门口是公众可聚集的广场,为商业与政治的中心(参王下七1、
18;得四1、11)。城门口尤其是市政与司法的中心(申廿一19;摩五
10)。约伯在那里设立座位,为人们听讼诉冤,主持公道。所以他要求
神也以这种方式,宣告他无罪,这种程序对他十分熟悉(十三13～23,
廿三3～7)。

他既可在那里设立座位,表明他有长老的身份,有极崇高的社会
地位。

廿九8　少年人见我而回避,老年人也起身站立。

任何诉讼的事,有民众聚集,有时可充陪审员,但长老是取领导的
地位,作为审断的法官。老年人为了表示尊敬,就得起身站立。少年
人不敢在广场闲荡,为表示尊敬与畏缩,会回避起来,不敢随意,约伯
在众人面前是有威严的,老年人不仅站立,表示敬意,也不敢说话,保持
缄默。

廿九 9～10　王子都停止说话,用手捂口;首领静默无声,舌头贴住上膛。

"王子"是贵族,不敢说话,完全缄默,以示尊敬,而且强制舌头,不能发声,好似舌头贴住上膛,说不出话来。可见约伯说话满有分量,带着权威,使人不敢辩驳,努力自制,甚至用手捂口。

"舌头贴住上膛",是在困苦中完全失去力量,竭力保持静默(结三26;诗一三七 6)。有时也指口中极为干渴(哀四 4;诗廿二 15)。⑥

用手捂口,是一种不敢说话的动作(四十 4),这也可能是一种表示,向众人示意,不可说话,禁止别人出声。

首领静默无声,是他们不敢争辩,或一听约伯发言之后,再也不敢说话了。

(iii) 义行善举(廿九 11～17)

廿九 11　耳朵听我的,就称我有福;眼睛看我的,便称赞我。

在本节的开端,原来有一连接词,可译为"真的",是肯定的语气(Asseverative)。

约伯的话有道理,表明他公正不阿,掷地有声,又中肯又恰当,使人敬佩,人们就称颂他,为他祈福。他的眼睛必有威严,也有仁慈,人们可以看出他内心的关切,因此大为赞扬(参诗七十二 17;箴三十 28;歌六 9)。

"称赞"也有祝福的用意,给予鼓励。⑦　本节"称颂"(称我有福),及"称赞"都是同义字。下节就说明他们称赞的原因。

廿九 12　因我拯救哀求的困苦人和无人帮助的孤儿。

此处约伯的见证,完全与以利法的指责相反(廿二 6～9)。约伯顾念困苦者与无助的人,这里好似与诗篇七十二篇十二节相同。

孤儿、寡妇与穷人,都是社会里困苦无助者,神对他们十分顾念(赛

---

⑥ John Hartley, *The Book of Job*, 390; Dhorme, *op. cit.*, 419.

⑦ Gordis, *op. cit.*, 320.

廿二 21；诗六十八 5）。恶者往往欺压他们，管辖他们，从他们身上榨取（诗十 2、9～10，卅七 14；赛二 14～15）。他们那么穷困，无法循法律的途径，来对付那些欺压他们的恶人，唯一的方法只有仰望神的搭救。义人就是听见他们可怜的哀求，为神来作搭救的事（诗七十二 2、4、12）。约伯承认他曾有这样的义举。

廿九 13　将要灭亡的为我祝福，我也使寡妇心中欢乐。

有些将亡的人，因受欺压已到穷途末路的地步，他们实在走投无路，被迫只有一死。活不下去，但是得着约伯的救助，虽然将要死亡，仍勉力为约伯祝福，因为实在对他太感激了，寡妇在最无助中，也得到约伯的救助，重新恢复她们的自尊，这样的爱感动了她们，甚至带给她们欢乐，她们因欢乐也祝福他。

这是一个属灵的原则，施比受更为有福，越给予就更加获得，约伯过去就有这样的经验。

廿九 14　我的公义为衣服，以公平为外袍和冠冕。

他行公义，公义好似衣服一般围绕他，包裹他，好似衣袍一般。"衣服"是指外衣，或外袍，可以表明他的职分，下半节是同义的，冠冕更表明他尊贵的身份，或为君王（赛六十二 3），或为大祭司（撒三 5）。他既不是君王，也不是大祭司，但他却是义人与善人，他的行为好似穿着，见证他的义行善举。

廿九 15　我为瞎子的眼、瘸子的脚。

瞎子与瘸子二者常相提并论（利廿一 18；申十五 21；撒下五 6、8；耶卅一 8）。约伯对残障的人给予帮助，因为他们无能无助。

民数记十章卅一节，摩西求他岳父不要离开以色列人，可以当作他们的眼目，因为他们需要引导的人。约伯也这样牵引瞎子与瘸子，引导他们行路，是多么仁慈的行为。

亚兰文译本，将"眼睛"改为"光"，就成为瞎子眼睛的光，使他们可以看见。

廿九 16　我为穷乏人的父，素不认识的人，我查明他的案件。

穷人为争讼，需要有人为他们辩护，约伯就充任他们的父，"父"的涵义很广，有时可作众人的代表，可参考以赛亚书廿二章廿一节，当政者是父。约伯愿意为穷人的父，为他们争取权益。又以家人的代表，为他们争得公道。

素不认识的人，可能指外族人，或寄居的外人，他们在以色列人中，没有法律的保障，但约伯的慷慨与仁慈，却要查明他们的案件，给予公平的审断，不冤枉好人。可见约伯关怀的人更加广大。

廿九 17　我打破不义之人的牙床，从他牙齿中夺了所抢的。

许多不义之人，约伯描写他们如野兽，将掠物吞吃。穷困人好像牺牲的家畜一般，任凭恶者吞灭。这是约伯无法忍受的，所以他要起来制止，他将穷人从恶者的强暴中抢救出来，而且打破恶者的牙床，使他们无力再行强暴。

约伯保护无助者，还不仅是以他的社会地位施行公义，而且以他的义愤，予恶者以打击，他不但为弱者防守，甚至在必要时，他可以积极地攻击恶人，削减恶势力猖狂的罪行，加以遏止，不惜还击。

（iv）生命长寿（廿九 18～20）

廿九 18　我便说，我必死在家中，必增添我的日子，多如尘沙。

这是约伯的愿望，日后可在家中死去，表明一生在安乐中。"家"原意为窝。在家中死，也表明在年纪老迈，甚至好似谷粒熟透而掉落那么自然，以植物的生命为例。这是约伯的愿望，植物有水分滋养，枯树仍可滋养而再生根恢复生机（十四 7～9），比勒达也作这样的描述，在八章十六至十九节，参考十八章十六节。这是约伯的希望，不会如树被拔出来（十九 10）。

况且约伯认为他还有很长的寿命，他的日子好像尘沙那么多。尘沙指海沙，好似创世记卅二章十二、四十一章四十九节。诗篇一三九篇十八节：神的意念众多，数点起来，比海沙更多。他长寿的日子也是有那么多。

廿九 19　我的根长到水边，露水终夜沾在我的枝上。

根在水边，长期得着供应，必可有丰盛的生命，露水在枝上，必使叶子枯干，参考经文在八章十六、十七节，十四章七至九节，十八章十六节。义人好像树栽在溪水旁，使树木常青，生命力永不衰败。

这里也必指神的恩泽，常在他身上。

廿九 20　我的荣耀在身上增新,我的弓在手中日强。

"荣耀"原意可指肉体的肝脏,肝若强壮,生命力就旺盛。"增新"是常有的更新,保持新鲜的活力。

"弓"指力量,参考经文在创世记四十九章廿四节;撒母耳记上二章四节及耶利米书四十九章卅五节。"手"也指力量,这里都是指身体的力量。体力不衰败,还没有真正老化。"荣耀"若指肝脏,而肝常可喻为情绪,看来情绪还强,可见身体的里外都强,体力与心力都保持青春,长寿不是愿望,而是事实(肝为情绪,可参考创四十九 6;诗七 5,十六 9)。

自十一节至二十节,有排列在本章廿五节之后,而廿一节至廿五节,列于第十节之后。本章重新排列:一至十节,廿一至廿五节,十一至二十节。⑧

(ⅴ) 德高望重(廿九 21～25)

廿九 21　人听见我而仰望,静默等候我的指教。

自廿一至廿四节,似重复七至十节,上半节,人以期望的心来听我的话,约伯说的话是有权威的,他一开口,人们就立即静默下来,专心聆听,听取他的训诲,知道他的话有极大的智慧,期望他给予他们实际的忠告,使他们大获裨益。静默再表明他们恭敬而且谨慎的态度,表明他们决不轻易错过。

廿九 22　我说话之后,他们就不再说;我的言语像雨露滴在他们身上。

约伯的话既有权威,就是最后的话,不必增添,也无需补充,他们认为再说就是多余的了,就不再说。

上半节照叙利亚译本:"他们就不会走迷",因为约伯已经指引他们正确的路。

他的话滴下来,好似甘露,动词可译作"一滴一滴落下"⑨,使他们

---

⑧ Dhorme, *op. cit.*, 415 - 428.

⑨ Dhorme, *op. cit.*, 421.

受了恩泽。在以利户言词中，描写水点逐渐吸取（卅六 27）。人们听受约伯的话，也好似吸取水点一样，逐渐地思想、溶化，融会贯通，可以彻底明白，完全接受。

廿九 23　他们仰望我如仰望雨，又张开口如切慕春雨。

他们等候约伯的训言，好似干旱的地等候雨一般。张开口，在亚兰文译本，加上"园丁"，园丁张口等雨，等得十分殷切。

在以东与巴勒斯坦，等雨很切。夏天干旱，需要秋雨。冬天尽了，在三、四月又要切望春雨。箴言十六章十五节：王的恩典好像春云时雨，在那上节提说王的脸光，可见脸光是与恩典同义，表明仁爱的脸光就是恩典，约伯的话也必带着仁慈与爱怜。

廿九 24　他们不敢自信，我就向他们含笑；他们不使我脸上的光改变。

上半节照原意可能作："我向他们含笑，他们都不敢相信。"他们无法想象为什么约伯对他们那么好，约伯对他们含笑，是善意的，对他们是鼓励，那种笑不是"嗤笑"或"嬉笑"（五 22，卅九 7、18、22）。

他们无论怎样，都不足使约伯"脸上的光"改变。"脸上的光"表征愉快的笑脸（诗八十九 16），也充满了仁慈（诗四 7，四十四 3；箴十六 15）。

他脸上的光怎么都不会变暗，一直那么明亮与灿烂。

廿九 25　我为他们选择道路，又坐首位。我如君王在军队中居住，又如吊丧的安慰伤心的人。

为他们选择道路，是取领导的地位；坐首位，是审判的官。君王在军队中居住。可见首位也指王座，君王在军队中，也表明他发号施令，军队应绝对服从，军令可畏。他们的命运是由他决定。"道路"或译为"命运"，所以约伯有三重身份，审判的法官、登位的君王、军队的司令。但是他不仅执法发令，威荣如此，他也有十足的爱怜，会去同情与安慰。他的安慰也常有指导，帮助伤心的人或受苦的人克服困难与艰苦。

附录：结构分析

第廿九章为约伯对以往的回忆，神的福分使约伯有美好的开始（2～6 节），从此他在多方面成功与善行，他的见证几乎成为自赞之言词。在结构方面可分为简略的大纲及自赞之言词分析。

大纲归纳起来,有三大重点:

(一) 以往的福分(3～6节),未来的福分(18～20节)。以往福分有神的同在,未来的福分有长寿为赏赐。

(二) 以往的尊荣(7～10节);城门口受老少的尊敬,又再述(21～24节)他的引导与面光的鼓励。

(三) 以往的义行(11～17节),另表列出。

结语(25节),约伯为首领,为安慰者,引领人们的路。

自赞的言词,就是赞扬自己的义行善举:

(一) 耳听者称他有福,眼见者对他称颂(廿九11)。

(二) 救助受欺压者:穷人与孤儿(12节),将亡者与寡妇(13节)再述他的救助:瞎子的眼与瘸子的脚(15节),无助者的父以及外族人的伸冤者(16节)。

(三) 惩治恶者罪人:打破他们牙床,从他的齿中抢救下所夺者(17节)。

主题(14节):约伯是义者,以公义为衣服,以公平为外袍和冠冕。

在整个的论述中,都以十分均衡的方式,赞扬自己的义行。他的善事反映他的人格。以他公义的性格,影响社会的生活,使公平得以建立与实现。他的荣耀与冠冕,不是随意成就的,只是现今神将他的尊荣已经除去了(十九7～9,三十15)。

本章回忆以往的佳景,特别约伯有尊荣的实况,成为主题,先在七至十节,再在廿一至廿五节重复。这与第三章有些类似,在那一章,他求我的愿望出现两次:十节起,又二十节起,成为坚持的主题。

(II) 现今的困境(三十1～31)

本章是约伯最后的悲叹与怨言。在语气方面,与前章完全不同。他不再以骄傲自恃,来述说他过去的成就与义行,他已被轻视与敌对,落在十分可怜的地步。在这样的困境中,他只有向神埋怨。神的沉默似乎已经遗忘了他,他有无限的悲叹。

(i) 备受侮慢(三十 1～15)

三十 1　但如今,比我年少的人戏笑我,其人之父我曾藐视,不肯安在看守我羊群的狗中。

"但如今",与以前比较,就有十分尖锐的不同。廿九章八节,少年人尊敬他,老年人也表示尊重,但如今完全相反,在古时的社会,年龄的差异是有很大的分别(十二 12,十五 10、18,卅二 6 起)。年少的必须对他尊敬,但他已不受尊重,只受戏笑,被轻视。可参考诗篇五十二章八节及耶利米哀歌一章七节。

"其人之父",是约伯所藐视的,因为他们不是高尚的人,社会也对他们不重视。他们还抵不上看守羊群的狗,因此他们的儿女并没有什么可值得骄傲的,对约伯的态度如此,使约伯十分不满与沮丧。

提到狗,在古代以色列视狗为不洁净的(出廿二 31;王上十四 11),这是指侮慢(撒上十七 43)。以下再继续对那种人的描述。

三十 2　他们壮年的气力既已衰败,其手之力与我何益呢?

"他们"大概是指年少人的父辈,他们人品不高,现在又已衰老,已经没有被雇用的价值。他们也许是比约伯年少的人,未必十分年青,更何况他们未老先衰,无力成为好的牧人。

气力衰败,有若干可能的含义,大致指他们不会达到年长成熟的阶段,或不会寿高(参五 26),到不了老年,至多在中年就亡故。[10]

他们不再有气力,必无法作为约伯的雇工,他们又怎可轻视约伯呢?

三十 3　他们因穷乏饥饿,身体枯瘦,在荒废凄凉的幽暗中,啃干燥之地。

他们是被社会遗弃的一群,在廿四章五至八节,有类似的描述,他们因穷乏而饥饿,饥饿的原因是遭遇饥荒,可见这饥饿是长期的,而且

---

[10] Edouard Dhorme, *A Commentary on the Book of Job* (1984), 430. 引用 B. Duhm, *Das Buch Hiob* (1879); Renan, *Le Livre de Job* (1894).

是严重的，人们也无法施以解救。

他们啃地上的干土充饥，"啃"字照亚兰文的字义为"逃往"，所以英文钦定本译作"他们逃往干地"。由于另一种希腊文译本（Theodotion）也作"逃脱"，也可有解释。地因旱灾持久，已经枯干，他们无处可逃，竟逃到那种干地，还会有什么可作粮食的。他们似在绝境之中。

为配合这句话："逃往干燥之地"，所以加上"漂流在荒废凄凉之中"，⑪"漂流"或"流浪"是将"幽暗"一字作此解释。这字或作"昨日"，或作"大地"。"昨日"在此的含义不能解释，但"大地"稍为合理：⑫他们在荒废凄凉的大地。

三十4　在草丛之中采咸草，罗腾的根为他们的食物。

他们没有食物，只在旷野的草丛之中采一种带有碱的酸菜。那种菜是草本的，并不可口。但在拉比的传统中，是建圣殿的人们食用的，并且他们等候弥赛亚的来临。⑬ 这是否有宗教的涵义在此处，似极为可疑。这里描写的只是指出他们无法找到食物，只得以此充饥。

罗腾树叶宽大，但根却很苦，通常不当食物，而是可作燃料的炭。在诗篇一百二十篇四节有"罗腾木的炭火"。罗腾的根作为炭火，可将食物烘热。以赛亚书四十七章十四节有"可烤的炭火"，此处指可烤食，又可取暖，⑭希伯来经文的涵义仍是"食物"。这原是骆驼的食物。⑮

三十5　他们从人中被赶出，人追喊他们如贼一般。

当他们从野地潜入城里，一旦给别人发现，怕他们偷窃或抢食，就要赶出他们，并且追喊他们，将他们当作窃贼。

"人中"是指社会，见叙利亚译本的用词，他们追喊，表明他们对这种人的憎恶与忿恨，一定不准这些流民住在他们中间。

⑪ Robert Gordis, *The Book of Job*：*Commentary*（1978），330-331.

⑫ G. Fohrer, *Des Buch Hiob*（1963）；Olshauson, Siegfried 也作此解。参 H. H. Rowley, *Job*（1979），243.

⑬ Gordis, *op. cit.*, 331. 参照 *Babylonian Talmud-Kiddushin* 66a, *Pesikta Rabbati*, Sec.15.

⑭ Gordis, *loc. cit.*, 根据 Gesenius, John Hartley, *The Book of Job*, 396.

⑮ Dhorme, *op. cit.*, 433.

三十 6　以致他们住在荒谷之间,在地洞和岩穴中。

这些流民既不被容于城市乡村,只有在旷野觅栖身之处,"荒谷"不仅是指荒地的山谷,也指可惊惧之地,可能是野兽出没的山谷。

"地洞和岩穴"也只是野兽居住之地,他们设法在那里躲避风雨与寒冷。

三十 7　在草丛中叫唤,在荆棘下聚集。

"叫唤"常指动物因饥饿而发哀声,这是可悲的惨状,在荆棘下几个人拥在一起,可能因为寒冷,大家将身体靠在一起御寒,他们正是又饥饿又挨冻,挣扎着生存。

"荆棘"一词,也在箴言书廿四章卅一节及西番雅书二章九节,译为"刺草",与"盐坑"、"荒废之地"一同提说,指没有人烟的地方。

三十 8　这都是愚顽下贱人的儿女,他们被鞭打,赶出境外。

"愚顽"是指缺少道德与宗教,是愚昧无知的(申卅二 6;诗十四 1,七十四 18)。愚顽人是指下贱的人,因为他们出身低微。下贱的人是"没有名字"的,表明他们家庭背景很差,没有名字是原文的含意,谈不到名声,社会都轻视与遗弃。所以他们被驱出,如果不肯离去,甚至被鞭打赶走。

"被鞭打"是亚兰文的涵义,原意如照希伯来字义,应译为"低微",在诗篇卅五篇十五节:"下流人",这字又是忧伤或忧愁(箴十五 13,十七 22,十八 14)。

三十 9　现在这些人以我为歌曲,以我为笑谈。

现在这些人竟然对付约伯,好似约伯还不如这些愚顽下贱人的儿女,他们幸灾乐祸,本来对富有的人,如约伯,由嫉妒而恨恶,所以现在看到约伯遭灾,就不仅暗中欢喜,还公开轻慢。

以约伯为歌曲,可参考诗篇六十九篇十二节,耶利米哀歌三章十四节。"笑谈"可说是与"歌曲"同义,就是当着口头禅,成为他们谈话的中心。

这对约伯是莫大的侮辱,但他有什么可说的,他得不着安慰,而且反受到各种侮慢和轻视。

三十 10　他们厌恶我,躲在旁边站着,不住地吐唾沫在我脸上。

那些人憎恶地位高尚的人,所以现在约伯失去权势与钱财,又贫病交迫，他们就有报复的行为。其实约伯并没有伤害他们。

这是古时东方人的心理，认为凡遭灾病痛都是受到神的咒诅，所以躲在旁边站着，观望中幸灾乐祸。以往约伯有脸上的光，对人含笑，使人仰望他，但现在人可任意侮辱他，甚至吐唾沫在他脸上（参赛五十6），与廿九章廿四节完全相反。

三十 11　松开他们的绳索苦待我，在我面前脱去辔头。

"绳索"原可捆绑人，松开即给他们自由，让他们任意对约伯威胁，甚至捆绑他，苦待他。绳索或指搭帐棚的，松开之后，帐棚就会倒塌，可见那是蓄意加害在约伯身上。

"辔头"是牵制，现在脱去，就是解除这种牵制，使他们可毫无顾虑，都随意苦待约伯。

约伯此处似在恳求神，赐予保护，因为约伯在恶人的敌对之下，感到无限的困苦，在叙述的口吻语气，甚像诗篇中的哀歌，可参考诗篇十一篇二、三节，廿二篇十二、十三节，廿七篇二、三节，六十四篇二、三节。

三十 12　这等下流人在我右边起来，推开我的脚，筑起战路来攻击我。

这些人在他右边，右边是最有力的方面。推开他的脚，有的译为闯过来，[16]踢开。[17]

他们筑战路来攻击，在路上暗设陷阱，使他随时有危险，可参考十九章十二节及十六章十三节起。"攻击"是将他逼往毁灭之途。

三十 13　这些无人帮助的，毁坏我的道，加增我的灾。

约伯继续提这些下流人，他们存心置他于死地，毁坏他的道，使他走投无路，使他的痛苦更加增多。

"无人帮助"，原意有不同的解释，有的译为"他们作恶，无人阻止或管制"。[18]

"毁坏我的道"，"毁坏"在阿拉伯文的用字可译为"荆棘"。荆棘在我的道，所以译作：以荆棘成为道上的围墙，使他不能通行，大受阻碍。

---

[16] Georg H. A. von Ewald, *Das Buch Hiob* (1854); A. Dillman, *Hiob* (1891).

[17] A. B. Ehrlich, *Rendglossen zur hebräischen Bibel* (1916).

[18] Dhorme, *op. cit.*, 438; Gordis, *op. cit.*, 332.

三十 14　他们来如同闯进大破口，在毁坏之间，滚在我身上。

他们来势汹汹，将原有的阻挡之处闯入突破，"破口"可参考十六章十四节："将我破裂又破裂，如同勇士向我直闯。"此处可译为"如同海涛大力闯来"。

这些恶人如此猖狂，必有神的许可。约伯想到神，认为神怎可这样残忍？祂是可怕的猎人（六 4），残忍的追赶者（十三 25～27），凶暴的战士（十六 9～14，又十九 6～12），现在神好似将约伯交给这些恶人，使约伯无法忍受。

三十 15　惊恐临到我，驱逐我的尊荣如风；我的福禄如云过去。

这些下流人，成为约伯的惊恐。比勒达将惊恐作为死亡的威胁，是阴间的王（十八 11、14）。比勒达论恶人必有这样的惊恐，现在约伯成为别人眼中的恶者，认为约伯就是那恶者。所以现在约伯完全失去他的尊荣。

约伯的尊荣与福禄二者都是同义的，指他原来好似在军队中的君王（廿九 25）。现在情形完全不同，他面对死亡的军队，他受侮辱、受轻慢，面对完全的毁灭。

风有力量追赶（十九 22、28），也能驱除（利廿六 36），"风"如译为"精神"，则尊荣的精神已被驱除，就不再存在。

"云"是"消逝"的表象，一经消散或消逝，就永远不再回来（十三 16），约伯的福禄是指"救恩"，也可指"快乐"或"希望"。所以福乐可译作"救恩之乐"。[19] 可参考诗篇五十一篇十四节。

"过去"常指水流一经流过，不会再回转，可参考六章十五节，十一章十六节。

(ii) 向神怨言（三十 16～23）

约伯继续向神埋怨，发生哀歌悲叹，直接说神给他灾祸，对神诉说，从第三人称至第二人称"你"，他无论怎样呼求救助，神非但始终不重

---

⑲ Dhorme, *op. cit.*, 440.

视,似乎反而加害于他,变本加厉。约伯怕神会带他到死亡之地,为众生所定的阴宅。自二十至廿三节可说是他最后言词的中心。

三十 16　现在我心极其悲伤,困苦的日子将我抓住。

"现在"(或"如今"),在第一节、九节以及本节,再强调现在的困境。"我心",心是生命力的所在,"极其悲伤"是意译,因为原意为"倾倒",心好似一个瓶,而瓶内的水倾倒出来,倒在我身上,这与诗篇四十二篇四节有同样的说法。"倾倒"一词在十六章十三节:"破裂我的肺腑……把我的胆倾倒在地上。"耶利米哀歌二章十一节:"肝胆涂地"。内心痛苦,似乎完全融化,将心意倾吐出来(撒上一 15)。诗篇廿二篇十四节:"我如水被倒出来,我的骨头都脱了节,我心在我里面如蜡熔化。"十足描写约伯的感受。

这样困苦的日子抓住我,使我无法摆脱,感到极大的痛楚。"困苦的日子"也在耶利米哀歌一章七节,中译词为"困苦窘迫之时",用语在原文完全相同。在本章廿七节也再次重复。

痛苦抓住他,使他动弹不得,是常有的描述,尤其是述说产难的痛苦。约伯已尝尽了疼痛,不仅是身体的,也是心灵的。

三十 17　夜间我里面的骨头刺我,疼痛不止,好像啃我。

夜间的痛苦似乎更加尖锐,约伯在先前已经提说(七 3～5、14),骨头刺他,或应译为刺我骨头。是什么刺他? 是痛苦的感觉,有的将未定的主词作为神。神使约伯痛苦,神刺入他的骨头。[20]

"啃我"是根据阿拉伯文与叙利亚文的字义。但这字也有可能译为名词"筋骨",或指身体的部分。下半部为"筋骨得不着休息"。有的译为不得安睡,就是痛得失眠。[21] 他的痛苦实在难耐。

三十 18　因神的大力,我的外衣污秽不堪,又如里衣的领子将我缠住。

他以大力使我的外衣走了样子,"污秽不堪"是中译词,似乎是意译。动词本身原意为"伪装",学者们认为应稍作更改,又照七十士译本

---

⑳ Hartley, *op cit.*, 401-402.

㉑ Gordis, *op. cit.*, 335;Hartley, *op. cit.*, 401-402.

译为"抓住"。㉒ 这字又可译为"困住"。㉓

约伯的身体每一部分都感到痛楚,他感到神抓住他,好似将他外衣围住,似乎越揪越紧,使外衣完全失去原形。再用腰带缠住他的里衣,将他里衣的领子提起来,一直绞动。里衣是贴身的,他的手臂也被衣服缠住,动弹不得,而且连气都喘不过来,快要窒息。这是描述外面的皮肤痛楚不已,而内里的痛苦更加剧烈,甚至不能忍受,可见此处的描写生动活泼。

三十 19　神把我扔在淤泥中,我就像尘土和炉灰一般。

神把他扔在淤泥中,因为人本来就是尘土,仍归于尘土,说明他是必朽的(四 19,十 9,卅三 6)。另一方面,淤泥是指街道(赛十 6)。他原只是瓦器,无用的器皿可以扔掉,没有保存的价值(耶十八 4)。约伯好似泥土与窑匠争辩、抗拒,所以作不成合用的器皿,只有弃掉(赛四十五 9),在本书九章卅一节,约伯曾向神怨言,"你还要扔我在坑里……"

"尘土和炉灰"常相提并论,如在二章八节。在廿七章十六节有"尘沙与泥土"。十三章十二节有"炉灰与淤泥"。又可参考四十二章六节,也是"尘土与炉灰"。

此处说明神对他不再重视,他不再有尊荣。

三十 20　主啊,我呼求你,你不应允我;我站起来,你就定睛看我。

约伯再提出抗议,因为他虽恳切地呼求,求神救助,但是神仍保持缄默。他急切地祈求,甚至站起来恳求。站起来表明十分情急,㉔神好似仍不注意,对他的呼求没有反应,使约伯心中十分痛苦。定睛看他,却没有反应,无动于衷。

"站起来"另一种解释,是只有动作,却没有祷告或祈求的声音,仍是缄默无言。㉕

㉒ Dhorme, *op. cit.*, 441；Marvin H. Pope, *Job* (1965),223.

㉓ Gordis, *op. cit.*, 335.

㉔ A. Ceresko, *Job 29 - 31 in the Light of Northwest Semitic*, Biblica et Orientalia, 36(1980),32.

㉕ Gordis, *op. cit.*, 335.

下半节有不同的译词："我在你面前,你却冷漠地望着我";"我直立着,你看着我,却很冷漠";"我站起来,你的眼先看穿我"。㉖

由于动词紧随着一个介系词,"定睛看"有注意与垂听的涵义。"定睛"之前,虽无"不"字,可能在上半节的"不"也包括在下半节,"你不应允……你不定睛。"

三十 21　你向我变心,待我残忍,又用大能追逼我。

神变得非常残忍。残忍常与战争的敌对行为相连(参考赛十三9;耶六23,三十14)。残忍的行为是由于忿怒的动机(箴廿七4),缺少信实的爱(箴十一17),没有怜悯(耶六23)。

约伯看神对他的态度,是因憎恨而待他残忍,甚至还追赶他,逼迫他,他曾多次提说(六4,十三24~25,十六9~14,十九11)。

在十六章九节,约伯已经提说,"主发怒撕裂我,逼迫我,向我切齿;我的敌人怒目看我。"

三十 22　把我提在风中,使我驾风而行,又使我消灭在烈风中。

神对待他,曾提拔他至高处,使他地位崇高,似提在风中,驾风而行。神曾细心创造他,甚至眷顾他,可说是无微不至,但却蓄意对付他,因为"久有此意"要虐待他(十8~14)。他驾风而行,好似神一般(参诗十八10,一〇四3,又诗六十八4,33)。

但是最后仍以烈风卷起他,将他扔下,好像扔他在淤泥中,好像尘土和炉灰被风吹散一样。神将他卷在风中,提得越高,扔得越重,摔得越发可怕,结果会被烈风消灭,因为他被扔下,还不仅如灰尘一般吹散,而且像雨水一般,云被吹散,落下如水,全被消灭了。

三十 23　我知道要使我临到死地,到那为众生所定的阴宅。

"我知道",从九章二节起也有同样的语气,约伯以为自己知道神蓄意苦待他的计划,使他受苦之后,最后还是驱逐到死地。不过他不明白的是,他有一天果真死了,神就没有什么可再对待他,又会怎样呢?(七21)有时约伯希望在他未死之前,稍可喘一口气,盼望神不要逼他过甚(十20~22)。他现在又回到这一主题,因为死亡的威胁实

㉖ Dhorme, *op. cit.*, 443,引用 le Hir, Crampon, Segond.

在太可怕了。

死亡之地就是阴间，是为众生所去的"阴宅"。"阴宅"在此处的用词没有那么消极。在原意为"众生聚集之处"。大众都会在此处相会，人能否视死如归呢？因为此处真有"归回"的涵义。这是阴间，是人人必须归回的地方。约伯曾说他赤身出于母胎，也必赤身归回（一 21）。他不会归回人的母腹，而是指大地的腹中，他原是尘土造的，也必归入尘土之中。所以他知道，肯定他的猜测。

现在他知道，是无望与惧怕的心态，不是出于信心，与十九章廿五节迥然不同，因为在十九章"我知道"，是一种信心的肯定。

(iii) 哀情无奈（三十 24～31）

三十 24　然而人仆倒，岂不伸手？遇灾难，岂不求救呢？

"人仆倒"，约伯不会伸手打击，也没有伸手救助。照说神也决不会那么残忍地对付他。有的人认为，"人"是指约伯自己，主词是约伯：在他跌倒的时候，他岂不伸手求助吗？

"仆倒"有译为"荒堆"（诗七十九 1）或"乱堆"（耶廿六 18）。[27] 人在荒堆中走，或陷在乱堆中，此人必须伸手求助。这样"乱堆"与"灾难"中可作对比。人有困难，必自然想求解救。

照七十士译本，"伸手"的主词为第一人称：我岂不伸手，约伯在别人危难中伸手援助，反而神没有援助他，使他失望。

下半节也有指明第一人称："岂不向我求救呢？"[28]一方面约伯表明他并未漠视别人的需要，另一方面似乎感到他在需要时，神却不肯顾念。

这样在下文更为清楚，因为都有第一人称。

三十 25　人遭难，我岂不为他哭泣呢？人穷乏，我岂不为他忧愁呢？

---

[27] A. B. Davidson, *The Book of Job* (1884)；*Revised Version* (marginal note).

[28] Dhorme, *op. cit.*, 445.

"遭难"原意中还加上"日子",说明这些人生活穷困艰辛,约伯对他们同情,与哀哭的人同哭。

遭难与穷乏,是同义的;哭泣与忧愁也是含有相同的意义,在廿九章十二至十七节,约伯自己认为对穷困的人给予同情。那些无助的人或因被恶者欺压,无人为他们伸冤,或因不公道,使他们无法维持生计,情形十分凄惨,约伯曾设身处地,为他们难过。他就以此表明他的道德意念及行为。因此他更感到神不同情他,实在找不出任何原因与理由。

三十 26   我仰望得好处,灾祸就到了;我等待光明,黑暗便来了。

多年来,约伯的信念都得着印证,知道神使他得着好处,享受光明。但是现在灾祸来到,就盼不到好处,黑暗来到,再没有光明。

照他以往的经验,好处与光明一定不会失去,即使有灾祸与黑暗,也只是短暂的,不会长久。这也是友人们的论调,德行带来福乐与光明,但是事实并非这样。

希望与实际相反,是常有的情形,可参考以赛亚书五章七节及耶利米书八章十五节。

三十 27   我心里烦扰不安,困苦的日子临到我身。

这里又有十分生动的描述,约伯内心或内腹,如同有热水滚沸不止,生理与心理都极为不安,可参考耶利米哀歌一章二十节及二章十一节,当耶利米听见侵略者的角声与进军至耶路撒冷围困耶城,他哀叹说:"我的肺腑啊,我的肺腑啊,我心疼痛!我心在我里面烦躁不安,我不能静默不言,因为我已经听见角声和打仗的喊声。"(耶四 19)约伯也像耶利米一样,肺腑心肠,甚至整个身体都感到痛楚。这也是耶利米哀歌二章十一节所描述的:心肠扰乱,肝胆涂地。

"困苦的日子"已在十六节提说,他再也无安静的日子,安静不再是他的感觉,他的痛苦是经常的、恒久的,无法解脱。

三十 28   我没有日光就哀哭行去,我在会中站着求救。

中译词的小注是原来的意义:"我面发黑并非因日晒。"因为廿六节:"等待光明,黑暗便来了。"他面部发黑,是因疾病所致,也可能是指他的忧伤,甚至悲痛(可参考五 11;诗卅八 6)。这也许不是指面部,而是

指身体,因举哀穿戴黑色)。㉙ 有的将"没有日光"译为"没有安慰",㉚"没有富足"。㉛

他在"会中"哀求,"会中"是在集会的地方,在圣所。或在城门的宽阔处,是司法的地方,诉讼公道,他的呼求似乎全无功效。

三十 29　我与野狗为弟兄,与鸵鸟为同伴。

野狗的哀号,有点像孩童的哭声,鸵鸟的哀声也是因孤寂与缺食,这两者常一同提及(参弥一 8)。

"弟兄"与"同伴"是同义字,将野兽喻为亲友,指"十分接近","非常相似"。正如十七章十四节,"朽坏是他的父,虫是他的母亲姐妹。"

约伯好像这些旷野的野兽,在山崖十分孤寂,又为饥寒所迫,觅食无着,望天哀鸣。约伯的情况真是可怜,何等无奈,他的痛苦是神与人都不理会的,也不对他寄以同情。

三十 30　我的皮肤黑而脱落,我的骨头因热烧焦。

这好似在重复廿八节"没有日光",他的身体有严重疾病,皮肤没有血气,只有黑色,又呈腐朽的现象,而且又渐破损。"脱落"是在中译词附加的,但有这样的现象。㉜

骨头或指身体,因发炎而火热,都像烧焦的情况,其痛苦可想而知。诗篇一〇二篇四节:"我的骨头如火把烧着。"火必指高烧,热度很高。

三十 31　所以我的琴音变为悲音,我的箫声变为哭声。

"琴音"与"箫声",都奏出哀歌,正如耶利米书四十八章卅六节:"哀鸣如箫"。耶利米哀歌五章十五节:"跳舞变为悲哀"。

约伯在先前的言词中,曾描述恶人的兴盛及欢乐:"他们随着琴鼓歌唱,又因箫声欢喜。"(廿一 12)可能他从前也有这样的欢乐,只是他

㉙ Rowley, *op. cit.*, 251,因疾病而面带黑色,根据 Hitzig Duhm;穿戴黑色,根据 Budde.

㉚ A. S. Peake, *The Problem of Suffering in the Old Testament* (1904), *Job* (1905); R. H. Strahan, *The Book of Job Interpreted* (1913); S. R. Driver and G. B. Gray, *The Book of Job* (1921).

㉛ E. J. Kissane, *The Book of Job* (1939).

㉜ Hartley, *op. cit.*, 404,406.

不是恶人，而恶人与他同样享受。但是现在他只有哀声，一切都只是悲哀与痛苦。

约伯的痛苦已到极点，身体因疾病而疼痛，心灵因苦难而伤感，他受社会中的恶人——人群中的渣滓所讽刺、讥笑、轻慢，他早已失去过去的尊荣，受尽现今的凌辱。悲哀使他失去力量，失望更令他难堪无奈，他在这样的悲情中，宣誓着他的无辜，在下一章就细述他的德行。

附录：结构分析

本章结构，大致可分为两大部分；每一部分可分为三项要点：

（一）蒙受羞辱，因而悲叹
　　　（1）受下流人的羞辱（三十 1, 9～11）
　　　　　　附录：下流人的写照（2～8 节）
　　　（2）受死亡惊恐威胁（12～15 节）
　　　（3）受至高之神攻击（16～19 节）
（二）没有公义，因而悲叹
　　　（1）为不平而悲痛（三十 20～23）
　　　　　　呼求公道，神残忍不听
　　　（2）为苦难而悲痛（24～27 节）
　　　　　　没有赏赐，只得着灾祸
　　　（3）无公道而悲痛（28～31 节）
　　　　　　没有申辩，如旷野野兽

第一分段大多似诗篇中哀歌的形式，以及传统的主题，三次都以"现今"或"现在"开始（1、9、16 节）。回忆过往，尖锐的对比，更使他不堪回首。

第二分段不再回顾，只想前瞻，希望辩明，争取公道，三呼求救（20、24、28 节），与上下文相连，在十九章七节，廿九章十二节，卅五章九节。最后一次求救，更为正式，因为他是在会中站着求救（28 节），以后才有卅一章的自白，甚至向神挑战。

本章与前章（廿九章）的手法十分相似，都是主题迥异。主题在十五至十七节：惊恐、悲伤、困苦与疼痛，在廿七至卅一节又再重复，再述他的苦情。在这之前,以及十五至十七节之前后,有若干迥异之叙述作为陪衬。社会的下流人竟可讥笑(1～14 节),他曾关怀穷人与无助者(24～26 节),中间加插的是对神的残忍不满(18～23 节),这实际是在主题之后。

　　本章与前章都反映约伯的社会背景。他虽救助贫乏者,但对有些人则视为下流人。他们是下流人,甚为卑贱,他们未必都是恶者。但当那些人以他为笑谈时,他感到奇耻大辱,似乎仍有阶级观念。这正如美国独立宣言创始者杰弗逊,提倡人权自由,却在佛州仍然终生蓄奴。[33]

(III) 清白的誓言(卅一 1～40)

　　约伯回忆过往的荣华,又悲叹现今的苦难,最后誓言他的清白,表明他受苦是无辜的。他列出详细的项目,辩明他实在没有干犯任何的罪,或没有省略若干的善。经学家称本章为旧约伦理的总纲,可与十诫相辅诵读,甚至也可说是圣经伦理的概要。[34] 本章通常被冠以特别的题目:清白的宣言(Oath of Clearance),品德的自白(Confession of Integrity),犹太的君子准则(Code of the Jewish Gentleman)[35],可见本章内容的概要了。

　　本章的文体有几种特质,兹分述如下:

　　(一)宣誓方式——这是有一系列的誓言(1～34、38～40 节中),在每一项誓言的开端有"若"字,即"一定没有",指犯罪行为。另有"若不",即"一定有",指行善事项,然后提出自行咒诅的话。[36] 参考古代近

③③　Gordis, *op. cit.*, 540–541 (Special Notes 26).

③④　V.E. Reichert, *Job* (1946),157; H.W. Robinson, *The Religious Ideas of the Old Testament* (1947),155.

③⑤　Samuel Yau-chi Tang, *The Ethical Content of Job XXXI: A Comparative Study*, Ph. D. Thesis, University of Edinburgh (1967), ii.

③⑥　J. Pedersen, *Der Eid bei den Šomiten* (1914),88,114,118; P. Volz, "Ein Beitrag aus den Papyri von Elephantine zu Hiob Kap. 31," *Zeitschrift für die alttestamentliche Wissenschaft*, xxiii (1912),126–127.

东的文献,颇多相似之处。㊲ 咒诅指灾祸必临到宣誓者,有毁灭的力量。㊳ 在诗篇中有完整的咒诅,只在第七篇及一三七篇。约伯记卅一章也有四个实际的例证:(一)五至八节;(二)九至十节;(三)廿一至廿二节;(四)卅八至四十节中。本章表明约伯完全不受咒诅。

　　本章宣誓,并非全部有这形式,有的没有"若"的字样,如在一至四节。五至廿三节以及卅八至四十节中,宣誓的方式比较明显。廿四至卅四节有"若"的短句,但咒诅的短句并未列出。㊴

　　经学家在文体评鉴上有不同的处理。如果没有完整的咒诅,就应予删除,如第八节、十节、廿二节及四十节。有的在经文方面作一番整理,节次重新排列。有的认为无咒诅部分,为原有的宣誓方式,不必特别处理。㊵

　　然而,"若"字也可有不同的涵义。这不仅是假定词(Conditional Particle),也可能是发问词(Interrogative Particle)。如果是发问词,或否为修辞问题(Rhetorical Question)与宣誓形式彼此交替。㊶ 有时,这是以"我想"的涵义,如在卅一章二、十四、廿三节。这是一种方式,正如廿七章二至六节:"我指着永生的神起誓",原意为"当神活着……",

---

㊲ J. Hempel, "Die israelitischen Anschauungen von Segen und Fluch in Lichte altorientalischer Parallelen," *Zeitschrift der Deutschen Morgenländischen Gesellschaft*, 1 xxix (1925), 20 – 110; G. R. Driver & J. G. Miles, "Ordeal by Oath at Nuzi," *Iraq*, vii (1940), 132 – 138.

㊳ 如民数记五章十九至廿七节为撒迦利亚书五章一至四节。可参考 S. H. Blank, "The Curse, Blasphemy, the Spell and the Oath," *Hebrew Union College Annual*, xxiii (1950 – 1951), 73 – 95; F. Horst, "Der Eid m Alten Testament," *Evangelische Theologie*, xvii (1957), 366 – 384; J. Scharbert, "Fluchen und Segnen im Alten Testament," *Biblica*, xxxix (1958), 1 – 26.

㊴ G. Fohrer, "Form und Funktion in der Hiobdichtung," *Studien zum Buche Hiob* (1963), 68 – 107, esp. 83 – 84 (n. 24).

㊵ S. R. Driver and Buchanan Gray, *The Critical and Exegetical Commentary on the Book of Job* (1912), 261 – 262; R. A. Aytoun, "A Critical Study of Job's 'Oath of Clearance'," *Interpretater*, xvi (1919 – 1920), 291 – 298.

㊶ Edouard Dhorme, *A Commentary on the Book of Job*, 457; G. Hölscher, *Das Buch Hiob* (1937), 74; R. Gordis, *The Book of God and Man* (1965), 352 n. 47.

仅为宣誓的方式。

（二）否认方式——这是在法律程序中的一种否认，不认罪，约伯受友人不住地指控，他就一概否认，最后为自己辩明，也许这是在礼拜仪式中所表达的，例如在申命记六章十三节起，又在民数记五章十一节起，都是与祭司的话有关，有些咒诅有敬拜礼仪的背景，如在约书亚记七章廿六节及耶利米书廿二章廿七至三十节。

在古埃及的文献中，有所谓"死人其状"（Book of the Dead），放在棺材之内，当逝者在审判台前，他可以出示具状，否认一切的罪行。由审判之神明，将他的灵魂放在天平上称量，在另一边置放鸟的羽毛，若灵魂较羽毛轻，就被打入地狱。巴比伦也有类似的文献，是君王自身的辩白。[42]

但是约伯记未必是受古代近东的文献所影响。这也许可反映出古代闪族人民的文化。

（三）个人哀歌——在本章卅五至卅七节，并非宣誓，却与诗篇七篇四至六节相似。可能在誓言与否认之后，表达意愿与祈求，是哀歌典型的形式。哀歌在诗篇中也多为自己申辩。没有罪行，为什么落在困苦之中？这常与法律的用词有关，为自己辩白时，盼望有人听讼，取得公道。于是愿望可成为挑战。

作者显然有十分丰富的文学造诣，可用不同的文体，说明约伯内心的感受，并有力地托出，这是约伯的独语，十分华丽。

由于卅五至卅七节不是宣誓的形式，有不少经学家认为这几节应列于本章的末端，作为结语。[43] 但也有认为应置于第四节后，[44]或在三十章廿四节后。[45]

若从内容方面来研究，则不仅是容忍罪行，所谓干犯的罪（Sins of

[42] J. Spiegel, *Die Idee von Totengericht in der ägyptischen Religion* (1935),59; J. Murtagh, "The Book of Job and the Book of the Dead," *Irish Theological Quarterly* 35(1965),168-178.

[43] Volz, *op. cit.*, 126-127; Hölscher, *op. cit.*; Hontheim, *Des Buch Job* (1904).

[44] M. Buttenwiesser, *The Book of Job* (1922).

[45] M. Jastrow, *The Book of Job* (1920).

Commission),也包括疏忽的罪(Sins of Omission),就是应有的善行,约伯也没有忽略,所以前者用"若",后者用"若不",说明消极与积极两方面。

约伯的伦理道德,并非只是遵守律法的条文,而是着重道德行为的态度与动机。论道德,重点在正当的关系上,尤其有两宗罪,是在十诫之内,即奸淫(9～12 节)与贪婪(7～8 节),又他善待仆人、贫者与无助的人(13～23、31～32 节),给予尊重与怜恤。恨恶仇敌也是不当的(29～30节)。对神敬虔是不可或缺的(24～28 节)。所以约伯认为他的动机纯正。他不可有欲念(1～2 节),不可贪心(7～8 节)。他应避免虚谎(5～6节),不可隐藏罪孽(33～34 节)。他的标准引往新约记载之登山宝训。

约伯尊重人权,动机在乎创造论,因为神是众人的创造主(15 节;又箴十七 5,廿二 2)。这也是爱邻舍如同自己。在约伯的用词中,"完全正直"(一 1、8),他是耶和华的仆人,必力求完全。

(i) 誓言与否认(卅一 1～34、38～40)

誓言与否认共十四项,由于七项为一完整的数字,两倍的七,正构成双重的完全,表明约伯完全成就道德的要求。他的道德还不仅是在行为上,也是在思想上,他完全有道德的自由,不会只有道德的理想,更有道德的勇气,能切实地行出来。

约伯的誓言一方面塞住仇敌的口,使他们无法控告。另一方面,看神有没有反应,如果神没有说话,证明他真是无罪的了。

1. 誓言圣洁:不好色(卅一 1～4)

约伯在誓言的开端,以肯定与正面的宣告,可见他对道德观念,是以积极的态度。同时他认为不正当的动机,是从情欲起始。

卅一 1　我与眼睛立约,怎能恋恋瞻望处女呢?

立约是自行约束,受制于立定的约。⑯ 约必须信守,不可任意破

---

⑯ Marvin H. Pope, *The Book of Job* (1965),197. 可参考 C.J. Ball, *The Book of Job* (1922),356,约为"约束",来自亚述字 birtu, "bond," "ferter" from barû.

坏。在智慧的观念中,眼睛容易引起欲念,所以必须谨防(箴六 17,十10,三十 13、17),在圣经中,眼睛为心灵的入口,若不谨防,就容易违背神的律法(参创三 6;撒下十一 2;太五 28)。所以防守内心,从眼目开始。

眼目眷恋少女,就会发出淫念。主耶稣在登山宝训曾说,凡看见妇女就动淫念的,这人心里已经与她犯奸淫了。如果只有目光一瞥,一时不慎,如不立即自制,一直注意下去(在太五 28 动词是进行式),就会想入非非,犯罪先从想象开始而发展,有着性的幻想,就跃跃欲试,终于犯罪。

此处不是主耶稣所提说的"妇女",而是"处女"。后者也许比较单纯或纯洁,所以欲念大多是单方面的,更应避免,另外提说"处女",是否与异教有关? 巴力宗教中的亚斯他录也被称为处女亚那他(Virgin Anath),是所谓衍生之女神,于是此处拜偶像的罪与淫乱的罪是连在一起的。[47] 有人以为这是指跳舞的女郎,因为在三十章卅一节琴箫之声,是有作乐歌舞的举动。[48] 犹太拉比的说法,非礼莫视,尤其不可看未婚的少女,恐怕日后她结婚成为人妇,还有恋情,会与有夫之妇发生奸情。[49]

又有将经文稍加改动,成为"愚妄",[50]或"灾祸",[51]表明不要自招祸患。至于淫乱,在九节起有说明,不应在此处。但本节将淫念视为万恶之首,并非没有理由。

卅一 2　从至上的神所得之份,从至高全能者所得之业是什么呢?

这里论及报应之原则,这是朋友们所论述的(四 7～8,八 20,二十29),也是约伯所承认的(廿七 2～11)。约伯可能特别针对他们所坚持

[47]　G. Jeshurun, "A Note on Job XXXI：1," *Journal of Society of Oriental Research*, xii (1928), 153 - 154; Norman C. Nabel, *The Book of Job* (1988), 431 - 432.

[48]　N. H. Tur-Sinai, *The Book of Job* (1957), 435.

[49]　Abhoth-de-Rabbi Nathan, 为 Rashi 引用, 成为"他尔目的传统"(Talmudic tradition).

[50]　A. S. Peake, *Job* (1904), 266; Pope, *op. cit.*, 200.

[51]　Samuel Terrien, *Job* (1963), 207.

的论调而说的。

"至上的神"与"至高全能者"是神的名称,在本书中,神的名称有六个,但这两个是常用的,前者是位格的神,后者是司法的神。[52]

"份"与"业"是同义的,可参考诗篇十六篇五、六节。在至高无上全能的神面前,人是有责任的,不可轻举妄动,不能任意放肆的。

卅一 3　岂不是祸患临到不义的,灾害临到作孽的呢?

这节只是重复上节的意义,仍是公义报应的原则。约伯看欲望或欲念就是作孽,是不义的事,由动机至实际的行为都有可能。

祸患与灾害二者是同义的,在俄巴底亚书十二节可以找到。"祸患"一词在七十士译本、叙利亚译本、亚兰文译本及拉丁文译本,都作"隔绝"、"毁灭"。不幸的事接踵而至,如似十八章十一节:"追赶他的脚跟",所以下节提到走路的脚步。

"作孽的",在卅四章八、廿二节。与作孽的为伍、结伴,就成为作孽的,这是约伯所不屑为的。

卅一 4　神岂不是察看我的道路,数点我的脚步呢?

神是注意人的行为,经常鉴察人的。神一直看着人,人是无法逃避的(七 8、17~20,十 14,十三 27,十四 3)。人的眼目应规避罪恶的试探,而神的眼目一直在侦察人的行为,查出隐而未现的罪。

"道路"是指人的行为,通往人生所走的方向。道路有道德的内涵,也是神的安排,在本书内屡次重复(廿三 10,卅四 21)。[53]

神数点人的脚步,在十四章十六节已经提及。约伯每一个动作,都在神的数算之内,难道神不注意约伯的无辜吗?

2. 誓言诚实:不虚谎(卅一 5~6)

约伯认为他在神与人面前都有责任。在宗教方面,他必须虔诚,在

---

[52] B.D. Eerdmans, *Studies in Job* (1939), 3 - 26; J. Morgenstern, "The Divine Triad in Biblical Methology," *Journal of Biblical Literature*, lxiv (1945), 15 - 37.

[53] J. Muilenburg, *The Way of Israel* (1962), 33 - 34.

道德方面,他应该公道,所以他在此否认不虔与不义。自本节起有"若"字,这是他所没有的,未曾作过。

卅一 5　我若与虚谎同行,脚若追随诡诈。

"同行"指"为伍"、"作伴"、"连系"。^⑭　与虚谎同行,追随诡诈,都将虚谎人格化。

"虚谎"原意为不虔与虚荣,在出埃及记二十章七节:"妄称神的名",就是将神的名作为虚假不实的,这是天大的罪,七十士译词为"小丑",通常译为"虚妄"(十一 11)。

"诡诈"原意为欺骗、伪装、奸诈(参赛五十九 7)。愚昧人的愚妄乃是诡诈(箴十四 8,廿六 24)。但是约伯认为他追求的是真实的事。诗篇廿四篇四节,站在圣所朝见神的,必须是手洁心清,不向虚妄,起誓不怀诡诈的人。

有关道路、脚步行走这些意象,在第七节再行重复,这些都是指着行为。

卅一 6　我若被公道的天平称度,使神可以知道我的纯正。

这节可能是在括弧之内,用公道的天平来称量,看是否够分量。神所称量的是人心,埃及文献中死者具状诚如上述,已有一幅活泼的图画。但以色列未必受这影响,但神的称量,却在旧约的智慧文学中被看重,甚至也在启示文学里,如但以理书五章廿七节。

"纯正"为本书重要的用词(一 1、8,二 3,八 20,九 20～22,十二 4,卅六 4,卅七 16)。与此处同一形式的,在二 3、9,廿七 5,这字的相反词为过犯与作孽。

3. 誓言清廉:不贪婪(卅一 7～8)

此处与卅八至四十节,都注意不可贪婪,是咒诅的话,八节、四十节相同。

---

⑭ E.J. Kissane, *The Book of Job* (1939), 205; W. B. Stevenson, *Critical Notes on the Hebrew Text of the Poem of Job* (1951), 17; Driver & Gray, *op. cit.*, 263.

卅一7　我的脚步若偏离正路,我的心若随着我的眼目,若有玷污粘在我手上。

"我的脚步若偏离正路",道路是表征神的旨意,可参考廿三章十一节。"偏离"是未完成式,表明继续不断的,似为习惯性的行动。

心不要随着眼,在第一节是指欲念,在第九节有淫乱的意欲,在廿七节有拜偶像的趋向,此处是在于贪心,可参考民数记十五章卅九节,箴言四章廿三节:"你要保守你心,胜过保守一切,因为一生的果效,是由心发出。"

本节第三短句似指收取贿赂,因为七十士译本作"礼品"。此处译为"玷污"、"有瑕疵的"或"黑色",有污点留在手中,指获取非义之财。⑤

卅一8　就愿我所种的有别人吃;我田所产的被拔出来。

咒诅似为箴言的形式,在申命记廿八章三十节起(又参利廿六16;摩五11)。他的劳苦成为徒然,以致他所种的,有别人吃我田所产的,而且连根拔出。凡剥夺别人的,自己也必被剥夺,他的劳力与财力必消耗殆尽。

"我田所产的",生产的不仅指土产,也可指人的后裔,在本书数次作这解释,如在五章五节,廿一章八节及廿七章十四节,除五章五节指庄稼,其他都指儿孙。"儿孙"是七十士译本及拉丁文译本的用词。但在此处,七十士译词加上"地土",那就是指地里的出产了。

这些咒诅的话可参照廿七章十六、十七节,但只指恶人的命运。

4. 誓言端庄:不淫乱(卅一9～12)

约伯否认淫乱,也以假定词开始:"若",表明他没有这样作,在第九节。咒诅在第十节,还有两节是评论与警戒的话,因为这是大罪。

卅一9　我若受迷惑,向妇人起淫念,在邻舍的门外蹲伏。

淫乱的罪是从内心的动机发生的,心里先有了犯罪的意欲。这正

---

⑤ G. Fohrer, *Das Buch Hiob* (1963), 425; N. Peters, *Das Buch Hiob* (1928), 343.

如新约雅各书所说的："各人被试探,乃是被自己的私欲牵引、诱惑的。私诱既怀了胎,就生出罪来……"(雅一 14～15)

"受迷惑"与廿七节"被引诱"是同一个字,这是欺骗。犯罪实在是自欺欺人。淫乱的人是愚昧人,自欺是否自知呢? 箴言六章廿四至卅二节,愚昧的人缺乏道德的分辨力。犹太拉比的说法,认为一个人先有虚妄愚昧的灵进入他的心,然后他就犯了罪。[56] 七十士译本作"心不自制",让想象力一直放荡无羁。

此处提到的"妇人"是有夫之妇,正如箴言六章廿九节与利未记十八章二十节"邻舍的妻",在此处下半节提及邻舍。"向"妇人,恋慕她,心向着她,对她有兴趣,就起了淫念,"起淫念"在原文中没有,是中译词加上的。原意为"被妇人所吸引而受了迷惑",或"对妇人有了迷恋"。

在邻舍的门外蹲伏,有犯淫行的意欲,在门口偷偷地等候,等那妇人的丈夫离去外出,又使那妇人发现他而注意他。[57] 类似的描述在箴言七章六、九、十九节。七章十二节与廿三章廿八节是描述淫妇的。此处不是妇人引诱他,而是他采取主动的行动。

若干解经家取意自犹太拉比的解经诠释,将本节下的涵义视为性行为,"邻舍"是指邻舍的妻,"门"为阴户的隐喻,[58] 又以雅歌四章十二节贞洁女子的特色:关锁的园、禁闭的井、封闭的泉源。端庄的妇人怎可向人开放?

卅一 10　就愿我的妻子给别人推磨,别人也与她同室。

女子最卑微的工作就是推磨,这原是女奴的劳役。下半节是指她成为主人的妾侍。推磨是性行为的另一表征,在亚兰文译本、拉丁文译本及犹太拉比的诠释,都取这表征的语言。[59]"别人与她同室",七十士译词:她受别人糟践。以妇人喻为磨石,是亚兰文的涵义,将妇人当作一种工具,对她任意地性虐待,也是解经家所设法阐明的。[60]

---

[56] *The Babylonian Talmud*, *Sotah*, 3a.

[57] F. Hitzig, *Das Buch Hiob* (1874), 230.

[58] The Babylonian Talmud, *Kethubot*, 9a, b; Peters, *op. cit.*, 344; Habel, *op. cit.*, 434.

[59] *The Babylonian Talmud*, *Sotah*, 10a.

[60] F. Delitzsch, *Biblical Commentary on the Book of Job* (1869), 178‑179.

这是报应律的原则(Lex Talionis),但是看来似乎极不公平。丈夫犯了罪,要妻子来偿付。在古代社会中,妻子是没有自主权的,婚后是属丈夫的,因此也连带负责丈夫的行为。她必须帮助丈夫免犯大罪,不然她也会受连累,成为因果下的牺牲者。当然丈夫犯罪,未必一定有报应在她身上。不过这对丈夫却是很严重的警告。当他不尊重别的有夫之妇,他自己的妻子若受羞辱,他会有怎样的感受呢? 对端庄的妇女,为人妻的,神仍旧保护。

卅一 11 因为这是大罪,是审判官当罚的罪孽。

"这是大罪",奸淫的罪是十分严重的,可参考申命记廿二章廿一节:"在以色列中作了丑事。这样,就把那恶从你们中间除掉。"

"审判官当罚的罪孽",是指这种罪是不会得着宽恕,必课以重罚或重刑。"当罚"是将罪人作为社会严重的罪犯,因该字原意(pālîl)为"剪除"或"除灭",不但绳之以法,且为社会所唾弃。[51] 在廿八节上也有同样的语句。

淫乱的罪在用字上(Zimma),意即凶淫丑恶的事(士二十 6),行为非常下贱,包括乱伦和与娼妓苟合(利十八 27,十九 29,二十 14)。在先知书中也屡次提及,如在耶利米书十三章廿七节;以西结书十六章廿七、四十三、五十八节,廿二章九、十一节,廿三章廿一、廿七节。

卅一 12 这本是火焚烧,直到毁灭,必拔除我所有的家产。

情欲如火一般焚烧,好像人在怀里揣火,玩火的必被火所毁灭(箴六 27~29)。这火会一直烧,烧到阴间。"毁灭"指死人之地(廿六 6,廿八 22;申卅二 22)。火势极大,甚至将田地的出产也都烧尽,什么都毁坏,使他没有任何留存之物,这样的毁灭是彻底的。

七十士译本是意译的,描述火不仅往深处烧着,而且在四围都烧着,所有的一切都消失殆尽。

归纳言之,淫乱的罪不仅违反人性,破坏道德律,也破坏自然律,将自然的现象也破坏无遗。

[51] E. Speiser, "The Stem Pll in Hebrew," *Journal of Biblical Literature*, 82 (1963),301-306; D. Ap-Thomas, "Notes on Some Terms Relating to Prayer," *Vetus Testamentum* 6(1956),225-241, esp. 233.

5. 誓言人道：不亏负(卅一 13～15)

卅一 13　我的仆婢与我争辩的时候,我若藐视不听他们的情节。

"仆婢"是奴隶,主人可有完全的权威,他们只有依顺与屈服。但是他们是人,仍有人权,应予尊重,不可轻忽。在廿九章七至十七节,约伯已经申明他以公义为衣服,以公平为外袍,他待人处事都力求公道,决不亏负人。甚至他们奴仆与主人据理力争,约伯都不敢藐视,要听他们的情节,给予他们法律上的平等。

在古代近东的社会中,奴仆是完全没有地位与权益的。但是以色列中的奴仆有人权的保障(出廿一 2～11,20～21,26～27;利廿五 39～55)。以色列人应善待奴仆,要记得他们在埃及作过奴隶(利廿五 42～43、55;申十五 15,十六 12)。所以约伯不敢轻忽他们,即使他们对约伯不满,向他烦有喷言,甚至争取权利,与他争辩,他也要极力忍耐,不敢随意。

如果参照约伯以前的言词,好似有些讽刺的意味。约伯认为神对待他好像虐待奴隶一样(七 1～2,十四 6),没有给予申辩的机会,难道神是这样残忍的吗? 但是这些究竟还是在他怨言中不当说的话。在约伯的信念中,神是审判官,祂是有公义的,在下一节就申明了。

卅一 14　神兴起,我怎样行呢? 祂察问,我怎样回答呢?

神站立起来,是以审判官的身份,非常严正要执行公道,审断案件,为人辩屈。那时约伯怎么能站立得住呢?

"祂察问",是指祂要来审断,可参考卅五章十五节,又七章十八节及诗篇十七篇三节。当神要察问,约伯必无话可答,因为他知道理亏,不同情奴仆,神又怎么会关心他呢? 神不愿人这样对待别人。对不义者,神实在没有耐心。

卅一 15　造我在腹中的,不也是造他吗? 将他与我抟在腹中的,岂不是一位吗?

人都是被造的,这就说明人的尊贵以及道德的理想。人物质的根源是在神,因为"你的手创造我,造就我的四肢百体"(十 8 节起)。约伯不明白生命的意义,但他确认人是神造的,而神只有一位(玛二 10)。

人的被造既出于同一个本源,人就都是应有同样的尊贵,彼此应该尊重,不可忽略。人的地位即使有尊卑之分,在权益上仍是平等的。

箴言十七章五节上以及廿二章二节指出,人无论贫富,都为耶和华所造。这种创造的道理,是智慧传统十分重视的信念。

约伯是否反对奴隶制度呢? 答案虽不确定,但是此处却明确地指出,道德观念是包括共同兄弟的关系。我们同有一位父,我们一同作兄弟的,必须彼此相顾与相爱。

6. 誓言爱顾:不漠视(卅一 16~18)

卅一 16　我若不容贫寒人得其所愿,或叫寡妇眼中失望。

约伯否认他漠视穷人与无助者的需要。穷寒人所愿的无非是温饱,这最低的生活需求仍得不着。"寡妇"在七十士译本作"无助者"。他们眼巴巴地盼望别人给予帮助,对他们有怜悯,眼中失望,就是愿望得不着帮助。[62] 同样的话也在十七章五节:"失明",是指他们得不着指望的事。

此处提说穷人、寡妇,在下节提到孤儿,这三种人是社会中最可怜的一群,应予帮助与周济。

卅一 17　或独自吃我一点食物,孤儿没有与我同吃。

此处仍是一个假定,但是上节的"若"是连在一起的。这表明他并没有只顾自己。他没有自私地只吃他的食物。那就是说,他愿意与别人分享。

一点食物,也许指一小部分食物,有时未必一定是少量的。此处也并非指剩余的食物,但他有自己的一份,也许为了节俭,自己也极为省食。然而帮助需要的人,让他们也不致饥饿,是智慧者的训诲:"眼目慈善的,就必蒙福,因他将食物分给穷人。"(箴廿二 9)

卅一 18　从幼年时孤儿与我同长,好像父子一样;我从出母腹就扶助寡妇。

---

[62] Reichert, *Job* (1946),159.

本节是一句补充话,加插在此处以为解释。在语气上似乎有些言过其实。

从幼年,从出母腹,他怎么可能已经爱顾孤儿寡妇呢? 有几种可能的解释。首先,这是指他家庭背景,因为周济无助者,是家中经常作的善事,是他从小就看惯了的。家中行善已成了传统,他也一生广行善事。其次,约伯不能自己以父执的地位来帮助人。父子是他与神的关系,神是他的父亲,天父怎样帮助人,他也要这样学效。但是在经文中并不指父为神,虽然这样解释为大多经学家所接受。⑥ 但约伯必有感于父神的恩慈,对无助者好像父亲照顾自己的儿子一样。

出母腹,不仅指生命的开端,而且也指整个的人生,或一生一世,他都在爱顾人,决不气馁,也不稍息,这种始终如一的恩慈是值得称道的。⑥

7. 誓言慈惠:不轻忽(卅一 19～20)

卅一 19　我若见人因无衣死亡,或见穷乏人身无遮盖。

约伯的慈惠,延伸至统治的人,他们没有衣服御寒。在廿九章十三节也提及那些流浪汉,他们是将要灭亡的人。申命记廿六章五节,以色列人纪念他们的祖先是将亡的亚兰人。"将亡"一词原意为流浪者,这些人极需要帮助。

巴勒斯坦夜间苦寒,若无适当保暖的衣服,人就无法御寒,有冻死之危险。

穷乏人可能将外衣当作当头,受人欺压,晚间没有归还,以致身无遮盖,也同样有冻死的可能。在廿二章六节,以利法指控约伯,无故强取弟兄的物为当头,剥去贫寒人的衣服。此处约伯严正地否认了。他非但没有这样做,更设法帮助人,给予暖衣。

卅一 20　我若不使他因我羊的毛得暖,为我祝福。

---

⑥ Peake, *op. cit.*, 269; Driver Gray, *op. cit.*, 225, 267; Kissane, *op. cit.*, 206; Pope, *op. cit.*, 204.

⑥ Gordis, *op. cit.*, 285.

"若不"表明他实在作到了。他确实为穷苦人解决御寒的方法。约伯在自己羊群中剪下羊毛制衣,使他们有厚衣穿着,而且非常暖和,因为纯毛的衣服可以御寒。在原文应有"腰间",使他因我羊的毛在腰间得暖。"我的腰间因酷寒感到痛楚,现在有羊毛取暖,以致因感恩而称谢他。"[65]腰间是指全身,甚至包括身心(参廿九 13)。[66]

"为我祝福"是因感恩而向神祈福。[67] 互相的友情建立起来,社会的关系更加亲密。这是多么有功效的社会关怀!

8. 誓言公道:不欺压(卅一 21~23)

卅一 21　我若在城门口见有帮助我的,举手攻击孤儿。

现在他否认欺压的事。虽然他有过尊贵的地位,众望所归,大家都拥护他,要他在城门口任法官,但他决不因此假公济私,在法律的程序上决不取巧。人们都尊重他,给予他支持,他决不举手攻击无助者,如孤儿。

在下半节,七十士译本还加上一句,"我的力量远超过他,就举手攻击孤儿。"举手攻击是敌对的动作。举手攻击还不仅是指伸手打人,也是指屈枉好人,肆意攻击,或者激动群众来反对,使受欺侮的人无法辩明,不能为自己伸冤。

卅一 22　情愿我的肩头从缺盆骨脱落,我的膀臂从羊矢骨折断。

他的手若欺压人,他的手臂必被折断,这又是因果报应。这四个字几乎是同义字,"肩头"、"缺盆骨"、"膀臂"、"羊矢骨",这是指颈部与肩骨脱落,摔跤时受伤与此相仿。[68]

这项咒诅令他失去力量,手臂无力,他自己成为无助的人。神要打

---

[65] Pope, *op. cit.*, 204.

[66] Peters, *op. cit.*, 346.

[67] N.J. Schlögl, *Das Buch Ijjob*, 37; C. Westermann, *Das Ioben Gottes in den Psalmen* (1963),21 n.13.

[68] C.H. Gordon, "Belt-wrestling in the Bible World," *Hebrew Union College Annual*, xiii (1950 - 1951),131 - 136.

断恶人的膀臂(诗十15,卅七17;耶四十八25;结三十21～23)。

卅一23 因神降的灾祸使我恐惧;因他的威严,我不能妄为。

他不敢这样枉屈孤儿,因为有宗教的动机。他实在有恐惧感,怕灾祸临到他。在本节上,七十士译本及叙利亚译本作"敬畏神的心落在我身上"。他不是怕灾祸降下,而是有了敬畏的心,情形就不同了。敬畏神,才远离恶事,这是智慧文学的重点。所以照七十士译本,就极为合理了。

在神的威荣之下,他也不敢妄为。威荣在神的审判中表露出来。威荣指忿怒,神的忿怒。⑥ 威荣指在祂大能的面光之中。⑦

约伯若不帮助无助者,在神面前必遭定罪。

9. 誓言爱主:不敛财(卅一24～25)

卅一24 我若以黄金为指望,对精金说,你是我的倚靠。

约伯否认他贪爱财利,似为答复以利法的指责。在廿二章廿三至廿六节,将黄金珍宝去掉,全能者就必为他的珍宝与金银,这是以利法给他的忠告。

黄金与光明的铜相似,光耀而美丽。此处的精金,是诗意的用法,是隐藏的宝物,或作宝石,如同七十士译本与叙利亚译本的译词。在八章十四节,比勒达说,恶人所仰赖与倚靠的必折断,又如蜘蛛网那样迅即破裂。可能约伯在此处针对友人们的指责。

对财宝有喜爱的心,会形成拜金主义,影响人的信仰。"我的倚靠",好似成为教条。这是主耶稣的警戒,一个人不可能爱主,又爱玛门(即财利),人不能事奉两个主(太六24)。

卅一25 我若因财物丰裕,因我手多得资财而欢喜。

他再进一步否认有贪爱钱财的心,为财物丰裕而欢喜,本身并不算是罪,但那不无危险。由于贪财就会想从别人手中获财,那就会有

---

⑥ Schlögl, *op. cit.*, 37.

⑦ W. B. Stevenson, *The Poem of Job*, *A Literary Study with a New Translation* (1947), 18, 116.

问题。

　　"丰裕"原意为"多"或"大"，如译为"主"，就成为拜金了。⑦ "我若以财物为主。"这是敬拜玛门，成为万恶。黄金可铸成偶像（参士十七3～5），又可用以包裹木制的偶像（赛四十18～20），这也铸成大罪。只有神是唯一的倚靠（箴三26；诗四十5，七十一5）。

　　"我手多得资财"，手指力量，就凭他的才能来获取财利，甚至用不正当的方法，得到不义之财。这是以利法所猜测的，恐怕因此就失去爱主的心（廿二24～25）。

　　此处不必否认申命记的话（八17～18），得资财的力量是耶和华赐给的。所以，如果将爱主的心放在第一，一切就都对了，不然一切都会有问题。

10. 誓言敬虔：不迷信（卅一26～28）

　　卅一26～27　我若见太阳发光，明月行在空中，心就暗暗被引诱，口便亲手。

　　上文否认拜金，此处否认拜天象，二者皆为迷信，有碍于真实的信仰，所以这样严重的诱惑，必须避免逃脱。拜天象，是古代近东极为普遍的宗教。埃及拜太阳，可从文献的赞美诗中发现，内容是埃及王赞美太阳神（The Hymn to Aten, Praised by King Akhenaten）。⑫ 在乌格列文献中，很多提到太阳神（Saps）与月亮神（Jarih）。⑬ 这种异教可能在公元前七世纪之前就已经进入以色列，阿摩司书五章廿六节可以佐证。在犹大王玛拿西当政时，异教之风甚炽，可参考列王纪下廿一章三

⑦　P. Szczygiel, *Das Buch Job* (1931), 162.

⑫　R.J. Williams, "The Hymn to Aten," *Documents from Old Testament Times*, ed. D.W. Thomas (1958), 142 - 145; J.B. Pritchard, ed., *The Ancient Near Eastern Texts relating to the Old Testament*, 2 edn (1955), 369ff.

⑬　A. Jirku, "Der Kult des Mandgottes in altorientalischen Palästina-Syrian," *Zeitschrift der Deutschen Morgenländischen Gesellschaft*, c (1950), 202 - 204; Fohrer, *op. cit.*, 438.

节起以及廿三章五节,可说对以色列的宗教生活危害极大(番一 5;耶八 2;结八 16 等)。

太阳为光体,"发光"是未完成式动词,有起始的含义(Incipient),可译为"旭日初升",是日出的现象。在埃及的赞美诗中有这样的诗句:"当你在东边的地平线升起……"[74]七十士译词的含义不同,译为"蚀去"或"褪去",如灯火将残(赛四十二 3)。

月亮被描绘为黑夜里的漫步者,带着光辉,姿态优美地徜徉在碧空中。七十士译本作"衰落",故有译为"苍白"或"渐暗",月光已淡。又有一种译词:月亮如珍珠一般闪烁地移动着。这样的说法是指月圆。[75]

这样看了美景,发生眼目的情欲,也牵引了肉体的情欲。心就暗暗被引诱,即受了欺骗,仍是七十士译本的用词,即九节"受迷惑"。敬拜就以接吻的动作来表现。

异教的敬拜方式,有屈膝,有亲嘴(参王上十九 18;何十三 2)。此处似为飞吻的方式,在旧约中没有记载,在近东似乎极为普遍,不仅在苏美里亚与迦南地,以后还在希腊与罗马。[76]

"口便亲手",可能是将手举起,放在口边,表明敬虔的缄默。然后再将手举起,向天堂挥去,算是对日光或月光致敬。[77]

太阳发光,常指财物丰裕,所以将口亲手,就是用得资财的手来亲尝这一切,表明向神明感恩。[78]

卅一 28　这也是审判官当罚的罪孽,又是我背弃在上的神。

本节上与十一节下完全相同,因为这种大罪是背弃神。"在上的神"与"至上的神"相同,此处神的名字是简写(El 在第二节为 Eloah)。在上的神是至高的,远超一切的天象。拜偶像是律法所禁止的,与奸淫

---

[74] Williams, *op. cit.*, 143.

[75] Robert Gordis, *The Book of Job：Commentary* (1978),351,根据犹太拉比解经家 Ibn Ezra.

[76] S. Langdon, "Gesture in Sumerian and Babylonian Prayer," *Journal of Royal Asiatic Society of Great Britain and Ireland* (1919),531–555.

[77] Tur-Sinai, *op. cit.*, 444; Pope, *op. cit.*, 206.

[78] S.B. Freehof, *The Book of Job* (1958),149.

一样,凡干犯的,就要用石头打死(申四 19,十七 3)。拜偶像不仅离弃神,也欺骗人。这是极大的虚妄,因此一神论的信仰必须坚持。

11. 誓言兼爱:不幸灾(卅一 29～30)

卅一 29　我若见恨我的遭报就欢喜,见他遭灾便高兴。

对仇敌的厄运,不可幸灾乐祸,所以他在这项事上也加以否认了。这是智慧文学强调的教训(箴廿四 17～18,又十七 5,廿二 20,廿五 21～22)。耶稣的登山宝训对此也着重提出(太五 43 节起)。爱仇敌是一件十分艰难的事,有时出于义怒,又不可忽略其道德的理想。耶利米曾求神为他报复逼迫他的人(耶十一 20;十二 3)。这与咒骂诗十分相似(诗六十九 22～28)。但约伯竟有这样恢宏的气度,甚为难得。

仇敌遭报是公道的,心中因兴奋而欢呼起来。可见欢喜是有无限的兴奋。[79] 遭报大概是指物质的损失,不义之财容易得来,也必容易失去,说来不足为奇,但难免兴奋。七十士译本作:“我的心就欢呼阿哈。”有一种胜利的感觉。

卅一 30　我没有容口犯罪,咒诅他的生命。

这句话是否为附加的,作为补充,以括弧的方式来表明? 约伯否认容口犯罪,因为他没有咒诅仇敌的性命。实际情形,他自己可以澄清,不必听别人的谣传。

在七十士译本,本节为咒诅的话:“愿我的耳朵亲自听见我自己受咒诅,在困苦中成为众人的笑谈。”但照希伯来原文,这只是补充语,咒诅并不明显。

“我没有容口犯罪……”由于多了一个连接词,在语气方面似乎更加着重,可加上“从来”:“我从来没有容口犯罪……”

约伯以为神对待他好似仇敌(十三 24～25),神对待他是否没有像他那样恩慈呢?（十六 9～14)其实神是恩慈的,只是约伯不会体验。

---

⑦⑨ Driver & Gray *op. cit.*, 227; Stevenson, *op. cit.*, 143; Tur-Sinai, *op. cit.*, 445. 又可参考 M. Dahood, *op. cit.*, 319-320, 乌格列文献有例可据。

12. 誓言友善:不吝啬(卅一 31～32)

卅一 31　若我帐棚的人未尝说,谁不以主人的食物吃饱呢?

他再予否认不友善的事,也正像上文(29～30 节),咒诅的话并不明显。

他的慷慨,是他帐棚里的人作的见证。帐棚指他的房屋或家庭。那帐棚里的人可能指仆人,七十士译本作"使女",叙利亚译本作"朋友",有些解经家译为"亲友"或"宾客"。⑧

本节下的涵义是正面或者反面的,正面的以问话的方式表明他们的满足。⑧ 但是希腊文译本(Aquila,Theodotion,Symmachus)、叙利亚译本与拉丁文译本在译词中是反面的问话,是一种埋怨的话,认为主人的食物吃不饱。但是埋怨的话没有说,"若"字就是否认有这样埋怨,因为他很慷慨地供给仆人足够的食物。

"主人的食物","食物"原意为肉,是动物的肉。这是主人供给的肉食,或指平时的肉食,或指节期中筵席上的肉食。也有人猜测为"主人的肉",因为发怒的仆人,他们被主人恶待,现在意图报复。⑧ 有的将"谁不以主人的食物","不"(lō')改为"甚愿"(lû'),以赛亚书四十八章十八节:"谁都甚愿主人的肉",指以同性恋的行为来侮辱主人,甚是离题,却为经学家所建议。⑧

卅一 32　从来我没有容客旅在街上住宿,却开门迎接行路的人。

约伯接待客旅是十分慷慨的,不但给予食物,也安排住宿,他慈惠的心不能让外地人在街上住宿。在街上住宿,有被当地匪徒强暴侮辱的危险(参创十九;士十九)。所以他的门是常开着迎接他们。七十士

---

⑧ Gordis, *op. cit.*, 285; G. Richter, *Erlauterungan zu Dunkeln Etellen im Buche*, *Hiob* (1912),68.

⑧ Dhorme, *op. cit.*, 423; S.R. Driver, *The Book of Job in the Revised Version* (1908),91.

⑧ A.B. Davidson, *A Commentary of the Book of Job*, 253.

⑧ Tur-Sinai, *op. cit.*, 445; Pope, *op. cit.*, 207 - 208.

译本还意译地加上一句:"每一个来的人",来者不拒。

所以约伯好似亚伯拉罕那样接待客旅,使外地人不致在外被饥寒及其他危险所迫。这里是指外人,上节是指家中的仆婢,也算为家人,都对他感谢。他对任何人都十分友善,毫不吝啬。

13. 誓言德行:不犯罪(卅一 33~34)

卅一 33　我若像亚当遮掩我的过犯,将罪孽藏在怀中。

他再否认伪善的罪,将罪孽隐藏与遮掩起来。"像亚当"可能是指第一个人亚当,他犯了罪,而且隐藏起来。[84] 也可能是指"常人",人容易犯罪,不让别人看见。[85]

经文修改,将"像"改为"在……中间",在人们中间;"从……分别",从人们分别。[86] 与人们有别,使别人看不见他的罪孽。

罪孽怎能藏在怀中? 所以有人将经文略为更改,将这字改为隐秘处,隐藏起来,就不会暴露,不被发现。[87]

卅一 34　因惧怕大众,又因宗族藐视我,使我惊恐,以致闭口无言,杜门不出。

由于隐藏罪孽,良心不安。惟恐一旦暴露,就无地自容。大众或指圣会所聚集之地。

如果他真的将罪孽隐藏,他不但怕一般人,也不敢面对本族的人,怕他们藐视他。所以他就干脆躲起来,出了家门,也不敢说话,在任何的场合中,都不暴露出来,免得受人们指责。

他自己杜门不出,也不盼望有人从他门口出入,七十士译本的经义不同:"我也不容穷人出我家门,空着胸怀出去",大概是指他不会让穷人空手出去,总得给他一些钱,或一些食物旧衣,仍指慈惠的行为。

---

[84] Delitzsch, *op. cit.*, 194; Tur-Sinai, *op. cit.*, 446.

[85] Davidson, *op. cit.*, 253; Kissane, *op. cit.*, 203, 208-209; *Jewish Version*.

[86] M. T. Housma, *Textkritische Studien zu alten Testament*, I; *Das Buch Hiob* (1925),68.

[87] Tur-Sinai, *op. cit.*, 446.

此处是第三次,只有否认的话,没有受咒诅的假定。连续有三项否认(廿九节起),都无结论,是否等到最后,听全能者的制裁与审断?

14. 誓言人权:不侵犯(卅一 38～40 上)

卅一 38　我若夺取田地,这地向我喊冤,犁沟一同哭泣。

约伯否认他有"夺取田地"的事,但第一短句是原来没有的。"若我的田地向我喊冤……"重点在"向我"列在"若"字之后。"我的田地",在七十士译本与叙利亚译本没有代名词在语尾,只是"田地"。所以有的解释,认为这原不是约伯的田地,是他夺取的。[88] 有的认为在希伯来文与亚兰文译本既有"我的",可见田地虽属约伯,但在安息年没有让田地休息,破坏律法的规定(参出廿三 10～12;利十九 19,廿三 2 起,廿六 34 起)。这样就引起田地的哀告。[89] 也许约伯并没有滥用田地,而因其他的罪使田地喊叫哭泣,好似该隐杀亚伯而引起地的哀告(创四 10,又可参考民卅五 33;申卅二 43;诗一〇六 38)。

"田地"与"犁沟","喊冤"与"哭泣",各自为同义字,为对句的形式,本节上半与下半,意义相同。

卅一 39　我若吃地的出产不给价值,或叫原主丧命。

这是第二项否认的话。约伯否认他欺压农田的工人,不给工价,可参考耶利米书廿二章十三节以及玛拉基书三章五节。看下半节"原主",可能指田地的租金没有偿付,也是侵犯别人的权益。

"原主"是多数字,可能不是量,有好几个原主,而是质方面(Plural of Dignity),产权是尊贵的,因为这是耶和华赐给的。[90] 或者这"原主"是指神,究竟一切的产业都属耶和华。[91] 耶和华是原主,当然是不会丧命的,有关"丧命"的字义另有解释。

"丧命"在七十士译本与亚兰文译本作"伤心"、"忧苦",指这对原主

[88] Stevenson, *Poem*, 147 n. 116.
[89] F. Stier, *Das Buch Ijjob* (1954), 328.
[90] Ball, *op. cit.*, 367.
[91] Szczygiel, *op. cit.* (1931), 165.

的精神极为损伤。有的译为"漠视"或"轻忽",表明不顾原主,原主大概是人,不是神。漠视原主的权益、剥夺了他的基本人权。[92]

卅一 40　愿这地长蒺藜代替麦子,长恶草代替大麦。

这是咒诅,好似在创世记第四章,该隐杀死亚伯,他种地,地不再给他效力(12 节)。

田地长满蒺藜与恶草,好似未经耕耘一样,如箴言廿四章卅一节:"荆棘长满了地皮,刺草遮盖了田面。"在先知书里,这种现象也是神的咒诅(赛五 6,卅四 13;何九 6)。田地不出粮食,人与牲畜就会遭受饥荒,人们更加贫穷了。[93]

可见此处的咒诅实在比第八节、十二节更加严重,田地变为贫瘠,就不再有出产。

(ii) 誓言与挑战(卅一 35～37、40 下)

约伯的誓言共十四项,在卅五至卅七节的形式改变,不再是誓言,而是作大胆的挑战,他既认为自己无罪,就可以坦然无惧地来到全能者神的面前。

这是约伯最后的意愿,以挑战的话,希望神给予答复。

卅一 35　惟愿有一位肯听我。(看哪,在这里有我所画的押,愿全能者回答我。)

"惟愿"是一种特殊的形式,原意是"谁肯给我","听我"。

然后有一种补充的话加插在内:看哪,"如果真是这样",这是叙利亚译本的译词。七十士译本的译义不同:"我真不怕神的手。"

"押"是字母的最后一个,最后的话已经说尽了,只等耶和华全能者来回答他。[94] 有人认为"押"为签字,或以"×"来代替,英译本有译为

---

[92]　J. Hontheim, *Das Buch Job*, 342.

[93]　Kissane, *op. cit.*, 208.

[94]　Kissane, *op. cit.*, 209.

"签字",⑯在巴比伦文献的泥版上打着指印。⑯ "押"字在亚兰文译本作"愿望":看哪,在这里我已表达了愿望,愿全能者回答我。

在原文有第三短句,在中译本作为卅六节首句。

卅一 36　愿那敌我者所写的状词在我这里,我必带在肩上,又绑在头上为冠冕。

全能者回答我,就是那敌我者所写的状词。这是一种正式的法律公文(参考申廿四 1;耶卅二 10 起)。这公文由控方与被告一同签署,在埃及以及古代近东极为普通。⑰ 照着亚兰文译本与拉丁文译本,"愿那敌我者写出他的状词"。⑱ 这状词可能是审判无罪的文件。

谁是那"敌我者"?或谓友人,或谓神。但神是法官,为听讼者,可见应该是指约伯的友人。

这大概是一轴卷宗,放在肩头上,成为一种标帜,表明特殊荣誉的身份。约伯心中很有自信与骄傲,他认为自己一定可以胜诉。

另有一说,不是约伯肩带公文,而是他被人肩负起来,表明大家对他的拥戴。他曾扶助过别人,别人现在要拥护他。⑲

冠冕当然是指他的尊荣,冠冕为多数字,可能也是指质方面,甚得尊荣。

卅一 37　我必向他述说我脚步的数目,必如君王进到他面前。

约伯在此强调神的公义。他知道神数算他的脚步,察看他一切的行为(4 节,十四 16)。

"我要进到他面前。"另一种译词作:"我要大声地念出来。"可参考耶利米书卅六章八、十五、廿一节。他相信在神的记录中,没有定他罪状的话。⑩

他要像"王子"一般来到神面前,"王子"比"君王"更为达意。如果

⑯ *Revised Version*, *Revised Standard Version*.
⑯ Stevenson, *op. cit.*, 145;Pope, *op. cit.*, 209.
⑰ Driver & Gray, *op. cit.*, 276.
⑱ Gordis, *op. cit.*, 286;Pope, *op. cit.*, 209.
⑲ Ehrlich, *op. cit.*, 306;Stevenson, *op. cit.*, 146.
⑩ Ball, *op. cit.*, 366 - 367.

神是法官,是至高的君王,约伯就是以王子之尊走来。

"述说"(ngd)与"王子"(nagid)字根相同,似乎作者故意用这两个字来增加本节语气的力量,以达高峰。

卅一 40　约伯的话说完了。

这是附加的,在耶和华言词之后,约伯再发言。这是约伯为自己辩白最后的话。可参考耶利米书五十一篇六十四节以及诗篇七十二篇二十节。

本节的宣誓实在是一篇杰作,他有道德的理想,不仅动机纯正,而且行为端正,完全符合他理想的标准。他在苦难中曾受尽身体的、情绪的、属灵的种种困苦。在不断的挣扎中仍能坚持到底。他的信仰经过考验,怀疑与怨言是有的,但他对神的信心并不动摇,始终认定神的公义与大能。

附录:结构分析

卅一章的结构十分完善,形成一个完整的交义方式:

(A) 立约与咒诅(1~3 节)

　(B) 挑战:称量与数点(4~6 节)

　　(C) 各项誓言(7~34 节)

　(B₁) 挑战:文件与数点(35~37 节)

(B) 立约与咒诅(38~40 节)

　(以田地为见证)

本章外在的架构在一至三节以及卅八至四十节,都以传统的立约为题。内在的架构在四至六节以及卅五至卅七节。他可在天平上称量,神必数点他的脚步。第二次的挑战中,他以法律的文件为证,仍愿神数点他的脚步。

综合誓言共有十四项,但其核心是在七至卅四节,分为十一项。埃及神明在审判死人时有双重审断,除神明(osiris)外,还有廿四个法官,在真理的天平上称量死者的心,在否认之余,尚有若干肯定的行为以求平衡。[10] 但是本章的誓言远胜埃及的死人状。以色列人强调自己清白，在诗篇十七篇三至五节，廿六篇四至七节，可略见一斑，约伯记卅一章乃是更完整的篇章，尤其特出与卓越。

在假定的罪行之后，咒诅的仅有四项，在第八节、十节、廿二节以及四十节，这四项是完整的誓言。其余的没有那么完整。有两次特别提出"审判官当罚的罪孽"，在十一节与廿八节，前者为奸淫，后者为迷信，这两宗是大罪。

提到行为与神的关系，特别在二至三节，十四至十五节以及廿三节。这些都说明了他向神负责，神是至上、至高的全能者，是轻慢不得的，神是创造主，这是他基本的信念，在神的威严之下，他不能轻举妄动，在敬畏之中必须谨慎。

约伯以身作则，做到"爱邻舍如同自己"。他力求完全（一 1、8）。在社会中受益人对他的回应，是最好的见证（18、20、31 节）。

在辩白之后，他才可作法律的挑战，他要向神呈明（十 2），他甚至不计后果（十三 13～18）。他誓言诚实无伪（廿七 2～4）。有这些背景，他才要求有正式的法律文件（卅一 35）。最后向全能者审判主请求审断。

在本章的道德内涵中，以个人与社会的道德责任指出三大重点：

（一）贞洁为性道德的基本美德。十诫中第七条严禁奸淫。第一条禁止贪婪，包括禁止贪婪别人的妻。这不仅是律法的禁条，也是智慧文学（尤其在箴言）和先知著作特别注意与警戒的，贞洁不仅防止眼目的情欲，也在内心中应有自制。

（二）公义是正直的行为道德，从财产的分配上作起，对财产方面有适当的处理，以致避免不义获取，及贪财至拜金的迷信。财产的拥有，包括地产，是神圣的嘱托，应予尊重，为约书（出廿三 10 起）及圣洁法典（利廿五 2 起）所着重。

基本人权必须维护。奴隶制度虽未废除，奴仆的权益却不可漠视。

---

[10] G. Fohrer. "The Righteous Man in Job 31," *Essays in Old Testament Ethics* (1974), 9 - 10.

劳工神圣,尤其必须重视,人人在法律之下都有平等。

（三）仁爱为社会的基本关系。社会关怀合情合理,只有公正仍嫌不足,仁爱才可济贫助益,使社会整合,在秩序中有真实的和谐。社会中有贫穷者、寄居者、有孤儿寡妇,必须有仁爱的关怀与帮助的行动。仁爱甚至应该延伸至仇敌。仇敌有国族的与个人的,有仁爱的心怀不应幸灾乐祸,仍应以善胜恶。

总之,约伯的道德理想,是根据他信仰的观念,有完善的动机,而且有属灵的动力。

陆　以利户的言词
（卅二 1～卅七 24）

当约伯作最后的辩白，并且有严正的誓言，使友人们都哑口无言。可能他们都在惊惧中，看上天是否予以答复与审断。但是他们仍听不见神的声音。这时有一位比友人们更为年轻的人起来说话，他名叫以利户。他趁着大家在缄默时，就要求他们准许他向约伯发言。他深感应维护神的尊荣，他认为自己虽然不及他们资深，既然友人们已经失败，无法劝服约伯，他就有必要挺身而出。这可说是很突然的。他一鸣惊人，果然言之有物。他的言论掷地有声，以一种卫道的精神与气派，要和缓紧张的气氛，因为约伯的誓言已经造成十分凝重的情况。这无疑有喜剧性的转变，所谓喜剧性，并非只引发人们嬉笑，而是以讽刺与幽默，道出争辩中尴尬的现状。[1]

以利户以严正的口吻，申明他的智慧来自神的感动（卅二 18～22）。他既有神的灵光照，就具特别的见解，说出神教导人的旨意。这样他就成为先驱者，在约伯的誓言与耶和华的答复之间，作一番缓冲，以准备听受神的声音。

他先作详尽的解释，说明发言的动机与目的，然后有四个言词，比三位朋友每一个都多，而且没有答辩，友人们并无加上补充或讨论，约伯也没有答复或辩白。他的言词中至少有两个论点。第一，神管教人，为使人从错谬里转回。第二，神的治理是公义的，没有例外。以利户的论调与说法，虽与友人们相似，却并不相同。他不认为一切苦难都是因过去的罪而有的刑罚。苦难的目的是为唤醒人，使人警觉，不可有错误的态度，或无意的过失，以致不走向歧途。另一点极大的不同是他所强调的，苦难表明的，不是神的忿怒，而是神的怜悯。可见他的言论对本

---

[1] W. Whedbee，"The Comedy of Job,"*Studies in the Book of Job*，Semeia 7，eds. R. Plozin and D. Robertson（1977），18‐20.

书有极大的贡献,因为他强调,义者应怎样应付苦难。

以利户又着重神的权能,如果神立即在约伯的誓言之后说明,那么约伯可迫使神答复。但现在神仍保持缄默,足见神的显现,完全是神权能的选择,一切只有神自行发动,人无法左右祂。以利户解释神怎样使用苦难,有独特的见解。以利户在友人之中,也有其独特的地位与角色。

关于以利户的言词是否为本书所原有,又是否为同一个作者,经学家有不同的意见。大多认为这是以后出于编辑者之手。但是若干学者仍认为这是原有的。[②]

主张以后附加的,有若干理由。以利户既未出现在序言中(1~2章),也没有在结语中提及(四十二7起)。事实上,在辩论中他也没有在场。以利户的言词文体十分迥异。在友人与约伯的对话中,有许多隐喻。在以利户的言词中,隐喻甚少。在用词方面,神的名字不同(大多用 'el,少用 'eloah,多用"全能者"),第一人称的代名词"我"用简写('ǎnî,少用 'ānōkî),介系词用老旧的形式(bemō, kemō, minni,少用 be, ke, min)。用字方面有许多亚兰文的形式,又以利户言词比友人的言词理性的成分较多,结构方面区别也大。[③]

这几点也可有不同的见解来评估。以利户既在序言与结语中没有出现,就成为以后才有的加插词。但是以利户的言词在开端,有那么详尽的引言,为补偿序言、结语未加介绍的缺陷。况且如撒但与约伯的妻子在序言中出现,在结语中没有提及,岂非也有不完善的地方?结语中只提三个朋友,因为以利户既达到他的目的,就没有再提的必要。他的言词无非为准备约伯面对神的显现。体裁的不同可能是本书作者蓄意更改的,用字也并不完全不同,与其他部分相同处更多。[④] 结构不同,

---

② N. Snaith, *The Book of Job*, *Studies of Biblical Theology* 2/11(1968),72 - 91; Robert Gordis, *The Book of God and Man* (1965),104 - 116.

③ Claus Westermann, *Structure of the Book of Job* (1981),139 - 147; G. Fohrer, *Die Weisheit des Elihu*(*Hi*. 32 - 37), Archiv für Orientforschung, 19(1959 - 1960),83 - 94.

④ N. Snaith, *op. cit.*, 77.

因为以利户的角色与三个友人不同。

以利户其名的涵义是"祂是我的神",他的功能在于耶和华显现前的先驱者,以利户预备约伯的心来聆听耶和华的话,向神降服。以利户的言词与本书其他部分的比较,都有密切的关系。第一言词(卅二至卅三章)与十二至十四章相连,尤其第十三章。第二言词(卅四章)与第三、四回合相似。第三言词(卅五章)与第二、三回合相关,尤其是廿一、廿二章。第四言词(卅六至卅七章)重复第一言词的若干论点,也可紧接第卅八章耶和华的言词。可见以利户言词与本书下一段的论点,作适当的理性的回应,作者针对约伯基本的问题有关无辜者受苦,答复在于耶和华。⑤

看来,以利户的言词是属本书,在编辑成书时整合的,也许作者写作的时间不同,先写的与后作的,必有不同。从本书的正典形式来看,应为完整的。

约伯提出三个问题,以利户都将这些列入他的言词中:(一)约伯自认无辜,神为什么要他受苦?(卅三 8~9)(二)神逼迫约伯,是否说明神不公道?(卅三 10~11)(三)神不回答,是否表明祂漠视约伯受苦的事?(卅三 12~13)依照闪族的用语习惯,答复与问题的次序颠倒,后问的先答,先问的后答,因此以利户答复的,先是第三个问题,神并没有漠视,祂十分关心。

以利户的言词是希望与勇敢的信息,犹太拉比以受苦的仆人来比拟(赛四十三 10),仆人是耶和华的见证,受苦是他的经历。受苦是生命的操练,在个人,也在民族整体。苦难有教育性的意义,是本书作者以清晰有力的方法提出,真理究竟是出于神,不是出于人。

(Ⅰ) 引言(卅二 1~5)

约伯自以为义,好似比神更为公义,这就引起以利户的愤慨。他因

---

⑤ D. Freedman, "The Elihu Speeches in the Book of Job," *Harvard Theological Review* 61(1968),51 - 59.

为没有三位朋友那么资深，一直忍耐着保持缄默，现在看他们没有再说话，他认为自己必须发言。

　　卅二 1～2　于是这三个人，因约伯自以为义，就不再回答他。那时有布西人兰族巴拉迦的儿子以利户向约伯发怒，因约伯自以为义，不以神为义。

　　约伯在誓言他的无辜之后，朋友们再无话可以答辩，似乎是词穷了。约伯自以为义，是在约伯自己的眼光来看，不认为有罪，苦难也并非罪的刑罚。约伯说完之后，应该有反应。如果神不驳斥，也会有人来指责约伯，所以以利户就起来说话。

　　约伯自以为义，但并不因此使友人们真相信他是义的。七十士译本及叙利亚译本将"在他眼中"看为义，更改为"在他们的眼中"，就是成为多数的代名词置于"在……眼中"之尾。这就引起经学家的辩论。约伯说得那么严正，使众友人原来的立场都摇动了，真以为约伯是义人。⑥ 但是他们不再回答，未必是默认。他们的立场不会那么快就改变，恐怕他们仍旧固执己见，不会那么轻易就被约伯的话语折服。在以利户的话中，又清楚地说出："你们切不可说，我们寻得智慧；神能胜他，人却不能。"（卅二 13）可见他们不能胜约伯，也不肯为约伯所胜。

　　这三个人，必指这三个朋友，只表明他们的"安慰者"身份已经失去了。他们不过是很寻常的人（参二 11，十九 11，四十二 10）。这样解释未必正确，因为卅二章第三节继续说："三个朋友"。可能用词的改变，并非有特别的用意。

　　看来他们不会以约伯为义，以利法已清楚说明，没有人可以在神面前算为义的（四 17，十五 14）。

　　以利户其名在旧约中也屡次出现，如在撒母耳记上一章一节，撒母耳的曾祖父；历代志上廿七章十八节，大卫的兄弟；十二章廿一节，玛拿西人；廿六章七节，可拉族人。

　　以利户的父亲巴拉迦，其名意义为"神祝福"，其他资料都付诸阙如。"布西人"，"布西"原为乌斯的兄弟，而约伯是乌斯地人，是否有亲

---

⑥ Edouard Dhorme，*A Commentary on the Book of Job*（1967），472 - 473.

戚的关系?（参创廿二 21;伯一 1,又耶廿五 23,阿拉伯族人中有"布斯"）"兰族"的"兰",原意为"崇高",在大卫的祖先中,兰为希斯仑的儿子(代上二 9),又为他的孙子(二 25)。兰应为犹大族的分支(得四 19)。但布西原为亚兰族的名字。本书中约伯与友人的父亲均未提及,而以利户的家庭出身却特别提及,必有作者的用意。

照以利户的族谱,他的出身应为敬畏神的家庭,其父是为维护神尊荣的先驱者。他所教导的,是神的公义与慈怜,训练神的仆人。可见以利户的确预备约伯来迎见神。

以利户不仅向约伯发怒,也向三个朋友发怒。他发怒在四节经文(2～5 节),共提了四次。他的怒气是义怒,因为他注意友人与约伯的争辩中,双方都有缺点。当然他特别向约伯发怒,因为约伯自以为义,"不以神为义",意即约伯以为"他比神更有义",这是原意。

卅二 3　他又向约伯的三个朋友发怒,因为他们想不出回答的话来,仍以约伯为罪。

"以约伯为有罪"有两种可能的解释:（一）他们(指友人)无法证明约伯有罪,[7](二)然而他们已经定了约伯的罪。[8] 这两者可以合并起来。他们既无法证明约伯有罪,又怎可定罪呢?

另有犹太拉比的解释,他们认为错误在神,因为没有定约伯的罪,这当然不为学者所接受,他们怎可指责神呢?[9] 不过这一直是约伯的论调(廿七 5)。朋友们既无话可答,有辱为神维护之嘱托,使以利户十分愤慨。但是朋友是否真受神的嘱托呢? 其实他们自认为神发言,现在失败了,不能算是神的嘱托,因为神没有托付过他们。

卅二 4　以利户要与约伯说话,就等候他们,因为他们比自己

---

⑦ S. R. Driver & G. B. Gary, *A Critical and Exegetical Commentary on the Book of Job*, 2vols (1921), vol. 2, 232.

⑧ N. H. Tur-Sinai, *Das Buch Hiob*, Eng. tr. *The Book of Job: A New Commentary* (1957), 457.

⑨ Robert Gordis, *The Biblical Text in the Making* (1937), Introduction, xxiff 引用 Rashi; H. Richter, *Studien zu Hiob: Der Aufbau des Hiobbuches dergestellt an der Guttongen des Rechtslebens*, Theologische Arbeiten, 11(1958), 40 - 41, 104 - 110.

年老。

"等候"是以利户的忍耐,因为他只想有机会发言,使别人能够听见他的论理(11、16节等),智慧原只是出于年长者,所以他只好等候。

他的目的,只是想对约伯说,他们一直喋喋不休,他无意与他们谈。约伯说得很长,说完了,以利户看他们不再言语,才向约伯说。

卅二5 以利户见这三个人口中无话回答,就怒气发作。

如果朋友们再向约伯答辩,以利户就没有机会说话。他一定已经等得很不耐烦了。但他们不说,他又感到生气。最主要的还是他们不再驳斥约伯,如果约伯的誓言,没有人答辩,岂非证明约伯是完全得胜了,这却不是以利户认为满意的。在他看来,约伯的确有很不对的地方,应该予以纠正。

在等候中,以利户一定越来越生气,所以看见这三个人无话回答,他就生气到了极点。他不能再忍耐,必须说话。

但是他们应保持风度,不可因生气而失态。他愿遵循社会的规矩,长幼有序。现在可是轮到他说话的时候了。

(II)以利户第一言词(卅二6~卅三33)

这是一段相当长的言词,但他仍详细述说他发言的动机目的,以及发言的身份角色。他要说明神的管教操练,使人有梦境以及努力思想研究,才在道德的意念上可以进步。

(i)发言的目的(卅二6~10)

卅二6 布西人巴拉迦的儿子以利户回答说,我年轻,你们老迈,因此我退让,不敢向你们陈说我的意见。

以利户自认年轻,虽有高见,也只有忍住不说。这是他应有的谦让,在年长者面前,应该谦卑(参士六15)。在传统的观念中,年老的人有丰富的人生经验,有公认的社会地位(十二12,十五10)。所以年轻人在德高望重的人面前应该回避(廿九8)。可见以利户十分敏感,也很识大体。

他退让,表明他胆怯;他不敢,表明他惧怕。惧怕有时是表明恭敬的态度。在亚兰文的用词"陈说",屡次在以利户言词中出现,如在卅二章十节、十七节,卅六章二节。

"年轻"常是一种推辞的理由,如基甸(士六 15)、扫罗(撒上九 21)、耶利米(耶一 6)。但是他们是神指派他们的,以利户则不然,他是自己主动的,要为真理作见证,就怕别人以为他自作聪明(箴十二 15,十四 17)。

卅二 7～8　我说,年老的当先说话,寿高的当以智慧教训人。但在人里面有灵,全能者的气使人有聪明。

这是希伯来人说话的语气,"我说",据我所知,通常因尊老,就让年老的先说,寿高的应有智慧,可以教训人。但未必尽然。以利户有新的见解,只要有神的灵感动他,他就有聪明,因为在人里面有灵,能够接受神灵的指示,约伯就有这样的认识(七 1、17,十四 1)。约伯也曾向友人有这样的挑战:"你向谁发出言语来? 谁的灵从你而出?"(廿六 4)

以利法曾从话与灵得着默示(四 12～16),又从传统中经过经验的考察而得(五 27)。比勒达只想过去的传统,以此为知识的根据(十 2～4)。约伯从自然界的观察而得的教训(十二 2～3、7～9)。以利法又以讥刺的口吻,建议约伯从"头一个被生的人",以及"神的密旨"、"智慧"得知识(十五 7～10)。但约伯认为他可以直接从观察神在世界的活动中得着真理(十三 1～4)。以利户其实并无约伯受苦的经验,但他却凭借他里面的灵,就是全能者的气,气也可指灵。这就是他智慧的来源。

卅二 9　尊贵的不都有智慧,寿高的不都能明白公平。

"尊贵的"不是指地位或身份,而是指年岁高的,是年老的人,正如第七节一样,有的学者认为此处也应译为"年老的",正如叙利亚译本一样。⑩

以利户并不以自己有特殊的恩赐,如约瑟(创四十一 38)、士师(士六 34)或先知(结二 2)那样。所以他与约伯同列为普通人。甚至长老

---

⑩ John Hartley, *The Book of Job*(1988),431.

也只是与他有那样普通的灵，但长老只知传统，不会着重内里的灵。以利户还是感到自己的感动与见解，更为可靠。

"年老"与"寿高"二者是同义的，与第七节相同，"智慧"与"公平"又是同义的，都是智慧文学的用词，尤其用在箴言。公平也是正直或正确，就是认识正确，明白得很对，如箴言八章五节："会悟灵明"，在本书八章三节："公平、公义"，卅四章十二节："公平"。

卅二 10　因此我说，你们要听我言，我也要陈说我的意见。

以利户已经陈明他的动机。"我说"在第七节，是一种默想与省思，此处是一种解说与教导，在这首诗的单元，开始到结束，构成一个完美的逻辑。从安静的省思至肯定的表达，"我也要陈述"，是十分肯定的语气，"也"不够强力，因为原意为"真的我要"（'ap-'ānî）。"真的"与"发怒"是同一个字（'ap -）。

"陈述"是指大声的宣告，表明他的立场（十五 17，卅六 2"述说"）。"意见"，是他智慧的话语，知识的根据。

"你们要听"，要留心听，在下一节（11 节），是用不同的字，含意也稍为不同。

(ii) 发言的角色（卅二 11～16）

上文（6～10 节）是对朋友们讲的，他们是年老的辅导者，无法回答约伯。到卅三章，以利户才将注意力完全集中在约伯，因为卅三章一节就称呼约伯，所以此处都是"你们"。十一节起仍是"你们"。十五节"他们"惊奇，可见以利户的话十分尖锐，他说明自己说话的角色。

卅二 11　你们查究所要说的话；那时我等候你们的话，侧耳听你们的辩论。

在引言中，曾多次提起以利户发怒，现在他尽量表明他很冷静，要说的话出于理性，有智慧，是他们可以查究的，他要朋友省察他们所说的，他们有许多话是发怒而说的，中译词的三个短句，其实第一短句在最后。

我等候你们的话，"等候"原意是"安静"，可译为"安静等候"，或只"安静"、"保持缄默"。你们在说话，我安静不说，耐心等候。"侧耳听"

原意有"分量"的涵义,表现他看重他们的声音,没有等闲视之。⑪

"话"有两个不同的字,第一个字只是普通常用的(dᵉbarîm),另一个字可译为申明,常用在法庭中,此处几乎与辩论同义,辩论也可译为控告。⑫

"查究"可参考廿八章三节,廿九章十六节;也可译作"寻觅",找到合适的话来对付约伯。这一短句在句子的开端有一介系词('ad),可译为"正在","直至","尽量"(十一 7)。此处可译作:"他们正在寻觅所要说的话"。⑬

卅二 12　留心听你们,谁知你们中间无一人折服约伯,驳倒他的话。

以利户密切地注意,看有没有人真正可以折服约伯。"折服"可译作"批评"或"纠正"(参耶五十 32;诗一四二 5)。"驳倒"原意为"拒绝"或"否认",他们不能接受约伯的辩白,所以予以驳斥,这又是法庭中的用词。

以利户指责朋友们,因为他们中间没有听讼者,听讼者(môkîaḥ)是原文的用词:无一人成为约伯的听讼者。这原是约伯的怨言(九 33,十六 21)。现在以利户自告奋勇,挺身而出,愿意担任这样的角色。

卅二 13　你们切不可说,我们寻得智慧;神能胜他,人却不能。

以利户自认是听讼者,就要对朋友们说,他们不能折服约伯,就规避责任,将这事推给神。我们若真能寻得智慧,就必有话对约伯说,指正他。他们说不出,以利户却一定要说。

此处的中译词是最好的,但是西方经学家也有不同的译法:"我们已从约伯寻得智慧,就是只有神能胜他";⑭"我们已经寻得智慧的计

---

⑪ L. W. Michel,*The Ugaritic Texts and the Mythological Expressions in the Book of Job*,*Including a New Translation of and Philological Notes on the Book*,Ph. D. Dissertation,University of Wisconsin(1970).

⑫ S. H. Scholnick,*Lawsuit Drama in the Book of Job*,Ph. D. Dissertation,Brandris University(1975),227 - 237, 28 n. 41.

⑬ Dhorme,*op. cit.*,478.

⑭ A. B. Ehrlich,*Randglossen zur hebräischen Bibel*,vi(1916).

划……"；⑮"我们已经发现真理，只有神能够斥责他"。⑯ 这些译词与原意出入很少。

"神能胜他"，"胜"字原意为"追赶"，正如约伯将自己喻为枯干的碎秸（十三 25；参诗六十八 2，"驱逐"）。这字稍有更改，也可译为"教导"，"纠正"，⑰朋友们不怎么有把握，是否有足够的智慧，认为约伯不肯与他们理论，顽梗如此，只有神能教导他。这却不是以利户的看法，他认为一定可以教导约伯，使约伯可以接受。

卅二 14　约伯没有向我争辩，我也不用你们的话回答他。

以利户认为他可说服约伯，因为约伯对他没有成见，可能还肯听他的话。以利户在此处似乎对朋友们的话极为不满，由于他们说话不当，才会招致约伯的反感，对神更加悖逆，这是万分不当的。所以以利户希望能在约伯与朋友之间作些缓冲的事。

以利户以前既未与约伯针锋相对，所以讲起话来比较有成效。但是他也许没有想到，如果他真能为约伯解决问题，耶和华的话就没有必要了。

以利户多少有点自负，但他谋求解决，也算是他的贡献。

卅二 15～16　他们惊奇，不再回答，一言不发。我岂因他们不说话，站住不再回答，仍旧等候呢？

朋友们"惊奇，一言不发"，是在约伯最后的言词之后，还是以利户要起来说话而有的反应？看来前者的可能性较大。以利户似仍在申明他的立场，争取他发言的角色。

"惊奇"的涵义在以赛亚书七章八节"破坏"，就是破产，他们再也站立不住，其中包含惧怕、羞耻与意乱，他们似乎因失败而无法支持。⑱

他们现在完全停留、止住、无法行动、手足无措（参书十 13），他们在这种情形之中，以利户就不必再忍耐等候了，"等候"一词出现在本书六章十一节、十三章十五节、十四章十四节以及廿九章廿一节，又耶利

---

⑮　N. H. Tur-Sinai, *The Book of Job*：*A New Commentary*（1957），460.

⑯　Gordis, *op. cit.*, 368，引用 Samuel Dresner.

⑰　Tur-Sinai, *op. cit.*, 460 - 461.

⑱　Gordis, *op. cit.*, 369.

米哀歌三章廿六节。

　　以利户现在为情势所迫,必须自动站起来,成为新的发言人来驳斥约伯,回答他的控诉,以利户说明他发言的角色。

　　"仍旧等候呢?"有几种可能的涵义。六章十一节"等候"与"忍耐"相同。十四章十四节,在无奈中等释放的时候,无奈却不抱怨。十三章十五节:"我虽无指望",我不能再缄默下去。综合来说,等候是指静默,也怀着希望,并不是因循下去,有必要时,必须说话。[19]

(iii) 发言的动机(卅二 17～22)

　　卅二 17　我也要回答我的一份话,陈说我的意见。

　　以利户接着强调他说话的动机,他既是有朋友的地位,就应该尽他的一份责任,别人不说话了,他不能只保持缄默,他有一份责任,就要说一份话。

　　上半节"我也要",下半节再重复"我也要"。他特别强调"我",我必须发言,我必须表示我的立场,必须陈明我的意见,"意见"就是在十一章四节琐法的用词:"道理",是他必须发挥的,他的见解必须陈明。

　　卅二 18　因为我的言语满怀,我里面的灵激动我。

　　"言语满怀",所以有冲动想说。他有很多话要说出来,是说不倒的理,一定要发展,"满怀"在原意是没有这些字样的,但这涵义在下半节却是共有的。

　　"里面的灵激动",灵指灵感。"里面"也可译作"肚腹",即"满怀"。"肚腹"一词是实际在此出现的(beten)。智慧文学将肚腹作为知识的库房。箴言廿二章十八节:"心中存记,嘴上咬定。"此处"心中",实际为"肚腹"。以利户以肚腹喻为皮袋,装新酒,装得多,就膨胀起来,因为里面的酒发酵,膨胀之后会破裂,所以必须倒出来。这就是下节所要说明的,他先说出他的感受。

　　卅二 19～20　我的胸怀如盛酒之囊没有出气之缝,又如新皮袋快

---

⑲ Gordis, *op. cit.*, 369－370.

要破裂。我要说话,使我舒畅,我要开口回答。

上节的"里面"与本节的"胸怀",都是"肚腹",酒袋都缝紧了,不能透气,膨胀起来,容易破裂。他预备说的话是新酒,照说应放在新皮袋里,酒与酒袋都可以保全。如果他说的话与朋友所说的一样,就不是新酒,起不了什么作用。如果不一样,算是新酒,却不可像朋友那样装在旧皮袋里,究竟他们的心态与他不同。以利户表明他的想法与朋友的不同,见解也不同,不致像新酒放在旧皮袋中,皮袋就会裂开,酒会漏出来。

但是新酒如果不透气,仍会发酵,虽是新袋,照样有裂开皮袋的可能,与其到时漏出来,不如先倒点出来,更自然,更安全。

所以"我要开口","我要说话",动词不仅表明他的决意,也是他的意愿,可译作"容我开口说话",我已经不能再容忍,无法再等待。

"舒畅"原意为"加宽",留下空间,不致受迫,除去压迫感。当扫罗身上有鬼魔临到,大卫用手弹琴,这种音乐治疗法,使扫罗舒畅爽快,是同一个字,可参考以斯帖记四章十四节:"解脱"。[20]

卅二 21~22　我必不看人的情面,也不奉承人。我不晓得奉承,若奉承,造我的主必快快除灭我。

以利户表明他只讲真理,不能有什么偏心或对人看情面。"情面"在此处有两次,但中译本只提一次,原意为"抬起脸面",是有偏心的意思。他也无意奉承,"奉承"有两次,原意为"给予尊名",可参考以赛亚书四十四章五节,四十五章四节。

他不考虑他所讲的,会否触犯约伯与他的友人。如果只为取悦于人,神必不喜悦。神既是造他的主,必如暴风一般,将他带走(廿七 21)。他若忠于神,必不受任何人的影响。

看来以利户说明他发言的动机,有些夸张,而且自视太高,过分自信。他处处表明他与其他的朋友不同。他不像他们,劝告约伯,目的是为约伯以后可以复原,他自认为另有卓见,对约伯受苦的事,见解不同,他只想教训与鼓励约伯,他并像别人,等候神的答案。

他的口气也有讽刺的成分,特别在第十八节,在第八节他已经说

---

⑳ Hartley, *The Book of Job*, 436.

过,人里头有灵。但是在十八节提到里面的灵,将肚腹以酒袋来形容,似形容人里面只是风袋一般,不是真有智慧。又十五章二节以利法也提到东风充满肚腹,"风"与"灵"是同一个字,岂不讽刺?

附录:结构分析

本章有三个段落,都说明以利户发言的种种因素:

(一)他有权答复

　　先为自己辩白:年青胆怯,并非无权说话(卅二 6)

　　说明理由(卅二 7～9)

　　　期望:年老当先说话,寿高的有智慧(卅二 7)

　　　要点:人有灵,都可有聪明(卅二 8)

　　　发现:寿高的未必有智慧,未必都明白公平(卅二 9)

　　宣告意愿:所以我要陈说,你们要听我言(卅二 10)

(二)他需要答复

　　先为自己辩白:我已等候,听你们辩论(卅二 11～12)

　　说明理由(卅二 12b～15)

　　　发现:无人折服约伯,驳倒他(卅二 12b、12c)

　　　详论:朋友有辱使命(卅二 13～14)

　　　结论:他们不再辩论(卅二 15)

　　再为自己辩白,不再等候,必须回答(卅二 16)

(三)他受感答复

　　申明他的意愿:我也要回答(卅二 17)

　　又为自己辩白(卅二 18～21)

　　　动机:里面的灵激动(卅二 18)

　　　喻言:如酒袋快要破裂(卅二 19～20)

　　　保证:我必不看情面(卅二 21)

　　再为自己辩白:造我的主保守我真诚(卅二 22)

本章反映以利户的性格,他性情好似很急躁,四次提说他发怒,看来他很自负,以自我为中心。三次说:"我也要"(10、17 节)。但另一方面,他似乎极有涵养,十分忍耐地等候(7、11、12 节)。当别人无话可说,他不得不发言(16～17节)。他自认有智慧,比他年长的有见解(卅二7～8;参卅三4)。

他以智慧者的感受,将话说出来,就使他舒畅。这可与先知比较,因为耶利米感到神的话好似闭塞在骨中的火,含忍不住,必须说出来才舒畅(耶二十9)。作者似乎取谐音来发挥:灵(rûaḥ)与舒畅(rwḥ)二字的音相近。

另外,以利户声明他发言的必要,将律法与智慧二者综合起来,尤其在第九节:智慧与公平相提并论。在本章第二单元(11～16节),辩论与言谈都是法庭的用语,"回答"也是,这一字根的用词,在本书有六十次之多,卅二章有十次。[21]

以利户说话,似为神辩护,并且诉讼,也应有听讼者,他现在愿充当此角色。

(iv) 法律的见证(卅三1～7)

在上一章,以利户言词已经有了一个冗长的开场白。他将立场与目的,作了十分清楚的解说,他是以法律程序处理约伯的事,不是关怀约伯的苦难,而是以约伯的案件作审断与辩护。以利户比其他朋友还要严厉,至少他们起初还怀有安慰动机(参四3～6)。他却要为神辩明,因为朋友们在这方面已经完全失败了(卅二3),他却要斥责约伯,因为约伯责怪神不理会他。

本章已导入以利户的见解。在开始有呼吁(1～7节),在第一言词的结语中也有呼吁(31～33节)。再加以引论(12～14节)及总结(29～30节),主要的内容在十五至廿八节,提出三大明证,强调人不能在神面前表明清白,只有求神怜悯,蒙袮救赎。

卅三1～2 *约伯啊,请听我的话,留心听我一切的言语。我现在开口,用舌发言。*

这是一种正式的吁请,好似在法庭里向公众的宣布,"听"是典型的

---

[21] Norman C. Habel, *The Book of Job* (1985),445.

宣告,在圣约的律法过程中是必有的(申卅二 1～2;赛一 2;弥六 1)。㉒

"请听……留心听我。"重复而又加强语气。"留心"表明不随意,要非常认真,经过三思。

"我的话……我一切的言语。"我要求你留心,因为我也不随意讲,我是十分认真的。"一切"在七十士译本是省略的,但有"一切"是更加着重。

以利户直呼约伯其名,对他直接讲话,不再旁敲侧击,使约伯不得不专心注意来听。"请听"也是十分真切的要求。在这命令词之前,有一个词,可作"无论如何",可见他情词迫切诚恳。"约伯啊,无论如何请听我的话……"在一章十一节,十二章七节:"你且……",结构相同,但译词还不够强烈。有的译为:"你得好好……"㉓

第二节开始,应有"看哪"的字样,为引起注意,这还不是惊叹词,却是一种吁请。上节是"请听",现在是"请看",请注意,我决不随意开口发言。这样在形式上较为均衡。

我开口为说知识的言语,我用舌发言,也不是随意说,而是有意义的言语。有的意译为:"我的话是表明我心里的正直,我的舌所说的只说真理";㉔"我的话表明我心里的正直,我的舌说出我思想的坦诚";㉕有的说:"我的舌出于我的纯正。"㉖西番雅书三章九节"清洁的言语",意义相同。

这似乎已经涉及下一节,其实以利户的话反复着,无非为加重语气,强调他的说法。他表明他的话不是无的放矢,而是言之有物。

卅三 3　我的言语要发明心中所存的正直;我所知道的,我嘴唇要诚实地说出。

㉒ H. B. Huffmon, "The Covenant Lawsuit in the Prophets," *Journal of Biblical Literature* 78(1959), 285 - 295.

㉓ Edouard Dhorme, *A Commentary on the Book of Job*, tr. Harold Knight (1967), 486, "Be good enough".

㉔ A. M. Le Hir, *Le Livre de Job* (1873).

㉕ E. Renan, *Le Livre de Job* (1894).

㉖ B. Duhm, *Das Buch Hiob* (1897); S. R. Driver & G. B. Gray, *The Book of Job* (1921), II, 239.

以利户强调他的话有权威,而且完整(参卅二 8、11、22)。他认为他对这案件已了解清楚,所以在表达方面也必须坦诚说出,以公平为原则,决不轻言。

本节从音韵来看,上下半节不大均衡,因此学者均提出不同的修正,在经文评鉴方面建议,但是在意义的解释上仍是大同小异,但仍有出入之处。[27]"正直"一词有作"盈溢"如新酒与油(珥二 24),[28]"涌出"好似涌出美辞(诗四十五 1),[29]"重复",[30]"肯定",[31]"提示"。

以利户在此处仍表示他的自信,认为自己确可给予约伯指引。

卅三 4　神的灵造我,全能者的气使我得生。

以利户承认人都是神的灵造的,所以成为有灵的活人,都有全能者的气,可以有生命,甚至有智慧。但是智慧却不是每个人都有,必须有愿寻求的心,在卅二章七、八节以及箴言八章廿二至卅一节都有所说明,以利户自承有这样的智慧,才可发言,给予指导,朋友们自己也承认他们有,但在表现上却没有这样的能力,驳不倒约伯,所以现在只由他来承当这重要的辅导工作。

卅三 5　你若回答我,就站起来在我面前陈明。

这是以利户严正地要约伯以正式的法律程序,来陈明这个案件。约伯已经陈明(十三 18,廿三 4),但这究竟不是那么口头说说而已。以利户要约伯正式在他面前,他表明自己是有权威的,如以君王或有权者自居(一 6,四十一 10;出九 13;箴廿二 29;书廿四 1)。

以利户甚至以法官自居,向约伯挑战:"你若有话说,就可以回答我,你只管说,因我愿以你为是。"(32 节)

"陈明"原意是将言语排列得整齐,井然有条,好似军队排列一般,但此处并非作战,而是以法律的途径来处理。

卅三 6　我在神面前与你一样,也是用土造成。

㉗ Robert Gordis, *The Book of Job Commentary* (1978),371 – 372.

㉘ B. Duhm, *op. cit.*

㉙ G. Beer, *Das Text des Buches Hiob* (1897).

㉚ Dhorme, *op. cit.*, 487.

㉛ G. Hölscher, *Das Buch Hiob* (1937),78.

以利户强调他没有优越感,在神面前都是一样的,在卅二章八节,都同样有灵,没有谁比别人强,他使约伯站在同等的地位,不必竞争,也不需逞强。

人都是必朽的,因为都是用土造的,就不可自夸。用土造成,是窑匠用一些土泥,将它用手分成几块来制作,可见人都属相同的材料,没有尊贱或贫富之分,人既没有优秀与鄙劣之分,就不可互争雄长。

他与约伯同等,就没有哪一方可占便宜,占优势,大家在神面前,就有公平的裁判,神不会偏心。

卅三 7　我不用威严惊吓你,也不用势力重压你。

约伯不必自卑,以利户表示他没有威严,也不足以惊吓他,以利户没有神那种能力,可参考出埃及记十五章十六节以及诗篇八十八篇十五节。约伯曾发过怨言,提说神的惊吓令人惧怕,在神面前要有公平的审断,似乎是不可能的(九 34,十三 21),但是以利户不能代表神。

提到"势力",原意为"手"。这是约伯曾提说过:"把你的手缩回"(十三 21)。约伯想到势力,就想到神的权势施以压力。这是以利户否认的,他愿意约伯不紧张,应该放松,不必那么惧怕,神还是会给他公平的审断。

归纳言之,以利户认为他与约伯是平等的,他请约伯不用紧张或惧怕,神为窑匠,人是泥土,也在创世记二章七节,因为神造人,好似窑匠用泥土制作一样,又可参考以赛亚书四十五章九节。约伯采取这种说法来描述他的出身(十 8),又可参考古代近东的传说,考古而得的文献甚多,可作佐证。㉜

以利户虽站在神的代表的立场,与约伯争辩,但他不愿约伯以为这是神给予他的压力。他存心要说出公道话,希望约伯不必惧怕,他与约伯一样,只是人,没有什么优越的地位。希望约伯可以开诚布公,将自己表达出来。

㉜ Gilgamesh Epic Iii34 in James Pritchard, *Ancient Near Eastern Text*, 74; Marvin H., Pope, *Job* (1965),248.

(ⅴ)案情的分析(卅三8～11)

卅三 8　你所说的我听见了,也听见你的言语,说:

现在以利户要照着约伯所说的,重述一遍,才对案情加以概括分析。此处是引言。

本节开端的连接词,可译为"然而"或"诚然",中译词虽未译出,但在启承转合方面,仍是语调中所需要的。

"你所说的,我听见了。"你好似什么都没有做,只一味地说,这些话也进入我的耳中,"我听见了"实际是"进入我的耳中"。[33]

下半节"你的言语",原意为"你言语的声音",是约伯辩白的全部力量(force of his argument)。[34]

卅三 9　我是清洁无过的,我是无辜的,在我里面也没有罪孽。

约伯为自己辩白,在这节实际有两句或四短句,十分均衡。"我是清洁的,没有过犯;我是洁净的,没有内里的罪孽。"都是表明他是无辜的。

这是以利户将约伯的表白概括起来,不是直接的引述。"无辜"在十一章四节"洁净",意义相同,却并非同一个字。事实上这是在旧约中只在此处唯一提说的。以字根研究,原为"洗净",表明没有玷污,毫无瑕疵(歌四 7)。

"无过"或"没有过犯",其实约伯从来都未曾说,他自己完全无罪(七 21,十三 26)。但他坚持,他并未犯罪到那么严重的地步,必须承受那么可怕的苦难,成为罪恶而导致的刑罚。

"无辜"与"清洁"是有相同的意义。"无辜"在十六章十七节译为"清洁",约伯指他在祈祷方面,可说是他的虔诚,又表明他遵行神的道(廿三 11～12,又十 7,廿七 4～5)。罪孽与过犯也是相同的,罪孽是故意犯罪,是明知故犯的罪。既不是无意中犯罪,也不是在不慎中失足,

---

㉝ Dhorme, *op. cit.*, 490.

㉞ Norman Habel, *The Book of Job* (1985),465.

所以应该负责。但显然约伯都否认了。

卅三 10～11　神找机会攻击我,以我为仇敌,把我的脚上了木狗,窥察我一切的道路。

约伯认为苦难不是由于他犯罪,而是因神以他为仇敌,所以找机会攻击他,那才是唯一的原因。

"机会"若照字根,是指阻拦或破坏,可能"借口"为很好的译词。㉟如果神找借口来攻击他,他就认为神不公平了。在十三章廿四节:"你为何掩面,拿我当仇敌呢?"可见约伯总以为神与他为敌。

第十一节,几乎与十三章廿七节相同,但该处多一短句:"为我的脚掌划定界限。"

以利户在概括约伯的怨言,分析他的案件,认为约伯竟将神作为欺压者与侦探者。约伯认为自己好似奴隶,一直受主人任意欺侮与压迫(七 1～3,三 10、20～23),他好似上了木狗的犯人,在街上示众。神是侦探,视约伯为仇敌,不住地侦察,找他的错处来惩治他(十 13～14,十四 16)。

(vi) 对约伯指正(卅三 12～14)

卅三 12　我要回答你说,你这话无理,因神比世人更大。

以利户对约伯的话极不同意,对他的态度尤其不满。约伯既对神态度不当,以利户对约伯也不再保留,直接对他斥责,一句话已经够了。"你这话无理。"从法律的用语来说:"你这样辩白无效!"这似乎充分暴露出约伯的错误。

"神比世人更大!"这也是约伯所承认的,他也明知,若与神争辩,那是不会有效的(参九 2～4)。神有能力,怎么会重视人的要求呢?七十士译本作:"神是在人之上,是永恒的。"神太伟大了,以致不会注意渺小的人。神的能力那么大,怎会注意公道对人呢? 这就是约伯的感受(九 4、14～19)。神不但有能力(十二 13～15),而且好似审判官,根本拒绝

㉟ Dhorme, *op. cit.*, 490.

答复约伯的问话,所以没有辩白的必要,祂不会理会人的辩护。可参考十二章十三至廿五节。这句话也是阿拉伯人的祷告,成为伊斯兰教的祷文(allah akbar；God is greater)。[36]

卅三 13　你为何与祂争论呢？因祂的事都不对人解说？

"争论"是在埋怨中要与神理论,约伯应该认清,这样做,一定没有结果,正如传道书六章十节:"他不能与那比自己力大的相争。"不自量力的,是愚蠢的人,好似以卵击石,蛋破了,而石头仍旧完好。

神的事不对人解说,照原意,神不会回答人的问话。"对人"是在原文,有些学者认为应改为"对你"或"你的话",也有译为"我的话"。这样就拿下半节作为直接的引述,"因为祂不会回答我的话。"这是根据叙利亚译本。[37]

卅三 14　神说一次、两次,世人却不理会。

以利户为神作见证,一次、两次表明"不信的",在廿九节又说"两次、三次",这是再三地说话行事,不住地启示。这是智慧文学的语调,此数字上升的方式,表明事态的严重或重要,如三番四次(摩一 3),三样、四样(箴三十 15、18)。先有一数字,再将这数学加一。

神说一次、两次,也出现在诗篇六十二篇十一节,可惜世人对神的启示不理会,看不出来神的启示,不明白神为什么这样提说,可见这也需要有分辨的能力,有智慧与信心,对经验有所体会,能解释,得着助益,"理会"也许是"觉察",人始终觉察不到。[38] 有译为"神不再重复",[39]神已经重复提示,人仍不觉察,神就不再重复了。

(vii) 梦境的明证(卅三 15～18)

卅三 15　人躺在床上沉睡的时候,神就用梦和夜间的异象。

---

[36]　Dhorme, *op. cit.*, 492.

[37]　H. H. Rowley, *Job* (1970),271. Dhorme, *op. cit.*, 492；E.J. Kissane, *The Book of Job* (1939),223.

[38]　Rowley, *op. cit.*, 271.

[39]　Dhorme, *op. cit.*, 493.

在旧约里，神用梦来启示祂的旨意，如在创世记十五章十二至十六节，二十章三节，卅一章廿四节。有些梦似乎不大明显，而且富有表象，需要特别解释（如创四十一 11～12；士七 13～15；但二 31～45）。古代近东非常注意解梦。⑩

神藉着这样的方法，指示人所当行的事。有梦，有夜间的异象（但七 2），沉睡（创十五 12），夜间的异象与沉睡，在本书四章十三节都提及。

卅三 16　开通他们的耳朵，将当受的教训印在他们心上。

神开通人们的耳朵，使他们可以领受真理，可参考撒母耳记上九章十五节；撒母耳记下七章廿七节；路得记四章四节。"他们"原为人（'ănāšîm），十七节上"心"（'ādām）可译为"世人"，十七节下应有一"人"字（geber），可译为"男人"或"强人"。开通耳朵表明遵行（赛五十 5），耳朵发沉，表明拒绝神的命令（赛六 9～10）。神以不同的方法，为使人因此受警戒。

人有当受的教训，教训原意为管教，但是这里不是强调管教的过程（五 17；箴一 3，三 11），实在是指警戒，使人不可骄傲（下节）。

"印在他们心上"是指印深烙他们的心，印好似签字一样，非常凿实，不可更改，可说十分正式的认可（参王上廿一 8；出廿八 11、12）。由于七十士译本更改这用词的涵义，作"惊吓"，神惊吓他们，使他们受严重的警告。⑪

卅三 17　好叫人不从自己的谋算，不行骄傲的事。

夜间的惊吓，为使人受警告，不敢再从自己的谋算。谋算可能指恶谋，行恶的计划。有的将谋算译为"恶行"。⑫ 可能此处指态度与行为二者，还不仅指心内不正的谋算。

"不行骄傲的事"，"不行骄傲"是在廿二章廿九节提说的，惟有谦卑的人，才必然为神拯救，可参考耶利米书十三章十七节；但以理书四章卅七节。

当约伯自以为无辜的时候，其实他就有骄傲的倾向（四十 11～12）。

⑩ W. G. Lambert, *Babylonian Wisdom Literature* (1960), III, 1 - 60, 49 - 50.

⑪ Habel, *op. cit.*, 458.

⑫ Dhorme, *op. cit.*, 495.

箴言十六章十八节："骄傲在败坏以先，狂心在跌倒之前。"

犹太的教训：罪人知道自己有罪，胜于圣徒知道自己圣洁。[43] 以利户强调这个要点，从约伯除去这样不当的态度与行为。

卅三 18　拦阻人不陷于坑里，不死在刀下。

神的保守与干预，使人不致在中年陷于坑里。"坑"指阴间，是死人的住处。"坑"在廿二、廿四、廿八、三十节，又可参考诗篇十六篇十节、三十篇九节、四十九篇九节、五十五篇廿三节、一〇三篇四节以及以西结书廿八章八节。

"死于刀剑下"，原为"经过武器"，在涵义方面似乎十分含糊。有的改为"下到阴间"，阴间与坑二者为同义的。[44] 有的解释为地下之河，由坑垂直通往地下。[45] 一般认为通往死亡之河。[46]

"人"应在上节与下节，上节为"灵魂"，下节为"性命"，两者也是同义的。

(viii) 苦难的明证（卅三 19～22）

卅三 19　人在床上被惩治，骨头中不住地疼痛。

神要教导人，纠正人，使他从错谬的道上转回，另一个方法，就是以痛苦来造就他。痛苦当然是比梦更严厉的试炼，这是神的惩治，所以痛苦加重而且加深。

"骨头中不住地疼痛"，疼痛很久（rôb）。照四章十四节，百骨打战，全身的骨头都难受不堪。这字"疼痛"也可能是"打战"（rîb）。骨中有两种力量，在那里争战，疼痛的程度更加增强，实在无法忍受。

卅三 20　以致他的口厌弃食物，必厌恶美味。

痛苦使他完全失去食欲，使他厌弃食物，"食物"原意为面包，连面包都吃不下，其他即使是美味，也感到恶心，根本不能下咽。美味本来

[43] Gordis, *op. cit.*, 375.

[44] Duhm, *op. cit.*, 以后随从的有 Strahan, Hölscher, Steinmann.

[45] Dhorme, *op. cit.*, 496, 497.

[46] Rowley, *op. cit.*, 272; Pope, *op. cit.*, 250.

是可刺激胃口的，但现在对什么都感到憎恶。在六章七节，看为可厌的食物，他心更加远离，不肯挨近。

食欲不振是病态，或说是身体已经很差，对食物只感到厌恶，身体自然衰弱。

卅三 21　他的肉消瘦，不得再见，先前不见的骨头都凸出来。

有病对食物厌恶，食物不适必导致身体疾病，肉身必越来越衰弱。"他的肉消瘦"，为什么不得再见呢？以前身体健康，肌肉丰满，现在身体的肉消瘦，对食物不顺心，必更加脆弱，是人们不曾看见的，样子实在难堪万分，他会使人不想看，看他好似不在乎的样子。这也指容貌不整，人们都不想认清自己，不忍看自身那种惨状，那么就无法振作起来，不被人注意。约伯所表现的自我，除了皮包着骨，出现时还有什么可夸的呢？本来骨头是隐藏的，看不见的，但是现在皮包不住骨头，而骨头凸起来，更加可怕，也表明没有力量了。

卅三 22　他的灵魂临近深坑，他的生命近于灭命的。

身体那么消瘦，表明病情严重，离死期不远，已经临近阴间，"深坑"也可作"坟地"，这是大家必经之道，"深坑"在七十士译本作"阴间"。

"灭命的"，是否指死亡的使者魔鬼呢？他们是灭命的天使吗？有的译为"死亡的住处"，这样与"深坑"同义，也成为完美的对比。[47]

他的灵魂临近深坑，他的生命近于死地。

(ix) 医治的明证 (卅三 23～28)

卅三 23　一千天使中，若有一个作传话的与神同在，指示人所当行的事。

如果约伯真是面对神，他需要有一位为他作中保。"作传话的"大多译作"中保"，也有译为"传译者"。[48] 研究字根，原意为"温和"、"甜蜜"，[49]字根的涵义与译词似不大相连，反而与"中保"有点相关，因为中

---

[47]　Rowley, *op. cit.*, 273.

[48]　Dhorme, *op. cit.*, 500.

[49]　Dhorme, *loc. cit.*

保是否以温和的方式作为暖颊之用？中保一直是约伯的心愿,表达在九章卅二至卅五节,十六章十八至廿二节,十九章廿一至廿七节。

有关中保是在天使之中,有不同的解释:(一)另一个人,或是先知,或是教师。(二)受苦者自己的良心。(三)天使群中的一位。(四)天上的见证,正是十六章十九节所提说的。(五)耶和华特别差遣的使者,通常称之为耶和华的使者(创廿一 17,廿二 11、15;士六 11～12,十三 2～23)。(六)隐秘的基督。[50]

以利户似乎是指出以利法的说法,因为以利法认为没有圣者会帮助约伯,以利户却认为必有特别的使者帮助受苦者,正如诗篇卅四篇六、七节的话:"我这困苦人呼求,耶和华便垂听,救我脱离一切患难。耶和华的使者,在敬畏他的人四围安营搭救他们。"

这个传话的天使,是在一千中的一位,照九章三节"千中之一",似指一个寻常的,或是有限的:"不多",是绝少仅有的,通常是指"耶和华的使者"。[51] 神不会放弃祂的仆人,即使他错失,神仍施恩,由天使来指示人们。

"与神同在",中译本这样译出,但原意并不清楚,只是"在他旁边",但也有不同解释,或指神旁边,或指人旁边。

"指示人所当行的事",或作"维护人所行正直的事"。[52] 前者指天使的教导,后者指天使以中保的身份维护。天使指示人所当行的事,既是原文的直译,可能较为正确。"传话"是传神的旨意,就是先知的工作,他们也从事教导。同一个字在以赛亚书四十三章廿七节,中译词为"师傅"。"当行的事"原意为"正直的事",也是指人应有的责任。

卅十 24　神就给他开恩,说,救赎他免得下坑,我已经得了赎价。

这节经文并无主词,中译词作"神",因为只有神可以施恩与赦罪救赎,但由于这是连续上节论天使的传话与指示,或许是天使代表神,说出救赎的应许,当灭命的天使要来击杀的时候,中保的天使加以护卫,

---

[50] Hartley, *The Book of Job*, 446. A de Wilde, *Das Buch Hiob* (1981),316.

[51] W. Eichrodt, *Theology of the Old Testament*, tr. J. Baker (1967), II, 23 - 29; J. Wilson, "Angel," in *The International Standard Bible Encyclopedia*, ed. G. Bromiley, I, 125.

[52] Habel, *op. cit*., 470.

并且宣告说，放开他，不可使他下坑。他可以这样说，因为那人的赎价已经偿付了，人本身无法救赎，因为他无力付出赎价，这赎价必是神所预备的，参考诗篇四十九篇七至九节："一个也无法赎自己的弟兄，也不能替他将赎价给神……因为赎他生命的价值极贵……"㉝

"赎价"不一定是用钱财，但却是以偿还方式付给，如诗篇四十九篇所说的，人不得以善行功德来抵偿，将功赎罪，即使在旧约中，仍不能建立这样的说法。这只有在新约中的十字架才足以说明。

"救赎"是释放与搭救，可参考五章二十节及六章廿三节，脱离危险与沉沦。"下坑"是指死亡，入阴间，"坑"是指坟墓或地下。

最后一句照原意应作："我已为他找到赎价。"这似乎是中保天使的口吻。

卅三 25　他的肉要比孩童的肉更嫩，他就返老还童。

有病的人如约伯，尤其是约伯的身体生疮，皮肤溃烂，但神向他开恩，救赎他脱离病痛，得以痊愈康复，他的疾病除去，皮肉比孩童的皮肉更嫩，他因健康而保持青春，生命的力量又恢复了。

"嫩"字可参考八章十六节，好似树木在日光之下发青，照字根的原意为柔软与多水分。㉞ 幼嫩的皮肤必极滋润。

卅三 26　他祷告神，神就喜悦他，使他欢呼朝见神的面；神又看他为义。

康复之后必愿意多敬拜。在祷告方面，尤其蒙受神的喜悦，有神的面光照他（民六 24～26；诗四 6，卅一 16）。

"朝见神的面"，必蒙神悦纳（诗十七 15；创卅三 10）。欢呼是敬拜时礼仪中所特有的，有节期特有的欢乐（诗八十九 15）。这原是约伯的愿望（十三 24），他希望救赎主在末后必站立在地上，使约伯得见神（十九 26～27）。

"欢呼"原为战争中胜利的呐喊，在敬拜的礼仪中是在献祭后的赞美（诗廿七 6，一〇七 22），常有音乐与歌唱之后的举动（诗卅三 1、3）。

㉝ Hartley, *op. cit.*, 446.
㉞ L.L. Grabbe, *Comparative Philology and the Text of Job* (1977), 107 – 108.

神看他为义,就是复兴他,使他不再被定罪,而蒙神悦纳,神甚至接纳他是义者,宣判他无罪。

卅三 27 他在人前歌唱说,我犯了罪,颠倒是非,这竟与我无益。

上节他在神面前欢呼,本节他在人面前欢乐地歌唱,为述明他得着康复、复兴的经历,歌唱有译为"重复"(三节、十四节),现在他再反复地叙述。⑤

他的认罪是彻底的,他不只承认犯了罪(可参一 22,卅五 6),而且他竟然颠倒是非,因为他蒙受恩典,没有被定罪,"这竟是与我无益。"在中文译词有些模糊地一语带过,不甚清楚。

"与我无益"有不同的译词作为解释。"他并不完全向我施行报应"。⑤⑥ "不将我与罪人并列",⑤⑦"无益"作为"并列"或"相等"。"与我无益"应指罪恶毫无意义可言,这是一个人应该承认的,罪恶实在是虚妄的,一无所成,而且成事不定,败事已余,实在是一种可怕、无谓的事。

卅三 28 神救赎我的灵魂免入深坑,我的生命也必见光。

以利户再重复神的救赎,使人免入深坑,在十八节、廿四节,在下文的三十节,都提到"深坑",坑指死亡。从死亡中出来,得着生命,有生命的光,生命与光是连在一起,又是可以看见神的面(26 节;参箴十六 15)。健康恢复,生命力再旺盛起来,这就是神医治的大能。

在上一节有认罪而有赦罪的快乐,他必须在众人面前见证神的慈爱和恩惠,歌唱赞美荣耀神。这是公众敬拜的场合,有诗篇的话作为佐证(可参考诗廿二 22,卅二 8~9,五十一 13~14)。

(x) 归纳的结论(卅三 29~33)

卅三 29~30 神两次、三次向人行这一切的事,为要从深坑救回

---

⑤ Dhorme, *op. cit.*, 504.

⑤⑥ Marvin H. Pope, *op. cit.* (1965), 246, 248.

⑤⑦ L. W. Michel, *The Ugaritic Texts and the Mythological Expressions in the Book of Job Including a New Translation of and Philological Notes on the Book*, Ph. D. Dissertation, Wisconsin (1970).

人的灵魂，使他被光照耀，与活人一样。

在十四节，神说一次、两次、神又两次、三次向人施恩，表明神重复的恩典，为要达到目的，因为神决不放弃。这也是智慧文学的格调，以数字加一的方式，如在箴言三十章"三样"、"四样"，三样加一成为四样，表明多而又多，主要的用意是更进一步。两次、三次，就是多次。

这一切的事，是多方不同的方法，见证主的大能，彰显祂的作为，表明祂的恩惠，成就祂的心意。

此处又以两方面来显明。在消极方面，救人的灵魂脱离深坑，从死亡中出来。在积极方面，使人有光照，有光就有生命，光是生命的象征，蒙光照，为神所悦纳（诗四 6，廿七 1；箴六 23；赛四十九 6）。

神继续不断地施恩赐福，必恒久忍耐，使人康复，重新得力，有生命的光。

卅三 31　约伯啊，你当侧耳听我的话，不要作声，等我讲说。

以利户以中保自居，他要约伯听他的话，自己不必辩护，无需说话，更不可多言。

从本节下起至卅三节，在七十士译本是省略的。希腊文译本中只有一种（Theodotion）仍保有这几节经文。

本节上重复卅二章十节。

卅三 32　你若有话说，就可以回答我，你只管说，因我愿以你为是。

以利户前后似有矛盾，在开端对约伯说话，似定他有罪（卅三 1～7）。但此处似为他辩护，愿以他为是。这是指他的愿望？还是他真是让约伯向他表白，他再向神辩护？但是他却不愿约伯自行辩白，尤其不可向神胡言。

卅三 33　若不然，你就听我说，你不要作声，我便将智慧教训你。

他认为朋友们无法使约伯静默，因为他们的智慧不足。他现在希望以他的智慧来教训约伯，要叫约伯口服心服。约伯没有回答他，他继续说，仍得不着约伯的任何反应。约伯已无意向任何人答辩，他只想直接向神说话，或等候神的回答。

附录:结构分析

本章的结构,是一个很完美的交叉圆圈,以呼吁起首(1～7 节),以呼吁结束(31～33 节)。以利户呼吁约伯静听。中间的重要辩论在十五至廿八节。从第八节至十一节似乎加插的,略失平衡。若将这几节并入第一段(1～7 节),就不成问题了,兹将本章的大纲分列如下。㊳

(A) 呼吁听证(加以概括约伯的辩白)(卅三 1～11)

　(B) 辩驳约伯的分诉(12～14 节)

　　(C)再进一步辩驳(15～28 节)

　(B₁) 概括辩驳的话(29～30 节)

(A) 呼吁听证(卅三 31～33 节)

以利户辩驳约伯,针对约伯在第一次对朋友们答辩的总结,在十三章十七至廿八节。兹分列其对比如下。㊴

约伯的辩白	以利户的辩驳
(十三 17～28)	(卅三 1～17、31～33)
(一)细听我的言语(十三 17 上)	请听我的话(卅三 1 上)
(二)让我说话,你回答我(22 节下)	你若回答我……(5 节上)
(三)我已陈明我的案(18 节上)	在我面前陈明(5 节下)
(四)不使你的惊惶威吓我(21 节下)	我不用威严惊吓你(7 节上)
(五)把你的手缩回(21 节上)	不用势力(手)重压你(7 节下)
(六)我的罪孽和罪过(23 节)	你说没有罪孽(8～9 节)
(七)拿我当仇敌(24 节下)	以我为仇敌(10 节下)
(八)把我的脚上了木狗(27 节上)	把我的脚上了木狗(11 节上)
(九)窥察我一切的道路(27 节下)	窥察我一切的道路(11 节下)
(十)我就情愿缄默不言(19 节下)	不要出声,等我讲说(31 节下)
(十一)知道自己有义(18 节下)	我愿以你为是(32 节下)

㊳ Habel, *op. cit.*, 459,取材稍作修正。

㊴ Habel, *op. cit.*, 460 - 461.

以利户的辩论,驳斥约伯辩白自己无辜,列于第六项;驳斥约伯埋怨神的话,在第七、八、九项。

以利户主要的论调,在十五至廿八节,先在第十三节加以申明:"你为何与祂争论呢?"与神争论是大为不敬的事,因为约伯自己也知道,并且说过:"若愿意与他争辩,千中之一也不能回答。"(九 3)但是约伯又敢向神挑战,他要听讼(卅一 35～37)。以利户认为约伯极不合理(卅三 12～14)。于是以利户提出三项理由:(一)神以警戒的方式,藉着梦与异象,开通他们的耳朵(15～18 节)。(二)神警戒又有另一种方式,藉着病痛,使他觉醒(19～22 节)。(三)神再以医治与复兴,使人在敬拜中朝见神的面(23～28 节)。

分析本章十四至三十节,可以看出以利户言词对本书的贡献,说明神怎样救赎受苦者。[60] 人认罪与祈求不是神救赎的原因,而是结果。人得以与神和好,不是出于他的悔改,而是由于中保的代求。这是以利户所强调的,也是他与三位朋友不同之处。以利户提出无辜的受苦者所经历的过程,在十九至廿八节:

(一)重病是对受苦者的一种试炼。

(二)受苦者感到死亡严重的威胁。

(三)天使在神面前为受苦者祈求救赎。

(四)神的怜悯使受苦者终蒙受医治。

(五)敬拜使人体会神的同在而恢复义行。

(六)蒙受救赎之后,必有认罪,以及颂赞。

在诗篇中的哀歌形式,如在诗篇一〇七篇十七至廿二节(参诗六,三十,卅一,卅八篇),都有类似的叙述。在重病濒死的苦难中,呼求神,得着医治与救赎,于是在敬拜中颂赞,在程序中也极为相似。

在古代近东的文献中,如苏美里亚的约伯记以及巴比伦的著述中(Ludlul Bel Nemeqi)论受苦的义者,也有类似的形式。[61] 又可参考乌

---

[60] J. Ross,"Job 33:14 - 30: The Phenomenology of Lament," *Journal of Biblical Literature* 94(1975),38 - 46, especially 42.

[61] J.B. Pritchard, *Ancient Near Eastern Texts Relating to the Old Testament*, 3rd ed.(1955),69,589 - 591,596 - 600.

格列文献,特别提说梦境及死亡的威胁,最后看见生命的光。㊿

　　朝见神的面,神又看他为义(卅三26下),是诗篇中所着重的。在诗篇廿四篇六节,六十三篇二节。从疾病中得着拯救与医治,可参考诗篇廿七篇八、九节,卅一篇十六节以及四十二篇五节。

　　有关受苦与诉讼的事相连,在诗篇中甚少类似的论述(可参考诗六2,卅八3,卅九11,七十三14),以利户的论调也不同,因为他提到天庭中有天使为中保,为受苦者代求。但这也是约伯的愿望(九32～35)。以利户是否以约伯的意愿,作为他的假设? 他是希冀约伯终肯在人面前公开承认:"我犯了罪,颠倒是非"(27节),能见证神的救赎,才是以利户的目的。

(III) 以利户第二言词(卅四1～37)

　　本章强调神的公义,说明约伯的错误,以为神没有罚恶赏善,反使义者受苦。神怎么会有不公平的审断呢? 祂必速予施行审判。以利户深怕约伯的心太刚强,竟然拒绝神对约伯以苦难为管教,不然会陷于死亡的危险。所以以利户要说服约伯,不可再埋怨,惟有顺服神。

　　这次言词完全是辩论的方式,他先吁请友人们与约伯静听(1～4节),整个的辩论(5～33节)之后,以审断作结(34～37节)。他的听众先是他们,即友人们与约伯(1～15节),以后专对约伯(16～33节),完全以第二人称"你"。最后又以"他们"为主要的对象(34节起)。

　　以利户似向他们说话,其实是独语,是他理论的方式,说出他的心意。

(i) 向友人吁请(卅四1～4)

　　卅四1～2　以利户又说,你们智慧人要听我的话;有知识的人要

㊿ J. Gray "The Book of Job in the Context of Near Eastern Literature," *Zeitschrift für die alttestamentlich Wissenschaft* 82(1970),251-269.

留心听我说。

以利户诉诸智慧，认为智慧的传统，是人明白真理所需要的正确途径。智慧人是具有这样的学养，他们是有知识的人，"智慧人"与"有知识的人"这两者应是同义字。"有知识的人"译为"法官"，因为那等人常充任法官审断，他们有社会贤达的身份，成为众望所归的人，所以社会一般的人都看他们会主持公道。此处的"知识"与第四节的"知道"，都可作法律的用词（参撒下十九 35；耶廿九 23）。^⑥ 此处似专指三位朋友，但以利户要在此担任首席法官。

卅四 3　因为耳朵试验话语，好像上膛尝食物。

这是一句格言，先为约伯所用（十二 11），现在以利户用来表明他必以公正来审断，不凭约伯的说法。首先这应是直接感受的，好似尝试食物，可以说得出是否合理，所以耳朵直接听受，来试验这些话语是否真实。

卅四 4　我们当选择何为是，彼此知道何为善。

"我们当……"也可译为"让我们"，下半节也可译为"让我们"："让我们一起审断……让我们一同决定……"可见以利户并非固执己见，他愿与友人们、甚至包括约伯共同来研究。

"审断"可能与"选择"在意义上比较相关，这好似炼金一般，看看是否为精金，分量够，质地纯。

"是"原义为正直公义，真确无误。"善"应为同义字，原意只为"好"，指道德方面或实用方面，"知道"是智慧文学的用词，原意为"分辨"，有律法的涵义，诚如上述，这又是先知的口吻。在弥迦书六章八节，"耶和华已指示你何为善……"这是神的要求。

(ii) 对约伯指控（卅四 5～9）

卅四 5～6　约伯曾说，我是公义，神夺去我的理。我虽有理，还算

---

⑥ B. Gemser, "The rib-or Controversy-Pattern in Hebrew Mentality," *Supplement to Vetus Testamentum* 3（1960），120－137；S. H. Scholnick, *Lawsuit Drama in the Book of Job*，Ph. D. Dissertation，Brandeis University（1975）.

为说谎言的；我虽无过，受的伤还不能医治。

以利户引述约伯，并非直接取自约伯的话，而是概括约伯自承无辜的说法。"神夺去我的理。"在廿七章二节，约伯有这样的话。"我虽有义……"在九章十五节，十三章十八节以及廿七章六节，全能的神似乎完全否认约伯有辩明的机会。

"神夺去我的理"，这"理"也是"义"，神夺去了他的权益，否认他的公义，而且进一步提说约伯的虚谎。这句话照犹太译本作："我申明对我的审断是虚谎的。"[64]"说谎言的"有人改为第三人称，"他是说谎言的。"[65]中译词是原意。[66]

他感到神无故使他患病，"受的伤还不能医治"，或可译为"所患的病痛无可痊愈"，约伯认定他的病不会好，必会致命。这样的话未免太消极了，但是这却是约伯在痛苦中所说的，因为他已经感到绝望了（参六 4，十六 13）。

约伯确认神以约伯为仇敌，好似大能的战士肆意攻击（十六 9～14，十九 7～12）。这损伤好像全能者的箭，射在他身上，证明他实在有罪（六 4），"受的伤"也可译作："我的箭"，或作："我受的箭伤……"

卅四 7　谁像约伯，喝讥诮如同喝水呢？

以利法说世人喝罪孽如水（十五 16）。现在约伯也被归纳为这样污秽可憎的世人。以利法所指责的，由以利户毫无保留地道出。

约伯满口是讥诮，吐出来好似水流一般，这是一种言过其实的口吻。[67]有关讥诮，在本书九章廿三节，十一章三节，廿一章三节以及廿二章十九节。约伯明明犯了罪，还振振有词，为自己争辩，实在太过分了。

卅四 8　他与作孽的结伴，和恶人同行。

他与恶人为伍，作孽的和恶人二者是相同的，他与他们在一起，近墨者黑，也说明他们的兴趣相同，就只会行恶，多么危险。

---

[64] *The Book of Job*：*A New Translation according to the Traditional Hebrew Text* （1980）.

[65] G. Hölscher, *Das Buch Hiob*（1952）.

[66] Robert Gordis, *The Book of Job*：*Commentary*（1978），386.

[67] A. Hakam, *Sēper ʾÎyôb*（1970）.

他们同流合污，"结伴"是结交，同行是他们混在一起，所以他也被列为恶人，为社会一般的人所不齿与唾弃。诗篇第一篇一节，智慧者特别予以警告："不从恶人的计谋，不站罪人的道路，不坐亵慢人的座位。"显然他不仅不加避免，却与他们在一起，必然招损，不会有任何裨益。果然下节就说明他的错误。

卅四 9　他说，人以神为乐，总是无益。

什么是有益的呢？这是智慧者所关心的，这也是以利法的论调（十五 3，廿二 2）。对照那些话，就知道以利户的用意。那些恶人认为敬虔无益。以神为乐，就是指生活端正，凡事讨神的喜悦，从地上的标准来看，似乎没有什么实际的利益。他们不重视智慧言语的教训，对神毫无忌惮，不怕神（参箴十七 5，三十 17）。这样不虔的人必为不义，所以应予严责与警戒。

(iii) 见证神性格（卅四 10～15）

卅四 10　所以你们明理的人，要听我的话。神断不至行恶，全能者断不至作孽。

"明理的人"，在原文中是"有心的人"，不仅指有智慧与理性，也指关怀，以利户似仍继续向友人们说话，他要见证神，因为神不像人那么不完全，神是完全圣洁、完全仁爱的。神是在这样完善的人格中，建立祂的公义，这正如主耶稣所说的，"除了神一位之外，再没有良善的"（可十 18）。

神不仅远离恶，也与罪恶无关，所以祂才有绝对的公义，罚恶与除罪。

卅四 11　祂必按人所作的报应人，使各人照所行的得报。

"报应"是智慧文学中的一个主题，可参考箴言十二章十四节，十九章十七节，廿四章十二节；诗篇六十二篇十二节；耶利米书廿五章十四节；路得记二章十二节。这是友人们的立论，却不被约伯所接受。约伯认为神可任意待人，无论人无辜或罪恶，神都照祂所愿意的来对待（九 22～24），这也不是以利户可以同意的。

卅四 12　神必不作恶，全能者也不偏离公平。

照以利户所论述的,神在宇宙中建立了公义的秩序,决不会不公正,如果说神不公道,歪曲正义,就是大逆不道,是以利户绝对无法想象的(12,17 节)。

以利户这样说,似乎有点冲动,因为他看到约伯竟然对这道理——公义的报应——提出质询,实在可恨。这既是智慧传统所确立的立场(箴四 10~19),又是友人们所坚持的(四 7,八 3、6,十五 20),当然无可置疑。如果照约伯所说,全能者不持公道,就会让世界变得混乱,这就不堪想象了。

卅四 13　谁派他治理地,安定全世界呢?

这是无法回答的问题,可参考以赛亚书四十章十二节起及约伯记卅八章五节。谁可派定神治理呢? 还有谁比全能的神更大? 只有古代近东的神话中才将神明分为等级,根本不合圣经的真理。试读诗篇卅一篇五节:"交"就是此处所用的"派"字,但意义不同。诗篇八篇四节起,也论人的地位,但全能的神仍是绝对的。

卅四 14　他若专心为己,将灵和气收归自己。

神原将生气吹在人的鼻孔里,使人成为有灵的活人(创二 7)。但当神看见人犯罪,祂失望地说:"我的灵就不永远住在他里面。"(创六 3)现在祂若将祂的灵和气收归自己,这样,凡属血气的就都会灭亡了。诗篇一〇四篇廿九、三十节:"你掩面,他们便惊惶;你收回他们的气,他们就死亡,归于尘土。你发出你的灵,他们便受造;你使地面更换为新。"

这只是假定,但是神并没有收回祂的灵,可见人还有希望。神对人还没有放弃。

卅四 15　凡有血气的就必一同死亡,世人必仍归尘土。

"凡有血气的",与"凡活物的生命"是相同的(十二 10,廿八 21),包括一切人与牲畜(创六 12 节起、17 节,七 15 等)。

"死亡"或"灭亡"是本书特用的字(三 11,十 18,十三 19,十四 10 等)。"一同"指同一时间。

世人仍归尘土,在十章九节已经论述。

以利户在此处特别强调神有绝对的权能,能够立即除灭一切的生命,神对待人有绝对的公义,祂不会不顾义者,对恶者也必刑罚,但是神有一定的时间与计划,人不明白,却不可因此断定神不公道。

(iv) 维护神治权(卅四 16～30)

卅四 16～17　你若明理,就当听我的话,留心听我言语的声音。难道恨恶公平的,可以掌权吗? 那有公义的,有大能的,岂可定他有罪吗?

此处似转向另一主题,语调与第十节相似。这里似专对约伯讲话,促他注意。

以利户强调神的两方面,祂既有能力,也有公义。祂若不公平,祂的权能就不是绝对的了。但是有能力,未必公义,因此权能与公平不可只相提并论,却应有密切的关连。他似将上段的话总括起来。

神的公义是罚恶的,不然祂怎能维持宇宙的秩序? 祂既能以权能托住万有,也必能以公义统治世界。

卅四 18～19　他对君王说,你是鄙陋的。对贵臣说,你是邪恶的。他待王子不徇情面,也不看重富足的过于贫穷的,因为都是祂手所造。

君王虽在万人之上,但在神看来,他们仍是鄙陋的。"鄙陋"一词先在撒母耳记下廿三章六节出现,该处译为"匪类"。这字原意为"无益",[68]字根为"吞灭",将人吞灭,沉沦在地底下。在希伯来后期的著作中,与"撒但"同义。[69]祂也定贵臣为有罪的。

神并不偏待人,不徇情面。王子是指上节的贵臣,可参考以赛亚书卅二章五节,但此处也可指富足的人,因富足的与贫穷的成为尖锐的对比,他们在社会的阶层中,有上下之分,但在神的眼光中没有分别。

他们都是平等的,因为他们都是神手所造的。从创造论的观点,他们没有分别,他们最后的命运也都是一样,都必死亡。

卅四 20　在转眼之间,半夜之中,他们就死亡。百姓被震动而去

---

[68] Marvin H. Pope, *Job*, 258.
[69] H. H. Rowley, *Job* (1970), 280–281.

世,有权力的被夺去非藉人手。

人的生存不过是暂时的,他们必不久于人世,"他们"可能是指恶人,尤其是强暴的君王和贵臣、王子,他们的灭亡在即。这是神直接的干预,因为神的公义必然显露。

"半夜"是黑暗的,但未必指地下,而是指时间的短促。可参考廿七章二十节,卅六章二十节以及以赛亚书十五章一节。半夜有神的刑罚,如灭命的天使在半夜巡行击杀埃及的头生者(出十二29)。

他们是那些有权力者,在神的权能之下,他们的权力就微乎其微,无足轻重。他们的沉沦,并非出于人手。他们被震动,是因被刀剑所刺。这是神公义的刑罚临到他们,他们无法逃脱。

卅四21　神注目观看人的道路,看明人的脚步。

神是无所不知的(参廿四23,卅一4)。灾难来到,说明神看见一切的恶。约伯认为神能看见,一定知道他是无辜的(十7)。在前言中约伯是完全正直,看来神不注意道德的事。这是以利户否认的。他认为神很注意人的行为,人所作的,祂都知道。神实在从天上看清地上的事,无人可以逃脱神鉴察的眼目(参耶廿三23;伯七8)。在本章廿五节:"祂原知道他们的行为……"(参诗一三九7~12;摩九2~4)。

卅四22　没有黑暗、阴翳能给作孽的藏身。

神的眼目能穿越最深的黑暗,以致人任何行动都无法逃避,不能藏身。"阴翳"是指死人之地,甚至"我若在阴间下榻,你也在那里"(诗一三九8下)。

"黑暗与阴翳"(参三章五节,十章廿一节,十二章廿二节,廿八章三节),神都看见。

"作孽的"用词与卅一章三节相同。他们在暗中所作的,神不仅看见,而且使他们在夜间倾倒灭亡(廿五节下)。

卅四23　神审判人,不必使人到他面前再三鉴察。

神审判人,不必使人先知道一定的时间,为使人到祂面前来受审。约伯曾经哀叹,无法到神面前来诉讼(九32)。他知道神不是他的仇敌,却是他的法官(十2)。但是以利户说,神不必经过法律的程序,祂可以随时宣判,不必叫人走到祂的面前来辩明。

本节的开端有连接词"然而",有人改为"时间",因这两个字十分近似('ôd, mô'ed),所以为一般学者所采纳。[70] 这是指审判的时间。

将本节与下节(23～24 节),列于廿五节后,[71]似无必要。

此处表明神有绝对的权能,施行审判。

卅四 24　袖用难测之法打破有能力的人,设立别人代替他们。

在以利户看来,约伯未免限制了神,好似神与人一样,在知识与能力方面有限制。神是万能的,袖的作为是人所无法测透的,袖可任意打破有能力的人,安置别人来代替。

"难测"是指人不能预料与推测,神不必特别侦察,因为袖什么都早已知道,袖的旨意与能力是相同的,袖一宣布,公义的事已经施行了。"难测"是在五章九节与九章十节。

本节下,照叙利亚及阿拉伯文的涵义,译作:"袖否认他们的作为。"否认即指废弃与除掉。[72] 但并不普遍被接受。

卅四 25　袖原知道他们的行为,使他们在夜间倾倒灭亡。

"知道"一词有改为"毁坏","他们"指恶人,恶人的罪行必不能持久,很快就被废弃了。[73]

在本节开端应有连接词,有的译为:"因为",[74]"因此",[75]"诚然",[76]"然而"。[77]

本节为七十士译本所省略,但叙利亚译词作:"袖从他们的行为就知道。"可见他们必无法逃脱神公义的审断。

一到晚上他们就倾倒,正如上节所说的,这些有能力的人被击打之

---

[70] Rowley, *op. cit.*, 282.

[71] Edouard Dhorme, *A Commentary on the Book of Job* (1967), 520. Kissane, Fohrer 也作如此调整。

[72] Rowley, *op. cit.*, 282, 引用 F. Zimmermann, *Journal of Biblical Literature* 55(1936), 306f.

[73] Gordis, *op. cit.*, 391.

[74] John E. Hartley, *The Book of Job* (1988), 456.

[75] Rowley, *op. cit.*, 282.

[76] Gordis, *op. cit.*, 391.

[77] Dhorme, *op. cit.*, 519.

后,就有别人来代替他们。他们一旦失势,权力失去不会再恢复了,权力的转移立即就成了事实。

卅四 26 祂在众人眼前击打他们,如同击打恶人一样。

本节上下的次序应为:"由于他们的罪恶,祂击打他们,在众人面前。"他们的罪恶是众目昭彰的,"如同"可译为"由于",叙利亚译词作"为报应",[78] 也可译作"当作",在恶人的地位,必被击打。

"击打"原意为在怒中拍手(民廿四 10),或拍掌、嗤笑(哀二 15),此处为击打或责打。

在众人眼前,是公开性的,人们都可以看见,在恶人被责打的时候,人们都看见,而且知道这是公义的报应,受了警戒。

卅四 27 因为他们偏行不跟从祂,也不留心祂的道。

神刑罚恶人是公开的,为使众人受警戒,约伯受苦是否神警戒人的方法呢? 以利户就作这样的推想。 如果这真是神的目的,那么约伯似应列于恶人之中。

恶人偏行己路,不跟从神,必会走迷,不留心祂的道,不寻求祂的智慧,必致堕落。

神的道指祂的智慧,也可说神的旨意,留心祂的道,是追求神的旨意而遵行。

卅四 28 甚至使贫穷人的哀声达到祂那里,祂也听了困苦人的哀声。

忽略神的智慧与旨意,在道德方面必定失败。 不虔必引起不义,在社会中有不法的事,欺压穷人的哀声必高达上天,可参考廿四章五至十二节,为约伯所描述,又可参箴言书廿一章十三节,人们如果塞耳不听穷人哀求,他将来呼吁也不蒙应允。 但是人纵然忽略,神却十分重视。创世记十八章二十、廿一节,耶和华说:"所多玛和蛾摩拉的罪恶甚重,声闻于我。 我现在要下去,察看他们所行的,果然尽像那达到我耳中的声音一样吗? ……"可见这些呼声,人可充耳不听,而神却必不忽略,祂必须采取行动,就是施以公义的审判。

---

[78] Gordis, *op. cit.*, 391.

卅四 29　祂使人安静，谁能扰乱呢？祂掩面谁能见祂呢？无论待一国或一人，都是如此。

这里不是神使人安静，而是神自己安静。英译词几乎都以此为主要的涵义。神若安静，安息，谁都不可以扰乱。神若赐下平安或和平，谁都不可惹起争端。在下半节，神若掩面，谁都必看不见祂。至少这节的上半与下半都作尖锐的对比。

平安是属神的，也是神所赐的，只赐给义人。"惟独恶人，好像翻腾的海不得安静……恶人必不得平安。"（赛五十七 20、21）

神注意个人，也注意一国，注意个体，也注意群体，看是否恶人当政掌权，神必干预。

卅四 30　使不虔敬的人不得作王，免得有人牢笼百姓。

神不能让不虔敬的人作王，因为暴虐之君当权，没有公义，哪有真实的和平？

"牢笼"原意为设置陷阱机槛，捕捉人好似捕捉野兽一般，这就是以利户所论述的。如果真有不公道的暴君，他的政权亦不会长久，因为神不立即采取行动，并非没有权能，但神有一定的时间，确定的方法，我们不可立即下定结论。公义的神必作适当的处置。

（v）劝导与呼吁（卅四 31～37）

卅四 31～32　有谁对神说，我受了责罚，不再犯罪。我所看不明的，求你指教我；我若作了孽，必不再作？

以利户向约伯建议，应切实认罪悔改。约伯必须承认，他受苦是受了责罚，所以决定不再作恶，不再犯罪。这才是真正的悔改。有些罪自己还看不明，不知道。但他应求神指明，他都愿意承认，决不推托。

"有谁……？"这是以问话的方式，但主词是"谁"吗？其实并不清楚，因此这就引起若干不同的解译。"他真对神这样说吗？"也有译作肯定的语句："人必须对神这样说……"但与希伯来原文不符，仍为若干经学家所坚持。⑦ 有的加以意译："如果有不虔的人对神说……"将问语变成假定的语气"如果"，"不虔的人"是加插的。⑧ 假定之后，可能的结果是在卅三节。

"我受了责罚"在原文中只有"我担当了"，"责罚"又是在译词中加上的，有的译为"我曾走迷了路"，在用意上似说，我本来并不坏，只是误入歧途。⑧

"不再犯罪"又译作"虽然我并未犯罪"，这样不是认罪，而是辩白："我未犯罪，却受责罚，看来似极不公平。"⑧这样解释似不甚与原意符合。

"我所看不明的……"是一段的译句，但也有以为"直至"是在句首，应该译出：直至我看明了，不然求你指教我了，因为我自知无法看清。当然，若是有罪，不再作下去，"直至"是一种特殊的译法。⑧

卅四 33 祂施行报应，岂要随你的心愿，叫你推辞不受吗？选定的是你，不是我。你所知道的只管说吧！

本节与上下文似乎并不连贯，仍是向约伯发问的话。但是以利户显然警告约伯，神不会照着约伯自己的心愿来对待他的。他表白自己的无辜，神未必当他是无辜的。以利户要约伯自行选择，因为约伯若真的不能同意，他可以明白地向约伯解明，这是本节大概的涵义。

以利户直截了当地指出，神不会随约伯的意愿来施行报应的。神不管约伯是否接受，还是会照着神的审断。但他不勉强约伯来接受，约伯可以自行选定，问题在约伯，不在以利户，所以以利户只能站在客观的立场。

⑦ S. R. Driver & G. B. Gray, *A Critical and Exegetical Commentary on the Book of Job* (1921), II, 263-264; A. B. Ehrlich, *Randglossen zur hebraichen Bibel* (1916).

⑧ Dhorme, *op. cit.*, 525.

⑧ Marvin H. Pope, *Job* (1965), 260; Dhorme, *op. cit.*, 525; Hölscher, Kissane, Fohrer.

⑧ Rowley, *op. cit.*, 285.

⑧ Dhorme, *op. cit.*, 526.

以利户似乎认为约伯的态度，非但不接受，甚至不加重视，⑭以利户的意见已经表达出来(卅三 23～30)。其实约伯不是轻视神的心意，但却拒绝以利户所说的一切，这正如他不接受其他朋友的劝导。可见以利户此处所说的，到底是意气用事的。

卅四 34～35 明理的人和听我话的智慧人必对我说，约伯说话没有知识，言语中毫无智慧。

以利户已向约伯判定罪状，他认为约伯已没有辩驳的余地，无需再说。他现在再强调他的权威，再施以压力，说出约伯没有智慧与知识，无必要再为自己辩白。

约伯不像明白事理的人，因为他竟然向神怨言，强辩自己的无辜。这就说明他根本没有知识，没有真正智慧的见解。

以利户的言词，并没有约伯的答辩，可见约伯已经败诉。关于指责约伯说话没有知识，以利法早就提出，在十五章二节："虚空的知识"，就是针对约伯的。

智慧、知识以及明理这三者，都有同样的涵义。

卅四 36 愿约伯被试验到底，因他回答像恶人一样。

以利户指出约伯受苦的原因，因为约伯说话失去虔诚。约伯没有回答他，却向其他朋友那样说答辩的话，证实他是恶人，在恶人之中，⑮"之中"稍为更改，就可译作"像"。

"回答"一词是普通的译词，但这一用词也可译为"信靠"或"信托"，如在以赛亚书三十章十五节"在乎"，就有"依靠"、"信赖"的涵义。⑯

"试验"是指约伯的受苦，他需要再受试验，甚至受苦到底，不然怎会看出受苦是否对他有益，因为他的叛逆仍需继续暴露。

本节首字"愿"，在七十士译本作"然而"，在叙利亚译本作"诚然"，以阿拉伯字根之涵义，可译为"愿"，说明一种愿望。原文是"我的父"，拉丁文译本直译，似无直接的涵义，所以又以意译方式："我愿我的父在

---

⑭ Dhorme，*loc. cit.*，"约伯甚至轻忽"。
⑮ Gordis，*op. cit.*，395.
⑯ Gordis，*loc. cit.*

天上试验……"有的改为"祸哉"（将 'āvî 改为 'iyôv 或 'ăvôw），⑰可能没有这样的必要。

卅四 37　他在罪上又加悖逆，在我们中间拍手，用许多言语轻慢神。

以利户定约伯的罪，因为约伯显然是悖逆神，而且他的不虔敬会影响别人，"在我们中间"。

"拍手"是意译，因为原文并无"手"字，也许是掴巴掌，打脸表明肆意污辱，主要的涵义是"不虔"。

"用许多言语"，是指多言多语，多余的话为辩明自己的清白，就有强词夺理、自圆其说的危险。这样就有轻慢神的可能。

以利户似有其他朋友的错谬，因为他的语气越来越严厉，缺少关怀与同情，更没有安慰的作用。他只一味咬定约伯有罪，毫无宽恕或体谅，约伯对他有什么反应呢？书内并无说明。

附录：结构分析

本章完全是以审断案件的方式：
（A）向友人吁请：似面对法官（2～4 节）
　（B）对约伯指控（5～9 节）
　　　　先引述约伯的辩白（5～6 节）
　　　　再抨击约伯的品格（7～8 节）
　　　　严正指控约伯的罪（9 节）
　　　（C）见证神性格（10～15 节）
　　　　　　吁请留心聆听（10 节上）
　　　　　　见证神的完全（10 下～11 节）
　　　　　　见证神的公正（12 节）
　　　　　　说明神的权能（13～15 节）
　　　　　　（D）维护神治权（16～30 节）

---

⑰ G. Beer，*Der Text des Buches Hiob*（1895）.

　　　　　　吁请留心聆听(16 节)

　　　　　　论神绝对公义(17 节)

　　　　　　神管制诸君王(18～20 节)

　　　　　　神鉴察诸罪行(21～22 节)

　　　　　　神无需出现在法庭(23 节)

　　　　　　维护神公义的理由(24～28 节)

　　　　　　　　神的方法难测(24 节)

　　　　　　　　神知道人的行为(25 节)

　　　　　　　　神公开惩治人(26 节)

　　　　　　　　神的刑罚公正(27 节)

　　　　　　　　神听见人哀求(28 节)

　　　　　　　　总结以上论述(29～30 节)

　　　(B₁) 从约伯认罪

　　　　　　认罪是必需的(31 节)

　　　　　　劝导受教的心(32 节)

　　　　　　挑战约伯作证(33 节)

　　　(A₁) 向约伯宣判(34～37 节)

　　　　　　宣判的申明(34 节)

　　　　　　无知即罪恶(35 节)

　　　　　　仍须再试验(36 节)

　　　　　　罪悖逆轻慢(37 节)

　　以上其四端,只有两端重复,结构方面未臻完善。但在方式上,仍有其特点。三次都吁请他们聆听,认为他们是智慧明理的人(2、10、34节)。两次引述约伯的话,对约伯的辩正提出质询(5～6、9节)。在维护神的公义上,(一)神断不至行恶(10节);(二)神必不作恶(12节);(三)神治理全地(13节),以公义掌权(17节)。约伯没有智慧,所以他需要再受试验(35～36节)。

　　本章一直以"义"(或善)与"恶"二字为主要的用词。如四节的"善",五节的"公义",五、六节的"理"。全能者不偏离公平(12节)。以公义掌权(17节)。神不行恶(10节),必不作恶(12节),人却是邪恶的(18节),作孽的(22节),人在受罚之后不可再犯罪作孽(31～32节)。

约伯曾指控全能者治理不当，这实在是轻慢神的罪行，所以以利户控告约伯，根据十二章约伯的轻慢言语（十二 13～15）。论神管理人的生命（十二 12，参卅四 13～15），试验神的话好像上膛尝食物（十二 11，参卅四 3）。约伯认为神在宇宙中的能力是破坏的（十二 14～15），纵容首领使社会秩序破坏（十二 17～21）。这些是以利户严厉责备约伯，纠正约伯的错误，在卅四章一再申明。

论神的公义，最有力的例证在廿三至廿六节，这是逐步以逻辑的方法来辩正。

(IV) 以利户第三言词（卅五 1～16）

以利户再指出约伯的错谬。约伯以为人若遵行神的旨意，并不切实受益。以利户纠正他，神是在人之上，超越的神并不受人的影响，但是人若观察宇宙的荣美，看见神造物的能力，已经足以唤起他敬畏的心。

他又再解释，报应未必是立即的。那并不说明神的公义可以否认，受苦者只因苦难而呼求，并非切望神的同在。约伯的呼求可能也是这样。

(i) 指责错谬（卅五 1～4）

卅五 1～2　以利户又说，你以为有理，或以为你的公义胜于神的公义。

以利户认为约伯自承有理，这理由是在第三节，约伯自以为公义，却并不说他的公义胜于神的公义。原意为"你在神面前以为自己有公义"，因为约伯敢站在神面前来宣称，这样就难免太大胆了。以利法曾经以此提醒约伯："必死的人岂能比神公义吗？"（四 17）下半节"公义"最好的译词可能能作"权益"，以问话的方式；"你以为在神面前有权益吗？"⑧于是第三节说到"益处"，就可前后对照了。

---

⑧ H.H. Rowley, *Job* (1970), 287.

中译"胜于神的公义",可能受早期英译本(Authorized Version,Revised Version)的影响。

卅五 3～4　才说,这与我有什么益处? 我不犯罪,比犯罪有什么好处呢? 我要回答你和在你这里的朋友。

以利户又在引述约伯的话,"与我"原意为"与你",这不是"与神",但有若干学者作这样的解释。[69] 约伯认为神不会在乎他有否公义,下半节是从消极方面来看。有什么益处,他看不见道德与苦难的关系,他纵然无罪,仍需受苦。这似乎与公义的报应无关。

约伯又问说,如果我不犯罪,未必有什么好处;犯罪呢,未必比不犯罪更差,看来神不看他是否犯罪,使他受苦,却是不变的事实。这样说来,神完全是漠不关心的,所以约伯就提出抗议。

这是以利户十分不认同的,他要回答约伯以及约伯的朋友,予以斥责。可见以利户不仅反对约伯,也反对朋友,认为他们双方都错误了。

他们基本的错误,是认为神在地方上治权不足,也没有针对人的实况,间接否认了神的公义。约伯不明白神,朋友们又何尝明白呢? 当他们辩不过约伯的时候,也以为神的超越已经不再关心人们的命运。他们解释神的公义,以神的智慧与能力来强调。智慧太高,人不会明白;能力太大,人无法体会。

(ii) 维护神义(卅五 5～13)

卅五 5　你要向天观看,瞻望那高于你的穹苍。

论神在自然界,超乎众人之上。这是以利法(廿二 12)和琐法(十一 7 起)的论调。约伯也强调神控制天象(九 8 起)。可见他们都与以利户有相同的观念。或者说,以利户是引述他们,再作进一步的论述。

"你要观看",这是教导的口吻,从观察自然而有智慧。云在高天之

---

[69] Edouard Dhorme, *A Commentary on the Book of Job*, 530‐531. Kissane 也作此解。

上,远离地面。神与人也有距离,不受地上人间的影响(参四 17～19,廿五 2～6)。

　　卅五 6～7　你若犯罪,能使神受何害呢?你的过犯加增,能使神受何损呢?你若是公义,还能加增祂什么呢?祂从你手里还接受什么呢?

　　上一节(6 节),似引证约伯的话:“鉴察人的主啊,我若有罪,于你何妨?……”(七 20)

　　下一节(7 节),似引证以利法的话:“人岂能使神有益呢?智慧人但能有益于己。你为人公义,岂能叫全能者喜悦呢?你行为完全,岂能使他得利呢?”(廿二 2～3)

　　这两节经义确有至理,神不会受人的道德行为所影响或左右,因为神是超越的。

　　卅五 8　你的过恶或能害你这类的人,你的公义或能叫世人得益处。

　　以利户在此就作进一步的解释,人的公义与罪恶对神没有影响,对自己本身是有密切的关系。但是再深入地研究,在社会中必有影响,对他人并非漠不相关的。道德还是在地上有久远的影响力,善行能建立社会,而罪恶必使社会失调不安。可见道德仍有属灵的意义,是天上的神所关切的。

　　以利户为强调神的伟大,就不提恩典;为着重神的超越,而不提祂的信实;为提说物质的益处,而不说在属灵方面得失的事。其实那些不强调的,仍有价值存在。

　　如果读第一章八节,神还是关心约伯个人的虔敬与道德。但是照以利户所说的,约伯与其他世人一般,在天上看来只是微乎其微的,不受注意,不被重视,未必尽然。以利户看神,完全与世人有别,甚至没有关切人的命运。这是否正确,有待读者省思与判断。

　　卅五 9　人因多受欺压就哀求,因受能者的辖制便求救。

　　以利户看世人在地上是得不着天上的助力。在这世上许多不义的事极不合理,却无法摆脱。受欺压与受辖制,人们都在极端的无奈中。

　　在传统的信仰中,人以为哀求的声音可以达到神面前,但是约伯的经验似乎否认了传统的信念。在廿四章五至十二节,约伯描写人间的疾苦,受苦者的唉哼与哀号,神却不理会。那么以利户又怎么看呢? 他相信传统的说法:"甚至使贫穷人的哀声达到祂那里,祂也听了困苦人的哀声。"(卅四 28)但是照他的说法,神为不受人的影响,祂可以不加理会,那些哀求的声音,未必表达他们对神的信心,信心还需要鼓励与提醒,下节就作这样的劝导。

此节提到受欺压,是指经济的不公正。受辖制是有"能者",必指政治的压迫。在不合理的社会制度之下,多人是在苦难之中,受贫穷的煎迫,民不聊生。

卅五 10　却无人说,造我的神在哪里? 祂使人夜间歌唱。

那些哀声既不出于信心,现在应给予激励。为什么无人真正信靠神呢? 神是造我的主,祂是万能的。从创造的大能想到恩典,是智慧文学的重点信仰。神是造我们的,正如诗篇一〇〇篇三节说:"我们是祂造的,祂不仅创造我们,也必看顾我们,我们有祂的同在与眷佑。"

神在哪里,不是问题或疑惑,而是诚心的信念与确据:耶和华神就在这里,我们可以坚心相信祂的同在,祂必赐下恩惠。

祂使人夜间歌唱,夜间象征着苦难与艰困,在漫漫的长夜中有焦虑与不安,但夜间可有歌唱,诗篇三十篇五节:"一宿虽然有哭泣,早晨便必欢呼。"一百四十三篇七至十节描述义人在黑暗中祈求,求神引他到平坦之地。歌唱常是哀歌,为现今的苦楚哀叹,却为神在过去施行的救恩而歌颂。在哀歌中,怒气与失望是有的,却因信神而有充足的盼望而颂赞。人在冗长深沉的黑夜中歌唱,并不解释苦难的意义。对痛苦仍不明白,却否认苦难的毒素,不受毒害。可见在苦难中歌唱,是神所赐予的恩典。人无法胜过苦难,却可以从恩典的观点来看身上的刺(参林后十二 9)。

这歌是哀歌,由哀歌化为颂歌,因为有信心仰望神。这歌也是救赎之歌,深信神必施行救恩。从经文评鉴的方法研究,"歌唱"可有不同的译词。

"歌唱"可作"力量",这是根据乌格列文的字根 dmr,神使人在苦难的黑夜中得着力量,可资参考的经文在出埃及记十五章二节、以赛亚书十二章二节、诗篇一一八篇十四节。⑳

　　"歌唱"可作"雷声",在沉寂的黑夜中,有隆隆雷声,必发生暴风狂雨,神为使人听见祂的声音。以象征的涵义来说,神是在患难之中,感动人发出欢乐的歌声。㉛

　　"歌唱"可作"守望者"(zemirôt 为 shmroth),系照七十士译本,在黑夜守望,表明神在干预与顾念。㉜

　　"歌唱"又作"亮光"(m'roth),在黑夜里有亮光,可参考创世记一章十七节。㉝

　　"歌唱"也作"星光",在寂静的幽暗黑夜中,有星光出现,必带来希望,㉞天使带着声音(诗十九2～5),早晨、晚上都有歌声(诗六十五8)。

　　亚兰文译本作:"天使在夜间歌唱。"犹太拉比的解释,认为天使在无人场合中歌唱,尤其是在黑夜。㉟

　　卅五 11　教训我们胜于地上的走兽,使我们有聪明胜于空中的飞鸟。

　　可惜受苦者忘了歌唱,他们没有让神藉着地上的走兽与空中的飞鸟来教训他们。这也是约伯的论调:"你且问走兽,走兽必指教你,又问空中的飞鸟,飞鸟必告诉你。"(十二7)

　　走兽与飞鸟怎样教训呢? 神眷顾他们,这就是智慧者应该明白而且受教的。

　　以利户还是将以前他们所说的,取来说明与解释。这就是约伯所说的,可以引述,再以他自己的口吻来叙述,他们应该可以明白,歌唱是神的同在,在黑夜里有神的教训,在自然界中动物的情况,又多一层说明。

⑳ N. H. Tur-Sinai, *The Book of Job — A New Commentary* (1950),491；Marvin H. Pope, *Job*, 263.

㉛ A. M. Le Hir, *Le Livre de Job* (1873).

㉜ G. Bickell, *Das Buch Job*(1894)；C. J. Ball, *The Book of Job* (1922),391 - 392.

㉝ A. B. Ehrlich, *Randglossen zur hebräischen Bibel*, vi (1913), 180ff.

㉞ G. H. B. Wright, *The Book of Job* (1883).

㉟ L. Ginzberg, *Legends of the Jews*, vol. 7；index S. V.；Angels.

卅五 12　他们在那里,因恶人的骄傲呼求,却无人答应。

"他们"是指受苦者,因恶人的骄傲施以欺压,而在无奈中呼求。人们却毫不注意,也不顾念,无人答应,无人重视。无人答应,是指人的回应来救助吗?许多经学家认为这应指神:"神却不答应。"

"呼求"在九节已经叙述,所以有人认为应在九节之后,本节就紧接起来。他们不是为受欺压,有信心来求告神,他们也不是真正寻求神的同在,所以神不答应他们。

神不答应,在下节更为清楚。

卅五 13　虚妄的呼求,神必不垂听,全能者也必不眷顾。

这呼求并非向着神,而是虚妄的,所以神必不垂听。这"虚妄"是没有价值的,甚至是虚假的,欺骗的(参卅一 5;箴三十 8)。有时可指"偶像"。[96] 但以利户从不提说偶像。

"眷顾"原意为"看见"或"觉察",神不听也不看,祂完全不理会,所以不答应他们的呼求。

以利户认为约伯求救,是由于虚谎的态度,他呼求是假冒为善的,可谓是虚妄的,既不是出于虔诚,神怎会答应?约伯看神的缄默是不关心,但以利户表明神不答应是有充分的理由。神不能垂听不虔之人的呼求,但神仍是公义的,而且也注意着人。

(iii) 辩白空谈(卅五 14～16)

卅五 14　何况你说,你不得见祂,你的案件在祂面前,你等候祂吧!

以利户此处是对约伯说,约伯的呼求也并非向着神。他几乎是敌挡神,这样,神怎么会向他显现呢?所以在约伯,他想看见神,却看不见,因为约伯想见神,是向神辩白,不是向神求助,神不愿使他得见祂的面,因为约伯无意祈求神的救恩。

96　L. W. Michel，*The Ugaritic Texts and the Mythological Expressions in the Book of Job*，*Including a New Translation of and Philological Notes on the Book*，Ph. D.，Dissertation，University of Wisconsin (1970).

你的案件在祂面前,有译为"你在祂面前务必安静"。⑰ 你等候祂吧! 这是劝导约伯忍耐吗? 但是以利户不是劝导,而是以强硬的口气辩护。⑱

卅五 15～16 但如今因祂未曾发怒降罚,也不甚理会狂傲。所以约伯开口说虚妄的话,多发无知识的言语。

在十五节,语气方面稍有不同,但如今祂的怒气没有降罚。祂似乎没有什么可施以刑罚。对狂傲者也不加以理会,"狂傲"照字根的涵义,是指"增多",可能说明这些恶贯满盈的人,神也不顾,因为神任凭他们,直到那时候施行审判而后已。

十六节好似不仅对约伯说,也指那些朋友及旁观者,以利户都不想与他们多讲,因为他们没有智慧,与他们谈论实在是无谓之至。

附录:结构分析

本章结构较为分明,是以一种交叉的形式,以挑战开始,以讥刺作结,中间有两次辩论,各有重点:

（A）向约伯挑战

    约伯的辩白（2 节）

    引述约伯的怨言（3 节）

    答辩约伯与友人（4 节）

（B）辩论(一)以宇宙秩序论理

    瞻望高天之穹苍（5 节）

    罪恶并不影响神（6 节）

    公正也不上达神（7 节）

    善恶只影响世人（8 节）

（B₁）辩论(二)以神的缄默论理

    受欺压者的呼求（9 节）

---

⑰ B. Duhm, *Das Buch Hiob*（1897）.

⑱ Rowley, *op. cit.*, 290.

　　　　缺乏智慧的态度(10～11 节)

　　　　神只有保持缄默(12 节)

　　　结论:神不处理这些案件(13 节)

　(A₁) 对约伯讥刺

　　　　你等候神吧(14 节)

　　　　神迟延报应(15 节)

　　　　斥约伯虚妄(16 节)

　　以利户第三言词在本章甚为简短,辩论只有两大重点,在五节与十三节,都有"看哪"(中译词中并不明显,原文中有用词 šwr),这并非惊叹词,而是动词,在第五节"观看",十三节没有清楚的译词,只作"眷顾"。动词的涵义是细心观察,明白意义。在第五节观察高天,说明神的超越与管治,地上的事并不影响高天。第十三节,神必不垂听与眷顾,其实是人没有虔诚的信心仰望神,神是在鉴察(七 8、20)。

　　在这言词的结语中,仍有连接的意义,约伯不得"见"祂("见"字仍是 šwr),在十四节,说明神的超越性。

　　以利户向约伯再三强调,神是超越的,约伯无法看见神,神也不会直接回答约伯。可见本书最后有耶和华在旋风中向约伯说话,是完全出乎意外的。在智慧文学的信念中,神的旨意只在生活与自然现象中觉察,人无法直接看见超越的神,神也一直保持着缄默。神的显现是意料之外的,人不可期望这事,这是以利户以典型的智慧传统,作一番说明。[99]

(Ⅴ) 以利户第四言词(卅六 1～卅七 24)

　　这是以利户最重要的言词,以较为温和且剀切的语气,论受苦的意义,说明苦难有教育的功能。神还是看顾义人,加以保护,如果他们偶而犯罪,神提醒他们错误,以苦难教训他们。他们如果接受管教,仍可得着复兴,重新看见神的荣耀,而激发敬畏的心。如果他们坚持罪恶,

---

[99] Norman C. Habel, *The Book of Job: A Commentary* (1985), 490.

必会死亡。在警告约伯之后,以利户就专为描述神的荣耀,彰显在暴风之中。

在描述神的显现时,赞词全以诗句表达。于是有一连串修辞的问题,劝导约伯寻求神。又论及神管教人的方法,并且以神的伟大与荣耀作结。

(i) 神保护受苦者(卅六 1～7)

卅六 1～2　以利户又接着说,你再容我片时,我就指示你,因我还有话为神说。

以利户在第三言词还有未尽的话,所以再接着说,内容是连续的,再强调神的公义。在前面(卅三～卅五章)是以演绎的方法,此处就作归纳,在归纳的话中,他一定要说清楚,免得被评为断章取义,或话不中肯。他需要较长的时间,将他整个的论调阐明,不要遗漏,而且极力以逻辑推论,说得天衣无缝。

他需要约伯忍耐来听,"容我片时"在希伯来文原意为"围绕"(kittar),亚兰文的涵意为"等候":"你若稍微忍耐等候",或作:"你容忍我一下……"

"我还有话为神说","为神说",就是替神发言,这是否说明神的嘱咐呢? 他只觉得他心中还有些话要说,他因以为是有关神的,必出于神。

卅六 3　我要将所知道的从远处引来,将公义归给造我的主。

以利户认为他知识广博,又有深度。"从远方引来","从远方"是双重的介系词,这样的用法与腓尼基的文法结构相似。[100]"远处"是指"天上",这智慧来自神(参诗一三八 6,一三九 2;耶廿三 23。A. Anderson, The Book of Psalms, New Century Bible Commentary, II, 903),可传至地极,[101]可见影响之久远(参拉三 13)。"远处"又可作"多方",以利户认为他的智慧是综合多方的,或来自各方的,[102]累积历

---

[100] A. Blommerde, *Northwest Semitic Grammar and Job* (1969),125.

[101] Edouard Dhorme, *A Commentary on the Book of Job* (1967),538.

[102] Robert Gordis, *The Book of Job: Commentary* (1978),406.

代的智慧所得。这些不同的智慧都见证神的公义,因为一切都是神所
造的,必须溯源于神。公义应归于造物主,我必须见证神的公义,祂是
造我的主。

"造我的主"是约伯的话(卅一 15),也是以利户的话(卅二 22,卅五
10)。在智慧的观念中,创造主是祂照宇宙的秩序,建立道德的秩序
(五 9,卅五10;箴十四 31,十六 4,廿二 2)。

卅六 4　我的言语真不虚谎,有知识全备的与你同在。

约伯的话是否虚妄,以利户已经指出(卅五 16),但是他自己的话
却是真实的,没有虚假或谎言,无懈可击,是完全的。他认为自己的知
识是全备的,"全备"或译为"完整",他的辩论是无法被驳倒的。"完整"
原是约伯的性格,但现在以利户自承他的完整,他认为神是那知识全备
者(卅七 16),而他秉承神的旨意,也有这样的特质,足可为约伯伸冤,
为他辩护,作他中保,也可教导他学义,他说就在约伯旁边,与他同在,
尽力帮助他。但他必须有受教的心,接受劝导。

卅六 5　神有大能,并不藐视人,祂的智慧甚广。

神有公义,也有大能(卅四 17),祂必以大能施行公义。祂不藐视
人,尤其是义人,更不偏离公平(卅四 12),有的经学者认为"人"太笼
统,所以加上"清心":"神不藐视清心的人"。[⑬]

"大能"有双重涵义,指神是英勇的战士,祂为施行公义必不妥协,
是得胜者,"大能"是神的名号,是亘古常存者(参十五 10)。[⑭]

"祂的智慧甚广",是亚兰文的译词,在希伯来原文中,下半节有"广
大的心",就译为"清心",但心可指智慧,即有中译本词另一短句。

卅六 6　祂不保护恶人的性命,却为困苦人伸冤。

以利户在此处简单地论神公义的报应。恶人的命运就是死亡,因
为神公义是罚恶的,但对困苦人,指受苦的义者,神要伸冤,保护他们。
这似为答复约伯的疑难:"恶人为何存活,享大寿数,势力强盛呢?"(廿
一 7)

⑬ Dhorme, *op. cit.*, 539; Marvin H. Pope, *Job* (1965),266,268.
⑭ M. Dahood, *Psalms* II (1970),213.

但是以利户强调的，是神的公义，有怜悯，袖保护义人，拯救他们脱离恶者的困扰与陷害。

卅六 7　袖时常看顾义人，使他们和君王同坐宝座，永远要被高举。

在上一章，受欺压者发出呼求，只是假冒为善的，他们并没有信心，没有真仰望神。照以利户看来，约伯也是这一类人。其实神是看顾人的，对受苦的义人，神时常照顾。约伯说神的鉴察，只找人的错处（参七 8），但是以利户说神不是这样，而是有怜悯的神，神甚至要提拔义人，使他们有尊荣。

神不要恶人有权势，得着尊贵的地位。这样的人暴虐，使人们更陷在困苦之中。但神却愿义人在领导的地位，使社会才有公正，人们不致在暴政下受苦。且以约瑟的生平为例（创卅七章，卅九～五十章），又如传道书四章十四节所说的。神提拔约瑟从监牢中出来，得尊贵的地位。

(ii) 苦难从神而来（卅六 8～15）

卅六 8～9　他们若被锁链捆住，被苦难的绳索缠住，袖就把他们的作为和过犯指示他们，叫他们知道有骄傲的行动。

以利户继续论述苦难的原因，苦难是神的管教（卅三 12 节起）。受苦的人有锁链捆住，有绳索缠住（参十三 27，十八 8～10，卅三 11）。这不是神所允许的吗？可见苦难的由来（参一 12）。苦难为教导人谦卑顺服。以利户已屡次提及（卅三章，卅五 9～11）。神藉着苦难指示，为显明袖的旨意。神用苦难加以警戒，使人看见自己骄傲的动机，以致一经暴露，必自行羞惭，因此切实悔改，以信心集中在神面前，重新作人。

古代常以锁链铐在战俘身上（诗一〇七 10～16），使他们归顺（鸿三 10；赛四十五 14；诗一四九 8）。绳索缠住，也使行动不那么方便，无非勒令他们不走错路，他们以往走的路不正，是歧途，神必须纠正他们。

神不仅消极地禁止或限制，也积极地指示他们，使他们觉察错误。错路往往是在人骄傲狂妄的时候。当他们蒙神指示之后看出自己的错谬，急速离开恶道，不再执迷下去，就可辨别正道的路向，转向神的正途,重新有敬虔的道德生活,而且在生活中更加敬虔忠勤。

卅六 10　祂也开通他们的耳朵得受教训,吩咐他们离开罪孽转回。

开通的耳朵是愿意听从,乐意接受,成为受教的人(赛五十 4～5)。"受教训"是智慧文学的常用词,可参考五章十七节。这是教育过程中必有的(参箴一 2、3、5、8,十五 33)。神的管教是一种警戒(卅三 16)。如果是刑罚,目的也在于使人谦卑顺服。

"转回"原意是悔改,真正的悔改是痛改前非,不再犯罪而从此归正,蒙福的经验记在下节。

卅六 11　他们若听从侍奉祂,就必度日亨通,历年福乐。

有开通的耳朵听从,苦难使人谦卑服事,好似奴仆一般柔顺。苦难之后的生活,还只是度一种生存,却有亨通与福乐。亨通可作"顺利"、"成功"、"发达"。

福乐的相反是进入死亡之地,生命完全与神隔绝。阴间是永远无知的地方,神的计划也无从知道,都被隐藏起来,使人无可展望。下节再作说明,在本节是积极方面,在下节就是消极方面了。

苦难原使人失望,但悔改的人必蒙恩,年月完全改观,有无限的希望,因为神使人在欢乐中经历神的福分,从此一帆风顺,前程锦绣。

卅六 12　若不听从,就要被刀杀灭,无知无识而死。

这里就有尖锐的对比,苦难是管教,若受警戒,从此听从,觉今是而昨非,一切都转好了。

"被刀杀灭",中译词未知是根据什么译出的,因为原意为"过死亡之河",可参考的经文为卅三章十八节:"扔于坑里",指地下的阴间,因该节有"不死在刀下",是否在此就提到刀杀?

"无知无识而死",人在无知中灭亡,或人因无知识而灭亡,后者如何西阿书四章六节。前者是指死后在阴间再无所知晓,一切都在昏暗迷糊之中,他们不再有神的同在,永远灭亡了。

卅六 13　那心中不敬虔的人积蓄怒气;神捆绑他们,他们竟不求救。

心中不敬虔的人,是指他们始终顽梗,不肯悔改,不肯寻求神,不愿求神怜悯的(参八 13)。苦难的经验只有使他们更以神为敌,埋怨神,甚至心存恶毒，在怒气之中，怒气积聚，越积越多（参十五12～13）。以利户似乎是在指责约伯，他就是这样的人。

"积蓄怒气"，或指他们在受苦中执意不受警戒，不肯悔改，反而迁怒于神，对神越来越愤慨。这也可能指神的怒气，因他们不悔改，而积蓄得更多。这正如使徒保罗在罗马书二章四至五节，"不晓得祂的恩慈是领你悔改呢？你竟任着你刚硬不悔改的心，为自己积蓄忿怒，以致神震怒……"

"神捆绑他们，他们竟不求救。"神以苦难促他们回转，求告神，但他们明明受了警戒，仍固执与顽梗，这样的人就不再有希望。

卅六14　必在青年时死亡，与污秽人一样丧命。

人不在年老亡故，可说是十分可怜的，青年是在年富力壮的时期，生命力应当十分旺盛，可见青年时死亡，是神的刑罚。这是犹太人的传统观念。

"污秽人"在圣经中是指异教圣所中的庙妓，可参考申命记廿三章十七节，列王纪上十四章廿四节，十五章十二节。"污秽人"原意为羞耻者，即指男妓，与同性恋的行淫者，⑯大多为青年充当，所以在本节二者为同义字，何况这种男妓大多会早亡。

自十一节至十五节，构成一种交叉的形式：

（A）神管教人，纠正他（10～11节）

　（B）不顺服者死（12节）

　（B₁）不敬虔者死（13～14节）

（A₁）神管教后，救拔他（15节）

十五节可谓结论，又回复至十一节：

卅六15　神藉着困苦救拔困苦人，趁他们受欺压，开通他们的耳朵。

以利户论苦难的由来，这是出于神，为神管教的方法。神藉着困苦，为救拔人，不是要毁灭人，目的是积极的，是有建设性的功能。

他们受欺压，是神所准许的，无非使他们在苦难中转向神，神可因

---

⑯ Pope, *op. cit.*, 269－270.

此开通他们的耳朵,使他们可以听受,而因此顺服。可见神教导,有多么大的忍耐与恩慈,何等奇妙的爱怜与坚持的心意。

(iii) 劝导约伯从善(卅六 16~21)

这段经文十分困难,在经文评鉴上有不少讨论,有些必须修正,使涵义比较清楚,但大略是劝导约伯在神引他出离患难的时候,总要力求从善,不可再入歧途,任何财力与权势,都不是以使他脱离患难。

卅六 16　神也必引你出离患难,进入宽阔不狭窄之地;摆在你席上的,必满有肥甘。

当他在患难的边缘上,神带他出来,挪开,就不致陷入。有译为"患难的口"[106]或"患难的爪牙",[107]如同从野兽口中抢救出来。

宽阔之地有空间,不再狭窄,因为狭窄是指局促不安与焦虑的境地。宽阔之地表征拯救与顺利。[108]以利户相信神必使约伯恢复昔日的富贵,甚至席上满有肥甘。

在富有的大户人家,饮食十分丰富,约伯得以恢复健康,钱财也回复,所以这是庆祝的节期性的筵席。

卅六 17　但你满口有恶人批评的言语,判断和刑罚抓住你。

但是约伯向神争公道,满口有批评的话,岂不成为恶人了吗?"满"字似乎成为重要的用词,席上"满"有肥甘,他在神面前却"满"口批评,那就非常不当。为此,神仍判定约伯有罪,似乎神藉苦难管教约伯的目的,仍未能达到。

以利户仍认为约伯要与神争辩,必是大逆不道的事,神有公义,约伯却是不义的。

此节的经文本身极不清楚,在字句的分法也有不同。有译为:"但

---

[106]　John E. Hartley, *The Book of Job* (1988), 472 - 473.

[107]　Dhorme, *op. cit.*, 544; Norman C. Habel, *The Book of Job: A Commentary*, 495.

[108]　J. Sawyer, "Spaciousness," *Annual of the Swedish Theological Institute* 6 (1967 - 1968), 20 - 34.

你所受的审判,是对恶者的,公义的判断还得维持。"⑩下半节译作:"你的手仍应紧抓着公正。"⑪另一种译词完全不同:"你没有为穷人伸冤,也不为孤儿辩护。"⑪这却与上下文似不甚连贯。

归纳言之,约伯不应循法律程序向神辩白,事实上,他也不为别人主持公道。

卅六 18 不可容忿怒触动你,使你不服责罚,也不可因赎价大就偏行。

本节的涵义也不甚清晰,因为上下半节,共两句,并非三短句,"忿怒"应作"钱财":不可容钱财迷惑你。下半节"赎价"译作"贿赂",也不可受贿赂而偏邪。钱财可使人迷惑,甚至不求公正(参出廿三 8;申十17,十六 19),为贿赂的诱惑而偏离神,走向邪道。⑫

贿赂原为赎价,为赎人从死亡中出来,不再为困苦所扰。有关这生命的赎价,在律法中特有说明(出三十 12～13,又廿一 30),如果不循正当的律法程序,就可当作一种贿赂,为谋求胜诉,当然这是犯罪的勾当。⑬

以利户劝导约伯放弃诉讼的事,而接受以利法所定的罪状。

卅六 19 你的呼求,或是你一切的势力,果有灵验,叫你不受患难吗?

"呼求"多作"财富",你的财富可使你脱离患难吗?"势力"也指钱财的力量,你钱财的力量也无灵验果效。这也是近年经学家一致的解释。⑭

如果仍保持中译词,呼求神为求救助(参诗十八 6,六十六 14,八十一 7 等),神是否会答应呢? 以利户仍提出疑问。人又如尽力量自救,未必有功效,看来神是不会应允约伯的。

⑩ Hartley, *op. cit.*, 472.

⑪ Dhorme, *op. cit.*, 545.

⑪ Gordis, *op. cit.*, 406,416 - 417.

⑫ Hartley, *op. cit.*, 472 n. 3.

⑬ Gordis, *op. cit.*, 417.

⑭ Gordis, *op. cit.*, 417 - 418; Dhorme, *op. cit.*, 548.

　　卅六 20　不要切慕黑夜,就是众民在本处被除灭的时候。

　　本节确为十分难解的经文,与上下文更不连贯。约伯为什么切慕黑夜呢? 他是否切慕死亡,为脱离苦难呢? 这该是第三章他的悲叹。在以利户看来,死亡是恶人最后的刑罚,但不是极大的摆脱。这是否以利户的用意,劝导约伯不可求死呢? 约伯屡次在言词结束前,提到他切望幽暗与黑夜(参七 21,十 18～22,十七 13～16)。

　　本节的译词在七十士译本是省略的,只出现在另一种希腊文译本(Theodotion)。叙利亚译本加上"迫害",指黑夜的迫害。"切慕"在亚兰文译词中作"急行",不要在黑夜中急行,又译作:"不要在黑夜中与邻舍的妻奸淫。"叙利亚译本将下半节译作:"就是激起众民取你的地位,来代替你。"⑮

　　"切慕"一词曾在五章五节为"吞灭",在七章二节为"切慕",奴仆切慕黑影,因为天时一晚,就可休息,也是一种求死脱离苦难的意愿。黑夜可能是犯罪的时间(廿四 14),又是惊吓的时候,怕光而有黑夜幽暗的惊骇(廿四 17)。以下又有几种不同的译词:不要在黑夜来临之后叹息,苦难如黑夜来到就被除掉,神会设立别人来代替,你就失去一切的权势(参卅四 24 下)。⑯

　　将经文改变,译作:"不要让愚妄欺骗你,使你与自以为有智慧的人高举自己。"⑰

　　"不要在黑夜酗酒无度,直到天在原处发亮。"⑱

　　"不要欺压与你无关的人,为要提拔亲属升至他们的地位。"那是将"黑夜"改为"无关的人",提拔亲属,使他们可在法庭中维护约伯,为他争讼。⑲

　　以利户在本节的用意,可能是劝约伯不可逃避苦难,更不可在苦难中使别人难堪。如果在神面谦卑顺服,必蒙搭救。下节也许可以解释

---

⑮　Dhorme, *op. cit.*, 549.

⑯　Dhorme, *loc. cit.*, 作这样的试译。

⑰　B. Duhm, *Das Buch Hiob* (1897).

⑱　C. J. Ball, *The Book of Job* (1922),399.

⑲　E. J. Kissane, *The Book of Job* (1939), Rowley, *op. cit.*, 297,接受这种译法。

本节的困难,还是劝他在苦难之中不可犯罪。

卅六 21　你要谨慎,不可重看罪孽,因你选择罪孽过于选择苦难。

以利户劝约伯谨慎,千万不可在苦难中用人的办法,这样就转向罪孽,因为那是悖逆神的。

"选择苦难",照叙利亚文的译词为"苦难是试炼",经过试炼,看他有没有犯罪。[⑳] 苦难是管教,为使人转离罪孽,这是以利户论调中反复着重的。

"因"是连接词,直译为"因为这样",有两个字,如果并作一个字,则可作"不忍耐",你为了苦难而受试验,怎可不忍耐呢? 似乎也是极为合理的译词。[㉑]

(iv) 见证神创造主(卅六 22～25)

卅六 22　神行事有高大的能力,教训人的有谁像祂呢?

神有能力,祂是在高处,有绝对的权能(赛二 11、17;诗一四八 13),没有人可以影响神改变祂的行为。约伯的要求是无理的。神既是至高之主,祂有创造与维持的能力,祂也有教导的能力,祂是至高的教师(参诗廿五 8～14,九十四 12)。由于祂的关爱,祂以管教引导人,行在正当的道路上,祂决不是暴君,看人受苦而不顾。

"有谁像祂这位教训人的?"也可译作:"有谁像祂宣布律法?"因为教训与律法是同义的。[㉒] 神的律法就是有关公义的事(赛廿八 9)。对以利户来说,受苦得的教训就是管教。教师或"教训人的"在旧约中并不多见,只出现几次,如以赛亚书三十章二十节及箴言五章十三节"教师"或"师傅"(哈二 18,"假师傅")。

卅六 23　谁派定祂的道路? 谁能说,你所行的不义?

神是至高的,决不受人的支配。人希望神照他的愿望行事,如果不

---

⑳ Pope, *op. cit.*, 272.

㉑ Gordis, *op. cit.*, 418.

㉒ Gordis, *loc. cit.*

是他的愿望,就埋怨神。这样的想法就是约伯的想法,所以以利户斥责约伯的不是。以赛亚书五十五章八节:"耶和华说,我的意念非同你们的意念,我的道路非同你们的道路。"

有谁可对神说,"你所行的不义"。"不义"是不正确或不合宜。甚至约伯也不可这样说,人是不可向神提出异议的。神行事不会没有公道,所以约伯质询的时候,是表明他叛逆的心。

卅六 24　你不可忘记称赞祂所行的为大,就是人所歌颂的。

人非但不可任意埋怨与批评神,更应谦卑地承认神造物的伟大,进而歌颂祂,正如诗篇中诗人看神的创造而歌颂赞美神。

"歌唱"是以利户爱用的字,歌唱是宣扬(卅三 3、27)。"歌唱"或"歌颂"这一字根(shyr),原意为"看见",人看见造物之奇妙,就歌颂造物的主。

卅六 25　祂所行的,万人都看见,世人也从远处观看。

"神所行的",是指祂的创造及在世上的作为,神的作为是明显的,是万人都能看见的,但是人们所能看清的,却只是部分的,因为他们只从远处观看。这是约伯也有的认识,"这不过是神工作的些微"(廿六 14)。

这是以利户的用意,人若看见神的大能而歌颂,怨言就不再有了,约伯所需要的是歌颂,能充分得着受苦而有的益处。

(ⅴ)暴风从神而来(卅六 26～33)

卅六 26　神为大,我们不能全知,祂的年数不能测度。

神的伟大,是我们臆想不到,远超我们的理解。祂的永恒也不是我们用年数或时间所能测度的。可参考传道书八章十七节,人无论有多少智慧,"也是查不出来"。诗篇一〇二篇廿七节:"惟有你永不改变,你的年数没有穷尽。"这里再强调人的有限,以利户提醒约伯,对神歌颂还来不及,哪可与神争辩呢?

自本节起至卅七章全章,是一首颂赞神的诗歌,神在秋季(卅六 26～卅七 5),在冬季(卅七 6～13),在夏季(卅七 14～24),在各个季节的更迭中,神是自然的主,掌管宇宙的一切。⑫

卅六 27　祂吸取水点,这水点从云雾中就变成雨。

以利户在默想大地的奇景,在暴风狂雨之前,地面许久苦旱。秋雨必带给人们欢欣,害怕久旱的心得着放松。

先有云层,云若满了雨,就必倾倒在地上(传十一 3 上)。"吸取"是极好的译词,吸收足够的雨水,就会降在地上。

"云雾"是从苏美里亚文而来的字根(edû),原是从地下水吸取的,而化为地上的雾水。⑭

雾气变雨是本节的涵义,但是否由雨化为雾呢?⑮ 只是一种臆断。"雾"又可能出于乌格列文的字源。⑯

卅六 28　云彩将雨落下.沛然降与世人。

雨量十分丰富,沛然而降,供应地上的花果树木。"沛然"指多量,也可形容"人们",即多人获益。在文法结构不同,但涵意却极相似。有的译为"细雨"(申卅二 2),因为细雨不致将泥土冲洗,反使地面滋润,可渗透进入土壤。因此作这解释的,强调神的恩泽,有属灵涵义,也极其深邃。

卅六 29　谁能明白云彩如何铺张,和神行宫的雷声呢?

神的显现,祂乘驾快云(赛十九 1),驰骋在展开的云层,从他的行宫中,发出隆隆的雷声。这是多么大的气魄,令人惊奇。由轻柔的雾气至绵绵的细雨,而再由雷声开道,成为暴风雨。

神以云为行宫,描述于诗篇十八篇十一节:"天空的厚云为他四围

⑫ Samuel Terrien, *Job*: *Poet of Existence* (1957),211 - 217.

⑭ Gordis, *op. cit.*, 419,引用 Albright, *Journal of Biblical Literature*, 58 (1939), 102f; Speiser, *Bulletin of American Society of Oriental Research*, 140(1955), 9 - 11.

⑮ Dhorme, *op. cit.*, 552.

⑯ Rowley, *op. cit.*, 299,引用 P. Reymond, *Supplement & Vetus Testamentum* VI (1958), 205f; Dahood, *Ephemerides Theologicae Lovanienses xliv* (1968), 48f.

的行宫。"云彩好似天上的帐篷四面伸展，说明神的威荣。⑫ 本书内也曾提说"行宫"一字，译为"所搭的棚"（廿七 18）。

卅六 30　祂将亮光普照在自己的四围，祂又遮覆海底。

有雷声，又有闪电，这里的"亮光"可能指电光。由于希腊文的一种译本（Theodotion）译作"雾"（雾 'edô 与亮光 'orô 字形相似），经学家的译词："雾气散布四方。"⑫

"在自己的四围"改为神的名字（由 'alayw 改为 'Aliy），所根据的经文在诗篇七篇九节及五十七篇三节，有乌格列文献为佐证，译作："神将祂的亮光普照"。⑫

下半节："遮覆海底"，即在海的最低处，或最深处，在涵义上可能是指极深的浓雾，好似渗透海的深处，有的改为"山顶"，云雾将山顶也遮起来了。"海底"实际的用字是海的根，即指山的根植在海底。

"遮覆"稍为改变，可成为宝座，神的宝座在海底，⑬那就不是在地底下，而是在高天上，似不甚合理。又将经文略改，可译作："祂在白日遮覆太阳。"⑬

卅六 31　祂用这些审判众民，且赐丰富的粮食。

本节在三十节后，稍有难解之处，因为审判似与雷雨不甚关联，所以可否置于廿八节之后。有的更改经文，将"审判"改为"供给"，有雨水供给，五谷及果类才可生长，那么下半节赐丰富的粮食，也有意义了。⑬

但是如果仍以"审判"解，那么暴风狂雨以这些表明威荣，使人震惊，神的审判似更加可畏。但从另一方面看，自然界一切无非是神的恩惠，为供给人们有丰富的粮食。

---

⑫ Norman Habel，"He who Stretches Out the Heavens," *Catholic Biblical Quarterly* 34（1972），417 – 430.

⑱ Dhorme，*op. cit.*，555.

⑲ Pope，*op. cit.*，275，取材于 H. S. Nyberg, H. L. Ginsberg, M. Dahood.

⑬ Pope，*loc. cit.*

⑬ Kissane，*op. cit.*，245.

⑬ Pope，*op. cit.*，274.

以利户以神为自然之主宰,一切都为赐恩给人们,看人怎样分析自然的现象。

卅六 32　他以电光遮手,命闪电击中敌人。

"电光"即为闪电(卅七 3、11),此处又以云来喻手。袖发闪光,以云来遮盖。另又可描绘袖的大能,抓一把电光,就撒在云所覆盖的大地。"遮"若更改为"揭",袖伸手将云层揭开而发射出电光来。

以闪电当作靶子(中译本小注),较为接近原意,袖是有目标来袭击的。目标是敌人,是何所指,此处没有说明。有的释义说,击中目标,就作雷鸣。

亚兰文的译词意义不同:"袖命雨降下,为应允人的祈求。"

有译为:"袖拍掌,闪出电光,而雷声大作。"描绘虽然生动,未必出于原意。[⑬]

卅六 33　所发的雷声显明袖的作为,又向牲畜指明要起暴风。

雷声似乎表明神的怒气,袖有审判的作为。这也表明袖的显在。

气候会引起牲畜的注意,它们有直觉,知道风暴即将来临,但"牲畜"一词可改为"过犯"或"不义",那么下半节译为:"袖的怒气必向不义者发作。"[⑭]意义就完全不同。但这是以利户心中所思想的,神在自然界显出袖的公义来。

(vi) 暴风即将来临(卅七 1~13)

卅七 1　因此我心战兢,从原处移动。

以利户还在叙述自身的感受,直到十四节才再直接向约伯说话。

"我心战兢",说他十分惊惧,七十士译本作"你心"。

以利户内里有极深的震荡,他好像耶利米一样,有先知一般的意识。耶利米感到战争的威胁,而心感疼痛,烦躁不安,因为他已经听见角声和打仗的喊声(耶四 19),以利户也因雷声在内心震惊。

---

⑬ Dhorme, *op. cit.*, 556,引用 Renan.
⑭ Rowley, *op. cit.*, 301.

原处是雷鸣之地,他想从这可怕景象之中跳出来。"移动"原意为"跳跃"。[135]

卅七 2　听啊! 神轰轰的声音,是祂口中所发的响声。

"听啊!"这是十分惊奇又兴奋的呼喊,神的雷声表明祂的显在。雷声是神的声音,在旧约中有这样的描述(诗十八 13,廿九 3～9;出十九 18)。

雷声是神口中所发的响声,可参考卅六章廿四,廿五节,这响声是发出患难与灾祸,是使人感到惧怕的。此处以利户不仅看这样恶劣的天气为灾难,也看神在大能中显出祂的威荣与公义。

响声是震天地的,又好似从神口中发出沉闷的哀叹。因为这字义也有这样的涵义,好似在以西结书二章十节:"叹息",也在诗篇九十篇九节。[136]

卅七 3～4　祂发响声震遍天下,发电光闪到地极。随后人听见有雷声轰轰,大发威严,雷电接连不断。

雷雨在整个的景象之中,闪电至遍处,全地都在神大能的掌管之下。这是神的声音,在雷声闪电的威胁里,人显得更加无能与无助。

此处论述"天下"与"地极",正如廿八章廿四节:"祂鉴察直到地极,遍观普天之下。""地极"原意为地的四角。"角落"又可作"翅翼"解,即为衣裳的边缘,或衣襟,故可作"极端"之意,即地极。

"雷声轰轰",好像狮子的吼叫(可参士十四 5;摩三 4、8;诗一〇四 21)。神的雷声作祂的吼声,大发威荣(摩一 2;耶廿五 30;珥三 16)。

雷电接连不断,原意为:"祂没有制止闪电……",可见闪电就一直不停。

卅七 5　神发出奇妙的雷声,祂行大事,我们不能测透。

雷声是使人震惊的,但为什么说这是奇妙的呢? 因此有些经学家认为"奇妙"应与大事相连,祂所行的奇妙大事。神的能力已经认识,祂的威荣已经体验。但那些都不是反面的,而应是正面的、积极的。这是

---

[135]　Habel, *op. cit.*, 502－505.

[136]　Rowley, *op. cit.*, 301－302.

神迹，完全超乎人的想象与知识，但神为使人蒙受益处。

对神能力的体验尚嫌不足，如果没有智慧明白神奇妙的作为。这作为是恩慈的。以利户逐步在预备约伯的心，使他以后可以接受神进一步的启示，耶和华真的在旋风中向约伯说话。

卅七 6　祂对雪说，要降在地上。对大雨和暴雨也是这样说。

秋尽冬来，大地寒冷，雨水会变成雪，这是降下瑞雪的时候了。雨雪不只是季节气候自动而变化的，一切都是神直接彰显的命令（参卅八34～35）。

由大雨至暴雨，又是在冬去春来以后的事，因为春雨十分重要，沛降春雨，才可保证会丰收（参五十 1）。这也往往说明神的显现（诗六十八 9；士五 4～5；王上十八 41～45）。

卅七 7　祂封住各人的手，叫所造的万人都晓得祂的作为。

神怎样"封住各人的手"？就是因气候恶劣，人们只得在室内，不得外出在农田操作，这样就限制他们的活动。人的行止，也在神的掌管之下。

"封住"可能还有其他的涵义，因为"封"也是"印"，好似签字一般，盖上印，就表示认可。神若不许，人一切所作的，必无功效。所以人总得知晓神的作为，人还是拗不过神的旨意。

本节内有"各人"与"万人"，是指一般人，这是本书用字的特征（如在四 13，卅三 15、16、27，卅六 24、25，卅七 24，"人"或"世人"）。

卅七 8　百兽进入穴中，卧在洞内。

气候恶劣，不仅人们只能局促户内，连野兽也不得在野外走动觅食，为避风雪，进入穴中避寒，甚至卧在洞内，不能有所行动。

这是寒冬一幅景象，描述野兽的居处，可参考卅八章卅九至四十节，以及那鸿书二章十二节；诗篇一〇四篇廿二节及雅歌书四章八节。

卅七 9　暴风出于南宫，寒冷出于北方。

本节换了一个题目，仍论气候，在雨雪之后，再论风暴与冷霜。"南宫"在九章九节曾经出现，是指南方的范围，既是宫室，必如库房，藏有南风。但此处的暴风是指旋风或风暴（参廿一 18，廿七 20）。风暴多出自南方（赛廿一 1）。

"寒冷出于北方"，北方有冷峰来袭击，或说冷锋出于北方。"北方"

原意为散开的风。㉝ 这种风会带来寒冷,不仅积霜,甚至结冰。诗篇一四七篇十七节:"祂发出寒冷,谁能当得起呢?"

卅七 10 神嘘气成冰,宽阔之水也都凝结。

以诗意的描绘,冰霜都是神嘘出的冷气。

宽阔的水,是在宽阔之地的水流(卅六 16),此处可能指广阔的河中水都凝结成冰,可见天气之寒冷,凝结成了坚硬的固体。早期的英文译本(Authorized Version, Revised Version)译作:"狭窄起来"。

神"嘘气",原是赐予生命气息(卅二 8,卅三 4,卅四 14)。神嘘出的气如果是热的,常象征着怒气(赛三十 33;出十五 8;赛四十 7;伯十五 30)。此处冷气,只说明神是掌管自然的主。

卅七 11 祂使密云盛满水气,布散电光之云。

"密云"是负荷着许多的湿气,带着雨水至某一地区才会降下。由于密云,天空必变成昏暗,所以神再布散闪电之光,也在天空移动着,都是表明神的引导,有一定的路向与轨迹,服在神的命令之下。

"电光之云"应为彩云,极为明亮,所以密云昏暗,而电光之云光耀,都是表明神创造的能力,以及祂管理的权能。

"水气"是一个疑难的字,因为研究字根有不同的字义。叙利亚文译本与拉丁文译本作"谷物",后者为果物(frumentum)。希腊文译本(Aquila Theodotion)作"被拣选者"。又有解经家的释义:(一)"纯净",或可译为"光耀",与"电光之云"成为同义字;㉘(二)"彩虹",将这字改变(由 beri 改为 re'i);㉙(三)又有犹太拉比注释为一个管理云彩的天使的名;㊵(四)"冰雹";㊵(五)雷轰。㊶

卅七 12 这云,是藉祂的指引游行旋转,得以在全地面上行祂一切所吩咐的。

㉝ Rowley, *op. cit.*, 303.

㉘ A.B. Ehrlich, *Randglossen zur hebraischen Bibel*, vol.vi (1916).

㉙ J.G.E. Hoffmann, *Hiob* (1891).

㊵ Rabbi Soloman Yitzhaki (Rashi), *Commentary to the Bible*.

㊵ B. Duhm, *Das Buch Hiob erklaert* (1897).

㊶ Dhorme, *op. cit.*, 565.

云层的运转都是出于祂的指引。"指引"原意为绑索的绳子,是在航海时所用的,指引是给予教导,为解决问题之忠告,用在箴言一章五节:"智谋"(箴十一14,二十18,廿四6)。⑬ 神好似船长,智慧且技巧地将船导入正当的航线,指挥自如。

叙利亚译本作"心思",神有一定的心意来指引,另一种希腊文译本(Aquila)与拉丁文译本作带有"风暴",风暴的云常流转得十分迅速。⑭

"在地面上",也是指有人群居住之处,可译为"可住之地"(参箴八31)。游行旋转,并没有离开本位,因为都是行在神的命令之内。自然界一切都是归服神的命令,不能越轨,都是循规蹈矩的,不可超越。

这两节(11~12节)在七十士译本是省略的,在涵义上确为重复的。

卅七13 或为责罚,或为润地,或为施行慈爱。

这节是为归纳以上的描写与论述,风暴是为达到神的目的。"或为责罚",是以杖打不顺服的人,成为一种管教。或为施恩,沛雨大降,不仅润地,使土地得着水分,树木丰盛,多结佳果。对顺服的人,那是神的慈爱,或为神的信实,因为这原意为信实(hesed)。可见风暴是明证,说明神的智慧管理世界,或以关切眷顾,或以严正管教,彰显公义。

因此以利户说明神的旨意都是美好的,神照着祂的心意所作的,都是好的,应该感谢与赞美。

(vii) 最后挑战的话(卅七14~22)

卅七14 约伯啊,你要留心听,要站立思想神奇妙的作为。

以利户直接对约伯说话,可参考卅三章一节。"你要留心听"这些,这些是一连串的问语,好似卅四章十七节那样的形式。

"要站立",或可说"停止",驻足作一番静思,或说:保持缄默,安静默想。"思想"或可作"观察"(参十一11,廿三15),神有奇妙的作为,是

---

⑬ William McKane, *The Proverbs* (1970),266.
⑭ Dhorme, *op. cit.*, 564-565.

神迹,我们不能测透(本章 5 节)。

卅七 15　神如何吩咐这些,如何使云中的电光照耀,你知道吗?

在十五、十六节都是讥刺的问话,"你知道吗?"表明约伯根本不知道,他是多么无知,人都是无知的,这是智慧文学的格调,在耶和华的言词中,约伯也以同样的方式被质问。

在动词的形式都是完成式的,表明这些都是事实,不容否认。语气肯定,没有假定,可见质询的态度何等严正。这里问的是自然现象。云中有电光照耀,是闪电,使大地警觉,使人们觉察,电光闪出,接着就会有大雨倾盆而下,是出于神的命令。神若不许,虽有密云闪电,仍不下雨,有时闪电一照,雷声大而雨点小,也有可能。有时根本无雨,仍旧苦旱。

卅七 16　云彩如何浮于空中,那知识全备者奇妙的作为,你知道吗?

云彩浮于空中,在辽阔的高空,云层在密集中仍力求均衡。"浮"字(plš = pls)可有平衡的作用,似乎云在天空仍在恋栈,只铺张着(卅六29),没有将带来的雨倾下。

这是奇妙的作为,是神迹,出于知识全备者,或有完全智慧的心意,神是全知的,无所不知,但你知道吗?

"奇妙的作为"在十四节,又在此处重复,必有加重的语气,值得注意。

卅七 17　南风使地寂静,你的衣服就如火热,你知道吗?

"你知道吗?"只在中译词,因原文中没有,可能因与上节相连,以致重复,这确是问话的形式,因本节与下节连在一起,而下节就有一个问语。

"南风"是指炙热的风,通常热风译为东风(十五 2,廿七 21,卅八24)。热风自旷野吹来,在村落中就呈停顿的现象,一切人与牲畜都需找荫凉之处,有遮盖的地方。所以大地极为寂静,人们十分不安,连衣服也穿不住,感到难耐的热灾。[16]

这样炎热的天气,唯一可以调节的,是密云骤雨,下节就有说明。

---

[16]　W. Thomson, *The Land and the Book*(1913),536.

卅七 18　你岂能与神同铺穹苍吗? 这穹苍坚硬,如同铸成的镜子。

铺张穹苍,就是将云层铺上,是神的作为,人是无能为力的,这云层很厚,好似很坚硬,正如一面铜镜,这镜子大概是用铜铸成的,所以极其坚硬,不易破损,可参考申命记廿八章廿三节:"天变为铜,没有下雨。"

此处再提云雨,中译词"穹苍"是指气候及掌管云雨的环境。

提到铺开穹苍,"铺"字原意为扁平,可译为"平铺"。神是铺张诸天,铺开大地的(赛四十四 24;诗一三六 6)。"你岂能与神同铺穹苍吗?""铺"字译为"飞跃","你岂能与神一同飞跃至穹苍?"[⑯]这描绘虽活泼,但不是原意。

卅七 19　我们愚昧不能陈说,请你指教我们该对祂说什么话。

在奇妙的造物主面前,人还能说什么呢? 以利户以讽刺的口吻,请约伯给予指教。

"我们愚昧",原意为"我们被黑暗所困",我们什么都看不清楚,在了解方面尤其昏黑无知。

"不能陈说",不能预备将案件陈说。卅三章五节的"陈明",原意为"整理",将案件预备好了(十三 18,廿三 4,卅二 14)。此处似以气候为喻,雨前天空昏暗,雨后云散天晴,又明朗起来,才知道该说什么话。

卅七 20　人岂可说,我愿与祂说话,岂有人自愿灭亡吗?

此处有两项修辞的问话,都有否定的用意,人与神辩论,太无稽了。在大能的造物主面前,岂可任意说话? 人怎可与神理论或评理呢? 这无疑是自求毁灭!

"灭亡"原意为吞灭或消除,大多译为"困扰"。在辩白中,简直是自找麻烦,本身已感困扰,却硬说有理,必会败诉。

向神说话,不仅自感困扰,也困扰神,必一无所成,应该放弃这多此一举的行动。[⑰] 这是智慧者应予避免的事。

卅七 21　现在有云遮蔽,人不得见穹苍的光亮;但风吹过,天又发晴。

---

⑯ Gordis, *op. cit.*, 431.

⑰ Gordis, *op. cit.*, 432.

有云遮蔽,当然看不见穹苍的光亮。但风吹过,将云吹散,又因发晴而有光亮。在晴空中,阳光就出现了。

人不得见光亮,是指有云遮蔽,使人不能看见,或人未曾见到。[148] 有的认为这是"处境的短句"(Circumstantial Clause):在人不能看见光亮之后,天又发晴了。[149]

以利户又回到先前所描绘的自然景象,智慧文学常以自然为喻,来说明真理。

卅七 22　金光出于北方,在神那里有可怕的威严。

金色在北方出现,金色必指光亮。七十士译本作:云影闪烁发光,好似黄金一样。金色的光芒尤其夺目,是神的显现(参诗一○四 1～2),"金光"亦可译为"光华"或"灿烂"。

又提北方,因为北方多高山崇峻,是神居住之处,祂也在那里治理(诗四十八 2)。[150] 这就是"神那里",有可怕的威严,这短句或可译为"神穿着的是华丽的,令人感到肃然起敬,存敬畏的心来仰望"。

(viii) 终结辩论之言(卅七 23～24)

卅七 23　论到全能者,我们不能测度;祂大有能力,有公平和大义,必不苦待人。

神行奇妙的大事,我们不能测透(5 节)。从神的作为,看出祂的性格,祂是全能者,祂不仅是我们不能测度的,也是我们可望而不能及的。

祂又有能力,又有公平。在地上常把这两者分开:有能力的未必公平,成为暴虐者;有公平,能力就不足,以致爱莫能助。但这两者在神身上整合起来,有大义,既伟大又公义。祂是全能者,却有完全绝对公义,祂不会苦待人,神对待约伯是公平的。

---

[148] Duhm, *op. cit.*,认为不能看见,与中译词"不得见"相同,但 Driver, Gray, *op. cit.*,认为根本未曾见过。

[149] Gordis, *op. cit.*, 432, 根据 Ehrlich, *op. cit.*

[150] R. Clifford, *The Cosmic Mountain in Canaan and the Old Testament* (1972), 55-79.

以利户说,神不苦待人,但他又曾说,神给人困苦,为促他们悔改,可见这有矛盾之处。但他提到苦难(卅六 8、13、15),仍是以肯定的用意说明,还是建设性的,最后神恩慈的心意还能表露。

"苦待"照七十士译词为"回答",因为约伯这样发怨言,是神都不想答复的。"神必不回答人"是另一个可能的译词。

卅七 24　所以人敬畏祂;凡自以为心中有智慧的人,祂都不顾念。

总意是敬畏神,这是本书一章一节的话,智慧文学的主题,是最主要的劝导。

谁是"心中有智慧的人"呢? 可以是向神刚硬的人吗? 当然不是。这原是约伯的话(九 4)。现在以利户引述约伯的话,来强调他自以为有智慧的言词。他认为约伯自以为心中有智慧,其实没有智慧。敬畏神的人才有真智慧,因敬畏主就是智慧(廿八 28)。

"祂不顾念"原意为他们根本看不见祂,看不见祂的顾念,这是以利户最后的话。

以利户要约伯集中心思来仰望神,人是不可与神争辩的。但神有恩慈,要以管教的方法敦促人悔改。肯受教的人必蒙福。

他着重神是至高的教师,不是在乎祂的教法。从神在自然界彰显的能力与智慧,说明祂的心意,祂用气候来影响人与动物的行为。从风云思想神完全的知识。凡敬畏祂的才是受教于祂的。

以利户描绘神的显现,预备约伯听在旋风中说话的耶和华,为得着真知识,约伯不可再为自己的清白来辩明,应完全顺服,敬畏主(卅七 21～24),约伯以后对耶和华的显现,真有这样的态度(四十二 1～6)。

附录:结构分析

这一言词即卅六、卅七章内,以利户仍以法庭的用词斥责约伯,在指正之中,不但以见证与解说来施以教训:

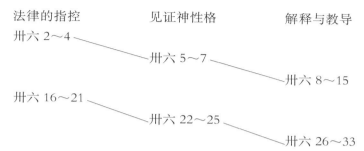

法律的指控　　　　见证神性格　　　　解释与教导

卅六 2～4

卅六 5～7

卅六 8～15

卅六 16～21

卅六 22～25

卅六 26～33

(若加上卅七章,那么卅六 26～33,有卅七 1～13 补充。卅七 14～22 再补充指控,卅七 23～24 再补充见证。)

以利户见证神的道,似为引证诗篇,或引述先前约伯与朋友的言词(如五 9～18,九 5～13,十 8～12)。神是创造主,在祂没有不义。神在造物之中所施行的,不仅有大能,而且有绝对的公义(卅六 22～23)。这是远超人所能了解的,应该顺服神在地上的治权。

几次解释与教导中,强调神的作为,为使人在受苦中更能认识神。卅六章八至十五节又有一个交叉的结构,成为起承转合的单元:

(A)他们若被捆住,缠住(卅六 8)

　(B)神就指正他们,吩咐他们离罪(9～10 节)

　　(C)他们若听从事奉必蒙福(11 节)

　　(C_1)他们若不听从必定死亡(12 节)

　(B_1)心中不敬虔的,积蓄怒气(13～14 节)

　　　　早日死亡,羞辱中丧命

(A_1)神藉困苦,救拔困苦人(卅六 15)

以利户详尽地见证神是自然的主宰,气候见证神的大能。雷声提五次,闪电提五次,云雾也有五次。神是暴风雨的主。自卅六章廿六节起至卅七章十三节,又有一个完美的交叉结构:

(A)云雨的奥秘(卅六 26～29)

　(B)雷电的奥秘(卅七 1～4)

　(B_1)雷电的目的(卅六 30～33)

　　(C)冬雨的奥秘(卅七 8～10)

　　(C_1)冬雨的目的(卅七 5～7)

（A₁）云雨的奥秘（卅七 11～13）

以气候喻神的权能，治理地面，是赐福，也是审判，智慧人必须明白，而有敬畏的心。卅六章言有未尽的，在卅七章续论。

评言：以利户的贡献

以利户的言词对古以色列的智慧传统有相当的贡献，特别有关报应的道理，有修正的优点。在论述中，他似乎没有三个朋友那么有技巧，应用诗意的隐喻，但他对人与神之间的关系，却有独特的见解，更为繁复，也更加切实。他认为义者可能受苦，但他与三个朋友不同，因为他们认为人受苦，多少与罪有关，或因人性内在的软弱，或因罪行直接的后果。以利户认为神可利用苦难教导人（卅三 12～22）。神可用不同的方法，甚至包括梦境，都足以予人警戒及醒觉。神的目的，恩慈地纠正人若干错谬。以利户认为管教是必要的，无非救拔人从更差的境况中出来。约伯必须知道，神必拯救他，而且已经准备救他脱离死亡的权势，使他健康与财富都可恢复。以利户认为约伯现在的灾难比过去更加严重，应该勇于面对。他认为朋友们竭力寻找约伯过去的罪恶，以证实现在的苦难是以往罪行所导致的。但他所注意的是，约伯现在怎样来应付神的管教。神使约伯受困苦，约伯已经有不合宜的反应，是为错误，约伯不应顽强地抗拒，而应该以顺服的态度，接受神的管教。

约伯已经表明不满，向神发怨言，认为神这样使他困苦很不公道。神也没有以公义治理世界（卅四 5～9、34～37）。以利户认为约伯辩明自己的无辜，也是悖逆的行为（卅四 32）。所以他警告约伯，若不放弃埋怨，承认他骄傲的罪，必受更重的刑罚，可能受苦至死。因此约伯应有觉醒，在困苦中学功课，耶和华所教导的，必须听受。

为针对约伯对神的怨言，以利户强调神治理世界是公义的（卅四 10～20）。神时常看顾整个世界，是人所难测的（卅四 21～30）。神鉴察人，无人可以逃避，连君王也不能例外（卅四 18），人的行为自行负责，也必须自行承受后果。人若向神讨公道，是大为不敬的，所以约伯惟有谦卑顺服，神必引他走出患难（卅六 16）。

以利户劝导约伯要顺从神的训诲，虚妄的呼求是神不垂听的（卅五

13)。在夜间受苦时应该歌唱,在早晨不可忘记称赞神而歌颂(卅五10,卅六 22~26),神开通受苦者的耳朵,使他们听从,行在正道上。神必使他们亨通(卅六 11)。神的作为是可称赞的,因为祂的威荣,显在宇宙中一切被造之物。祂的显在甚至在轰轰的雷声中,在困苦里与神相会,在敬畏里谦卑顺服神,就不会只在苦难中自怜了。

柒 耶和华的言词
（卅八 1～四十一 34）

耶和华在旋风中回答约伯,共有两次。第一次自卅八章一节至四十章二节(约伯第一次的回应在四十章三至五节)。第二次自四十章六节至四十一章卅四节。

耶和华的言词是十分华丽的诗,抒情艺术丰富,又有立体的秀丽,思想的深邃。在语言、形式以及主题上,都可整合为一个完美的结构,叹为观止。

耶和华在宇宙中的设计多么缜密与周全,在结构方面,井然有条,极有深度。在功能方面,权能伟大,安排与关怀。在庆祝方面,充满意义,大有欢乐。这是耶和华第一言词。

耶和华在宇宙中的设计大有权能,也充满奥秘,论宇宙的秩序里有善恶的存在,以河马与鳄鱼为例,它们即使是神话中的怪兽,仍在造物主的控制之下。宇宙的一切现象尚且不为人所能明白,更何况生命的意义? 在这第二言词中,用意不若第一言词明确,甚至被视为多余的话,其实神的用意良深,要约伯深切思想。

耶和华没有答复约伯有关苦难的问题,却使他看见更广大的问题,使他属灵的视野扩大了。耶和华不是直接来回答约伯,却以一连串的问题来质询约伯,作为答复,内中不乏幽默与诙谐,有许多讽刺的意味,令人省思,甚至发出会心的微笑。

至于约伯的回应,第一次他是被神的威荣所慑服,只有用手掩口,不敢言语,惟保持缄默。第二次他逐渐明白神恩慈的心意,承认自己的无知,又深深体会本身的卑微。但生命的经历进深了,他有了神的同在,直接的经验使他认罪:"我从前风闻有你,现在亲眼看见你。因此我厌恶自己……"(四十二 5～6)

(一) 耶和华第一言词(卅八 1～四十一 5)

在约伯多次要求神的答复与审断后,耶和华终于向他显现,来回答他。在以利户的言词中,神的名字只是一般性的统称(El, Eloah, Shaddai,大能的神),但现在神是耶和华,是以色列圣约的神,有特别启示的恩典。耶和华在旋风中显现,也是十分特殊的,因为在巴勒斯坦不常有旋风,这种非常的景象,只在西乃山。现在有这样的显现,以及在神口中所描绘的万千气象,更令人惊奇。

耶和华在自然界为创造主,祂掌管宇宙的一切,从自然至恩典的领域,似为耶和华言词的途径。祂在质问约伯中,敦促约伯深切省思,从其中探究神的心意。

(I) 显现与呼召(卅八 1～3)

卅八 1　　那时,耶和华从旋风中回答约伯说:

耶和华的显现,都有非常的现象,尤其是在早期以色列的历史,可参考出埃及记十九章九至二十节;士师记五章四至五节;哈巴谷书三章五至六节及诗篇十八篇七至十五节。

"旋风"一词在以色列历史的后期出现,如在撒迦利亚书九章十四节及以西结书一章四节(中译本译为"狂风")。这是为表明神的显现是十分威严与荣耀的,约伯曾经表示他的惧怕,怕神会用暴风折断他(暴风也即旋风,九 17)。但是他仍希望神向他显现(卅一 35～37)。以利户曾提及雷声,雷轰是神控制自然的能力(卅七 3～7)。神曾以雷声向摩西启示(出十九 19)。现在耶和华果然这样向约伯说话了。

卅八 2～3　　谁用无知的言语使我的旨意暗昧不明? 你要如勇士束腰,我问你,你可以指示我。

这是耶和华的质问,以很正式的问语:这是谁? 神好似答复约伯的话:这是谁? "有谁与我争论?"(十三 19 上)神要向他问的,是有关神的旨意。约伯曾屡次提到神在宇宙的旨意(九 5～13,十 8～14,十二 13～25)。他知道在神有智慧和能力,有谋略和知识,但是他不能明白,甚至有所怀疑。神的旨意就是计划,是筹算(诗卅三 10;箴十九 21)。这与智慧是有密切的关系(伯十二 13;箴八 14,廿一 30;耶四十九 7;赛廿八 29)。神所谋定的,也必作成(赛四十六 10),从太初已经计划了。

在这第一言词中(卅八 4 节起),这世界一切所造的,都有秩序与平衡,不在历史,而在自然之中。[①] 显然地,约伯对这些却是浑然不知的。所以神要责问他,要他看见他的无知。他用无知的言语,正如以利户说约伯的话虚妄,多发无知识的言语(卅五 16)。

约伯只将神的旨意弄得暗昧不明,反而不清楚,不明显,好似阿摩司书五章八节及八章九节,将白昼变为黑夜。以后约伯果然承认,"谁用无知的言语使你的旨意隐藏呢?我所说的是我不明白的;这些事太奇妙是我不知道的。"(四十二 3)

神命令他要如勇士束腰,勇士或战士,是亚兰文及叙利亚文的译词。这字原意是"人"或"男士",有强壮或勇敢的涵义(参士五 30;撒下廿三 1;耶四十一 16),译为"勇士"十分贴切。"束腰"是准备从事艰苦的工作,如奔跑(王上十八 46),争战(赛五 27)。古时在摔跤的竞赛中,有这样的举动。[②] 约伯自认有王子之尊来到神面前(卅一 37),神就这样呼召他,要他果敢地答复神。

约伯曾说过:"你呼叫,我就回答,或是让我说话,你回答我。"(十三 22,参十 2)现在神就让约伯说话,他却说不出来。

(II) 质询与解说(卅八 4~卅九 30)

现在神就用一连串的问话,先有十八个问话,每个都十分简短,迅速而连续,每节一个。然后有五个,每个有两节,三个问话,每个三节,再有两个,每个六节,逐渐速度放慢,没有那么紧张。

---

① V. Kubina, *Die Gottesreden im Buch Hiob* (1979),122.

② C. Gordon, "Belt Wrestling in the Bible World," *Hebrew Union College Annual* 23 (1950 – 1951), I, 131ff.

(i) 自然的现象(卅八4～38)

神的问话,从创造世界开始,指陆地与洋海、白昼与黑夜,地面至地下,再以天象与气候,逐步地质问约伯,使约伯哑口无言。

1. 陆地与洋海(卅八4～11)

卅八4　我立大地根基的时候,你在哪里呢? 你若有聪明,只管说吧!

在神创造大地的时候,祂是建筑的专家,先要根基,使大地稳固,但是约伯那时在哪里呢? 他不是以利法所叙述的"头一个被生的人",他怎么会受造在诸山之先呢? (十五7)这是以利法对约伯的讽讯:"你曾听见神的密旨吗? 你还将智慧独自得尽吗?"(十五8)现在是神向他的讽讯。

在神创造的时候,只有智慧在那里,可参考本书廿八章及箴言八章廿二至卅一节,可见约伯根本没有这种基本的知识,他又怎能与神争辩呢?

这是追溯万物之本源,而约伯不可能是在创世的黎明。神说,你若有聪明,尤其是有关时间的真理,那是在太初,只管说吧! 当然,这是约伯说不出来的。

卅八5　你若晓得就说,是谁定地的尺度? 是谁把准绳拉在其上?

以地球喻为房屋、建筑物,是可引述诗篇廿四篇二节,八十九篇十一节,一○二篇廿五节,一○四篇五节;箴言三章十九节;以赛亚书四十八章十三节,五十一章十三、十六节以及撒迦利亚书十二章一节。

神好似已经绘出蓝图,作了适当的测量,定了尺度。这样可以完全照着设计来进行建筑工程。将准绳拉在其上,就可以实际开工。

设计的是谁? 建筑前测量的是谁? 当然不可能是约伯,也不是任何人,只有神是设计与建筑师,这是确实的事,不必争辩,也是无可争辩的事。

看见大地,观察自然的现象,不是问创造的过程,也不在方法,而是应问谁是创造的主。

卅八 6 　地的根基安置在何处？ 地的角石是谁安放的？

在第四节,神问谁在立大地的根基,约伯在哪里？ 现在问:地的根基安置在何处？ 这是说明地是十分稳固的,尤其在诗篇一〇四篇五节:"将地立在根基上,使地永不动摇。"

当房屋的角石安放的时候,往往有非常欢乐的场合,例如耶路撒冷建造第二个圣殿时的那种盛况(拉三 10～11)。 所以地的角石安放,有晨星都歌唱,赞美创造的主神。 这里问的是谁,神不仅是建筑师(5 节上)、测量师(5 节下),也是工程师(6 节)。

由于神在创世的过程中,没有人可以看见,所以宇宙内部的结构,仍是隐藏的奥秘,不为人所知晓。

卅八 7 　那时,晨星一同歌唱,神的众子也都欢呼。

大地造成之后,在天庭就有极大的庆祝,星晨是在第四天才造成(创一 16)。 但在此处是在创造之始,晨星已经在高空,汇集好似天使的合唱团一同歌唱。 在古代的近东世界,星晨是被视为神明的,但以色列纯正的信仰里,星晨与天使并列,天使就是此处的"神的众子",他们是会欢呼,赞美神造物的伟大与奇妙。 但是星晨是物质,不是灵体,在此处将它们人格化了。

晨星是最光明的,在三章九节提到黎明的星宿,若变为黑暗,就没有生命的气息。 但此处晨星都歌唱,可能以晨星喻为天使,那么光明灿烂,活泼欢乐,庆祝的气氛就更加浓厚了。

在人未被造以前,只有天使的歌唱与赞美。

卅八 8 　海水冲出,如出胎胞,那时谁将它关闭呢？

上一段专论大地,现在转至洋海,洋海原象征着混乱,好似怪兽一般,神将它制服,是创世的一个阶段,正如七章十二节:洋海应予防守,并且神可利用洋海来围绕大地,有保护的作用,这是以迦南神话的背景来描述,当然,作者并非迷信神话,只是以诗意描述,因为这是当时读者所能明白的。③

---

③ Robert Gordis, *The Book of Job* (1978),443 - 444; Norman C. Habel, *The Book of Job*: *A Commentary* (1985),538.

　　此处描写海洋如婴孩一般，从母胎里出来，躺在摇篮里，不再移动，母腹是敞开的，没有关闭，婴孩可以生出来。这可对照约伯先前的悲叹，那生育之夜，没有把怀他胎的门关闭，出生之后又没有立即死亡，甚至不出母胎而死更好（三 10～11）。但是神管理洋海，有更神妙的奥秘。

　　参考巴比伦的创造神话，混乱的神明被杀之后，海水就受了控制。但是耶和华的大能，甚至将洋海喻为婴孩，更易管理与照顾，祂以海沙当作门闩，对海水加以局限，使它无法冲破，即使冲出，仍可随时关闭那门。在原文中有"门"字，谁将它以门关闭呢？门是双数，但并非指门有两扇，只是在此加以着重，以加重语气的方式，作活泼的描绘。

　　卅八 9　是我用云彩当海的衣服，用幽暗包裹它的布。

　　婴孩要以布包起来，洋海也似婴孩，有云彩与幽暗为包裹的衣服。可参考以西结书十六章四节以及三十章廿一节。"云彩"可参考约伯记廿六章八至九节，卅七章十一、十五节。"幽暗"可参考廿二章十三节，幽暗可能也指雾气，将光亮笼罩起来。可见此处二者指浓密的云雾在海面上。④

　　卅八 10　为它定界限，又安门和闩。

　　在海洋定界限，使海水不能冲过来（参创一 6～9；箴八 29）。定界限，原意为设立法则，神以自然律来管理宇宙中的一切（十四 5，廿六 10，廿八 26），神对洋海有直接的命令（11 节）。

　　又安了门和门闩，挡起来，又好似将海水当作囚犯一般，监禁在一定的范围之内，不得逾越，这又是约伯曾发过怨言所用的比方，"为我的脚掌划定界限。"他认为没有自由，全都受了管制，完全取被动的地位。但这就是神对万物的管理与统制，没有人可以有异议，神的管制一定是有原因和理由的。

　　卅八 11　说，你只可到这里，不可越过；你狂傲的浪要到此止住。

　　这是神直接的命令，不得违抗，也无力可以拒绝，因为自然界一切的力量，都在神大能的控制之下。

---

④ John E. Hartley, *The Book of Job* (1988)，496.

你只可到这里,神已定了界限,不可越过。在此,神也以责备的口吻来禁止。海浪汹涌,好似漫漫的水流过来毫不顾忌,几乎是以十分狂傲的态度,来势汹汹。但神必加以阻止,命令它到此止住,"必须停止","必须转回",或"即将毁灭"。⑤

2. 昼夜与地下(卅八 12～21)

卅八 12　你自生以来,曾命定晨光,使清晨的日光知道本位。

神的问话现在指向约伯,有无权力命定晨光,这节是问话,但也连续在下节。晨光是神为安排在大地上日常的生活,可参考以赛亚书十四章十二节;明亮之星、早晨之子虽然悖逆,仍在神的管制之下。

"命定晨光",为神的权能,光是生命之源,黑暗才是恶的权势,所以光代表神(诗廿七 1;赛六十 19～20;约一 9;约壹一 5)。在创造的第一日,神命定光(创一 3～5)。神问约伯曾否命定,答案当然是否定的,光只服从神的命令。

日光的本位是智慧所定的,有昼夜,才可维持宇宙的秩序(诗一○四 19～23)。本位或地方是在宇宙中固定的地位(廿八 20 节起;箴八 22～31)。

这里耶和华责问约伯,是否针对约伯的怨言? 因为约伯咒诅生日,曾将光与生命作为多余的(三 4、9、20)。

卅八 13　叫这光普照地的四极,将恶人从其中驱逐出来吗?

光是普及的,将黑暗照亮而且暴露其中的丑恶。恶人就无法隐藏,必然被驱逐出来。

这节可有更活泼的描绘,"光将地的衣襟紧握,将恶人摇撼,抖出来。"⑥大地好像一件外衣,被光一照,使恶人不得躲藏,从里衣那里抖出来。外衣在穷人借贷时当作为当头。这抵押品在晚上可以归回,作为被子御寒。但天亮必须送至借主,所以当这外衣被掀开时,什么都暴

---

⑤ H. H. Rowley, *Job*(1970),311,引用 Bickel,Budde,Gray;又参考 Edouard Dhorme, *A Commentary on the Book of Job*, 579.

⑥ Rowley, *op. cit.*, 311.

露出来了。

恶人又好似地上的灰尘,外衣打开,大力抖动,灰尘才被抖出来,恶人也躲藏不住,不仅被暴露,也将被弃绝,因为恶人必站立不住,恶人如灰尘,正如诗篇第一篇所描写的,只是糠秕、随风吹散,便归乌有,恶人的命运也将如此。

卅八 14　因这光地面改变如泥上印印,万物出现如衣服一样。

在这第二个意象中,地面好似泥土,在印的压力之下,就会有所改变,但是颜色不会变。因此,万物出现,恶者更将暴露无遗。印泥是红的,印压了之后,仍是红色,好像大地在白光之下,甚为绚烂,尤其在日出之时。

大地不仅像泥土,仍再以衣服喻之,衣服可以染成不同的色彩,但是它的原色仍在。别的颜色可以褪去,原色会暴露出来。地上的恶人也必不能一直隐秘,终究会显示出来。

卅八 15　亮光不照恶人,强横的膀臂也必折断。

恶人在黑暗中,亮光照在黑暗中,可以暴露,也在不久,又被黑暗吞灭了,于是亮光在黑暗中不发生什么效用。恶人不爱光,倒爱黑暗,光来到,恶人就逃遁,躲藏在黑暗之中。

强横的膀臂,或抬高的手臂,存心抗拒,决意强横地实行罪恶的心意,终久会被折断的,在罪人受判时,他们仍强硬不服,但是最后一经判决,他们的强力必失时效,好像被折断的膀臂一样,无能为力了。

这是否为耶和华针对约伯的怨言。约伯说恶人并未遭报,他们仍旧兴盛(廿一,廿四章)。恶人确像海水一样猖獗,但光将海水局限,界限是加以阻止。神虽给人自由,却必限制人的行动,神还在统治。恶人还是拗不过神公义的旨意。

卅八 16　你曾进到海源,或在深渊的隐密处行走吗?

昼夜以海洋为喻,如果深究,必须走到海的源头,为发掘一件事物的本源。但所发现的,却与原来的想象不同。

"海源"是在深渊,那是在大地底下(廿八 14;创七 11,四十九 25;拿二 5)。海源是迦南神明居住的地底下,是在下水道的极端,是很遥远的距离,是地底下死人居住之处。

在那里探索,人会发现什么呢?

卅八 17　死亡的门曾向你显露吗？死荫的门你曾见过吗？

"死亡的门"，是通往阴间的(参诗九 13，一〇七 18；赛卅八 10)。在苏美里亚神话(Sumerian myth)中，女神要下到阴间，以后利甲的说法(Akkadian myth)的女神为亚斯他录，而苏美里亚神话的神为依奶奶(Inanna)女神，需经过七道门，才可到地下神明的住处。⑦

死荫的门，那"门"字应译为"界限"，有很深的黑暗，是指阴间的黑暗(参十 21 节起)，有惊吓的王在那里(十八 13～14)。

约伯一直以为阴间是可逃避的地方，可以躲避神的忿怒(十四13～15)，在那里，任何人都没有高低之分，他们都是平等的(三 16～19)。其实约伯这样说，只是凭想象，并非实际。阴间实在是悲惨的地方，有无限的幽暗(十 21～22)。在那里，希望是灭绝的(十七 11～16)。如果他真的去了，必切望立即回到生命的境地，因为那地太悲惨了。

卅八 18　地的广大你能明透吗？你若全知道，只管说吧！

这里的"地"是指地底下，指阴间，阴间是极广大的，一望无际，好像大地一般(诗一〇七 18；赛卅八 10)。"广大"是伸张得很远、很辽阔，"明透"是"想象"。这样广大是否可以想象？"广大"一词为多数字，是有"伸张"的用意(the Plural of Majesty)，或可译为"幅度"：地的幅度甚广。⑧

"你若全知道"，可译作"你若都加以量度"，就可以发言。约伯不敢说，因为这是超过他所能想象的。

卅八 19　光明的居所从何而至？黑暗的本位在于何处？

"光明"与"黑暗"好似两个人，各有居所住处，每日周而复始，来回往返，但其居所本位却是隐密的，不易寻见，却有神奥妙的安排，在宇宙中是固定的，有时好似又是流动的。约伯既没有这样的智慧，他又怎么能明白神对宇宙设计的旨意呢？

卅八 20　你能带到本境，能看明其室之路吗？

本节是继续上节的，光的居所在哪里？你能带它到本境吗？这条

---

⑦ J. B. Pritchard，*Ancient Near Eastern Texts* (1969)，3rd ed.，52ff，106ff.

⑧ N. H. Tur-Sinai，*The Book of Job：A New Commentary* (1957)，527.

路是怎样的? 能不能带它到界限? 在地平线上有两端,东边有日光居住,西边有月亮的居所,或是黑夜的住处。每天早晨日出时,神在大地为太阳安设帐幕,他就如勇士欢然奔路,从天这边出来,绕到天那边,这是太阳的路径(诗十九 4 下～6)。这路径是约伯知道的吗? 如果不知道,就无从安排,更无法命令。

卅八 21　你总知道,因为你早已生在世上,你日子的数目也多。

这是极尽讽讥的能事,说约伯生在创世之前,而且长寿,自古活到现今,与实际完全相反,约伯不是从古代就有的,他能明白吗? 当然不可能。

"你总知道",意思是:"你一定知道!"动词是完成式,是一种肯定的语气(Perfect of Certainty)。

这也是以利法对约伯的讽刺话(十五 7)。

3. 天象与气候(卅八 22～38)

卅八 22　你曾进入雪库,或见过雹仓吗?

"雪库"与"雹仓"是在天上,实在非常遥远,在约书亚记十章十一节,雹子成为神的武器,在地上打退敌人。冰雹也常成为神降罚的灾殃(可参出九18～26;诗七十八 47～48,一〇五 32;赛卅八 17,三十 30)。雪也足以驱散敌军的攻击,使他们无法在山路上行军(诗六十八 14)。所以神要将这冰雹与雪藏在库房中,应不时之需。当敌军来侵,神为保护祂的百姓,必出而阻止。

卅八 23　这雪雹乃是我为降灾,并打仗和争战的日子所预备的。

"雪雹"是为公义的报应所设,对待恶者(赛卅八 17;结十三 13),降灾于谷类(出九 22～26;该二 17),为争战(书十 11),这目的是公义的。

神不仅是造物的主宰,也是道德律的本源的执行者。这两个主题在诗篇十九篇有最好的例证。在该诗篇中,前一半,自一至六节,描绘自然的荣美,后一半,自七至十一节,论述律法的尊严,最后自十二至十四节,求赦罪之恩。另一个例证在诗篇一〇四篇,以唱自然之美景,向神歌颂之余,提说诗人的愿望:"愿罪人从世上消灭,愿恶人归于无有。"(35 节)

卅八 24　光亮从何路分开? 东风从何路分散遍地?

"光亮"在十九节已经提说,可能不再重复,再说"光亮"与"东风"并不形成同义字。因此经文评鉴方面有不同的意见。有的更改为"雾","风","霜","烟云","炎热"。⑨ 有的认为这是指"西风",将雨带来,而东风吹起干燥的热气,使地更加苦旱。⑩

如果以雾气在各处飘荡,不久又有东风在各处吹散,热风将雾气收去,大地又呈干燥,天气的调节极不理想,也是十分合理而且活泼的描绘。⑪

卅八 25　谁为雨水分道? 谁为雷电开路?

大雨倾盆,过量的雨水会淹没若干地方,但造物者早有预备,有水沟可以蓄水,成为贮水池,使水不致流失而浪费。水池或水沟,是希腊文译词与亚兰文及拉丁文译词的涵义。

大雨应在雷电之后,雷电是先锋,为雨开路,暴雨即将来到,在廿八章廿六节:"祂为雨露定命令,为雷电定道路",又在十四章十九节:"水流消磨石头",即是指雨水酿成山洪,激流在冲击中,可使石头磨成光滑,一幅宏伟的山景。先知以西结描述神的怒气,以狂风、暴雨及冰雹,大有破坏的作用(结十三 11、13,卅八 22)。如果是甘霖,就不是豪雨,可浇透犁沟,对草本大有神益(诗六十五 10)。

这些气象,或表达神的怒气,或流露神的恩典,都是神的作为。

卅八 26　使雨降在无人之地,无人居住的旷野?

神的供给是丰富的,祂降雨在地上,但不只为人类,以致祂供给无人之地及无人居住的旷野。人的想法认为神一切的安排为供应人的需要,以致人的态度只为自私的贪婪与利益。至于与人无关的环境与地土,神可以不必照顾。但这是人的观念,不是神的心思。神降雨在地上,甚至在旷野无人之地,仍在祂眷顾之内。神智慧的关怀是在整个宇

⑨ Rowley, *op. cit.*, 313. Hoffmann 主张"雾", Ewald 和 Merx 主张"风", Siegfried 主张"霜", Beer 主张"烟云", G. R. Driver 和 Guillaume 主张"炎热"。

⑩ N. H. Tur-Sinai, *The Book of Job: A New Commentary* (1950), 529; Hartley, *op. cit.*, 499.

⑪ Dhorme, *op. cit.*, 585-586.

宙,自然历史领域之中。这是人很难想象的,神要责备约伯,教导他从狭窄的观点出来。

"无人",在上下节"人"字用不同的字,但涵义是相同的,都是指人类,是广泛的。旷野是无人烟的地方,但有动物与植物,是神要照顾的。

卅八 27　使荒废凄凉之地得以丰足,青草得以发生?

"荒废凄凉"也在三十章三节,在那里还加上"干燥之地",神降的雨水滋润,使地丰足。雨水不是常有毁坏的作用,如十二章十五节所说的,祂使青草滋长,说明祂有无限的恩慈,这却是人所轻易忽略的。

有草不是单指杂草,也可包括青菜,菜蔬果木也是神所顾念的,这些不只是供应人的需要,神也顾念一切的动物,喂它们饱食。

卅八 28～29　雨有父吗? 露水珠是谁生的呢? 冰出于谁的胎? 天上的霜是谁生的呢?

雨露与冰霜都是气候的变化而发生的,说起来源似有神秘的因素。以生育为例,是强调神秘的根源,可参考八节以及诗篇九十篇二节。在古代近东的神话中,迦南地的雷雨神有若干儿女,一切云雾雨水都是家属。⑫

雨的父是阿拉伯旷野的西南风,因为西南风会带来雨水,露与冰是有母的,才会生产出来,都是诗意化的描写。露水原是十分柔软的,但结成冰块,就坚硬非常。这些都是自然界的奥秘,指生物与非生物的改变与影响,值得注意,结冰的现象,在下一节再有描述。

卅八 30　诸水坚硬如石头,深渊之面凝结成冰。

水结冰,就十分坚硬,"坚硬"的字源有"隐藏"的涵义,有的解释为隐藏在深渊之内,变得很神秘。⑬ "深渊"也有译为"河流"。⑭ 有译为: "诸水结冰,隐藏在石头下面。"⑮

有时在描述穹苍的意象,看高空如同石头,而云层中的雨水却封

---

⑫ Habel, *op*. *cit*., 542; Marvin H. Pope, *Job*, 1965, 299, 引用 J. T. Milik, *Rivisia Biblica* 6(1958), 252 - 254 (Ugaritic goddess Pidray).

⑬ Rowley, *op*. *cit*., 315.

⑭ Dhorme, *op*. *cit*., 589.

⑮ Tur-Sinai, *op*. *cit*., 530.

住,无法使雨夺云而出,降在地上,另一种解释,将上半节与下半节重新
排列,"诸水凝结起来,深渊之面隐藏。"⑯

卅八 31 你能系住昴星的结吗? 能解开参星的带吗?

现在由气候转至天象,昴星与参星二者在九章九节已经提及。昴
星原为南方之星宿,而参星在北方,前者温暖可人,后者酷寒逼人,这天
象是在神的控制之下,来调节寒暑。

"结"也可作"链",链条与带,都在神的手里,可以自由操作与运用,
人对天象只有观赏,却无力操作,可见人是何等无能。

卅八 32 你能按时领出十二宫吗? 能引导北斗和随它的众星吗?

"十二宫"是星系的众星,在列王纪下廿三章五节的"行星"。这字
也可作"冠冕",有南方与北方的冠星,应只为一颗,多数字的形式,是指
华丽(Plural of Majesty),阿拉伯字是指"银河",照字义可译为光耀之
星,特指金星,也与雨水相连,成为下雨之迹象。⑰ 照亚甲文的字义是
护卫者或守望者。⑱

北斗星位置在北方,但这也只是推测,难以确定,看来这必是主要
的行星,有领导之作用,使众星都在星系的轨迹中循序依次运行,井然
有条,说明神造物的伟大与管理的大能。

卅八 33 你知道天的定例吗? 能使地归在天的权下吗?

天有定例,就是神管理天象的法则。这法则也可同样用在地上,是
神管理地上的方法与原则。"权下"原意为"书写",天上的众星,好似神
在穹苍所书写的,有星辰的穹苍是神的手笔,似历历可数。神有书写的
册子,记录在天上的(出卅二 32~33)。在西乃山摩西从神领取的石
头,其上有律法,指示人在地上的生活。

因此,神有权能,也有一定的计划,依次实行,决不任意更改,人没
有智慧可以明白或者猜测,更无从干预神的管理。

卅八 34 你能向云彩扬起声来,使倾盆的雨遮盖你吗?

神责问约伯,他有能力来干预气候的变化,向云彩发声有什么用?

---

⑯ Gordis, *op. cit.*, 449–450.

⑰ Gordis, *op. cit.*, 450.

⑱ Tur-Sinai, *op. cit.*, 531.

下半节"遮盖"在七十士译本作"回答"。你怎样命令云彩,倾盆的雨来答复你吗? 根本不可能,因为气象是不会理会人的。

"遮盖"表明"给予威胁",使人在惊惧或慌张中无法逃避。云彩与雨水不会照人的意思,更谈不到顺服与折服。

下半节有一种译词:"水涨成灾,淹没了你。"[19]语气似乎更加激烈,这样解释似指约伯若真能命令云彩降雨,可能会成为水灾,直接的威胁。

卅八 35　你能发出闪电,叫它行去,使它对你说,我们在这里?

神责问约伯,他果真能支配闪电吗? 但闪电是神的仆役(参卅六32,卅七 11 起),不是人的仆役。这些天象都是来自天上的信息(参 12节;诗一〇四 3～4)。但是约伯哪有这样的能力,甚至可以影响天上的际会? 他不可能有那么大的权威,可以命令,使一切都服在他的命令之下,说"我们在这里",听候他吩咐与支配?

"我们在这里",好似以赛亚书六章八节"我在这里",表明准备好了,随时听候命令,宇宙的智慧,是人所不能及的,要支配宇宙,更是梦想的事。

卅八 36　谁将智慧放在怀中? 谁将聪明赐于心内?

此处神的问话,又是修辞性问题,继续向约伯挑战,要他明白智慧在哪里,更要他默念,谁是赐智慧的,或说智慧的本源是谁。

"怀中"与"心内"是对比的同义字,但也有不同的译法,因前者可改为"云",后者可作"雾"。前者译为"怀中",诗篇五十一篇六节作"内里"。有人译为"圣鸟"(Ibis),[20]可溯源于埃及的神话,为若干解经家所认可,[21]可能有些难题,未必是原意。

下半节"心内"也可作"观察"或"希望",以赛亚书二章十六节与利未记廿六章一节有和这字根有关的字,但中译词并未译出,所以仍以诗篇五十一篇六节为准:"你所喜爱的是内里诚实;你在我隐密处必使我得智慧。""心内"在此作隐密处,或作"隐密的心内"。

此节如没有神话的因素,这样翻译可能较为正确。以"心"、"怀"为

---

⑲ Dhorme, *op. cit.*, 591.

⑳ Dhorme, *op. cit.*, 592.

㉑ Rowley, *op. cit.*, 316,根据 Hölscher, Steinmann, Larcher and Fohrer.

主,但因前几节论云雾,而且在卅七、八节又再提天象,此处译作云与雾,也与上下文相连。人能否从天象中明白而有聪明与智慧呢?

卅八 37～38 谁能用智慧数算云彩呢?尘土聚集成团,土块紧紧结连。那时,谁能倾倒天上的瓶呢?

云彩怎能数算呢?但是这只为描述,可参考廿八章廿七节的"述说",用的是同一个字。此处这样译,可能更好。但有不同的更改,带出不同的涵义:"突破",如同阳光夺云而出。与这联想的,又译为"光照"与"照亮"。⑳ 有的照阿拉伯的字根,译为"驱散"或"散布"。㉓

由于中译词对经义似未了解,在第二短句译为"尘土",第三短句译为"土块",都连起来,无法将卅七节与卅八节分开,其实每节为两短句,第二短句的意思:云彩将雨水装住,好似装在瓶内或袋中,必将破裂,将雨水倾倒。中译词第四短句,实为第卅七节的下半。

第二短句应为卅八节上半,雨水使尘土黏在一起,成为土块。然后又成为块状的硬土。那是本节的下半,应为第四短句。

卅九节起为另一分段,是从天象至走兽,描述地上动物的状况。

(ii) 动物的生态(卅八 39～卅九 30)

耶和华第一言词的第二部分,从动物说起,论地上的走兽以及天上的飞禽,再论其他的野生动物,如野山羊、鸵鸟及野马,又提说天空中的鹰雀。

1. 狮子与乌鸦(卅八 39～41)

卅八 39～40 母狮子在洞中蹲伏,少壮狮子在隐密处埋伏,你能为它们抓取食物,使它们饱足吗?

狮子觅食,比人更有力,人哪里会有力量来为它们抓取食物呢?但

---

⑳ Dhorme, *op. cit.*, 593, 根据 Wright, Strahan, Döderlein, Dathe.

㉓ G. R. Driver, "Problems in the Hebrew Text of Job," *Supplement to Vetus Testamentum* 3(1955),92.

是神供给它们,使它们饱食(诗一〇四 21,一四七 9)。人是完全无能为力的,而且也没有兴趣顾念野兽(如狮子)的,只有神关切。

此处神是在答复约伯的话,因为约伯曾屡次埋怨神,说神好似狮子一般。十章十六节,"你就追捕我如狮子。"十六章九节:"主发怒撕裂我,逼迫我,向我切齿。"也描绘神好像狮子,但是神并非如狮子那么残暴,而且祂也不需要残暴地抓食,因为祂是神,祂是供给食物的,养活一切的活物,包括狮子。

卅八 41　乌鸦之雏,因无食物飞来飞去,哀告神;那时,谁为它预备食物呢?

"乌鸦"有译为"晚间",此处是否仍在描述狮子呢? 它们在晚间仍饥饿,以致生存的本能驱使它们继续抓食。但是此处有"飞来飞去",应指飞禽,所以这样的解释并不可靠。

"飞来飞去"事实上只为中译词的意译,这字原意为飘荡无定,并不是"飞"字,也可译为到处奔走,想寻觅食物。

此处提起乌鸦之雏,因为小乌鸦是不被母乌鸦照顾的。据传母乌鸦极为残忍,置小乌鸦于不顾。德语有"残忍之母"(Rabenmutter)或"残忍父母"(Rabeneltern)这样的俗谚。犹太人有此传说,认为乌鸦对幼雏极为不仁。[24] 犹太拉比似有同样的观念。[25]

耶和华提醒约伯,即使乌鸦之雏哀告,神都垂听,何况人呢? 神怎会不顾念?(太六 25～33)

本段将狮子与乌鸦放在一起描述,也是诗人的思想,因为在诗篇一四七篇九节:"祂赐食给走兽和啼叫的小乌鸦。"狮子为万兽之王,可代表地上的走兽。又小乌鸦的啼叫好似此处的哀告,是由于饥饿的原因。

2. 走兽与鸵鸟(卅九 1～18)

卅九 1　山岩间的野山羊几时生产,你知道吗? 母鹿下犊之期,你

---

[24] Tur-Sinai, *op. cit.*, 538.

[25] Gordis, *op. cit.*, 454.

能察定吗?

　　野山羊是在高山之上,在诗篇一〇四篇十八节:"高山为野山羊的住所。"在撒母耳记上廿四章二节,野山羊的磐石,是在隐基底的旷野。野山羊有很长的角,十分害羞,所以生活的状况很隐秘,它们的生态不易被人觉察,生产情形更加不为人知。

　　母鹿在田野,不在高山(耶十四5),但它们下犊,与野山羊生产一样,人并不容易见到,生育本身是隐密的,不仅过程神秘,而且为保护幼婴,必须藏起来,妥加保护。至于它们的"时间",就更难推算了。

　　在耶和华的言词中,着重地方(卅八12)、界限(卅八10)以及路途(卅八19~20),现在又集中于时间方面。时间是宇宙的秩序,出于神的定例(卅八33;传三1~8),约伯的怨言似论神定规生命的短暂及日夜的困苦(七1~3),诗篇八篇四至五节所论的,也是在于神的鉴察,似乎分秒之间,都是神所注意的。总有一定的日子,人必须面对神(十四13~14),其实约伯与常人一样,怎能明白那么多的安排? 神在人的生命以及一切活物的生存上,有一定的日子安排一切。

　　卅九2　它们怀胎的月数,你能数算吗? 它们几时生产,你能晓得吗?

　　他们怀胎的月数,是应该特别给予照顾的,免得不慎流产,但人不会算计,更无力照顾,只有神给予眷顾。到它们生产的时候,也不需要人来助产。

　　这些既非人的知识所能及,也非人的力量所能行的,人就无法再向神说什么,因为人的智慧实在太有限了。更何况人对这些既没有兴趣,也没有关切的心,实在不明白神的心意与作为。

　　卅九3　它们屈身将子生下,就除掉疼痛。

　　"屈身"是描写生产之疼痛,如在撒母耳记上四章十九节的用语,"将子生下",就养育幼婴,不只是在疼痛中解脱出来。"疼痛"源为英译词(Authorized Version,Revised Version,'their sorrows'),因这不确定可作产难的疼痛(赛十三8)。但阿拉伯文作"胎儿",所以有的译作"幼婴",不是除掉,而是携带,将婴儿带大,这样可与下节连续。㉖

㉖ Rowley, *op. cit.*, 318-319.

此处主要的用意,是叙述生育的过程,为保持原意,描写在生产时,腹胎裂开,将子生下,是用象征的言语,加以说明。诗篇七篇十四节:"所怀的……所生的"。生了之后还有养育。

卅九 4　这子渐渐肥壮,在荒野长大,去而不回。

野生的动物,在生产的过程中似乎极为轻易,而在成长方面也是很迅速而简单,它们野生野长,长在荒野中,经得起寒冷或炎热,经得起野地物质的煎熬,都不阻碍它们的成长。

它们一长大,就不必再依靠母亲,迅速地自立,自行觅食,自求生存,甚至去而不回,完全可以独立。它们不像人类有那么徐缓的成长过程,也不像人那样依靠父母。它们的生存力量是惊人的。

卅九 5　谁放野驴出去自由? 谁解开快驴的绳索?

驴在人的观念中是应该被驯服成为家畜,可供人驱策作交通工具。但是神好似不愿人来驱使,却解开绳索,任它们自由。

"野驴"常被描述为敏捷,所以此处用"快驴"来说明。野驴也以无知为特性的,如本书十一章十二节所说的"野驴的驹子"。可参考创世记十六章十二节,何西阿书八章九节,以赛亚书卅二章十四节。

野驴得到自由,好似奴仆得释放(申十五 12～13)。它们得到自由,是出于神的恩典,却使人极为嫉妒,所以神没有使人从苦难中得到解脱(三 17～19)。

卅九 6　我使旷野作它的住处,使咸地当它的居所。

野驴虽得到自由,却没有舒适的住处,而只在旷野。在旷野荒废之地,不易觅食,约伯曾描述穷人如同野驴出到旷野(廿四 5)。

"咸地"更是不毛之地,完全不能种植,正如耶利米书十七章六节及诗篇一○七篇卅四节所说的。

它们的环境虽然恶劣,生存也实在十分艰难,然而它们并可艰苦,不愿供人奴役,可见自由仍比任何的事物更为珍贵。

卅九 7　它嗤笑城内的喧嚷,不听赶牲口的喝声。

它们喜欢旷野的辽阔与空旷,不喜欢城内的嚣张与熙扰。对野生的动物,人烟的地方并不习惯,尤其很不安全,它们所供的劳役,仍得经受人们的叱喝与鞭打。

赶牲口的无疑给予牲畜许多压迫,是它们难以忍受的。以赛亚书九章四节,以动物受驱策,描述人们需要拯救:"他们所负的重轭和肩头上的杖,并欺压他们人的棍",都是在压迫之下,需求拯救的感受。

人是残忍的,但神不同,祂看顾牲畜,祂对动物的爱护是人无法想象的,也不能明白。可见自由不但是人的需求,也是动物的心愿,尤其是野生的动物。

卅九8 遍山是它的草场,它寻找各样青绿之物。

旷野虽然不是理想的居所,咸地更无粮食,但野驴有自由,可以到处觅食,甚至遍山都是它的草场。青绿的草还是可以找到,可供它们食用。青绿之物有水分,也富营养,是理想的食物。

它们可以自食其力,不需要人们来饲养它们,神供应它们一切所需用的。神用更大的空间,更广大的山地,供给它们,作它们的草场,神的恩典何等奇妙。

自由是需付极大的代价,但是野驴们乐意在艰苦中求生存。神所教导的,不仅是人,也包括一切的生物,野生的动物也在其内。

卅九9 野牛岂肯服侍你?岂肯住在你的槽旁?

牛与驴常相提并论(参出廿一33;赛一3),所以在此处提到野驴之后,即提野牛。野牛与野驴一般是很难驯服的,而且它们的力气大,不肯受人驱使。

野牛在旧约中提过九次,大概是有两角的,很凶暴,角是十分有力而且危险的(申卅三17;民廿三22,廿四8;诗廿二21)。

通常牛在田间工作之后,会回到槽旁喝水吃食,但野牛是不受人的辖制。

卅九10 你岂能用套绳将野牛笼在犁沟之间?它岂肯随你耙山谷之地?

野牛是难驯的,不会那么容易就范,任人用套绳辖制在山间工作。

犁沟与山谷之地二者是同义的,可能都指农田。犁沟已是很整齐与规律的,但山谷之地需要开发,才可充农田。因此更需要牲口来协助开垦土地,得以使用。

下半节"随你"是"在你后面",那么农人必须用力拖曳,牲口在后拖拉,不仅勉强,而且更作无理取闹,人与牲畜之间似在相争之中。这是神所不忍的。

卅九 11　岂可因它的力大就倚靠它？岂可把你的工交给它作吗？

野牛的力大，非但人无法利用，反而更有畏惧的心，它一反抗，必会挣脱所负的轭，又可能伤人逃脱。

它们既不易驯服，人无法依靠，更不能委托它们工作，因为它们不会负责，它们实在也没有这样的本分。神似乎教导人不可随意以常识判断，尤其不可打如意算盘，认为牲畜必可供驱使。

神有权能管理，但祂不会勉强，不像人自以为有能力来管制与利用。

卅九 12　岂可信靠它，把你的粮食运到家，又收聚你禾场上的谷吗？

野牛不是家畜，不会驯良地供人驱使，它们不能真的充作运输工具，不会照主人的意思来供劳役的。人的力量就是这样微弱，他劳力得来的粮食，没有牲口可以运送，既没有牲畜可以运输，结果在运作上都有困难，粮食也不能送到禾场上清理。人是多么无奈！

但是野牛却在神的掌握之中，神给予它们自由，释放它们，又将它们安置在旷野与咸地。这是神给它们恩惠的安排，叫它们在广大崇高的遍山，自行觅食。这并非说神不帮助人们找到劳役的牲口，而是神看野牛的需要比人的需要更为殷切。这是神的智慧。

卅九 13　鸵鸟的翅膀欢然搧展，岂是显慈爱的翎毛和羽毛吗？

十三至十八节有关鸵鸟的记述，是在七十士译本省略的，经学家也认为这是以后编辑者所加插的，又因十七节"神"是第三人称，显明这段话不是神直接的言词。

但是这段话仍是以问语的方式，正如耶和华其他的言词一样。论野生的动物，此处另有一种风格，值得读者注意的，内容也有深度。

"鸵鸟"在旧约中甚少提说，在耶利米哀歌四章三节，但用词不同，此处的名词是唯一的，并未出现在其他章节里。这字原意为"尖叫"，是以鸣叫声为名。英译本（Authorized Version）作"孔雀"，但近年译词都作"鸵鸟"。旧约其他经文中提说到的，在利未记十一章十六节；申命记十四章十五节，都提鸵鸟为不洁净的禽鸟。但这两处所提的有两个名词，雄的与雌的。本节的用字有时是指欢乐的声音（约三 7，二十 5；

诗六十三 6)㉗,鸵鸟是在巴勒斯坦南部、阿拉伯以及东至幼发拉底河流域,它们尖锐的鸣叫声或可作为欢乐的歌唱,欢唱时甚至也在翅翼的动作上,所以中译词以动作来表达:"翅膀欢然搧展"。在译词上,有作为形容词的:"欢乐的翅膀"。㉘ "欢乐"有译为"骄傲"。㉙ 其实鸵鸟虽有翅膀,却不会飞翔,所以动作是有的,并没有功用。

下半节的翎毛和羽毛是显慈爱的,为什么是"慈爱的"? 有译为"优美的"㉚或"吸引的"。㉛ 但是鸵鸟甚少羽毛,所以有译为"稀少"(New English Bible 译词)。㉜ 也有译为"不能飞翔",是意译(Today English Version)。

"慈爱"用在鸵鸟确有困难,因为它们对于幼儿,并未善为照顾,且看十六节,"忍心待雏",可见一斑。所以这仍成为解经家所辩论的。㉝

卅九 14～15 因它把蛋留在地上,在尘土中使得温暖,却想不到被脚踹碎,或被野兽践踏。

这是一般人对鸵鸟的看法,认为它们愚蠢,而且忽略孵蛋的过程。事实上鸵鸟并不是这样,却经常坐在蛋上极有耐心,在早期孵育的过程,倒是常留在地上,出去觅食。但是即使留在地上,也必以沙土遮盖,不致在日光下暴露。但是此处只以普通传统的说法,认为狐狸最聪明,而鸵鸟最愚蠢。这是根据阿拉伯的格言。㉞

鸵鸟在白日把蛋留在地上,阳光的热气可以助蛋的成熟,晚上要坐在蛋上,可能还会轮流来当值。它们把蛋留在地上,为从阳光取暖,但这样暴露却有危险,会被踹碎或被野兽践踏,有时即被野兽吞吃。

另有一说,鸵鸟的巢窝一旦被发现,它们必须逃走,却带不走蛋,只

㉗ Habel, *op. cit.*, 524 – 525; Gordis, *op. cit.*, 458.

㉘ Dhorme, *op. cit.*, 603.

㉙ Rowley, *op. cit.*, 320.

㉚ Dhorme, *op. cit.*, 603.

㉛ Gordis, *op. cit.*, 458,根据 *Palestinian Talmud*.

㉜ Pope, *op. cit.*, 308 – 309.

㉝ Pope, *loc. cit.*

㉞ S. R. Driver & B. Gray, *A Critical and Exegetical Commentary on the Book of Job* (1921), I, 342 – 345.

有将蛋全部踹碎才离去,到其他地方找居所。㉟

但本节的大意是指鸵鸟的无知与愚蠢,对蛋的保护太不经意,以致所下的蛋可以任意被践踏,而丧失了性命。即使不被践踏,也不能成熟而突破蛋壳,并生存下去。鸵鸟太愚蠢,因为神使它没有智慧,也无悟性可妥加保护幼雏。

卅九 16　它忍心待雏,似乎不是自己的,虽然徒受劳苦,也不为雏惧怕。

由于它们愚蠢,甚至不会照顾雏儿,好似漠不关心,不会爱惜。"忍心",也可译作"硬心"。耶利米哀歌四章三节:"残忍,好像旷野的鸵鸟一般。"这是传统的观念,鸵鸟是残忍的。但是在观察禽兽的动物学家看来,这只是表面的情形,事实并非如此。在追捕禽兽时,当父母发现有猎者来,它们就走动飞跑,却留下雏子,将目标移动,猎人可能只追寻大的鸵鸟,将雏鸟丢下,使它们有了安全。㊱

"不惧怕"是不关心,它们不为雏惧怕。在涵意上还是强调它们不为雏鸟的安全注意。雏儿长大,可以没有它们的母亲的养育与照顾,它们是否安全,能否长成,母鸟似乎漠不关心,可见它们的劳碌是徒然的。

卅九 17　因为神使它没有智慧,也未将悟性赐给它。

通常的情形,神赐智慧给不会飞翔的禽鸟,使它们可以保护自身与雏儿。但它们如果没有这样的本能,也有神特殊的设计。它们不像人那么有神赐给的悟性,自然不会作适当的保护。但是人可以从至上的神得着"份"与"业"(卅一 2),可以分辨是非、利害与安危,可惜约伯没有真正应用或应用得不适当,他怨恨而不感恩,原因就是在此。

卅九 18　它几时挺身展开翅膀,就嗤笑马和骑马的人。

鸵鸟虽然不会飞翔,但是准备疾走时,先展开翅膀,然后飞快地跑起来,速度惊人,甚至超过马的速度,大可嗤笑马和骑马的人。

从一方面来看,神并没有将智慧与悟性赐给鸵鸟,但在另一方面,它有特殊惊人的力量与速度来走路,仍可胜过马的奔驰。可见它仍有

㉟　Pope, *op. cit.*, 309,引用 Anne Martins article in *Home Life*, 128.
㊱　G. Cansdale, *Animals of Bible Lands*, 193.

超众的力量，并不落后。这一定是神赐给它的技能与力量，怎可不重视呢？

3. 野马与鹰雀（卅九 19～30）

卅九 19　马的大力是你所赐的吗？它颈项上挓挲的鬃是你给它披上的吗？

马以俊美、能力与勇敢著称，造物主十分巧妙地给予马这样华丽的外表，在任何环境中顺应，有充分的自由，是普世的人都有的共识。马来自亚洲中部的山地，大约在公元前二千年，马被运至米所波大米与埃及。在公元前一千年，马成为军事的力量。扫罗与大卫不想有太多的马匹，但所罗门王极为注意，不仅为军事的需要，也为商业的目的（王上四 26、28，十 26、28～29）。在一般的观念中，以色列王时时被提醒，不可依靠马匹（箴廿一 31；诗卅三 17；参赛三十 15～16，卅一 1、3）。

鬃毛在马的颈项上挓挲，表明力量、威严，也是可怕的样子。原意为"雷"，有震动的涵义。马鬃是最好的译词，不仅根据七十士译词，也是字义所提议的。[37]

卅九 20　是你叫它跳跃像蝗虫吗？它喷气之威使人惊惶。

马的跳跃是十分优美的，但此处不是着重马的姿态，而是它的威势。蝗虫不仅跳得快速，而且成群跳跃飞翔，在田野中活动，成为十分可怕的灾祸，足以使庄稼完全丧失。马的震动，如像蝗虫一般，真是不堪设想。

"喷气"原意为"吹"（耶六 29），字源是"鼻孔"，所以喷气是极好的译词。四十一章二十节："从它鼻孔冒出烟来。"这也是令人惊惶的样子。

卅九 21　它在谷中刨地自喜其力；它出去迎接佩带兵器的人。

"谷中"是从事战争之地，如在创世记十四章八节及士师记七章一

[37] J. Slotki, "A Study of r'm," *American Journal of Semitic Languages* 37（1920 - 1921），149.

节。"山谷"也可译为"力量",这是根据乌格列文。㊳ 亚甲文的用意也相同,㊴那么此处也可译作"它用力刨地"。"刨"字原意为"蹄",就是用蹄的力量来刨地。这是显出马的力大。它迎敌的力量很大。

迎接佩带兵器的人,是武装的军队,大概是指仇敌,可见凶猛的战争正在进行,令人惊惧。

卅九 22　它嗤笑可怕的事,并不惊惶,也不因刀剑退回。

马对可怕的事,根本毫不惊惶。这也是以利法的论调,他说约伯若顺服神的管教,神必救拔。"灾殃临到,你也不惧怕;你遇见灾害饥馑,就必嬉笑,地上的野兽,你也不惧怕。"(五 21、22)但是对约伯来说,他还是有很多惧怕的事。三章廿五节:"我所恐惧的临到我身;我所惧怕的迎我而来。"廿三章十五节:"我在祂面前惊惶,我思念这事,便惧怕他。"

马没有畏惧的心,刀剑非但不能使它惊怕,反而激动它的怒气。它会更凶猛地来应敌。

卅九 23　箭袋和发亮的枪,并短枪,在它身上铮铮有声。

箭袋内有武器,而这些武器在箭袋中互碰而发出声音。这些既为金属,一经震动,好像发亮一般,而且铮然有声。战争正酣,战士在马上随时举枪击杀,他在取出与放入时,必有声音,且闪有光亮,表明他用得很多,因为战争在可怕的情形中不断发展,欲罢不能,十分严重。

"发亮的枪",正好似伊甸园东边守护的使者,拿着转动的剑,好像火焰,闪烁着发亮,在把守生命树的道路(创三 24)。这样的描绘涵义十分接近,也很活泼而且真切地说明出来。

卅九 24　它发猛烈的怒气将地吞下,一听角声就不耐站立。

诗篇七十七篇十八节:"大地战抖震动",正是此处描述的"猛烈的怒气"(可参考赛十四 16)。其实,此处"怒气",涵义似乎着重"兴奋",不是"怒气"。在战场上,马会十分紧张与兴奋,可以激发士气,因为马的豪情可"将地吞下"。

㊳ M. Dahood, *Biblica*, xl (1959), 166.

㊴ *Chicago Assyrian Dictionary*, iv (1958), 157ff.

"将地吞下",实则是使地震动。阿拉伯话称"快马"为吞吃者,可能是照着这意思。[40]

"角声"是战争中的攻击令,那时不能静候,必须行动。"站立"原意为坚定,虽然这宗可作"相信"解(Authorized Version and Revised Version 译词),但在经义方面并不十分清楚。"站定"的涵义比较清楚。但是现在站不住了,没有这样的定力。

卅九 25　角每发声,它说呵哈;它从远处闻着战气,又听见军长大发雷声和兵丁呐喊。

号角声一发,军长发出攻击令,好像雷声一般震动全军,兵丁冲锋杀敌,而发出呐喊之声,这里是一片战事的现状。

马听见这样的声音,它也看见这样的情形,它更在远处闻到战争的气味,是枪炮的火药气,在空气中弥漫着。马也大发嘶喊之声,来配合兵丁的呐喊(耶四 19,四十九 2;摩一 14)。马好似人一样,会说"呵哈"。"呵哈"是惊叹词,常指欢乐的呼喊(赛四十四 16;结廿五 3,廿六 2)。

卅九 26　鹰雀飞翔,展开翅膀一直向南,岂是藉你的智慧吗?

现在由马论"鹰雀",它们的移殖是另一种智慧。在巴勒斯坦,鹰雀有十八种。它们与鸵鸟不同,因为它们有翅膀,也会飞翔。

一直向南,是候鸟的举动,向南飞去,为避寒冷。它们或抵着南风而飞翔,表明它们的勇敢与力量。这种说法是将经文有所修改。[41]

卅九 27　大鹰上腾,在高处搭窝,岂是听你的吩咐吗?

"大鹰"是另一种的鹰鸟,不仅体积大,而且在行动上也十分快速,在九章廿六节,是急落抓食的鹰。这也是七十士译本的用字,是一种秃鹰。

这种鹰鸟通常在高处搭窝,是人无法到达的地方,在高处极为安全。先知耶利米论以东的骄傲,因为以东的智慧著名,他们又居于高山,固若金汤,但最后因罪仍必败亡:"你因心中的狂傲自欺,你虽如大

[40] Rowley, *op. cit.*, 324.
[41] Rowley, *op. cit.*, 325,引用 Duhm.

鹰高高搭窝,我却从那里拉下你来。"(耶四十九 16)此处大鹰会在高处搭窝,是神给它们智慧,不是人的力量。

卅九 28　它住在山岩,以山峰和坚固之所为家。

鹰鸟以山岩为住处,是在高山的岩石上,可说完全安全之地,是任何野兽都不能侵犯的。况且又以山峰之地为家。山峰是如同岩石的尖锐形状的据点,尖锐如牙,更加成为险要之处,无可侵犯的安全隐秘之所在。

"住"是"夜宿",它们不只在白天。尤其是夜晚,也有安全可以住宿,实在十足保险。它们在山峰,可以居高临下地观察,看看有没有什么可以掳掠,充当食物。

卅九 29　从那里窥看食物,眼睛远远观望。

鹰鸟的眼光特别锋利,可以看得远,而且看得准。到时迅速飞下,即以迅雷不及掩耳的动作,捕捉小动物或禽鸟,以致掳掠它们,它们都无法逃脱,可参考申命记廿八章四十九节,耶利米书四十八章四十节及四十九章廿二节。

约伯曾埋怨神,说神常在窥看他,远远地向他观望,好似鹰鸟一般(七 8、20,十六 18)。但是神就以鹰鸟为例,向他解说,鹰鸟有这本能,是神所赐的。神不会如鹰那样觅食,因为那是不需要的,但动物为求生存,就有这样的力量。人无可想象与明白,他也不能随意比拟。人与动物不同,而神与人更不同。人的知识有限,更无智慧可言,他还有什么可强辩的呢?

卅九 30　它的雏也咂血,被杀的人在哪里,它也在那里。

鹰鸟喜欢咂血,甚至雏鹰也会,咂血就是吸血,或舔血的动作,如列王纪上廿一章狗舔拿伯的血,拿伯因冤曲被石头打死,亚哈王以不正当的方法夺取他的葡萄园,令人发指。以利亚就宣布亚哈的罪状,并预言日后亚哈会有同样的命运,他的血被狗来舔,以后果然死于非命(王上廿二 38)。

被杀的人在哪里,鹰也在那里。被杀的人因无适当的埋葬,尸身暴露在户外野地,才会有鹰鸟来咂血的事情。在马太福音廿四章廿八节及路加福音十七章卅七节特别引述。

耶和华以动物的生态,来说明袖以怎样的智慧、公正与怜悯来治理。从物质的宇宙说起,由非生物至生物,生物中尤其指动物,在动物中特别指出野生的,但是在自然界,袖使气候调节得适当,才有平衡与完善。在动物的生态方面,祂给予本能,尤其是野生的,没有人的饲养,仍能安全地生存。

神是造物主,祂为被造的一切都作了妥善的安排,以及丰富的供应,也以环境的艰难教导它们,神岂不也这样对待人吗? 也充满了智慧与恩慈。

附录:结构分析

耶和华第一言词,主题是神在宇宙的设计。自卅八章四节至卅九章三十节,大略分为两部:(一)在物质世界的非生物方面(卅八 4～38);(二)在物质世界的动物方面(卅八 39～卅九 30)。以下从三方面来论述:神管理的领域、神设计的特点、约伯的观念及见解。[42]

神管理的领域	神设计的特点	约伯的观念及见解
(一)大地 (卅八 4～7)	大地为神所构造 上天庆祝地的构成	神将大地推翻 (九 5～7)
(二)洋海 (卅八 8～11)	海水混乱却受局限 洋海受限为保护地	神将他围困(三 23) 又将他防守如海 (七 12)
(三)黎明 (卅八 12～15)	日光有本位 暴露并限制恶者	善恶不分,世界交 给恶人(九 22～ 24,十 3,又参十二 5～6,廿一 7 节起)
(四)阴间 (卅八 16～18)	阴间在地极 死阴的门通往阴间	阴间为逃脱神的 手,又可躲避神的 忿怒(三 16～19, 十四 13～14)

---

[42] Habel, *op. cit.*, 530-532,列表。

（五）光暗 （卅八 19～21）	光明与黑暗有本位 神管理人的生命	生日的日夜除去，就 将生命的命运废掉 （三 3～10，参十二 22～25）
（六）气候 （卅八 22～30）	气候调节有度 时间为定审判与施恩	神的设计将气候作为 毁坏之途径（十二 13～14）
（七）星辰 （卅八 31～33）	天有定例管理星辰 地上一切都得调节	神以智慧在地上制造 混乱（十二 13～25）
（八）雷暴 （卅八 34～38）	云彩为天之盖顶 云雨为大地更新	如上（廿二 13）
（九）狮子与乌鸦 （卅八 39～41）	神为狮子抓食	神似狮子抓约伯，不 听他呼求（十16～17， 十九 7）
（十）山羊与母鹿 （卅九 1～4）	神为动物定生产过程	神为人定生命日期短 暂而痛苦（七 1～3， 17～21）
（十一）野驴 （卅九 5～8）	神释放野驴，使它们 有住处	自由只在阴间，才可 脱离神给予的困苦 （三 17～19）
（十二）野牛 （卅九 9～12）	神使野牛生存 人无法驯服	神不帮助人的呼求 人无法信靠（九 16）
（十三）鸵鸟 （卅九 13～18）	神不给智慧与悟性	神的作为专制，指定 人的命运（卅一 2）
（十四）马匹 （卅九 19～25）	马的威荣为神所赐	神的威严可怕（九 34， 十三 21）
（十五）鹰鸟 （卅九 26～30）	鹰眼敏锐觅食	神的眼目窥察人（七 8，20）

从文体来分析,卅八章有许多修辞的问题。这种问题并非需要答复的,尤其当对方明白问题的性质,问题的内容是自行答复的。神问:"谁用无知的言语……"(卅八 2)"谁"就是"你"。"是谁定地的尺度,是谁把准绳拉在其上……地的角石是谁安放的?"(卅八 5、6)"谁"不是"你",而是"我"——神自己。究竟是"谁"? 你该知道! 如果将卅八章四至六节的问题变成叙述,实际可译为:"我立大地根基的时候,你还没有存在……你该知道是我定地的尺度,是我把准绳拉在其上……地的角石是我安放的……"在十二节原为问题:"你……曾否命定……"但在中译词,将问语放至十三节。有的问题的答复未必是反面的,却指出约伯的无知,如在卅八章十九节、廿四节也是这样。廿五节"谁"是指"我"。

神以问语来回答约伯,不是使约伯自感无知而放弃,而是教导他明白神权能的治理。神不是通过这一切奥秘使约伯莫名其妙,祂是使约伯明白自己知道的太有限,需要神的启示,神好似对约伯说:"你该知道得很清楚,惟有我是创造世界而且维持世界的秩序。神的旨意已经十分明显地启示出来,你不能说还不明白,怀疑神的安排。可见一切的怨言与辩白都是多余的,你没有存顺服与信靠的心,才将神的旨意弄得暗昧不明了。"[43]

关于修辞问语的方式,在本书中约伯受比勒达的诘问(八 8~13),以及以利法的质询(二十 4 起),尤其是后者:"你岂不知……"是极标准的问语。"你岂不知"实际可作"你一定知道"。在以赛亚书后半部的体裁中也十分明显,如四十章廿一至廿四节:"你们岂不曾知道吗? 你们岂不曾听见吗? 从起初岂没有人告诉你们吗? 自从立地的根基,你们岂没有明白吗? ……"这专指创造的传统。既是传统,该为众人在历代都有的观念,这传统的观念是有关创造的道理,说明这位创造主大有能力:"你岂不曾知道吗? 你岂不曾听见吗? 永在的神耶和华,创造地极的主,并不疲乏,也不困倦,他的智慧无法测度。"(赛四十 28)耶和华问

[43] Michael V. Fox, "Job 38 and God's Rhetoric," *Semeia* 19(1981),53 - 61, especially 60.

约伯,也有关创造,是"起初"的事。神的言词似应和以利法的话:"你岂
是头一个被生的人吗? 你受造在诸山之先吗? 你曾听见神的密旨吗?
你还将智慧独自得尽吗? 你知道什么⋯⋯?"(十五 7～9)耶和华似乎
引约伯回到那"起初"的传统,明白创造的智慧,宇宙的奥秘。[44]

　　问语方式,由每节一句至每六节一句,一个问语在六节之上(卅九
20～25)。第一组问语在卅八章二节至卅九章十二节。第二组在卅九
章十九至三十节。第三组在四十章廿五至卅一节。第三组一句一节有
五个问语,一句两节只有两个问语。其余都是宣告的方式,第三组问语
是在耶和华第二言词。

　　耶和华的言词确为十分华丽的诗,言词不是理论,以逻辑的方法叙
述宇宙的美与秩序,而以诗歌的形式咏唱和谐与欢乐。这种"自然颂"
可与若干诗篇比美。如诗篇十九篇及一〇四篇。诗篇十九篇描绘自然
的荣美(1～6 节)、神律法的尊荣(7～11 节)以及祈求神的恩惠(12～14
节)。在耶和华第一言词中,神的律法不在历史,而在自然,并且从自然
至历史,都是神的心意与作为:"这雪雹乃是我为降灾,并打仗和争战的
日子所预备的"(卅八 23),神以自然的力量在历史中干预。

　　在第一言词中有两大重点:(一)神创造的作为(卅八 2～38),是自
然界中非生物的现象。犹太拉比的思想中,论神起初的工作(Ma'asēh
Berēšît),也论神战车的工作(Ma'asēh Merkābhāh),后者取材于以西
结书第一章,指神在自然界所运行的治权。[45](二)动物的世界(卅八
39～卅九 30),是包括巴勒斯坦南部及死海地区的动物。不仅种类繁
多,它们的习性不同,但都有充分的自由,非但不为人管辖或驯养,而且
完全有神的心意。在这偌大的自然环境中,神的设计不是只为人,也为
其他的动物,让它们快乐而且安全地生活。

----

[44] Norman C. Habel, "Appeal to Ancient Tradition as a Literary Form,"
Zeitschrift für die alttestamentliche Wissenschaft 88(1976), 253 - 271, especially
262 - 265, 267 - 268, 270.

[45] *Mishnah Hagigah* 2:1, *Babylonian Talmud Hagigah*, 13a, 为 Gordis, *op. cit.*,
563 引用。

(III) 质询的结语（四十 1～2）

耶和华第一言词，为说服约伯，让他明白，神以智慧创造世界，也以智慧管治，以公平与怜悯为怀。神有一定的设计，并加以局限，来树立地的根基。在世界的构造中心，就是公义，以致恶者必须服在神的权威之下，神限制他们的活动，好似规定活水的界限。世界的一切都不能逾越神的管治，气候天象也都是神的作为，野生动物在神的照顾中。约伯个人的命运都在神的手里。神不明显说出，却以这些自然现象来提示，敦促约伯省思与理解，在这言词的结语中，仍以质询的口吻。

四十 1～2　耶和华又对约伯说，强辩的岂可与全能者争论吗？与神辩驳的，可以回答这些吧！

第一节："耶和华又对约伯说"，在七十士译本中是省略的，但此处加上这一句，是否为加重语气，好似神在此停顿了一事，再质问约伯，看他还有没有什么话要说，还有答复的话吗？

"强辩的"只在此处有这用词，似指"吹毛求疵的"（英文修订本的译词 Revised Version："he that cavilleth"）。"争论"的字根的涵义为"责问"与"纠正"，有解释为"离弃的"，[46]又有译为"顺从"，向全能者妥协。[47]

约伯一直责问耶和华，现在是受神来责问。他一直以为自己有义，所以理直气壮，自以为是，这样无疑向神挑战。神让他说话，让他评理，容他说话，反而使约伯无话可说。以下是约伯对耶和华第一言词的答复，这回应是第一次的。

(IV) 约伯的回应（四十 3～5）

四十 3～4　于是约伯回答耶和华说，我是卑贱的！我用什么回答你呢？只好用手捂口。

---

46 H. H. Rowley, *Job*, 326.

47 Marvin H. Pope, *Job*, 318.

　　约伯显然被耶和华的尊荣所慑服,自感卑微。他承认说,自己是卑贱的。"卑贱"原意为"轻浮",没有分量,无足轻重,微不足道。这与尊荣正好相反。[48]那鸿书一章十四节的"鄙陋",正有这样的涵义。约伯在神面前,只有自卑。这本是他所感受的。在九章十四节,他曾表明在神面前,他是不敢回答,不敢选择与神辩论。现在神直接责问他,他更加不敢回答了。

　　用手掩口,在廿一章五节及廿九章九节,都是一种动作,表明不敢说话,不能说话,或因惊惧,或因顾忌,或因自卑。保持缄默,也是敬虔与谦卑的态度。然而这并非表明约伯真正顺服,完全信从,他只自感卑微,而有无奈的感觉。

　　四十 5　我说了一次,再不回答;说了两次,就不再说。

　　约伯自感说话多余,连一次都不必要,如果再加一次,更成赘述。或者约伯自认,他说过一次已经足够了,再重复说两次,简直太不必要了。这是说,他不敢再重复。[49]

　　"一次,两次"是智慧文学特别的格调,将一数字再加一,涵义为"多而又多",称之为渐升的数字(Ascending Numeration),可参考五章十九节及卅三章十四节。一次、两次就是多次。"回答"或可译为"重复"。[50]

　　有的解经家将四十章三至五节,移至四十二章二节,因为二者同为约伯的回应,[51]其实分开两次回应,更有意义,因为两次并不完全相同。

　　约伯的回应就引入耶和华第二言词。

(二) 耶和华第二言词(四十 6～四十一 34)

　　耶和华第二言词共分为两大要点:先是询问约伯是否明白神的权能。然后以河马与鳄鱼来说明。神为说服约伯,使约伯不要抗拒,应该

⑱　M. Tsevat, "The Meaning of the Book of Job," *The Hebrew Union College Annual* 37(1966),73 - 106,esp. 91.

⑲　Rowley, *op. cit.*, 326,引用 F. Hitzig, *Das Buch Hiob* (1874).

⑳　Robert Gordis, *The Book of Job*: Commentary, 406.

㉑　G. Hölscher, *Das Buch Hiob* (1937),94 - 95.

顺服。神提出鳄鱼，为使约伯不再顽强。神仍以极大的忍耐，不厌其烦地劝说，为使约伯真正谦卑下来。祂所询问的方式，仍用修辞的问题，不需要约伯答复，却敦促约伯醒悟与惊觉。

（I）再次的挑战（四十 6～14）

神再问约伯，是向他再次挑战，看他究竟有没有觉察自己的无能。在神的大能之下，人有什么力量呢。神对约伯的回应，显然极不满意，所以有第二次的言词，再来质问他。

四十 6～7　于是耶和华从旋风中回答约伯说，你要如勇士束腰，我问你，你可以指示我。

此处正如耶和华第一次言词的开端一样，神要回答约伯，却对他再有一连串的问话。

第一次言词中，神先责备约伯的无知，然后与此处同样的话，可见七节是重复卅八章三节。

重复可说是本书的特色，可比较五章九节与九章十节等。

四十 8　你岂可废弃我所拟定的？岂可定我有罪，好显自己为义吗？

"废弃"原意为"破坏"或"否定"，"定罪"在中译词似乎过于强烈，事实上，约伯为显自己有理，竟指责耶和华。他为强调自己有义，认为神不该使他受苦，表明神不公平。

其实神并没有指责约伯任何的罪，祂也没有否认约伯有行义的生活。但是约伯有自义的态度，埋怨神，这是十分不当的，应该受纠正。约伯主要的罪是骄傲，如果他真有那么大的公义，难道比神还公义吗？当然这是绝对不宜的，也可说是他的不义。

骄傲只使他有错觉，似乎否认神在他人生的目的，与神辩论，还自以为有理。这样的态度是近于亵渎神。[52]

四十 9　你有神那样的膀臂吗？你能像他发雷声吗？

---

[52] Pope, *op. cit.*, 318, 引用 *Talmud Babli*, *Bara Bathra*, 16b.

约伯是否自认有智慧？他即使有智慧,他又有什么能力,可见他的想法与说法是错误的,而且所埋怨的话,简直是无稽之谈。

"膀臂"是指能力,人有能力岂只为欺压人呢？可参考廿二章八、九节。

"雷声"足以使人震惊惧怕,在卅七章二节起,以利户论雷声是表征神的威严。这是创造的主,在自然里掌管的能力之象征,约伯可从自然的领域中,体会神的能力,是他完全望尘莫及的,更何况在自然之上超越的神,是远超约伯的想象与理解。

"膀臂"是能力,"雷声"是威严的声音,表征神的权威。约伯既没有能力,更没有权威,他竟向神说话,为自己辩白,实在太幼稚无知,太不认识自己。在耶和华第二言词之后,约伯才有这样的觉悟(四十二 2～6)。

四十 10　你要以荣耀庄严为妆饰,以尊荣威严为衣服。

耶和华为万王之王,必有无限之尊贵荣华。即使是地上的君王,也必有华丽的衣袍,表明他的身份与地位,权柄与威严,可参考诗篇廿一篇五节及四十五篇三节。神为最伟大的君王,祂的华贵更无法形容(诗九十三 1,九十六 6)。

神愿意约伯也装扮起来,好似有帝王之尊。这里可能有讽刺的语调,使约伯在神的尊荣之下,相形见绌。

"荣耀"译为"骄傲",自抬身价,"庄严"为"自命非凡",是耶和华在讽刺中带着责备。"荣耀"一词也是以利户描写雷声的"威严",而本节之"威严",实际为"尊贵"。下半节的"尊荣威严"原是指神的(参诗廿一 5,一一一 3,一〇四 1),约伯又怎会有神的性情？如果约伯自承有这威荣,也是亵渎神的。

四十 11　要发出你满溢的怒气,见一切骄傲的人,使他降卑。

约伯能否如神一样管治世界,可以审判世上的骄傲人？骄傲人是恶者,以欺压人为利己,使神忿怒,而且将怒气倾覆在他们身上(赛二 12～17,十三 11)。神也必提拔谦卑人,将卑微的安置在高处(五 11;又参撒上二 7;赛十三 11,廿五 11)。

神所作的,约伯能做吗？约伯即使有神授权,或者他有这样的意向,但他的能力在哪里呢？他还是无能为力的。

四十 12　见一切骄傲的人，将他制伏。把恶人践踏在本处。

约伯在怨言中，一直认为恶人的财富增加，逍遥法外，神并不刑罚（廿一 30～33，廿四 1～17）。如果他有权，必来对付他们。骄傲的人就是恶人，二者是同义的，他们是他的仇敌，要制伏他们，并且把恶人践踏。践踏是战争中获取俘虏，将脚踏在敌人头上，表明胜利。这是耶和华报仇的日子所作的，先知以赛亚所特别描述的（赛二 12～17，十三 11 等）。

"在本处"，可参考卅四章廿四节及卅六章二十节，表明恶人这在本来的地方，无法脱离或逃脱。

现在约伯是否有这样的能力与权力？

十一、十二节正构成一个交叉，一切骄傲的人在中间重复，第二项重述，在中间部分，可见结构之完善。

四十 13　将他们一同隐藏在尘土中，把他们的脸蒙蔽在隐密处。

他们是骄傲人、恶者，将他们藏在尘土中，"尘土"是指坟墓，他们终于死亡。恶人被剪除，这是友人们一直坚持，却被约伯所质疑的。在他看来，恶人的结局没有那么快。他们似乎饱享健康与长寿。

"隐密处"有指为牢狱，[53]有指为阴间的幽暗处。[54]恶人的死亡是有的，似乎不是在悲惨之中，至少他们有极大的哀荣，并不受审判与刑罚，却受人尊敬，在地上的尊贵一直为人所重视（三 14、15，廿一 32、33）。

他们的脸受羞辱，但"脸"是指人格，他们在死后受了羞辱，不被重视，只受咒诅。这却不是约伯所观察的，确是他所否定有关恶人的厄运与结局。

四十 14　我就认你右手能以救自己。

在耶和华的问语中，是以讽刺的口吻，将神自己的作为与约伯来比拟。约伯真有这样的能力吗？当然他完全没有，如果他有这能力，才可说他可以自救。他这样无能，就不能振振有词来埋怨神，说神不公平。

"我就认你……"译为"我就称赞你……"或"我就称道你……"这种

㊳ Edouard Dhorme，*A Commentary on The Book of Job*，618.

㊴ Rowley，*op. cit.*，328.

口吻原是诗人对神的称颂(诗十八 50,三十 12,卅五 18,四十三 4)。

右手的拯救,可参考诗篇九十八篇一节,有时只作"手"(参考士七 2),有时作"手臂"或"膀臂"(赛五十九 16,六十三 5)。⑤

"救"字也可作"得胜","拯救"与"得胜"二者常相提并论。耶和华是得胜者,祂有力拯救。约伯呢? 他能自救、救人吗? 他有这样的能力吗? 耶和华为使约伯看见,他没有这样的能力,他是无能的。

(II) 神管治河马(四十 15～24)

在耶和华第二言词中,特别提出河马与鳄鱼。神一直以自然界现象比智慧的内容(卅八 39～卅九 30),为使约伯顺服神为主宰。神以讽刺的口吻提醒约伯,使他自觉无能,认清自己辩白,只是一种骄傲的态度。如果约伯真正知道自己不过是被造的,才会谦卑下来,体会神同在的重要,可见神严厉的问话,无非见证祂的恩典。

有关河马与鳄鱼,学者们有许多辩论,归纳起来,不外两项。这两种动物是在地上的野兽,它们是神话的怪兽。如果是地上的野兽,就是河马与鳄鱼。这样的解释比较实际。若是神话中的怪兽,那就指空中的或宇宙中的权势,似暗示约伯苦难有宇宙性的涵义,那些怪兽是鬼魔的力量,是与神为敌的,但仍是在神的管治之下。耶和华是万有的主。

耶和华似对约伯说,他若能以公平治理世界,他必须制服河马与鳄鱼,这两种野兽若不被制服,更遑论它们是宇宙的怪兽。

第二言词是继续第一言词的。第一言词论神的恩慈与公平治理,并维持世界。第二言词则指出宇宙中敌对的力量,招致约伯的苦难。第一言词在于神创造的秩序中有公正,第二言词论神怎样在宇宙中执行祂的公义。神的公义与权能并不互相抵触,二者相辅而行,为成就神在地上恩慈的目的。如果约伯能接受耶和华的教导重点,他必将自己受苦的问题,放在神的面前,深信神必有公正的处理,并且一定会成就神的目的。

---

⑤ Dhorme, *op. cit.*, 618.

四十 15　你且观看河马，我造你也造它，它吃草与牛一样。

"河马"应是正确的译词，因为这原意为"牛"，在卅五章十一节。其他经文中出现在约珥书一章二十节，二章廿二节："地上的走兽"或"田野的走兽"，诗篇八篇七节："兽"，四十九篇十二节及七十三篇廿二节译为"畜类"。希伯来字可能溯源于埃及，原意为"水牛"（p'-ih-mw）。⑤⑥中古时代的神学家阿奎那，将河马当作大象，鳄鱼为鲸鱼，此次"河马"为多数字，可能指其兽身庞大。这种说法是为象征以色列中历史的仇敌，这是将神话历史化，就是将神话中的怪兽，喻为历史中的仇敌，可参考以赛亚书廿七章一节，三十章七节，五十一章九至十一节。

以河马喻为仇敌恶者，有古代近东宗教之背景，神明何鲁氏（Horus）猎取河马，制胜恶者。⑤⑦何鲁氏是在埃及的神话中，在巴比伦的创世记（Babylonian Enuma Elish），神明马杜克（Marduk）将这怪兽制服。迦南宗教中的巴力神明也曾制服这种混乱的力量。⑤⑧这是根据乌格列的神话（Ugaritic Mythology）。

照着本书十二章七节，约伯向朋友们辩论，认为走兽似乎比人更有智慧，可以教导人。那不是指神话的怪兽，是以智慧的途径来研究人生。⑤⑨

这是神所造的，与造人一样，河马吃草与牛一样。这河马原意为"牛"，此处特提起河马与牛一样吃草。另一译词："它们吃牛如吃草一样。"⑥⑩

四十 16　它的气力在腰间，能力在肚腹的筋上。

---

⑤⑥ E. Ruprecht, "Das Nilpferd im Hiobbuch," *Vetus Testamentum* 21(1971), 209－231.

⑤⑦ O. Keel, *Jahwes Entgegnung an Ijob* (1978), 125ff.

⑤⑧ Pope, *op. cit.*, 320－322. 参考 A. Moortgat, *Vorderasiatische Rollsiegel*, Pls. 23－26；E. Porada and B. Buchanan, *Corpus of Ancient Near Eastern Seals* (1948), I, Pls ix－x (Nos. 53,56,57,60).

⑤⑨ J.G. Gammie, "Behemoth and Leviathan: On the Didactic and Theological Significance of Job 40:15－41:26," in *Israelite Wisdom*, ed. J.G. Gammie, et. al., 217－231.

⑥⑩ S. R. Driver, *The Book of Job* (1906), 236.

"气力在腰间",是希伯来人的观念,可参考那鸿书二章一节;诗篇六十九篇廿三节;申命记卅三章十一节。

"能力在筋上",筋是指肌肉,在肚腹上的肌肉强盛,行动必有力。

此处无非描写兽类之强大,以下几节也都有这些夸张的描述。人自以为是万物之灵,是神所造之物中为首的吗? 这成为一个很大的问题。约伯是不能自恃的,到底人在体力方面,还比不上走兽呢!

提说河马,仍是以讥刺的语气,促约伯省思,而引发自卑的心理。

四十 17～18　它摇动尾巴如香柏树,它大腿的筋互相联络。它的骨头好像铜管,它的肢体仿佛铁棍。

这里有非常生动的描绘,河马的尾巴摇动,"摇动"是英文译词(钦定本与修正本 Authorized Version,Revised Version),有的译为"弯曲"(Brown,Drivers,Briggs 的希伯来文的英译词典),[61]有的译为"勃起",或"硬化",因为拉丁文译本"尾巴"为"生殖器"。[62] 黎巴嫩的香柏树是高大的树,可参考卅九章十九节,描绘马的大力。

当头与肢体以金属来描写,强调河马的体力。约伯曾描述神造人的奇妙,用骨与筋把他全体联络(十 11)。此处也有类似的描绘,所强调的是神创造的奇妙。

铜铁二者都强调坚固实力,可参考六章十二节,二十章廿四节。骨筋二者也成为同义字,前者为希伯来文,后者为亚兰文,可参考卅九章五节,以不同的字却带出同义的用词来。

四十 19　它在神所造的物中为首,创造它的给它刀剑。

河马在神所造的动物中为首。此处的"物",不是指万物,但在原文中并未交代得清楚。照创世记一章廿四节,神说地要生出活物来,有牲畜,"牲畜"的原意为牛群。在用字上即用"河马"一词。

创造的给它刀剑,这在原意上并不清楚。有的解释刀剑是指它的牙齿,吃草及菜蔬好似镰刀一般锋利。但是牙齿不是刀剑。可能指河马在创造的神旁边,挨近神的刀剑,随时被杀戮,如果河马是神的仇敌,

⑥ S. R. Driver & G. B. Gray, *The Book of Job*(1921),II,327;G. Fohrer, *Das Buch Hiob*(1963),522 - 524.

⑥ Norman C. Habel, *The Book of Job*,553,565 - 566.

必被神击杀。⑥

　　神给它刀剑，使它暴虐，来对付其他的畜类，如果河马凶暴，吞吃弱小的动物，这样的解释也很有理由，因为河马是水陆两栖的，它不是在旷野的野兽，在河岸边必有许多野生的动物，供它捕捉吞吃。

　　四十 20　诸山给它出食物，也是百兽游玩之处。

　　"百兽游玩之处"，是在旷野，而不在河岸。诸山也是在内陆的深处，因此有人将"山"改为"尼罗河"⑭或"河流"，⑮就是为解释之便利，却没有确实的依据。

　　此处的"诸山"未必是高山，可能指尼罗河上流之流域不远，有山阜，菜蔬极为丰富，可提供大量的食物，所以百兽群集在那里，河马为觅食，也往山阜地走去。

　　百兽在该处游玩，"游玩"也可译作"憩息"，另一种译词："诸山的百兽为它歌唱。""游玩"一词稍为改变，就成为"欢乐"或"歌唱"。⑯此处好似说，百兽为尊重河马，为它来欢娱，可见河马在动物界中首屈一指，位居要津。约伯在人世，有无河马那么被尊崇？

　　四十 21　它伏在莲叶之下，卧在芦苇隐密处和水洼子里。

　　河马是两栖动物，但多半时间在水里。"莲叶"只有在本节与下节，旧约中其他地方都未提及。这种水生植物是有刺的小树，在叙利亚及非洲，大多是生长在炎热与潮湿的山谷地带，在埃及的尼罗河，枝叶更为高大，是河马可以躲藏之处。不过在埃及的与在叙利亚的品种不同（埃及的称为 Nymphae Lotus，叙利亚的称为 Ziziphus Lotus）。

　　在水洼子就是沼泽之地，是河马躲藏之处，不易被发现，对它觅食方便，它能以逸代劳，伏在那里，自有小动物投入罗网，供它吞食。

　　四十 22　莲叶的阴凉遮蔽它，溪旁的柳树环绕它。

　　这里所说的，似从埃及到巴勒斯坦，因为溪流是在滨海地区，所以地理环境有所改变。莲叶仍在埃及，溪旁的柳树就在巴勒斯坦，两者都

⑥　Pope, *op. cit.*, 324－325.

⑭　G. H. B. Wright, *The Book of Job* (1883).

⑮　C. Siegfried, *The Book of Job* (1893).

⑯　Gordis, *op. cit.*, 478, 引用 Ibn Janah.

有倚水之处,所以植物十分丰盛,枝叶繁茂,可以将河马完全遮掩起来,使它不被发觉,就十分安全了。

以西结书廿九章三节,描述法老好像卧在自己河中的大鱼。可见河马也可能是表征以色列的仇敌,或属神之人的仇敌,藏在暗处,威胁安全,如何捉拿它,是属神子民必须密切注意的事,但是约伯完全没有觉察。

四十 23 河水泛滥,它不发战,就是约旦河的水涨到它口边,也是安然。

河水与约旦河的水是同义的。约旦河并非只指巴勒斯坦的地理环境,也不是说明这是河马居住之地。河水与约旦河的水只指激流,水流冲激下流,"约旦"其名原意为"下流",上流的水较为缓慢,下流的水流得快速。这也常与混乱的深渊相连,尤其是在巴力的神话中,是司混乱的神明,在涵意上似乎更加复杂。

"泛滥"是很好的译词,因为在原意指涌溢与涨落,有时也有汹涌与暴虐的意思,指水流十分反常,如海浪一般澎湃。[57] 在卅八章八节已经提及:海水冲出,河流也是有那样的激流。

河水甚至涨至河马的口边,快要没顶,使它被淹溺。此处似在描写河边的水牛。[58] 但这种情形并不影响河马,它是强有力的动物,不怕河水的冲击,可以完全不受侵扰,仍旧安然,坦然安息(十一 18)。

四十 24 在它防备的时候,谁能捉拿它? 谁能牢笼它穿它的鼻子呢?

在本段的开端(15 节),论河马的被造,在中间(19 节)述说造物主怎样对付它。此处描述河马怎样被制服捕捉。在卅九章九至十二节已经论说,野牛的难驯。此处再述河马的强大凶暴,都是约伯无能为力的。

"捉拿"是用钩来钩住,"用钩",这字原意为"眼睛",也有不同的解释,英译本(Revised Version)译作:"在它防备的时候",中译本就照这

---

57 Rowley, *op. cit.*, 331;Dhorme, *op. cit.*, 624.

58 Dhorme, *op. cit.*, 624.

样来译出。这眼睛不仅可指河马，它警觉防备；也可指猎人，以尖锐的眼光，观察兽的动静，及时下手。又可解释为捕捉的方法，先将河马的眼睛弄瞎，使它无从反抗。所用的工具是钩，钩住眼睛，或钩住要害，使它动弹不得。⑩

"牢笼"原是陷阱，使河马被陷入，无法逃脱。但什么穿住它的鼻子呢？有译为荆棘，或金属的东西，如铁丝或铜丝，不但拴住，甚至穿过，就可大力拖曳，河马就不能挣扎。⑩

捕捉河马，必先制服它的鼻子。鼻子是指怒气，这是制服恶人的方法。神是否也这样来制服约伯呢？约伯在苦难中对神不满，甚至在埋怨中有怒气，他仍自以为是，自以为义，神必须制服他。他不能制服河马，但是神能。神以制服河马的方法来对付约伯。但河马是象征恶者，约伯是恶者吗？如果不是，他有近乎抗拒悖逆的态度，已经使神不满。神就以河马为例，予以警戒。

附录：结构分析

耶和华第二言词，向约伯挑战的，是有关能力，约伯是否有神那样的膀臂，能否制服恶人，阻挡狂妄者？神在此处承认在地上有凶恶的存在，神是宇宙的统治者，虽没有将罪恶完全除去，却加以控制。这是约伯一直探求神的公义，现在已经有了答案。

提说河马，是在论恶者之后，河马就成为恶者的化身。在第一言词中，神已经提说其他的动物，河马显然与那些动物不同，神不再要约伯来控制，对河马，约伯只有观察、听闻与学习。约伯与河马一样为神所造（四十15）。神似乎将河马与他并列，根源相同，命运也一样。此处是否以河马喻约伯，将约伯列为恶者呢？如果约伯不是恶者，至少不可这样向神顶撞，总要承认自己也不过是被造者。在创造主手下，应该顺服。

---

⑩ Rowley, *op. cit.*, 332, 综合各种说法。
⑩ Dhorme, *op. cit.*, 624.

在整段的结构,可分为几小段:

（A）主题的宣言:河马和约伯(四十 15)

　　（B）描述河马的体力(16～18 节)

（A₁）论题的宣告:河马被控制(19 节)

　　（B₁）描述河马的住处与果敢(20～23 节)

（A₂）结论的宣言:河马被制服(24 节)

约伯是决无能力来制服河马的,但神能。约伯还不如河马,难道神不能制服他吗? 神捕捉河马,是对付它的要害,使它动弹不得。约伯的要害在他的口舌与鼻子,鼻子是怒气,约伯怎可像约拿那样,以为他发怒合理? 神必须管教他,使他完全顺服。

如果河马是神话中的怪兽,象征着混乱,威胁着宇宙的秩序。但是从创世开始,神已经将混乱变为秩序,促成宇宙的和谐。即使是神话中的怪兽,或灵界中的权势,仍无法悖逆,在神的管治之下。何况人世的实况? 神是创造者,自然的主宰,祂是救赎主,历史的治理者,天上天下,地上地下,都是祂治权的范围。祂对动物与怪兽都可控制,人类还不如那些庞大有力呢! 神当然有能力可以管理。人的智慧低下,力量菲薄,还不及野兽与怪兽。神促约伯承认自己的无知与无能,仰观神的伟大,看见自己的渺小。

耶和华第二言词,当然远逊于第一言词,没有那么华丽,内容也没有那样复杂有力。但为补充第一言词,因为第一言词在后半部描述动物,此处再加以继续,而且变本加厉,提说更凶猛的动物,甚至似神话中的怪兽,神对约伯的挑战,无疑更严重了。

耶和华第一言词中强调那些动物都在神的眷顾之下,虽不受人管辖或驯养,至少还能供人观赏,看到它们的温良和活泼。在第二言词中的怪兽,人感到威胁与惧怕。但是神仍彰显祂造物的伟大。祂管制它们,表明祂有无限的威严。人为中心那样观察自然,如果不是完全错误,至少也是太不足够了,当约伯承认自己微小的时候(四十 3～5),神才进一步让他看见自然创造中更大的部分。

这样耶和华间接答复了约伯有关苦难的问题。苦难既不只是朋友所说的报应的公义,也不尽是以利户所说的管教的目的。这还有更深的涵义。恶是存在于这个世界中,却并不抹煞善的因素——恩

典的成分。宇宙既不能以人为唯一的中心。苦难不是可以质询神的
理由,好似约伯误认神不公平。从信心的观点思想,神所造的宇宙仍
有它的美与善,都是出于神,人若有信心仰望神,即使受苦,美与善仍
旧存在。

两个言词中心思想是合一的,不可将第二言词作为后加的,因为两
个言词有同样的主旨。[71]

(III) 神管理鳄鱼(四十一 1～34)

耶和华第二言词的第二部分是论神管理鳄鱼。四十一章一至八
节,原文中为四十章廿五至卅二节。四十一章九至十二节,原文中为四
十一章一至四节。四十一章十三至廿九节,原文中为四十一章五至廿
一节。四十一章三十至卅四节,在原文为四十一章廿二至廿六节,前后
差别为八节,内容完全相同。

如果比较给河马的经文,似乎极不平均,因为论河马只有十节(四
十 15～24),而论鳄鱼竟有卅四节(四十一章整篇)。有的经学家认为
论鳄鱼只有八节(四十一 1～8),其他是外加的。[72]

(i) 人无力捕捉(四十一 1～8)

四十一 1　你能用鱼钩钓上鳄鱼吗? 能用绳子压下它的舌头吗?

"鳄鱼"在旧约中常指神话中的怪兽,在本书三章八节已经提及。
在以赛亚书廿七章一节,鳄鱼是快行的蛇,曲行的蛇,是海中的大鱼。
在约伯的言词中,大海与拉哈伯(廿六 12 下,又九 13),甚至在伊布兰
(Elba)的考古发现,也有凭证。诗篇七十四篇十二至十四节,神砸碎鳄
鱼的头。一〇四篇廿六节:鳄鱼象征着深渊的混乱。如果作神话的解
释,鳄鱼是迦南的神明,拉哈伯又是埃及的神明,或代表迦南与埃及,但

---

[71] S. R. Driver & G. B. Gray, *A Critical and Exegetical Commentary on the Book of Job*, I, 348.

[72] B. D. Eerdmans, *Studies in Job* (1939), 27ff.

鳄鱼的确繁殖在巴勒斯坦,但也有解释为海豚与鲸鱼的。⑦

　　鱼钩为普通捕鱼的方法,但捕捉鳄鱼,是无能为力的。如果用绳子来压下它的舌头,也不能见效。"压下"原意为使其沉下。在阿摩司书八章八节及九章五节,如河水的落下。如果参考利未记八章十三节,"束上",是指捆绑的方式,⑦将舌头捆起来,使它不能动弹。但是人捕鱼的方法,不足以捕捉鳄鱼。

　　四十一 2　你能用绳索穿它的鼻子吗? 能用钩穿它的腮骨吗?

　　"绳索"原为芦苇,可能是用芦苇制成的绳索。亚述人将战俘捆绑,是用这样的方法,穿起鼻孔,又绕到腮骨,在亚述的碑文中有这样的叙述,以赛亚书卅七章二十节,先知提说亚述王的手极为凶暴,可作参考。⑦

　　人不能制服鳄鱼,但耶和华对付恶者——埃及王,就是以埃及王作为鳄鱼那样,用钩子钩住他的腮颊,从江河中拉上来(结廿九 4)。神怎样制服河马,也必照样制服鳄鱼,使它们无法逃脱。耶和华向约伯挑战,认为人无论怎样都无法捕捉,人的力量多么微弱。

　　四十一 3～4　它岂向你连连恳求,说柔和的话吗? 岂肯与你立约,使你拿它永远作奴仆吗?

　　人无法捕捉鳄鱼,即使捉住,也无法驯服它,将它作为家畜,供人驱策使用。鳄鱼没有人性,不会恳求,更不会与人取得和解,好似立约一般。

　　在第一言词内,耶和华问约伯,能否将野牛驯服,可作农田的劳役(卅九 9～12)。但是鳄鱼更加凶暴,决不会甘作奴仆。在巴力的神话中,神明使巴力成为混乱之神的奴仆,而且原定永远作奴仆的,以后混乱之海神(Yam),亚斯他录就为巴力求情。⑦

　　立约原来只是人际的关系,卖身为奴,甘愿终身服侍,是在以色列

⑦ H.H. Rowley, *Job* (1970),333.

⑦ Edouard Dhorme, *A Commentary on the Book of Job* (1967),625.

⑦ Dhorme, *op. cit.*, 626; *Dictionnaire de la Bible*, I, col, 637, Fig, 158.

⑦ Marvin H. Pope, *Job*, 333; J. B. Pritchard, *The Ancient Near Eastern Texts Relating to the Old Testament* (1955),138,145.

的律法之中（出廿一 5～6；申十五 17）。但人也可与田间的石头立约，田间的野兽，也可与人和好，可见自然与人间可保持良好的关系（五 23）。但是鳄鱼比人强盛，必不服在人的权下。

约伯会否像鳄鱼一样，既为神制服，应连连恳求，向神求情，盼望神施以怜悯。人与神立约，永远作奴仆，但神必给他自由。可见约伯又应以鳄鱼自居，因为他无力制服鳄鱼，人不能替代神，只以鳄鱼设身处地，切求神施怜悯。

四十一 5　你岂可拿它当雀鸟玩耍吗？岂可为你的幼女将它拴住吗？

鳄鱼是不能驯服来当作家畜的，也不会像雀鸟一般当作宠物来把玩。

这动物那么凶暴，不能当作孩童的宠物来玩耍。但是"幼女"可有不同的翻译，这里不是指女童，而是指幼雀。你不能将鳄鱼当作幼雀，拴起来把玩，这是完全不可能的事。⑦

鳄鱼是庞然大物，怎可与雀鸟来比拟呢？可见此处又是有极大讽刺的语句。

四十一 6　搭伙的渔夫，岂可拿它当货物吗？能把它分给商人吗？

渔夫捕鱼之后，大多合伙售与商人，好似将鱼类给鱼市场，作整批的批发货，是商人经商的过程，尤其是将货物运到外地。在沿海的居民，如推罗人，以贸易经商驰名，他们将各种商品，以及海货，一同到各处销售得利。其中也包括雀鸟等供人作宠物。但将鳄鱼作货物，在古时是不可能的，因为鳄鱼是无法蓄养的。

"分给"原意为切成块子，当作商品，在商人中间分开，"中间"（ben）可改为"国家"（bene），七十士译本作"腓尼基的诸国"，因为"腓尼基"与"迦南"一样，指商人（参赛廿三 8；结十七 4；何十二 8；撒上十一 7、11）。

四十一 7～8　你能用倒钩枪扎满它的皮，能用鱼叉叉满它的头吗？你按手在它身上，想与它争战，就不再这样行吧！

---

⑦ Dhorme，*op. cit.*，626，引用 D. Winton Thomas.

　　鳄鱼这样凶猛,不是用普遍捕鱼的工具可以奏效,一定要用钩枪与特殊的鱼叉。在埃及的神话中,有神明何鲁氏捕捉河马,所用的工具就是此处提说的。⑱

　　这种带钩的枪是以荆棘的刺编成,倒拉起来,使鳄鱼不能逃脱,叉住,也使它动弹不得。

　　但是那样捕捉只凭想象,如果实际做起来,真是谈何容易。想与它争战的,只做过一次,就不想再做了,原因是十分艰难,而且危险万分,使人感到惊惶无穷,不敢再尝试。

　　归纳以上的问话,使约伯知道,他是绝对不可能有力量来制服鳄鱼的,如果鳄鱼只是一种动物,人尚且不易制服,假若这是指神话的怪物,就更无法对付了。耶和华在质问时,并没有责问的口吻,却尽讽刺的能事,使约伯已经完全被折服了,但耶和华尚有更深刻的描绘,在以下的论述中,将鳄鱼的凶暴,更具体地说明,约伯一定越发惊惧。耶和华第二言词中,在语句中更带着无可抗拒的权能,使约伯无地自容。

(ii) 神大能制服(四十一 9～11)

　　此处为希伯来文的经节四十一章一节,在首句应有"看哪"的字样,可谓新的开端。早期解经家将这几节作为论河马的结语。也有置于耶和华言词之始,尤其是十节下至十一节:"谁都不能站在耶和华面前……"这是耶和华的独语。⑲

　　四十一 9　人指望捉拿它是徒然的;一见它岂不丧胆吗?

　　"人指望"是以客观的分析,说明人的无能。但有不少经学家认为"你指望",是直接指向约伯,并且以问语的方式,是责问的口吻。⑳

⑱ Pritchard, *op. cit.*, 16; V. Kubina, *Die Gottesreden im Buch Hiob* (1979), 93.

⑲ Rowley, *op. cit.*, 334,引用 Duhm, Merx, Bickell.

⑳ Rowley, *loc. cit.*,引用 Stevernagel, Hölscher, Kissane, Larcher, Steinmann, Fohrer.

人想要制服鳄鱼,这种想法是完全落空的,因为那种怪兽是凶猛非常的,一看它那种可怕的样子,已经十分惊惧,自叹无能了。这原是约伯所警觉的,在他咒诅自己的生日时,也曾提说鳄鱼:"愿那咒诅日子且能惹动鳄鱼的,咒诅那夜。"(三章八节)鳄鱼如果作为神话中的怪兽,无论在米所波大米或乌格列的神话,都使人谈虎色变,心中极为畏缩。这即使不在神话,在实际的河岸边,其可怕的形状,足以使人害怕。这种野兽是令人厌弃的,不愿想象,也不敢面对。

由于神话的背景,有的就译作"神明"将鳄鱼捉拿。"神明"一词与介系词(El)字根一样,可作如此的更改。这是说人的指望是徒然的,只有神明才有力对待与制服。⑧

四十一—10　没有那么凶猛的人敢惹它。这样,谁能在我面前站立得住呢?

"凶猛"是指人,还是指鳄鱼?鳄鱼是以凶猛著称,人看见就惧怕。人一惹它,它凶猛的样子就令人惊怕不已了。这里是警告惹这怪兽的人,千万不可那么愚蠢。这样轻举妄动,是自己惹祸的,实在不可这样冒险。⑧但是这也可能指人,人无论怎样凶猛,究竟也不敢惹它,因为它比人更凶猛。这是中译词的含义,也为若干解经家所注意。⑧

"凶猛"是"残忍"(三十 21;哀四 3)。俗语是指对自己也过意不去,有顽梗与愚妄之意,人不可骄妄如此,他若自知不敏,就不可随意逞强。⑧

神再向约伯挑战:"谁能在我面前站立得住呢?"如果人都不敢惹动鳄鱼,又怎可惹动至高的神呢? 但有些钞本以及亚兰文译词中作:"在它面前站立,人都无法对付鳄鱼,在鳄鱼面前都站立不住,无法制服它",⑧但此处神在责问约伯,再看第一节,也是神向约伯挑战,用意是连续的,而且语气上更加着重。

---

⑧　Pope, *op. cit.*, 335 – 337.

⑧　Rowley, *op. cit.*, 335.

⑧　Robert Gordis, *The Book of Job*, 483.

⑧　旧约次经 *Ben Sira* 8:15.

⑧　拉丁文译本(Vulgate);Norman Habel, *The Book of Job* (1985),555.

四十一—11　谁先给我什么，使我偿还呢？天下万物都是我的。

神向约伯挑战，因为约伯曾认定神是凶猛残忍的。他曾想在神面前陈明案件来辩白（廿三 4）。他又感到在神面前惊惶（廿三 15），他常想躲开神的面（十三 20）。他自知，若不虔诚，就不得到神面前（十三 16），神的面是约伯要面对的，这是有关他与神的关系。

约伯真能在神面前站立得住吗？"站立"是法律的用词，以利户要约伯站起来陈明案件，为自己辩护（卅三 5）。约伯能正式站在耶和华面前辩明吗？这又是有关他与神的关系，所以现在神问他："谁先给我……"，不是指约伯有礼物给祂，而是指面对："谁能面对我……"谁可以站在我面前？谁可对神有什么要求，好似必须神来偿还。神并没有这样的责任。这里似乎与鳄鱼没有什么关连，是神在责问约伯，不再以自然现象或动物怪兽为例。

天下万物都是神的，神才有安排与支配的权能，任何事物都是在神手中，人是无能为力的，也不可左右什么。人若与自然相争，或与怪兽苦斗，都不足以向神挑战。"都是我的"，原意是"无人"，表明无人在天下，可以与怪兽相争，更不可与神相争。

(iii) 论怪兽凶暴（四十一 12～29）

再论怪兽的凶暴，孔武有力，作详尽的描述，说明神管理的大能。但是人还比不上鳄鱼呢？他又怎么与神辩论，简直太不自量力了。

四十一—12　论到鳄鱼的肢体和其大力，并美好的骨骼，我不能缄默不言。

"论鳄鱼的肢体"，神说祂不能不说，那兽不过是被造之物，它的大力已经令人震惊，何况造物之主呢？神列举这兽为例，无非使约伯折服，应有敬虔与谦卑的心。

"肢体"在十八章十三节提及，人的肢体总必衰败朽坏，十分脆弱无力。但在此处指鳄鱼的肢体却不同了，是描述它的力量。

鳄鱼的体力强大，连骨骼都十分美好。"美好"原意为优雅。其实鳄鱼是很凶暴，怎么会有优美呢？"优美"是指神的创造，因为神所造的都是美好的，凶暴并非指体态。

"美好"(Hayyin),也有人以为这是乌格列神明的称号。⑧ 这样猜测可能离题,但说明鳄鱼有力,应为耶和华言词的用意。鳄鱼有力,但造它的主不是更有能力吗?约伯无法制服鳄鱼,更怎能与全能的神争辩呢?

本节在译词方面出入甚大。"我必静止他的夸大",以光明之神(乌格列神明)有力的话为依据。⑧ 另一译词并不作神明解,却也以神止息夸大的话,不以他辩白为准,似在苛责约伯。⑧

四十一—13　谁能剥它的外衣?谁能进它上下牙骨之间呢?

鳄鱼的外表是指它的鳞,那鳞是坚实的,或专指鳄鱼的前额,也不是它的背脊。⑧

制服鳄鱼,要先对付它的头部,又制服它的上下颚,使它不能自卫,也无力攻击。

"上下牙骨"是以军人的盔甲来描写(耶四十六4,五十一3)。鳄鱼行动是有攻击性的,自身的防卫也是十分好的,所以握着它的下巴,它就无法反抗。以下还有继续的描写。

四十一—14　谁能开它的腮颊?它牙齿四围是可畏的。

制服鳄鱼,将它的腮颊拨开,紧握着,它就动弹不得,但那也真是可怕,因为它的牙齿十分锋利,好似尖刀一般。上颚有牙齿卅六颗,下面有三十颗。任何东西在它的口中,均会磨成粉碎,它毁坏的力量实在惊人。

"腮颊"原意为门户,这是脸面的门,门一打开,看到门里的一切,使人更为惧怕,有译为"嘴"的。⑨ 这是将"脸面"译为嘴,嘴的门是指嘴唇,嘴唇打开,牙齿就露出,口腔一切都可看见,看了之后,必十分惧怕。

四十一—15　它以坚固的鳞甲为可夸,紧紧合闭,封得严密。

鳄鱼的鳞甲最坚实,好似盔甲一般,可以保护身体,以致任何武器

⑧ Pope, *op. cit.*, 338–339.
⑧ *Loc. cit.*
⑧ Habel, *op. cit.*, 551.
⑧ Dhorme, *op. cit.*, 633.
⑨ Dhorme, *op. cit.*, 633.

都无法攻击刺入,所以它的骄妄就是在此。这是不可侵犯的,足以夸口。"可夸"在希伯来文为"骄傲",但在希腊文译本(The Septuagint, Aquila Version)作"背":"有坚固的鳞甲为背。"在鳄鱼的背部,有密密的鳄鱼鳞甲,当然,虽紧紧排列起来,封得严密,几乎可用"天衣无缝"来描写,鳞甲不是天衣,却有那么完美的安排,显见造物者的伟大与精思。

鳞甲不仅层层排列,而且那些鳞甲十分锋利,有印章将它们封严了。这印章是十分坚实,"紧紧"若照原来用词,再加上七十士译本,作坚硬的石头,不仅是极好的保护,也十分坚硬,牢不可破,所以鳄鱼不易受伤,也不容易刺入。

四十一 16　这鳞甲一一相连,甚至气不得透入其间。

这只是补充上节的,在七十士译本是缺少的。

"鳞甲一一相连",紧紧合闭,封得十分严密,甚至气也不能透入,空气不能入,更为硬实。但是本词(rûah)"气"也可作"洞"(revah),字根相似,但涵意不同。没有洞,表明没有空间,就无空气可以侵入。此处的描述可谓入微,极富趣味。

四十一 17　都是互相联络,胶结不能分离。

这节在七十士译本也付诸阙如的,涵义与上文相连。互相联络不能分离,好似以色列人中弟兄的交往,相处十分亲密。鳞甲也一同享受安全。

如果约伯无力抗拒鳄鱼,怎能抵挡神呢?在自然界,神的永能已经可以证明,只以鳄鱼一例,可以足够说明了。

四十一 18　它打喷嚏,就发出光来;它眼睛好像早晨的光线。

鳄鱼打喷嚏,张开大嘴,在阳光下照耀,好似也反射出光来。在它打喷嚏的时候,必喷出气来,有气如水雾一样,在阳光照亮下而闪耀。凡以鳄鱼为神话怪兽的,就解释为火焰从口中喷出来。

鳄鱼的眼睛是红的,好似阳光一样,所以此处描写为早晨的光线,或可译为清晨的眼睫。照埃及的文献,鳄鱼的眼睛可喻为黎明或清早,可说是黎明的表象。

"早晨的光线"曾在三章九节提及,是诗意的描写,也是与神话怪兽的鳄鱼有关的论述。这是象征早晨的意义,闪闪发出红光,是从鳄鱼的眼光射出,东方正有红日自山后逐渐上升,黑夜已经褪去,黎明的光越照越明,有一个亮丽的白昼,但是鳄鱼本身并不象征光明。

四十一—19　从它口中发出烧着的火把,与飞逆的火星。

鳄鱼从河水上来,在吐气呼吸时,喷出水花,在阳光的照耀下有热气冒出,好似火把一样。再有神话的怪兽口吐火星,似也为古代近东传说的故事。[91]

在诗篇十八篇八节:"从他鼻孔冒烟上腾,从他口中发火焚烧。"这是诗人描述耶和华的怒气。这里在耶和华的言词中描绘鳄鱼,几乎是耶和华自己的怒气,向约伯发出。这些描写的语句,可能为约伯所熟悉的,但应用在这种场合中,更使约伯深切省察与思想。

四十一—20　从它鼻孔冒出烟来,如烧开的锅和点着的芦苇。

"鼻孔"与卅九章二十节"喷气"为同一字源。鼻孔与嘴常相提并论,在此处为上下两节(19～20节),本章一、二节以及论河马的章节(四十 23～24)。

"烧开的锅"在耶利米书一章十三节指北方来的灾祸,而此处指鳄鱼凶暴的怒气。

芦苇正点着火,也在焚烧之中,"芦苇"也可作绳索,好似本章二节(参赛九十三,十九 15,四十一 12,五十八 5),绳索原为捕捉鳄鱼之用,现在焚烧起来,鳄鱼得以挣脱,不被拴住,因为它极有力量。

四十一—21　它的气点着煤炭,有火焰从它口中发出。

这似在重复十九节,内容类似,有火从它口中发出,煤炭只为点着火的。

鳄鱼的凶猛一再描述,以自然界可怕的事,使约伯慑服,但神提说的,无论是野兽或神话的怪兽,都在神的控制之下,人却无力来制服。神的能力是无限的,祂容让这样的怪兽存在,也必有祂的智慧,却不是人可以理解的。约伯又怎可与神争辩呢?

下节起才进一步描述鳄鱼凶暴的其他部分。

四十一—22　它颈项中存着劲力,在它面前的都恐吓蹦跳。

在巨兽,体力在颈项,可参考十五章廿六节,是以利法的言词,论人

---

[91]　Pope, *op. cit.*, 342.

敌挡神,是挺着颈项的。颈项之坚硬,竟用盾牌来描述。

"恐吓"或作"力量",[92]可能指恐慌惧怕有力地"蹦跳","蹦跳"有译为"跳舞",表明人的惊怕,兴奋得无法自制,这兴奋当然不是欢欣,而是慌乱,想逃脱却不能,在十分无奈之中,参考"恐吓"在他处的涵义,有诗篇八十八篇九节:"困苦",耶利米书卅一章十二、廿五节"愁烦",可见这是十分复杂的心情。这是令人多么惊惶的感受,完全会失去常态,过分的不安。

四十一 23　它的肉块互相联络,紧贴其身,不能摇动。

"它的肉块"太坚硬,都黏在一起,很结实,但有肥的脂肪完全贴在一起,可参考廿九章十节"贴住",卅一章七节"粘住"。肥肉与肥肉重叠起来,纠集在一起。过分肥胖,以致动弹不得。

肉块这么坚硬,人无法伤害它,想拖曳起来,却完全拖不动。

四十一 24　它的心结实如石头,如下磨石那样结实。

这又是十分活泼生动的描写,它的心,不是指心脏,而是指顽强的心态,似把鳄鱼人格化。它好似人那样的顽梗不化,如石头那样坚硬,以西结书十一章十九节及卅六章廿六节,曾论人心好似石心,不知悔改,只有变成肉心,才有属灵的敏感。鳄鱼的心更是凶猛难驯。

以磨石来描写,磨石十分重,才可碾碎粮食,上磨石可以取下来打破仇敌的头,如士师记九章五十三节及撒母耳记下十一章廿一节所记载的,下磨石是磨石之座,更加沉重,不能挪移。

此处神是否暗示约伯,他的心是否如此硬,顽梗不化,神能制服鳄鱼,难道祂不能制服约伯吗? 约伯必须省思,及早谦卑下来。

四十一 25　它一起来,勇士都惊恐,心里慌乱,便都昏迷。

鳄鱼一起来,就使勇士惊恐。"起来"一词有译为"在它的威力之下",使勇士都惊恐。[93]犹太解经家认为鳄鱼起来,就搅动海水,波浪大作。[94]这似为米所波大米神话描写深渊之混乱的神明,他一起来,其他

---

⑨² Rowley, *op. cit.*, 338.

⑨³ John E. Hartley, *The Book of Job* (1988),529.

⑨⁴ Pope, *op. cit.*, 344,引用 Rashi.

的神明都惊恐,"勇士"译为大能的神明。⑮

以海水为喻,在译词方面完全不同。"波浪因他的威严而惊怕,海涛只得后退。"⑯

"慌乱"可用海涛翻腾来描写,他们就昏迷,失去知觉,似乎完全失落,英译本旧译作"洁净自己"(参民八 21),似乎并不将用意带出。这字好似诗篇一三八篇六节"低微",以赛亚书六十五章十四节"忧伤",在涵义上比较接近。这些都是说明人在兽的威势之下,自叹无能为力,在惊恐与无奈中感到无助。

这里神似乎再提醒约伯,人是多么低微无能,甚至在自然的领域中也是极其微小脆弱的,自感无奈。

四十一 26 人若用刀,用枪,用标枪,用尖枪扎它,都是无用。

人用任何武器想来击杀鳄鱼,都无济于事。人已经无法来除害。如果以神话来说,那些灵界中的恶者,人也无力来对付。

这些武器或在远处扔掷,或在近处刺杀,都不能杀死它,不但它强大有力,而且皮肉太硬,刀枪不入。人在击杀时又惊恐万分,更用不上力,使鳄鱼始终安全,但人却很不安全,随时被反攻而死亡。

四十一 27 它以铁为干草,以铜为烂木。

这些武器也不过为铜铁所制成,可说是最坚固的金属。铜铁二者在本节上下句成为对偶的同义字。但在鳄鱼不过如干草与烂木一般,这二者又为同义的对偶,这些武器完全失败,毫无功用可言。

四十一 28 箭不能恐吓它使它逃避,弹石在它看为碎秸。

为安全计,人还是站在有距离的地方,或埋伏在隐密之处,设法击杀。看准目标,来射强力的箭,原为恐吓它,使它逃避,看来无济于事。

弹石来袭击,在鳄鱼的感受中,只好似碎秸一般,毫无杀伤的力量,弹石在士师记二十章十六节及撒迦利亚书九章十五节,是用机弦甩石打人之用,这样的威力还是太差,没有炮弹那么有力,所以鳄鱼当然毫不受伤,它不会惊惧,惊惧的是击杀的人,更加慑于鳄鱼的威势,无法对

---

⑮ Gordis, *op. cit.*, 487.

⑯ Dhorme, *op. cit.*, 639.

付,反将自己陷在危险之中。

四十一 29　棍棒算为禾秸;它嗤笑短枪飕的响声。

铜铁的武器尚且对它不能构成威胁,现在用棍棒,更加无济于事。短枪发出的响声,不能恐吓它,它已成为无敌的了。

"嗤笑"确是本段的主题,卅九章七节,野驴嗤笑城内的喧嚷。卅九章十八节,鸵鸟嗤笑马和骑马的人。卅九章廿二节,马又嗤笑可怕的事,现在鳄鱼嗤笑击杀它的响声。照诗篇一〇四篇廿六节,耶和华造鳄鱼,游泳在海中,游泳是它可嬉戏欢笑的行为。在约伯记四十章二十节,百兽与河马都有游玩之处,也有嬉笑。在耶和华手中,百兽似乎都不惧怕,多有嬉戏,对一切外来的攻击,只是置之一笑而已。

(iv) 混乱与骄妄(四十一 30～34)

这里是耶和华言词最后一段,仍描述鳄鱼所引起的混乱,以及它骄妄的态度,它的凶猛在上文已经有很生动的描述。

四十一 30　它肚腹下如尖瓦片,它如钉耙经过淤泥。

鳄鱼的腹部,鳞甲虽不若背部那么粗硬,但仍是十分锋利,好似钉耙一般。凡是它行经的泥地,都会留下极深的痕迹,显明可见。据说在鳄鱼的尾部,鳞甲更加锋利,可以将泥地都掘起,弄得一片淤泥,十分混乱。[⑰]

将鳄鱼的鳞甲,形容为快齿打粮的器具,可参考以赛亚书四十一章十五节。

四十一 31　它使深渊开滚如锅,使洋海如锅中的膏油。

鳄鱼在游水时,将海水都搅动起来,起了一层泡沫,好似开滚的锅一样,又成为一片油海,它所造成的是极大的混乱。

混乱原是创世前的情景,地是空虚混沌,渊面黑暗。深渊又是巴比伦神话中混乱之神明。但至少表征着罪恶,但是耶和华仍是掌管万有

---

⑰ A. Guillaume, "The Arabic Background of the Book of Job," in *Promise and Fulfilment*, ed. F.F. Bruce (1963), 126.

的,祂不仅创造,也维持这宇宙。如果说,鳄鱼是表征恶,那么恶又造成混乱,神仍在掌管。

鳄鱼本身带有一种气味,以致这气味留在它所经过之地。这气味使人联想膏油,在经鳄鱼搅动的水上流荡。

四十一 32　它行的路随后发光,令人想深渊如同白发。

鳄鱼行过,起了一层泡沫,远看好似形成一条路,这条路在阳光或月光照耀之下,尤其明显,反射的光看来也很亮。

这深渊看起来有银色的光辉,好像老者的白发。这样形容多少有些奇特,白发表征的是宁静,但此处来描述的却是混乱。

"白发"另一译词为"火焰",以经文评鉴的方法加以更改。⑱ 一片火焰,可能也是阳光的反射,似乎更为生动,却未必为一般解经家所接受。

此处在卅一、卅二节的洋海与深渊,似乎都是指埃及的尼罗河。

四十一 33～34　在地上没有像它造的那样无所惧怕。凡高大的,它无不藐视,它在骄傲的水族上作王。

"地上"事实上是指地底下,尘土与地下的世界,可能包括阴间,可参考四章十九节,七章廿一节,十章九节,十七章十六节,二十章十一节,卅四章十五节。然而这里论神造的,似乎并不包括阴间,在原意他所造的,应译为"一切被造的,都没有鳄鱼那么大胆,那样骄妄"。它真是无所惧怕的。

凡高大的,是高等动物,还要怕它,它却毫无忌惮,甚至藐视它们,可见它的骄妄狂大,十足表征着恶者。野兽因有力而骄傲,正如廿八章八节描述的"狂傲的野兽",但此处是指水族,在水里滋生的鱼虫及水产。如果说它们骄傲,鳄鱼就更骄妄了,因为它是水族的王,水族会被捕捉,但鳄鱼不会被捕或被杀害,因此它就更骄妄了,神要问约伯,他是否仍有骄傲。

⑱ Dhorme, *op. cit.*, 643; Gordis, *op. cit.*, 489,均是引用 Duhm.

附录：结构分析

在耶和华第二言词中,前段论河马,后段论鳄鱼。后段全部在四十一章,此处篇幅稍长,结构也特出:

(甲)挑战:你能捕捉鱼,蓄为家畜,好似其他的动物吗?(四十一 1～8)

(乙)申明:惟有耶和华可以制服它,人却无能为力。在耶和华面前,谁能站立得住呢?(四十一 9～12)

(丙)描述:(一)鳄鱼无可侵袭,令人惊惧(13～17 节)

　　　　　(二)怪兽满有火气,口吐火焰(18～21 节)

　　　　　(三)它威力极大,神明都怕它(22～25 节)

　　　　　(四)任何武器都无法伤它捉它(26～29 节)

(丁)结语:(一)它制造混乱(30～32 节)

　　　　　(二)骄妄者之王(33～34 节)

鳄鱼究竟是什么?究竟只为一种水族,还是怪兽。鳄鱼为怪兽,是古代近东的神话。这是在深渊中制造混乱。巴力是杀害鳄鱼的,鳄鱼是快行的蛇。这在叙利亚的文献中也有这样的说法,在以赛亚书廿七章一节有类似的描述。但在本书(约伯记),神已经刺杀这快蛇(廿六 13,又九 13;诗七十四 12～14)。

神已经止息了鳄鱼的猖狂,但是约伯却无能为力。约伯如果好似鳄鱼一样,强大顽梗,神还是能够制服,约伯是拗不过神的。

约伯将这些古代的神话应用在他个人的经验中。神对待他,好似当他是洋海深渊,神早已限制他,防守他好似大鱼(七 11～12)。所以耶和华向他说话时,也特别提说这些神话中的叙述,使约伯明白,人还不及兽的强大,如果是怪兽,更无能为力,而且显得十分微小,怎可再与神争辩?

如果约伯仍以神治理世界不公平,就自以为有智慧,神就以自然现象,尤其以超自然的说法,甚至荒诞的神话来说明,这宇宙的力量,人不能胜,哪里有什么能力与智慧,可以与神辩论呢?此处似乎再重复智慧诗(廿八 28),以及以利户言词的结论(卅七 24)。

　　耶和华已经间接说明，祂是自然的主，宇宙的主，万物都是在祂掌管之下，神话的人物与怪兽，即使是恶者的化身，仍服在真神的权能之下，所以约伯简直没有权利可以争辩，他的辩白实在是不必要的了。

　　再论第二言词与第一言词是否合一，提出质询理由有六项：（一）第二言词只提两种动物，篇幅比第一言词冗长。（二）第一言词的问话方式，在第二言词中只有少许。（三）语句在第二言词，不及第一言词那么迫切。（四）第一言词中描述动物的习性，但第二言词只描绘怪兽的身体，二者显然不同。（五）河马与鳄鱼主要是在埃及的野兽与第一言词中的动物不同，因为后者都在巴勒斯坦。（六）两个言词的用语与文体不尽相同。⑨

　　先看文体，确有不同之处，但如将这两个言词作为一个结构，显然是连环的：问语——宣告——问语。虽然第一言词中问话与宣告较为明显，但第二言词中四十章末与四十一章起又恢复问语，也是十分清晰的。

　　看内容及主题，在两个言词中也很一致。论动物，都着重它们的独立自由的野性，人无法驯养，说明人的无能，也暗示这宇宙并非以人为中心，神是自然的主宰，祂才是中心，所以在这些反复提及主题，都是一贯的。

　　以逻辑的方法，尤其是西方的思想推理，来分析希伯来（可谓东方）的诗文，确难趋一致。⑩ 以正经（或正典的形态 Canonical Form）为标准，反易于解释。第一言词后约伯有第一次回应。第二言词后约伯再有的回应更加彻底。

⑨ S. R. Driver & J. B. Gray, *A Critical & Exegetical Commentary on Job*, I, 351f.

⑩ Gordis, *op. cit.*, Notes 32,36, pp.567-568.

捌　结语：约伯的复兴（四十二 1～17）

本章为本书的结语，包括三大段：（一）约伯再次回应，他第二次向耶和华回答（1～6 节）。（二）耶和华命令，向他宣告无罪，但在语气中仍有谴责，却也显示了赦免与救赎的恩典（7～9 节）。（三）赐福与安慰，是神最后对约伯施恩，使本书有一个十分完美的结局（10～17 节）。

（I）约伯再回应（四十二 1～6）

约伯第二次向耶和华回应，态度更加谦卑，他也清楚承认自己的卑贱，也切实表露出悔改的心意，更说出他经验中有显著的突破。

四十二 1～2　约伯回答耶和华说，我知道你万事都能作，你的旨意不能拦阻。

约伯第二次回答，与第一次（四十 3～5）有雷同之处。因为他仍是与全能者争论，以法律的程序强调自己的清白。约伯虽要与神辩论与表白，耶和华却无意与他辩论。神在旋风里与他说话，完全不想与他谈论他的清白问题。神只以宇宙的设计与管理作为论点。这其实是约伯的困惑，他总是认为神不公平，使这世界充满罪恶与混乱。他唯一所能看见的，是神的能力与智慧。神有能力："我知道你万事都能作。"神有智慧："你的旨意不能拦阻。"

"我知道"，约伯真有所认知，他的信心没有动摇，在极困惑危难的时候，他仍说："我知道我的救赎主活着。"可见"我知道"，表明他的确信。

依照经文评鉴的途径，也可作"你知道"。你知道你万事都能作。你的全能是我不够认识的，我只有承认自己的无知。

神是无所不能的，人来讨论神的事，祂的作为，未免太幼稚了。神已经指出约伯的无知（卅八 2）。

神的旨意是什么呢？对约伯来说，也是暗昧不明的（卅八 2）。"旨意"也可译为"用意"、"目的"、"计划"(廿一 27)。"计谋"也是同一个字。耶和华岂有难成的事? 在神凡事都能。约伯早已说过:"我的谋算、我心所想望的已经断绝。"(十七 11)人已到绝境,但神决不到尽头,人也无法拦阻神的旨意。

神的能力与神的旨意是相辅而行的,约伯也早就知道,神若不公平,并非祂不能执行公平的事,祂的能力是无可置疑的。但是人的困惑在于神的旨意,神在祂旨意中是否有爱与恩慈?

现在神于旋风中论自然的景象,已经说明祂照顾野兽禽鸟,祂的眷顾是无微不至的,足见在祂的大能中,含有无限的爱。

四十二 3　谁用无知的言语使你的旨意隐藏呢? 我所说的是我不明白的;这些事太奇妙是我不知道的。

约伯再重复耶和华责问他的话,承认自己的无知,以致不明白神的旨意,可见本节上是引述耶和华的话。

他发现自己说的话,都不明白是怎么回事。只有承认自己信口开河,不知所云,他现在逐渐知道自己的愚蠢,开始在省思中判断自己的不是。

本节的上半,在希腊文译词,与卅八章二节完全相同。下半节也是约伯的口吻:"不知道……也不觉得"(十四 21)。这也正是以利法对约伯的责备:"你知道什么是我们不知道的呢? 你明白什么是我们不明白的呢?"(十五 9)

"这些事太奇妙。"这是以利户的口吻:"祂行大事,我们不能测透。"(卅七 5 下)以利法说:"祂行大事不可测度,行奇事不可胜数。"(五 9)以利户说:"神为大,我们不能全知。"(卅六 26)约伯有话是重复以利法的:"祂行大事不可测度,行奇事不可胜数。"(九 10)也许约伯的口吻是讽刺的,但现在他却谦卑地坦承。

"是我不知道的",原意应为"过于我的",即超过我的了解,是我无法理解的。可见约伯完全承认自己的无知与幼稚,在神面前彻底地谦卑。

约伯无自知之明,还是由于他太自信,以为自己无辜,反埋怨神不公平。如今他承认自己的无知,认为所说的不当,只有谦卑,才可与神说话,才有真正的敬畏。神对撒但的挑战是完全得胜了。祂对约伯的教导,尤其在旋风中的话发生功效。

四十二章二节上,约伯完全同意耶和华的第二言词,在第三节他接受耶和华的第一言词。

四十二 4　求你听我，我要说话；我问你，求你指示我。

约伯最珍贵的，是与神相交，他想继续听见神的声音。但他也想发问，不知神是否愿意听他问话。他以前说话，求神听他的辩白。现在他没有怨言，不再辩白，却想表白他的感受。以下的话其实不是问话，而是他的自白，他仍求神的指示。

"我问你，求你指示我。"这原是耶和华的话，在四十章七节。这又好像三节上一般，重复神的话。这句话原是法律程序上的用语。在十三章廿二节，约伯曾有这样的话："你呼叫，我就回答，或是让我说话，你回答我。"但是现在约伯的态度不同了，语气一定也迥异。

这应是神说话的口吻，不是约伯对神发问的语气。但在此处约伯要向神表达。

四十二 5　我从前风闻有你，现在亲眼看见你。

这是约伯的感受，从前他知道有关神的事，都是根据传统的说法，或在节期诵唱的诗歌所陈述的，或是长者教导的道理，都是一些人云亦云、道听途说的，所听闻的，也都是间接的、客观的。他就凭着这些来培养他的信心，他的信心就照着这样的理念，是一般常人的观念。

现在他亲眼看见神。这是否诗人的经验呢？"我的眼目时常仰望耶和华。"（诗廿五 15，一四一 8）"我们的眼睛也照样望耶和华我们的神。"（诗一二三 2）约伯的经验似乎更直接、更真切。他实际听见神清楚地向他说话，使他感到真的看见神。

耶和华在旋风中向他说话，有风暴遮掩着。这正如出埃及记十九章的记述。耶和华在西乃山向以色列人显现，由于神遮掩祂自己，所以以色列人不致被神圣洁的荣耀所消灭。约伯也是这样。但他实在体会神真实的显在，他可以说，他已亲眼看见神。

这一直是他的愿望，约伯曾说，"我知道我的救赎主活着……我这皮肉灭绝之后，我必在肉体之外得见神"（十九 25、26）。在这经历里，约伯由怨言至自谦，真是感到自己的卑微。

眼见与耳闻，曾在约伯的言词中多次提说，如在十三章一节，廿九章十一节。

四十二 6　因此我厌恶自己，在尘土和炉灰中懊悔。

约伯自感卑微,看自己只是尘土。族长亚伯拉罕求神的怜悯,不毁灭所多玛,他向神说:"我虽然是灰尘。"(创十八 27)约伯因病也实际坐在炉灰中(二 8)。但现在他坐在尘土和炉灰中懊悔。

"厌恶"有不同的译词,或作"轻视"(英文修订本 Revised Standard Version),或作"溶化"(英文新译本 New English Bible),[①]"放弃"(recant),[②]"撤消"(retract,耶路撒冷圣经 Jerusalem Bible),"以自己为耻"(Good News Bible),有"贬抑"(abase)的涵义。[③]

在原文中并无"自己"的字样,但含义中可以共有,不然厌恶的对象或事物是什么,就会更加含糊。[④]

"懊悔"原意为回心转意,完全改变原有的计划。这字在他处译为"转意"、"后悔"(出卅二 12、14;耶十八 8、10)。这里是否表明他真实的悔改,还是他改变想法,不再与神辩论,放弃他原来的表白?看来他不必再向神辩白。

"尘土"原象征朽坏(四 19),世人必归回的死亡(十 9,十七 16),炉炭扬起,是举哀的行动(斯四 1、3;拿三 6)。"尘土"与"炉灰"只表明他的谦卑,觉得自己的卑微、微小,他不再以自我为中心,不敢再在神面前埋怨。现在他不能自以为义,强调他的无辜。他只以认识神的公义与恩慈,为最大的价值。

这是约伯最后的言词。由于内容简赅,涵义深遂,可有不同的解释。以下分别论析:

(一)约伯完全降服在神面前。耶和华已经启示祂自己与祂的旨意,约伯只有真切悔罪,承认自己的错误,看见自己过分骄妄,深深认罪,求神怜悯。[⑤]

(二)约伯存心与神和好。从耶和华在旋风中的显现以及祂的言

---

① Edouard Dhorme, *A Commentary on the Book of Job* (1984),646;Robert Gordis, *The Book of Job*, *Commentary* (1978),492,认为字源不可作此解。

② Marvin H. Pope, *Job* (1965), 347 - 348.

③ Gordis, *op. cit.*, 492.

④ L. Kuyper, "The Repentance of Job," *Vetus Testamentum* 9(1959),91 - 94.

⑤ Samuel Terrien, *Job*: *Poet of Existence* (1957),246 - 249.

词，约伯对神有新的认识，约伯承认神管理宇宙的一切，人无从明白，也不可过问，所以他就谦卑地承认自己的无知，再重新肯定他的信念。[6]

（三）约伯虽承认自己的无知，仍有讽刺的意味。在约伯的心目中，神的道路仍不明显。但约伯还能说什么呢？他除懊悔之外，似乎没有其他的途径，他心中仍不折服，仍有问题。[7]

（四）约伯最后的言词，是他最后违抗的行为。他虽然承认自己的无知，仍旧感到神不公平，心中仍旧违抗。在耶和华的言词中，他也无法得着答案。[8]

以上的评述，第一、二点为较为可靠的见解。兹分析四十二章二至六节的结构，再研究其中的内容：

第一部（甲）约伯的承认与妥协（2～3 节）

　　　　　"我知道……"（2 节）

　　（乙）引述耶和华的话（3 节上）

　　　　　"谁用无知的言语，使你的旨意隐藏呢？"

　　（丙）承认自己的无知（3 节下）

　　　　　"我不明白……我不知道……"

第二部（乙₁）引述耶和华的话（4 节）

　　　　　"我问你，求你指示我。"

　　（甲₁）提说自己的经验（5 节）

　　　　　"我从前风闻有你，现在亲眼看见你。"

　　（丙₁）承认自己的卑微（6 节）

　　　　　"在尘土和炉灰中懊悔。"

在第一部分（2～3 节），重要的用词是"知道"。约伯知道神有无限的能力，他只有承认，对神那隐藏的智慧，有关宇宙一切的设计，以及神

⑥ Robert Gordis, *The Book of God and Man* (1965), 304；C. Westermann, *The Structure of the Book of Job* (1981).

⑦ D. Robertson, *The Old Testament and the Literary Critic* (1977), 52 - 53；W. Whedbee, "The Comedy of Job," *Semeia* 7(1970), 28 - 29.

⑧ J. B. Curtis, "On Job's Witness in Heaven," *Journal of Biblical Literature* 102 (1983), 549 - 562.

的管治,他实在一无所知。他不明白神至上的智慧,但彻底承认神是完全的,祂能管理宇宙的秩序。

在第二部分(4～6 节),约伯要求神两件事:听他问语,指示一切。这原来是约伯以前的要求。现在耶和华在旋风中向他显现了,而且向他说话,这就足够了。神不必解答他的疑问,因为神没有指出他的罪,他就不必为自己辩白了。所以他就完全顺服,无需多言了。

由于神向他说话,他知道神不定他有罪,他的案件可以撤消,与神的关系已恢复正常。他与神之间的冲突矛盾就不复存在。

约伯一方面承认他的无知,另一方面又申明他的新知。耶和华完全不提约伯受苦的原因,也没有说约伯是无辜的受苦者。神的显现已经给予约伯以答案。但约伯仍旧没有充分明白。他新的认识,是发现神的智慧之奥秘,这奥秘没有解释,也无从彻底地认识。约伯也不再有这苛求。约伯以后的复原,似乎都说明了。

约伯以前的错误,就是没有以神为中心,却以人为中心,所以他才需要辩白。但是人的能力这样有限,智慧更加不足。耶和华的言词,尤其在第二言词中,提出怪兽,既无意将它们人格化,成为罪恶的化身,也不是夸张宇宙的庞大,只表明神自己的自由,在神绝对的权能中,祂有绝对的自由。耶和华的言词不但带着权能,也含有讽刺。在讽刺中,却满有慈爱。这就使约伯在自感卑微渺小时,享受了与神相交,这相交足以开通他知识的功能,使他感到兴奋与欢悦。他在自感无知中,看到神智慧的光辉,在谦卑懊悔中,感到神能力的威荣更加尊贵起来。这是他属灵历程的高峰。

(II) 谴责与振兴(四十二 7～9)

现在耶和华直接对约伯的朋友有所谴责。神在约伯放回他的案件时,却给予他审断的话。此处神又肯定约伯的无辜、悦纳他,使他振兴。可见在结语是一个非常完美的结果。

四十二 7　耶和华对约伯说话以后,就对提幔人以利法说,我的怒气向你和你两个朋友发作,因为你们议论我,不如我的仆人约伯说的是。

耶和华只向以利法说，也许因为以利法是朋友中最年长的，他可代表他们。在九节，朋友们一同来回应神的吩咐，可见他们也知道，神是对他们说话，不只是对以利法一人。

朋友们说的话，当然有些错误，但是并非完全错误，他们一定在有些话是正确的。约伯有些话可能也有错误，不然神又为什么在旋风中向他说话中，甚多挑战的口吻，等于间接地谴责了他。

但是神一定以整体来看，在审断他们的错误，有基本的原因。在他们看来，人的遭遇好坏，在于功德的大小。或者说，人的经验足以说明他得赏或被罚。这却不是约伯的立场。在旧约中我们可以提不少例证，亚伯被他兄弟杀害，拿伯不愿出卖葡萄园，被王后耶洗别的阴谋害死。他们有这遭遇，决不是因他们的过失或罪恶所导致的。先知们也列举在社会有许多不公平的事情。朋友们认为约伯受苦完全是他犯罪的后果，这样就过分武断。所以神极不满意，甚至怒气发作，认为他们议论神不如约伯说的是。

神称约伯为"我的仆人"，正如绪言中提说的一样（一 8，二 3），可见神仍认约伯为仆人，使本书的绪言与结语完全相符。约伯对神的认识，确远胜朋友，所以"你们议论我不如我的仆人约伯说的是"。

神所关切的，他们的议论，尤其议论神，究竟对不对，这是主要的，至于其他就只是次要的，无足轻重。

"说的是"，"是"指真理，是合乎事实，参考的经文在申命记十七章四节以及撒母耳记上廿三章廿三节。约伯曾向朋友警告，不可武断，约伯认为他始终没有背弃耶和华的命令，他看重神口中的言语（廿三 7～12）。

"是"或"真理"是指约伯注意耶和华建造宇宙的秩序是道德的，有目的。[9] 约伯也承认神在宇宙的奇妙设计，却是他不明白的。他肯承认无知，不像朋友们自以为是，认为他们所说的是天经地义，这种傲慢的偏见，使神对他们非常不满，甚至发怒。

四十二 8　现在你们要取七只公牛，七只公羊，到我仆人约伯那里

---

⑨　Norman C. Habel，*The Book of Job：A Commentary*（1985），583，引用 Forrest，*Studies in Religion* 8(1979)，159 - 168，对"真理"（nekōnā）的研究。

去,为自己献上燔祭,我的仆人约伯就为你们祈祷。我因悦纳他,就不按你们的愚妄办你们。你们议论我,不如我的仆人约伯说的是。

神命令他们献上一个极为完善的火祭。在绪言中,约伯为他的儿女献燔祭,是按着他们众人的数目来献。他有七个儿子,他所献上的祭牲应该也是"七只",三个儿女,大概另外加"三只"。照着利未记四章,燔祭的数目没有那么多。但在以西结书四十五章廿二至廿五节,每日所献的也是七只公牛,七只公羊。可见这是最高的献祭(可参考民数记廿三章起)。

神提到约伯,说他是"我的仆人",可见祂是多么重视。约伯现在完全以族长身份成为代求者,好似亚伯拉罕一样(创十八 22 节起)。

以前是朋友们为约伯向神求情,现在是约伯为朋友们代求。约伯与神之间的矛盾已经在约伯最后的言词内化解了(2~6 节)。朋友与神之间隐密的冲突还没有化解,需要约伯的代求。

神向约伯仰脸,原意就是此处所说的悦纳。神与约伯的关系完好,约伯才有资格代求。

如果没有约伯的代求,神就会按朋友们的"愚妄"办他们。"愚妄"的罪是十分严重的,有时是指淫乱(创卅四 7;申廿二 21),有时是指亵渎(伯二 10),将圣物玷污(书七 13),不接待客旅(撒上廿五 25)。在此处是指他们没有头脑,自取羞辱。神责备他们,不留余地。

四十二 9　于是提慢人以利法、书亚人比勒达、拿玛人琐法,照着耶和华所吩咐的去行,耶和华就悦纳约伯。

神对以利法所说的,既是他们三人,他们就应当一同来遵照神的吩咐。他们自己不能祭献,需要约伯作中保为他们祈求,他们才可坦然无惧来到耶和华面前,他们所献的,是以约伯的名义,所以神所悦纳的,不是他们,而是约伯。

约伯以前一直寻找中保,他希望有辩护者为他向神诉说(九 33),他愿望在天上有他的中保(十六 19~20),有一位救赎主,就是为他辩护者出现(十九 25)。寻找中保者,他自己成为中保,他可以为朋友代求。

他以前曾为家人、为儿女们代求,但是他中保的身份更加重要,服事的范围更加扩大。他居然成为朋友们的中保,为他们代求。他的资格唯一可解释的，就是他的生命因受苦而有更深的经历。

(III) 赐福与安慰（四十二 10～17）

约伯的振兴，蒙神的赐福，以及亲友众人的安慰，构成一个非常完满的大结局。

四十二 10　约伯为他的朋友祈祷，耶和华就使约伯从苦境转回，并且耶和华赐给他的比他从前所有的加倍。

约伯的复原与振兴，是与他为朋友代求有密切的关连。他与朋友们由于辩论，意见不合，各自逞强。朋友由劝导至谴责，由严责至谩骂。约伯在激忿中也有甚多失言之处。他们的关系越来越恶化，几乎成为仇敌。耶和华在教导约伯的过程中，不但化解约伯与祂的冲突，也化解约伯与朋友间的敌意，约伯不仅应与神和好，也应与朋友们和好。代求是和好的行为，在"祈祷"一词前，冠以介系词，可译为"当"，就在他为朋友祈祷的时候，他就从苦境转回，这也可译为"因为"，因约伯为朋友祈祷，神就使他从苦境转回了。

耶和华就使约伯从苦境转回，这样的用词也出现在阿摩司书九章十四节及何西阿书六章十一节，都指被掳归回。先知书如耶利米（四十九 39）和以西结（十六 53，卅九 25），也有类似的用法。早期的英译本（Authorized Version，Revised Version）有这样的译词（turned the captivity），在涵义方面也有学者们的探讨。⑩ 虽然这用词是用于国家民族的命运，也可指个人的经历。原文用"转回"，又有动词与名词（名词为受词）："转回那转回"（turn a turning），表明完全地转回，特别着重的语气。⑪

关于这用词另一种译法，将"转回"的名词译为"止息"，即恢复（或

---

⑩ R. Borger, "zu šwb šbw/yt," *Zeitschrift für die alttestamentliche Wissenschaft* 66(1954),315 - 316; W. Holladay, *The Root "šubh" in the Old Testament* (1958), 111 - 114. 引述 E. Preuschen（1895），E. Dietrich（1925），E. Baumann（1929），N. Schlögl（1931）.

⑪ Gordis, *op. cit.*, 495; *The Biblical Text in the Making*（1937），122f.

转回)以前所止息的一切,就是一切不再存在的,或者一切所失去的,现在又回复了,可谓失而复得。⑫

神使约伯得以复原与振兴,并非由于他有什么功德,完全是他蒙耶和华的恩惠。虽然他曾为朋友祈祷代求,但这仍是神的提醒与引导,叫他成为中保,也是神赐福给他,不是他自动自发的。神又赐给他加倍的,真是恩上加恩,福分无限。

四十二 11　约伯的弟兄姐妹和以先所认识的人都来见他,在他家里一同吃饭;又论到耶和华所降与他的一切灾祸,都为他悲伤安慰他,每人也送他一块银子和一个金环。

当约伯在苦难的开始,因病痛与灾祸,坐在炉灰中(二 8),那时亲友都远离他,连妻子也叫他死。但是现在约伯愿意在炉灰中懊悔,神使他结束苦难,在炉灰中开始,在炉灰中结束,他的社会生活又恢复正常。那些人在他苦难中没有雪中送炭,现在约伯复兴了,他们就锦上添花,这里是极尽讽刺的能事。

回想约伯在苦难中,他的弟兄隔在远处,他所认识的全然与他生疏。他的亲戚与他隔绝,他的密友都忘记他。家中人当他为外人……(十九 13～19)。那时他责怪神,其实那是人间的世态炎凉。当然,约伯现在已不再计较了。那些人都来,在他家里吃饭,不是寻常的聚餐,而是一种节期性的庆祝与筵宴(参考一 5、18)。这些迟来的安慰,仍带来欢乐。

他们为他受苦而安慰,论到耶和华所降与他的一切灾祸。在他们看来,灾祸是耶和华降下的,当然他们与约伯都不知道这些是出于撒但的攻击,虽有神的许可,却绝不是神的心意。在绪言中提说的撒但,为什么在结语中不再提起呢? 在此处提说的朋友中,只有与约伯辩论的三个朋友,为什么不提以利户呢? 神责备以利法和另两个朋友,至于以利户却没有神的审断。耶和华为什么不提撒但的攻击? 撒但的失败如果在此处结语中提起会有多好,一定引起读者们的喝彩。这些都引起经学家们的质疑。

---

⑫ Dhorme, *op. cit.*, 650,引述 Ehrlich.

他们每人送他一块金子（原文为"银子"——编者注），那不是金币，因为金币在公元前六世纪才铸制，送未铸币的金子是早期的，甚至可追溯至族长时期（创卅三 19）。

"金环"为妇女佩戴在鼻子上（创廿四 47；箴十一 22）。如果是男女佩戴，则是戴在耳朵上（创卅五 4；出卅二 2 起；士八 24 起）。亚伯拉罕的仆人为小主人以撒觅亲，也曾以金银作为礼物（创廿四 22）。

四十二 12　这样，耶和华后来赐福给约伯比先前更多。他有一万四千羊，六千骆驼，一千对牛，一千母驴。

照着第十节，耶和华赐福给他的，比他从前所有的加倍。果然看一章三节，他家畜的数目，在此处都加倍地计算。他比以前更加富有，神的福分更大更多。

"后来"与"先前"是作很尖锐的对比。"后来"是结局，"先前"是开端。这曾是比勒达的用词："起初……终久"（八 7）。

加倍偿还，原是律法所规定的（出廿二 4、7、9）。这原是针对偷窃的事，人的权益必须保障。约伯失去财物，是不公平的，神甚至愿意加倍偿还。神的公义非但不是像约伯所质询的，现在更使他完全折服。神是绝对公义的，祂完全公平。

四十二 13～15　他也有七个儿子，三个女儿。他给长女起名叫耶米玛，次女叫基洗亚，三女叫基连哈朴。在那全地的妇女中，找不着像约伯的女儿那样美貌。她们的父亲使她们在弟兄中得产业。

约伯的财产加倍了，为什么儿女没有加倍呢？根据希伯来用语，"七"为双数（Dual），在亚兰文译本作"十四"。犹太学者大多译为十四个儿子。[13] 但是女儿没有加倍，是因为古时近东的观念，女儿没有那么重要。在历代志上廿五章五节，神赐福给希幔，给他十四个儿子，三个女儿。

约伯的女儿数目虽然没有加倍，但不是那么重男轻女的偏见。首先，三个女儿的名字特别提出，表示重视。她们的美貌尤其值得称道，引为弥足珍贵的事。约伯又以公平与平等的方法对待她们，使女儿们在弟兄中得产业。

---

⑬ Gordis, *op. cit.*, 408; Dhorme, *op. cit.*, 651.

三个女儿的名字都有象征的涵义。耶米玛在阿拉伯文为鸽子。鸽子的温良与美丽，甚受重视（参歌二14，五2，六9）。次女的名字为基洗亚，是沉香、肉桂，在诗篇四十五篇八节，是国王的衣袍上熏有的香气。三女叫基连哈朴，直译为香膏角，抹在眼角边，香膏极为珍贵，置放在角中备用。照希腊文译本，"耶米玛"意为"日子"，是否指长寿或美好的时日？三个名字都是取吉祥的用意。女子的美貌是重要的，端庄雍容，更显出高贵的气质。

关于女儿的继承权，照着圣经记载的律法，兄弟在世，是无权继承的，可参考民数记廿七章。但是圣经中妇女的地位，多处证明是高于律法的规定，可参考何西阿书一至三章，路得记第四章，⑭以及箴言卅一章十四、卅四节。约伯对待女儿，甚至在弟兄中得产业，不是在弟兄过世以后，他的开明，重视女权，可见一斑。这是值得注意的。

四十二16　此后，约伯又活了一百四十年，得见他的儿孙，直到四代。

约伯在恢复之后又活了一百四十年。照七十士译本，他又活了一百七十年，共活到二百四十岁。这样，他遭灾时约七十岁（有的钞本作二百四十八岁，则受苦时在七十八岁。这也是犹太解经（Midrash）所接受的。⑮ 七十岁，照希伯来人古时的观念，还不算年老。

创世记五十章廿二、廿三节，记述约瑟活了一百一十岁，看到第三代的子孙。约伯得见他的儿孙直到四代。如果看见儿女的儿女，已经是神的福分了（诗一二八6）。箴言十七章六节："子孙为老人的冠冕。"

诗篇九十篇十节："我们一生的年日是七十岁。"那么一百四十岁，已经是七十的倍数。长寿是神赐的福。

四十二17　这样，约伯年纪老迈，日子满足而死。

这不仅论约伯的长寿，也指他人生的充实与满足。亚伯拉罕"寿高年迈"（创廿五8）。以撒也有同样的语句："以撒年纪老迈，日子满足。"（创卅五29）大卫不仅年纪老迈，日子满足，而且享受丰富、尊荣（代上

⑭ Robert Gordis，"Love，Marriage and Business in the Book of Ruth，" in *A Light to My Path*，*James Myers Jubilee Volume*（1973）.

⑮ Gordis，*op. cit.*，499.

廿九 28）。此处所描述的，生命好似成熟的麦穗，因饱满而落地，瓜熟
蒂落，生命因满足而离去。

附录（一）：结构分析

约伯最后的言词有两部分，第一部分在二、三节，第二部分在四至
六节。在这几节他自认无知与卑微，比较第一次他对耶和华的回应（四
十 4～5），可说是极不相同的。在第一次回应中，他不敢再说，因为他
慄于神的威荣，那并不说明，他已完全心服。他向神的质疑与埋怨的心
仍未消除。这就使耶和华有第二次言词的必要。在第二言词中，神只
提说河马与鳄鱼两种怪兽，自然界有许多的奥秘，不胜枚举，仅提一、
二，已经使约伯惊异莫名。当他承认无知，耶和华教导他的目的才算达
成。约伯最后以耶和华的智慧为依归，才是本书最重要的主旨。

结语中所记述的散文（四十二 7～17），在结构上分为两部分：七至
九节以及十至十七节，而第十节即为两大部分的衔接点。七、八两节，
是追溯上文友人与约伯的辩论，但他们辩论结束，接着有以利户的言
词。他们的辩论却没有交代清楚，实在有必要在此处追述与作结。这
里就有一个很完整的交叉结构（Chiastic Arrangement）：二章十一至
十三节友人的出现入场，经过一番辩论，四十二章七至九节再回到友人
的情况，使他们可以出场消失。

约伯是"我的仆人"，耶和华早就宣称（一 8，二 3），现在又回到这主
题（四十二 7～8）。约伯曾担任中保代求者（一 5），现在又恢复这样的
身份（四十二 8），他曾献祭（一 5），此处再回复（四十二 8）。

结语的叙述为应和绪言中的主旨（一、二章），约伯以前曾为家人代
求，现在为友人代求。耶和华宣称约伯完全正直，现今再说明约伯"说
的是"（一 22，二 10，四十二 7～8）。约伯受苦时，朋友们原来为他悲
伤，安慰他（二 11），现在亲友们来与他吃饭，都为他所受的灾悲伤安慰
他（四十二 11）。约伯原来家财丰富，现在财产不仅恢复，而且加倍。
约伯好似亚伯拉罕一样正直、敬畏神（一 1；创十七 1，廿二 12），最后二
人都年纪老迈，日子满足（四十二 17；创廿五 8）。约伯的复兴、长寿、福
禄双全，成为最完美的大结局。

　　约伯的复兴,在于关系的恢复。他受苦时,不仅妻子与家人亲友都拒绝他,甚至神都不再理睬他。但是他最后与神和好,与社会也和好了。他为朋友祈祷,不再以他们为敌,而为他们代求,友好的关系恢复了。人们在他家里吃饭,庆祝他的康复以及财产复得,他又恢复到正常的社会生活。他不仅财产回复,而且又有儿女,可见他与自然也恢复了和谐的关系。关系恢复了,他又重新拾起生命的意义与价值。

附录(二):约伯与神

　　四十二章六节的话,是约伯最后对耶和华的回应。经学家大致认为约伯再承认自己的卑微,正如在第一次回应一样(四十 3～5)。至于他的承认,究竟是正面还是反面,有不同的见解,上述已作论析(在六节注释之后)。兹再归纳研究。

　　本节的用字"厌恶"、"轻视",在正面确有"顺服"或"降服"的涵义,约伯真正在神面前卑下。他在尘土和炉灰中懊悔。可能不仅后悔,而是真实悔改。大多注释都取这样的解法。另一种译词为"因此我拒绝,只在尘土与炉灰中得安慰。"[16]他拒绝,不是厌恶自己,而是带着抗议的态度,他不能接受神的作为,认为在神的能力与尊贵之下,他只有自卑,但心中仍不折服,这个世界仍无公平。所以他就认命,为自己的卑微感到遗憾。人的生命实在太脆弱了,只好向神妥协。[17] 由于"懊悔"这用词可作不同的解释,可译作遗憾、忧伤,也可作安慰。在经义方面看,"安慰"似极为牵强,但可解释为"自我安慰"(因动词有反射的作用Niphil),不必径自忧伤下去,总应找到解脱之路。

　　凡认为约伯反面的态度,是根据他与朋友争辩时对神的埋怨(七11～21,九 11～24,十六 11～14)。现在仍持相同的心情。他好似说,"我是那么卑下,重大的事,有关你的创造及维持那一切奥妙的事,实在

---

⑯　William Morrow,"Consolation,Rejection,and Repentance in Job 42:6," *Journal of Biblical Literature* 105(1986),211-225,esp. 212.

⑰　John Briggs Curtis,"On Job's Response to Yahweh," *Journal of Biblical Literature* 98(1979),491-511,esp. 497-501.

是我测不透的，我不能明白。"这成为第三节的意译。第六节的含义是："我放弃了，我拒绝作任何评论及辩白，在你看来，人的苦难比起宇宙的一切，真可说是微乎其微，我还说什么？我承认自己只是尘土与炉灰，不必徒自悲伤，聊此自慰吧。"[⑱]

以上以反面的态度来解释，似乎极为合理，但对照其他译词，就无法成立了。七十士译词为"因此我轻视自己，我只认为自己是尘土与炉灰"。在死海古卷中亚兰文译词（在第十一洞穴，简称为 11 Qtg Job）："所以我被倾倒出来而溶化，我已变成尘土与炉灰。"[⑲]再看以下耶和华的话，神接受他的悔改，悦纳他的态度。神责备约伯的朋友，说他们"议论我不如我的仆人约伯说的是"（四十二 7）。

"约伯说的是"，表明他的话是真实的，正确的。这是许多解经家的译词。但在原意上该字可译为"诚恳"、"真挚"，[⑳]这似乎有矛盾的成分。照说朋友们所说的"报应的公义"是正统的信仰，而约伯的怨言说神不公平。神却赞同约伯的话！或者神认为"约伯说的是"，只限于他在听了耶和华言词后的两次回应（四十 4～5，四十二 2～6）。[㉑]

要明白约伯说的是，先得分析朋友们说的不是。他们的错误究竟在哪里？

约伯的友人向他提出两种可能，如果约伯彻底悔改，他就再蒙神的福分，但是悔改必须切实认罪，离开恶行，这是他们的劝告。如果约伯不听劝，后果不堪设想，必像恶人那样灭亡。他们的口吻似乎是为神发言，但他们所讲的，不是出于神的心意。他们认为神只有报应的公义。神是严厉的，充满着怒气，专为鉴察人心，罚恶毫不留情。这是约伯不能接受的。因为他不认为他的苦难是神的刑罚，他也不看神的威严中只有公义，没有恩慈。他对神的认识即使肤浅，也不是友人们那种

---

⑱　取材于 Curtis, *loc. cit.*, esp. 507–508.

⑲　J. A. Fitzmyer & D. J. Harrington, *A Manual of Palestinian Aramaic Texts* (1978), 11–47.

⑳　James G. Williams, "'You have not Spoken Truth of Me' Mystery and Irony in Job," *Zeitschrift für die alttestamentliche Wissenschaft* 83(1971), 231, n. 1.

㉑　G. Fohrer, *Das Buch Hiob* (1963), 539.

武断。

在约伯第二次的回应中(四十二 6),他的悔改,不是痛改前非,也没有恶行需要离弃。他承认的是他的幼稚与肤浅,他的思想范围太窄小,知识不足,更缺少智慧。他想辩白,甚至表现困惑及埋怨,实在是莫须有的。可见约伯没有听从朋友的劝导,神也没有照他们所说的,对待他如同恶人。所以神责备约伯的友人,因为他们成事不足,败事有余。

神认为"约伯说的是",因为约伯仍以敬畏神为他寻求智慧的途径(廿八 28),他在极端失望中仍怀有希望(十九 25),不仅只在今生,甚至展望至来生(十九 25~27)。他的信念成为新约中复活信息的前奏,真是在黑夜中的歌唱(卅五 10)。

附录(三):评析结语

四十二章七至十七节为本书的结语,其中有两部分(7~9 节、10~17 节)。这两部分由第十节作为衔接点,仍有若干迥异之处。第一部分特别提说约伯的友人,与他们的辩论有关。第二部分似专与第一章之绪言有关,成为约伯事迹的外在架构。

在第一部分,约伯为朋友代祷,有极为讽刺的涵义。以利法曾扬言,约伯若肯悔改,就能得着赦免的恩典。他是以中保的地位与立场劝导约伯(廿二 26~30)。但是约伯不是被劝导者,却成为劝导者。悔改的不是他,而是以利法及另两位友人。约伯成为中保,为他们代祷,这样他们才可蒙恩,不再受神的责备。[22]

友人们被谴责,因为他们在辩论中,以传统的、正统的信仰思想来论神,虽不致于亵渎,却极为不当,不如"约伯说的是"。他们不够真实,与真理有距离。

第一部分与辩论的对话相关之外,似与绪言中第二章可作联想。在第二章,约伯的妻子对他说愚顽的话。在结语的第一部分没有再提

---

[22] J. Gerald Janzen, *Job*, *Interpretation*: *A Bible Commentary for Teaching & Preaching* (1985), 263 - 264.

约伯的妻子,却将第二章内提及的三个朋友作一番交代。在第二章既未提说以利户,所以在四十二章七节也完全没有提及。有些学者甚至猜测在第二章,友人与约伯的妻子同样要约伯弃掉神而一死了之,理由是根据四十二章七节。㉓ 这样的说法似有牵强之处。

第一部分(四十二 7～9)与绪言的第二章相连,第二部分似与第一章相连。这样将结语中最后的两部分散文分为两种不同的叙述,虽有人作如此的说法,㉔仍有评议的余地：

(一)绪言第一章与第二章分开,使五幕的戏剧性叙述分割了。

(二)第一章结尾并未将叙述作一结束,必须有第二章来继续。

(三)若无第一章,第二章的开始多少有些突然。

(四)可见第一章与第二章并非各成单元,应一起连接,只成一个单元。

在结语的第二部分(10～17 节),由于第十节来衔接,十节上半节是重复第一部分(7～9 节),下半节强调神加倍的赐福,以下就有连续的解说。约伯多活一百四十年,是七十岁的倍数,财富加倍。儿孙主要是两代,此处也加倍：有四代(约瑟看见三代儿孙,参创五十 23)。儿子可能也加倍(见注释部分说明)。

关于他的儿女,虽然神仍赏赐,女儿虽未加倍,却十分重要。但是儿女与财产不同,财产可以失而复得,儿女失去却不能恢复,现在有的,能够真的补偿以前的丧亡吗？ 这一点本书的作者无法交代,使读者慨叹不已。

读者或许希冀在结语中撒但会再出现,他彻底地失败,在天上的圣会中蒙羞。但是他的出现有必要吗？ 本书的巅峰是耶和华的言词。耶和华在旋风中显现,在祂的威荣中,约伯谦卑下来。约伯是本书的中心人物,再提撒但,难免画蛇添足,不必赘述了。此处注意力应集中于神

㉓ Gordis, *op. cit.*, 575. 引述 B. Duhm, *Das Buch Hiob, erklnert* (1897)；D. B. Macdonald, *The Hebrew Philosophic Genius* (1936)；E. G. Kraeling, *The Book of the Ways of God* (1939),162 - 163.

㉔ Gordis, *op. cit.*, 575 - 576,引述 Albrecht Alt, *Zeitschrift für die alttestamentliche Wissenshaft*, XIV (1937),265 - 288.

在宇宙的治权,耶和华是至上的。

撒但除在绪言中出现,一再被间接地提及。苦难对约伯是一种难解的谜,对朋友们也是无法解说的。他们以为知道,其实只是自圆其说,甚至在耶和华的言词中仍绝口不提,以致这奥秘始终没有解开。本书的信息似集中在人的无知。约伯最后承认:不明白,我不知道。但是神只叫约伯看见宇宙的大自然的美,就存欢悦的心。奥秘好似黑云一般包裹着,却部分地透露了一些光辉的阳光,那是神迹——神的福分与恩典,就是本书的结语:奥秘与神迹。㉕

㉕ R. Gordis, *The Book of God and Man*, 134.

玖　　综论

（一）释义的疑难

（I）文体与内容的差异

　　由于约伯记的特殊结构，学者在研究中，常引起同样的问题。本书在绪言与结语是散文，在中间的形式是诗歌。散文部分是架构，有整个的情节，内容所述的是智慧的传统：约伯敬畏神，远离恶事，有神的福分，虽遭患难，始终忍耐。甚至新约雅各书，仍以约伯的忍耐为典范。在结语中，神只责备约伯的友人，"因为你们议论我不如我的仆人约伯说的是。"（四十二 7）约伯屡次被神称为"我的仆人"（7～8 节），神又加倍赐福给他。但是在诗文部分，约伯并不忍耐，他有很多怨言，甚至在埋怨中近乎背叛。友人们从约伯的话中，看出他实在是大逆不道的，极不可取。

　　散文与诗文二者文体既不相同，内容也有差异。如果约伯记是一个作者所写，那么大概不是同时的。但是哪一部分先写呢？许多解经家认为诗文部分是基本的，散文部分才是以后补充的。或者先写情节，再将辩论放在中央，不然哪会有那样的差距？也有人以为这两部分不是出于同一个人的手。但先后也有不同说法。先有架构（散文），再有内容。或者中央部分（诗文）为首，再加上架构，才成为完整的书，论点不一，可作一番研究。

　　这两大部分不仅迥异，而且矛盾，是否在于日期的先后以及文化的差别？看来是绪言部分在先，代表的宗教文化似乎较早。约伯好似创世记中的族长，以一家之主充当祭司的职任，为儿女献祭。在结语中，族长的家庭与亲友的关系也为早期的现象。宗教比较单纯，信仰的深度似并不足够。但是辩论部分却较为复杂,信仰的思想就多有深度,又有批判,约伯与友人二者的基本态度完全不同。朋友们仍坚持以往智慧的传统,而约伯却屡提矛盾与困惑,有反叛的意向。约伯的言谈不仅对祭司与先知的制度不感赞同,对传统的智慧也持反面的态度。这是以色列在被掳之后所有的反应。其实这些都没有明说,作者也无意说明,但在字里行间可以觉察。如果历史的背景真是这样,那不再在本土,没有圣所,敬拜不再具体,也不再有先知道德的内涵。当然,本书并不反映历史的背景,只是一番推断而已。[①] 看来散文部分的时间不会迟于公元前八、九世纪。祷文部分有亚兰文的形迹,以及字词方面有借自波斯与埃及的,时期必晚得多,这是学者们一般的说法。[②]

语文方面固然可作为凭证,但神学信仰的内容,更可反映时代的环境。在诗文部分,似沿袭于耶利米书,以赛亚书第二部(四十章起),以及有些后期的诗篇。[③]

散文中以东的背景,大概是后期的,因为被掳时期以色列人对以东是十分憎恶的。但在另一方面,后期以色列对外邦人没有那样憎恶,所以这又是另一种说法。[④]

(II) 撒但在结语中消失

散文中有关撒但的出现,引起一番研究。撒但在圣会中,也许有迦南宗教的传说。[⑤] 但耶和华怎能容许撒但在圣会,又怎能许可他的挑

---

① J.J.M. Roberts, "Job and the Israelite Religious Tradition," *Zeitschrift für die alttestamentliche Wissenschaft* 89(1977),107 - 114.

② Samuel Terrien, "The Book of Job: Introduction and Exegesis," in *The Interpreter's Bible* 3(1954),877 - 1198.

③ J. Vermeylon, *Job*, *Ses Amis et Son Dieu* (1986),57 - 59,61 - 62.

④ Terrien, *op. cit.*, 888.

⑤ Herbert Haag, *Teufelglaube* (1974); Rivkah Seharf Kluger, *Satan in the Old Testament* (1967); Dirk Kinet, "The Ambiguity of the Concepts of God and Satan in the Book of Job," in *Job and the Silence of God*, eds. Christian Duquoq & Casiano Florisiana (1983),30 - 35.

战而加害于约伯呢？这是令人费解，似乎并无正确的答案，但是本书有撒但，才会将约伯无辜的受苦衬托得更具体。有关撒但的事，在晚期才发展。⑥ 在旧约中，"撒但"可有三种解释：（一）专指行为，凡有反对行为的，即为撒但。（二）神的使者中有撒但（大多附有冠词），为控告者。（三）天使中有堕落者，专使人敌挡神。此处同于撒迦利亚书第三章，是指第二项。⑦

约伯受苦是受撒但的攻击，这当然是约伯与友人所不知道的。他们如果知道，就没有争辩的必要了。撒但对耶和华的挑战居然会有果效，这也是读者不能设想的。神并不除去他的智慧与能力，甚至容让他有权能，也是我们不能明白的。约伯受苦，是违于神的性情，神一定不愿意，却容许撒但。耶和华自己没有伸手，伸手的是撒但。约伯以后责怪耶和华，却想不到是撒但的攻击。

撒但并不出现在诗文中，甚至在结语中他也消失了。许多学者有不同的解释。撒但是否彻底失败了，所以没有再出现的必要？⑧ 撒但根本不重要，没有需要再提。⑨ 撒但的工作先由约伯的妻子取代，叫约伯咒诅神，又由朋友来接替，一直加给约伯麻烦、严责与谩骂。在结语中，耶和华甚至向他们发怒。⑩ 但是在绪言中，撒但既极为重要，最后总得有所交代才好。

耶和华许可撒但作一切破坏的工作，但是苦难的因由并非只是出于撒但。神是负责的。所以火是神从天上降下来的，不是假手于撒但。但是在诗文中没有撒但的行动，不然本书的内容会成为非常混乱的结构。所以这有作者的设计，是他苦口难言的。

设若撒但真的很具体地出现在约伯面前，或约伯真的知道苦难是

---

⑥ Avi Hurvitz, "The Date of the Prose-tale of Job Linguistically Reconsidered," *Harvard Theological Review* 67(1974),17‑34.

⑦ Meir Weiss, *The Story of Job's Beginnings* (1983),35‑36；Jean Lévêque, "Le Datation de Livre de Job," *Congress Volume* 32(1981),206‑219.

⑧ Norman H. Snaith, *the Book of Job：Its Origin and Purpose* (1968),17.

⑨ Bruce Vawter, *Job and Jonah：Questioning the Hidden God* (1983),30.

⑩ Norman Habel, *The Book of Job：A Commentary* (1985),81.

出于撒但的攻击,那么他仍会向神责怪,认为神许可撒但,未免过分残忍。但这只是读者的猜测,作者是否存心不再提说撒但,特别在结语中。他或者认为已经没有这样的必要了。约伯的问题不是在于撒但,也不是在于朋友。他们对约伯的感受似有关系,但不是真正的关键。他基本的问题是他自己,以及他与神的关系。他最后向神悔改,彻底谦卑,他的问题就迎刃而解了。

最后耶和华在旋风里向他说话,完全不提他受苦的问题,约伯也没有向神问询,求神答复。他更没有再向神辩白。这些都不需要了。在结语中,撒但已经消失,反使约伯的事更简化,约伯始终是神的仆人,没有离弃神。神对他赞许有加,又加倍赐福,已经以证实神在绪言中向撒但夸赞约伯的话。

朋友们是否代表撒但,来对约伯作种种扰害,又肆意攻击,不留情地责怪?但是他们并没有使约伯因此向他们妥协,或者在被激怒之下,真的离弃了神,最后被定罪的不是约伯,而是他们。可见撒但不必出现,耶和华已经主持公道,显示了祂的义。

在读者的想象中,当约伯到了天上,站在神的面前,果真知道绪言中那幕天上的情景,明白神已完全得胜。[11] 但是在结语中,约伯的一切仍在地上,必有许多还未显明,自然是读者不易明白的。

归纳言之,撒但不在结语中出现,的确引起读者的质疑,对本书的合一性也有疑问,不仅在散文与诗文两部分的完整上,也在绪言与结语二者的完整上。学者经过研究,未能提出适当并满意的答案,确是读者无法解决的疑难,就不必探究了。

(III) 论述矛盾中求一致

以上所论及的是散文部分忍耐的约伯,至诗文部分不忍耐的约伯。又在绪言中撒但的出现,至结语中撒但的消失。似予读者若干困惑,本书前后未趋一致,有些不甚连贯之处,确为本书的特色。读者如认清这

---

⑪ David Robertson, *The Old Testament and the Literary Critic* (1977),36.

种特色,将矛盾的与和谐的连串起来,仍有完整的感受。本书是对不同的时代,向不同的读者,传递他的信息。

本书无论在何时写作,在被掳之前,或在被掳时期,甚至在归回之后,经学家意见都不相同,但对后期的以色列,必有所影响。

作者并未在本书说明写作时的历史背景,但他着重神的公义,确是申命记的信仰思想。神的治权在天上,有天上的圣会来管理地上的人间,以色列是神所拣选的,神所处理的,不是以色列民族的整体,而是在圣约团体中的个人,至少在智慧文学中的重点是这样:个人不是团体。这在本书处处都反映出来,个人与社会的关系。朋友所苛责的话,都是约伯在社会责任上所犯的罪,导致他个人因罪而受刑罚。

本书中朋友的论调,基于神公义的报应,又都是申命记的重点。约伯不能接受,不是否认神的公义,他也能明白报应的道理。但他看到社会不公正,恶者凶暴的势力,他们的兴盛,没有受罚,使他无法解释。

这种思想在以色列被掳之后更为普遍,人们对于当时的处境无法了解,历史的苦难使他们感到痛楚。他们也觉悟以往的罪孽错失,但压迫他们的却不受灾害,是他们无法明白的。他们对民族的苦难也许还有解释,而对个人的苦难就难以了解了。于是约伯记所论述的矛盾,似乎为他们发出心声。他们对传统的信仰,尤其智慧传统的观念,发生怀疑,寻求解答。

现代心理学对约伯记又如何解释呢? 敬虔是否为利害所影响(所谓 Disinterested Piety)? 受苦与罪有无直接的关系? 本书并未作具体的答复。前者在绪言中撒但的挑战,后者在诗文中约伯与友人们反复的辩论。[12] 约伯受苦的原因始终没有说明,这不是在世上许多受苦的实情吗? 约伯与友人始终没有想到撒但的攻击。对现代心理学来说,也是不够具体的。

在本书的论述中,神并不具体,祂究竟有多伟大与全能,似乎只是约伯与朋友的辩论中的一些臆想。如果没有耶和华的言词,读者对神

[12] Carl A. Raschke, "The Deconstruction of God," in *Deconstruction and Theology* (1982), 1–33.

的观念也模糊起来了。再看约伯在信心的历程中挣扎,理性不能给予什么助力,只有更加困惑。对约伯来说,神是隐藏的,躲避起来,似乎不屑启示与施恩,也没有给予人的价值。一直到耶和华在旋风中向约伯说话,以自然现象来表达真正的美与完全。这是出乎约伯的意料之外,而读者何尝有心灵的准备,看到十分意外的结局。全书神的躲藏,甚至使约伯猜想神与他为敌,使读者为约伯一掬同情之泪。

在本书中,约伯代表人的痛苦,这痛苦不仅是肉身的,也是精神的,耶和华似弓箭手将他射伤,他为众人弃绝,也遭神弃绝,他愁苦的脸庞,也反映了许多受苦者的苦脸——病患者、遗弃者、饥饿者、惊怕者。这是否可激发读者,真正会设身处地,与受苦者一同受苦?

约伯也代表人的骄傲与自义,他极力坚持自己是无罪的,不能接受别人的控告,甚至在神面前也想辩白。⑬ 这种顽强的反抗与拒绝,可能成为信心的省思,敢向神挑战。最后神终于纠正他,使约伯两次回应耶和华的言词,自卑下来,终于彻底悔改。

约伯代表人们寻求神的同在。在他最剧烈的痛楚中,感到神不再与他同在,他求听讼者(九章)、见证人(十六章)及救赎主(或维护者,十九章),十足表露了他内心的渴望,他屡次都想放弃,但这愿望不住地回来,使他无法放下。这些也都反映了人们对宗教的探索以及信心中的冲突与矛盾。

约伯的妻子成为人们对苦难的另一种反应,也说明了矛盾。她虽只在绪言中出现片时,以后不再被注意。约伯只在诉苦时提到她:"我口的气味,我妻子厌恶。"(十九 17)但是她的话却令读者难忘:"你仍然持守你的纯正吗?你弃掉神,死了吧!"(二 9)"弃掉神",一直是撒但对约伯的预测,也是他所希冀的。忍耐的约伯一直不肯妥协,说他的妻子是"愚顽的妇人"。但约伯在失去忍耐的时候,他屡次求死,或者他有危险来弃掉神,不如一死了之。约伯妻子的这句话,是否可成为本书的意义,因为人在受苦时,就会受人这样的奚落与讥刺。⑭

---

⑬ Vermeylen, *op. cit.*, 21.

⑭ David Penchansky, *The Betrayal of God: Ideological Conflict in Job* (1990), 85 – 86.

　　有些学者为约伯的妻子辩护，认为她的话是出于好意，因为她为约伯的痛苦而受苦，应对她寄以同情，也许她不忍看着约伯受苦，所以想让他尽早结束多苦多难的人生。也许她要约伯认清现实的真相。以往看财富与幸福，以致看不见属灵的实际，现在信仰对约伯究竟有什么价值。她要约伯弃掉神，将一直所坚持纯正的信仰与道德放弃。约伯却一定不肯放弃。他不敢弃掉神，却向神挑战，对神质疑。约伯的妻子要他发掘苦难的来源，她也道尽了人们对宗教的怀疑，以及理性的冲突。

(IV) 结构有巧妙的整合

　　本书的结构，为散文的架构与诗文的内容，二者的差异引起很多的争议，实则这是十分完善的整合，可由以下的论点得以说明。

　　绪言所叙述的，以故事体裁，又有戏剧性的情节，活泼地描述了约伯的经历，重点都在传统的智慧：敬畏神，远离恶事，约伯在受苦中的坚强忍耐，令人钦佩。在结语中再以智慧传统的重点，在一个大团圆中，约伯康复，神加倍赐福，有最圆满的收场，这个散文的架构实在完美。

　　诗文部分也井然有条，两个回合都由约伯的友人轮流发言，约伯答辩。但是在第三回合中，似较为复杂，从廿二章至卅一章，结构方面引起学者研究与争辩，意见不一，甚为分歧。廿五章第二位朋友比勒达发言后，廿六至廿七章全是约伯的答语，而第三位朋友琐法的言词付诸阙如。在廿六至廿七章内，有些论调似属友人，而不是约伯的，以致学者们重新组织，意见莫衷一是。至于廿八章，则更引人质疑，认为这首智慧之诗是独立的，犹如希腊悲剧中的合唱来追述情节，或将剧情衔接起来，使听众可以领悟，又像音乐会中的插曲（Interlude）在间歇的作用。其实作者必另具用意，成为整个结构的重心。

　　廿八章的内容，着重人知识的有限，无法窥知宇宙的奥秘，即使以科技方法也无法探究。其中有两节（12、20 节）重复语，好似诗歌中的副歌（Refrains）。这是为坚强约伯的信心，使他完全摒弃一切的怀疑，而重新成为一个完全敬虔的人。⑮ 这首诗歌几乎可列在耶和华的言词之内(卅八 1～四十二 6),好似神在向约伯发问一样。⑯ 智慧确无可寻得,人必须承认自己的无知。可见第廿八章实在是本书作者信仰的立场。这首诗也许是以色列的古赞美诗歌,⑰本身的文学体裁不同,却能巧妙地适合在本书的结构中,真可说是锦上添花。

廿九至卅一章是约伯的独语,与第三章的独白遥遥相对,又构成另一个圆圈,成为一个包裹起来的整体(Enveloped Structure)。这就将中间的对语构成另一个层次,三至卅一章中间是对语,中间加插一首赞美诗,多么完美。

卅二至卅七章以利户的言词,确是另外一个单元,但为辅助读者听耶和华的言词,也有它价值的贡献。这段的适当地位也应肯定。

在耶和华的言词之后,约伯最后的回应是彻底的悔改。他所叙述的心路历程,实在是作者主要的用意:“我从前风闻有你,现在亲眼看见你。”(四十二 5)这又可与廿八章相连。在该章几乎概括了约伯的经历,他都是听来的,他以往所知道的,都是传统的智慧,答复他生命的问题,就是信靠依顺,完全敬畏神、远离恶。这正如一章一节所叙述的约伯,现在他才有新的认知。

认识神,是先知的重点(何六 3),也与智慧传统中的敬畏神有密切的关联。约伯认识神,是他从受苦的经验中学来的功课,他一直在这事上挣扎,最后他的认识才十分真切。他失去忍耐、埋怨神,憎恨友人,不住地辩白,都是他所经历的艰苦过程。

认识神是真正终极的目的。十二世纪犹太拉比学者迈蒙尼德(David Maimonides)以希腊哲学作为出发点,最后从耶利米先知的话找到结论,论四大完全:道德、健康、财富以及信仰(认识神)。“耶和华如此说:智慧人不要因他的智慧夸口。”智慧指道德。“勇士不要因他的勇力夸口。”勇力指健康。“财主不要因他的财物夸口。”财物指财富。

---

⑮ E. G. Kraeling, *The Book of the Way of God* (1939), 122.

⑯ N. H. Tur-Sinai, *The Book of Job: A New Commentary* (1957), 395.

⑰ Robert Laurin, "The Theological Structure of Job," *Zeitschrift für die alttestamentliche Wissenschaft* 84(1972), 86 - 89.

"夸口的却因他有聪明,认识我是耶和华。"(耶九 23、24)⑱

本书绪言是约伯认识神,廿八章再重申这信仰,至四十二章,在结语前再表明他的经历,确实是十分完美的结构。

(Ⅴ) 历代犹太学者释义

本书释义的疑难,有时可能是由于断章取义,或局部偏重若干课题及重点,以致对全书的解释发出无法把握。本书的内容实在太丰富,作者的用意也太繁复,在论述中包罗万象,内涵甚深,表象很多,隐喻连续,这些也都增加了解经的困难。兹就历代犹太学者解释的不同观念,以及见解的异同,分别列出。

(ⅰ) 经学研究的解释

1. 约伯为完全的圣徒

约伯是一位圣徒,这是最早的解释。在基督教纪元之前,可能就已经有一本《约伯书》(Testament of Job)出现。这是旧约以外伪经(Pseudepigrapha)中的一卷,原版可能是希伯来文的著作,但是已经失存。现在可资参考的是两部希腊文的版本,又经合订与改编,在十九世纪才为学者们注意。⑲

该书叙述约伯,并非神许可撒但而经受试探。约伯是以东王,废除了撒但所制的偶像,激怒了撒但,使约伯受灾。约伯自觉无罪,愿意忍耐受苦,深信日后神必恢复他的财富。他说:"我因爱神,必至死忍耐,一切都可忍受,决不退缩。"约伯的朋友,也是其他邻邦的王,看到他受灾,就失去了他们的信心,但约伯却起来,为神辩护。他不接受医生的

⑱ Alexander Altmann, "Maimonides 'four perfections'," *Israel Oriental Studies*, Ⅱ (1972),15 – 24.

⑲ K. Kohler, ed. & tr. "Testament of Job," in *Semitic Studies in Memory of Alexander Kohut* (1897).

治疗，因为他认为神会医治。他不准人们来寻找儿女们的尸骨，因为"他们必蒙造物主的保守"。以利户是受神指使，但约伯在受苦中，除去他自我的骄傲，因此受了管教。有的经学者，尤其是犹太拉比，认为以利户就是先知巴兰。⑳ 最后在耶和华的言词中，神饶恕三个朋友，而定以利户有罪，指责他"喜爱蛇的美丽"，约伯完全恢复旧有的荣华。

在犹太拉比的解经书（Aboth-de-Rabbi Nathan，Version I. Addendum II）中有关约伯轶事的叙述，采自不同的来源。撒但获得神的许可，来试探约伯的信心。约伯的信心始终稳健，一直赞美神，使全世界都知道约伯的完全。他没有以口犯罪，好似圣经中约伯记二章十节所说的，但内心却曾犯罪。论约伯有罪，为证明神的公义。但约伯仍不失为完美信心的人。㉑ 在结语中，曾提说撒但被神定罪，从天上堕落。神以怜悯医治约伯，约伯的苦难忍受了一整年，一整年也表征一个完整的时间单位。

早期基督徒都确认约伯为圣徒。新约的雅各书有所论述，雅各是当时耶路撒冷教会的负责人。他提说众先知留下忍耐受苦的榜样，特别提名约伯（五 11）。在第四世纪末，有《保罗启示录》（Apocalypsis Pauli）叙利亚本，也有类似的解释。㉒ 撒但每天都试探诱惑约伯，叫他背道，但约伯始终保持他的信与爱，他盼望来世得着补偿。

莫修隶主教（Bishop Theodore of Mopsuestia）是在第五世纪安提阿甚盛名的教师。他论述约伯是尊贵杰出的圣徒，在以色列与外邦都流传他的事迹。他认为约伯是真实的人物，但圣经中的约伯记，却不全是真事，但发挥作者本身的智慧，强调道德与敬虔。㉓

约伯记的伊斯兰教文本，是有两部钞本，一部的时间约在 1785 年，另一部约在 1840 年，可能出于同一资料，却是在埃及抄写的。有也门的犹太人归信于伊斯兰教（他们的姓名是 Wahb 与 Kaʻb-el-aḥbar）。

---

⑳ *Palestinian Talmud*，*Sotah*，20d.

㉑ *Baba Bathra*，16a.

㉒ Constantin Tischendorf，*Apocalypses Apocryphaes*（1866），66f.

㉓ G. D. Mansi，*Sacorum Conciliorum nova et amplissima Collectio*（1759－1798），ix，223－225.

在著述中，撒但（Iblis）因约伯与他妻子向他不敬而被激怒，得了神的许可，来试探约伯的信心。[24] 撒但在清真寺，看见约伯在那里祷告："神啊，你将祸患临到我身，无非增加我的感恩与忍耐。"约伯自称神的仆人与使者，他也实在可作众先知、诸仆人的典范。他只求神的医治，神就差遣加百列，以乐园的果子——苹果状的果品（Quince 榅桲）治疗他。[25] 这里似乎是追溯伊甸园中亚当的经验，当然二者不同，因为亚当吃了果子就有罪恶的病患。约伯吃了果子，而有神奇的治疗。约伯表明他呼求神的名、赞美神，使他心灵中的饥渴得着满足，可见约伯是何等敬虔的人。

2. 约伯敬虔却不完全

约伯虽有敬虔，却不完全，这是中世纪犹太经学家赖西（Rashi：Rabbi Solomon ben Isaac，1040－1105）的注释书所主张的，他解经至约伯记四十章二十节就离世了，由他的门生完成全部注释。[26]

照赖氏所说，约伯并未起来违反神，他敬畏神的心很深，不敢反对，只有顺服。在约伯记九章十三节：神必不收回祂的怒气，约伯不但敬畏神，也怕人。"我仍不信祂真听我的声音。"（九 16）但终于明白："我虽有义，自己的口要定我为有罪。"（九 20）赖氏又加上："因为我怕祂止住我的声音。"在十三章十五节，赖氏的意译作："祂虽杀我，我仍不会离开祂。我始终信靠祂，在我口中没有反叛与过犯。"他又补充："我完全归信祂，祂的救恩赐给我。"十六节上连在这节："这要成为我的拯救。"

但是约伯的虔诚并不完全，他说神都灭绝完全人和恶人（九 22），

---

[24] Duncan B. Macdonald, "Some External Evidence on the Original Form of the Legend of Job," *American Journal of Semitic Languages and Literatures*, 146 n. 6.

[25] Nahum N. Glatzer, "The Book of Job and Its Interpretaters," in *Biblical Motif*, ed. Alexander Altmann, 200 n. 10.

[26] Isaac Maarson, "Raschis Kommentar zu Sprüche und Job," *Monatsschrift für Geschichte und Wissenschaft des Judentums* 83 (1939), 442－456.

求神"不使你的惊惶威吓我"(十三 21)。他太多言,以致他破坏了神的计划,使神的旨意暗昧不明(卅八 2)。约伯不完全,实在需要纠正。所以以利户的话,说明人在宇宙中原来微不足道(卅三 12)。赖西解释约伯记卅八章二节,神向约伯责问之后,约伯的反应是:"我怎能用多言多语来寻求神的旨意?"照犹太的解经集中论撒但控告约伯,根据亚伯拉罕的经验,撒但曾对付他有十次的试炼。⑳

另一位注释家卡拉(Joseph Kara,十二世纪),他的注释在十九世纪(一八五三年)才被发现,稿件因是手抄,有若干模糊之处,他也同样强调约伯为不完全的敬虔者。㉘ 约伯虽是一个正直人(十二 4),但在苦难中感到无助,在神面前自觉有罪,这是他倚靠神而有的感受(七 20,九 20,十三 15)。神还是会拯救他(十三 16)。以利户教导他有关神的怜悯,说明神不会受人行为的影响(参考卅五 9 节起及卅六 26)。卡氏解释卅三章廿四节:"神给他开恩,说,苦难临到你,无非救你出离黑暗,爱你,必先管教你。"神最后的言词是再强调以利户的话,神是自主的,祂关怀一切所造的。在卅八章廿六节起,神说祂关怀一切动物,养活它们,人既照神的形象被造,看顾必要加周详。可见约伯没有理由反叛,也不可怀疑神的安排。约伯的困惑要澄清,必须恢复他完全的信心。在卡拉的注释中,苦难问题似乎并非主要的论题。

约伯是不完全的敬虔者,又有另一部犹太的解经书(Ma'ayan Gannim),时在十三世纪二十年代。㉙ 内容是编写亚兰文译本两种版本的译词,㉚又参考犹太的解经集(Midrash)以及其他的注释(如 Ibn Ezra 及 Rashi 赖西,参考赖西的最多)。㉛

约伯是撒但得神的许可而受试探的,撒但不愿约伯的敬虔超过

⑳ *Babylonian Talmud*, *Bara Bathra*, 156.

㉘ Joseph Kara, *Commentary to Job*, arranged by Breslau Jewish Theological Seminary in *Monatsschrift für Geschichte und Wissenschaft des Judentums*, vols. 5 – 7(1856 – 1858).

㉙ Solomon Bubor, ed., *Majan-Gannim*, *Commentar zu Job* (1889).

㉚ Wilhelm Bacher, "Das Targum zu Hiob," *Monatsschrift für Geschichte und Wissenschaft des Judentums* 20(1871),208 – 223.

㉛ Glatzer, *op. cit.*, 203.

亚伯拉罕,恐怕神就忘记。约伯因受苦而有怨言,如在九章四节,论
神的能力,是回顾过去神刑罚埃及的法老及所多玛与蛾摩拉(5节),
使约伯惊惧。在九章十六节,约伯自感不虔,不能得到神的应允。他
也自知不应向神指责(九 32)。敬虔的人应承认神的慈爱,朋友的话
在神面前是站不住的(廿七 2),他们虽为神辩护,实则是近乎异端
(卅二 4)。

　　由于受苦,约伯认为神与他对敌(十三 24)。受苦者发怨言,是无
可厚非的,这是亚兰文译本对廿八章廿六节的解释。耶和华的话,是使
约伯承认自己没有知识,不能明白神的道路,他必须认清自己的无知,
然后他就会为自己的怀疑后悔,因为怀疑阻碍他的敬虔。可见他的悔
改是完全的(四十二 2 起)。神让他知道,为使他真正达到认识的地步。
朋友们不明白,才会受神责备(四十二 7)。

　　这种解释,大多不注意朋友的言词,只强调耶和华言词的目的,约
伯的敬虔是真实的,只是不够完全,所以需要神向他说话教诲他。

3. 约伯为十足背道者

　　约伯是一个背道者,怀疑神的公正,是伊平以斯拉(Abraham Ibn
Ezra,1092－1167)的注释书所论述的。他曾参照若干前人的主张(如
Saadya Gaon,Jonah ibn Janāh),[32]认为约伯既辩明自己无罪,神使他
受苦,不仅不公平,而且以神为仇敌。以利户的目的,就是使约伯从背
道转变为谦卑的信徒。神在自然与人类社会中的作为是神秘的,人不
会明白,所以人受苦,只有逆来顺受,保持缄默。

　　以利户的说法,在耶和华的言词中就得以完成了。伊平以斯拉强
调在耶和华的言词中,主要的用语:"你知道吗?"人的知识多么有限,人
在地上管理的也十分有限。

　　有关苦难的问题,地上的凶恶仍未除去,神是赐恩惠的,但是罪恶

---

[32] Julius Galliner Abraham Ibn Ezra, *Hiobkommentar auf Seine Quellen Unter-*
sucht（1901）,18,30.

的存在，以致神不能使人明白为什么神不除去苦难。人在困惑中，就怀疑了神。

在十三世纪，另一位解经家那曼尼第（Nahmanides：Moses ben Nahman，1194－1270?）也有类似的论调。约伯受苦，不知道他在受信心的试验，但人在神面前究竟微小，以致使他在这样情形下，自认时运不济，而怪责神，有反叛的态度。约伯委诸命运（三章，九章 2、22 节）是不当的，在灵界本来就有许多奥秘，人无法明白。㉝

约伯看见恶人兴盛，心中难以信服神，所以反对第三位朋友琐法的说法。琐法又警告约伯有关神隐秘的智慧，使约伯不能明白。如果说恶人兴盛是造物主的怜悯，就更难解释了。

琐法与以利户都强调隐密的智慧，而神的言词说明创造的奇妙，足以严责人的骄傲，人哪里有什么知识与能力？但神既指示约伯看见宇宙的完美，就使他明白，在一切次序之细节中，仍有许多不解的谜，人无法测透。㉞

约伯正可代表一般的人，以自己的理性来解释良善与罪恶。他就体会世上有许多奥秘，不能明白，就起了背叛的心。知识使约伯背道，他否认神的安排。等他听见以利户与耶和华的话，约伯才认识自己的无知，只有在神的怜悯之下，才会使他明白。

另一部约伯记注释，作者亚兰玛（Isaac Arama，1460－1545）解释约伯因受苦而放弃信仰，他只承认神是漠不关心的。㉟ 由于以利户解释神的安排，而由神给予约伯肯定的答案。神与一切被造的都相近，人更离神不远，这是人可以意会的，神看顾所有被造的，人也没有例外。这使约伯最后不再反叛，而有顺服的心，敬仰神恩慈的安排，因为神在宇宙中的安排是祂奇妙的恩慈。

㉝ Nahmanides，*Job Commentary*（1517）；*Sha'ar ha-Gemuel*（1556）. See Nahum N. Glatzer，"The Book of Job and Its Interpreters," *Biblical Motif*，205，notes 24，25.

㉞ Nahmanides，*Sha'ar ha-Gemuel*，16.

㉟ Isaac Arama，*Meir 'Iyyov*，18，57.

4. 约伯信奉二元的神

如果神是唯一良善者,祂所赐的也只有完美的,那么苦难一定不是祂所给予的,一定有另一个神专司凶恶与苦难。这样二元论的设想,约伯是表征人物。这是施富努(Obadiah Sforno,1475 – 1550)在他的注释书中论述的。㊳ 约伯背叛的是良善的神,因为祂如此伟大,竟然漠视人的基本权益,而不干预凶恶势力的侵扰。

约伯在悲叹中说:"我们从神手里得福,不也受祸吗?"(二 10)神似有两方面的作为,降福也降祸,祂是恩慈的,也是凶恶的,约伯所认识的神是二元的吗?

在施氏解释卅八章的要义中,他认为耶和华的言词不是见证神的华贵,而是着重对个人的关怀。神已经将智力赐给人,人可以明白,却不能与鳄鱼、河马相比。人与其他的一切不同,所以神不用自然律来管理人。在人看来似不公平的事,无非是神保障人抉择的自由。人可以在不同的遭遇中有不同的适应。神既是良善的,没有降祸的意向。如果说神容许恶存在,祂仍有奇妙的安排,一切都是合一的,因为神是独一的,不是二元的。如果信奉独一的真神,以二元论解答凶恶或苦难的问题,则找不到圆满的答案,神的启示只有一个。

(ii) 哲学途径的解释

在中世纪的犹太哲学家,解释约伯记,比解经家有更多的自由,他们解释是取哲学的途径,研究苦难问题以及神的公义。

1. 约伯敬虔寻求答案

约伯寻求神的圣洁,这完全是一个敬虔的人信心的探索。约伯与

㊳ Obadiah Sforno, *Mishpat Sedeq* (1589).

友人从来都没有怀疑神的公义，所以他们寻索的是神无限的恩典。约伯始终保持信心，没有反叛。这是第十世纪的哲学家郭昂（Saadya Gaon）在他的著作中所坚持的，他将约伯记全部重译，并加注解释。⑰他论约伯记卅三章十三至十五节，说明神实在太崇高与伟大，祂不会逐字逐句来回答人。神是自立的，不会受人的善恶而影响得失或获益遭害（可参考其注解卅五 12～15）。在耶和华的言词中，神以鳄鱼来说明祂无限的能力，约伯必须明白人的知识不可能测透至高智慧者的治权。郭氏有意避免拟人的说法，神的良善、公义与恩慈，并不与人世间有密切的接触。本书以耶和华的言词为要诀，敬虔如约伯者，仍不可质疑神的公义与安排。所以约伯惟有寻求答案，使他得着知识。

在郭氏的论述中，敬虔者若有苦难，仍是神罚恶的举动，在约伯的实例中，神对他却是一种试验，因为神预先知道，约伯是经得起考验的。所以神藉着约伯的试验，向世人暗示神的义，约伯没有怨言怪责神，他的信心坚定，在苦难中始终没有动摇。他只想知道神作为的动机。约伯有信心，他得承认，在神与人之间，有极大的距离，以后人不能明白神的心意。

2. 约伯缺乏真实知识

迈蒙尼德（Moses Maimonides，1135－1204）是极为知名的十二世纪犹太哲学家，在他的名著《为困惑者解》（Guide to the Perplexed）卷三第廿二、廿三章，对约伯记有所分析。⑱他认为约伯记第一章一节论约伯正直与道德，并未提及他的知识与智慧，在约伯受苦的时候，他不明白神公义的治权在宇宙，是因为他缺乏智慧。撒但只是约伯内心的

---

⑰ Joseph Dorenbourg, *Ceuvres Complètes de R. Saadies* (1899)；Roman Ecker, *Die arabische Job*, *Übersetzung des Gaon Saadja ben Josef al-fajjumi* (1962)；Edwin I.J. Rosenthal, "Saadya's Exegesis of the Book of Job," *Saadya Studies* (1943).

⑱ 迈氏在该书中，自承有先知的灵感（Kidemut nevuah），对约伯记有最完全的解释，均在卷三第廿二章提说。

罪恶意向,这意向是与生俱来的。"撒但"字根为 Satah,使人转离真理,在错谬的道上迷失。他既缺乏智慧,只凭传统来认识神。再受苦难煎迫,以为神与人敌对,甚至容让恶者兴盛,但人也有良善的倾向,足以克制恶性"撒但"。结果,约伯能真正认识神,不受世界艰难的事侵扰。

以利户的贡献在于他提出天使为人代求,是他言词主要的目的。迈氏提到代求的天使,正与控告的撒但相对照。约伯的转变在于他理性的成熟,因而认识神,是以代求的天使取代控告的恶使者。以利户的另一项贡献,在于他描述自然的情景,说明神在宇宙的治权。卅八章起是先知的感动而有的信息,表明神的启示好似先知的信息(nevu'ah)。神的创造与治权,祂的安排与目的,都与人的理想行为有极大的距离。人在智慧上不成熟,只会想象神的知识与人的相似,其实神的智慧是独特的,无可匹比。人如在智慧上长进,就对神的作为不再置疑,惟以静默来顺服,敬畏神仍嫌不足,神的慈爱是人最大的需要。

在十三世纪另有一位作者,写作约伯记的注释,他是追随迈氏的思想,名叫萨拉耶(Zerahyah ben Isaac ben Shealtiel of Barcelona)。该书内容除归纳迈氏的说法之外,还将约伯记与创世记合参,认为这两卷在文体的结构上极为相似。[39]

3. 约伯否认神的安排

十四世纪的数学家、天文学家葛逊尼德(Gersonides：Levi ben Gerson，1288 - 1344),曾写过约伯记注释,并在《耶和华的争战》(Wars of the Lord)一书第四部也有分析。[40] 约伯没有知识,不知道神的安排,以致与亚里士多德的哲学思想相似,否认神在世上有恩慈的安排,义人受苦而恶者兴盛,显示神并不公正,约伯不仅背道,甚至在言论中近乎异端(参考伯卅七章)。人只是循自然律,而没有神特别

---

[39] Israel Schwarz, *Tikvat 'Enosh* (1868),167 - 293.

[40] Abraham L. Lassen, *The Commentary of Levi ben Gersom* (Gersonicles) *on the Book of Job* (1946)；Gersonicles, *Milhamot 'Adonai* (1329)，published in 1560，Leipzig edition，1866.

的安排。

照以利户所论的,神的心意是要向人赐福,然而是福是祸,神似不干预,由自然界中的天体来命定。神赐人以理性,为使人弃恶就善。但神的安排中究竟如何,以利户并无清楚的交代。在耶和华的言词中,似说明神未必将上好的福分赐给人,神似将兴趣集中在鳄鱼与河马。

约伯的罪成为照亮的光,使他顺从管教而向神降服。神的安排只对智慧者显明,但这安排不是对个人的,而是向着群体。

论约伯的背道,不再以亚里士多德的论调分析,而是向犹太的宗教意识。[41]

4. 约伯疑惑神的作为

约伯弄不清楚,究竟苦难是出于神,还是出于恶者,他将神与撒但相混了。这是十五世纪的宗教哲学著作(Magen 'Avoth, by Simeon ben emah Duran, 1361 - 1444, 'oheu Mishpat 约伯记注释)。[42] 约伯既不知道苦难的来由,就一味责怪神,认为神与人作对。

以利户论神的道与人的路是有极大的距离,论代求的天使,天使正与撒但相对,以利户是敦促约伯悔改。约伯只否认外面的物质与苦难是不够的,真正的补偿是在来世,弥赛亚的时代即将来临,死人要复活,那时神的安排才会显明,只看宇宙中一切现象,不能看清永恒无限的善,所以在世上无法辨明神的工作及撒但的工作。

5. 约伯成为命运论者

在十五世纪又有一位新进的学者亚尔波(Joseph Albo, 1380 - 1445),在他的著作《论法则》(Sefer ha-'Iqqraim, Book of Principles 4

---

[41] Glatzer, *op. cit.*, 214.

[42] 注释书 *'ohev Mishpat*, written 1405, published 1589. 在拉比圣经(1724 - 1727)。

vols，1929－1930)中，⑬他强调世事都有预定，人的义行与祈祷都不能改变，因为治理世界的法则是不可更改的。约伯否认神的安排，因为他看到世界的秩序极不完全，一切都是命定的，人惟有诉诸命运。

在中世纪犹太学者的思想，认为世事有三大明证：(一)普通的世事，(二)特殊的世事，(三)理性观察的世事。可见世事需要有特别的解释，有时实在解释不通。苦难为什么临到义者？这是神的安排，出于神的能力，只有接受。

约伯事奉神，不是出于敬爱，而是想得赏赐，正如撒但所猜疑的。神只为祂的恩赐而赐福给人，不是赏赐人的善行。这就使约伯不能明白。从理性来分析，约伯敬畏神应蒙神的赐福，但是约伯想到神的知识难测，祂的能力广大。他不应再在理性中寻求，只以信心来接受与顺服。这样他的内心才有真实的平安，他从命运论者转变成一个有真正信心的人。

(iii) 神秘传统的解释

在犹太宗教思想史中，有一种神秘文学(Zoharic Literature)，他们研究约伯记，只注意散文部分，对约伯与友人辩论的诗文部分不甚注意。这种文学所论述的，以撒但为主要人物，来看苦难的现实，重点在于宇宙的情景，堕落与救赎。

1. 约伯无法制服撒但

约伯是表征无知的人，不能分辨善恶。恶就是撒但的化身，称之为"另一边"(The Other Side)，约伯献燔祭，并没有偏向另一边，撒但对他无可奈何，就设计要加害于他。约伯起初完全与恶隔绝，但以后似有动摇，有时向善，有时向恶，以后他又从恶回复至善，但他似乎始终无法

---

⑬ Manuel Joel，*Don Chasdai Creskas' religions philosophische Lehren* (1866)，76f.

制服撒但。㊹

2．约伯担当替罪羔羊

　　神秘文学另有一番解释，认为约伯是外邦人，与以色列人为仇，所以在乌斯地的约伯，应交在撒但手中。赎罪日以色列人赎罪，有一只替罪羊，为代替以色列众人的罪，必须被赶逐。

　　这样的解释，无疑是犹太人褊狭的民族主义思想，在解经方面极为牵强，不为教会所接纳，却为犹太人所乐道。

3．约伯自处孤立境遇

　　约伯在本书第一章，是处在一种孤立的地位。他在社会又用贤达的身份，与众人隔绝。撒但乘此机会施以攻击，因为他实在怀疑约伯的敬虔。约伯不以口犯罪（二 10），但他心中可能犯罪，更何况他的口舌，更显为他有罪，但约伯始终持守纯正，没有倒向另一边，他坚持信心，与撒但恒忍争战，始终不渝，令人钦佩。

4．约伯受苦见证主爱

　　照神秘文学的论述，以利户是亚伯拉罕的后裔，祭司身份可追溯到以西结先知的前身，他可能是以西结的后代。以利户坚持神的公义与恩慈，苦难是神赐下祂的爱。受苦者外体虽然毁坏，但内心得着能力而更新，使他更亲近神，体验神的爱。

　　苦难是生命的道路，它能通往神的爱。这是约伯记注释在十六世纪出版的著作中所论述的（Helqat Mehoqeq by Moses ben Hayyim Alsheikh，1508 - 1600）。㊺ 约伯记卅三章十七节以利户论苦难的益

㊹ G. G. Scholem, *Major Trends in Jewish Mysticism*（1954），172 - 176.
㊺ Glatzer, *op. cit.*，219.

处,使人胜罪,又有谦卑悔改,为逃避地狱的审判。这个世界,恶者虽兴盛一时,最后必遭神弃绝。敬畏神的必追求良善,信心如有舍己的精神,对神敬拜,就完全出于爱,神必重视。

综合历代犹太学者的释义,从约伯身上反映出他们的怀疑与信念,探索与希望。约伯是圣徒,对人生的遭遇提出抗议,对神的安排无法明白。人极不完全,对罪恶的认识又不够,看受苦者为替罪的羔羊,是十足的牺牲者。约伯记的主题究竟是什么,也无定论,有的认为知识是主题(迈蒙尼德的立论)。

以知识为主题,确为中世纪犹太学者的共识。耶和华的言词强调这一点,约伯最后在神面前承认自己的无知。耶和华以问话来回答约伯。神是创造的主,有掌管宇宙的能力,祂是否也顾念人呢?

以利户的言词是在耶和华的言词之前,为预备约伯迎见神。以利户发言的中心思想,着重苦难之救赎性质。但如果只着重约伯生平的散文部分,解释又不同了。如果说约伯是背叛者,以利户言词与耶和华言词便是以纠正他的错误。他的抗议若不称是背叛,却作为他理性的挣扎,探索真实的知识。他最后谦卑地承认自己的无知,只在神面前静默无声,他的知识究竟有限,这是作者的用意?

(二) 隐喻的解析

(I) 智慧神学与约伯记

(i) 隐喻论述智慧神学

智慧文学的神学传统,以创造论为中心,神是天地的创造主,祂创造的作为,形成并维持这个宇宙(箴三 19~20)。智慧是神创造的首要作为,在箴言八章廿二至廿三节说明:

"在耶和华造化的起头,在太初创造万物之先,就有了我。从亘古,从太初,未有世界以前,我已被立。没有深渊,没有大水的泉源,我已生出。"

智慧享有创造的丰富,在与人类及一切被造之物共处中和谐;对神

与祂所造的世界有充分的知识,建立社会的秩序。这是智慧论的神学
观念。其中包括人类学,神义论(Theodicy),世界秩序论,以及人类学
与宇宙论的辩证说明。

　　人类学——智慧是人对生命的探究,可说是以人为中心的。人的
任务是切实进入世界,寻求与建立现实(参创一 26～28),确立人在世
界的角色与地位。⑯

　　神义论——神的义为智慧观念的中心,约伯记怒气的表现与传
道书怀疑的论调,针对宇宙以及社会的混乱所受的威胁,以致对神的义
提出质询,宇宙的善恶似乎是一切存在的基础。神的创造为见证祂
的义。⑰

　　宇宙论——智慧的立论以宇宙秩序为原则,从古代近东的思想来
看,埃及的"玛德"(Maat)为真理、公义与秩序的法则,人格化成为太阳
神的女儿。以色列的智慧思想,未必受埃及神话的影响,却从创造论建
立宇宙秩序的说法。宇宙并非在机械的因果律之中,神有绝对的自由,
以权能统管万有。⑱

　　宇宙论与人类学——智慧是实际生活经验,以世界环境为依据而
有见解。一切的规律出于现实,但是规律不是定律,一切都是在动进与

⑯ W. Zimmerli, "The Place and Limit of the Wisdom in the Framework of the Old Testament Theology," *Scottish Journal of Theology* 17 (1964), 146 - 158; John Priest, "Hymanism, Skepticism and Pessimism," *Journal of the American Academy of Religion* (1968), 311 - 326; Walter Brueggemann, *In Man We Trust* (1972), 198ff.

⑰ J. L. Crenshaw, "Popular Questioning of the Justice of God," *Zeitschrift für die alttestamenliche Wissenschaft* 82 (1970), 380 - 395; "In Search of Divine Presence," *Review and Expositor* 74 (1977), 353 - 369; *Theodicy in the Old Testament* (1983), 1 - 16; "The Problem of Theodicy in Sirach," *Journal of Biblical Literature* 94 (1975), 47 - 64.

⑱ Hartmut Gese, *Lehre und Worklichkeit in der alten Weisheit* (1958); Hans-Jügen Hermisson, "Observations on the Creation Theology in Wisdom," *Israelite Wisdom*, ed. John G. Gammie, *et al* (1978), 43 - 57; H. H. Schmid, "Righteousness and Salvation," in *Creation in the Old Testament*, ed. B. W. Anderson (1984), 102 - 107.

变迁之中,并不静止,固定的现象有之,变迁的情况亦有之,而后者成为
威胁,并不以为奇。因此信仰是必需的,创造的秩序是神的启示(箴九
章;约廿八章)。人惟有敬畏神。善不是哲学的论调,而是社会的现象,
有生命的力量,这本身就是秩序。但这却不可简化神公义报应的说法。
在宇宙的秩序中,神有自由,人不易明白,祂的作为是奥秘,更无法知
道。敬虔是必要的,个人的行为足以影响整个的环境。神藉创造启示,
有自然的美景,人赞美的回应,即使人心扩张,也有限制,不能一概
而论。⑭

　　论宇宙秩序,秩序就是神的公义。这公义似有法律的过程,反而将
报应论硬化了,正如约伯的友人所坚持的说法:秩序也作为知识,使人
有见解而面对世界。⑮秩序若包括美与善,人的回应是观赏与赞美,欢
乐地饮于能力之源。可见秩序不是静止的,而一直在动,是神不断的作
为,在变迁中,人类学与宇宙论二者的辩证,有不同的说法与表现,在约
伯记屡见不鲜。这二者也是创造论中不同的重点与发展,可作深度的
研究。

　　这种研究可称之为隐喻的神学,⑯原来宗教的言语是隐喻。宗教
的领域本来是超时空的,但又必须从人的生存经验加以解释,不仅是在
言语上的表达而已。隐喻的过程可以有以下的阶段:

　　(一)背理——隐喻不可只求表面的意义,言语本身不足以解释,
有时甚至不合理,并不真实与正确。人们常受古代近东的观念影响,认
为创造是耶和华与古时混乱的怪兽争战,这在圣经真理来看,极不
合理。

⑭ G. von Rad, *Old Testament Theology* (1962),418 – 441; *Wisdom in Israel*, 61,80,97 – 113.

⑮ Roland Murphy, "Wisdom and Creation," *Journal of Biblical Literature* 104 (1985),3 – 11.

⑯ Leo G. Perdue, *Wisdom in Revolt* (1991),22,给予参考书目:Sheldon Sacks, *On Metaphor* (1979); Sallie McFague, *Metaphorical Theology* (1982); L. A. Richards, *The Philosophy of Rhetoric* (1936); Paul Ricoeur, "The Metaphorical Process," *Semeia* 4(1975),75 – 106; Phillip Wheelwright, *Metaphor and Reality* (1962).

（二）拟态——由隐喻导入拟态，是一种联想的步骤，拟成一些姿态，是在认知方面，使人产生想象与省思，将一些很不寻常之事物混为一谈。

（三）转变——隐喻不仅将观感改变了，也将事物的意义转变。本来似乎背理的，现在好似没有什么不合理。隐喻好似转变为表征，给予生命以活力，或以故事或以礼仪，有效地传递了信息，隐喻若失去语气，使人失去观感，可能就不再发生作用。

（四）张力——隐喻带来生命的动力，这动力也是张力。张力似乎既为冲撞（Collision），也为合成（Collusion），隐喻应在不同中获得同一，但实际上不是使人感到和谐，反令人感到混淆，于是在矛盾中，再获致澄清。

（五）含浑——隐喻的涵义实在含浑，因人有不同的经验而迥异：情绪的，理性的，所以在应用上也不同，又由于文化经验不同，联想也不一样。有时因涵义不同，在语意的价值上也大有出入。

以上提说隐喻的过程，为说明隐喻既不明显，有隐秘的内涵，混淆与误解是难免的。有时也带来矛盾，使人困惑，但圣经中的隐喻，都有关于信心与行为。兹举例说明之。申命记信约（廿六5～9），有两个隐喻，神是战士，又是救赎主。神将残忍的暴政恶势力打破，搭救遭奴役受压迫的人民，使他们免除灾难，并赐迦南地使他们定居。这样的隐喻十分清楚，不易误会与曲折，又没有异教神话的因素。但是圣经的创造论就没有那么简单了，例如创世记第一项记载（一1～二4上）及第二项记载（二4下～25）就甚不相同，引起学者们不少评鉴，也是隐喻导致的含浑。

约伯记既为典型的智慧文学，也以创造论为主，提说冲突，以隐喻为方法来论述，不失为一种研究的途径。

(ii) 宇宙论的各种隐喻

宇宙论有各种不同的隐喻，而各种隐喻都可参考古代近东的异教神话，圣经并不受这些影响，却有其独特的性质。

（一）衍生的隐喻——有关生育的隐喻，喻神为父亲，在圣经中不乏例证可援。耶和华为创造主,祂是以色列之父(出四 22～23;何十一 1;耶三 1～四 2),大卫与他的子孙都是耶和华所生的(撒下七;诗八十九)。神甚至成为君王的父:"你是我的儿子,我今日生你。"(诗二 7)智慧的贤者是耶和华所爱的,祂必责备,正如父亲责备所喜爱的儿子(箴三 11～12)。

神为父亲,也为母亲,神的怜悯,好似母亲一般,"怜悯"原意为"母腹"(耶卅一 20),神不会忘记锡安,正如慈母对幼儿的爱顾(赛四十九 15)。神是生产以色列人的(申卅二 18),祂也是智慧的父母(伯卅九 1;赛五十一 2;诗九十 2)。耶和华是生产的主,使胎儿在腹中成形,使他分别为圣(诗一三九;耶一 4～10)。

迦南神话将衍生与性来描述神明与人的关系,但这是圣经中所没有的,因为耶和华是超越的神。迦南的自然宗教与以色列的救恩历史差别太大,这就是旧约先知极力予以分辨与强调的,隐喻似乎相似,但涵义的差别极大,不可混淆。

(二)工艺的隐喻——隐喻是文学的笔法,以工艺的技巧,描述与说明。在旧约的智慧文学,论神是一位工艺家,将世界创造得那么美丽与完善。"耶和华以智慧立地,以聪明定天,知识使深渊裂开,使天空滴下甘露。"宇宙好似一所华厦,人可以在其中居住。建筑需要设计与技巧,可谓非常高度的工艺,所罗门在基遍夜间梦中,蒙神赐智慧,就指示他建圣殿的样式(王上三 1～15,并 22～27),宇宙的一切确为神的巧工。

耶和华神用地上的尘土造人,好似窑匠来捏泥制造(创二 7),又如织工,将人体的骨与筋一起编织起来(诗一三九 13),人是神手的工作。人的生命之力与美,都是神造的奇妙。神看是好的,尤其说明祂的审美。人们应该称颂与感恩欢乐(诗八,十九,卅三,一〇四,一四七,一四八)。神一切所造的,都是祂工艺的成品,都为杰作。

(三)言语的隐喻——话语是有能力的,神以话语创造世界:"神说……事就这样成了",这是在创世记第一章屡次重复的用语。神发出权能的命令来创造,祂说有就有,命立就立,可参考诗篇卅三篇,耶利米书卅一章卅五至卅六节,以及卅三章廿五节:"安排天地的定例",约伯记廿八章廿六节及卅八章卅三节,神在自然界所定的命令。

(iii) 人类学的各种隐喻

古代近东的文献中,不乏例证,可与圣经比拟,却有其独特性。

(一)治者的隐喻——人有治理与管辖的欲求,人们在这威胁之下,不免反抗与拒绝。在异邦的君王,是专司法律、宗教与知识的权威。以色列的君主也有这样的权威,智慧是治理的先决条件(参赛十一1~9),君王是神的代表,掌管治权,维持社会的秩序。神先授权给人,照祂的形像造男造女,是要管理世界(创一26~27)。但人的管理必须在神的权威之下,人的反叛构成世界的悲剧,因为反叛会招致神的审判(创三、六章)。

以君王作为治者的隐喻,也应用于智慧文学,如在箴言与传道书。在传道书中君王的身份说明智慧的权威。在箴言第八章第二首诗(12~21节)及第四首诗(32~36节),以妇女喻为智慧,有治权与能力、财宝与尊荣,成为十分生动的描述。

约伯记中,约伯的友人,似乎不断以智者自居,来控制约伯,使约伯无法接受,甚至在言词中不住反驳,针锋相对,彼此树敌,形成极不愉快的辩论,但也增强理性的挑战与规避。

(二)奴仆的隐喻——君王为神的仆人,不仅有责任建造耶和华的殿宇,也应负责建立社会与宇宙的秩序。这也是古代近东的国家所强调的,只是他们多以神话成为信仰的体系,且有文献可以佐证。

在旧约的智慧神学,论人的存在,每以奴仆的劳役来描述。约伯悲叹人生的劳苦,也以此为隐喻。他在受苦中,甚至认为神是暴君,置人在奴役之中,引起他的怀疑与反叛。约伯却自以为有君王之尊,所以不服神的治权。他在自白的结语中(卅一35~37),向神挑战,他自认必如君王进到神面前(卅一37下),他竟敢在天地之大君面前有这样狂妄的态度,引起以利户的反感与指责。

研究约伯记,以隐喻的途径,再结合新的解经。耶和华始终要纠正约伯的错误,约伯只可以奴仆自居,因为神所强调的是,约伯是祂的仆人,应该成为顺命的奴仆,约伯最后的谦卑,自感微小,是本书作者的用意。

(II) 神的审判与人的命运（绪言叙述与悲叹）

　　在约伯记的绪言，原为励志文学，以智慧传统的观点强调敬虔与道德。神受撒但的挑战，许可他试探约伯。这是神公义的权能，施以审判。人是否经得起考验？约伯若照神所说的，"完全正直"，就不受神公义的审判。神审判的是撒但，不是约伯。但约伯在受苦之中，他所看见的，不是神的公义，而是人的无助。于是他对苦难的反应不是叛逆，而是自怜。他的悲哀在于人的命运。所以本书前三章在这样隐喻表现的过程中，发挥了背理的论调。

(i) 绪言叙述：神对撒但的审断（一～二章）

　　约伯完全正直，敬畏神，远离恶事。在地上第一幕，他在智慧传统的观点上是理想人物，他的信心使神厚赐予他，家道丰富，人丁兴旺，蒙神保佑（一1～5）。由地上转至天上，在天上的第一幕，撒但对约伯的怀疑，看他是神四面圈上篱笆围护他和他的家，这是约伯敬畏的缘故。经过地上第二幕，约伯受天灾人祸的袭击，使他家破人亡。但他仍旧持守纯正。天上第二幕（第二章），撒但进一步挑战，再得着神的许可，对约伯进行攻击，使他罹有重病，且受妻子奚落，她就成为第二个攻击者，直至友人来帮助，他们非但没有安慰，反而也加入攻击者的阵营。

　　（一）言语的隐喻——在天上第一幕（一6～12），撒但向耶和华挑战控告，是在天上的圣会。诗篇八十二篇一节："神站在有权力者的会中，在诸神中行审判。"诸神实则为"神的众子"（伯一6），是天上的使者。阿摩司书八章十四节"活神"，可能也指使者。以赛亚书十四章十三节"聚会的山"，诗篇八十九篇六至七节"神的众子"是"圣者的会"，都是同一的。再有诗篇八十二篇六节"至高者的儿子"，申命记卅三章二节"万万圣者"，约伯记五章一节"诸圣者"。在锡安山有神的居所，这是神治理的中心（诗四十、四十八、七十六篇）。神管理世界，祂也发号施令，管理一切被造者的（伯卅八11、31）。

　　在一章六至十二节，众圣者的会中，神是接受他们的敬拜。撒但原不能列在圣者之中,他只是控告者。"撒但"不是名字,而是工作,好似法庭里的控方(诗一〇九6,在中译词为"对头")。在绪言中,耶和华准许撒但的指控,但是以审判官的姿态,再在结语中出现,祂没有宣判约伯有罪,反而宣告他无罪,却指责约伯的友人:"你们议论我,不如我的仆人约伯说的是。"(四十二8下)神是有权能的治理者,他的审判没有再受约伯的质询,约伯也没有为失去的儿女与财产再向祂提出质询。

(二)奴仆的隐喻——约伯是耶和华的仆人(一8,二3)。他代表人在奴仆的地位上。奴仆必须顺命,所以约伯虽失去儿女与财产,他仍忍耐与顺服:"我赤身出于母胎,也必赤身归回。赏赐的是耶和华,收取的也是耶和华;耶和华的名是应当称颂的。"(一21)他提说赤身出生,是以诞生的隐喻说明他与神个别的关系,这是人类学的传统,论神的创造与维持。神赏赐他儿女与财富,现在又收取了。这是神的意念,对他何等宝贵,他不能有什么异议(诗一三九17)。约伯敬畏神,完全信靠神,谦卑地信服神为创造的主,且掌管个人的命运。

当约伯进一步受试探,仍一如首次。在极度的病痛中,他责备妻子的奚落:"你说话像愚顽的妇人一样。哎!难道我们从神手里得福,不也受祸吗?"(二10)在这一切的事上,约伯并不以口犯罪,可见约伯仍为智慧传统中的理想人物。约伯是义者,是神的奴仆,始终顺命。

(ii) 独语悲叹:人对创造的质疑(三章)

约伯因人的奴役劳苦而不住悲哀,是在第三章开始。在他的悲苦中,虽没有咒诅神,却咒诅他的生日,他咒诅日间与黑夜(三2～10),他有求死的意念(11～19节),他疑问人生为何有苦难(20～26节)。从过去(出生),现在(受苦),至将来(死亡),他的心思一直在盘旋着。他对生否定,对死切慕,想到将来不再生存,苦难是何等难以忍受!他的主题是白天与黑夜,光明与黑暗,[52]生命与死亡,诞生与逝世(在胎腹与坟墓中都是黑暗),秩序与混乱,知识与奥秘。黑暗在本章之始(4节),光亮在本章之末(20节)。黑暗又有不同的用词,如"死荫"(5节)、密云(5节)、幽暗(6节)、日蚀(5节)。黑暗遮去光亮,使黎明的星宿变为黑暗(9节)。本章又屡提"安息",在十五、十七、廿六节,也可说是创世之用词,第七日神歇了一切的工,安息了。但是本章的安息,不是创造后的享受,不是神赐福的。这是将一切都忘却,不再存在的虚无。此处提说的"安息"(nuh),是以讽刺的语意,不是申命记廿六章五至九节的用意。安息是与安息日(sh-b-th)同义,在此处却是反面的。[53]约伯在困惑中,对宇宙有极大的怀疑,尤其不能明白人生中苦难的意义。

约伯记第三章,有一项十分奇特的说法,是将创造的用意颠倒的论述,有若干隐喻可以研究。

(一)言语的隐喻——约伯在悲叹中咒诅,可与创世记第一章用语比较,但本章是以反面的话来说:

约伯记第三章	创世记第一章
那日变为黑暗(4 节上)	头一日"要有光"(5 节)
神不从"上面"寻找(4 节下)	空气"以上"的水(7 节)
愿黑暗索取那日(5 节上)	渊面黑暗(2 节)
	把光暗分开了(4 节)
那夜……年中的日子(6 节上)	分昼夜……日子、年岁(14 节)
鳄鱼(8 节)	大鱼(21 节)
盼亮却不亮(9 节)	要发光在天空(15 节)
不出母胎而死(11 节)	要照我们的形像造人(26 节)
躺卧安睡(13 节)	歇了他一切的工,安息了(二 2)

这些以相反的方式说出,作者的用意可以明白,可参考耶利米书四

[52] David N. Freedman, "The Structure of Job 3," *Biblica* 49(1968),503 – 508.

[53] Dermont Cox, "The Desire for Oblivion in Job 3," *Studi Biblici Franciscani* 23 (1973),37 – 49; *The Triumph of Impotence* (1978).

章廿三至廿六节。⑭ 日夜相提并论,是创造论的用语,可参考创世记一章五节起,八章廿二节;诗篇七十四篇十六节,一三六篇七至九节以及耶利米书卅一章卅五节。再比较约伯记第三章与创世记第一章至第二章四节,语气也极为相似,命令词及意愿词(Imperative and Jussive)。

(二)衍生的隐喻——以诞生喻人生,在本章内反复托出。从腹中出生应为福分,在地下安息也是解脱。在第二节开始咒诅,有生的那日,有怀胎的那夜。四至五节咒诅那日共三次,六至九节咒诅那夜有四项。第十节又回到第二节的生产。从个人的被造说起,指神保护个人(耶一 4～10;伯十 8～13;诗一三九 13～18)。怀孕与生产是新的创造,值得欢乐庆祝(如撒上一～二章;路一 46～55),那日子是应记忆的,创造原是从黑暗至光明,无形至有形,混乱至秩序。在本章约伯的悲叹,将这一切完全颠倒了。

在创世记的叙述中,"要生养众多"是人为实现神形象的功能所尽的责任。生产是在神的祝福之下,参与神创造的次序与规律。祝福语本来必对应创造的意象,例如亚伦祭司型的祝福,以神的脸光照亮,光是创造的用词,约伯的咒诅正是相反的,否认生产,否定生命,完全相反。

提到惹动鳄鱼的(8 节),是指凶恶的势力,是混乱的力量,使黎明的星宿变为黑暗(9 节)。黎明可能指夜晚,因为星宿是在晚上,一到黎明,星宿就会褪色了,不够光明,可参考若干经文(如王下七 5、7;赛五 11;箴七 9 等)。胎门关闭是神的能力,因为神使人生产或断绝生育(参创十七 16～19,廿五 21～26,廿九 31,三十 22～24;士十三 2～5;撒上一 1～28),神虽使约伯出生,却受患难,患难是人生的疾苦(诗九十 6;耶二十 18)。传道书将这字('-m-l)解为没有意义的劳碌(一 3、二 10)。

衍生的隐喻又在第二、第三段。在第二段,两个为何(11～12 节),又再发问(16 节)。约伯在困惑中,实际在质询神,神掌管腹胎,"腹"

---

⑭ Michael Fishbane, "Jeremiah IV 23 - 26 and Job III, 3 - 13: A Recovered Use of the Creation Pattern," *Vetus Testamentum* 21(1971), 151 - 162; "A Cosmological Incantation: The Worm and the Toothache," *Ancient Near Eastern Text*, 100 - 101.

(r-h-m)亦为"怜悯"或"恩慈"，神是恩慈的主。神的保护自胎儿在母腹，在孕育、生产以及滋长中，都有祂的看顾（诗廿二 9～11，一三九 13～16）。

在本章的用词中，"躺卧安睡"（13 节），"安息"（15、17、26 节），"安逸"（18、26 节），"平静"（26 节），都是指在阴间的不复生存。阴间虽表征患难、灾祸、黑暗与无能，约伯却盼待它安静的福。从母腹至坟墓，他无非想逃脱目前的灾难。阴间不是神所建立的，㉟却是在深处（拿二 3），如母腹（箴三十 16）。约伯想以阴间代替母腹。这是去而不返之地，没有秩序，只有混乱；没有亮光，只有昏暗（伯十 21～22）。在那里没有一切回忆，他也不再记得先前的事（诗六 6，八十八 5；传九 5）。在智慧传统的思想中，神造人都是一样，原无贫富之别，所以人有责任照顾孤苦无告者（箴廿二 2；伯卅一 13～15）。约伯认为生命对奴仆与穷人更是不堪忍受的迫害，可见生命的隐喻，并不使人有公义感，必须负起社会责任与谋求福祉的事。反而死却使大小、富贫、自由与奴役之间取得了平衡。受苦者的悲叹，不是盼再生的盼望，而是期待死的宁静。

以光的赐予为生命的希望，是以新生婴孩为例。这就说明死为什么还未实现。约伯认为神造了人，却将他围困起来，并不给予自由，这就好似将海水关闭，给予限制（卅八 8）。神也是这样限制人，不为人解释或解决。

（三）工艺的隐喻——在本章第二段描述阴间之福，约伯的语气很像传道书九章一至二节："死临到众人，不分善恶贵贱。君王与谋士都一同灭没。""荒邱"是毁坏的废墟，包括城邑（利廿六 31、33；赛四十四 26）、耶路撒冷（赛五十二 9）以及圣殿（拉九 9），它们都遭受到同样的命运。

㉟ 阴间是在神的治权之外，参诗六 5，三十 9，八十八 10‑12，一一五 16‑17。神却可以拯救人出离死亡的阴间，参诗三十 3；箴廿三 14；何十三 14。约伯希望在某种情形下不受神管治，参箴十五 11；伯十一 7‑9，二十 5‑6。有关阴间与死亡之研究，可参考 Nicholas J. Tromp, *Primitive Conceptions of Death and the Nether World in the Old Testament*（1969）。

（四）战争的隐喻——这里提到鳄鱼，咒诅的是海或深处，也是黑夜的咒诅，将黎明的星宿变为黑暗。星宿是描述神的军兵，是天上的众军。他们原在神伟大的创世时发出赞美，那时晨星一同歌唱，神的众子也都欢呼（伯卅八 4～7）。他们成为战士，与恶势力争战（四十 24～四十一 26）。他们如果失败了，就会将神驱出天地的宝座。㊿

（五）君王的隐喻——以所罗门王为智慧的圣贤来看，人原受命治理世界，有君王之尊，掌管神所造的一切。当人被造时，那夜怀了男胎，"男"原意为英雄、强者，或译为战士，就是君王的称谓（如赛九 7），君王的生育是大事，在登基的时候，特别强调他是神所生的。约伯咒诅生日，就是否认神对他有什么嘱托。死既是必有的结局，不分贵贱，怎有什么治权可言？

约伯不是君王，只是以奴仆自居，奴仆可能是战俘，战败国还有什么治权与自由？ 在第七章及十四章，他所想悲叹的，都是感到生命的无奈，只有死才可摆脱。约伯自感为神的奴仆，想逃避神。

照以色列传统的智慧，研究人性，是以君王的隐喻来说明。现在约伯只成为奴仆，服在神的威权之下。神的公义在创造，维持生命的结构，但苦难使约伯沦为奴仆，在失望中，奴仆没有释放的希望，就会有求死的意愿。他看宇宙中在争战，秩序与混乱互为矛盾与冲突，仆人在奴役中受无尽的痛苦，这也使听众、读者陷于困惑里，找不到任何答案，只有转向约伯友人的议论。

(III) 神的公义与人的奴役 (第一回合的辩论)

在第一回合中，朋友主要的辩词，是在以利法的话。他以神的公义为主，暗示约伯有罪。比勒达也具同样的立场，特别着重报应，琐法更以直接的口吻指责约伯。约伯的反应只有悲叹与吁求，深信神有公正与怜悯。

㊿ 有关战胜凶恶，以鳄鱼为恶之化身或表征，可参考赛廿七 1；诗七十四 12～17；伯四十一 1～34；诗一〇四 25～26。星宿为战士，可参考士五 20～21。

(i) 以利法：维护神的公正（四～五章）

以利法的言词可分为六段：引入争辩词（四 1～6），以经验与自然界的现象论报应（四 7～11），以启示与神秘的经历论报应（四 12～21），论恶人必遭祸害（五 1～7），赞美大能与公义的神（五 8～16），福分保证饶恕与救赎（五 17～27）。他因约伯悲叹与自咒，要纠正错误，让约伯知道有能力、智慧与公义，使被造的世界取得平衡。神的治权，必以公义为报应的原则，原是在申命记所论的信仰，神赏善罚恶。人若真是神忠信的奴仆，虽受管教，信靠等候，终必蒙神拯救，他以经验观察自然与人性，又如先知那样获得启示（四 12～17）。他在赞美中表达了他对神的信仰，足以说明他持守纯正的基要信仰，坚定不移。但是他以隐喻说明他的立场，反使他的信念硬化了。

首先，他将公义的报应分为经验与自然为例来说明，都是用创造的隐喻。"请你追想……"（四 7），神是战士，祂在创世时已得胜仇敌恶势力，可见义人必不灭亡。他再以创世的用词，提到神发怒，发怒原意为"气"，神的气使人成为有灵的活人（创二 7），祂也可用祂的气使万物受造或灭没（诗一〇四 27～30）。祂又怎样将凶猛的狮子消灭（四 10～11）。可见神的大能说明了公义。在第五章，他强调神行大事，在一切被造的（9 节），在自然界（10 节），以及在人类社会（11～16 节）。世界秩序是不能自行生存的，都在神的作为之中，成全或破坏，全是神的动作。在神公义与怜悯的治理之下，约伯惟有完全顺服，神的权能是绝对的。祂可以使人升高与降卑，全是祂的公义与怜悯，这样的信念不能说是错谬的，但将神报应的公义不仅硬化，而且简化，使约伯无法接受。

在四章十二至廿一节，以自然的隐喻来说明报应，以利法以异梦来解释。他听见那灵的声音："必死的人岂能比神公义吗？人岂能比造他的主洁净呢？"（四 17）这是他对人性败坏的说法之依据。这隐喻是论奴仆的，人是在败坏的奴役中。人是尘土造的，住在土房，根基在尘土里（四 19）。人是被虫所灭，早晚之间就被毁灭，永归无有，无人理会，这就是人的命运。他认为恶人必遭咒诅，但人类既都为尘土造的，患难

是必有的,如同火星飞腾,这火星是表征瘟疫及死亡。㊼

(ii) 约伯:悲叹奴役的命运(六~七章)

在约伯的悲叹中,神是战士,但并非战胜凶恶、保护生命,却毁灭祂所造的。他认为人注定是作奴仆的。这奴仆的隐喻,是约伯言词中主要的内容。

约伯的答词有两大部分:六章二至廿三节,共廿二行,六章廿八节至七章廿一节,共廿三行,似为模仿字母诗(希伯来文的字母为廿二个,通常应为廿二行)。廿四至廿七节为转捩点。第一部分约伯质询神的公义与友情的虚伪。他们若在大能的神面前,必被判为有罪。第二部分约伯悲叹人生的痛苦,人被虐待,成为可怜的奴仆,不久气绝消逝。他的论调与诗篇八篇正好相反,因为在该诗篇,神提拔人在君王治理者的地位,来管理神造的世界。但是约伯却是受苦的奴仆,备受苦害。

争战的隐喻是在第一部分(六 2~23),神是战士:"全能者的箭射入我身,其毒,我的灵喝尽了;神的惊吓摆阵攻击我。"(六 4)神的箭常指祂的公义(参申卅二 23、42;诗七 13,卅八 2,五十八 7,六十四 7,一二〇 4)。神是战士,原为战胜混乱,而在地上建立公义(诗十八 14,即撒下廿二 15;哈三 11;亚九 14;诗七十七 17,一四四 6)。在颂赞神的显现之诗中,㊽神的武器有戈矛,刺透恶者战士的头(哈三章)。惊吓是瘟疫灾病临到仇敌,使他们败退灭绝。

另一个争战的隐喻在第二部分,尤其在七章十二节:"我岂是洋海,岂是大鱼,你竟防守我呢?"这是约伯向神发怒言,神总不能当约伯为仇敌,洋海指混乱,大鱼指怪兽为罪恶的化身(参诗七十四 13,一四八 7;赛廿七 1,五十一 9;结廿八 3,卅二 2)。防守也是军事用词(耶五十一

㊼ D. Conrad, "Der Gott Reschef," *Zeitschrift für die alttestamentliche Wissenschaft* 83 (1971), 157-183; W. J. Fulco, *The Canaanite God Resef* (1976),参考卷上注释:五 7。

㊽ J. Jeremias, *Theophanie* (Wissenschaftliche Monographien zum Alten und Neuen Testament 10, 1965).

21；尼四 3、16、17 等）。

　　言语的隐喻在约伯言词中两部分都有。在第一部分，他是循法律的程序，取得公道的裁判，在六章二、三节，因他烦恼甚多，以致言语急躁。他对友人极为不满，甚至对神也不满，因为神不顾他的怨言，不施宽恕。第二部分，他质询神不顾被造的人，人原是神的气造成的。约伯悲叹人生的短促与脆弱，人不过是一口气，不久必将逝去。

　　奴役的隐喻在第二部分，论君王与奴仆。人在世上好似争战与役期，奴仆在世上辛劳，不堪忍受，所以切慕黑暗，白日的劳苦已经够受了，盼待暮色，才可归回休息，愿长睡永诀，可以摆脱（七 1 起），希伯来人作奴仆，尚有释放的机会，在六年奴役之后。有人卖身为奴，因欠债的原因，债若清偿，就可得着自由（参利廿五 48）。有的奴仆是外国的战俘，大多为终身的（参利廿五 44～46；出十二 44）。可见他们是在长期的奴役中。[59]

　　此处提到雇工人，大多为寄居的外邦人，以色列人也有，是因失去地业而迫于生计。他们虽赚有工钱，但工钱很少，维生仍有困难，长期在饥饿穷困之中。律法给予的保障，是雇主必须每日在工毕时付给工钱（利十九 13；申廿四 14～15），所以切盼黄昏，可得工资购食。

　　在三章十八节，盼望不听见督工的声音，十九节表明的愿望是奴仆脱离主人的辖制。这是求死欲在发作，求死为作解脱。在七章九节说出阴间是不归路，不再被记念，但是约伯又求神想念他，约伯就在这样的矛盾之中。

　　在七章十七至廿一节，约伯似在引述诗篇八篇四、五节，但在语气中就没有那么积极，有诗篇一四四篇三至四节哀歌的形式，也在悲叹生命的脆弱，约伯却没有诗人那样求神的拯救，他只以为神似提拔人，并非保护人，却为毁灭人，这就使他十分困惑了。

---

[59] R. de Vaux, *Ancient Israel*, I (1961), 80 - 90; Walter Zimmerli and Joachim Jeremias, *The Servant of God* (Studies in Biblical Theology 20, 1965).

(iii) 比勒达:神罚恶施展恩慈(八章)

比勒达先论神的公正,全能者决不偏离公义。他残忍地提说约伯的儿女受极大的报应,报应是按比例的,罪大罚必重,约伯的罪不及他的儿女,所以只罹重病,现在是悔改的机会,如及时尽快寻求神,仍有希望。

他的论调,有奴役的隐喻,看来奴役要得主子的喜悦,只有彻底顺服,"你起初虽然微小,终久必甚发达。"(八 7)他的理由是诉诸传统的:"请你考问前代,追念他们的列祖所查究的。"(8 节)这也是言语隐喻,"他们岂不指教你、告诉你,从心里发出言语来呢?"(10 节)

以自然的隐喻来说明神的怜悯,十分清楚。"蒲草没有泥岂能发长?芦荻没有水岂能生发?"(11 节)植物需要泥土与水分,人也需要神的怜悯。比勒达再以自然的隐喻来说明不义之人,他们的兴盛只是短暂的,好似蔓子在日光之下发青,爬满圈子,根盘绕石堆,扎入石地,最后还是从本地被拔出。报应的公义是必然显露的。

(iv) 约伯:吁求公正与怜悯(九~十章)

神的公正与怜悯,其实这就是约伯所求的。但是经比勒达一说,无疑使他的焦虑与挣扎更加深了。

约伯不愿随从友人的忠告,与神争辩,这是循法律的途径,是否正确,他就不无怀疑。"争辩"(rîb)一词在约伯记也出现多次(动词在九3,十 2,十三 8、19,廿三 6,卅三 13,四十 2;名词在十三 6,廿九 6,卅一13、35)。

九章五至十节也是一首赞美诗,与以利法的(五 9~16)似为相似,内容却极为不同。⑩ 这是描述神的显现,神以战士的姿态出现,要胜过

---

⑩ K. Budde, *Das Buch Hiob* (1913),42;R. Gordis, *The Book of Job* (1978), 522.

恶者,建立秩序。可见这是争战的隐喻。神与洋海争战(5~8节),祂造星宿的智慧,是超乎人的理解(9~10节)。但是在约伯的推理中,就想到神毁坏的力量,使人震惊(11~12节)。这是约伯常在反复的言词中出现的主题。地震(6节)使自然大受灾害,被造者的秩序破坏,尤其不堪设想(参撒上二8;诗七十五3;伯廿六11,卅八4~6)。在神的命令之下,日头不出来,只在洋海的深处,光像被地下的幽暗都掳去了(参赛十三10;摩五8,八9),连众星也都封闭了,不能发光,拦住洋海混乱的黑暗势力。星光原为迎接黎明,引人农耕与旅行的季节。神的显现才实现祂的大能,以公义建立受造之物的秩序。

神铺张苍天(8节),如建立帐幕一般,创造穹苍与云彩(伯卅七18;诗一〇四2;赛四十四24,四十五12,五十一13;耶十12)。创造星宿为定年日、节令(创一14)。此处提及四种星,为学者辩论不同的意见,希腊的神话也曾提说。神造星晨为定节令,但在祂怒气中,使天象也与大地一同毁坏。[51]

约伯论神的作为,由自然界转向人类社会,祂的能力是人所无可明白的,祂的显在,尤其是人不能觉察的。对约伯来说,最令他困惑的是神的隐秘:"我看不见……我不知觉。"(11节)神的权能,"谁能阻挡……""谁敢问他,你作什么。"(12节)无论是谁,都不敢问询这天上的战士。

第九章第二部分(13~24节),约伯叙述他内心的争战。他在惊惧之中,无法辩认神的能力,因为神的能力只有令他困惑与怯弱,他在天地之主面前,仍坚持他无辜的辩护。神对混乱的凶恶是怀着怒气的,神必制服拉哈伯,使他不能逞强行恶。有关拉哈伯,是凶恶的表征(赛五十一9;诗八十九10~11;伯廿六12~13)。旧约曾以拉哈伯比喻埃及(诗八十七4;赛三十7)。[52]但是神对付凶恶的势力,也同样对付约伯,至少约伯是这样的感受:"他用暴风折断我,无故地加增我的损伤。"(17节)神要收回约伯的气,就是要除灭他。但又不真的迫他死亡,却

[51] A. de Wilde, *Das Buch Hiob* (Oldtestamentische Studiën 22, 1981), 142 - 147.

[52] Mary Wakemat, *God's Battle with the Monster* (1973), 56 - 61.

使他有无限的苦恼,令他难堪(17～18节)。约伯究竟不知道有天上的情景,就是撒但向神挑战,而向他攻击。他只以为攻击他的是耶和华。

由争战的隐喻,转至言语的隐喻,是从第十九节起。约伯盼望他可向神辩白,为的是要讨回公道。他仍相信神是公义的,决不致将世界交在恶人的手。他是向神的公义挑战,在他的挣扎中,想有一位听讼者,"可以向我们两造按手。"(33节)从这思想,发展他以后的愿望,在十六章十八至廿一节以及十九章廿三至廿七节。这言语的隐喻是以法律的程序中的争辩为主旨,约伯认为这可能是唯一的途径来寻得公平。

工艺的隐喻在十章一至十七节。在那段悲叹中,特别提到神造个人。神是匠人,是胎腹的主,使人怀孕及生育。神所造的,必负责拯救,并引领人蒙福(诗一三九13～18)。神是匠人,有制造的艺术,很技巧地将他在胎中成形,怎会又破坏他呢? 这隐喻又转向另一个,描述神是猎人,好似对待约伯如追捕猛狮。

约伯自叹奴役的悲苦,他总感到神的沉默,已将他置于可怕的命运之中。神造人如窑匠做瓦器一般,必要做成合用的器皿(创二7、21～22;诗一三九13～16;耶十八1～11)。神促人怀孕,使胎儿在母腹中得着滋养,出生之后也备加保护看顾。在创世记二章七、八节,神用地上的尘土造人,"造"字是指窑匠制造器皿的动作。在以赛亚书四十三章一、廿一节以及四十五章九、十一节(可参考赛六十四8;伯四17,卅三6),神是创造主,人是泥土,岂可对抟弄他的争辩呢? 神是造作他,又从他出胎造就他,帮助他(赛四十四2、24),神的仆人(赛四十九5),先知耶利米(耶一5),以及任何个人(赛四十三7;诗一一九73),都是在母腹中由神制作的。神可以打开胎腹,也可以关闭,神对每个人的特征,一切,都十分了解。这是神的工作,如诗人所说:"我在暗中受造,在地的深处被联络,那时,我的形体并不向你隐藏。"(诗一三九15)可见衍生的隐喻与工艺的隐喻是相连的,神的安排又出于祂所预定的,所以以色列被命定为神的百姓,耶利米被拣选为列国的先知(耶一5;赛四十九1～3)。拣选是神手的工作,是神特别的看顾,神所拣选的,不会随意弃绝(赛四十五;耶二十9)。匠人的制作(y-ts-r)一词常用于"定",即预先所规定的(参赛廿二11,卅七26,四十六11)。

约伯认为他的生命既为神手的工作(伯十四15,卅四19;诗八6～

8，十九 2，一〇二 26），现在又何故施以压迫。神总不致于那样残忍吧？在十章四至六节，约伯再悲叹生命的短促与脆弱。他说神的眼总不是"肉眼"，因为肉眼是人的眼光，究竟有限。人的日子十分短暂，好似一口气，一片浮云，一个影子，一朵花，转瞬就消失了（伯六 7，十四 2）。约伯实在需要神的怜悯，将他救赎出来。

在十章八至十一节，完全以个人的被造看出矛盾来。第八节："你的手创造我，造就我的四肢百体；你还要毁灭我。"第九节："求你记念，制造我如抟泥一般；你还要使我归于尘土吗？"人本是尘土造的，还要归回尘土，这原是神的宣判（创三 19），也是传道书十二章七节陈述的事实。但是神对约伯，似乎并无明确的命令，宣判他有罪，处以极刑，致他于死地。

神制造约伯，好似制奶品乳酪一般，然后又如织工一般，以皮和肉缝制起来，好似衣服（参结卅七 5～8），然后给予眷顾，以生命和慈爱赐给他。神所造的，必蒙恩得着照顾。在十章十三至十七节，约伯所思想的，有关神创造制作的初衷，他的想法与一般传统的观念不尽相同。神造了人，却察看他，似乎故意要吹毛求疵。"察看"常用作"看顾"，如在本书廿九章二节，其他经文可参考（创廿八 15、20；出廿三 20；诗九十一11）。但此处是鉴察。虽然约伯自认是无辜的，他仍未恢复他的尊贵，仍如狮子一般被追捕。

王打猎，捕捉狮子，不是只为娱乐，而是以此表明他为促进国家的安全，因为恶兽是象征混乱的凶恶，威胁世界与社会的秩序。[63] 神是王，捕捉恶人为维持和平。神行事为显奇能，是表明神的创造且维持这世界（创卅七 14），并且施行拯救（士六 13）。

神重立见证人，为的是攻击约伯，"重"原意为更新，如在诗篇一〇四篇三十节："更换为新"。神发动军兵来与他对敌。这些是天军，为神作战。现在他们攻击的对象是约伯。神既是天上圣者之会的引导者，又是击杀大鱼怪兽的大能者，祂的大能是否无情地攻击约伯，使他毁

---

[63] Othmar Keel, *Jahwes Entgegnung an Hiob* (Forschungen zur Religion und Literatur des Alten und Neuen Testaments 121, 1978), 62 – 63.

坏,似乎不是出于祂的公正。

衍生的隐喻在十章十八至廿二节,再回到第三章,神是母腹的主,约伯再表现他的哀怨,惟愿未出生前先行夭折。神可使人怀孕或不孕,赐福给人怀胎与乳养的能力。神使胎儿成形,如接生婆那样助产(参卅一 25,卅八 8,又创四十九 25;诗十二 10~12;赛四十六 3;耶一 5)。神的恩慈或怜悯,原意为"肚腹",说明母性的怜恤。约伯如果胎死腹中,不必有人见到,岂不更好? 为什么生产之后,经过岁月,又在苦难中灭亡呢?

(v) 隐喻的过程:从背理至拟态

在约伯与友人辩论的第一回合,以利法以申命记报应律作为他的宇宙论,神是创造主,又是公义的主,在宇宙中有道德秩序,祂就是这秩序的维持者。以利法根据传统的智慧论调,将人描绘成君王与奴仆。人本性败坏,必会犯罪。唯一的希望是认罪才可得着救恩,人应当赞美创造万有的主,在祂公义的权能下求怜悯。以利法以人类学来看人间的痛苦,人只是奴仆而已。

约伯在悲情之中,原希冀友情的支持,结果发现他们不会安慰,也无真实的同情,他们只是极为保守的信仰之维护者。他们维护神的智慧与公义,斥责人的努力。约伯听到他们背理的话,实在反感之至。他不能接受朋友们对人性那样反面的论调,但他确认人在奴役中,无法自拔。约伯采取了以创造为传统说法的隐喻,看宇宙论与人类学。一切的隐喻,如有关争战、言语、工艺与衍生,但都是在次序上颠倒的。神是战士,但攻击的不是凶恶,而是祂造的。祂是工艺家,并不求作品之美,却一味地毁坏。神使约伯在母腹中成形滋长,不是爱顾他,却带给他苦难与痛楚。

神带给约伯的现实只是可怕的景象。人被虐待,如奴仆服侍凶暴的主人,这正如约伯因认识神而震惊。

在第一回合中,尚有第三位朋友琐法的言词以及约伯的答语。但以下的话(十二~十四章)与第二回合及第三回合都是连续的,为上下文的衔接,并入下章的论述。

(IV) 辩白无罪：抗议与誓言(第一至第三回合)

在第一回合的结尾，约伯有一段很长的言词(十二～十四章)，是在第三位朋友琐法的言词之后，约伯并不是向琐法答辩，而且对三位友人的论调甚不同意，但由于他们的话，引发他有更多的思考与见解，他的辩白语多有抗议，看来似近于反叛，实则他在诚恳地寻求神的公义。

(i) 约伯：在无望中求救赎(十二～十四章)

在十二至十四章，约伯是第一回合最后的话，他的失望加深了，因为他所看到的，仍是在苦难中残忍的神。这是言语的隐喻，但内容是背理的，十二章是赞美诗(十三～廿五节)，十四章却是哀歌。在十二章可分为三大段，第二及第三段(7～12节，13～25节)，论创造神学。

约伯在答辩中，以智慧寻常之资源，即自然，作为他辩论的依据。从自然现象及社会情况来看，有相连的用意，一致的，也是互为重复的。神以智慧所建立的秩序是公义与和谐的，给予连贯、规律、和谐与美。智慧者承认，个人的义行，足以建立生命，恶人是破坏的，人生存，若遵照秩序，与自然及社会和谐地生活，必经历并表现美。这种审美观是义的言行。人类社会是学效宇宙的秩序，也由这秩序来管理。自然社会与个人原是不可划分的，是互为关连的。密切的观察，经验的评估，以及反复的省思，智慧者就以宇宙与社会的秩序，教导人们对这世界的认识，就可进一步体会神的启示，可见经验世界就是经验神。以创世的言语用词，是隐喻的方法，使人可以明白生命的意义，因此信靠创造主。智慧者承认知识的有限，认为神有自由，而且祂的启示也是奥秘，以致神的行为不是一般所了解的恒常不变的性质。但是世界的秩序既有规律，人必须信靠神，深信神的安排都是美善的，使生命得以维持。

约伯以智慧者的宇宙观作为他信仰的基础，完全接受创造神学。朋友们强调报应的公义，以及神的道德本性。但是当琐法提出，神的智慧远超人的知识(十一1～12)，那么令约伯困惑的是，人的智慧究竟有什么价值。琐法真是盼望神直接向约伯说话，显示智慧的秘密(十一

5～6)。这秘密不过是传统的智慧。理性的探索似乎是不需要了,甚至信心也未必可以发挥什么功用,人惟有完全屈膝顺服。这是约伯不能同意的,在他,神仍以自然秩序来启示,因为自然所用的言语,是人所能明白的。

有关创世的传统,是依据创世记一、二章,地上的走兽,空中的飞鸟,海里的鱼,都是神所造的。至于天上穹苍及昼夜之运转,是另一种言语,无声的却可以明白(诗八篇)。可见这些都为使人可以认识神。⑭神所造的,对这些祂必负责,祂决不会置无辜的约伯于不顾。一切都是出于神的手,约伯的苦难也是神伸手于他的,宇宙在道德败坏的人类社会也污秽不堪,看来神是无情的,祂的能力除灭义人,却维持恶者,一切都是颠倒,却都在祂的手里(十二 10),生死的权力都操在祂手中(参诗一〇四 29～30),但神似专在破坏与除灭,又该怎样解释呢?

在赞美诗中(十二 13～25),约伯将赞美神的话作为背理之论述。神的安排只有毁坏的能力。在这赞美诗中,有双重的主题:神的智慧与神的能力。但是神的公义呢? 没有提及。智慧在此有另外两个用词:谋略与知识。谋略是智慧者的忠告,促进人得着成功,也有极完善的计划,使人得到裨益与福分。智慧是神所赐的,使人能够将社会制度结构起来,得以维护。看以赛亚书廿八章廿三至廿九节,神有何等奇妙的谋略。箴言十九章廿一节以及以赛亚书十四章廿四至廿七节,耶和华以何等大的智慧,决定个人与民族的命运。"知识"常指见识与见解。箴言二章六节,知识和聪明为同义字,有时译为"聪明"(11 节)。这些用词都充分说明言语的能力,是足以创造并维持世界的(箴三 19～20;诗卅三 10～11)。

"能力"可联想至战士。神是战士,能制服大鱼(伯廿六 12),坚定大山,又可平静风浪及洋海(诗六十六 7,八十九 8～14),从毁灭中拯救出来(诗一〇六 8)。

第十三节的主题,实际归纳下两节的内容(14～15 节)。神的智慧

---

⑭ A. de Guglielmo, "Job 12:7–9 and the Knowability of God," *Catholic Biblical Quarterly* 6(1944),476-482.

与能力不是在维持,而是在破坏,将个人与国家尽行灭绝。第一个主题
也在耶利米书第一章,先行拆毁与拔出,然后建立与栽植。但此处只有
反面的,没有正面的。神只有加以限制,好似建造房屋,都没有出口。
第二个主题在阿摩司书四章六至八节,完全是反面的,不降雨,枯干与
霉烂,饥荒与死亡。这正如挪亚时代的洪水,将所有生命都毁灭了。

第十六节再重复这两个主题,神是在历史之中行动,祂将一切领袖
都放在损失与失败的地步。他们原为树立社会秩序,但神不赐他们智
慧与能力,他们就无能为力了(十二 21～24,可参阅诗一〇七 40)。

第廿二节,神似回到混乱之中,将死荫显为光明。汹涌的大水以及
黑暗,原是混乱的特性(创一 2)。神在历史中也是颠倒的,邦国发展而
强盛,最后仍趋毁灭。智慧文学不提救恩历史及律法,只提说个人与社
会的道德。但智慧者肯定神赐智慧,尤其给予在位的有智慧,为求民族
国家的安宁。但是神使邦国开广而又掳去,祂将地上民中首领的聪明
夺去。在廿四节的"荒废"就是创世记一章二节的"空虚混沌"(耶四
23)。神原是将混乱带至秩序,怎可再带回混乱呢?

在十三章,前一半反对朋友(1～12 节),后一半向神抗议(13～28
节),因为他又悲叹人生的疾苦与无可避免的死亡。以言语的隐喻,提
说神的判言,这是十四章一节起,人生短暂又患难,是奴役的苦楚。人
的日子限定,"限定"一词原为法令,神所审断的,无可改变。界限又指
宇宙的情况,如天涯(诗一四八 6)及洋海(耶五 22)。

但悲叹的哀歌,以第二段(7～12 节)最为重要,以植物的生长来与
人生比较。水与树在圣经中是衍生的象征,树的寿命很长,可以再生,
似表征不朽。⑥ 在创世记二至三章乐园中的生命树,在四条河的灌溉
之下,甚为繁茂,是神对无罪者的恩赐,人们一吃分别善恶树的果子,眼
睛就明亮了,但对生命树只是可望而不可及。这样的恩赐就被否认了,
大卫王朝的建立,是否再有新的希望?耶西的根再发生,是弥赛亚的预
言(赛十一 1)。以西结以黎巴嫩的香柏树寓意王朝,约雅敬被掳好似
枝子从树上挪开,这些都以树为表征。诗篇一篇中的义人,如树栽在溪

⑥ O. Keel, *the Symbolism of the Biblical World* (1978), fig. 46,47,48,479,480.

水旁。九十二篇十二至十五节,义人的棕树,黎巴嫩的香柏树,栽在耶和华的殿中,再强调乐园、创造与生命(可参阅赛六13,四十24,五十三2)。约伯回忆以往生命的旺盛,曾描述自己好似一棵强大的树,"我的根长到水边,露水终夜沾在我的枝上"(廿九19)。人如果如树一样,还可发芽生长,但人死亡而消灭,他绝气竟在何处呢?

十四章十三至十七节,约伯想暂时进入阴间,躲避神毁坏的怒气。阴间内既在神的领域之外,就可使我暂时喘息。他看死亡是一种解脱,被释放的日子,就是他可真实地脱离奴役的时候。但是他真想以死来摆脱吗?他是盼望救赎主来救他出离阴间,九章卅三节,他等待一位听讼者。这位必是代求者,为他作见证人(十六18~22)。最后他是盼望一位救赎者,甚至在约伯的坟墓边,仍为他辩护。他所求的那位,就是以利户所提说的"传话的"与"代求者"(卅三22~28)。他祷告神,神就施恩并救赎。

在十四章最后一段(18~22节),他又陷入无望之中,好似在第九章五至十节的悲叹,山崩变为无有,洪流冲去地上的尘沙。这也冲走人一切的盼望。约伯看死亡,只看到痛苦与黑影,使人不能感受生命的存在,只感到身上疼痛,心中悲哀。

(ii) 以利法:回顾初民的堕落(十五章)

以利法仍坚持宇宙论的因果报应与人类学的奴役生活。现在再加上一项,有关初民的传说。以利法认为约伯在危险的边缘,对神有反叛的可能。如果真犯这样的罪,只有自取灭亡。人若企图推翻天地的主宰,必立即招致神可怕的忿怒。

以利法不再保持以往温和的态度,他不再伪装安慰者,同情地忠告。他已将这种同情抛在风中,直接来苛责约伯,轻视约伯的辩白。他反而强调自己的权威,严厉地作出教训。

他在用语中,十分着重言语的力量,在言语的隐喻中,以"口"、"嘴"、"舌头"来说明,"定罪"、"见证不是"作诸般的责备。他指责约伯的话是"虚空"的,原意为"风","东风",好似在黑暗渊面的大风以及旷野的炙热的风,这些都是阻止敬虔的心。所以在十五章二至六节,都是这些用字。

在以利法看来，约伯是愚妄人，愚妄的话只有自取毁灭，这些话是无益的、诡诈的，有失敬畏的意。敬畏原是肯定神的权能，认定神是创造主，治理全地的主宰。在诗篇一一九篇中，都已说明敬畏是遵行律法的。因此，创造与律法两者必相提并论，好似诗篇十九篇所说的，这才是宇宙与社会秩序的根本。

在十五章第二段（7～16节），继续以言语的隐喻来说明，神在所造的宇宙中有祂的密旨。也提说初民，就是头一个被生的人，有神所赐的智慧。初民的败落，就因他们违背神，吃了分别善恶树的果子，他们反叛神，要如神有知识。他们的拣选不是生命，而是死亡。人进入骄妄、反叛与死亡的境地。照以利法说，这就是约伯的企图。约伯自承有智慧，但他不是初民，也不是智慧的化身。真的智慧是在诸山之先。箴言八章廿二、廿三节："在耶和华造化的起头，在太初创造万物之先，就有了我。从亘古，从太初，未有世界以前，我已被立。""我"是智慧。

以利法在极端讥刺的口吻中，指明约伯有初民的堕落与反叛，甚至都望尘莫及，这就引入最后一段的话（十五17～35），提说恶人的结局。恶人想反叛神，那是徒劳的，他们必得报应，最后终于灭亡。

在他第三言词中（廿二章），除直接苛责约伯之外，甚至提出明显的罪。这些约伯并不承认，才再申辩并且立誓（在卅一章）。但是三个朋友中，仍以第一位友人以利法的言词最为主要，以致最后耶和华特别对以利法说："我的怒气向你和你两个朋友发作……"（四十二7）

(iii) 约伯：呼求救赎维护者（十六～十七、十九章）

约伯在答辩以利法的言词中，他无奈地转向天上的见证。他确信"在天有我的见证，在上有我的中保"（十六19）。他对朋友完全失望，但他仍怀有盼望，得向神辩白。

他在苦难中，只感到神是战士，将他当作仇敌，"主发怒撕裂我，逼迫我，向我切齿。"（十六9）他不像以利法所说的恶人。"神把我交给不敬虔的人，把我扔到恶人的手中。"（11节）不敬虔的人才是恶人，约伯不认为自己背叛神，他埋怨是有的，却还未失去敬虔，他哀求的对象仍是至高的神。

他的敬虔使他痛苦,因为内心的冲突有增无减。他不再求死,但明知已走上那往而不返的路。他的指望已经失去,这指望必下到阴间的门闩那里了(十七16),他又再提到父母,似乎又回到衍生的隐喻(十七14)。

比勒达第二次的言词似重复以利法的言词,强调恶人最后的结局,恶人好似恶兽自投罗网,必被擒获(十八8～10)。以"惊吓的王"喻为死亡(十八14),人始终是在奴役之中,无法自拔,也不能逃脱。

这就引起约伯的反应,强烈而反面。神是战士,胁迫约伯,好似敌军围城攻击:"是神倾覆我……神用篱笆拦住我的道路"(十九6～8),"他的军旅一齐上来,修筑战路攻击我……"(12节)。约伯自感是一个蒙羞的王,遭受侵略而降卑。

在他最失望的时候,他的信心突然提升起来。他竟然将他的信仰以坚定的口吻宣告出来:"我知道我的救赎主活着。""救赎"原意为维护,好似在法庭中为他辩护,证明他无罪。如果生前不得平反,死后也必辩明清白。他这样的信念越来越强,才有卅一章无辜的誓言。

有了这样坚定的信念,他再不受以利法与琐法的控告,他认定他们是诬害他的(廿一27),对于他们强调恶人的结局尤其不以为然。恶人的兴盛,在今世屡见不鲜(廿一17起)。唯一真实的是,死亡的命运必临到众人(廿一23～26)。

(iv) 比勒达:神治权不容反叛(廿五章)

比勒达第三言词十分简短,是否词穷不能赘言,或因经文排列的紊乱,有的学者甚至认为廿六章应属比勒达的。㊶ 兹就正典的样式为准,只以廿五章为比勒达的言词,连琐法第三言词都未曾清楚出现。

神有治理之权,这是君王的隐喻,惟独神有治理所造的世界特有的权能。祂的治权都不委托人类,包括地上的君王(诗八十九19～37)。

㊶ 在诠释部分有说明。

神有威严可畏,是智慧文学特有的用词,指人们公开承认,而且赞美神的创造,祂不仅创造,也维持生命,使人在神面前肃然起敬,有敬畏的心。

神在高处施行和平,因为神以诸军制胜一切凶恶。这正如以赛亚书十四章所描述的,明亮之星、早晨之子已经从天堕落,落在阴间的黑暗之中,神是光,祂的光亮一发,就照耀遍处(伯廿五3)。在创造之初,神先造光,为使黑暗的权势除去,生命就发生了,这是神的权能。

人是奴仆,人性是败坏的,人不能在神面前称义。在诗篇八篇,人的地位是以正面的观点来看。此处正是反面的说法。这是友人共同的论调,以利法说人只是尘土(四19),琐法说,人必躺卧在尘土中(二十11)。这也是约伯的观念,因为人无法逃避死亡的命运(七21,十七16,廿一26),但是比勒达再进一步说,人如虫如蛆(廿五6),死使人朽烂。这也是约伯对死亡的看法,死使人朽坏(七5,十七14,廿一26,廿四20,又参赛十四11)。在神眼前,连月亮、星宿都不清洁,何况人呢?(廿五5)

至于廿六章,既不能确定为比勒达的话,就不能相提并论。在此章内,神是战士,与混乱的凶恶争战,这争战的隐喻又十分明显。这些凶恶的势力以"大海"与"拉哈伯"为表征,神的能力是伟大无比的,人又何能反叛祂呢?这是朋友一再强调,也是约伯所能体认的。对于神的能力,约伯屡次承认,引起他困惑的是神的智慧。

(v) 琐法:神的公义为天经地义(十一、二十章)

在这三位友人中,琐法是居最次要的地位。首先由于他没有什么独特的见解,他所说的几乎都是重复另两位朋友所说的。其次因为他说话没有风度,开口谩骂,自以为义,一味指责。教训的口吻尤其令约伯反感。他的言词只在第一与第二回合中。第三回合中,没有指明他说的话。或在编辑中,与约伯的话混合(廿六~廿七章),或表明他已词穷,没有什么可说的了。

他一直认定,约伯不自觉地犯了罪。现在儿女亡故,自己已罹重病,应该醒觉,迅速认罪,或有希望。他论述神的智慧,似乎促使人成为不可知论者（Agnostic）。将大能的神，描绘成一个专横的审判官，将人拘禁，招人受审（十一 10）。人为奴仆，不是顺应主人的，而是遭主人任意施刑。奴役与死亡的隐喻反复论述。

这两种隐喻，在琐法的第二言词仍继续重复。死亡是恶人的结局，一同躺卧在尘土之中（二十 11）。尘土与死亡相连，为本书常用的隐喻（七 21，十七 16，二十 11，廿一 26）。人在服苦的奴役中，神无限的权能，更显出人性的软弱与败坏。约伯的苦难，十足证实他是不敬虔之辈，可归类在恶人之中，他一切都消灭，这是恶人从神那里所得的份（二十 20～29）。

(vi) 约伯：誓言无辜与抗议（廿九～卅一章）

约伯对神的抗议，表达在与朋友的争辩中，现在作一个总括的概要，这是廿九至三十章的内容。卅一章他誓言无辜，以一个新的隐喻来说明。他是要推翻传统的隐喻，以言语、工艺、衍生及争战的主题来研究他受苦的因由。他的新隐喻是将奴仆转为君王或治理者。他再不愿意服在奴役之下。他要成为治理者，管理神所造的一切。这无疑是向神挑战，有反叛的危险。

在廿九章，约伯追述往昔的情况，就是在他还未受苦之前，他与神的关系是完好的，他是社会贤达，是一个治理者。他两次以君王自居："我以公义为衣服，以公平为外袍和冠冕"（廿九 14），"我为他们选择道路，又坐首位。我如君王在军队中居住"（25 节）。⑰

廿九章通常分为四段。第一段（2～6 节）追忆过去，不仅指他个人的荣华，也指人在地上的崇高地位，人是治理者，可参考创世记第一章及诗篇第八篇。人有神所赐的智慧，得以治理全地，论光明与黑暗，是指创造。神的灯照亮，表明神的看顾与保护。

第二段（7～13 节）描述约伯自己有帝王之尊，在公众面前设立座

⑰　Rainer Albertz, "Der Sazialgeschichtliche Hintergrund des Hiobbuches und der 'Babylonischen Theodizee'," *Die Botschaft und die Boten*, ed. Jörg Jeremias and Lothar Perlitt（1981），349-372.

位，以公义治理，使众人敬重佩服，人们甚至对他有畏惧的心，有无限恭敬的态度。但是他在威严中有怜恤，顾念那些无助者。

第三段（14～20 节）专为描述他的治权，以公义、公平为王袍与王冠。他秉公办理政事，不容恶人枉法。他的君王意象，以水边的树为喻，有兴盛长寿的生命。

第四段（21～25 节）他以君王特有的权力与智慧，予人忠告与教导，在他面光之照耀下，有生命的安全与福乐。他几乎为自己塑造偶像。这样的态度，使他在誓言之后，敢以君王的姿态出现，向神挑战（卅一 35～37）。

三十章他悲叹目前的哀情，是从君王的隐喻转向奴仆的隐喻，被人戏笑藐视，并厌恶侮辱。这使他在悲情之中，向神誓言，辩明他的清白。

卅一章的誓言中，他用创造神学，在两方面发展。首先，他为家中的奴仆（卅一 13～15）争取权利。其次，他表明对田地的尊重，保护工人与地主（卅一 38～40）。前者强调人生来是平等的，应有基本的人权。他在誓言中提出十二项罪。十与十二是旧约律法常用的，如在出埃及记廿三章十至十九节，卅四章十至廿六节；利未记十八章六至十八节。申命记廿七章十五至廿六节，提出十二项咒诅。⑱ 誓言的方式，有假设与后果，有的没有后果，因为后果是咒诅。假设有"若"，表明他确未那样犯罪。"若不"，表明他确未那样忽略。⑲

卅一章十三至十五节有关对待奴仆的事上，所用的隐喻是言语的与衍生的。在第三章咒诅生日，也是这两种隐喻。此处在誓言中为第五项。对待奴仆，旧约律法给予保障。奴仆的生命应予保护，应得着善待，有适当的时候可被释放（参考出二十 10，廿一 1～11、20～21、26～27；利廿五 39～55；申五 14 起，十二 18，十五 12～18，十六 11，廿三 15～16；耶卅四 8～22）。⑳ 如果奴仆遭受诉讼的事，必须得着公平的权益。约伯曾任审判官，审断案件（廿九 7～12），他不敢忽略。保护奴仆

⑱ G. Fohrer, "The Righteous Man in Job 31," *Essays in Old Testament Ethics*, ed. James L. Crenshaw and John T. Willis (1974), 1 - 22.

⑲ 在卅一章的诠释内有说明。

⑳ Roland de Vaux, *Ancient Israel*, 1, 80ff.

是根据两项信念：(一)神的公义保障社会公义；(二)人都是生来平等的，无论他社会地位高下。神为无助者辩屈，约伯自身是神的奴仆，应顾念别人。人生来平等，因为"造我在腹中的，不也是造他吗？"(15 节上)神保护胎儿，"将他与我抟在腹中的，岂不是一位吗？"(15 节下)

卅一章卅八至四十节，专论田地的保护，不因人犯罪、沾污而受咒诅。关于农田的保护，也有律法的规定，保护土地，是在安息年与禧年休耕(出廿三 10～11，廿五 1～22)，撒种时不能混合(利十九 19；申廿二 9)，收获时不可割尽，应遗留若干供穷人来拾穗(利十九 9～10，廿三 22)。前三年出产的果实不摘取，使树木坚固(利十九 23～25)。家庭地业应世代保守，不可出卖(利廿五 23～28)。产权保留而且应每年适当奉献至圣所。约伯说他不夺取田地，可能指遵守这些律法。

人干罪，不拘是社会的，或是宗教的，都会影响地土，引起歉收而有饥荒(申廿八 22；摩四 6)。地土可以人格化，因人的强暴而污秽。亚伯被该隐杀死，他的血从地里发出怨声，记载在创世记四章十节，在约伯记十六章十八节，他呼吁地不要遮盖他的血，使他的哀求继续发出。

本章(卅一章)的卅九节甚为特殊。约伯否认吃地的出产不给价值，或叫原主丧命。对工人不付工价，是偷盗的行为。律法有规定，不可干犯(利十九 13；申廿四 14～15)，有的行为甚至使原主丧命，实例在列王纪上廿一章，耶洗别与亚哈夺取拿伯的葡萄园，故意叫人捏造假见证，控告拿伯亵渎神的罪，拿伯被处以极刑，亚哈就夺取了葡萄园的地业。

在四十节的咒诅，愿这地长蒺藜代替麦子，长恶草代替大麦，可回溯到创世记三章十七、十八节及四章十二节，地被人的罪孽污秽了，只会长出无用的杂草。

归纳言之，创造的自然与人类社会有多么密切的关系，罪恶足以破坏秩序，律法原为促进人类社会的福祉。自然界、人类与神，必须有真实的和谐。例如，淫乱的罪是焚烧的火，烧毁一切的出产。约伯的无辜，是应该促进自然与社会的秩序。所以卅五至卅七节，约伯以王之身份向天地的主挑战，希望辩明，还他清白，不再受苦。

约伯的言词以创造的主题，列举争战与奴役的隐喻，盼望友人不再与他为敌,与神这战士也能言和。他向天地的主挑战,实在太过分了。耶和华必须对他说话,甚至有以利户的言词加插着,来缓和约伯与神之间的张力,而且预备约伯的心,使他面对神。这也因此使读者听见旋风中耶和华的话,不致过分震惊了。

(Ⅴ) 耶和华启示公义慈爱(卅八～四十一章)

耶和华言词,在本书中应为最高峰,因为神以祂的智慧,为约伯解惑。可见这言词中,提示了本书的要义。但是在解释上有不同的意见,兹分述于下:

(一)在通常较为传统的看法,认为耶和华无意为约伯解答苦难的问题。苦难是一种奥秘,无法解释,即使解释,也很难令人满意。但是神的显现,却说明了神的智慧与能力,也暗示祂的关怀与看顾。这样的体验已经足够使约伯完全折服,不再有责言。他先是闭口不言(四十4～5),接着彻底悔改,降服在神面前(四十二1～9)。

(二)在耶和华的言词中,描绘的世界是混乱的,但神的行动有自由,祂在自然与历史中维持着公义。本书仍应以神的公义为主,此处对神的公义有最后的总结。这也给读者一个十分圆满的答案。⑰

(三)神在世界的作为是矛盾的,祂看似看顾洋海,而又加以限制。祂制止死亡的权势,使动物生生不息。但祂又发动鹰鸟来吞食动物尸体的肉,在这样一个矛盾的世界中,约伯无法以公义报应的原则质疑。他与神有了交通,这矛盾自然就化解了。⑱世界虽有秀丽与和谐,但并

---

⑰ Millar Burrows, "The Voice from the Whirlwind," *Journal of Biblical Literature* 47(1928), 117 - 132; J. L. Crenshaw, *Old Testament Wisdom*, 110 - 125; Johannes Hempel, "Das Theologische Problem des Hiob," *Apoxysmata*, *Beifieft zum Zeitschrift für die alttestamentliche Wissenschaft* 8 (1961), 114 - 173.

⑱ Michael Fox, "Job 38 and God's Rhetoric," *Semeia* 19(1981), 53 - 61; Robert Gordis, *The Book of Job*: *Commentary*, 560; Othmar Keel, *Jahwes Entgegnung on Ijob* (1978), 156 - 157; V. Kubina, *Die Gottesreden im Buche Hiob* (1979), 143 - 158.

不完全,仍有恶与苦存在。

(四)神是超越于人的公义标准,现实是无道德的,报应的公义虽为神行事的方法,但虔敬有必要吗? 人并未得着奖赏,这是并不存在的,约伯似不必探究。[73]

(五)恶与苦若来自神,神却极力制止。但是神的能力受了局限,以致无能在地上除去邪恶。[74]

(六)神的智慧与公义既远超人所能理解的,想深究神的公义,只是纯然的愚昧。[75]

(七)神是创造的主宰,也是历史的主,人不可向祂的权能质询,人的回应只有承认与赞美。[76]

(八)神对约伯作无情的攻击,似暴君一般,使约伯只有抱怨,无法自制。[77]

(九)创造是虚无的,本身并无意义。但神既为救主,祂必有新的创造,建立新的秩序。[78]

综合以上,约伯仍为他向神抱怨的事,深为懊悔。他自知对神与祂

[73] G. Fohrer, *Das Buch Hiob*, 500; J. L. Crenshaw, *Old Testament Wisdom*, 100 – 125; Andre Lacocque, "Job or the Impotence of Religion and Philosophy," *Semeia* 19(1981), 33 – 52.

[74] Athalya Brenner, "God's Answer to Job," *Vetus Testamentum* 3(1981), 129 – 137.

[75] Edouard Dhorme, *A Commentary on the Book of Job*, 645 – 646; H. H. Rowley, *Job*, 325 – 326.

[76] Horst Dietrich Preuss, "Jahwes Artwort an Hiob und die sogenannte Hiob Literatur des Alten Vorderen Orients," *Beiträge zur Alttestamentlichen Tehologie*, ed. Herbert Donner, et. al; *Festsehrift Walther Zimmerli* (1977), 338 – 343; Magaret Crook, *The Cruel God* (1959), 153 – 156; Samuel Terrien, "Job," *Interpreter's Bible*, vol. 3, 1183 – 1184.

[77] David Robertson, "The Book of Job: A Literary Study," *Soundings* 56(1973), 446 – 469; James Williams, "You have not Spoken Truth of Me: Mystery and Irony in Job," *Zeitschrift für die alttestamentliche Wissenschaft* 83(1971), 231 – 255.

[78] Masao Sekine, "Schöpfung und Erlösung im Buche Hiob," *Von Ugarit nach Qumran*, 2nd ed. (1961), 213 – 223.

的创造,未免太无知与鲁莽,现在他在神大能、智慧与看顾之下,深感自己的无能无知。报应的公义这种信念已经站不住了。他竟然敢责问神的治权,不仅骄傲,而且近于亵渎。现在他真正谦卑下来,有信赖与安静感恩的心,而且化为歌颂。⑦ 还有经学家认为,约伯认罪,是因他亲眼看见神。神的显现已经将一切都改观了。⑧

约伯悔改的,是他信心的软弱不足,又有求死的意愿。现在他已体会神的爱顾,他已与圣者相通,所以转变为安静信托的心,再不计较敬虔是否有报酬,只笃信不疑。⑧

但是有的人不承认约伯真正悔改,神的能力太大,使人在被慑服之下,不能再说什么,在耶和华的言词中,充满着讽刺,更加显出神毫无仁慈。约伯其实并非悔改,只是舌结无语而已,看来约伯似乎真的顺服了,但他并不真诚,只是他不想再多言而已。

这些解经的意见不同,可能对耶和华言词中的隐喻不甚注意,尤其有若干是以神话的说法为例,更不够明白。在此处有若干新的语文用法,为说明创造神的治理以及人的存在等问题。

耶和华言词的体裁,有的采用赞美诗,有的是以辩论的方式及以用字为声韵的(Ohomasticon)格调。赞美诗为救恩之言,以哀歌转为感恩之歌,神的言词是以老师训诲学生的语气,可有古代近东的文献作为参考。⑧ 在辩论的方式,是第一与第二言词中,约伯原与朋友们有辩论,方式相似,他一直在质问耶和华,认为神行事不公。神在旋风中出现,似以极大的暴风力量,将恶者驱除(参赛四十24,四十一16)。神必战胜混乱之神明,再显明祂的权能,使世界重新有秩序,所以约伯的信心也需要重建。

⑦ Fohrer,*Hiob*,532-534;Kubina,*Die Gottesreden im Buche Hiob*,152.
⑧ Robert Polzin,*Biblical Structuralism*(1979),105.
⑧ Crook,*The Cruel God*,156;G. von Rad,*Wisdom on Israel*,221-226.
⑧ C. Westermann,*The Structure of the Book of Job*(1977);G. von Rad,"Job xxxviii and Ancient Egyptian Wisdom,"*The Problem of the Hexateuch and Other Essays*(1966),281-291.

(i) 神创造的原委与安排治理(卅八 1～四十 5)
(耶和华第一言词及约伯的回应)

　　耶和华好似风暴的神,与混乱争战。[83] 修辞的问话(2 节)及命令词
(3 节),是以一种向对方挑战的语气。神对创造的世界有一定的设计,
不容破坏。约伯的质询反将创造的世界带回混乱。无知的言语非但表
示了茫然,而且以混乱的语言,将世界与社会的秩序反而弄混了。这种
话只有破坏了信心的意义,不足以维持生命的结构,将神的旨意弄成暗
昧不明,将世界又带入黑暗。第三节的命令要约伯束腰,束腰为争战之
准备,好似战士一般(士六 12,十一 1;撒上九 1,十六 18;代下十三 3)。
有了这开场白,引入第一部分,其有四分段:地(卅八 4～7),海(卅八 8
～11),天(卅八 12～15),阴间(卅八 16～18),惟独神有智慧与能力来
管理宇宙。根据传统的智慧,有三大隐喻:工艺、衍生与言语。耶和华
是建筑师(卅八 4～7),先立地的根基,再以准绳量度(王下廿一 13;赛
卅四 11,四十四 13;耶卅一 39;亚一 16)。神立了地的柱子(出廿六 19),
房角石(诗一一八 22;赛廿八 16;耶五十一 26),确保其稳固。可见地
非常稳定,而且秀丽。

　　由地至海,隐喻自工艺至衍生,提及海洋的出生,就成为混乱的神。
耶和华成为海洋的父,[84] 母,[85] 或是接生婆,将初生的婴孩包裹起来,又
养育,[86] 有参考经文在以西结书十六章四节,又约伯记十章十至十二
节;诗一三九 13～16。但耶和华也必管治洋海,为海设立界限,使它不
可逾越,将它囚禁起来,关上门,加了门闩,又好似将腹胎的门关闭,不

---

[83] Preuss, *Jahwes Antwort an Hiob und die Sogenannte Hiobliteratur des alten Vorderen Orients*,338. 旧约中记述神的显现在士师记五章,哈巴谷书三章及诗篇十八篇七至十六节。

[84] 迦南宗教中,视神明(El)为海洋的父。

[85] 耶和华生育以色列,在申命记卅二章十八节及以赛亚书四十六章三节,生出山来,在诗篇九十篇二节。

[86] Leo G. Perdue, *Wisdom in Revolt, Metaphorical Theology in the Book of Job* (1991),207.

能生育,海水就因此不能涌流而出。

卅八章十二至十三节,神命定晨光,将恶人驱逐出去,好似光将黑暗驱除一般。在十五节,"亮光不照恶人,强横的膀臂也必折断。"神以祂能力驱除恶人。祂所命定的是祂的话语。

再谈及阴间,有死亡的门,照迦南宗教的说法,在地的中央,有进天堂的门,也有阴间的入口,但这些都是神所管治的宇宙,在祂的权能之下。

耶和华第一言词的第二部分,分为六段,以赞美诗的形式论气候,先说光暗(卅八19~21),再提风雪(22~24节),雨水(25~27节),雨露冰霜(28~30节),星宿(31~33节)以及云彩(34~38节),此处仍提耶和华建筑工程,开发水渠,使雷电与雨水可有通道。在圣经中,雨水是神对义人的赐福,但是神降雨在旷野,在人看可能是浪费,但这是与神的公义无关,可见神在宇宙中的照顾,似乎是善恶不分的。此处又再提说衍生的隐喻。"雨有父吗?露水珠是谁生的呢?冰出于谁的胎?天上的霜是谁生的呢?"(28~29节)神是在掌管宇宙的一切,不容恶的势力来阻止天地的生息。

神有智慧,也有定律,祂的话语是对一切被造之物发出命令,因此自然的秩序仍得井然有条,不致混乱。

争战的隐喻在卅八章廿二至廿四节以及卅一至卅三节,在廿三节提及打仗与争战的日子,风雨如同武器,在叙述神显现的诗歌中,似极为普遍(士五20~21;诗十八3~4,廿九1起,赛三十30;摩五8~9,九6)。昴星与参星仍叛逆神,神必加以管制,这是人无能为力的。

论气候之后,转向动物界,神是看顾它们的,并养活它们,共有五分段,狮子与乌鸦(卅八39~41),山羊与母鹿(卅九1~4),野驴与野牛(卅九5~12),鸵鸟与马(卅九13~25),鹰雀与大鹰(卅九26~30)。

论狮子与乌鸦,提说它们的食欲,山羊与母鹿,指它们的生育,野驴与野牛,论它们的自由,鸵鸟与马的英勇敏捷惊人,鹰雀与大鹰是满有智慧的。但是耶和华看顾它们,使它们得以存活。这些动物除了马以外,都是野生的,住在旷野,无人烟之地,在森林及荒废的地方,有的是在山坡、咸地、山岭及峭岩,除了马可以驯服之外,其他动物都会危害人的性命。马也常用于战场,沾满了杀人的血。这些动物当然对人毫不惧怕。古时君王常骑马去打猎,杀戮这些动物。但是神却保护它们,即使它们有害于人类。这是与朋友们的理论不同,因为朋友们以为神为保护义人,必除去这些动物(四 10~11),但是神既为创造万物的主,祂所造的,祂必看顾,这样看来,现实世界并不以人为中心。人向造物主抗议也不能奏效,可见争辩无益。人只有谦卑承认自身的软弱与无知,惟有承认神的能力、智慧与公义。

约伯对耶和华的言词,首先的回应是缄默,这缄默实际怀有什么动机,并无说明。看来是他悔改之前的第一步。他至少承认自己的无能与无知,深感他向神辩明是不当的。在用字上,约伯有自卑的态度,认为他一无所是。他对神提出的问题,一个都无法答复,而这些修辞的问题并不希冀答复的,耶和华以赞歌的方式提出叙述,是要约伯内心发出共鸣的,神的启示本身是自行叹赏创造的智慧与大能。

但是约伯第一个回应并不积极,因为他看见恶的混乱仍具毁坏的力量,还是那么有力地存在着,使他无法乐观,他也赞扬不出来。他的信仰中,仍有坚强的观念,认为神是赏善罚恶的,但这样报应的公义并未实现,道德的秩序也未建立。耶和华既发出一连串的问题,使约伯慑于神的威荣,不敢再开口。他只明白混乱的恶已经被制止,却没有消弭,他无法发出赞美,仍在悲叹之中,他说:“我用什么回答你呢? 只好用手捂口。”他无法歌颂,只有保持缄默。[30]

(ii) 神恩慈的眷顾与智慧能力(四十 6~四十二 6)
   (耶和华第二言词及约伯的回应)

耶和华第二言词,也是以辩论的方式,用修辞的问题命令词以及描述性的歌颂,不仅使约伯降卑,也盼约伯在缄默中再次说话,耶和华对约伯的挑战,叫约伯在天上的圣会居领导的地位。如果他无法为神公

---

[30] B. Couroyer, "Mettre Sa main sur sa bouche," *Revue Biblique* 67(1960), 197-209. 缄默常在神显现时,人慑于神的威荣,不敢任意开口,可参考创世记卅二章卅一节,出埃及记三章六节,以赛亚书六章五节。

义的报应再作什么解释,就让神来治理与建立世界的秩序吧。在这第二言词中共有十一个分段。

第一分段(四十8~14),神挑战,要约伯来治理,修辞的问题,是要回复约伯质询神的治权。约伯自认无罪,又怎可定神有罪呢?约伯不仅否认神的公义,而且要废弃神所拟定的计划,这实在太过分了。神再问约伯有无神的能力。"你有神那样的膀臂吗?你能像他发雷声吗?"(9节)"膀臂"一词,在旧约曾出现多处(出十五16;诗八十九10、13、21;赛五十二9~10)。这一用词常与"右手"相提并论。"雷声"常指神的审判(赛三十30起;摩一2;珥三16)。神是向混乱之恶争战。祂的显现,不仅要得胜恶势,而且在地上重建治权。创造的工必将更新,生命的结构还要继续,神必作王治理。

在十至十四节,由问题化为命令词,神要约伯以荣耀庄严为妆饰,以尊荣威严为衣服(10节),这尊荣原只属于神的(诗廿一5,四十五3,一〇四1,一一一3),约伯果真作王吗?那么他必须有能力制服罪恶,伸张公义,将恶人践踏,置于尘土之中。公义不是只在宇宙中一种静止的定律,而是一种动进的力量,继续建立并以得胜恶者来维持(11~14节)。

但是在以下的分段中,神所重视的,不是约伯或人类,而是河马与鳄鱼。河马的描述有两段(四十15~18,四十19~24),河马是大兽,身形庞大,是神话中的怪物,表征着强壮,孔武有力,神首造之物,可参考用词在约伯记廿六章十四节及箴言八章廿二节。河马似比首造的人更为重要。

河马似在百兽之中,有帝王之尊,因它管制其他牲畜类,只有鳄鱼可与它匹比,河马出没在沼泽与河流之间,横行在动物界中,它真是神所造的物中为首,创造它的给它刀剑。但是河马无论怎样强有力,仍是被造者,仍服在神的权下。它是恶的代表,属混乱的,神必制服它。

鳄鱼的描述占最多的篇幅,在第四分段至第十一分段,它是深渊中的怪兽,约伯若真有力量,就应制服它,因它是恶的化身。鳄鱼是在埃及与迦南的神话中,耶和华是战士,必须胜过鳄鱼,使它完全败亡。这是第四、五分段的内容。第六分段至第十分段,都以诗歌描述鳄鱼的巨大力量。它的眼睛好像早晨的光线，有火焰从它口中发出。任何武器似乎都无法将它刺透。但是它仍在耶和华的权下。

但是它真是无所惧怕。"惧怕"（hath）一词在圣经中只出现两次，另一处在创世记九章二节，地上野兽原是惧怕人的，人是管理地上万物的，这是神的应许，是圣约的应许。但是怪兽似比人还大，神必须战胜它，不容它猖狂。但是神并未除掉它，让它仍可存活。耶和华有祂建立的生命的秩序，但祂仍须制止、管治，不可任其横行。

耶和华第一言词着重创造的原委与神安排的管理，其辩论的目的，是促使约伯颂赞神，建构与维持神所造的生命，在法律程序方面言之，承认自己的罪愆，肯定神定案的公正，为神宣判及拯救而感恩，约伯的回应不是颂赞，而是缄默。这表明他仍未完全信服神的公义，就没有发出新的信心的言语。耶和华第二言词是引发约伯颂赞，约伯是否真能颂赞呢？在九章五至十二节及十二章十三至廿五节，那样的颂赞似乎只在论理，不是发自内心。

但是约伯对耶和华第二言词的回应，显然不同。一般都解释为约伯诚心的悔改，因为他曾苛责神不公平。他为辩明他的清白，甚至责问神创造的初衷。他为神无故杀害他的儿女，剥夺他的财产，将他陷在极大的苦难之中。"无故"是不公平，神受撒但的挑战，竟允许撒但这样加害约伯。这是约伯不能明白的，他不知道这是撒但的作为，所以他只一味责怪神，认为神太残忍。

在耶和华的言词中，神完全不提约伯的苦难，甚至人世以及宇宙中的一切疾苦都绝口不提。神的作为不是残忍，人怎会明白神的计划呢？神大能的作为是人可体会的，但祂智慧的心意就不是人可领悟的了。

约伯记四十二章二节："我知道你万事都能作，你的旨意不能拦阻。"

创世记十一章六节："他们所要作的事就没有不成就的了。"

"拦阻"与"不成就"是同一个字（batzel）。神的旨意是有公义的目的，无人可以拦阻。创世记十一章巴别塔的建造，是人任性不顺从神，最后神还是拦阻了。可见神必须拦阻人的努力，而人却不可拦阻神的旨意，因为祂有绝对的权能。耶和华是公义的审判官，祂有权柄可以发出命令，管治人的命运。神能够克服鳄鱼或神话中的怪兽，祂也能制服任何向祂挑战的世人。

在约伯的回应中，两次引述耶和华的话：

"谁用无知的言语使我的（你的）旨意暗昧不明（隐藏）?"（卅八 2，四十二 3）

"我问你，你可以指示我（求你指示我）。"（卅八 3 下，四十 7 下，四十二 4 下）

耶和华的问话是指责，而约伯引述时，用意在承认。在第一次的回应中，约伯并不明白耶和华的话，他只有以缄默来回应。但现在是第二次回应，他承认自己不明白这些太奇妙的事，就是耶和华在自然与历史里的作为。对这些事，即使是神毁坏的作为，约伯也要颂赞。可能约伯现在只看正面的，与人有益的事，说明神的恩慈。他受教了，有新的信心的言语可以表达。

约伯引述耶和华第二问话，明白神不仅使他自认无知，而且省察他传统的信仰，因为他原来以为神所造的必得保护。但是生命的维护并非不受混乱所威胁，对恶必须抗拒与克服。神显现，使他听见，更加看见，使他将思想与观念重新整理，尤其是隐喻所带来的有关冲突矛盾的事。所以对神的安排不致质询。但是约伯仍不无伤感。他现在必须悔改，感到今是而昨非，"在尘土和炉灰中懊悔"。"懊悔"一字可译为"得安慰"。约伯虽感自己卑微，好似在尘土和炉灰中，但他真的得着了安慰。⑱ 这样的译法也有其他经文可资佐证（撒下十三 39；结十四 22，卅二 31 等）。⑲ 这是约伯在意志上明显的改变，他也带着坚定的信心，希望神再给他有公平的审断，神还是公义的。他的悲叹及控诉至此结束。神给的启示，使他省思，重新纠正，他的解释也有新的见解。他真正可以向神颂赞了。

归纳言之，在耶和华的言词中，以修辞的问题提出辩论，又加以命令，并导入称颂自己的作为。约伯将辩论与质询的问题化为称颂，称颂

---

⑱ Perdue，*Wisdom in Revolt*，237.

⑲ L. J. Kuyper，"The Repentance of Job," *Vetus Testamentum* 9(1959)，91–94；Dale Patrick，"The Translation of Job *XLII* 6," *Vetus Testamentum* 26(1976)，369–371.

神在自然的创造与历史的安排中奇妙的作为。神已经战胜混乱的恶，不再是战士，而是在宝座上的君王，神发号施令，对宇宙，对人类，甚至对约伯与友人，向他们启示祂救赎的大恩。他们的心路历程就峰回路转，走上高天，走向宝座，敬拜与颂赞。

(VI) 智慧在探索的各途径(廿八、卅二～卅七章)

耶和华在旋风中显现之前，有两个插曲，为配合神的言词，一个是廿八章智慧诗，另一个是以利户言词，在卅二至卅七章，二者都以创造论为主题，而且着重神的治权中有能力与智慧。

(i) 创造奇妙与人的敬虔(智慧之诗)

廿八章的中心思想，在重复的副歌："然而，智慧有何处可寻？聪明之处在哪里呢？"(12、20 节)智慧是神与世界之间的中保，提示创造主与创造的秩序。人可藉智慧认识神与世界，经验生命的福乐，寻得在自然与社会的秩序与和谐。智慧在智慧文学中，不仅人格化，而且在近东文化甚至神性化。在箴言一章二十至廿一节，智慧已经非常特殊化了。在本章，智慧却隐藏起来，十分神秘。他住在哪里，人无法寻得。

智慧太初就有，神先将他建立起来、安顿在宇宙之中(参诗六十五7；耶十12；箴八 27)。神可使用智慧设计并实践祂创造的作为，祂要维持真正的秩序。必须命令人敬畏神，得着智慧，才有人生确定的方向。敬畏神是人智慧的开端，不仅是开端，也是首要与至为上好的。这不仅是宗教的责任，也是道德的本分，这既与道德有关，就信神是创造主与审判之主，祂的公义必须维护。

在本章内，并无"主宰"与"奴仆"的字样，但在内容方面，这二者的涵义却一直反复不已。在前三段，即一至六节，七至十二节及十三至二十节，不住提说人的无能，人不能发现智慧。在寻求大地隐藏的宝物，人深入地底，或测透山岭河流，穷其资源，地下旷野以及无人烟之处，仍无法穷究。在九至十一节，似回响九章五至十节大地毁坏之神的显现与作为，似仍无济于事，山根可倾倒，磐石可凿开，水流可封闭。这些原只是创造与救赎者所有的作为(出十四 16;尼九 11;诗七十四 15,七十八 13)。人怎可与造物主一样来做呢? 人岂可像全能者,将深奥的事从黑暗中彰显,使死荫显为光明?(十二 22)人这样竭尽所能,寻找宝物,觅求智慧,因为智慧是最大且至高的,最后仍归徒劳。以西结书廿八章曾描述推罗王的败落,虽高傲一时,在海中坐神之位,居心自比神,最后必然灭亡。世人也都会这样,究竟智慧是无处可寻,人无可把握,人的冒险与努力,必一无所得。本章以赞美诗的文体,述说人寻求神的智慧,似在重复创世记三章与以西结书廿八章的主题。人是什么? 人只沦为奴仆,无法自立,寻觅也没有出路。这十足说明人的愚蠢,怎么努力,仍是一无所有,一无所获,自囿于失望之中,无法自拔。

人究竟能作什么呢? 他们一直被定罪,就为了他们的愚昧,始终在世上捕风捉影吗? 这世界是否只是一个无法寻得的奥秘,使人绝不明白吗? 在本章,神以教导诠释生命的意义。人只有敬畏主,才可得着智慧,远离恶,才有真正的聪明。人寻求智慧,不是在于谋求,而是在于领受。智慧是神的恩赐,唯一的方法可以领受的,是在于敬虔与道德,人不能自行神化,也无力成为主宰。人要得着智慧,必须承认神的治权。所以就再回到绪言中约伯的简介:"敬畏神,远离恶事。"约伯是神顺命的仆人,忠实的奴仆。

廿八章的释义,须用信心的文法:发问与赞美。在文体中与本书其他部分(包括耶和华言词)相同。矛盾与冲突是有的,信心不免受质问、被考验。理性的省思可能论理,但是单纯与实际的信心仍是最基本的。读者还须回到绪言中忍耐的约伯,以及对语中友人们都极力坚持敬虔不可质问,顺服神的命令是绝对的,这才是真实的智慧。

(ii) 神的权能与人的奴役(以利户言词)

以利户言词似为预备耶和华显现启示的另一个插曲(前一个插曲是在第廿八章),重点以创造论来强调神的公义。在四大分段中,第一、二分段(卅二 6~卅三 33,以及卅四 1~37),仍以人类学的传统观念。宇宙论的说法在第四分段(卅六 1~卅七 24,第三分段只在卅五 1~16)。

　　以利户为强调他发言的权威,先否认一般传统的看法:年老的有智慧。他认为:"在人里面有灵,全能者的气使人有聪明。"(卅二 8)神曾将气吹在人的鼻孔里,这生命的气息,使人成为有灵的活人(创二 7,七22,参伯廿七 3,卅三 4,卅四 14)。灵就是受感的来源,他自表诚实,智慧不使人徇情,一切都得照神的指示。

　　在卅三章四节,再以创造论出发,"神的灵造我,全能者的气使我得生。"神既造人,也必赐他智慧。智慧不是某些特殊的人所拥有的。以利户的智慧可以劝说,约伯有智慧应该接受。他强调明理的人应该明白神的公义(卅四 10、11)。

　　在创造论,神的灵使人有生命气息,若祂收回,凡有血气的人必死亡,世人仍归尘土(卅四 14、15)。神有绝对的权能,神赐予生命为恩惠,并以恩慈的安排,看顾众生。这在诗篇一〇四篇也有说明,报应仍是神公义的启示。神的创造是公平的,不分贫富、贵贱,祂必不偏待人。但是在神公义之下,无人是值得神特别恩待的(卅四 21～32)。可是约伯想在神面前辩白,实在是大逆不道的。

　　以利户再论神的公义报应,所用的隐喻是君王与奴仆,在卅六章五至十二节,神看顾义人,使他们和君王同坐宝座。他们好像君王享受福乐(参诗卅四 13;传二 3,都是智慧文学,用词的涵义也相同),以及美物(指财富,参箴廿四 4;诗十六 6、11)。他们即使被锁链捆住,被苦难的绳索缠住,神必搭救。但是他们必须听从事奉。听命是必需的,"事奉"也是听命必有的表现。"事奉"即指仆人或奴仆般的服侍。神对一切被造的,都有这样的要求。

　　在他这样的劝导之后,接着要约伯唱出歌颂的赞歌,不是表明自义,而是祈求赦罪之恩。劝勉的话在卅六章廿二至廿五节,紧接的有几个小分段(卅六 26～33,卅七 1～13)。这些内容如与耶和华的言词比较,其有雷同之处,如雨水、雷雹、冰雪、风云。神在管理宇宙,或为创造,或为维持,神有能力与智慧,是那知识全备者奇妙的作为(卅七16)。神的手(就是祂的作为)多么有力,能封住各人的手(7 节)。以利户并未提说,耶和华制胜恶与混乱,但友人中比勒达从起初就论述了(廿五 1～6,廿六 5～14)。在耶和华的言词中更为明显。

　　在最后一小段(卅七 14～24),以利户以一连串的问题,与耶和华的言词甚为相似。但是在比较之下并不相同。耶和华言词中的问题，不是为勒令约伯闭口静默，或促使他认罪悔改，而是希冀约伯承认神管治宇宙是公义的。耶和华的问题，为救拔约伯从错误的观念中出来，因为约伯只以人为中心，凡对人有益的才是神公义的证明，但是所谓有益，应从什么角度来看，又应怎样解释才对，这出入是很大的，耶和华是一切被造者的主，连那些野兽，似对人类有害的，也是神所造的。人的信心实在不够真诚，才对神的公义没有正确的观念。现在他应有新的认知，有另一番信心的言语。

以利户的言词中问话的目的不同，他为作强烈的对比，将神的华贵能力与智慧，来比较约伯的软弱与无知。约伯若真正卑微下来，就不会再信口开河，而应默然不言，保持缄默。结果缄默的，先不在约伯，而在以利户，因为他一听见旋风，口就封住了。他不敢对神发言。他曾这样夸张，自承有神的感动而发言的，现在反而自感无知与无能，他的立论不再有存留的价值。

以利户在这几段论述中，以神的创造与人类的实况，说明神奇妙的作为，为显明祂的公义。人有神的灵，就有理性明白的启示。义人可如君王一般在王位上大有尊荣，但是在另一方面，人性的败坏以及神毁灭的威胁，使人不能不慑服于神的威严，不敢对神有所怀疑或质询。神是君王，人只是奴仆而已。

权能的主是决定人命运，并管理宇宙，在不住地运作。神的气一收回，凡有血气的只有归于尘土。神要求人及一切被造的，完全服在祂的权下；以利户的神学，并没有进一步引人进入更新的信心之中。⑨

(VII) 结语：公义审断与怜悯救赎（四十二 7～17）

本书结语，又回复绪言，不仅取散文体裁，而且也叙述约伯的生平事迹，最后蒙福更新，回复往昔的荣华富贵，证实他的敬虔。主题也又

⑨ Leo G. Perdue, *Wisdom in Revolt*, ch. 9, sec. 2, "The Sovereignty of God and Human Slavery," 248ff.

重复:神的审判与人的命运,但不再是悲剧,甚至有大团圆的欢乐气氛,让读者兴奋。神的审判是对朋友责备,对约伯称赞(四十二7~9)。有关人的命运,是约伯从苦境转回,而且比先前的状况更为美好(四十二10~17)。

(i) 神严责友人,称赞约伯(四十二7~9)

这是神审断约伯及友人的记述。约伯从起初就定意不弃掉神,不受他妻子的气愤话影响。他敬畏神确是"无故"的,可见撒但的话,也无法在他身上实现,耶和华的言词确实质问他,他只有完全的顺服与彻底的悔改。所以神责备约伯的朋友,却称赞约伯,认为"约伯说的是",甚至对约伯的怨言也一笔勾销,不再提说。

友人们受责备,其实是他们论神的报应的公义,而约伯否认这一信仰,反而被称赞,可见报应的公义不是全面的真理。实际上,神并非认可约伯的无辜,却强调神自己公义。神的公义不是由人解释,或由人维护,祂的权能是绝对的。友人们论神的公义,以理性分析,用言语说明,但是在论调中,却充满着怒气与骄妄,似乎缺少坚强的信心,以致无法感动约伯,反使约伯更加困惑。他们没有帮助约伯,却向约伯挑战,几乎犯了撒但的错误。所以神在审断他们时,作出严厉的责备。

(ii) 神医治约伯,赐福复兴(四十二10~17)

约伯所受的苦,显然不是神报应的公义。但神的许可仍是祂的公义,那是一种经得起考验的信心,证明神的义。信神的人有义,是神的义得以证实,证实在约伯身上。神从开始强调约伯的义,现在这义得以证实,苦难就不必要了。所以神必使约伯从苦境转回,约伯就康复了。神要约伯为朋友祈祷,再次证明约伯是义人。义人祈祷所发的力量,是大有功效的。

神的义在自然里,使世界井然有条,有秩序,因为神所造的,祂必维持。约伯蒙神赐福,他再得神维持,生活恢复常态,又重回秩序的生活。

约伯为义而奋斗,结果神的义得以彰显。他信心的历程是以争战的隐喻来说明,神的义使世界得以自由,忘却以往的黑暗,现在只有光明,福乐与长寿是约伯"此后"的实况。

(三) 智慧的思考

约伯记属哲学的智慧(Philosophical Wisdom),是以理性推究人生的意义,有深切的思考。内容论人生若干基本问题,不仅生老病死,也论多方的苦难,如天灾人祸,从自然看社会,又从人世看宇宙,甚至来世终极的命运,今世道德的基础,无辜的受苦,恶人的兴盛,以及公义报应的定律、原则及实况。这些都是峻严的现实,不只限于哲理的推论,也是神学的省思。

(I) 哲学的探索

约伯记在人称之为存在主义的智慧(Existential Wisdom),因为内中论及生命的虚空,缺少意义及希望。面对信仰的危机,无法解释凶恶与苦难的问题,怎样以信仰来解释,实在是作者的用意。[90]

这种解释是循功能性的评证(Function Criticism),是将古代的原作者有的意向,与现今的读者听众连结起来,达到解释的功能。存在主义的哲学思想与方法,应用于心理学,是本世纪的产物,从深层心理学(Depth Psychology)说起,有弗洛伊德(S. Freud)与荣格(K. Jung)。心理治疗仍无法医治人生因空乏而导致的焦虑与忧郁。方克尔(Victor E. Frankl)发展意义治疗(Logotherapy)的理论与实践,竭力

---

[90] O. S. Rankin, *Israel's Wisdom Literature: Its Bearing on Theology and the History of Religion* (1936), 15–35; P. L. Berger, *The Sacred Canopy: Elements of Sociology of Religion* (1969), 53–56; A. A. Di Lella, "The Problem of Retribution in the Wisdom Literature," in *Rediscovery of Scripture: Biblical Theology Today: Report of the 46th Annual Meeting of the Franciscan Educational Conference* (1967), 109–112.

寻求人生命的意义，认为意义的寻求，是人最基本的动机。㉜ 事实上，存在主义哲学家，结合心理学家，追寻生命此时此地(here and now)终极的意义，在焦虑与失望之中，发现存在的意义。约伯记的诗人似与其他存在主义的哲学家一样，论生命悲情(参 Miguel de Unamuno, The Tragic Sense of Life)，他无疑是受帕斯卡尔(Pascal)与克尔凯郭尔(Kierkegaard)的影响，又有海德格尔(Heidegger)、布伯(Buber)、雅斯贝尔斯(Jaspers)、萨特(Sartre)等。这种哲学思想无疑也影响神学家，而有危机神学(Theology of Crisis)的新思潮，如巴特(Karl Barth)、布鲁纳(Emil Brunner)，蒂里希(Paul Tillich)、尼布尔(Reinhold Niebuhr)等，这些本世纪的神学家的思想，究竟也不是新颖的，读旧约的哲学智慧之文学作品，如约伯记与传道书，可以觉察这思想在古时已经建立了。㉝

(i) 约伯记中辩白与抗议

在约伯记作者的描述中，约伯从苦难的经验，抗议传统的信仰。存在主义的思想已经在诗文部分表达出来，约伯对传统失去忍耐，他现在起而反抗传统，对生命的存在重新定义与评估。朋友们的论调全是传统，主观的成见很深，又是另一种存在主义的观点，反客观的。以利法只凭主观的经验来解释报应，是十分矛盾的。主观与传统两者结合起来，成为天经地义，勉强说服约伯。敬虔者必有确据，道德必予人希望(四6)。苦难是神的惩治，管教对人有益(五17～18)。他对约伯没有安慰，只有倍增约伯的焦虑。其他两位友人也犯同样的错误。

约伯在苦难中，对生命意义的怀疑，所寻索的问题，存在、存活及意义(being, living & meaning)，是典型的存在主义的问话。他不能接受友人们所论的公义报应，他甚至在友情失望之余责怪神。申命记中传统的报应原则，使约伯的困惑增加不已，他不否认因果报应，但是他否认因罪受苦。朋友的话已经那么坚定，是标准的道理，决不更改："神必

㉜ Alexander Di Lella, "An Existential Interpretation of Job," *Biblical Theology Bulletin*, xv (1985), 49.

㉝ Samuel Terrien, *Job: Poet of Existence* (1957), 15 - 20.

不丢弃完全人,也不扶助邪恶人。"(八20)约伯怎能接受?所以他辩白的话越来越多,语气更加强烈。他的抗议是对朋友,也是对神。

在约伯看来,传统只是人所固执的,神可以改变与纠正,因为神有智慧和能力,祂有谋略与知识,祂拆毁的,就不能建造。祂可使审判官变成愚人,废去忠信人的讲论,又夺去老人的聪明……(十二13~25)。约伯的结论是:"这一切我眼都见过,我耳都听过,而且明白"(十三1),"我真要对全能者说话,我愿与神理论。"(十三3)

报应的公义在哪里,约伯看不见这会在今生还是来世。约伯更加困惑:人若死了,岂能再活呢? 等我被释放的时候来到(十四14)。他对永世仍十分模糊。但在以后他却有这确据,不但相信救赎主活着,而且必在肉体之外得见神(十九25~26)。

约伯对朋友这些传统的论调,已经十分厌烦与反感:"这样的话,我听了许多。你们安慰人,反叫人愁烦……我虽说话,忧愁仍不得消解。"(十六2~6)传统的道理经过友人的口都有错谬(廿一34)。这是存在主义者的心态与评断。

约伯的感受,认为神离他更加遥远:"只是我往前行,祂不在那里;往后退,也不能见祂。祂在左边行事,我却不能看见;在右边隐藏,我也不能看见。"(廿三8~9)但在另一方面,约伯体验神知道他所行的路。神没有远离,只是人不能觉察。他又知道神有绝对的权能,只是祂的作为是奥秘的:祂心志已定,谁能使祂转意呢? 祂心里所愿的,就行出来。祂向我所定的,就必作成……所以我在祂面前惊惶。"(廿三13~15)他不能明白神为什么一直保持缄默:"主啊,我呼求你,你不应允我;我站起来,你就定睛看我。"(三十20)另一译词在下半节:"你却站在远处注视我。"(New American Bible)作者在此似暗示一个见解:神的缄默就是祂的启示,神实际没有远离,且读三十章廿四、廿五节:"人仆倒,尚且有别人伸手,神怎会不顾人的疾苦呢?"神是故意不理,甚至蓄意使人受苦。约伯在极度困惑之中向神诉苦:"我仰望得好处,灾祸就到了;我等待光明,黑暗便来了。"(三十26)他一再表明他的清白,惟求神能以公平待他,他甚至敢向神挑战,因为他在神面前坦然(卅一37)。

在神向约伯反应之前,有以利户的言词。以利户可能是友人中最坚持传统的。但是耶和华的言词完全是崭新的,祂对约伯一连串的问话,无非叫约伯明白,人不能真正了解神的心意,人也无权向神理论,为什么有这些事。宇宙里有许多隐秘的事,甚至与约伯的苦难,完全没有关联。"强辩的岂可与全能者争论吗?与神辩驳的,可以回答这些吧!"(四十 2)至于约伯悲叹的话,以及向传统抗议的心态,神并没有责备。

当约伯在神面前彻底悔改之后,神特别责备以利法与另两个朋友,因为他们议论神,不如神的仆人约伯说的是。约伯是神的仆人,好似亚伯拉罕(创廿六 24)、雅各(结廿八 25)、摩西(书一 2)、大卫(撒下三18),以及其他的属灵伟人。神所赞同的,不是约伯的友人,而是约伯,因为约伯的信心诚实,他对传统的道理抗议,正表露出他的真诚来。本书最后的结局完满,将本书的神学重点带出来,十足可纳入正典,不必置疑。

约伯对传统的道理不能接受,甚至提出抗议,分析起来,是信心的历程,可见是合理的。约伯一直认为他受苦没有意义,因为他不明白的,不是神的安排与神的智慧,而是神的性格。朋友们却不那么设想,他们只认定神的公义,而且是以人对公义的认识而构成的观念,这既是历来累积的传统经验,就牢不可破,绝不可推翻。看来他们信仰纯正,择善固执。其实他们不经思考,以保守来标榜自己,未免过分幼稚。

本书作者的用意,在道出超越的神与人的苦难有其奥妙存在着。奥秘并非暂时使人无法解释,而在于对于现实的认识。我们所存在的现实,并不是人心发明出来的,所以超越在现实之上。传统往往是人设法保留的,未必完全正确,有时确有修正的必要,不可以偏概全。耶和华的言词是强调奥秘的经验,这种经验就是对神的信心,只有神是超越人心的范围与肯定。这样的信心才可满足人对意义的探求。[34]

本书的主要功能,在于信心的怀疑。看在寻求终极的意义上,是否正确地肯定信仰。这才是信心成熟的征象。怀疑在表面来看,似乎极不敬虔,但真的往深度研究,那是信仰的途径,必需具备理智的成熟与道德的完整,而且要有极大的勇气与充分的信心,深知神信托约伯,神仍信托人们作正当与适宜的探索。

---

[34] E. Schillebeeckx, *God and Man* (1969),68.

终极的现实(The Ultimate Reality)，是存在主义的哲学与神学所着重的，那是人对神的信心。但是人太不完全，十分有限，无法十足寻见神。如果只循传统来建立信仰，未必是一定可靠的。当约伯坦诚承认自己的无知，却是耶和华所赞赏的(四十二7)。

耶和华的言词说明，自然与社会中有秩序与规律，有完美与和谐(卅八5～卅九30)。但是荒芜与混乱也存在的，不公与不义仍没有消除。成熟的信徒仍要学习来适应这些不完善、不理想的处境，有坚定的信念，这些是奥秘，也是启示，虽不能明白，却勇于面对，决不气馁。人不能明白，并不认为信心没有意义，信靠神决不徒然。反而应更有诚实公开，成熟的信心，相信这位超越与奥妙的神。这样的信心才可寻到真正的意义。

约伯记证明信徒寻求意义与认识自己是合理的。人应该对神对人保有健全的情绪关系。人每因怀疑与困惑而有悲观与愤世的态度，有时也是无可厚非的。但这些哲学与心理的情况，必须转变为健全的信心，好似先知耶利米的自白以及耶稣在十字架的悲叹，最后都因信心发出凯旋的呼声。

(ii) 约伯记与传道书比较

在旧约的智慧文学中，约伯记与传道书，同属于哲学的智慧，必有若干共同的观点。但是细心研究，未必尽都相同，在哲学的途径上，仍是同道。这两者似乎都向传统的智慧观念提出抗议，甚至反叛，它们都将人生赤裸裸的现实暴露出来，加以批判，毫不留情。但是它们同样以信仰为出发点与终点。信心是生命的依归。

约伯记好似火山爆发，受苦的心灵发出的悲情，到了无法收拾的地步。但传道书却似山边的湖水，安宁而冷静，明澈如镜，严肃地道出人生的虚空。在语句上并不冲动，没有约伯记那样意气用事。但是悲哀的成分并不减少。它们都一同悲叹人的命运多舛，人生无意义可言，质疑悲观以及愤世的语句甚多。约伯记叙述人与神的斗争，挣扎至最后才有了结。传道书从世界论神，似没有直接向神打交道，神似乎离人更遥远了。约伯记的目标专一向着神，而传道书却以不同的角度来观察，容纳或排斥,眼光是向着四方八面,比约伯记的幅度更加广大,但是代表性反不如约伯记。约伯记虽以约伯个人经验为主,却代表全人类,将人内里的隐忧疾苦都表现得无遗,对全能的神报应的公义,提出最严重的抗议。[65]

在约伯记,约伯与友人共同设法将人经验中散乱的线圈编织起来,成为一幅织锦,叙述在世上有公义存在。但朋友是从后果看前因,由苦难审断罪恶,循传统的报应律来评论,苛责约伯的罪。但约伯不能接受这样的推理,他怪责友人,甚至质询神,因为他自认无罪。于是这幅织锦无法织成。在辩论中,这是理性的不归路,是不能走通的。如有通道,那只在第廿八章:智慧之诗。智慧是无处可寻的,神的公义也无从明白。但是如果人肯敬畏神,将心奉上,在行为上远离罪恶,这才是唯一可以解决的答案,不仅对约伯,也对全地各处的受苦者。

耶和华的言词更是最后的答案,但神以问语作答,为使约伯省思。神在自然界的作为,也为启示祂的公义,但这公义与祂在人类社会所施的义不同。公义不只是罚恶的,而是建立真正的秩序与和谐,神在动物界维持的作为更加令人费解,但是那些都是生命的事实,却不是人类的,可见人未必是宇宙的中心,只是创造的部分,占自然界的一小范围而已。人非但不可骄傲,更应认清微小与卑贱。二次言词中,由非生物至生物,由生物至动物,而且是大动物,是野生的怪兽,令人震惊。神竟称河马为所造的物中为首(四十19),是神的杰作,正如箴言八章廿二节,智慧是神的杰作:在太初创造万物之先。智慧是着重秩序的,有前因后果,是报应的公义,但在自然界的义是相同的吗?值得约伯反复思考。

耶和华的言词,从第一次至第二次,重点并无转变,但在方式方面,已自综合至联合(Synthesis to Syndesis),是将一切连接起来,联合成为整体。这整体无非说明一件事,神有绝对的权能,祂是主宰,祂所作的,远超人的想象与臆断,只有令人惊奇,也有无限讥刺的成分。最后,约伯终于降服,信心增进,挣扎与争战止息,真正可以安息在神的怀里。他不是为一个观念挣扎,他原是与神在争战。他本来因不明白苦难,而

---

[65] Leo Baeck, *Job and Koheleth*;*Books of Wisdom* (1955).

在报应的公义这个传统信仰中绕圈子，他终于出来，走向新的途径。他为神的超越而慑服。他的失败转变为成功，他的信心有真正的更新。[95]

　　传道书作者，与约伯记相同，看不见报应的公义，他都不能觉察因果的关系，什么都只是机会："我又转念，见日光之下，快跑的未必能赢，力战的未必得胜，智慧的未必得粮食，明哲的未必得资财，灵巧的未必得喜悦，所临到众人的，是在乎当时的机会。"（传九 11）死既是最后的结局，一切在整个人生所有的，也都归于零："凡临到众人的事都是一样……"（九 2）死才是结束一切，所以无论智愚得失，都是虚空的。他一切实验的，都只是反面的结果，他要探究真正的现实："我曾用智慧试验这一切事，我说，要得智慧，智慧却离我远。万事之理，离我甚远，而且最深，谁能测透呢？"（七 23～24）他所能综合的，只是命运论，怀疑与悲观，不可知论，一切都不得知道，无法寻见。在日光之下，一切都是捕风捉影。如有现实，这些都在神的权能之中，所以凡事都有定时，神决定一切（所谓决定论，Determinism）。若没有卷首语："传道者是在耶路撒冷作王，大卫的儿子"，若是没有在结语中强调"敬畏神，谨守神的诫命"，可能本书不会纳为正典。本书整个的内容与形式都是联合的（Syndetic），[97]将一切的论述联系起来，似否定来肯定，从世俗至属灵，仍以神为中心。传道书没有神的显现与启示，没有约伯记圆满的结局，但要说的，还是发挥了，仍以敬畏神为总意（十二 13～14）。

　　智慧文学，约伯记与传道书，都在结尾有具体的答案，但在中间仍表达了存在主义的焦虑，可称为"焦虑的中间"（the anxious middle，是朋霍费尔［D. Bonhoeffer］的用词）。[98] 生命不是戏剧，有前后的情节，有开场与收场。这也不是奏鸣曲，主题反复与进展。这更不是小说，在结尾有高峰，向读者交代。生命乃是有无数的片断，整体不易发现，没有一定的时间表，智者如在一时只作一样，分开来作，反见端倪。

---

[95] Rosemary Dewey，"Qoheleth and Job：Diverse Responses to the Enigma of Evil," in *Spirituality Today* 40（1988），314 - 325.

[97] David Robertson，*Job and Ecclesiastes*，*Sounding* 73（1990），257 - 272.

[98] Dietrich Bonhoeffer，*Creation and Temptation*，tr. John C. Fletcher（1966），52ff.

(II) 信仰的省思

智慧文学以理性为途径,却以信心为依归,约伯记也不例外,因此,信仰的省思应为研究本书的结论。

(i) 恶与苦

罪恶与苦难是本书大部分讨论的问题。约伯的友人认为苦难是罪恶的刑罚,约伯在经验中不能接受这传统的信念。但是这两者却是相连的,苦难未必是罪恶的刑罚,但没有恶,也会有苦。事实上,苦的本身也是恶,有凶恶的力量存在,招致苦难,这似乎是生存必有的现象,甚至在耶和华的言词中表露出来。

本书四十章的开端,是重要的关键。神以讽刺的口吻责问约伯,约伯在神的智慧与能力之下,只有闭口无言。但那时约伯并没有完全降服,心中仍旧困惑。约伯希望神向他宣判无罪,还他清白,他的缄默只是慑服在神荣耀的显现,并不降服在神的智慧之下。但是在耶和华第二言词的开端,提到骄傲人与恶人(四十 11、12),接着提说河马与鳄鱼。这两样庞然大物,或指它们是凶猛的兽类,或以神话的表象指恶者或凶恶的势力,或以此两种怪兽指埃及,而埃及又可作凶恶的化身,都引发约伯思想,深感宇宙之庞大,有许多神秘的因素,甚难解释,越来越复杂,使他自知无法明白及解释。最后,他终于在神面前完全降卑下来,承认自己的无知,他不再强调他的无辜了。

约伯在最后的悔改中(四十二 1～6),不仅承认他的无知,更承认他的无能。在这两种凶暴的怪兽前,他完全无能为力。如果这两种怪兽是表征凶恶,约伯是不能将它们制服或消除。但是怪兽无论怎样凶暴,仍服在神的治权之下,神说:"这样,谁能在我面前站立得住呢?"(四十一 10)

有的解经家解释耶和华的第二言词,强调神看顾怪兽。如果凶暴的动物神尚且养活它们,更何况人呢? 但是此处所论述的,神不是看顾,而是管理。人是无能为力,无可奈何,但神的管治是真实有效的,使它们动弹不得。

　　在这宇宙中,恶是存在的,散文中的撒但是恶,他使人在理性方面有恶的成分,就发生怀疑(doubt as intellectual evil)。撒但猜想人因苦难会在信仰上放弃,而有恶的因素(unbelief as religious evil)。约伯因着痛苦,在心理上不平衡,这是情绪方面的恶(neurosis as emotional evil)。朋友指责,约伯否认的,是道德方面的恶或过失(sin as moral evil)。约伯遭天灾而财产、儿女尽都失去,他的疾病,可说这些恶或苦,是自然的因素(disaster & disease as natural evil)。论自然的恶,以这两种怪兽为表征。⑨

　　恶(Evil)有很广的涵义,可指凶恶与罪恶,也可谓疾病与灾害,是苦难多方面的表现。这正是本书主要的内容,是一切问题的中心。

　　约伯受苦,是受恶的试验。这可与亚伯拉罕献独子以撒比较。撒但看到亚伯拉罕年老得子,认为神过分宠爱亚伯拉罕,如果肯将独子献为燔祭,才算是真正的敬虔。撒但同样要看见约伯,当一切所有的都毁去,是否他仍持守纯正。圣经中并未记述,亚伯拉罕受信心的试验,是因撒但的挑战。但将亚伯拉罕与约伯比较,确有相似之处。亚伯拉罕可能认为献独子是极不合理的事。神既赐下,又要收回,是否出尔反尔呢? 照说,神审判所多玛、蛾摩拉的公义是合理的,亚伯拉罕为什么还要求情呢? 可见他的宽容,盼望神报应的公义中仍有慈爱。亚伯拉罕要证明人的敬虔,可以奉献一切,毫不保留。约伯也不以自己的存活为最高的价值,在神面前持守纯正,才是最要紧的。撒但以为人情愿舍去一切所有的保全性命,信心的事实否认了他的猜想。⑩

　　论恶,并非有撒但的出现与作为,而推理至二元论。约伯几乎无法接受神是一元的。如果神是一元的,祂若良善,不可能降恶。如果神是苦难的根源,神使人受苦,祂就无良善可言。在约伯的怨言中,他看神与他作对,当他是仇敌,使他走投无路。对神的怜悯,他几乎不敢奢望。但是他真是以为神是二元的,岂非将耶和华与撒但相提并论? 圣经一

---

⑨ John Hick, *Evil and the Love of God* (1977),12-14.
⑩ Hick, *loc. cit.*, 15-16.

贯的思想,神只是一元的。⑩ 约伯记中,撒但只是众天使中的一个,"也来在其中"(一 6),新约启示录二十章二节,魔鬼是古蛇,必指创世记三章一节,蛇是耶和华神所造的其中一物,仍在神的管治之下。本书约伯记提说的怪兽即使是神话的,指恶的势力,也是神所管治的。耶和华在旋风中向约伯说话,二元论的说法就不攻自破了。

恶与苦不是出于神,却是神所许可的,这是人很难明白的,尤其不是理性可以解释的,然而从一般的观察中,这确是不可否认的事实。一切存在的基本,都有恶与苦带来的悲情。这是智慧文学的重点之一。

(ii) 神的义

论恶,必使人想到义,尤其是神的义。神义论(Theodicy)为维护神的义,是神学与哲学重要的课题。

论神的义,先研究本书有关"义"(Mishpat)的用法,义是指法律的,与法庭的审判有关,这是人一方面的,约伯与朋友一直提说。义也指神的权能,神管理世界的公义。这两者不同,不可混淆。

义是审断与治理,本书论神的审断,在以利法言词(廿二 4),以利户(卅四 12),约伯(九 19、32,十四 3,十九 7),都将这当作审判的案件,约伯多次提说(十三 8,廿三 4,廿七 2,卅一 13),以利户也提说(卅四 5、6,卅五 2)。神的言词中提及一次,在四十章八节,神宣告约伯的正直(一 8),最后又说他的话真实(四十二 8),都是神审断的义,约伯的友人似乎只认为神的义是审断的,所以约伯受苦,是神罚恶的审断,也是报应的公义,这是约伯无法接受的。如果诉诸神审断的罪,他就有这样的意愿,向神讨公道(九 32)。他甚至与神办理诉讼的事,只是他委屈呼叫,却不蒙应允,呼求,却不得公断(十九 7),朋友们认为约伯向神诉讼,是大逆不道的事。以利户的论调不同,他认为约伯向神诉讼,并非不合理,但必须权衡。人是被神审判的,神不必使人到祂面前,再三鉴

⑩ David S. Shapiro, "The Book of Job and the Trial of Abraham," *Tradition* 4 (1962), 210 - 220.

察(卅四 23)。神不需要人用法律的程序,神的道路与人的不同,就像祂管理自然界一样。以利户言词中,首次将能力与公义相提并论:"祂大有能力,有公平和大义。"(卅七 23)可见神不仅是审判官,更是掌权者。约伯似只注意神的审断,却不大明白祂的权能,耶和华言词主要的目的是教导约伯明白神的权能,终于约伯认清了,在神面前完全谦卑下来。

神的义在人的观念中是审断,而真正的重点在掌管的权能。想到神的权能,似乎与命运论相连。神的义是审断的,才算为公平的。这是约伯与友人们基本的错误。神义论的内涵是维护神的义,神的义是权能的。

在旧约中记述早期的希伯来宗教,似乎偏重神的权能,使人有宿命论的感受。伊甸园的禁果(创三章),巴别塔的兴建(创十一章),所多玛与蛾摩拉的罪恶(创十八章),割礼的疏忽(出四 24),以及其他的例证(如创卅二 24,四十一 25~32;士六 13;撒上四 3;撒下十六 12;王下十 32,十五 5),都引起神的忿怒。这种观念在先知时代也极为盛行,而将公义的报应看为天经地义。这也出现在约伯记中。但是在先知群中,已经对这说法发生怀疑,耶利米(二十 7~13)、哈巴谷(一 13)感到十分困惑。

在被掳之后,以色列人为公义的报应更加困惑。恶人得胜,不信真神的外邦人统辖以色列人,甚至欺压他们。诗篇有多处论及这些问题,敬虔者发出悲叹。义人受苦而恶者兴盛,又怎能解释神的义呢?他们就像约伯记的论述,认为理性不足以解释这问题,只有亲近神对他们才有益(诗七十三 28 等)。

约伯记的神义论,也是全书反复研究的问题。[⑩]友人们无法解释神的义,反而使约伯更加困惑,他们自知不能自圆其说。约伯身受其苦,而且感受这世界的悲惨太多,无法解释神的义。他看见恶是存在的,苦难无法消弭。他又不能否认神的义,只有承认自己的无知与无

---

⑩ A. S. Peake, "Job: The Problem of the Book," in *Theodicy in the O. T.*, ed. James Crenshaw (1983), 100 - 108.

能。他既不能否认神的存在,又不能无端地徘徊在不可知论的肤浅想法。他已怀疑在信心的边缘。他拒绝报应的公义,他只盼望生命的永恒,以致来生才可得着答案。目前,他惟有在炉灰和尘土中懊悔,厌恶自己,自感一无所是,一无所知,一无所能。理性不能解决的,只有以信心完全接受与交托。

神义论只有两条途径,以理性来解释恶与苦,这是哲学的观点,以信心来消除恶与苦,这是宗教的观点。约伯的问题不是以理性可求得答案,但在神面前,问题都不再存在,已经完全遗忘了。他在内心里许久苦斗的疑难,在看见神的时候,就全然消失了。

(iii) 知与信

知识与信心,是本书另一项要义,值得省思。这本是智慧文学的重点:敬畏神是信心,信心是知识的开端。但是知识有时与信心似乎是互为矛盾的,不能协调,这就是约伯在受苦时的经历。

约伯在起初受苦的时候,他除了信心以外,什么都不想。他并不犯罪,也不以神为愚妄(一 22)。在神手里得福:赏赐的是耶和华;也受祸:收取的也是耶和华;耶和华的名是应当称颂的。

但是当约伯在极度的痛苦中,他的悲叹以黑暗来描写。生命是亮光,黑暗来到,已濒死亡的边缘。患难使他的眼隐藏遮蔽(三 10),受患难的人就没有光,没有生命(三 20)。光不但象征生命,也表征生命的福乐与知识。他在十分不安之中,似乎什么都看不见,一切都是模糊不清,在迷惘之间,他的理性不再运用,知识也都失去,他完全是情绪在作用。他的友人以利法说他以前素来教导人,以言语扶助人(四 2~4)。可见约伯一向很理智,也很有智慧,但是祸患来到就昏迷惊惶,信心也不复存在(四 5~6)。于是朋友们轮流与他谈论,使约伯逐渐从情绪中出来,理智起来。虽然在辩论中,仍不时有冲动的表现,但是他理性的发展,使他思想清晰,说理分明。他对朋友的说法感到困惑。他在知识方面盘旋,找不出端倪,寻不见出路。首先,他找不到神,对神的认识发生了怀疑。最后他承认"以前风闻有你(神)"(四十二 5)。他对神虽然虔敬,但他属灵的知识只能说是间接的,道听途说的,人云亦云的。朋友们论述神的公义与能力,他也不能接受。他的痛苦不仅是肉身,也是在内心,情绪与理性就受创伤。

约伯的友人论知识,对神的认识以及对神的信仰,大多是传统的。虽然他们也依据经验,但并不那么直接与实际。以利法提说他神秘的经验(四 12~17),既是他亲身感受的,应该是真实的,但是对约伯来说,并没有实际的感动。比勒达的说法十足是传统的:考问前代,追念列祖(八 8),更不能说服约伯。至于琐法的劝导,是以传统的信念为基础,振振有词,使约伯厌烦,甚至感到友人们所说的,是编造的谎言(十三 1~9)。

约伯不能接受的是有关报应的公义,他不认为苦难是罪的刑罚,因为他不认为自己有罪。人在神面前固然不能成为义(九 1~2),但神并不照着人的罪来刑罚。约伯在经验中,仍认神是恩慈的,罪恶必受刑罚而有苦难,但苦难未必是罪的刑罚,正好似一张椅子有四条腿,但四条腿的未必都是椅子(可能是桌子或狗和马)。这可说是逻辑的错谬(Logical Fallacy),是三个朋友论报应的公义,有以偏概全的失误。比勒达说:"或者你的儿女得罪了祂,祂使他们受报应。"(八 4)他似乎是强调,报应的公义照等量的比例。约伯的儿女罪大恶极,所以全部灭亡。约伯的罪没有他的儿女那么大,所以神没有将他灭绝,却罹重病,作为罪的刑罚,这种所谓按比例的受苦(Proportionate Suffering),仍旧不是约伯可以接受的。他认为朋友们也有罪,为什么他们一点苦都没有。这样说来,神还不够公平,琐法的论调再强调恶人遭报必有的因果。"恶人夸胜是暂时的,不敬虔人的喜乐不过转眼之间。"(二十 5)"恶人的福乐不能长久。"(二十 21)这样的话,约伯更不以为然。他说:"恶人的灯何尝熄灭? 患难何尝临到他们呢? 有人至死身体强壮,尽得平靖安逸……"(廿一 17、23)这些都使约伯拒绝传统的说法,恶人兴盛是他观察所得的,不是只凭他的推理与想象。约伯的知识不是依据传统,而是出于经验。

约伯的困惑仍继续在知识上盘旋,他自感无辜,却受着极大的痛苦,使他无法明白。他对神的认识似乎也不清楚,看来神不再赐福给他,而灾祸不止,是神怒气不息吗? 祂又为什么发怒? 祂究竟不是恩慈的神吗? 祂只有威严,甚至专横,置人于死地? 他必须重新在经验中寻求,但结果找不到答案。他在人世间找解答,结果无法寻得。如果放弃知识,不再作理性的追寻,那么只有敬畏神才是智慧,远离恶便是聪明(廿八28)。

现在又有另一个声音,是友人以利户。他的出现似乎很突然,在言词上都掷地有声。以利户虽仍脱不开传统,但他也强调经验。苦难是道德的训练,人必须有信心来看这世界,在这世界仍有和谐与美丽。他指责约伯的谬见,因为约伯以为神故意离开人,不与人交往,其实神要人能认识祂,有真实的知识。有时神以异象与梦境启示,但祂更以具体的方法来教导,那就是以疾病与苦难来暗示人,使人明白。

耶和华的言词,是神以自然的知识教导约伯。神不是以传统的方法来教训,却将自然的现象具体地给约伯显明,责令他深切地省思。神询问说:“谁用无知的言语使我的旨意暗昧不明?”(卅八2)神指出约伯的问题,他主要的软弱是无知,神为什么不解决约伯的困惑,并不回答约伯为什么受苦,是否真的算为无罪?

耶和华向约伯间接地答复,说明约伯的无知,是由于眼光太狭窄,视野太狭小。他必须放眼观察,所以神给他看见自然的境界,指示他整个庞大的宇宙。约伯一直争辩的是他个人的问题。在他受苦的时候,悲叹人生的命运多舛,完全以自我为中心。在朋友们的严责声中,他逐渐由自我的樊笼里出来,环视四方,看到苦难是普遍的,不只是个人的,而是社会的问题。现在再进一步,由人类社会看到宇宙的问题。他的心路历程由个人(personal),至社会(social),至宇宙(cosmic)。神使约伯知道,有许多事是宇宙性的,太庞大了,决不是他可以明白的,因为他究竟只是人,不是神。

约伯最后承认,他现在才认识神是万能的,其实他是否真的明白神的能力呢?“我知道你万事都能作”(四十二2),“我知道”在原文传统的标点的(Masoretic Pointing)并不清楚,以致在经文评鉴家有译作“你知道”,神的能力只有神知道,我又如何能明白呢? 他再承认:“我所说的是我不明白的;这些事太奇妙是我不知道的。”(四十二3)他再承认他的无知。他的信心以前只停留在听闻的传统,现在他亲眼看见神,完全是属灵的经验。

信心不是“我知道”,而是“我厌恶”。后者译法不同,有译为“厌恶"，有只译为"厌恶"，但涵义差别不大，都是表明反面的，不肯定的。惟有神是正面的，肯定的。信心是承认与依顺，不是在于知识。最好的译法："我顺服。"⑩

(iv) 神同在

本书整部的内容，都在寻求神同在。在第一章，约伯在兴盛中，他认为神的同在是当然的，不成问题。在最后一章结语中（四十二 7～17），神赐福给他的，比他从前所有的加倍，显明有神的同在。在耶和华的言词中，是神在旋风中向他说话，他可向神回应，神实际显出祂的同在。但是在三章至卅七章，占本书篇幅六分之五，神向他是隐藏的，神一直保持着缄默。

当约伯在受苦的时候，他失去儿女，也失去妻子，妻子没有丧亡，却表示厌烦。起初也许出于同情，以后只有埋怨。事实上，她精神的痛苦并不亚于约伯，儿女与仆人的死亡，以及丈夫的重病，都使她痛苦万分，她与约伯同样是无辜的，居然说出这样的话，甚至要他弃掉神而死去（二 9）。⑩ 她厌烦约伯的重病，又嫌他口臭（十九 17），他遭家人的憎嫌，亲友的离弃。知己的朋友原为安慰他，看到他的苦痛，断定他为受罚的罪人而责骂他。他的孤寂是可怕的，他受隔绝的感觉（Sense of Alienation）是他无法忍受的。最可悲的是神的缄默，神都掩面不看他。神缄默是否表明全然的弃绝？这是他心中最大的痛苦。

约伯最大的希望是能在神面前辩白。他既自以为无辜，就可以坦

---

⑩ William Morrow, "Consolation, Rejection and Repentance in Job 42：6," *Journal of Biblical Literature* 105（1986），211 - 225, especially 211. 引述 G. Fohrer, *Hiob*, 532; L.J. Kuyper, "The Repentance of Job," *Vetus Testamentum* 9（1959），94; M.H. Pope, *Job*, 347. *Jewish Publication Society Version* 译词含有"顺服"，指"厌恶"而言。

⑩ Frieda Clark Hyman, "Job, or the Suffering of God," *Judaism* 42（1993），218 - 228, especially 223.

然无惧地走到神的面前,好像王子一般(卅一 35～37)。但是神却仍不理睬。以利户的言词似乎给他部分的答复。神究竟是伟大的,怎会直接向人说话,但神有传话的天使,可以指示人所当行的(卅三 23)。

智慧之诗(廿八章),无论是约伯的话,或引述的话,都对神的同在有十足敬虔的态度,如果智慧是为寻求神的同在,但智慧有何处可寻,聪明之处在哪里呢?(廿八 12、20)人不能体验神的同在,仍可敬畏祂,这才是真智慧。敬畏神,就不可再有其他的要求,因为一切的要求都是过分的,何况神的同在,更可以说是奢求。

朋友们认为神的同在就表现在物质的福分上,他们所论述的,只有神的福分或忿怒,却没有与神的关系。神似乎没有位格,只是一种定律或法则,完全以理性来认识,这当然不是约伯所企求的。他与朋友们辩论的结果,是友人们词穷而止息。当他们缄默之后,才有以利户的缓冲,而有耶和华的显现。

人的声音中止了,神的显现才发声。神在旋风中说话,他终于向约伯显现了。约伯真看见神了吗?他不是说:"现在我亲眼看见你!"(四十二 5 下)约伯看见神,可能不是肉眼,而是心中的眼睛,属灵的感受。这是他在信心的经历中长进。他在受苦中,原来只是情绪的,逐渐因朋友的责备才发展至理性方面。但是理性并不足以明白神的心意,必须再跨大一步,可引用克尔凯郭尔的用语"信心的跳跃"(a leap of faith)。由情绪(emotional)至理智(rational),再至灵性(spiritual),属灵的感受是体会神的同在。

神不再缄默,向约伯说话,表明祂的同在。自然界的秩序,说明神在宇宙中,祂并没有离开,祂始终与所造的一切同在。祂的同在是在秩序中,而这秩序是奥秘。奥秘是真实的,只是人不会解释,也无法充分明白。神与约伯的关系恢复了,约伯因此也与亲友们恢复了关系,关系就是秩序,秩序建立在神的同在上。

神同在,在本书只有耶和华的言词,于旋风中出现。这在智慧文学中是独特的。通常在论智慧的著作中,主要以人本为中心,在理性论述,以人为的思想研究一切不同的途径,寻求智慧,最后终于寻得答案。约伯记这样的结论,可能在第廿八章,也应在以利户的言词。以利户并非突然出现的,却以真智慧人的身份来给予正确的解答。这样说来,以利户言词可谓本书的结论。然而真正的结论是在耶和华的显现,约伯重新蒙福,得以身体康复,家庭恢复兴盛,这是超越智慧文学的范畴。

这是作者特有的用意,甚至在第三章约伯的悲叹,已经期望着耶和华显现。哀歌不是与友人讨论苦难以及谈论神。这是约伯直接向神的哀求。在诗篇中,哀歌或感恩诗常有神的显现,可参考诗篇十八篇,七十四篇,七十七篇,哈巴谷书第三章(参诗六十八,九十七篇)。可见本书卅八章起,不再是智慧的用词,而是神显现的言语(the Language of Theophany)。[⑯]

神显现的言语,多少有神秘的因素。有分析为讥刺的话开导约伯,也有解释为诚挚的话安慰约伯,给予看顾的保证,更有说明为悲怆的话劝戒约伯,盼望约伯明白神的苦衷与悲情。宇宙原是美好的,却因恶而遭破坏,甚有缺陷,惟有神恩惠的同在,使人内里希望之火重新点燃起来。

---

⑯ Donald E. Gowan, "Reading Job as A 'Wisdom Script'," *Journal for the Study of the Old Testament* 55(1992), 85 - 96, especially 94 - 95.

参考书目

I. 注释

Andersen, F. I. *Job*, Tyndale Old Testament Commentaries. London: Tyndale Press, 1976.

Ball, C. J. *The Book of Job*. Oxford: Clarendon, 1922.

Budde, K. F. R. *Das Buch Hiob*. Göttingen: Vandenhoeck & Ruprecht, 1913.

Buttenwieser, M. *The Book of Job*. Chicago: University of Chicago Press, 1922.

Clines, D. J. A. *Job 1 - 20*, Word Biblical Commentary 17, Waco, Texas: Word, 1989.

Delitzsch, F. *Biblical Commentary on the Book of Job*, tr. F. Bolton, 2 vols. Grand Rapids: Wm. B. Eerdmans Publishing Co. , 1949.

De Wilde, A. *Das Buch Hiob*, Oudtestamentlische Studien 22, Leiden: E. J. Brill, 1981.

Dhorme, E. *A Commentary on the Book of Job*. London: Thomas Nelson & Sons, 1967.

Driver, S. R. , and G. B. Gray. *The Book of Job*, International Critical Commentary. Edinburgh: T. & T. Clark, 1921.

Duhm, B. *Das Buch Hiob*. Tübingen: J. C. B. Mohr, 1897.

Ehrlich, A. B. *Randglossen zur hébräischen Bibel VI : Psalmen , Spruche , und Hiob*. Leipzig: J. C. Hinrichs, 1918.

Fohrer, A. B. *Das Buch Hiob*, Kommentar zum Alten Testament 16. Gütersloh: Gütersloher Verlagshaus Gerd Mohn, 1963.

Freehof, S. B. *Book of Job*, *A Commentary*. New York: University of America Hebrew Congregation, 1958.

Gordis, R. *The Book of Job : Commentary , New Translation , and Special*

Notes. New York: Jewish Theological Seminary of America, 1978.

Greeberg, M., J.C. Greenfield, and N. H. Sarna. *The Book of Job*, *A New Translation According to the Traditional Hebrew Text*. Philadelphia: Jewish Publication Society of America, 1980.

Habel, N. *The Book of Job: A Commentary*. Philadelphia: The Westminster Press, 1985.

Hartley, J.E. *The Book of Job*, The New International Commentary on the Old Testament, Grand Rapids: Wm. B. Eerdmans Publishing Co., 1988.

Hölscher, G. *Das Buch Hiob*, Handbuch zum Alten Testament 17. Tübingen: J.C.B. Mohr, 1937.

Horst, F. *Hiob*, Biblischer Kommentar Altes Testament 16/I (chs. 1 - 19). Neukirchen: Neukirchener Verlag, 1960.

Irwin, W.A. "Job," in *Peake's Commentary on the Bible*. eds M. Black and H.H. Rowley. London: Thomas Nelson & Sons, 1962,391 - 408.

Jastrow, M. *The Book of Job*. London: J. B. Lippincott, 1920.

Kissane, E.J. *The Book of Job*. Dublin: Browne & Nolan, 1939.

Lévêque, J. *Job et son Dieu*, 2 vols. Paris: J. Gabalda, 1970.

Peake, A.S. *Job*, The Century Bible. London: T.C. & E.C. Jack, 1904.

Pope. M. *Job*, The Anchor Bible. Garden City, N.Y.: Double day & Co., 3rd ed., 1973.

Reichert, V.E. *Job*, Soncino Books. Hidhead, Surrey: Soncino, 1946.

Rowley, H.H. *Job*, The Century Bible, New Series. London: Thomas Nelson and Sons, 1970.

Steinmann, Jean. *Le Livre de Job*. Paris: Edetus du Cerf, 1955.

Terrien S. "The Book of Job, Introduction and Exegesis, *The Interpreter's Bible*, vol. III, ed. G. A. Buttrick. Nashville: Abingdon Press, 1962, 875 - 1198.

Tur-Sinai, N. H. *The Book of Job*. Jerusalem: Kiryath Sepher, 1957.

Von Ewald, G.H.A. *Commentary on the Book of Job*, tr. J. F. Smith. London: William & Norgate, 1882.

Weiser, A. *Das Buch Hiob*. Göttingen: Vandenhoeck & Ruprecht, 1951.

II. 专论

Blommerde, A.C.M. *Northwest Semitic Grammar and Job*. Rome: Pontificial Biblical Institute, 1969.

Ceresko, A.R. *Job 29 - 31 in the light of Northwest Semitic*. Rome: Biblical

Institute Press, 1980.

Cox, D. *The Triumph of Impotence*: *Job and the Tradition of the Absurd*. Analecta Gregoriana 212. Rome: Univerita Gregoriana, 1978.

Creek, M. D. *The Cruel God*. Boston: Beacons. 1959.

Fohrer, Georg. *Studien zum Buche Hiob*. Gütersloh: Gerd Mohn, 1982.

Girard, Rene. *The Victim of His People*, tr. Yvonne Frescero. Stanford: Stanford University Press, 1987.

Glatzer, H. (ed.). *The Dimensions of Job*. New York: Jewish Theological Seminary of America, 1978.

Gordis, Robert. *The Book of God and Man*: *A Study of Job*. Chicago: University of Chicago Press, 1965.

Grabbe, L. L. *Comparative Philology and the Text of Job*. *Society of Biblical Literature Dissertation*: *Series* 34. Scholars Press, 1977.

Guillaume, A. *Studies in the Book of Job*, *with a New Translation*. Leiden: B. J. Brill, 1968.

Hakam, A. *Seper 'Iyib* (Book of Job). Jerusalem: Mosad ha Rab Quq, 1970.

Heater, H. *A Septuagint Translation Technique in the Book of Job*. Washington: Catholic Biblical Quarterly Monograph Series, 1982.

Holbert, J. C. *The Function and Significance of the "Klage" in the Book of "Job" with Special Reference in the Incidence of Formal and Verbal Irony*. Ph. D. Dissertation, Southern Methodist University, 1975.

Hone, R. (ed.). *The Voice out of the Whirlwind*: *The Book of Job*, rev. ed. San Francisco: Chandler, 1972.

Janzen, J. *Job*, *Interpretation*. Atlanta: John Knox, 1985.

Jepsen, A. *Das Buch Hiob und seine Deutung*. Berlin: 1963.

Keel, O. *Jahwes*, *Entgegnung an Ijob*. Göttingen: Vandenhoeck & Ruprecht, 1978.

Kubina, V. *Die Göttesreden im Buche Hiob*. Rome: Herder, 1979.

Lindblom, J. *La Composition du Livre de Job*. Lund: Glearup, 1945.

Maag, V. *Hiob*: *Wandlung und Verarbeitung des Problems in Novella*, *Dialogdichtung und Spatfassungen*. Göttingen: Vandenhoeck & Ruprecht, 1982.

Michel, L. W. *The Ugaritic Texts and the Mythological Expressions in the Book of Job*: *Including a New Translation of Philological Notes on the Book*. Ph. D. Dissertation, University of Wisconsin, 1970.

Moller, H. *Sinn und Aufbau Buches Hiob*. Berlin: Evangelische Verlagsanstalt, 1955.

Muller, H. P. *Hiob und seine Freunde*, *Theologische Studien*, 103. Zurich:

Evz, 1970.

Murphy, Roland, *Wisdom Literature*: *Job*, *Proverbs*, *Ruth*, *Canticles*, *Ec-clesiastes*, *Esther*, *Forms of the Old Testament Literature* 13. Grand Rapids: Eerdmans, 1981.

Penchansky, David. *The Betrayal of God*: *Ideological Conflict in Job*. Louisville, Kentucky: John Knox Press, 1990.

Perdue, Leo G. *Wisdom in Revolt*. Sheffield, England: Almond Press, 1991.

Polzen, R. & D. Robertson. *Studies in the Book of Job*, *Semeia* 7. Missoula: Society of Biblical Literature, 1997.

Richter, H. *Studien zu Hiob*. Berlin: Evangelische Verlagsanstalt, 1959.

Robinson, W. H. *The Cross in the Old Testament*. Phildelphia: Westminster, 1955.

Robinson, T. H. *Job and His Friends*. London: SCM, 1954.

Rowold, H. L. *The Theology of Creation in the Yahweh Speeches of the Book of Job as a Solution in the to the Problem posed by the Book*, Ph. D. Dissertation, Concordia Seminary in Exile, 1977.

Sanders, P. (ed.). *Twentieth Century Interpretation of the Book of Job*, *A Collection of Critical Essays*. Inglewood Cliffs: Prentice Hall, 1968.

Scholniek, S. H. *Lawsuit Drama in the Book of Job*, Ph. D. Dissertation, Brandeis University, 1975.

Snaith, Norman. *The Book of Job*: *Its Origin & Purpose*. London: SCM, 1968.

Sokoloff, M. *The Targum in Job from Qumran Cave XI*. Ramat Gan: Bar-Ilan University, 1974.

Stevenson, W. B. *Critical Notes on the Hebrew Text of the Poem of Job*. Aberdeen: University Press, 1955.

Sutcliffe, E. *Providence and Suffering in the Old and New Testaments*. London: Nelson, 1953.

Szczyfiel, P. *Das Buch Job*. Boon: Peter Hanstein, 1931.

Vawter, Bruce. *Job and Jonah*: *Questioning the Hidden God*. New York: Paulist, 1983.

Vermeylon, J. *Job*, *ses Amis et sun Dieu*. Leiden: E. J. Brill, 1986.

Ward, W. *Out of the Whirlwind*: *Answers in the Problem of Suffering from the Book of Job*. Richmond: John Knox, 1958.

Weiss, M. *The Story of Job's Beginning*. Jerusalem: Magnes Press, 1983.

Westermann, C. *The Structure of the Book of Job*. Philadelphia: Fortress Press, 1981.

Wilde, A. *Das Buch Hiob*, *Oldtestamentlische Studien* 22. Leiden: E. J. Brill, 1981.

Zerafa, P. *The Wisdom of God in the Book of Job*. Rome: Herder, 1978.

III. 短文

Albertz, Rainer. "Der sozialgeschichtliche Hintergrund des Hiob-buches und der 'Babylonischen Theodizee'," *Die Botschaft und die Boten*, ed. Jörg Jeremias and Lothar Perlitt. Neukirchener Verlag, 1981, 349 – 372.

Alharoni, R. "An Examination of the Literary Genre of the Book of Job," *Tarbiz* 49(1979), 1 – 13.

Alt, A. "Zur Vorgeschichte des Buches Hiob," *Zeitschrift für die alttestamentliche Wissenschaft* 55(1937), 265 – 268.

Baker, J. A. "The Book of Job: Unity and Meaning," *Journal for the Study of the Old Testament Supplement* 11(1978), 17 – 26.

Bardtke, H. "Prophetische Zuge im Buche Hiob," In *Das Ferne und Nahe Wort*. Festschrift L. Rost, ed. F. Maass. *Beihefte zur Zeitschrift für die alttestamentliche Wissenschaft* 105. Berlin: Töpelmann, 1967, 1 – 10.

Barr, J. "The Book of Job and its Modern Interpreters," *Bulletin of John Rylands Library* 54(1971 – 1972), 28 – 46.

Batten, L. W. "The Epilgue in the Book of Job," *Anglican Theological Review* 15(1993), 125 – 128.

Baumann, E. "Die Verwendbarkeit der Perita zum Buche Ijob für die Textkritik," *Zeitschrift für die alttestamentliche Wissenschaft* 18(1898), 305 – 338; 19(1899), 15 – 95, 288 – 309; 200(1900), 177 – 201, 264 – 307.

Bic, M. "Le juste et l'impie dans le livre de Job," *Vetus Testamentum Supplement* 15(1966), 33 – 43.

Blackmur, R. P. "A Critic's Job of Work," in *Critical Theory Since Plato*, ed. Hazard Adams. New York: Harcourt, Brace & Jova-novich, 1971, 891 – 904.

Blank, S. "'Does Thou Well To Be Angry?': A Study in Self-Pity," *Hebrew Union College Annual* 26(1955), 29 – 41.

——. "The Curse, The Blasphemy, The Spell, The Oath," *Hebrew Union College Annual* 23(1950 – 51), 73 – 95.

——. "Men Against God," *Journal of Biblical Literature* 72(1953), 1 – 14.

Brenner, A. "God's Answer to Job," *Vetus Testamentum* 31(1981), 129 – 137.

Buhl, F. "Zur Vorgeschichte des Buches Hiob," in *Von Alten Testament*, Festschrift K. Marti, ed. K. Budde. *Beiheifte zur Zeitschrift für die alttestamentliche Wissenschaft* 41.

Burrows, Miller. "The Voice from the Whirlwind," *Journal of Biblical Literature* 47(1928),117 – 132.

Caquot, A. "Un ecrit sectaire de Qumran: Le Targum de Job," *Revue de l'histoire des religions* 185(1974),9 – 27.

——. "Traits royaux dans le personnage de Job," in *Hemmages à Wilhelm Vischer*, ed. D. Lys. Monteppellier: Causse Graille Castleman, 1960,32 – 45.

Clines, D. "Job 5:1 – 8: A New Exegesis," *Biblica* 62(1981),185 – 194.

——. "Verbal Modality and the Interpretation of Job 29 – 31," *Vetus Testamentum* 30(1980),354 – 357.

——. "The Arguments of Job's Three Friends," in *Art and Meaning: Rhetoric in Biblical Literature*, ed. D. Clines, et al. *Journal for the Study of the Old Testament Supplement* 19. Sheffield: JSOT press, 1982,215 – 229.

——. "False Naively in the Prologue to Job," *Hebrew Union Annual Review* 9 (1985),127 – 136.

Couroyer, B. "Qui est Behemoth?" *Revue Biblique* 82(1975),418 – 443.

Crenshaw, J.L. "The High Cost of Preserving God's Honor," *The World and I* 2(1987),375 – 382.

Crüsemann, F. "Hiob und Kohelet," *Werden und Wirken des Alten Testaments*, ed. Rainer Albertz et al. Göttingen: Vandenhoeck & Ruprecht, 1980,373 – 393.

Curtis, J.B. "On Job's Witness in Heaven," *Journal of Biblical Literature* 102(1983),549 – 562.

Dahood, M. "Some Northwest-Semitic Words in Job," *Biblica* 38(1957),306 – 320.

——. "Northwest Semitic Philology and Job," in *The Bible in Current Catholic Thought*, ed. J. McKenzie. New York: Herder & Herder, 1962,55 – 74.

——. "Some Rare Parallel Word Pairs in Job and in Ugaritic," in *The Word in the World*, Festschrift F.L. Moriarty, ed. C. Clifford and G. MacRae. Cambridge: Weston College Press, 1973,19 – 34.

——. "Chiasmus in Job: A Text-Critical and Philological Criterion," in *A Light unto My Path*, Festschrift J.M. Meyers ed. H.N. Bream, et al Philadelphia: Temple University Press, 1974,118 – 130.

Dick, M.B. "The Legal Metaphor in Job 31," *Catholic Biblical Quarterly* 41

(1979),37 - 50.

Dunn, R. "Speech and Silence in Job," in *The Book of Job and Ricoeur's Hermeneutics*, *Semeia* 19. ed. J.D. Crossan. Chico: Scholars Press, 1981, 99 - 103.

Duquoc, C. "Demonism and the Unexpectedness of God," in *Job and the Silence of God*, ed. C. Duquoc and Casiano Floristan. Edinburgh: Clark, 1983,81 - 87.

Fishbane, M. "Jer. 4 and Job 3: A Recovered Use of the Creation Pattern," *Vetus Testamentum* 21(1971),151 - 167.

Fohrer, G. "Nun aber hat nein Auge dich geschaut. Der innere Aufbau des Buches Hiob," *Theologische Zeitschrift* 15(1959),1 - 21.

———. " Uberlieferung und Wandlung der Hioblegende," in *Festschrift Friedrich Baumgartel*, ed. L. Rost. Erlangen: Universitatsbund Erlangen, 1959,41 - 62.

———. "The Hiobproblem und seine Losung," *Wissenschaftliche Zeitschrift der Martin-Luther Universität* 12(1963),249 - 258.

———. "The Righteous Man in Job 31," in *Essays in Old Testament Ethics*, ed. J. L. Crenshaw and J. T. Willis. New York: KTAV Publishing House, 1974,3 - 22.

Freedman, D.N. "The Elihu Speeches in the Book of Job," *Harvard Theological Review* 61(1968),51 - 59.

Fullerton, K. "Double Entendre in the First Speech of Eliphaz," *Journal of Biblical Literature* 49(1930),320 - 341.

———. "Job: Chapters 9 and 10," *American Journal of Semitic Languages and Literature* 55(1938),225 - 269.

———. "The Original Conclusion to the Book of Job," *Zeitschrift für die alttestamentliche Wissenschaft* 42(1924),116 - 135.

Gammie, J.G. "Behemoth and Leviathan: On the Didactic and Theological Significance of Job 40:15 - 41:26," in *Israelite Wisdom*, ed. J.G. Gammie et al. Chico: Scholars Press, 1978,217 - 231.

Gehman, H.S. "The Theological Approach of the Greek Translator of Job 1 - 15," *Journal of Biblical Literature* 68(1949),231 - 240.

Gemser, B. "The rib- or Controversy-Pattern in Hebrew Mentality," *Vetus Testamentum Supplement* 3(1960),123 - 137.

Gese, H. "Die Frage und dem Lebenssinn: Hiob und die Flogen," *Zeitschrift für Theologie und Kirche* 79(1982),161 - 179.

Ginsberg, H.L. "Job the Patient and Job the Impatient," *Conversative Juda-*

ism 21(1967),12 - 28.

Glatzer, N. N. "The Book of Job and its Interpreters," in *Bible Motifs*, ed. Alexander Altmann. Cambridge: Harvard University Press, 1987,283 - 304.

Good, E. M. "Job and the Literary Task: A Response to David Robertson," *Soundings* 56(1973),470 - 484.

Gordis R. "The Lord Out of the Whirlwind. The Climax and Meaning of Job," *Judaism* 13(1964),48 - 63.

———. "Virtual Quotations in Job, Sumer and Qumran," *Vetus Testamentum* 31(1981),410 - 427.

———. "Wisdom and Job," in *Old Testament Issues*, ed. Samuel Sandmel. New York: Harper and Row, 1968,216 - 238.

Gordon, C. H. "Leviathan, Symbol of Evil." in *Biblical Motifs*, ed. A. Altmann. Cambridge: Harvard University Press, 1966,1 - 9.

Gray, J. "The Book of Job in the Context of Near Eastern Literature," *Zeitschrift für die alttestamentliche Wissenschaft* 82(1970),251 - 269.

———. "The Massoretic Text of the Book of Job, The Targum and the Septuagint Version in the Light of the Qumran Targum (11 Qtarg Job), *Zeitschrift für die alttestamentliche Wissenschaft* 86(1974),331 - 350.

Greenberg, Moshe. "Job," in *The Literary Guide to the Bible*, ed. Robert Alter & Frank Kermode. Cambridge: Harvard University Press, 1987, 283 - 304.

Guillaume. A. "The Arabic Background of the Book of Job," in *Promise and Fulfilment: Essays Presented to Professor S. H. Hooke*, ed. F. F. Bruce. Edinburgh: T. T. Clark, 1963,106 - 127.

———. "The Unity of the Book of Job," *Annual of Leeds University Oriental Society* 4(1963/63),26 - 46.

Habel, N. "Who Stretches Out of the Heavens," *Catholic Biblical Quarterly* 34(1972),417 - 430.

———. "Appeal to Ancient Tradition as a Literary Form," *Zeitschrift für die alttestamentliche Wissenshaft* 88(1976),253 - 271.

———. "Naked I came … Humanness in the Book of Job," *Die Botschaft und die Boten*, ed. Jorg Jeremias and Lothar Pellit. Neukirchen: Neukirchener Verlag, 1981,373 - 392.

———. "Only the Jackal is My Friend: On Friends and Redeemers in Job," *Interpretation* 31(1977),227 - 236.

———. "Of Things Beyond Me: Wisdom in the Book of Job," *Currents in Theology and Mission* 10(1983),142 - 154.

——. "The Narrative Art of Job: Applying the Principles of Robert Alter," *Journal for the Study of the Old Testament* 27(1983),142 - 154.

——. "The Role of Elihu in the Design of the Book of Job," in *In the Shelter of Elyon: Essays on Palestinian Life and Literature in Honor of G. W. Ahistrom*, *Journal for the Study of the Old Testament Supplement* 31, ed. W. Boyd Barrick and John S. Spencer. Sheffield: JSOT Press, 1984.

Hastoupis, A. "The Problem of Theodicy in the Book of Job," *Theologia* 22 (1951),657 - 668.

Hempel, J. "Was nicht um Buche Hiob steht," in *Wahrkeit und Glaube*, Festschrift E. Hirsch, ed. H. Gerdes, Itzehoe: Verlag "Die Spur," 1963, 133 - 136.

——. "Das theologische Problem des Hiob," in *Apoxysmata*, *Beiheifte zur Zeitschrift für die alttestamentliche Wissenschaft* 81. Berlin: Töpelmann, 1964,114 - 174.

Hermissn, Hans-Jurgen. "Observations on the Creation Theology in Wisdom," in *Israelite Wisdom*, ed. John G. Gammie et al. Missoula: Scholars Press, 1978,43 - 47.

Hermann, Siegfried. "Die Naturlechre des Schöpfungsberichtes," *Theologische Literatur Zeitschrift* 86(1961),413 - 424.

Hertz, J. "Formgeschichte Untersuchungen zum Problem des Hiobbuches," *Wissenschaftliche Zeitschrift der K. Marx Universität* 3(1953 - 54),157 - 162.

Hertzberg, H. "Der Aufbau des Buches Hiob," in *Festschrift für Alfred Bertholet*, ed. W. Baumgartner, et al. Tübingen: Mohr / Siebeck, 1950,233 - 258.

Hoffman, Y. "The Use of Equivocal Words in the First Speech of Eliphaz (Job 4 - 5)," *Vetus Testamentum* 31(1981),160 - 170.

Holbert, J. C. "'The skies will uncover his iniquity': Satire in the Second Speech of Zophar (Job xx)," *Vetus Testamentum* 31(1981),171 - 179.

Horst, F. "Naturrecht und Altes Testament," *Göttes Recht*, *Theologische Bucherie* 12. München: Chr. Kaiser, 1961,235 - 259.

Hurvitz, A. "The Date of the Prose Tale of Job Linguistically Reconsidered," *Harvard Theological Review* 67(1974),17 - 34.

Humbert, P. "Le modernisme de Job," in *Wisdom in Israel and in the Ancient Near East*, Festschrift H. H. Rowley, ed. M. Noth and D. Winton Thomas, *Vetus Testamentum Supplement* 3(1955). Leiden: Brill, 1955, 150 - 161.

Irwin, W. A. "Job's Redeemer," *Journal of Biblical Literature* 81(1962), 217 - 229.

Jacobson, R. "Satanic Semiotics, Jobian Jurisprudence," in *The Book of Job and Ricoeur's Hermeneutics. Semeia* 19, ed. J. D. Crossan. Chico: Scholars Press, 1981,63 - 71.

Johnson, A. "Masal," *Vetus Testamentum Supplement* 3(1960),162 - 169.

Johnson, A. R. "The Primary Meaning of G'l," *Vetus Testamentum Supplement* 1(1953),67 - 77.

Jung, C. G. "Answer to Job," in *Psychology and Religion: West and East*, end. ed., tr. R. F. C. Hull. Princeton: Princeton University Press, 1956, 355 - 640.

Kaiser, O. "Leid und Gott: Ein Beitrag zur Theologie des Buches Hiob," in *Sichtbare Kirche, Festschrift für H. Laag*, ed. U. Fabricius and R. Volp. Gütersloh: Gerd Mohn, 1973,13 - 21.

Kelly, B. "Turth in Contradiction," *Interpretation* 15(1961),147 - 156.

Kinet, Dirk. "The Ambiguity of the Concepts of God and Satan in the Book of Job," in *Job and the Silence of God*, ed. Christian Duquop & Casiano Floristano. Edinburgh: Clark, 1983,30 - 35.

Koch, Klaus. "Is There a Doctrine of Retribution in the Old Testament?" in *Theodicy in the Old Testament*, ed. J. L. Crenshaw. Philadelphia: Fortress Press, 57 - 87.

Knight, H. "Job," *Scottish Journal of Theology* 9(1956),63 - 76.

Koepp, W. "Vom Hiobthema und der Zeit als Leiden," *Theologische Literatur Zeitschrift* 74(1949),389 - 396.

Kramer, N. "'Man and His God,' A Sumerian Variation on the 'Job' Motif," *Vetus Testamentum Supplement* 3(1960),170 - 182.

Krinetzki, L. "Ich weiss, mein Anwalt lebt. Die Botschaft des Buches Job," *Bibel und Kirche* 20(1965),8 - 12.

Kutsch, E. "Hiob: Leidender Gerechter-leidender Mensch," *Kerygma und Dogma* 19(1973),197 - 214.

Lacocque, A. "Job or the Impotence of Religion and Philosophy," in *The Book of Job and Ricoeur's Hermeneutics, Semeia* 19, ed. J. D. Crossan. Chico: Scholars Press, 1981,33 - 52.

Lang, B. "Ein Kranker sieht seinen Gott," in *Der Mensch unter dem Kreuz*, ed. R. Barenz. Regensburg: Pustet, 1980,35 - 48.

Laurin, R. "The Theological Structure of Job," *Zeitschrift für alttestamentliche Wissenschaft* 84(1972),86 - 89.

Leveque, J. "Job ou l'espoir deracine," *La Vie Spirituelle* 586(1971),287 – 304.

——. "La Datation de Livre de Job," *Congress Volume* 32(1981),206 – 219.

Limburg, J. "The Root *ryb* and the prophetic Lawsuit Speeches," *Journal of Biblical Literature* 38(1969),291 – 304.

MacDonald, D. B. "The Original Form of the Legend of Job," *Journal of Biblical Literature* 14(1895),63 – 67.

——. "Some External Evidence of the Original Form of the Legend of Job," *The American Journal of Semitic Languages and Literature* 14(1898),138.

MacKenzie, R. A. F. "The Purpose of the Yahweh Speeches in the Book of Job," *Biblica* 40(1959),435 – 445.

——. "The Transformation of Job," *Harvard Theological Review* 9(1979), 51 – 57.

Marcus, R. "Job and God," *Review of Religion* 14(1949 – 50),5 – 29.

Maston, T. "Ethical Content of Job," *Southwestern Journal of Theology* 14 (1971),43 – 56.

Matheney, M. "Major Purpose of the Book of Job," *Southwestern Journal of Theology* 14(1971),17 – 42.

May, H. G. "Prometheus and Job: the Problem of God of Power and the Man of Worth," *Anglican Theological Review* 34(1952),240 – 245.

Meek, T. J. "Job 19:25ff. ," *Vetus Testamentum* 6(1956),99 – 103.

Mesnard, R. "Les constellations du livre de Job," *Revue belge de philosophie et d'histoire* 30(1952),1 – 11.

Miles, J. "Gagging on Job or the Comedy of Religious Exhaustion," in *Studies in the Book of Job*, *Semeia* 7, ed. R. Polzin and D. Robertson. Missoula: Society of Biblical Literature, 1977,71 – 126.

Mitchell, S. "The Book of Job," *The World and I* 2(1987),346 – 367.

Moller, H. "Die Gerechtigkeit Gottes des Schopfers in der Erfahrung seines Knechtes Hiob," in *Theologische Versuche VI*, ed. J. Rogge and G. Schille. Berlin: Evangelische Verlagsanstalt 1975,25 – 36.

Moore, R. D. "The Integrity of Job," *Catholic Biblical Quarterly* 45(1983), 17 – 31.

Mowinckel, S. "Hiobs go'el und Zeuge im Himmel," *Beiheft zur Zeitschrift für die alttestamentliche Wissenschaft* 41(1925),207 – 222.

Muller, H. -P. "Altes und Neues zum Buch Hiob," *Evangelische Theologie* 37 (1977),284 – 304.

Murray, G. "Beyond Good and Evil," in *Dimensions of Job*, ed. N. Glatzer. New York: Schocken, 1969,194 – 197.

Neher, A. "Job: The Biblical Man," *Judaism* 13(1964),37 – 47.

Nichols, H. "The Composition of the Elihu Speeches," *American Journal of Semitic Languages and Literatures* 27(1910 – 11),97 – 186.

Nougayrol, J. "Une version ancienne du 'juste suffrant'," *Revue Biblique* 59 (1952),237 – 250.

——. "(Juste) souffrant (R.S. 25. 460)," *Ugaritica V* (1968),265 –283.

Orlinsky, H. "Some Corruptions in the Greek Text of Job," *Jewish Quarterly Review* 26(1935 – 36),133 – 145.

——. "Studies in the Septuagint of Job," *Hebrew Union College Annual* 28 (1957),53 – 74; 29(1958),222 – 271; 30(1959) 153 – 157; 32(1961), 239 – 268;33(1962),119 – 151;35(1964),57 – 78;36(1965),37 – 47.

Patrick, D. "Job's Address of God," *Zeitschrift für die alttestamentliche Wissenschaft* 91(1979),268 – 282.

——. "The Translation of Job 42: 6," *Vetus Testamentum* 26 (1976), 369 – 371.

Pfeiffer, R. "Edomitic Wisdom," *Zeitschrift für die alttestamentliche Wissenchaft* 44(1926),13 – 25.

Polzin, R. "The Framework of the Book of Job," *Interpretation* 28(1974), 182 – 200.

Preuss, H.D. "Jahwes Antwort an Hiob und die sogenannte Hiobliteratur des alten Vorderen Orients," *Beitridge zur alttestamentliche Theologie*, ed. Herbert Donner et al. Göttingen: Vandenheck & Ruprecht, 1977,323 – 345.

Reddy, H. "The Book of Job – A Reconstruction," *Zeitschrift für die alttestamentliche Wissenschaft* 90(1978),54 – 94.

Richter, H. "Die Naturweisheit des Alten Testaments im Buche Hiob," *Zeitschrift für die alttestamentliche Wissenshaft* 70(1958),1 – 20.

——. "Erwagungen zum Hiobproblem," *Evangelische Theologie* 18(1958), 302 – 324.

Roberts, J.J. "Job's Summons to Yahweh: The Exploration of a Legal Metaphor," *Restoration Quarterly* 16(1973),159 – 165.

——. "Job and the Israelite Tradition," *Zeitschrift für die alttestamentliche Wissenschaft* 89(1977),107 – 114.

Ross, J. "Job 33:14 – 30: The Phenomenology of Lament," *Journal of Biblical Literature* 94(1975),38 – 46.

Ruprecht, E. "Das Nilpferd im Hiobbuch," *Vetus Testamentum* 21(1971), 209 – 231.

——. "Leiden und Gerechtigkeit bei Hiob," *Zeitschrift für Theologie und Kirche* 73(1976),424 – 445.

Sarna, N. "Epic Substratum in the Prose of Job," *Journal of Biblical Literature* 76(1957),13 – 25.

——. "Some Instances of the Enclitic -m in Job," *Journal of Jewish Studies* 6 (1955),108 – 110.

Schmidt, P. "Sinnfrage und Glaubenskrise: Ansatze zu einer kritischen Theologie der Schopfung im Buche Hiob," *Geist und Leben* 45 (1972), 348 – 363.

Schökel, L. "Toward a Dramatic Reading of the Book of Job," in *Studies in the Book of Job*, *Semeia* 7, ed. R. Polzin and D. Robertson. Missoula: Society of Biblical Literature, 1977,45 – 61.

Scholnick, S. "The Meaning of mišpāt in the Book of Job," *Journal of Biblical Literature* 101(1982),521 – 529.

Sekine, M. "Schöfung und Erlosung im Buche Hiob," in Von Ugarit nach Qumran, Festschrift O. Eissfeldt, ed. J. Hempel and L. Rost. *Beihefte zur Zeitschrift für die alttestamentliche Wissenschaft* 77. Berlin: Töpelmann, 1961,213 – 223.

Skehan, P. "Strophic Patterns in the Book of Job," *Catholic Biblical Quarterly* 23(1961),125 – 142.

——. "Job's Final Plea (Job 29 – 31) and the Lord's Reply," *Biblica* 45 (1964),51 – 62.

Snaith, N. "The Introduction to the Speeches of Job: Are they in Prose or in Verse?" *Textus* 8(1973),133 – 137.

Spiegel, S. "Noah, Daniel and Job," in *Louis Ginzbery Jubilee Volume*. New York: Ktav, 1945,305 – 355.

Stamm, J. "Gottes Gerechtigkeit, das Zeutgnis des Hiobbuches," *Der Grundris* 5(1943),1 – 13.

Stockhammer, "The Righteousness of Job," *Judaism* 7(1958),64 – 71.

Susman, M. "God the Creator," in *Dimensions of Job*, ed. N.H. Gatzer. New York: Schocken, 1969,86 – 92.

Taylor, M.C. "The Text as Victim," in *Dimensions of Job*, ed. N.H. Gatzer, New York: Schocken, 1969,58 – 78.

Terrien, S. "The Yahweh Speeches and Job's Response," *Review and Expositor* 68(1971),497 – 509.

Thomas, D. Winton. "Types of Wisdom in the Book of Job," *Indian Journal of Theology* 20(1971),157 – 165.

Thompson, K. "Out of the Whirlwind," *Interpretation* 14(1960),51－63.

Torrence, J. "Why does God let men suffer?" *Interpretation* 15(1961),157－163.

Tsevat, M. "The Meaning of the Book of Job," *Hebrew Union College Annual* 37(1966),73－106.

Tur-Sinai, N. H. "Hiobdichtung und Hiobsage," *Monatsschrift für Geschichte und Wissenschaft des Judentums* 69(1925),234－248.

Urbrock, W. "Formula and Theme in the Song-Circle of Job," *SBL Proceedings*, 1972, vol.2,459－487.

——. "Mortal and Miserable Man," *SBL Seminar Papers*, 1974, vol.1,1－33.

——. "Job as Drama: Tragedy or Comedy?" *Currents in Theology and Mission* 8(1981),35－40.

Vogels, W. "Job a Parle Correctement," *Nouvelle Revu Theologique* 102 (1980),835－852.

Von Rad, G. "Job 38 and Ancient Egyptian Wisdom," in *The Problem of the Hexateuch and Other Essays*. Edinburgh: Oliver & Boyd, 1966,281－291.

Waterman, L. "Notes on Job 19:23　27: Job's Triumph of Faith," *Journal of Biblical Literature* 69(1950),379－381.

Weiss, P. "God, Job and Evil," in *Dimensions of Job*, ed. N.H. Glatzer. New York: Schocken, 1969,181－193.

Westermann, C. "The Two Faces of Job," in *Job and the Silence of God*, ed. C. Duquoc & C. Floristan. Edinburgh: Clark, 1983,15－22.

Whedbee, W. "The Comedy of Job," *Semeia* 7(1970),1－39.

Wildberger, H. "Das Hiobproblem und seine neueste Deutung," *Reformatio* 3(1954),355－363,439－448.

Williams, J.G. "You have not spoken truth of me: Mystery and Irony in Job," *Zeitschrift für die alttestamentliche Wissenschaft* 83(1971),231－255.

——. "Deciphering the Unspoken: The Theophany of Job," *Hebrew Union College Annual* 49(1978),59－72.

Williams, R.J. "Theodicy in the Ancient Near East," *Canadian Journal of Theology* 2(1956),14－26.

Würthwein, E. "Gott und Mensch in Dialog und Gottesreden des Buches Hiob," in *Wort und Existenz*. Göttingen: Vandenhoeck & Ruprecht, 1970,217－295.

Ziegler, J. "Der textkritische Wert der Septuaginta des Buches Hiob," *Mis-*

cellanea Biblica II，1934，277 - 296.

Zink，J. K. "Impatient Job: An Interpretation of Job 19:25 - 27," *Journal of Biblical Literature* 84(1965)，147 - 152.

Wilson，J. V. "A Return to the Problem of Behemoth and Leviathan," *Vetus Testamentum* 25(1975)，1 - 14.

史丹理基金公司　识

　　1963 年菲律宾史丹理制造公司成立后,由于大多数股东为基督徒,大家愿意把公司每年盈利的十分之一奉献,分别捐助神学院、基督教机构,以及每年圣诞赠送礼金给神职人员,史丹理制造公司也因此得到大大祝福。

　　1978 年容保罗先生与笔者会面,提起邀请华人圣经学者著写圣经注释的建议,鼓励笔者投入这份工作。当时笔者认为计划庞大,虽内心深受感动,但恐心有余而力不足,后来决定量力而为,有多少资金就出版多少本书。出版工作就这样开始了。

　　1980 年 11 月,由鲍会园博士著作的歌罗西书注释交给天道书楼出版,以后每年陆续有其他经卷注释问世。

　　1988 年史丹理制造公司结束二十五年的营业。股东们从所售的股金拨出专款成立史丹理基金公司,除继续资助多项工作外,并决定全力支持天道书楼完成出版全部圣经注释。

　　至 2000 年年底,天道书楼已出版了三十六本圣经注释,其他大半尚待特约来稿完成。笔者鉴于自己年事已高,有朝一日必将走完人生路程,所牵挂的就是圣经注释的出版尚未完成。如后继无人,将来恐难完成大功,则功亏一篑,有负所托。为此,于 2001 年春,特邀请天道书楼四位董事与笔者组成一小组,今后代表史丹理基金公司与天道书楼负责人共同负起推动天道圣经注释的出版工作,由许书楚先生及姚冠尹先生分别负起主席及副主席之职,章肇鹏先生、郭志权先生、施熙礼先生出任委员。并邀请容保罗先生担任执行秘书,负责联络,使出版工作早日完成。

　　直至 2004 年,在大家合作推动下,天道圣经注释已出版了五十一册,余下约三十册希望在 2012 年全部出版刊印。

　　笔者因自知年老体弱,不便舟车劳顿,未能按时参加小组会议。为此,特于 6 月 20 日假新加坡召开出版委员会,得多数委员出席参加。愚亦于会中辞去本兼各职。并改选下列为出版委员会委员——主席:

姚冠尹先生；副主席：施熙礼先生；委员：郭志权博士、章肇鹏先生、容保罗先生、楼恩德先生；执行秘书：刘群英小姐——并议定今后如有委员或秘书出缺，得由出版小组成员议决聘请有关人士，即天道书楼董事，或史丹理基金公司成员担任之。

至于本注释主编鲍会园博士自 1991 年起正式担任主编，多年来不辞劳苦，忠心职守，实令人至为钦敬。近因身体软弱，敝委员会特决议增聘邝炳钊博士与鲍维均博士分别担任旧、新约两部分编辑，辅助鲍会园博士处理编辑事项。特此通告读者。

至于今后路线，如何发展简体字版，及配合时代需求，不断修订或以新作取代旧版，均将由新出版委员会执行推动之。

许书楚　识

2004 年　秋

天道圣经注释出版纪要

　　由华人圣经学者来撰写一套圣经注释，是天道书楼创立时就有的期盼。若将这套圣经注释连同天道出版的《圣经新译本》、《圣经新辞典》和《天道大众圣经百科全书》摆在一起，就汇成了一条很明确的出版路线——以圣经为中心，创作与译写并重。

　　过去天道翻译出版了许多英文著作；一方面是因译作出版比较快捷，可应急需，另一方面，英文著作中实在有许多堪称不朽之作，对华人读者大有裨益。

　　天道一开始就大力提倡创作，虽然许多华人都谦以学术研究未臻成熟，而迟迟未克起步，我们仍以"作者与读者同步迈进"的信念，成功地争取到不少处女作品；要想能与欧美的基督教文献等量齐观，我们就必须尽早放响起步枪声。近年来看见众多作家应声而起，华文创作相继涌现，实在令人兴奋；然而我们更大的兴奋仍在于寄望全套"天道圣经注释"能早日完成。

　　出版整套由华人创作的圣经注释是华人基督教的一项创举，所要动员的人力和经费都是十分庞大的；对于当年只是才诞生不久的天道书楼来说，这不只是大而又难，简直就是不可能的事。但是强烈的感动一直催促着，凭着信念，下定起步的决心，时候到了，事就这样成了。先有天道机构名誉董事许书楚先生，慨允由史丹理基金公司承担起"天道圣经注释"的全部费用，继由鲍会园博士以新作《歌罗西书注释》（后又注有《罗马书》上下卷，《启示录》）郑重地竖起了里程碑（随后鲍博士由1991年起正式担任全套注释的主编），接着有唐佑之博士（《约伯记》上下卷，《耶利米哀歌》）、冯荫坤博士（《希伯来书》上下卷，《腓立比书》，《帖撒罗尼迦前书》，《帖撒罗尼迦后书》）、邝炳钊博士（《创世记》一二三四五卷，《但以理书》）、曾祥新博士（《民数记》，《士师记》）、詹正义博士（《撒母耳记上》一二卷）、区应毓博士（《历代志上》一二卷，《历代志下》，《以斯拉记》）、洪同勉先生（《利未记》上下卷）、黄朱伦博士（《雅歌》）、张永信博士（《使徒行传》一二三卷，《教牧书信》）、张略博士（与张永信博士合著《彼得前书》,《犹大书》)、刘少平博士(《申命记》上下卷,《何西阿书》,《约珥书》,《阿摩司书》)、梁康民先生(《雅各书》)、黄浩仪博士(《哥林多前书》上卷,《腓利门书》)、梁薇博士(《箴言》)、张国定博士(《诗篇》一二三四卷)、邵晨光博士(《尼希米记》)、陈济民博士(《哥林多后书》)、赖建国博士(《出埃及记》上下卷)、李保罗博士(《列王纪》一二三四卷)、钟志邦博士(《约翰福音》上下卷)、周永健博士(《路得记》)、谢慧儿博士(《俄巴底亚书》,《约拿书》)、梁洁琼博士(《撒母耳记下》)、吴献章博士(《以赛亚书》三四卷)、叶裕波先生(《耶利米书》上卷)、张达民博士(《马太福音》)、戴浩辉博士(《以西结书》)、鲍维均博士(《路加福音》上下卷)、张玉明博士(《约书亚记》)、蔡金玲博士(《以斯帖记》,《撒迦利亚书》,《玛拉基书》)、吕绍昌博士(《以赛亚书》一二卷)、邝成中博士(《以弗所书》)、吴道宗博士(《约翰一二三书》)、叶雅莲博士(《马可福音》)、岑绍麟博士(《加拉太书》)、胡维华博士(《弥迦书》,《那鸿书》)、沈立德博士(《哥林多前书》下卷)、黄天相博士(《哈巴谷书》,《西番雅书》,《哈该书》)等等陆续加入执笔行列,他们的心血结晶也将一卷一卷地先后呈献给全球华人。

当初单纯的信念,已逐渐看到成果;这套丛书在 20 世纪结束前,完成写作并出版的已超过半数。同时,除了繁体字版正积极进行外,因着阅读简体字读者的需要,简体字版也逐册渐次印发。全套注释可望在 21 世纪初完成全部写作及出版;届时也就是华人圣经学者预备携手迈向全球,一同承担基督教的更深学术研究之时。

由这十多年来"天道圣经注释"的出版受欢迎、被肯定,众多作者和工作人员协调顺畅、配合无间,值得我们由衷地献上感谢。

为使这套圣经注释的出版速度和写作水平可以保持,整个出版工作的运转更加精益求精,永续出版的经费能够有所保证,1997 年 12 月天道书楼董事会与史丹理基金公司共同作出了一些相关的决定:

虽然全套圣经六十六卷的注释将历经三十多年才能全部完成,我们并不以此为这套圣经注释写作的终点,还要在适当的时候把它不断地修订增补,或是以新著取代,务希符合时代的要求。

天道书楼承诺负起这套圣经注释的永续出版与修订更新的责任,由初版营收中拨出专款支应,以保证全套各卷的再版。史丹理基金公司也成立了圣经注释出版小组,由许书楚先生、郭志权博士、姚冠尹先生、章肇鹏先生和施熙礼先生五位组成,经常关心协助实际的出版运作,以确保尚未完成的写作及日后修订更新能顺利进行。该小组于2004年6月假新加坡又召开了会议,许书楚先生因年事已高并体弱关系,退居出版小组荣誉主席,由姚冠尹先生担任主席,施熙礼先生担任副主席,原郭志权博士及章肇鹏先生继续担任委员,连同小弟组成新任委员会,继续负起监察整套注释书的永续出版工作。另外,又增聘刘群英小姐为执行秘书,向委员会提供最新定期信息,辅助委员会履行监察职务。此外,鉴于主编鲍会园博士身体于年初出现状况,调理康复需时,委员会议决增聘邝炳钊博士及鲍维均博士,并得他们同意分别担任旧约和新约两部分的编辑,辅助鲍会园博士处理编辑事宜。及后鲍会园博士因身体需要,退任荣誉主编,出版委员会诚邀邝炳钊博士担任主编,曾祥新博士担任旧约编辑,鲍维均博士出任新约编辑不变,继续完成出版工作。

21世纪的中国,正在走向前所未有的开放道路,于各方面发展的迅速,成了全球举世瞩目的国家。国家的治理也逐渐迈向以人为本的理念,人民享有宗教信仰自由,全国信徒人数不断增多。大学学府也纷纷增设了宗哲学学科和学系,扩展国民对宗教的了解和研究。这套圣经注释在中国出版简体字版,就是为着满足广大人民在这方面的需要。深信当全套圣经注释完成之日,必有助中国国民的阅读,走在世界的前线。

容保罗　识
2011年　春

图书在版编目(CIP)数据

约伯记注释(上下卷)/唐佑之著. —上海:上海三联书店,
2015.10(2024.10 重印)
"天道圣经注释"系列
主编/邝炳钊 旧约编辑/曾祥新 新约编辑/鲍维钧
ISBN 978 - 7 - 5426 - 4777 - 1

Ⅰ.①约… Ⅱ.①唐… Ⅲ.①圣经-注释 Ⅳ.①B971.2

中国版本图书馆 CIP 数据核字(2014)第 095872 号

约伯记注释(上下卷)

著　　者 / 唐佑之

策　　划 / 徐志跃

责任编辑 / 邱　红

特约编辑 / 徐　艳

装帧设计 / 鲁继德

监　　制 / 姚　军

责任校对 / 张大伟

出版发行 / 上海三联书店

　　　　　(200041)中国上海市静安区威海路 755 号 30 楼

邮　　箱 / sdxsanlian@sina.com

联系电话 / 编辑部: 021 - 22895517

　　　　　发行部: 021 - 22895559

印　　刷 / 上海展强印刷有限公司

版　　次 / 2015 年 10 月第 1 版

印　　次 / 2024 年 10 月第 7 次印刷

开　　本 / 890mm×1240mm　1/32

字　　数 / 720 千字

印　　张 / 24.875

书　　号 / ISBN 978 - 7 - 5426 - 4777 - 1/B · 367

定　　价 / 78.00 元(上下卷)

敬启读者,如发现本书有印装质量问题,请与印刷厂联系 021 - 66366565